U0541193

◎本项目的研究和出版受五邑大学广东侨乡文化研究中心资助

中国侨乡研究期刊论文提要索引

Index and Abstract of the Periodical Thesis on Chinese Qiaoxiang Research

石坚平 刁叔钧 编

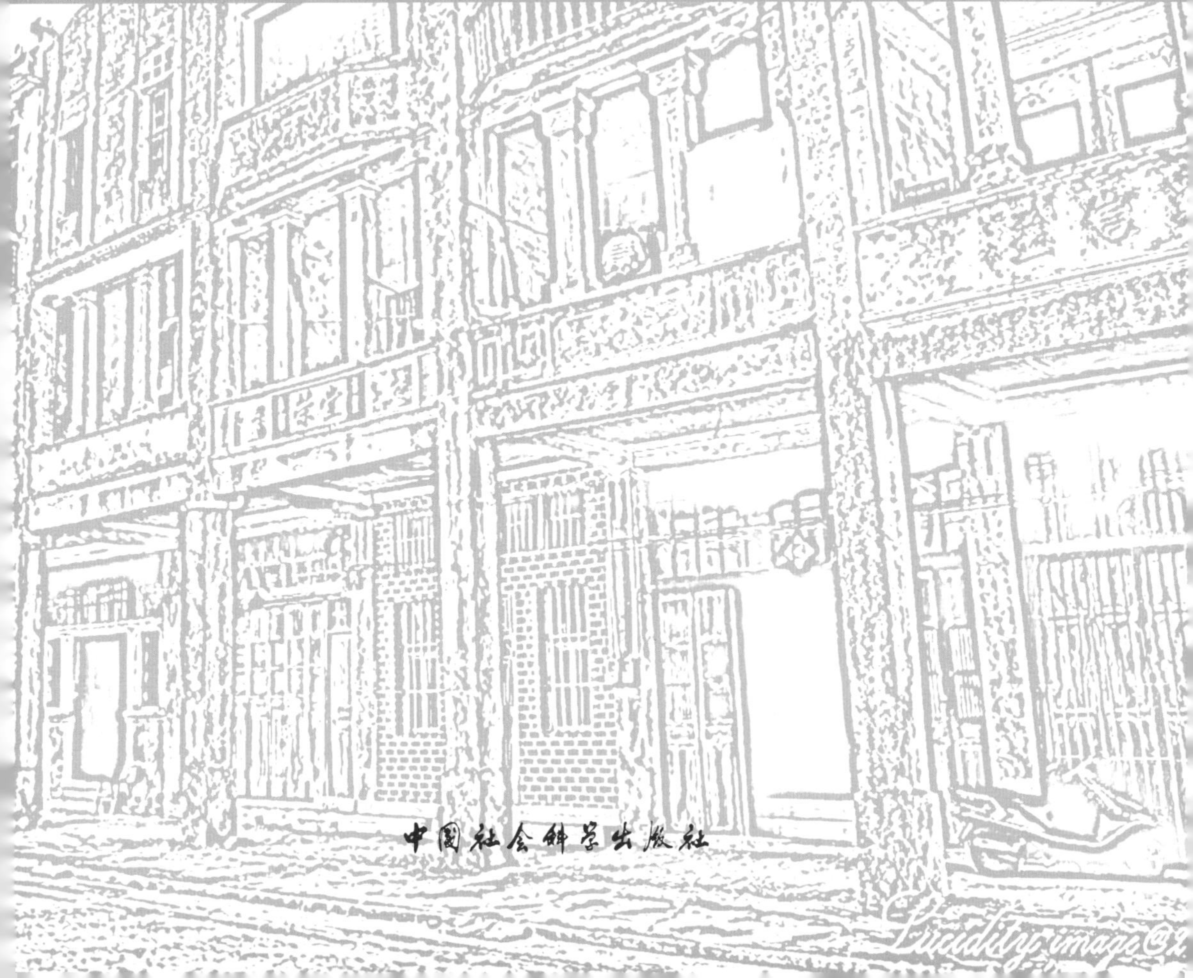

中国社会科学出版社

图书在版编目（CIP）数据

中国侨乡研究期刊论文提要索引/石坚平，刁叔钧编.
—北京：中国社会科学出版社，2019.8
ISBN 978-7-5203-4736-5

Ⅰ.①中… Ⅱ.①石… ②刁… Ⅲ.①侨乡-研究-中国-期刊索引 Ⅳ.①Z89；D634.1

中国版本图书馆 CIP 数据核字（2019）第 149465 号

出 版 人	赵剑英
责任编辑	宋燕鹏
责任校对	石建国
责任印制	李寡寡

出　　版	中国社会科学出版社
社　　址	北京鼓楼西大街甲 158 号
邮　　编	100720
网　　址	http://www.csspw.cn
发 行 部	010-84083685
门 市 部	010-84029450
经　　销	新华书店及其他书店
印刷装订	北京市十月印刷有限公司
版　　次	2019 年 8 月第 1 版
印　　次	2019 年 8 月第 1 次印刷
开　　本	710×1000　1/16
印　　张	32.25
字　　数	528 千字
定　　价	158.00 元

凡购买中国社会科学出版社图书，如有质量问题请与本社营销中心联系调换
电话：010-84083683
版权所有　侵权必究

自　　序

　　进入 21 世纪，随着大批中青年学者加入侨乡研究的队伍，全国各地纷纷成立地域性的侨乡文化研究中心。中国侨乡研究的学术事业也方兴未艾，蒸蒸日上。侨乡研究从原本依附于其他学科逐步独立出来，发展成为一门具有自身特色的专业学科。然而，目前学术界，无论是在关于"侨乡"的内涵与外延的阐述，还是知识考古学意义上的"中国侨乡研究"的发掘和梳理，尚不够充分和深入，存有进一步探讨和商榷的空间。

　　有鉴于此，五邑大学广东侨乡文化研究中心决心组织力量，编纂一本能够全面体现中国侨乡研究发展历程的期刊论文索引。编者在编纂过程中，既回应学术界关于中国侨乡研究的热点、难点问题，表达一孔之见；又将其视为中国侨乡研究的基础工具书，以飨读者，嘉惠学林。

　　如何理解"侨乡"？如何理解"侨乡研究"？如何既能综合体现近代以来"侨乡"一词内涵与外延的拓展，力图表达知识考古学意义上的"侨乡"语义变迁，又能全面反映学术史意义上的"侨乡研究"的进步和拓展？这些成为主导本提要索引编纂的核心议题。

　　具体来说，从每一篇文章、论文的精心选择，到分类主题的设置，类型子目的定义，逻辑结构的编排，均综合考虑了近代以来"侨乡"与"侨乡研究"的历史与现实。

一　移民迁出地与移民迁出地意义上的"侨乡"

　　尽管对于今天的学者来说，侨乡，作为一种移民迁出地的概念，众所周知，耳熟能详，成为一种约定俗成的学术话语。然而，"侨乡"一词，出现的时间相对较晚，最早可以追溯到中国抗日战争结束后，社会进入恢复重建时期。当时，沿海地区出版的一些期刊杂志上开始用"侨乡"一词，来指代移民的迁出地——"华侨的故乡"。

二 一般社会意义上的"侨乡"一词内涵、外延的拓展与演绎

今天的"侨乡"一词，早已超出了当初表示一种地理空间意义的概念，一种对移民迁出地的称呼——"华侨故乡"的单一含义，而是在此基础之上不断建构和演绎出更加多样，更加丰富的内涵与外延，以适应不同领域、不同语境的需求。以侨乡所表达的地理空间概念为基础，人们逐渐将"侨乡"一词拓展运用于政治、经济、文化和社会等不同社会领域的不同语境之中，使"侨乡"一词呈现出各种不同的特定含义。

改革开放以来，随着"侨乡"作为一个特殊的具有经济、文化含义词汇的凸显，全国各地纷纷出现了以"侨乡"来标榜自身地域在经济、政治和文化上的特殊性，将特定的行政区划名称冠于"侨乡"之前，从而演绎出"江门侨乡""青田侨乡""泉州侨乡"和"晋江侨乡"等新词汇。

在地方政府与民间社会合谋共力的推波助澜下，"侨乡"越来越"热"起来，成为一种社会资源和文化资本，逐渐升华为特定地方行政区域的经济特点、旅游特色、文化品牌与社会资本。

在这波地方社会"侨乡热"中，在特定情境下，地方行政区意义上的"侨乡"有取代既有的文化意义上的"侨乡"的趋势。五邑侨乡取代四邑侨乡，大行其道，即为一例。"四邑侨乡"，原本是一个基于文化意义上的地域概念，而不是行政区划意义上的地域概念。四邑原本是指分属广肇两府的四县，因语言、文化、习俗相似而形成的文化上的地域概念。

随着行政区划的变化，属于广府语系的四邑和属于客家语系的鹤山县，共同组成了地级市——江门市。在地方政府和民间社会的合作共谋下，五邑取代了四邑，五邑侨乡也取代了四邑侨乡，成为江门市的文化名片。与之形成鲜明对比的是，除少量的学术讨论中存在"广府侨乡"的概念外，在社会上鲜为人们所提及，而"五邑侨乡"的概念无论是在政府报告、媒体宣传还是学术讨论中，屡见不鲜。

三 学术意义上的"侨乡"与"侨乡研究"

正如有学者所指出的,由于"侨乡"一词出现得比较晚,学术界将"侨乡"作为一个严肃的学术研究对象或学术术语,出现得就更晚。尽管今天学术界多倾向于将1937年陈达先生写的《南洋华侨与闽粤社会》一书视为中国侨乡学术研究的奠基之作,然而,其当时采用的是以"华侨社区"的称谓来指代今天的学术意义上的"侨乡"。中华人民共和国成立之后,社会上"侨眷社区""侨区"的称呼与"侨乡"的称呼曾一度并驾齐驱。

然而,严格来说作为学术研究意义上的"侨乡"与"侨乡研究"的出现,则是在一般社会意义上的"侨乡热"兴起之后。经历约几十年的努力,学术界才逐步将"侨乡"纳入学术视野,成为一种学术研究对象,进而拓展开来,发展成为一门特色专业学科,晋升为一个方兴未艾的学术研究新领域。

正是基于以上考虑,本提要索引的编纂,具有自身的某些特点:首先,在文章的选择和论文的著录标准上,其所收入的文章,必然会超越学术意义上的"侨乡"所涵盖的范围。其既包括民国时期期刊、杂志中关于移民迁出地社会经济发展状况的文章,又囊括了20世纪90年代之前普通期刊、杂志上关于"侨乡"的日常新闻报道、文艺通讯与名人简介之类的文章,以便展示知识考古学意义上的"侨乡"与"侨乡研究"的纵向发展进程。鉴于20世纪90年代以来,关于侨乡研究的专业学术论文日益增多,提要索引所收录的重点则转向专业的学术文章,而普通非学术性的期刊、杂志上关于一般"侨乡"的新闻简讯、文艺通讯和专题报道之类的文章则原则上省去不录,以便删繁就简,去芜存真。

其次,在主题的设定和纲目的编排上,为方便有关学者依提要索引进行查阅检索,编者根据实际情况,按照历史性与专题性相结合的逻辑方式,设定了侨乡历史、侨乡移民、侨乡侨汇、侨乡经济、侨乡通讯、侨乡宗族、侨乡建筑与文化遗产、侨乡文化、当代侨乡、侨乡地域研究和侨乡研究学术动态11个主题,并在相应的主题之下,又设置了诸如侨乡移民与人口迁移、跨国网络与侨乡互动、侨乡性别与妇女婚姻、侨汇简讯、侨批银信、侨汇研究等35个子类,以达到纲举目张的目的。

在编纂体例上,每条提要索引均由题名、关键词和内容摘要三个部分组成。首行为索引的题名部分，以宋体加粗的方式，统一按照"论文名称. 作者. 报刊名称，年份（期数）：页码."的格式进行编排。第二行、第三行分别为关键词和内容摘要，字体统一采用楷体，以示区别。在编排次序上，本书采用以主题为纲目，以出版时间为顺序的排列方式。在同一纲目之下，按照出版时间的先后顺序依次排列。

是为序。

石坚平

2019 年 2 月 18 日

于五邑积跬斋

目　　录

一　侨乡历史 ……………………………………………………（1）
　（一）侨乡形成与社会变迁 ………………………………（1）
　（二）侨乡革命 ……………………………………………（9）
　（三）侨乡抗战 ……………………………………………（11）
　（四）侨乡掌故 ……………………………………………（19）
　（五）侨乡人物 ……………………………………………（21）

二　侨乡移民 ……………………………………………………（36）
　（一）侨乡移民与人口迁移 ………………………………（36）
　（二）跨国网络与侨乡互动 ………………………………（59）
　（三）侨乡性别与妇女婚姻 ………………………………（80）

三　侨乡侨汇 ……………………………………………………（92）
　（一）侨汇简讯 ……………………………………………（92）
　（二）侨批银信 ……………………………………………（132）
　（三）侨汇研究 ……………………………………………（193）

四　侨乡经济 ……………………………………………………（209）
　（一）侨乡投资 ……………………………………………（209）
　（二）侨乡建设 ……………………………………………（222）
　（三）侨乡旅游 ……………………………………………（235）

五　侨乡通讯 ……………………………………………………（240）
　（一）侨乡简讯 ……………………………………………（240）
　（二）侨刊乡讯 ……………………………………………（260）

六　侨乡宗族 ……………………………………………………（272）

七　侨乡建筑与文化遗产 ………………………………………（281）
八　侨乡文化 ……………………………………………………（323）
　　（一）侨乡文艺 …………………………………………（323）
　　（二）侨乡习俗 …………………………………………（361）
　　（三）侨乡图书 …………………………………………（366）
　　（四）侨乡档案 …………………………………………（370）
　　（五）侨乡文物与博物馆 ………………………………（375）
　　（六）侨乡文化研究 ……………………………………（379）
九　当代侨乡 ……………………………………………………（394）
　　（一）侨乡教育 …………………………………………（394）
　　（二）侨乡体育 …………………………………………（411）
　　（三）侨乡公益 …………………………………………（419）
　　（四）侨乡调查 …………………………………………（426）
　　（五）侨务工作 …………………………………………（433）
　　（六）其他 ………………………………………………（441）
十　侨乡地域研究 ………………………………………………（454）
　　（一）广东侨乡研究 ……………………………………（454）
　　（二）福建侨乡研究 ……………………………………（465）
　　（三）浙江侨乡研究 ……………………………………（472）
　　（四）广西侨乡研究 ……………………………………（473）
　　（五）云南侨乡研究 ……………………………………（476）
　　（六）海南侨乡研究 ……………………………………（481）
　　（七）其他侨乡研究 ……………………………………（482）
十一　侨乡研究学术动态 ………………………………………（486）

后　记 ……………………………………………………………（508）

一 侨乡历史

（一）侨乡形成与社会变迁

1. 台山侨乡的形成是个痛苦过程. 陈前. 新宁杂志, 1979 (1): 34-36.

关键词：无

内容摘要：无

2. 从开平侨乡社会形成看华侨爱国主义. 刘华. 广东华侨历史学会通讯, 1983 (2): 20-22.

关键词：无

内容摘要：无

3. 关于把福清建成"侨乡县"的探讨. 林兆驹. 学习月刊（福州）, 1985 (1): 34-35.

关键词：无

内容摘要：福建中部沿海的明珠——福清县，雅称"玉融"。面积2400平方公里，人口94万人，华侨旅外历史有五百余年。海外华侨和港澳同胞四十多万人，遍布东南亚、日本、美国、西欧等世界各地。作为一个全国著名侨乡，福清应该如何根据党的十二届三中全会《决定》的精神，把中央赋予我省在对外经济活动中实行特殊政策、灵活措施的权力，同本县的实际结合起来，尽快建成一个繁荣、文明、富裕的侨乡县，是值得探讨的。

4. 19 世纪末台山侨乡的形成及其剖析. 郑德华. 侨史学报, 1986 (3): 33-39.

关键词：无

内容摘要：无

5. 台山侨乡的形成（一）. 陈田军. 居正月报, 1986（7）: 32.

关键词: 无

内容摘要: 无

6. 台山侨乡的形成（二）. 陈田军. 居正月报, 1986（8）: 25-26.

关键词: 无

内容摘要: 无

7. 岑溪县水汶乡华侨多的原因. 边疆. 八桂侨刊, 1987（1）: 57-59.

关键词: 岑溪　华侨　猪仔　侨乡　南洋

内容摘要: 梧州地区的岑溪县, 是广西的重点侨乡之一, 全县华侨人数6万多人, 在县内的侨眷和侨属多达12万人。岑溪县的水汶乡, 则堪称侨乡之王, 其华侨人数居全县之首, 占该县华侨总数的1/3。华侨（包括归侨）有2万多人, 主要分布在马来西亚、新加坡、印度尼西亚、泰国等国家。侨属则遍布乡间各村。水汶乡华侨之众, 从整个广西看, 亦是不可多见的。为什么水汶乡的华侨特别多呢？我认为, 最主要的原因有三个。本文就从三个方面做简单的分析, 以达抛砖引玉之目的。

8. 台山侨乡的形成（三）. 陈田军. 居正月报, 1987（10）: 32-34.

关键词: 无

内容摘要: 无

9. 清时期台山侨乡的形成. 佚名. 紫阳月刊, 1989（9）: 64-68.

关键词: 无

内容摘要: 无

10. 沙涌侨乡的形成和发展与马翁应彪的关系. 佚名. 环城侨刊, 1989（15）: 29-31.

关键词: 无

内容摘要: 无

11. 广西重点侨乡的形成和发展. 赵和曼. 八桂侨刊, 1991（4）: 22-28.

关键词: 侨乡　广西　侨汇　容县　华侨

内容摘要: 玉林、钦州、梧州地区, 是广西的重点侨乡。这三个地区的海外华侨华人达140多万人, 归侨、侨眷近百万人, 分别占广西这两个群体总数的70%与60%。这三个地区, 又称桂东南地区, 是广西经济发达的地带，在实现"三沿"战略中具有举足轻重之势。因此，研究广西重点侨乡的形成和发展，无论是从华侨史或对外开放的角度来看，均有重要意义。

12. **梅州侨乡社会的形成与发展**. 李存章. 客家研究辑刊，1993（2）：175-191.

关键词：无

内容摘要：无

13. **经济发展与社会变迁：新时期的珠江三角洲农村侨乡**. 黄朝晖. 华侨华人历史研究，1999（4）：33-40.

关键词：珠江三角洲　社会变迁　侨乡　经济发展

内容摘要：无

14. **一个旅欧新侨乡的形成、影响、问题与对策——福建省三明市明溪县新侨乡调研报告**. 李明欢，江宏真，俞云平. 华侨华人历史研究，2003（4）：8-15.

关键词：新移民　新侨乡　福建　欧洲

内容摘要：本文剖析位于福建省内陆山区的明溪新侨乡形成、发展的原因和过程，尤其注重考察近年来各类出国人员对移出地形成的社会影响，剖析在国际劳动力人口空前大规模流动的背景下，应当如何化堵为疏，对新老侨乡业已自行建立的跨国网络进行有效利用与引导，促进我国丰富的劳动力资源从跨国劳务中找寻机遇，有序流动，拓展新时期侨务工作的社会基础，加速农村小康社会的建设发展。

15. **粤东侨乡的社会结构与文化变迁：以梅县南口墟镇为例**. 周建新. 客家研究辑刊，2004（2）：48-60.

关键词：侨乡　广东省　社会结构　梅县

内容摘要：自1998年以来笔者一直参与由法国远东学院教授劳格文博士、嘉应大学客家研究所副所长房学嘉教授、福建社会科学院杨彦杰教授等共同主持的"客家传统社会结构与原动力"课题研究。自2000年起我注意到粤东梅州作为华侨之乡的社会内涵，开始关注客家华侨的形成和侨乡特征，为此先后多次到梅县的南口镇、松口镇、丙村镇、松源镇、隆文镇等主要侨乡地进行主题为侨乡传统社会结构与文化变迁的田野调查研究。

16. **都市侨乡：侨乡研究新命题**. 张应龙. 华侨华人历史研究，2005

(3): 41-49.

　　关键词：都市侨乡　侨乡研究　新命题

　　内容摘要：本文提出侨乡研究应当包括乡村侨乡和都市侨乡两大部分，并以广州市为例，论述了都市侨乡的研究范围、特点、重点研究问题及研究意义。

17. 都市侨乡的海外联系——以广州市荔湾区归侨侨眷港澳眷属群体为例. 张应龙. 八桂侨刊，2005（4）：61-65.

　　关键词：都市侨乡　海外联系　归侨　侨眷

　　内容摘要：广州市荔湾区是重点侨乡，其人缘优势是该侨乡对外联系的基础。这一基础为荔湾塑造了侨乡的形象或者是侨乡的品牌。

18. 厦门侨乡变迁的探讨——以厦门曾厝坡自然村为例. 刘桔红. 八桂侨刊，2006（2）：53-57.

　　关键词：曾厝坡　侨乡变迁

　　内容摘要：本文选择厦门曾厝坡自然村作为研究对象，将口述访谈与文史资料相结合，试图重构近代以来百余年间曾厝坡的历史，并通过与塔头村的比较，剖析一个侨乡从形成、发展到逐步衰落的过程。本文指出，侨乡作为一定历史时期的产物，必然有其兴衰的历程。任何地区的发展都是与时代、大地区的发展紧密联系的，也只有找到真正适合自身的发展道路，才能取得最大的发展。

19. 一个内陆新侨乡的兴起、发展、影响及问题的思考——福建省明溪县社会调查. 陈金平. 八桂侨刊，2007（3）：63-67.

　　关键词：新侨乡　明溪县　欧洲　社会调查

　　内容摘要：改革开放之后我国不断涌现出新移民现象，"出国热"长期处于一种持续升温的状态。2006年6月和2007年3月笔者对福建省明溪县进行了多次田野调查，在此基础上分析了福建"旅欧第一县"明溪县内陆新侨乡的兴起、发展过程，并从一个新兴内陆侨乡的视角来剖析新移民产生的原因及对当地社会的影响。同时对新移民过程中产生的问题进行了粗浅思考与探索。

20. 一个新侨乡的形成与发展——安徽省歙县槐塘村海外移民现象的调查报告. 佚名. 侨务工作研究，2007（2）：38-41.

　　关键词：无

　　内容摘要：无

21. **后殖民语境下的文化变迁：侨乡城镇的近代化历程**. 邓毅. 河南社会科学, 2008 (4): 112-114.

关键词: 后殖民语境　文化变迁　侨乡城镇

内容摘要: 在后殖民理论的语境下，岭南侨乡城市与建筑的近代化历程可以从西方殖民者、本土政府和民间社会三个层面进行解读。以侨乡城镇为例，可以看出华侨和侨汇对骑楼建设的影响，殖民主义建筑风格的骑楼与传统乡土社会公共空间的融合共存这一现象是侨乡社会文化变迁的物质反映。从后殖民理论的角度，可以阐述这一建筑文化现象之下的社会动因。

22. **试析侨乡迤萨的形成及发展前景**. 沈乾芳. 魅力中国, 2010 (23): 323.

关键词: 侨乡　迤萨　形成　发展前景

内容摘要: 素有"江外侨乡"之称的迤萨为云南省第二大侨乡，位于红河县东北部，是该县政治、经济和文化交流的中心。过去因交通不便，经济社会发展滞后，为了生存和发展，当地人民历尽千辛万苦开辟了通往东南亚的"丝绸之路"，用马帮驮出了坚韧不拔的红河精神。今天的迤萨人民仍然继承其先辈的传统，正以满腔的热情迎接每一个新的机遇与挑战。

23. **海洋文化视角下福建侨乡的形成与演变原因分析**. 吴志, 王彬, 刘成. 鲁东大学学报（自然科学版）, 2012 (2): 180-186, 193.

关键词: 海洋文化　侨乡　演变原因　福建

内容摘要: 从海洋文化的发展历史及主要构成视角，本文探讨了福建侨乡的形成和演变机制。研究表明，福建侨乡的形成是伴随海洋文化的兴起而出现的，特殊的地脉条件是促成福建海洋文化、海外移民和侨乡形成的共同基础，而船政文化、海神信仰文化、海商文化等海洋文化特质则共同推动了福建侨乡的发展和演进。

24. **明溪"海西新侨乡"的形成及对侨乡建设的影响**. 陈登平. 三明学院学报, 2012 (1): 38-44.

关键词: 明溪县　侨乡建设　侨资

内容摘要: 地处福建内陆的明溪在改革开放和全球化的双重因素影响下，青壮年出国到欧洲谋生逐渐成为一种潮流，遂使明溪成为"海西新侨乡"。移民在国外和进城务工相比因二者在距离上的远近，和中欧在政治制度、经济制度和文化环境等不同的因素作用下，移民对侨乡建设在思想观念、经济建设、文化建设都产生了不小的影响。在以生态立县、强县的前提下，以情系故乡作为情感纽带，留住人才，创立品牌作为辐射效应，吸引更多侨资、外资和民间资本的强势投入，使"海西新侨乡"在"海西"跨越式发展的道路上走得又快又好。

25. 侨乡青田县的变迁：从日本老华侨的侨乡到欧洲新华侨的侨乡. 山下清海，小木裕文，张贵民，杜国庆，司韦. 南洋资料译丛，2013 (1)：57-70.

关键词：华侨　侨乡　青田县　改革开放政策

内容摘要：随着1978年底以后改革开放政策的实施，中国因务工和留学等出国前往世界各地的人增加了。侨居海外的华侨（华人）大致可分为两种类型。自改革开放以前侨居海外的华侨被称为"老华侨"，而改革开放后前往海外的华侨被称为"新华侨"。

26. 侨乡历史的发展：以东莞凤岗镇黄洞村为个案. 苏小美. 兰台世界，2013（1）：101-102.

关键词：海外华侨　凤岗　侨乡　外来人口　碉楼　契约华工

内容摘要：黄洞村位于东莞市凤岗镇东北部，全村面积为10.8平方公里。东与深圳市龙岗区交界，南与塘沥村相邻，西与竹塘村相连，北与清溪镇三中村接壤。距深圳市中心区25公里，距东莞市区约50公里。黄洞村委会下辖岭南村、田心村、榕树厦村、洪屋围村和南门山村5个村民小组。至2005年底，全村户籍人口总计629户，共2233人。

27. 广东侨乡的历史变迁与社会发展：以高要市为个案. 刘艳. 前沿，2013（18）：157-158.

关键词：广东　高要　侨乡　华侨华人

内容摘要：高要市是全国重点侨乡之一。约19世纪中叶起，高要籍华侨漂洋过海，前往澳洲、东南亚等地区；改革开放后，高要移民规模不断扩大，对侨乡的建设和发展产生了极大影响。本文主要围绕高要市的历史变迁、移民历史和海外华侨与侨乡之间的联系展开论述，以阐释广东高要侨乡的社会发展情况。

28. 河海网络的交织与互动：省港澳与广东侨乡形成研究. 郑德华. 海洋史研究，2014（2）：253-265.

关键词：Guangdong Overseas Chinese Hometown Guangzhou, Hong Kong,

Macau Social Network River and Ocean Intersection

内容摘要：当我们考察19、20世纪之交广东沿海地区历史的时候，一定会注意到海港城市的兴衰和变化。它们的变迁除了与海洋贸易息息相关之外，亦与邻近地区的经济、社会的变化有直接的关系。从地域研究的角度看，这个历史阶段中广东的海港城市，尤其是省（广州）、港（香港）、澳（澳门）这三个海港城市，不仅是珠江三角洲地区颇具影响力的核心城市，对该地区的社会、经济、文化有着重大的影响。

29. 旅日新华侨侨乡方正县的发展. 山下清海，小木裕文，张贵民，杜国庆，乔云. 南洋资料译丛，2014（3）：57-69.

关键词：侨乡　方正县　华侨

内容摘要：无

30. 简析延吉市"旅韩新侨乡"的崛起——兼论朝鲜族新移民. 吴昊. 成都师范学院学报，2014（4）：61-65.

关键词：朝鲜族　韩国　延吉市　新移民　新侨乡

内容摘要：新移民与新侨乡问题引起学界广泛的关注。本文关注少数民族新移民问题，以朝鲜族新移民为中心，简析延吉市如何崛起成为旅韩新侨乡，并讨论了新侨乡产生的背景、新移民的发展历程、侨汇和海外收入的影响，最后，揭示了延吉市侨乡文化的形成，指出作为跨境民族的朝鲜族对韩国的文化适应相对容易和韩国民族主义化的政策改革，是新移民迅速发展而使延吉市崛起成为新侨乡的主要原因。本文在此基础上还提出延吉市丰富了侨乡的类型。

31. 粤东北客家"侨乡"的形成与建构：以大埔县百侯村为例. 肖文评. 客家研究辑刊，2015（1）：31-51.

关键词：粤东客家　大埔县　粤东北　侨乡　海外贸易

内容摘要：随着海外贸易的合法化，乾隆以来，尤其是道光年间沿海开埠以后，粤东客家山区居民到东南亚等地创业，成为向外移民的新趋势。本文根据田野调查和所收集的各种官方与民间文献，以粤东北典型"侨乡"大埔县百侯村为个案，探讨客家"侨乡"的形成与建构过程。人多田少、自然灾害、社会动乱等，是移民的基本因素，而谋求更大的生存空间和发展空间则成为出外创业者的主动性选择。

32. 金门县政府的文化活动与侨乡形塑：以《金门文艺》为观察对象. 余懿珊. 华文文学与文化，2015（4）：69-105.

关键词：金门 《金门文艺》 侨乡 闽南文化

内容摘要：无

33. 梅州侨乡形成研究述评. 魏明枢. 嘉应学院学报，2015（6）：5－9.

关键词：华侨志 梅州侨乡 形成 探讨

内容摘要："梅州侨乡的形成"是相关方志的重要内容，但相关的研究仍然处于初期阶段。梅州侨乡有形成于"19世纪末""民国时期""民国之后""中华人民共和国成立之后"等多种观点，但都未做深入探讨，大多缺乏史料支撑。方志要避免做成宣传资料或各单位的总结汇编；方志编纂应满怀对历史的敬畏。

34. 社会资本视域下传统侨乡的社会转型——以云南省腾冲市绮罗侨乡为例. 向绍华. 企业文化，2015（36）：274－275.

关键词：社会资本 侨乡 社会转型

内容摘要：本文通过对绮罗侨乡的整体调查，对比和顺侨乡发展的新兴态势，从社会资本的理论视角出发，分析侨乡转型的内在原因，并由此出发，分析传统社会资本如何与新兴社会资本整合，共同促进地方发展。

35. 20世纪90年代以来延吉新侨乡的形成与变迁：侨乡视角的解读. 李勇，吴昊. 八桂侨刊，2016（1）：45－55.

关键词：延吉 侨乡 移民网络 移民跨国实践 侨汇

内容摘要：侨乡是在某一地域内，由于一定时期内持续和较大规模地向国外移民，在移民网络、移民跨国实践和侨汇等因素的持续作用下，导致移民输出地家乡经济社会和文化结构发生整体性变迁的地区。改革开放以来，在闽浙等传统侨乡的非传统侨区，以及在东北、部分内陆省份和沿边出现了一系列的新侨乡，对于此类新侨乡现象，学术界尚缺乏一般性的理论分析框架。透过对延吉田野的多纬度理论解析，从侨乡形成过程而非以给定社会指标（比如华侨华人和归侨侨眷人口比率等）的方法来判认侨乡，阐释和解读前述定义下新侨乡的形塑。

36. 闽南侨乡新移民：形成、分期与特点. 朱东芹. 南洋问题研究，2016（1）：86－98.

关键词：闽南 侨乡 新移民 菲律宾

内容摘要：新移民是当今侨务工作的重要资源，有关新移民问题的研究也是近20年学界研究的热点。一般意义上的"新移民"指"改革开放后移居国外的中国大陆公民",形成于改革开放之后,主要来自国内大中城市,以留学移民为主,主要流向西方发达国家。由于数量多、层次高、影响大,这部分新移民是以往学界关注的重点,而对于有着不同内涵与特点的另一新移民群体——侨乡新移民,学界的研究则较少。本文即选取这类群体中颇具代表性的闽南侨乡新移民,对其形成、分期及特点展开了分析。

(二) 侨乡革命

1. 支援侨乡革命斗争:中共泉州中心县委香港支部开展海外工作情况. 倪永图,郑星辉. 泉州党史通讯,1985(3):80-86.

关键词:无

内容摘要:无

2. 略论泉州侨乡的游击战争. 黄夏莹. 泉州党史通讯,1989(1):33-38.

关键词:无

内容摘要:无

3. 枪声震侨乡:泉州人民游击战争的胜利. 黄夏莹. 泉州师范学院学报,1989(1):95-98.

关键词:泉州市 侨乡 中国人民解放军 游击战争

内容摘要:今年是中国人民解放军闽浙赣边纵队成立40周年,也是泉州市侨乡人民游击战争胜利40周年。回顾历史,在解放战争年代,泉州侨乡人民游击队,分别隶属于闽浙赣和闽粤赣两支游击纵队的领导。本文侧重叙述在中共闽浙赣省委和中共闽中地委领导下,泉州侨乡的群众性游击战争。

4. 会师前后:纪念泉州地区解放40周年. 许集美. 泉州师范学院学报,1989(2):60-62.

关键词:泉州地区 人民解放军 中国 军事史

内容摘要:1949年8月31日,泉州侨乡人民日夜盼望的时刻终于到来了,这一天人民解放军兵临洛阳桥,闽浙赣游击纵队闽中队泉州团队的队伍挺进泉州城,并于9月1日同人民解放军会师。人们欣喜若狂、奔走相告,以无比兴奋的心情欢迎人民解放军和游击队。

5. 侨乡风云——泉州团队的战斗历程与经验. 黄夏莹. 泉州师专学报（社会科学版），1990（2）：46-50.

关键词：泉州　侨乡　解放战争

内容摘要：泉州是著名侨乡，位于福建省东南沿海，闽南厦（门）漳（州）泉（州）三角地带。由于历史的沿革、地理位置以及政治、军事、经济、文化诸多条件与其他地理有所不同，在解放战争中，泉州侨乡的革命武装斗争也具有迥异于福建其他地区的特点，"侨乡风云"阐述了泉州团队的战斗历程与经验。

6. 泉州侨乡革命武装斗争的特点与经验. 黄夏莹. 福建党史月刊，1990（6）：29-31+35.

关键词：革命　武装斗争　游击战争　侨乡　泉州

内容摘要：无

7. 福建华侨对辛亥革命的贡献. 王铁藩. 福建论坛（人文社会科学版），1991（4）：42-46.

关键词：华侨　武装起义　辛亥革命　同盟会　福建

内容摘要：福建是中国著名侨乡，华侨数量仅次广东省，居全国第二位。福建华侨素以刻苦耐劳著称，他们为了发展侨居国的经济，披荆斩棘做出很大贡献。但是，在近代绝大多数的华工却过着"欲饮无浆，欲饭无粮，霜欺雪虐，风雨彷徨"的非人待遇，能活下来的只不过占10%左右。其中极小一部分上升为资本家，他们境遇虽比华工好，但是在政治上、经济上也受帝国主义、殖民主义和垄断资本家的压迫和排挤。

8. 福建华侨与辛亥革命. 范启龙. 福建师范大学学报（哲学社会科学版），1991（4）：86-92.

关键词：海外华侨　革命活动　辛亥革命时期

内容摘要：1911年辛亥革命是我国民族资产阶级领导的反帝反封建的资产阶级民主革命。它推翻了统治中国两千多年的君主专制制度，为建立共和国立下了丰功伟绩，在中国历史上写下灿烂的篇章。福建是著名侨乡之一，闽籍海外侨胞对辛亥革命不仅大力支持，而且积极参与。他们为我国民主革命做出的贡献将永载史册，千古流芳。正如革命先行者孙中山先生所说："此次推翻帝制，各埠华侨既捐巨资，以为军费，而回国效命决死，以为党军模范者。复踵相接，其坚忍勇往之忱，诚不可多得者也。"他还留下一句流传甚广的名言："华侨是革命之母"。

9. 辛亥革命时期的侨乡风云：为纪念辛亥革命八十周年而作之二. 刘重民. 新宁杂志，1991（4）：46-47.

关键词：无

内容摘要：无

10. 福建华侨与辛亥革命. 王尊旺. 福建史志，2001（5）：25-29.

关键词：辛亥革命　华侨　福建　观念　侨乡

内容摘要：辛亥革命是中国历史上一次伟大的民主革命。它推翻了在中国延续两千余年的封建制度，建立了"中华民国"，使民主、共和的观念深入人心。在这场汹涌澎湃的革命洪流中，广大华侨扮演了极其重要的角色。

11. 论福建华侨对辛亥革命的主要贡献. 李颖. 黔东南民族师范高等专科学校学报，2004（4）：26-28.

关键词：福建华侨　辛亥革命　主要贡献

内容摘要：福建是著名的侨乡，闽籍华侨为辛亥革命事业做出了巨大的贡献。概而言之，福建华侨参与革命活动，主要有几个方面：建立革命组织，传播革命思想，筹备军需款项，积极参与国内革命和建设等。

12. 漳籍华侨与辛亥革命. 郭上人. 福建史志，2011（5）：39-41.

关键词：辛亥革命　华侨　印度尼西亚　漳州市

内容摘要：漳州是福建省主要侨乡之一。《漳州市志》载，据1988年不完全统计，旅居国外的漳籍乡亲有70多万人，主要聚居在印度尼西亚、新加坡、菲律宾、泰国、缅甸、越南、日本、美国、加拿大等国家。

（三）侨乡抗战

1. 抗日战争时期四川金融大事记（初稿）. 田茂德，吴瑞雨. 西南金融，1986（3）：28-31.

关键词：抗日战争　金融业务　外汇平准基金　侨汇

内容摘要：1944年1月1日为鼓励侨汇及照顾侨眷，政府公布《华侨汇返国内赡家汇款外汇兑付国币办法》。除照牌价结汇外，加给法币50%。至1月20日起改为100%。6日中央、中国、交通、农民四行及邮汇局调整存款利率。由月息四厘改为六厘。

2. 抗日战争时期广西侨汇工作拾零. 苏宁，常营. 八桂侨刊，1992

(2): 62.

关键词：侨汇工作　抗日战争时期　华侨汇款　容县

内容摘要：七七事变后，南洋著名爱国侨领陈嘉庚在新加坡组织"筹赈会"，发动侨胞筹款募捐和汇款回家，支援抗日战争。广大侨胞热烈响应，广西籍侨胞汇款回乡的数量也日益增加。1939年，容县、北流一带南洋侨胞的汇款，年额约在法币一千万元以上。

3. 华侨与战时陪都经济. 钟铁. 八桂侨刊，1992（4）：46-48.

关键词：华侨投资　侨汇　抗战　陈嘉庚

内容摘要：1937年抗日战争全面爆发后，重庆成为国民政府的陪都。战时的重庆经济之所以有一定程度的发展，为前方抗战提供了必要的物质条件，却与海外华侨以各种方式给予经济支援密切相关。本文拟对此做一初步探讨，以展现抗战时期广大爱国华侨对陪都经济建设的巨大贡献。

4. 抗日战争时期闽粤侨乡的侨眷生活. 熊蔚霞，郑甫弘. 南洋问题研究，1992（4）：39-49.

关键词：闽粤侨乡　侨眷　抗日战争　侨汇　华侨

内容摘要：在抗日战争时期，闽粤侨乡的侨眷生活与战前相比发生了巨大的变化，本文试图通过论述这一时期侨眷生活的恶化及其原因，来探讨侨眷家庭生活的特点。抗日战争时期侨眷经济生活的巨变在抗日战争爆发以前，闽粤侨乡侨眷的生活一向为人所称美。他们的生活比非侨眷大都安适和富裕些。抗战爆发后，侨汇不通，闽粤侨乡侨眷的生活陷入恐慌，大批侨眷饥饿而亡。

5. 抗日期间侨乡人民在逃荒中与阳江人民结下的情谊. 谢彦伦. 阳江文史，1992（7）：56-59.

关键词：无

内容摘要：无

6. 三社烧焦土，曾埋七百人：日本侵略军在台山侨乡罪行录. 陈中美. 新宁杂志，1995（3）：35.

关键词：无

内容摘要：无

7. 抗日战争中的福清华侨. 余贤龙. 福建党史月刊，1995（11）：34-35.

关键词：抗日战争　华侨　福清

内容摘要：在抗日战争中，广大华侨以空前的爱国热情，支持并参加了这场战争，其丰功伟绩在中国现代史上写下了光辉篇章，永远激励后人。福清是著名侨乡，福清华侨遍布世界各地。东南亚（南洋）各国，尤其印度尼西亚最多。在全民族抗战中，福清华侨做出了重大的贡献。

8. **血浓于水的亲情——抗日战争时期的闽籍华侨**. 翁伟志. 福建党史月刊, 2001（4）: 46-48.

关键词：闽籍华侨　抗日战争时期　太平洋战争　紧急救济　侨汇

内容摘要：1937年，日本发动全面的侵华战争，而且把战争扩大到中国以外。广大闽籍华侨用各种方式支援祖国和家乡的抗日战争，在战火燃烧到南洋后，祖国和家乡也积极救援难侨，谱写了血浓于水的亲情曲。

9. **印尼泗水华侨中医支援祖国抗战纪实**. 林恩燕. 福建史志, 2001（3）: 48-49.

关键词：福建　泗水中医公会　印度尼西亚　抗日战争

内容摘要：福建是我国最主要的侨乡之一，福建籍的中医界华侨在抗战中做出了突出的贡献。他们组织侨团，广泛联络侨胞，开展赠诊、义卖等活动，募集捐款、药品等大批物资，支援祖国抗日。荷属东印度（今印度尼西亚）泗水中医公会是其中杰出的代表。遗憾的是有关抗日战争的著作或文章中均未提及，以致他们的功绩渐被湮没。不久前，笔者发现一份60多年前的珍贵史料，翔实记载了当年他们支援祖国抗战的一系列行动。

10. **抗日飞虎队侨乡儿女多**. 佚名. 海宴侨刊, 2003（55）: 31-32.

关键词：无

内容摘要：无

11. **史海遨游：抗日"飞虎队"侨乡儿女多**. 挚友. 新宁杂志, 2004（2）: 26-27.

关键词：无

内容摘要：无

12. **略论华侨对抗战时期战时经济的贡献**. 佘湘. 内蒙古农业大学学报（社会科学版）, 2005（4）: 237-240.

关键词：华侨　战时经济　贡献

内容摘要：抗战爆发后，广大海外华侨毁家纾难，纷纷通过捐款、侨汇、购债、捐献抗战物资、投资和开展抵制日货、不合作运动等方式，直接或间接从经济上支援祖国抗战，为抗日战争的胜利做出了重要的贡献。

13. **略论抗日战争时期华侨的经济支援**. 李砂砂. 阴山学刊（社会科学版），2005（4）：24-27.

关键词：华侨 抗日战争 捐款 侨汇 公债

内容摘要：在抗日战争时期，华侨对祖国抗战的经济支援起了巨大的作用，为打败日本侵略者，建立了不朽的功勋。

14. **华侨对祖国抗战经济的贡献**. 诸葛达. 浙江师范大学学报（社会科学版），2005（6）：13-18.

关键词：华侨 祖国抗战 经济贡献 原因

内容摘要：抗日战争时期，海外华侨对祖国抗战的经济支援，这是他们对祖国抗战做出的最大贡献。华侨对祖国抗战经济支援的方式：捐款、购债、侨汇、投资和捐献物资。他们在祖国抗战中能做出如此重大经济贡献的主要原因：有强烈的爱国主义精神，有组织有领导地进行，爱国侨领起了重大作用和国共两党都对华侨抗日救国运动起了十分重要的指导作用。

15. **永春华侨与抗日战争**. 林联勇. 福建党史月刊，2005（10）：17-18.

关键词：抗日战争 华侨领袖 抗日救国运动 马来亚 爱国爱乡

内容摘要：永春县是著名的侨乡，永春华侨素有爱国爱乡的光荣传统。抗日战争期间，永春华侨一方面与侨居地人民一道坚持英勇顽强的抗日斗争，另一方面不遗余力地组织人力、物力和财力支援国内人民开展抗日救国运动，为抗日战争及世界反法西斯战争取得伟大胜利做出了不可磨灭的贡献和牺牲。

16. **李汉魂与抗战时期广东救侨护侨述评**. 郑泽隆. 广州大学学报（社会科学版），2006（3）：27-31.

关键词：抗日战争 广东省政府 李汉魂 救护侨胞

内容摘要：广州沦陷后，特别是太平洋战争爆发后，大批华侨从居住国辗转返回侨乡广东后方。国民党广东省政府主席李汉魂不仅组设了广东省赈济会、广东省紧急救侨委员会等救济机构，还努力督率所属各机关救助受难侨胞、侨眷和侨生。李汉魂救护侨胞的工作是在抗日战争的历史背景下展开的，原因是多方面的，李汉魂及各有关机构为救护侨胞、侨眷和侨生所做的主要工作，既有重要意义，也有不足。

17. **赤子功勋彪炳青史——抗日战争中的石狮华侨**. 李国宏，杨行山. 福建党史月刊, 2006（7）: 51-54.

关键词: 石狮 抗日战争 华侨 历史责任

内容摘要: 侨乡石狮位于福建滨海, 抗战中历经了血与火的洗礼。1940年7月16日（农历六月十二）, 日寇突袭永宁, 制造了骇人听闻的"7·16惨案"。早在明代嘉靖四十一年（1562）, 倭寇就曾两度攻陷永宁卫城, 涂炭永宁生灵, 史称"陷城洗街"。旧恨新仇, 刻骨铭心。

18. 试论抗战时期东南亚闽籍华侨对祖国的贡献. 陈新. 井冈山学院学报, 2007（A1）: 54-55.

关键词: 东南亚 闽籍华侨 抗战

内容摘要: 华侨是中华民族在海外的一个支系。福建是著名的侨乡之一。抗日战争时期, 东南亚的闽籍华侨大力支援祖国的抗战事业, 为祖国的抗战事业做出了巨大的贡献。

19. 太平洋战争时期国民政府的侨眷救济——以广东省为中心. 袁丁, 李亚丽. 八桂侨刊, 2007（2）: 13-19.

关键词: 太平洋战争 广东 侨眷救济

内容摘要: 太平洋战争爆发后, 大部分侨汇中断, 在国内的侨眷生活日益艰难, 侨眷救济成为侨务工作的重点。国民政府积极筹谋救济侨眷, 在广东省, 由省银行承办3000万元侨贷进行救济, 在一定程度上缓和了侨眷的生活困难。本文运用档案资料, 通过对国民政府积极救济侨眷活动的探讨, 揭示当时国家意识与政府职能的逐渐转变。

20. 江会沦陷后的古井侨乡. 林达天. 独联侨刊, 2007（54）: 58-63.

关键词: 无

内容摘要: 无

21. 抗日战争时期难侨救济工作探研——以广西为中心的考察. 万东升. 时代人物, 2008（6）: 93-94.

关键词: 战争 难侨 广西 救济安置

内容摘要: 第二次世界大战期间, 法西斯国家发动的侵略战争不仅给中华民族带来了严重的民族灾难, 而且波及旅居海外的广大华侨。他们为了躲避战乱纷纷回国避难, 形成了一股难民潮。作为著名侨乡的广西, 当时新桂系当局对这部分难侨进行了积极的救济安置, 这些工作收到了不小的成效, 一定程度地解决了当时严重的难侨问题。

22. 华侨汇款与抗日战争. 易棉阳,曾鸿燕. 玉林师范学院学报,2008 (6): 31-34+52.

关键词:侨汇 抗日战争 四联总处

内容摘要:抗战爆发后,国家急需进口大量的军用及战略物资,使外汇需求骤然大增,而出口贸易却因战争而急剧减少,使外汇供给日益紧张,这种状况导致了抗战时期外汇供需的严重失衡。于是,千方百计争取侨汇就成为抗战时期国民政府解决外汇短缺问题的一个主要手段。本文把侨汇置于抗战的大背景下,首先考察战争环境下争取侨汇所面临的种种困难,然后分析了国民政府面对困难所采取的措施及其争取侨汇的成效,最后探讨了侨汇对抗日战争的贡献。

23. 从抗战华侨捐资解读闽南华侨爱国义举. 邓达宏. 福建党史月刊,2009 (14): 31-33.

关键词:闽南华侨 抗战捐资 爱国义举

内容摘要:福建南部(闽南)为我国重点侨乡。抗日战争时期,闽南华侨各尽所能,各竭所有,自策自鞭,自励自勉,踊跃慷慨,为祖国的抗战胜利、为家乡的教育事业做出了巨大贡献。

24. 烽火狼烟中的赤子丹心:青田爱国华侨的反法西斯斗争. 杨大兴. 浙江档案,2010 (12): 46-47.

关键词:青田县 抗日战争 第二次世界大战 华人华侨

内容摘要:青田县是浙江省著名的侨乡,第二次世界大战爆发后,青田籍海外华侨蒙受极大的苦难,他们在异国奔走呼号,慷慨解囊,甚至毅然归国,参战杀敌,流血牺牲。抗日战争全面爆发后,青田籍侨胞不但以大量的财力、物力支援祖国抗战,且有不少富有爱国热情、矢志从戎的华侨青年毅然回国参军,主动要求到前线抗击日本侵略者,有的甚至为此献出自己宝贵的生命。

25. 台山华人与美国飞虎队. 黄懿芬,方建民. 炎黄世界,2011 (9): 45-46.

关键词:飞虎队 美国 华人 陈纳德将军

内容摘要:中国人对"二战"中美国陈纳德将军领导的飞虎队功绩不可谓不熟悉,但对飞虎队中广东台山队员以及他们的战绩却不一定清楚。本文记录了他们所谱写的可歌可泣的爱国事迹。"二战"胜利66周年的今天,人们不会忘记当年在中国抗日战场上,有一支赫赫有名的航空军"飞虎队"。飞虎队原指"中国空军美国志愿援军航空队"（简称"航空志愿队"），由美国飞行人员组成，于1941年7月来到中国参加抗日，创始人是美国退役陆军航空上尉、飞行教官陈纳德。侨乡台山素有"航空之乡"之称，在海外早有台山华侨涉足飞机制造和飞行领域。陈纳德麾下的2000多名飞虎队队员中，有95%是美籍华裔，绝大多数是从广东台山、开平、恩平三邑赴美华人的后裔，尤以台山人居多。飞虎队队员中，飞行员只占小部分，大多数是机械师和地勤人员，因为每一位在天上作战的飞行员背后都有三四十名地勤人员为之服务，他们都为抗日战争的胜利立下了不可磨灭的功勋。当年飞虎队的辉煌战绩，让敌人闻风丧胆。自1941年12月20日首战至1942年7月4日航空志愿队解散当日的最后一场空战，飞虎队在缅甸、印度支那、泰国和中国战斗历时7个月，共击落日机299架、击伤153架。

26. 抗战时期的广东省紧急救侨委员会. 闫亚平. 广东石油化工学院学报，2014（2）：1-5.

关键词：抗战时期 广东省 救侨委员会

内容摘要：在抗战时期，因日军对东南亚地区的占领以及对华侨的迫害，大批华侨被迫返国。国内侨生、侨眷也因侨汇中断导致生计艰难。广东省政府在国民政府的领导下成立了广东省紧急救侨委员会，展开了对归国华侨的救助，取得了良好的效果。救侨会的成立及其活动表明了国民政府侨务观与救济观的转变，是现代政府职能的凸显。

27. 1931—1945年华侨支援祖国抗战的主要方式. 王富盛. 琼州学院学报，2014（4）：94-103.

关键词：华侨 抗日战争 支援

内容摘要：抗日战争是近代中国人民反对外敌入侵第一次取得完全胜利的民族解放战争。取得这次伟大战争的胜利离不开广大海外华侨的热心援助。海外华侨作为中华民族的一部分，以前所未有的姿态全力投入全民族抗战的洪流中，他们以宣传抗日救亡、组织救亡团体、捐款捐物、寄回侨汇、回国投资、购买公债、抵制日货、回国参军参战、维护国共合作、争取国际援助等多种多样的方式支援了祖国的抗战，为祖国抗日战争的胜利做出了重大的贡献。

28. 抗日战争期间的广东难民. 官丽珍. 广东档案，2014（6）：27-29.

关键词：抗日战争期间　潮汕　善后救济总署　难民　救济区

内容摘要：日本帝国主义的入侵，给中国人民带来了种种的灾难，在广东还使大量曾安居乐业的民众成了难民，流离失所，无家可归。由于广东是著名的侨乡，受战争的影响，还出现了为数不少的难侨，尤以广州市、广州湾（今湛江市区）、江门市、潮汕等地的难民、难侨数量较多。

29. **海外华侨对中国抗战的贡献**. 严春宝. 春秋，2015（6）：51-52.

关键词：中国抗战　海外华侨　经济保障　南侨机工　滇缅公路

内容摘要：中国抗战的胜利，离不开海外华侨的贡献。海外侨胞从经济上给予了抗战以巨大的支援，海外战场为抗战提供了强有力的经济保障。支离破碎的不完整统计数据，或许能为我们勾勒出海外战场的一个大体轮廓。据国民政府财政部捐款资料统计：从1937年7月到1945年8月，海外侨胞直接捐款13亿余元国币；认购公债11亿元国币，占国民政府战时发行公债总额的1/3强（这些所谓的公债战后并没有偿还，因而事实上与捐款无异）。除了直接的捐款和认购国债，还有数量庞大的侨汇。

30. **试论泉州华侨对抗战的贡献**. 刘西水. 福建史志，2015（4）：11-15.

关键词：抗日救国　泉州　华侨

内容摘要：2012年12月至2014年5月的一年半时间里，笔者荣幸地参与了泉州华侨革命历史博物馆文物史料的征编，对侨乡的红色记忆久久不能忘怀。今年9月3日是中国人民抗日战争暨世界反法西斯战争胜利70周年纪念日。当年充满血染风采的泉州华侨抗战记忆，是人们"铭记历史、缅怀先烈、珍爱和平、开创未来"的一部启示录。

31. **永不忘却的抗战记忆**. 李红. 今日中国，2015（6）：68-70.

关键词：南侨机工　云南行　抗战期间　华文媒体　抗日救国　滇缅公路

内容摘要：据统计，抗战期间，海外侨胞捐款人数达到400万人，相当于当时世界华人华侨总数的一半，捐款达到13亿余元，相当于当时国币几十亿元。在纪念中国人民抗日战争暨世界反法西斯战争胜利70周年之际，国务院侨务办公室组织"文化中国·2015海外华文媒体云南行"暨第五期中央媒体"走基层·侨乡行"，展开了首次在云南重走南侨机工之路的活动。

32. **福建华侨在抗日战争中的作用与贡献**. 王亚君. 福建党史月刊，

2015（11）：11-15.

关键词：日本侵略者　民族情　抗日救国

内容摘要：福建简称"闽"，是中国著名侨乡。据不完全统计，抗日战争时期，海外华侨约 800 万人，其中 300 万左右为福建华侨。散居于世界五大洲的福建华侨，以居住于东南亚华侨数量最多、经济实力最强、社会影响力最大。他们是中华民族的组成部分，具有强烈的民族情、爱国心。当日本侵略者大举侵华、祖国面临危亡时，他们一致奋起，甚至不惜以鲜血和生命支持抗战。

（四）侨乡掌故

1. 侨乡台山话今昔. 佚名. 新华月报，1972（11）：178-180.

关键词：无

内容摘要：无

2. 姑嫂塔（闽南侨乡民间故事）. 李灿煌搜集整理. 榕树文学丛刊，1980（1）：22.

关键词：无

内容摘要：无

3. 孙中山与侨乡松口. 宇皓. 羊城晚报，1981（10）：4.

关键词：无

内容摘要：无

4. 闽南侨乡风俗琐录. 曾阅. 榕树文学丛刊，1982（1）：271.

关键词：无

内容摘要：无

5. 侨乡史话. 佚名. 汝南之花，1982（4）：45.

关键词：无

内容摘要：无

6. 大军渡海捣天涯. 侨乡人民齐支前. 欧大雄. 文昌党史资料，1984（3）：62-67.

关键词：无

内容摘要：无

7. 侨乡佛国开元寺. 蒋学飞. 旅游，1985（11）：26.

关键词：无

内容摘要：无

8. 侨乡史话. 佚名. 居正月报, 1986 (8): 25.

关键词：无

内容摘要：无

9. 侨乡史话. 佚名. 广海通讯, 1990 (复刊号): 46-47.

关键词：无

内容摘要：无

10. 侨乡新传说. 晁锡弟插图, 王人秋搜集. 民间文学, 1990 (7): 47-49.

关键词：无

内容摘要：无

11. 侨乡史话. 佚名. 广海通讯, 1991 (复刊号): 46.

关键词：无

内容摘要：无

12. 侨乡吴阳三古迹. 欧锷. 湛江乡情, 1992 (1): 54-55.

关键词：无

内容摘要：无

13. 古兜山土匪与崖西侨乡的灾难. 黄柏军. 五邑侨史, 1993 (总14): 48-50.

关键词：无

内容摘要：无

14. 侨乡台山今昔谈. 李光真. 水南侨刊, 1994 (30): 65-67.

关键词：无

内容摘要：无

15. 从侨乡五邑谈到恩平. 方雅伦. 恩平公报, 1995 (复刊号): 28.

关键词：无

内容摘要：无

16. 侨乡丙村镇的历史沿革. 始仁. 客联, 1996 (1): 19.

关键词：无

内容摘要：无

17. 侨乡旧事出国兵. 佚名. 北炎通讯, 1999 (73): 7-10.

关键词：无

内容摘要：无

18. 新会侨乡史话. 欧济霖, 陈汉忠. 新会侨刊, 1999（总56）: 45-48.

关键词：无

内容摘要：无

19. 新会侨乡史话（连载二）. 欧济霖, 陈汉忠. 新会侨刊, 1999（总57）: 44-48.

关键词：无

内容摘要：无

20. 新会侨乡史话（连载三）. 欧济霖, 陈汉忠. 新会侨刊, 2000（总58）: 46-48.

关键词：无

内容摘要：无

21. 侨乡旧事及其他. 陈志泽. 散文诗世界, 2008（9）: 10-13.

关键词：鸡蛋花　侨乡　洋楼　铁观音

内容摘要：鸡蛋花开的时候, 采它最多的是花树近旁几家番客婶。那些斯文秀气的姿娘, 这时都能上树了, 树梢梢的花也连着彩霞采下。发髻上的花还没谢, 又要换新的。

22. 江门五邑侨乡龙地名. 司徒明德. 人才资源开发, 2015（3）: 70.

关键词：江门　五邑　龙地名

内容摘要：广东省江门五邑（新会、台山、开平、恩平、鹤山）是著名侨乡。身居此地的人们从龙的发源地——中原迁徙而来, 历来崇尚龙的精神, 以"龙的传人"自诩, 故江门五邑的诸多地名都与龙有关, 仅以"龙"字命名的区、镇、村名就数以千计, 令人叹为观止。龙头——龙头里, 地处江门市蓬江区白沙街道办事处内, 因依傍龙头岭兴建, 由山而得名。龙头岭为一座草木葱绿的山冈, 由于山顶生长着一株沧桑老树, 枝繁叶茂, 形似俯卧之龙头, 气势雄伟, 因此而得名。

（五）侨乡人物

1. 李子芳烈士传略（初稿）. 郑山玉. 党史研究与教学，1982（5）：19-25.

关键词：码头工人　新四军　李子芳　烈士

内容摘要：李子芳烈士，乳名清心，1910年农历三月二十四，出生于福建省晋江县滨海侨乡——永宁岑兜村。父李兹螺，早年出洋谋生，在菲律宾先当码头工人，后与人合开小杂货商店。母施荷糖，于家务农，在烈士小时被瘟疫吞噬了生命。李子芳八岁入家乡的银江小学，学习成绩优秀，后因父亲海外营业破产而辍学。

2. 有公足壮海军威：记清末爱国将领邓世昌（侨乡历史人物）. 姚瑞英. 穗郊侨讯，1985（1）：33-34.

关键词：无

内容摘要：无

3. 侨乡人物. 佚名. 文昌乡声，1985（1）：41.

关键词：无

内容摘要：无

4. 李光前先生与国光中学. 潘达生，张基桢. 教育评论，1985（2）：45-46.

关键词：陈嘉庚　新加坡　学校　华侨

内容摘要：位于闽南著名侨乡南安县梅山芙蓉镇的国光中学，周围风光秀丽，校舍雄伟壮观，布局合理，是一所学习环境十分优美的学校。国光中学创办人爱国华侨李光前先生，1883年出生，十岁随父南渡新加坡就读英印学堂，学英文和算术。每周末还去养正学堂兼习中文，成绩优异。1908年回国进暨南学堂深造，1911年升入清华高等学堂，以后转入唐山路矿专门学堂（交大前身）。学成南返新加坡。

5. 热爱电影事业的罗明佑（侨乡历史人物）. 梁崧生. 穗郊侨讯，1985（2）：30.

关键词：无

内容摘要：无

6. 刘石梅的传说（侨乡历史人物）. 白云. 穗郊侨讯，1985

(3): 39.

关键词：无

内容摘要：无

7. 胡璇泽，华侨中的第一位领事（侨乡历史人物）. 辛夷. 穗郊侨讯，1986（1）：28.

关键词：无

内容摘要：无

8. 中华民族的英雄 闽南侨乡的骄傲. 戴日新. 闽南革命史研究，1986（2）：46–52.

关键词：无

内容摘要：无

9. 张维屏事略（侨乡历史人物）. 梁松生. 穗郊侨讯，1986（4）：31.

关键词：无

内容摘要：无

10. 侨乡哺育的篆刻家——林健. 王宪俊. 今日中国，1986（6）：68–80.

关键词：无

内容摘要：无

11. 胡文虎文抄. 林指华. 龙岩师专学报，1987（1）：80–82.

关键词：胡文虎 八年抗战 文抄 侨乡

内容摘要：今年二月，离星赴港，月之二日，始又自港返星。屈指韶光，别仅半载耳。在此半载中，全部时间，均留滞香港；除擘画扩展星系报务外，厥为注意吾闽复兴建设事业。文虎常思，举吾海外闽侨而论，才智之士，固大不乏人；而于财力一端，尤足以雄视海外，惟举内地言之，则贫苦之状，诚有不堪告人者。虽则八年抗战期中，受敌蹂躏之区，不若沿海诸省之广，然因侨汇中断，影响之大，则又较各省为烈。故疮痍满目，遍野哀鸿，亦宛然一广大之灾区也。

12. 侨乡之子. 龚正嘉. 华人之声，1989（4）：43–44.

关键词：无

内容摘要：无

13. 我国早期航空事业先驱李一谔传略. 侨史. 鹤山乡讯，1989

(20): 20.

  关键词：无

  内容摘要：无

  14. 华侨实业家陆佑先生传略．《陆佑画册》编辑部．鹤山乡讯，1989（21）：25－26．

  关键词：无

  内容摘要：无

  15. 侨乡赤坎的熠熠之星．谢伟军．小海月报，1989（29）：52－54．

  关键词：无

  内容摘要：无

  16. 从华侨子弟到革命烈士（侨乡人物）．演深．穗郊侨讯，1990（5）：39－40．

  关键词：无

  内容摘要：无

  17. 沟通侨汇的功臣使者——水客．张育斯．南方金融，1990（11）：38＋48．

  关键词：水客　客家人　华侨　侨汇

  内容摘要：梅州地区是我国著名侨乡之一，素有"华侨之乡"的美誉。由于封建、半封建社会压迫、剥削重，社会生产力落后，民不聊生等历史原因，加上梅州地区靠近我国东南沿海的有利地理位置，梅州客家人移居国外的历史相当悠久。一般认为，早在18世纪70年代，客家人就开辟了一代客家人移居海外谋生的社会风气，但大量远涉重洋谋生的是在鸦片战争之后。据《广东侨报》1989年5月9日载：当今梅州客家华侨和华人有200多万人。另据《嘉应侨史》1988年7月创刊号发表的统计资料，当今梅州客家华侨和华人有169万余人（不包括港澳同胞34万余人）。

  18. 侨乡人物画家林达川生前事迹．佚名．独联侨刊，1990（复刊号）：34－37．

  关键词：无

  内容摘要：无

  19. 归侨司徒卫中事略（侨乡人物）．庵升．穗郊侨讯，1991（4）：42－43．

  关键词：无

内容摘要：无

20. 华侨子弟林科事略（侨乡人物）. 张衍森. 穗郊侨讯, 1991 (4)：43.

关键词：无

内容摘要：无

21. 从名门闺秀到革命战士——《风雨桐江》中的蔡玉华形象. 刘宗涛. 龙岩学院学报, 1992 (1)：55-57.

关键词：名门闺秀　革命战士　文艺形象

内容摘要：司马文森的长篇小说《风雨桐江》描写的是1935年中央红军北上长征后，闽南沿海地区侨乡人民在党的领导下对敌斗争的惊心动魄的事迹。小说规模宏大，故事情节曲折引人，塑造了几十个有血有肉并具有鲜明个性特征的人物形象。蔡玉华就是其中的一个。她从名门闺秀到革命战士的感人形象，为当代文学的画廊又增添了一位江姐、林道静式的人物。

22. 侨乡人物：回忆先父蒋道日. 佚名. 沙堆侨刊, 1992 (34)：57.

关键词：无

内容摘要：无

23. 将闯外洋的侨乡女. 陈灿富, 陈少峰. 新宁杂志, 1994 (4)：37-39.

关键词：无

内容摘要：无

24. 侨乡都斛名人亭. 佚名. 都斛侨刊, 1994 (10)：17.

关键词：无

内容摘要：无

25. 侨乡人物：酱油大王暨泰国篮球公会主席邓文福先生. 佚名. 小海月报, 1994 (49)：42-44.

关键词：无

内容摘要：无

26. "灼业煌煌乡情在，文德泱泱邑人钦"——记香港纺织业巨子李灼文. 梅伟强、陈咏梅. 五邑大学学报（社会科学版）. 1995 (1)：65-68.

关键词：李灼文　香港　捐赠　纺织业

内容摘要："求木之长者必固其本，欲流之远者必浚其源，思国之兴者必重其教。台山旅港乡亲李灼文先生，有感于五邑织造如林，专才急需，乃应我纺织学科之设，欣然捐港币四百万元，成此纺织工程馆，名之曰台山楼……"这是耸立在五邑大学校园内之"台山楼"碑记中的一段文字。而今，在英雄山下，东湖公园之滨，"台山楼"巍然矗立，成为我校师生和外来游访者留影的佳景。可斯楼的捐建人李灼文先生却已然乘风仙去两年多。每当流连于斯楼前，就不禁令人想起北宋大文豪范仲淹的名句："云山苍苍，江水泱泱，先生之风，山高水长。"

27. **梅花为骨玉为魂——吴有恒同志光辉的一生**．梅伟强．五邑大学学报（社会科学版）．1996（2）：80－84．

关键词：吴有恒　侨乡　革命

内容摘要：1994年9月7日，中国共产党的优秀党员，忠诚的共产主义战士吴有恒同志遗体告别仪式在广州殡仪馆举行，悬挂灵堂四周的数十幅挽联、挽幛、挽诗中，原粤中纵队第六支队江门联谊会全体战士敬挽的挽联特别引人注目，其右联上写道："运筹香港求是延安烽烟南路进军三罗饮马西江歼敌两阳解放粤中宁馨儿郎将才横溢"，左联上写道："论理广州大书山乡击节榕荫挥笔作协借鉴恩仇主编羊城抒怀北京文苑一秀骚魂贯中。"短短72个字，概括了吴有恒同志光辉的一生，读后令人肃然起敬……

28. **叶剑英与华侨**．谢文霖．广东党史，1997（3）：11－13．

关键词：叶剑英　华侨　侨务工作　海外关系　侨眷

内容摘要：叶剑英出生在著名侨乡广东梅县。他的三位伯父是马来亚华侨，父亲叶钻祥留家守业，亦曾往返于南洋和梅县雁洋堡，为华侨和侨眷捎钱送物，传递信息。1915年，叶剑英从东山中学出来，次年随水客赴马来亚怡保谋生。1917年，云南都督唐继尧派人到南洋宣慰华侨，招收华侨子弟入云南讲武堂就学。胸怀大志的叶剑英顺利通过了考试，被正式录取。云南讲武堂毕业后，叶剑英回到广东，追随孙中山。

29. **侨乡谜人伍耿怀及其作品**．陈启初．泉南文化，1999（8）：39－40．

关键词：无

内容摘要：无

30. **叶剑英与广东侨乡土地改革**．肖燕明，张江明．叶剑英研究，

2000 (3): 69-73.

  关键词: 无

  内容摘要: 无

  31. 海外"拓荒者"——记法属圭亚那江浙沪华侨同乡会会长郭胜华. 杨卫敏. 海内与海外, 2000 (7): 15-18.

  关键词: 法属圭亚那 同乡会 华侨 江浙沪

  内容摘要: 他凭着近乎海明威笔下的那种处于危险境地和死亡边缘, 但又坚强地同命运抗争的"硬汉性格"和"可以被消灭, 但不能被打败"的"硬汉精神", 硬是在南美莽莽处女之地开拓出辉煌的事业,"从无中创造出有来"; 另一方面, 他不苟言笑的外貌中却蕴藏着一副悲悯真挚的仁者心肠, 心灵中涌动的深广的忧患意识和爱国之情更时时牵动着他那颗炽热率真的赤子之心。他, 就是来自南美洲法属圭亚那的郭胜华先生。我想采访他, 首先是被他独特的人生经历和迥异的人格魅力所吸引。父亲要把巴黎的小餐馆传给独养儿子, 郭胜华却不领情, 他要到更远的地方独自闯世界。1976年初来乍到时, 21岁的郭胜华两手空空, 语言不通, 分不清东西南北, 脑中一片空白, 因为在这之前他还是浙江省青田县山区一个地地道道的农民。当时的城市青年都未必弄得清法属圭亚那是何方的"爪哇国", 更何况他这样一个从小在农村长大的毛头小伙子。既如此, 他为何又是怎样来到这个"爪哇国"的呢? 他的初衷是来投亲的。浙江青田县是一个历史悠久的侨乡, 他的祖辈和父辈因生活所迫先后随去西欧的青田人一起来到法国, 靠叫卖中国小工艺品和开餐馆谋生。

  32. 司徒美堂与侨乡土改. 傅颐. 江门党史, 2000 (1): 33-39.

  关键词: 无

  内容摘要: 无

  33. 闽南侨乡又一个陈嘉庚式的人物——黄仲咸. 本刊记者. 炎黄纵横, 2000 (5): 35-40.

  关键词: 无

  内容摘要: 无

  34. 侨乡人物. 佚名. 田头侨刊, 2000 (17): 45-46.

  关键词: 无

  内容摘要: 无

  35. 美洲华侨的旗帜——司徒美堂. 张国雄. 五邑大学学报 (社会科

学版），2003（1）：26－30.

  关键词：司徒美堂 侨领 美洲 开平

  内容摘要：司徒美堂由一名普通华侨成长为著名的华侨领袖，在美洲尤其是美、加享有崇高的威望。他在中国革命进程中的功绩，他在侨界的历史地位，使他与陈嘉庚并称为中国侨界的"双子星座"。

  36. 替中国与世界对话的女人：唐闻生. 林亚茗，余映涛，吕静茹. 伴侣（B版），2003（2）：4－5.

  关键词：无

  内容摘要：无

  37. 司徒美堂对侨乡土改工作的杰出贡献. 梅伟强. 五邑大学学报（社会科学版），2003（4）：32－34＋54.

  关键词：司徒美堂 土地改革 华侨 政策 工作

  内容摘要：著名华侨领袖司徒美堂先生在我国土地改革运动中，对侨乡土改政策提出了富有预见性、建设性的意见。后又亲临粤中侨乡考察土改工作，为土改的顺利进行做出了杰出的贡献。

  38. 侨乡俊彦：我要台山 Passport：记郑紫云. 佚名. 新宁杂志，2003（4）：7.

  关键词：无

  内容摘要：无

  39. （靓玉麟：侨乡人物连载）大老倌争雄. 佚名. 康和月刊，2003（28）：38.

  关键词：无

  内容摘要：无

  40. （靓玉麟：侨乡人物连载）冰释"陶陶居". 佚名. 康和月刊，2003（29）：40－44.

  关键词：无

  内容摘要：无

  41. 华人首富林绍良. 徐征峰. 财会月刊，2004（2C）：24－25.

  关键词：商业人物 林绍良 华人 林氏集团 金融业

  内容摘要：虽然林绍良已经88岁，并且退居幕后多年，但他作为"世界华人首富"的影响力依然不减，而且延续到他在大陆的老家。入秋时节，在林绍良的家乡——福清市海口镇举办了一场高规格、多系列的

"侨乡之光"图片展,突出宣扬林绍良对家乡海口的贡献。当地政府希望此举能借林绍良的威名,通过打"侨牌"来吸引更多的"林绍良"前来投资。

42. (靓玉麟:侨乡人物连载)拜师金山正. 佚名. 康和月刊,2004 (30):49.

关键词:无

内容摘要:无

43. (靓玉麟:侨乡人物连载)应和对佳联. 佚名. 康和月刊,2004 (31):46.

关键词:无

内容摘要:无

44. 挖掘侨乡美和光明的使者——余仲平. 梁文想. 风采月刊,2004 (复刊71):28.

关键词:无

内容摘要:无

45. 梅光达的中国情结. 梅伟强. 五邑大学学报(社会科学版),2005(1):36-39.

关键词:梅光达 中国情结 爱侨护侨

内容摘要:梅光达是澳大利亚著名的华侨侨领和富商,他加入澳大利亚国籍后,对自己的祖国和人民,对在澳大利亚谋生的骨肉同胞,始终怀有深厚的故土情结。他先后三次回国探亲、考察商务、拜见清朝官员,并在澳大利亚竭力维护侨胞的合法权益,是杰出的中国人民的儿子。

46. 在国统区抗日救亡——访抗战老同志许集美. 张朝阳,李晓芳. 福建党史月刊,2005(A1):39-40.

关键词:抗日战争时期 抗日救亡运动 国统区 许集美 菲律宾

内容摘要:许集美于1924年8月出生于福建省晋江县安海镇桥头村,15岁加入中国共产党,离休前任福建省第五届、第六届政协副主席。日前,我们采访了这位抗日战争时期入党的老同志,听他介绍抗战期间的经历。晋江是福建省著名的侨乡,去南洋的人很多,几乎家家都有海外关系。许集美有兄弟姐妹5人,他是老小,姐姐很早就去了菲律宾。1937年底,亲戚帮助许集美搞到了去菲律宾的护照。当时金门已经被日本侵略者占领,许集美兄弟3人只好坐船绕过金门到厦门办理出国的手续。

47. 侨乡俊彦：百岁巾帼雷洁琼. 佚名. 新宁杂志，2005（3－4）：4.

关键词：无

内容摘要：无

48. 侨乡赤子不朽军魂——记李子芳烈士. 佚名. 福建党史月刊，2005（10）：15－16.

关键词：中国共产党　新四军　李子芳　爱国华侨

内容摘要：李子芳是著名爱国华侨，中国共产党的优秀党员，经历过二万五千里长征，曾任新四军政治部组织部长。他忠于党，忠于祖国和人民。他是抗日民族英雄、爱国华侨的光辉榜样。1910年5月3日，李子芳出生于全国闻名的侨乡——福建省晋江县永宁镇岑兜村（今属石狮市永宁镇子英村）。少年时，家境贫寒，母亲与父亲因贫病交织，先后去世。14岁时随乡友离家出国，漂泊到菲律宾，在岷里拉市一家店铺当学徒，并在乡友的帮助下，进入岷里拉中西学校半工半读。其间，接触了进步书刊，受到革命思想的影响。

49.（靓玉麟：侨乡人物连载）"翻生"赵子龙. 佚名. 康和月刊，2005（33）：38.

关键词：无

内容摘要：无

50. 侨乡俊彦：记美国冲蒌同乡总会主席甄振扳. 佚名. 新宁杂志，2006（1）：5.

关键词：无

内容摘要：无

51. 侨乡俊彦：李欢的广交会情缘. 麦博恒. 新宁杂志，2006（4）：3.

关键词：无

内容摘要：无

52. 侨乡武林高手关奕俊. 周小权. 江门文艺，2007（5）：38－42.

关键词：无

内容摘要：无

53. 潮汕八十九岁老"批脚"风雨无阻送侨批. 佚名. 华侨华人资料，2007（6）：73－76.

关键词：无

内容摘要：无

54. 茶行创始人王三言. 王振忠. 中国茶叶，2008（2）：36-38.

关键词：安溪乌龙茶　茶行　贸易　安溪

内容摘要：安溪茶叶源于唐，兴于明清。清初安溪创造乌龙茶制法。一些茶贩把茶叶精制加工后，贩运到闽南、粤北销售。雍正五年（1727）清政府废南洋贸易禁令，准福建、广东商船前往南洋各国贸易。安溪凭着侨乡的优势，很快就把乌龙茶销售拓展到海外。一些茶贩也成为闻名遐迩的茶商。

55. 从许雪秋给孙中山的信探究黄冈起义失败原因：兼述其悲壮人生. 黄继澍. 广东史志（视窗），2008（2）：56.

关键词：孙中山　许雪秋　起义　黄冈

内容摘要：潮州是著名侨乡，华侨是祖国革命与建设不可忽视的生力军。在近现代革命史中，有两个让人景仰的潮籍华侨，同一姓氏，故乡相连，有着很相同的命运：既曾叱咤风云，又枉死于"自己人"手里。他俩就是新民主主义革命时期的庵埠人许姓云和旧民主主义革命时期的宏安人许雪秋。

56. 黄三德述评——以辛亥革命时期为例. 梅伟强. 五邑大学学报（社会科学版），2011（4）：33-36.

关键词：辛亥革命　黄三德　孙中山　洪门致公堂

内容摘要：黄三德是美洲洪门致公堂的领袖人物，对孙中山领导的辛亥革命做出过重大贡献。中华民国成立后，黄三德在洪门于国内立案建党、为洪门五祖建祠纪念等问题上，同孙中山产生了严重分歧，经激烈争吵而后分道扬镳，"不复来往"。他本人也从革命功臣蜕变为悲剧性历史人物。

57. 辛亥风云中的海外潮人. 震古烁今. 潮商，2011（5）：75-77.

关键词：海外潮人　同盟会　林义顺　革命活动　辛亥革命

内容摘要：家园的概念，深刻在每个中国人心中无法磨灭，身处异国的海外侨民尤其如此。对故土的眷恋，使得漂泊海外的他们始终关注着祖国的命运与前途。潮汕地区素有"侨乡"美誉，早年间"过番"下南洋谋生的人不仅数量众多，而且分布广泛。

58. 一代侨领陈嘉庚. 童程. 小康·财智，2011（12）：76-79.

关键词：无

内容摘要：兴办实业，报效国家，兴办教育，作为一个商人，陈嘉庚实现了传统中国人先立业后平天下的抱负，达到了华人企业家的人生顶点。今有李嘉诚，昔有陈嘉庚。若论在华人世界最有影响力的华人企业家，陈嘉庚与李嘉诚当为绝代双雄。但是，如论广泛的社会影响力，则当今的华人首富李嘉诚，在陈嘉庚的巍巍高山之前，也需稍逊一筹。陈嘉庚在世之时，不仅是南洋的菠萝大王和橡胶大王，在商界举足轻重，更主要的是，在抗日战争的风云际会中，陈嘉庚振臂一呼，海外华人倾力支援抗战，为中华民族的巨大胜利贡献甚伟。这种历史地位，全球华人企业家中无人可比。而其在倡导教育、兴办学校以及致力于两岸统一方面的努力，其胸襟气度，亦非寻常。其兴办的集美学校、厦门大学，国内知名。助学之举亦为后世华人企业家所仿效。一代伟人毛泽东平生极少夸人，但是，对于陈嘉庚，却推崇备至，称其为"华侨旗帜、民族光辉"。一介儒商，如何从商业王国，走向更广阔的世界？如何做一个值得尊敬的商人？对于如今普遍存在仇富心理的社会，陈嘉庚的历程，极有启发意义。

59. 好莱坞首位华裔女影星黄柳霜. 黄柏军. 名人传记，2012（3）：88-91.

关键词：好莱坞电影　黄柳霜　华裔　电影事业　美国华侨

内容摘要：美国的好莱坞片场是被全世界注目的顶级电影艺术殿堂，所谓"好莱坞电影"就是"大片子""好片子"的代名词。全世界许多演员一生中苦苦追求的梦想就是进入美国好莱坞片场演戏和发展自己的电影艺术事业。近年来，中国演员李连杰、周润发、杨紫琼、章子怡、成龙等已经成功签约成为好莱坞演员；这些黄皮肤、黑眼睛的中国演员通过好莱坞来展示作为一名中国人的聪明智慧和迷人风采，吸引了无数观众，倾倒西方影坛，也赢得异国他乡同胞的喝彩和掌声。但是，如果要追根溯源，寻找第一个在美国好莱坞闯出名堂的中国人的话，那就非黄柳霜莫属。美国华侨女美籍华裔电影女演员黄柳霜，小名阿媚，祖籍广东台山，是一名台山华侨的女儿。黄柳霜是土生土长的美国华侨女。她于1907年1月3日出生于美国加利福尼亚州洛杉矶。黄家最早的出国谋生者，是黄柳霜的爷爷。爷爷早年在席卷五邑侨乡的"出国淘金"大潮中，为摆脱贫穷，解决温饱，毅然辞别娇妻和儿女，作为赊单华工来到美国淘金。黄柳霜的父亲黄良稔长大后亦跟随本村族人远渡重洋到美国去谋生。后来黄良稔在美国娶妻成家，婚后生育有五男三女，黄柳霜排行第三。

60. 钟念祖智救孙中山不是"传说"：越南华侨钟念祖冒死救援孙中山一事已经多方面核查证实确为历史事实. 本刊编辑部. 炎黄世界，2012 (3)：35-38.

关键词：历史事实　民间传说　孙中山　华侨　越南

内容摘要：在最近广东侨乡江门市纪念辛亥革命一百周年的热潮中，传来了越南新会籍华侨钟念祖当年曾冒着杀头危险，舍命照顾孙中山起居和协助出逃的感人故事。此事原本是流传多年的民间传说，后经江门市文史工作者黄柏军等的认真查找核实，证明是一件确确实实的历史事实，并同时发现许多有关事实，使一位被湮没多年的华侨英雄，重新出现在人们的视野之中。

61. 一代名商王绍经. 郭慧. 新东方，2012 (6)：85.

关键词：新加坡　王绍经　南洋华侨　陈嘉庚　琼海

内容摘要：王绍经（1860—1939），海南省琼海市温泉镇石角边沟村人。少年时家境贫寒，24岁辞别妻儿老小，怀揣4块光洋，只身闯荡南洋。历经数十年风雨，他终于在南洋打拼出一片天地，成为当时新加坡12位名商之一。20世纪20年代，在南洋华侨中流传着"福建有个陈嘉庚，海南有个王绍经"的说法。清末，王绍经出资在家乡琼东（今属琼海）县城创办侨批业，专门为华侨赡家侨汇办理汇兑服务，被清政府封为"资政大夫"，并赐予"资政第"牌匾。

62. 民国影坛的广东侨乡电影人群体. 凤群. 五邑大学学报（社会科学版），2013 (1)：17-21.

关键词：民国影坛　侨乡　电影人群体　女演员

内容摘要：民国影坛上的广东电影人大都有侨乡背景。广东侨乡电影人与浙江宁波电影人在拍片宗旨上明显不同。宁波电影人多把电影当商品来做，广东侨乡电影人则把拍电影与公益文化教育事业联系在一起，当成责任与使命。广东侨乡诞生的一批电影女演员，在民国影坛留下了不朽的声光影像。侨乡开放的文化环境对她们心理的塑造影响是显而易见的。

63. 陈金烈：一位世纪老人的爱国情怀. 徐天成. 统一论坛，2013 (4)：36-38.

关键词：爱国情怀　菲律宾　陈金烈　侨批

内容摘要：陈金烈，曾任民建中央第六、七届中央委员会委员，第九届全国政协委员。现任香港氿年国际集团董事长，民建中央对外联络委员会顾问，中国和平统一促进会常务理事。民建十大期间，民建中央联络部副部长金德安采访了来自香港地区的唯一代表陈金烈。老人家回顾了1953年以来，参加民建、服务国家60年的感人经历。让我们体会到了一位世纪老人的爱国情怀。

64. 在履职中彰显新侨乡特色：明溪县政协港澳台侨委员会．邱连根．政协天地，2013（7）：39－40．

关键词：侨乡特色　明溪县　政协　出国务工

内容摘要：明溪县是新兴的内陆侨乡。侨是明溪一大特色、一大优势、一大潜力。近几十年来，明溪群众出国务工经商势头强劲，他们以明溪人特有的勇气与智慧，志在四方，奋发图强、艰苦创业，写下了一部感人的奋斗发展史，涌现了一批政治上有影响、经济上有实力、社会上有地位的优秀人才，为祖国、为家乡增光添彩。特别是近年来，广大旅外乡亲心怀赤诚，纷纷回乡投资兴业，捐助公益事业，为推动明溪改革发展做出了贡献。

65. 抗战时期陈树人侨汇工作的贡献刍议．涂苏中．广东培正学院学报，2015（2）：36－42．

关键词：抗战时期　陈树人　侨汇　辛亥革命　贡献

内容摘要：从辛亥革命到改革开放新时期，海外华侨在抗战时期的捐输具有承前启后的重要地位。抗战时期，侨汇包括捐输和寄给国内侨眷生活费用等，是抗战军费的主要来源，对于实现我国对外贸易入超具有重要的战略地位。国民党元老陈树人主持战时侨务工作，是承前启后的关键人物。他清廉爱国，以南洋为重点推进爱国救亡侨团建设，以典型指导推进侨汇工作，为侨汇工作做出了不可磨灭的贡献。

66. 舍家护国可歌可泣——记抗战中的泉州华侨．郑新锋．大江南北，2016（4）：17－18．

关键词：护国　抗日救国　泉州　华侨

内容摘要：1937年，抗日烽火燃起，大批海外华侨在抗日救国的旗帜下，打破宗亲、地域的界限，走向联合，汇成一股抗日的潮流。他们告别舒适温暖的家庭，回到战火纷飞的祖国。泉州是全国著名侨乡，泉籍华侨青年为了抗日，从四面八方奔赴祖国加入新四军。他们驰骋于烽火连天的抗战疆场，得到了祖国人民的高度赞扬，涌现出了李子芳、叶飞、梁灵光等一批华侨将领。

侨乡历史

67. 凤子：来自桂东侨乡的"陈白露". 潘茨宣. 农家之友，2016 (7)：39-40.

关键词：桂东　广西容县　戏剧理论家

内容摘要：她是《雷雨》的第一任"四凤"，是《日出》的第一任"陈白露"。她主演过《原野》中的"金子"。她是著名的中国籍美国人沙博理的妻子……她是来自桂东侨乡容县的女子——凤子。天才的话剧演员凤子，广西容县人，原名封季壬，故又名封凤子，曾用笔名禾子，是我国著名的话剧艺术家及戏剧理论家。1936年复旦大学毕业前，凤子已参加复旦剧社。

68. 西班牙"侨领"杨宙策的新沂情结. 唐文明. 华人时刊，2016 (21)：38-39.

关键词：无

内容摘要：他虽然年轻，却是西班牙华侨领军人物。杨宙策这个名字，欧洲的华人大都熟悉，他是浙江省著名侨乡青田县人。杨宙策现在在江苏新沂市"定居"。2015年11月17日，新沂市第一次"侨代会"召开，作为较早在新沂投资的爱国华侨，杨宙策当选市侨联副主席。巴塞罗那是西班牙第二大城市，坐落在美丽的地中海畔。这个城市美得让任何人进入，都舍不得离开。但十年前，在巴塞罗那事业如日中天的侨领杨宙策，却执意宣布回国，说是要"报答生我养我的那一方热土"。

69. 邹金盛：中国"侨批王". 黄少雄，邹晓东，陈云乔，蔡文胜. 广东档案，2016 (1)：42-43.

关键词：潮汕人　汇款凭证　金融机构　海外移民

内容摘要：侨批，潮汕人称为"番批"，是指海外侨胞通过民间渠道及后来的金融机构寄回国内，并连带家书或简单附言的汇款凭证。它是粤闽两省侨乡特有的华侨文化现象，尤其以潮汕侨批最为著名，有"侨史敦煌"之誉。广东澄海的侨批收藏家邹金盛收藏了约3.5万件侨批封，并先后撰写论文30多篇。在侨批的收藏和研究中，其收藏数量之多、年代之久远、涉及地区之广、内容之丰富、形式之多样、罕件之珍贵、研究之深入、成果之丰富，实属全国之最。

二　侨乡移民

（一）侨乡移民与人口迁移

1. 谈侨区人口问题. 兰益江. 人口研究, 1983 (6): 32-35.

关键词: 人口问题　侨区　侨汇　侨乡

内容摘要: 侨区人口问题如何？是否有其特殊性？这是人们所关心的事情。有些人认为，侨区有华侨支持，有侨汇收入，经济发达，不会存在什么人口问题。为了回答这个问题，我们在本文中主要根据侨乡——晋江县的资料，对当前侨区人口问题做一探讨。

2. 两个转变过程中侨乡农村的人口问题——潮阳县成田区溪东、田中央乡调查报告. 张和经. 人口动态, 1984 (4): 23.

关键词: 无

内容摘要: 无

3. 广东著名侨乡台山县人口构成特点及其对生育率的影响. 方地, 刘炽光, 安宏生. 南方人口, 1986 (2): 30-34.

关键词: 港澳同胞　人口性别比　华侨　侨乡　人口出生率

内容摘要: 台山县是广东省著名侨乡，1984年人口94万多人。据有关部门粗略统计，其中侨眷、港澳同胞家属70多万人（包括直、旁系），约占总人口的75%。该县居住国外华侨80多万人，港澳地区35万人，总和远高于全县现有人口。他们分布于世界70多个国家、地区，其中北美约57万人，中南美8万人，共约65万人，占该县华侨总数的80%。所以台山又被称为"美洲华侨之乡"。

4. 台山华侨出国历史原因初探. 莫秀萍. 南方人口, 1986 (3): 55-58.

关键词: 美洲华侨　港澳同胞　侨乡　移居海外　台山

内容摘要：台山县是我国著名侨乡，是全国旅外华侨最多的县份之一。全县人口95万人，其中归侨、侨眷和港澳同胞家属占2/3以上，侨居海外和港澳的人数逾100多万人，分布在世界五大洲70多个国家和地区。其中旅居美国和加拿大的人数最多，仅美国就有42万人。因此人称台山为"美洲华侨之乡"，又称"金山客之乡"。

5. 经济改革中三埠镇的人口迁移和流动问题分析. 廖世同，郑梓桢. 广东社会科学，1986（3）：64-69.

关键词：人口迁移　经济改革　人口城镇化　开平　侨乡

内容摘要：党的十一届三中全会以后，城乡经济体制改革的深入，小城镇开放政策的施行，有力地促进了农村商品生产和商品流通的迅速发展，从而带动了人口的迁移和流动。为了了解经济发展与人口迁移和流动的关系，探讨农业剩余劳动力的转移和人口城镇化问题，我们于1985年4月到开平县三埠镇采取分层等距随机抽样的方法，进行了人口迁移和流动的调查。现根据我们调查取得的资料，对三埠镇的人口迁移和流动问题做一粗浅的分析。

6. 厦门人口发展简析——兼论厦门人口增长对经济发展的影响. 庄求辉. 人口学刊，1986（3）：18.

关键词：厦门　死亡率　人口　经济特区

内容摘要：厦门是我国四个经济特区之一，目前辖有五区一县，即思明区、开元区、鼓浪屿区、杏林区、集美郊区和同安县。总面积1510平方公里。截至1984年底全市总人口为100.56万人，其中市区33.47万人（包括杏林区）。郊区19.79万人，同安县47.30万人。全市人口密度每平方公里为654人，其中市区每平方公里为12332人，厦门是著名的侨乡之一，全市约有20多万华侨居住在世界各地。

7. 侨乡的经济发展与人口迁移. 邓莹. 广东社会科学，1987（1）：132-186.

关键词：侨乡　人口迁移流动　经济发展　开平

内容摘要：为研究和探讨我国人口迁移和城镇化问题，使之有利于现代化建设，我所于1985年4月对开平县三埠镇、长沙区和恩平县恩城镇、东安区的人口迁移状况进行了一次抽样调查。开平、恩平两县均属珠江三角洲地区，由江门市管辖。两县地势低平，河网稠密，气候温热，雨量充沛，土地肥沃，并有大量的侨汇收入，是广东省较富裕的侨乡。

8. 从澄海县近年迁移者特征看潮汕侨乡国际迁移趋势. 廖莉琼, 温应乾. 汕头侨史, 1987（1）：31–34.

关键词：无

内容摘要：无

9. 侨乡的经济发展与人口迁移. 邓莹. 人口学, 1987（4）：44–48.

关键词：无

内容摘要：无

10. 福建侨乡人口国际迁移动因的系统分析. 浦永灏. 人口研究, 1988（2）：38–43.

关键词：福建侨乡　东南亚　人口迁移

内容摘要：本文基于对最新实际调查资料的定量分析和有关人口学理论对史资、文献的定性分析，探讨20世纪20年代至1949年中华人民共和国成立，福建侨乡人口的国际迁移过程，其中侧重于福建人口向东南亚流动的迁移过程。

11. 人口国际迁移与澄海侨乡的人口发展. 廖莉琼. 南方人口, 1988（2）：32–36.

关键词：人口发展　国际迁移　侨乡　澄海　樟林港

内容摘要：在19世纪60年代汕头港出现以前，澄海县的古樟林港是粤东主要的口岸。樟林是潮汕地区最早形成的一个侨乡。近代史上大量的乡民移居国外，对迁出地的社会经济、人口等诸方面均发生深刻的影响。本文试图从中华人民共和国成立后澄海县人口发展的若干特点中，探索国际迁移对人口发展的影响。

12. 澄海县人口国际迁移中男女迁移者特征的比较分析. 黄凌燕. 南方人口, 1988（3）：48–53.

关键词：国际迁移　迁移方式　女性移民　澄海

内容摘要：广东汕头市的澄海县，是一个历史悠久的著名侨乡。在19世纪中叶起的一百年间，曾形成人口国际迁移的高潮。这一迁移过程，对迁出地和迁入国的社会经济发展都有着重要的影响和作用。中华人民共和国成立后，澄海的人口国际迁移仍在继续，并且具有一些新特点。

13. 广东台山县侨乡国际移民家庭收入分析. 苏燕. 南方人口, 1988（4）：30–35.

关键词：国际移民　家庭收入　侨乡　广东台山

内容摘要：国际移民家庭是人口国际迁移的产物。本文将其定义为国外华侨、华人在国内的直系或旁系亲属家庭，简称侨户。侨户在侨乡中占有重要地位，对侨乡经济、社会的发展历来有着巨大的作用。与非移民家庭（简称非侨户）比较起来，侨户存在许多特点。这些特点不仅表现在家庭结构、家庭规模方面，而且突出表现在家庭经济（包括家庭收入和消费）上。

14. 论福建侨乡人口国际迁移的社会、经济、文化意识效应. 浦永灏. 人口研究，1988（5）：25－31.

关键词：福建侨乡　国际迁移　南洋　华人华侨　东南亚

内容摘要：早期的福建人口国际迁移，以单身男性青壮年居多，而定居异国的并不多。以后，迁移规模不断扩大，定居在南洋的人数越来越多。他们或与当地妇女通婚后永久定居在南洋；或在青少年时期出国，回国成亲后再去南洋，在生活稍有着落后，即把妻儿接往南洋。

15. 对广东澄海人迁移海外的观察与思考. 张映秋. 华侨华人历史研究，1989（2）：2－13.

关键词：澄海　移民　泰国　海外华人　侨乡

内容摘要：澄海县是广东省一个著名的侨乡。据该县侨务部门调查统计，1987年全县总户数为140500多户，人口679000多人，其中与海外有亲属关系的共70800多户，389000多人，各占总户数和人口数的50%强。

16. 发展国际劳务输出事业加速我国现代化建设进程. 张华. 河北学刊，1989（4）：37－41.

关键词：国际劳务输出　侨乡　外汇收入　青田县

内容摘要：国际劳务输出是促进本国经济发展的有力手段之一，这已早为人所共知。世界各国，尤其是发展中国家在长期坚持劳务输出中大受裨益，也是不乏其例的。我国的国际劳务输出有较长的历史，但真正得到发展还是近10年来的事情。

17. 晋江农业劳动力转移五十年（1936—1986）历史考察. 阎浩. 中国经济史研究，1992（1）：34－40.

关键词：农业　劳动力　福建　经济史

内容摘要：晋江县位于福建东南沿海，是福建省的重点侨乡。历史上迫于人多地少的压力，晋江人不断沿着由海外贸易开辟的航路向东南亚等地移民。抗战前夕，由侨资扶植起来的商品流通业为晋江的过剩农业人口提供了充分的就业机会，晋江因此成为闻名遐迩的全国"首富县"。但在农村改革前的1978年，晋江农民人均年收入只有52元，不少晋江姑娘为逃避贫困而远嫁到人均资源相对富裕的偏僻山区，形成劳动力人口的逆向流动。农村改革以来，晋江农民的改革实践给在旧体制下陷入困境的农村经济注入了强大的活力，农村工业化高潮的来临不仅使晋江初步摆脱了过剩人口的沉重负担，而且使晋江成为每年接纳数万名来自省内外各地剩余劳动力的"发展极"。晋江经济大起大落的曲折历程生动地揭示了人口就业与社会经济发展的相关关系。个中的历史经验至今不失其指导与启迪意义。

18. 普宁县人移居泰国的历程和分布. 张映秋. 南方人口，1992 (3)：44 – 47.

关键词：泰国　移民　潮汕人　人口流动

内容摘要：普宁县是我国南方众多的著名侨乡之一。普宁人移居海外历史悠长，分布地域广阔，比较集中在亚洲和欧洲。我国的友好邻邦泰国，自古以来是普宁人聚居最多的地方。据《汕头经济特区年鉴》（创刊号）估计，旅居泰国的潮汕人约300万人，其中普宁人约占40万人。树有根，水有源，这种现象是先辈移民世代相传，锲而不舍长期形成的。

19. 民国时期闽西海外移民问题的调查研究. 吴凤斌. 南洋问题研究，1994 (1)：10 – 17.

关键词：海外移民　民国时期　华侨　移民问题　闽西

内容摘要：无

20. 改革开放与发展新移民. 吴仲华. 广东党史，1994 (3)：17 – 19.

关键词：新移民　改革开放　江门市　华侨　侨眷　新侨乡

内容摘要：改革开放以来，尤其是20世纪80年代，祖国大陆大批归侨、侨眷通过正当途径移民到海外（含港澳地区）定居，成为新一代的华侨。回顾这一现象，认真思考改革开放与发展新移民的关系，总结历史经验，更好地做好新移民工作，对于建设好社会主义新侨乡，是很有必要的。

21. 清代闽粤海外移民的结构与成因. 孙谦. 南洋问题研究，1995 (3)：9 – 16.

关键词：海外移民　闽粤　人口迁移　契约华工　华工出国　性别比

二 侨乡移民

内容摘要：清代的海外移民在鸦片战争前后可以分成两个不同的阶段。鸦片战争以前的197年，中国向海外移民的速度和规模不算很大，移入地主要为东南亚沿海沿港城镇，移民人数由明朝末年的50万人，增长到1840年前的100—150万人。鸦片战争以后的71年，中国向海外移民的流量显然加速加大了，移民的流向也延及美洲、澳大利亚，甚至非洲、欧洲的部分地区，人数则由1840年的100—150万人扩大到20世纪初的700—900万人。在这些移民中，根据各种统计和描述的分析，闽粤华侨所占比例应在90%以上。也就是说，在辛亥革命前，闽粤两省的海外华侨已经达到600—800万人。如果再进一步估算当地出生的侨生占华侨总数的比例为15%，也即90—120万人，那么，在本研究期内，直接从闽粤两省流向海外的移民净总数当在510—680万人。这一数字占清末闽粤两省人口总数的比例是相当高的。1911年，广东省人口为2954万人，福建省人口为1700万人，两者相加为4654万人，海外移民占两省人口总数的11%—15%。

22. 九十年代广东五邑侨乡因婚移民的地理特征——广东新移民研究之一. 张国雄. 华侨华人历史研究，1996（3）：72-75.

关键词：五邑 侨乡 新移民 因婚移民 国际迁移

内容摘要：人们一般把改革开放以来通过各种方式移居国外的原中国籍公民称为"新移民"。加强对新移民的研究，是新时期开展侨务工作的客观需要，同时可以拓宽华侨史的研究领域，丰富华侨史的研究内容。因婚而进行的国际迁移是新移民的重要组成部分，分析其地理特征，对于揭示新移民的内在机制无疑有很大的帮助。

23. 广东五邑侨乡人口的形成及其特色. 张国雄. 南方人口，1998（3）：44-49.

关键词：五邑 侨乡 人口

内容摘要：江门五邑地区是广东乃至全国最著名的侨乡之一，这一地区的人口群体是如何形成的？尚未见讨论。分析这个问题有助于认识岭南人口的形成过程及其特征，为此笔者愿就此做一初步的分析以求教于各家。

24. 东南亚海外潮人移民形态的演变轨迹. 冷东. 广东史志，1998（3）：2-8.

关键词：海外潮人 东南亚 潮汕地区 契约移民 乡土社会 海上贸易

内容摘要：潮汕地区是中国著名的侨乡。根据有关资料，中国大陆以外的潮汕籍以及持潮州语系的华侨华人及海外同胞（以下简称"海外潮人"）的数量在一千万人左右，主要分布在东南亚、印度支那及港澳台等国家与地区，以东南亚为主，现已遍布世界各地。海外潮人的迁徙运动具有悠久的历史渊源，在打破东南亚原有社会经济格局的长期历史过程中，使不同的文化传统和经济利益变成经济、文化上的合作，在社会经济领域中取得瞩目的成就，为中国海外移民提供了较为详尽的历史记录和发展轨迹。

25．广东五邑侨乡的海外移民运动．张国雄．华侨华人历史研究，1998（3）：43-48．

关键词：海外移民　华侨华人　五邑侨乡　五邑华侨　台山　加拿大　开平

内容摘要：江门五邑侨乡是广东乃至全国最著名的侨乡之一。在目前国内海外移民的研究还亟待拓展的情况下，分析五邑侨乡海外移民运动的特点，其学术或现实的意义无疑是明显的。本文拟主要依据地方文献（如侨刊、侨务部门的调查统计资料等）展开讨论。

26．改革开放以来晋江侨乡的劳动力流动与人口城镇化．施雪琴．南洋问题研究，1999（1）：60-71．

关键词：农村　剩余劳动力转移　乡镇企业　城镇化

内容摘要：民工，对我们来讲，已经不再是一个陌生的名词。简而言之，就是在城市里打工的农民。他们是中国社会发展和经济发展的必然产物。农村人多地少，人地矛盾非常突出，有限的耕地不需要那么多的人去耕种。国际经验表明，一个国家的人口若每年增长1%，要想保持人民的生活水平不下降，那么平均年经济增长率就得超过4%，中国农村在1949—1978年，人口增长率超过2.07%，农业国民收入增长率只有5.56%，因而从20世纪50年代到70年代以来，中国农村形成了大量的农村剩余劳动力。当时由于计划经济体制和户籍制度的限制，农村人口流动还处于一种"萌芽状态"，80年代中期，民工潮已悄悄来到中华大地。那些主要来自四川、贵州、广西、湖南、湖北、河南、安徽、浙江、江苏等省（自治区）的大批农民，成为一支布满全国的劳动大军。这在当时还没有引起社会和各级政府的重视，直到1989年春百万民工汹涌而出，全国铁路严重超员、车站纷纷爆满，民工潮才开始引起全国上下的重视。进入90

年代以来，民工数量有增无减，"民工"潮规模不断扩大，给城市和社会带来巨大的冲击。民工的构成主要是农村的剩余劳动力。为了寻找就业机会，他们自发地向经济比较发达的地区流动。

27. "相对失落"与"连锁效应"：关于当代温州地区出国移民潮的分析与思考．李明欢．社会学研究，1999（5）：83－93．

关键词：温州地区　移民理论　移民潮　连锁效应　侨乡

内容摘要：本文以对身处欧洲的温州移民的经验研究为基础，提出对"跨国移民"的研究，不能基于单一理论进行阐述，除了考察他们迁移的经济动因外，还要考察"文化小传统"的影响；而在长期移民历史中形成的社会网络，则成为信息传递和移居治业的桥梁。

28. 法国移民政策与近五年华人移民．卡琳·杰拉西莫芙，陈欣．华侨华人历史研究，2000（1）：60－67．

关键词：亲近感　华人移民　移民政策　法国

内容摘要：华人新移民将较之老移民更关注侨乡关系或中国与海外华人的关系。最近20年离开中国的华人构成为这种移民群体的组成部分。他们的侨乡联系较之老移民更容易界定。与后者相比，他们与中国的关系更密切。家庭、朋友、华语、民族等等这些因素造就了他们对中国的亲近感。

29. 改革开放以来福清侨乡的新移民——兼谈非法移民问题．施雪琴．华侨华人历史研究，2000（4）：26－31．

关键词：非法移民　新移民　福清市　移民条例　侨乡

内容摘要：2000年6月19日凌晨，英国警方在多佛港检查一辆由荷兰开来的货柜车内，发现58名"人蛇"被活活闷死在里面，另有两名侥幸获救。"多佛死亡货柜"震惊了世界，使欧洲国家的非法移民再次成为世界瞩目的焦点。英国警方称60名"人蛇"几乎全部来自中国福建的长乐和福清，这也使中国东南沿海某些地区近年来的海外移民情况再次成为海内外关注的焦点。笔者1999年8月曾在福清侨乡就新移民问题做过一些调查，现就福清侨乡的新移民情况及存在的问题做一简单介绍。

30. 略论非法移民．萧北婴．八桂侨刊，2000（4）：43－45．

关键词：非法移民　中国　原因分析　国家关系　华侨华人

内容摘要：在当代中国大陆海外新移民中，有一些是非法移民，人数在15—20万人。这是一个客观存在的事实。非法移民人数虽少，但在国际上造成了不好的影响，危害海外华侨华人社会的安定，损害了海外侨胞的声誉；同时也给侨乡社会产生了不利的影响。从法律角度来看，移民有非法与合法之分。非法移民是指通过非法手段达到移民目的。包括非法出入境（俗称偷渡）、非法居留、合法入境非法居留以及非法入境后因大赦等原因转为合法移居。狭义上的非法移民是指非法出入境非法居留者。我国的非法移民主要集中在东南沿海的少数地区。如1989—1990年，福建连江、福清、长乐等地居民偷渡到日本、韩国、美国及拉美等；浙江青田、温州（下辖的永嘉、文成、瑞安、欧海、鹿城）居民偷渡到意、法、荷、西等国；吉林延边地区居民偷渡到韩国、日本等。对于移民输入国来说，非法移民系指无合法居留权者，不论其入境方式是否合法。我国是移民输出国，则有出境方式是否合法的问题。对于找不到合法途径来"实现"其淘金梦的人，通常采用以下方式来达到非法移民的目的。

31. 跨国移民——来自侨乡青田的研究报告. 高晓洁，吴玉鑫. 社会，2002（11）：4-9.

关键词：移民历史　青田石雕　新移民　侨乡　文化模式

内容摘要：无

32. 移民的行动抉择与网络依赖——对温州侨乡现象的社会学透视. 王春光. 华侨华人历史研究，2002（3）：43-52.

关键词：社会网络　行动选择　移民　温州

内容摘要：有关温州侨乡的研究并不多，仅有的少数研究认为，温州侨乡之所以有那么多人不断地涌向海外，是因为那里存在"炫耀消费"和"相对失落感"。本文从社会网络依赖和行动选择两个层面来解释温州侨乡现象，认为温州侨乡之所以持续存在，是因为社会网络对行动路径的影响造成的，而炫耀消费和相对失落感仅仅是表象。

33. 浙南海外移民群体的形成原因及其特征. 吕惠进. 人文地理，2002（3）：72-75.

关键词：浙南　海外移民群体　成因　特征

内容摘要：浙南地区移民海外历史悠久，已有二百多年历史。在20世纪50年代前海外移民群体的形成主要得益于青田叶蜡石矿的开发和青田石雕工艺品在海外的销售。改革开放后新移民群体的形成则是由于国家放宽出国审批手续、移出地自然和经济条件的影响、历史渊源和亲朋彼此相携传统的影响和发达国家对劳动力的需求增加所致。与老一代移民相比，新移民具有受教育程度高、观念新、年轻,且大多有一定的经济基础,适应能力强。从事的行业也从餐饮业逐步扩大到皮革业、服装业、装潢业、百货业及进出口贸易、房地产等行业。对侨居国尤其是侨乡经济社会的快速发展产生了重要影响。

34. 少女偷渡为哪般. 郭武. 中国边防警察, 2003 (2): 36-37.

关键词:港澳 江门 珠三角 侨乡 偷渡 侨眷 侨属

内容摘要:位于珠三角西部的江门市,因旅居海外和定居港澳台的368万侨胞而闻名于世,素有"中国第一侨乡"的美誉,每天从江门港澳码头入出境的侨眷侨属和国内外公民络绎不绝。一些改头换面、行色匆匆的偷渡者,也隐身于熙熙攘攘的客流中。

35. 从粤闽侨乡考察二战前海外华侨华人的群体特征——以五邑侨乡为主. 张国雄. 华侨华人历史研究, 2003 (2): 26-34.

关键词:华侨华人 类型 侨乡

内容摘要:海外的几千万华侨华人来自不同的祖籍地,中国地域文化的多样性以及居住国的政治、经济、文化、社会环境差异都必然对他们产生深刻的影响,使之形成不同的心理和行为特征。在掌握华侨华人历史文化的统一性前提下,还应该深入了解他们的多样性。

36. 赴日返回人员与跨国社会网络:福建调查报告. 许金顶,田嶋纯子. 华侨大学学报(哲学社会科学版), 2003 (3): 81-92.

关键词:跨国 社会网络 福建 调查

内容摘要:在民间社会层面,福建与日本有着极为紧密的联系,这种联系对于双方社会演变的作用还有待深入研究,因此,关注闽日间普通人群的社会交往无疑有着巨大的意义。本文通过对1979年以后赴日返回人员的调查,力求较真实地反映当前福建跨国人口迁移活动的状况,为深入了解侨乡社会现状,了解侨乡国际社会网络积累必要的第一手资料,为探明经常性的跨国迁移对侨乡社会、经济和民众生活的影响打下一点基础。

37. 血泪斑斑的广西早期劳务输出. 麦群忠. 文史春秋, 2004 (1): 4-50.

关键词:广西 劳务输出 生活经历 契约华工

内容摘要:广西是中国的重点侨乡,八桂子弟出国历史久远,人数众多。据史书记载,广西人的出国历史至少可上溯到西汉时期(公元前206年至公元24年)。当时,广西合浦港成为中国对外贸易的海上"丝绸之路"，在这里已有一些广西人民经海上移迁至暹罗（今泰国）等地。唐、宋以后，广西人已是规模性地批量向国外移居。

38. 侨乡和移民社会：一些相关的问题. 菲利普. A·昆，施雪琴. 南洋资料译丛，2004（2）：74-82.

关键词：印度尼西亚　中国　华人　社会　移民

内容摘要：虽然我只简单浏览了一些公馆档案，但已对其重现巴达维亚社会的华人生活所具有的潜在价值产生了深刻的印象。然而，我现在特别关心的是过去这些年来华人认同的延续、印度尼西亚华人与中国联系的本质、持续性与程度以及已受同化的久居华人（侨生）。

39. 五邑侨乡国际移民的社会心理分析. 刘进，钟顺兰，朱爱金. 五邑大学学报（社会科学版），2004（2）：84-87.

关键词：广东　五邑侨乡　国际移民　社会心理

内容摘要：五邑地区是我国著名的侨乡。一百多年来，五邑地区大量人口持续不断地移居海外。其国际移民传统有明显的社会心理特征。形成这种心理特征的原因，可以从经济、社会各个方面对个体的影响角度来探讨。

40. 移民：可以借重与显效的力量——旅美墨西哥移民对墨西哥的影响. 左晓园. 拉丁美洲研究，2004（3）：41-44.

关键词：墨西哥　移民　同乡会

内容摘要：目前生活在美国的墨西哥移民和美籍墨西哥人达2300万人。为数众多的墨西哥侨民为墨西哥国内经济的发展和改善家乡贫困的状况做出了巨大贡献。近年来，侨汇收入在墨西哥外汇收入中已占重要地位。移民同乡会为家乡募集慈善资金，帮助家乡修建公路、学校、医院等公共设施，并与墨西哥地方政府或相关组织开展投资合作。在经济影响日益增大的同时，移民也积极参与国内的政治生活，影响政府的相关决策。墨西哥大量向美国移民也带来了一些负面影响，如人力资源流失和人口老龄化问题加剧等问题。

41. 浅析当前青田县的偷渡活动. 朱文飞，夏辉. 公安学刊，2004（3）：71-73.

关键词：偷渡活动　反偷渡机制　出入境管理　青田县

内容摘要：青田县作为全国著名的侨乡，偷渡活动由来已久。当前，青田县的偷渡活动呈五大特点：一是偷渡活动屡禁不止，参与人员逐年增多。二是偷渡组织国际化。三是偷渡目的国以西欧为主。四是偷渡人员的属地以重点侨镇和偏僻山乡为主。五是偷渡人员主体以青壮年为主。通过分析青田县偷渡活动的现状、特点和屡禁不止的原因，探讨了建立反偷渡工作机制的问题，提出了预防和控制偷渡活动的对策和建议。

42. **长乐海外移民的历史传统**. 尹雪梅. 八桂侨刊, 2004 (5): 20-22.

关键词：海外 移民现象 长乐地区 福建 区域文化

内容摘要：长乐地处东南沿海闽江口南岸，航运事业发达，是我国新兴的侨乡，也是福建省重点侨区之一，具有悠久的海外移民传统。

43. **广东五邑侨乡的新移民潮**. 方灿宽. 海内与海外, 2004 (9): 68-70.

关键词：广东 移民工作 管理体制 政府职能

内容摘要：无

44. **五邑侨乡新移民潮探秘**. 方灿宽. 八桂侨刊, 2005 (1): 25-26.

关键词：江门 华侨 移民 侨乡

内容摘要：无

45. **闯荡莱索托的"福清哥"**. 林璐. 炎黄纵横, 2005 (1): 52-53.

关键词：莱索托 改革开放 同乡会 南非 福清

内容摘要：非洲南部的莱索托对于福建人来说是很遥远和陌生的地方，然而，侨乡福清，这块改革开放热土所造就出的"福清哥"却和这个遥远的国度紧密相连。他们不仅在那里站稳了脚跟，而且闯出了一片蓝天。

46. **"侨乡社会资本"解读：以当代福建跨境移民潮为例**. 李明欢. 华侨华人历史研究, 2005 (2): 38-49.

关键词：侨乡 社会资本 福建 跨境移民

内容摘要：本文以当代福建跨境移民潮为研究实例，提出并梳理"侨乡社会资本"命题的理论意义，力图赋予侨乡文化以新的理论视角。本文提出：跨国民间网络是侨乡社会资本的基本载体，跨国互惠期望是侨乡社会资本的运作机制，跨国链接增值是侨乡社会资本的效益特性。侨乡通过已定居移民、信息网络和人情互惠提高移民操作的成功率及获益率的能力，是一种社会资本。这种资本有望转化为经济资本、文化资本乃至政治资本,但这种转化只有在如愿跨境输出人力资源的条件下才能实现。侨乡社会资本的特殊性体现在它与发达国家劳动力市场的链接,其效益通过其投资对象——"移民"进入发达国家劳动力市场而实现转换与增值。当移民作为一种投资途径并且存在有效运作空间时,移民行为必然生生不息,而侨乡社会资本正是通过一次次诸如此类的跨国运作不断增值。

47. 出国移民对侨乡经济的影响方式及其效果评价方法. 林心淦. 福建论坛(人文社会科学版),2005 (3):107 – 110.

关键词:出国移民 影响方式 评价方法

内容摘要:文章通过对出国移民活动及其后续效应带动各种资源的国际流动效应,以及如何影响侨乡资源配置、经济增长等方面进行分析,阐述了出国移民对侨乡经济的影响力表现及其评价方法。

48. 改革开放以来青田人的跨国迁移活动及海外青田人对青田的影响. 张秀明. 东南亚研究,2005 (3):66 – 71.

关键词:海外青田人 青田 移民

内容摘要:青田县是浙江省乃至中国著名的侨乡。如果从17世纪末算起,青田人的跨国迁移活动已有300多年的历史。300多年来,青田人移民海外经历了几次高潮。然而,直到20世纪80年代中国实行改革开放政策后,青田人的跨国迁移活动才真正被纳入国际移民的体系之中。目前,有21万青田人分布在120个国家和地区,其中80%分布在欧洲。出国已成为青田人脱贫致富的一条途径。海外青田人在青田的发展中发挥着越来越重要的作用,成为青田发展的一个重要资源。本文主要概述改革开放以来青田人的跨国迁移活动,分析海外青田人对青田经济发展、社会进步以及对外交往等方面所产生的积极影响,并对这种影响进行评述。

49. 温州新移民出国特点简析. 郭剑波. 八桂侨刊,2006 (1):26 – 30.

关键词:温州 新移民 新特点 多样化

内容摘要:温州是全国知名的侨乡,历史上共经历了三次移民高潮,改革开放以来的新移民高潮持续不断。本文从移民意识、出国规模、移民目的、移民途径与手段、目的国与谋生手段等方面,探讨温州新移民潮的特点。

50. 透视侨乡江门出国潮. 佚名. 华侨华人资料,2006 (3):65.

关键词:无

内容摘要：无

51. 水客与近代中国侨乡的金融网络及移民网络——以闽粤侨乡为例. 郑一省. 东南亚研究, 2006 (5): 78-83.

关键词：水客　侨乡　金融网络　移民网络

内容摘要：19世纪中叶以前，华侨与家乡的联系主要依靠往返海外与国内乡里的水客。本文认为，正是这些往返于海外和闽粤侨乡的水客，加强了海外华侨与家乡亲人的联系。水客不仅是侨批业的创始人、金融网络的建构和经营者，而且也是海外移民网络的重要环节。

52. 浅谈福建省海外新移民的特点. 孟玉会. 安徽文学, 2006 (8): 61.

关键词：福建　海外新移民　特点

内容摘要：位于我国东南沿海的福建省以其悠久的移民传统和移民文化成为有名的侨省侨乡。改革开放后，其移民状况呈现出新的特点和面貌，呈现出移民流向全球化、移民方式多种多样、双向流动和换代迁移的新特点。

53. 对云南腾冲人出国的历史考察. 黄素芳. 东南亚, 2007 (1): 58-64.

关键词：云南腾冲　华侨华人研究　八莫　商帮　粤商

内容摘要：腾冲地处祖国西南边疆，与缅甸毗连，是古代西南丝绸之路的重镇。这里商业繁盛，文化发达，人才辈出，是著名的侨乡。据1988年的统计，华侨有23854人，华人12916人。研究腾冲华侨对于华侨华人研究和中国与东南亚关系研究都有重要的意义。本文试对腾冲人移居缅甸和泰国的历史和原因做初步的考察。

54. 拉丁美洲与加勒比地区的国际移民——兼论中国移民的生存发展空间. 丘立本. 华侨华人历史研究, 2007 (1): 1-9.

关键词：拉丁美洲　加勒比地区　国际移民　中国移民

内容摘要：通过对拉美历史上四次国际移民历史和趋向的发展变化、非法移民及其原因、移民侨汇对国民经济的重大影响、移民跨国中小企业的形成与发展等方面的分析，探讨了拉丁美洲与加勒比地区国际移民的历史、现状以及中国移民在这一地区的生存与发展空间。

55. 海外新移民与当代乡村经济变迁——以福建省福清市J村为个案的实证研究. 孟庆梓. 南方人口, 2007 (4): 39-44.

关键词：新移民　出国移民潮　农村　经济变迁

内容摘要：改革开放30年来，我国东南沿海侨乡地区海外新移民潮发展迅速。作为当代农村社会变迁的一种新动力，出国移民潮的兴起对迁出地乡村经济变迁的影响是显著而深刻的。这种变迁中既有机遇也有挑战。如何尽快制定合理的应对之策以抓住机遇、迎接挑战已成为一个迫切而必要的研究课题。

56．三明客家新移民现象分析．廖开顺，蔡登秋．三明学院学报，2007（3）：278-282．

关键词：客家　新移民　经济　文化

内容摘要：福建省三明市客家地区的出国移民潮对地方经济社会发展产生了较大影响，要通过优化经济环境进一步吸引侨资；通过加快城镇化进程，积聚人口和生产要素，建设经济与社会事业和谐发展的新侨乡，从根本上解决移民潮带来的社会问题；创造适应客家新移民特点的文化建设范式，进一步弘扬客家文化，凝聚客家新移民。

57．谋生于合法与非法之间：在以色列的福建人．李明欢．世界民族，2008（4）：50-59．

关键词：以色列　福建人　合法　谋生　外派劳务合同　劳务合作

内容摘要：中国人向以色列的劳务迁移是20世纪90年代之后才开始显现的。中国与以色列的第一份劳务合作协议签订于1992年，此后10年间，中国与以色列累计签订外派劳务合同总额7.8亿美元。据2002年底的统计，中国在以劳务人员总数约有万人，占以色列外籍劳务总人数的7%。由于同期中国外派劳务人员总数在40万人左右，前往以色列的劳务人员所占比例很小，而且派遣的地区也比较分散，因此长期未引起社会关注。然而，2002年4月和7月在耶路撒冷发生的两起自杀性爆炸事件中，共有4名来自福建的劳务人员不幸被炸身亡，并有多人受伤。此消息震惊了中国民众。由此，在以色列的中国移民问题，尤其是福建移民问题，一时引起了相关媒体的热切关注。自2001年起，我开始专注对福建侨乡的田野调查。因为20世纪80年代之后，在全球愈演愈烈的移民大潮中，与中国人相关并且轰动媒体的多起偷渡事件似乎都有"福建人"的身影。从1993年6月6日意外搁浅于美国纽约港外的"金色冒险号"事件到2004年2月5日英国莫克姆海湾拾贝者遇难案，事件的主要受害者几乎都是福建人。

58．移民与区域发展：温州移民社会几个问题的思考．任柏强，韩纪江. 温州大学学报（社会科学版），2009（1）：1-6.

关键词：温州移民　移民文化　区域发展　移民社会

内容摘要：温州是一个典型的移民社会。移民带来了温州经济的发展。温州移民文化呈现多种形态，其中包括温州侨乡的移民文化、旅居地的移民文化和新温州人的移民文化。温州移民社会管理体制改革需要进一步深化。温州移民社会是一个值得关注和探讨的问题。

59. 移民网络与侨乡跨国移民分析——以青田人移民欧洲为例. 刘莹. 华侨华人历史研究，2009（2）：27-35.

关键词：国际移民　移民网络　移民潮　青田华侨　侨乡调查

内容摘要：本文介绍了移民网络理论，并运用移民网络理论分析了侨乡青田移民网络的形成、特点、演变、运作机制、发展趋势及其对移民潮的影响，并认为移民网络是青田移民的主要途径，是侨乡的重要社会资本之一，也是侨乡移民潮得以延续的重要原因。移民的发生、方向、过程和持续都是由移出地和移入地社会、政治、经济结构的历史条件促成的，当条件产生变化，移民雪球滚动的速度自然会发生变化，或加速，或减速，甚至停滞。

60. 粤闽浙三省新移民身份特征的比较分析. 潮龙起. 南方人口，2009（4）：52-58.

关键词：新移民　人口　比较研究

内容摘要：根据侨情调查和人口普查资料，通过对粤、闽、浙三省新移民出国时身份特征的比较发现，就粤、闽、浙三省新移民的自然属性来说，粤籍新移民年龄层次的多元化特点明显，性别比例平衡；浙籍新移民的年龄较集中在青壮年，但也呈现多元化的趋向，性别比例不大平衡；而闽籍新移民青壮年比例最高，性别比例失衡。就粤、闽、浙三省新移民的社会属性来说，粤籍新移民文化程度最高，浙籍次之，闽籍最低；三省新移民的职业身份都以农民、工人为主，但广东、浙江新移民职业结构的多元化特征明显，而福建新移民的职业层次相对较低。造成粤、闽、浙三省新移民身份特征的差异主要是三省侨乡不同的社会经济背景和移民传统、新移民迁移的不同途径以及目标国的移民政策。

61. 从出国劳务视角浅析福建沿海农村劳动力转移：以福建省福清市为例. 林莉. 福建农业科技，2009（6）：84-86.

关键词：劳动力转移　剩余劳动力　福建沿海　出国劳务

内容摘要：福清市位于福建省东部沿海，是全国著名的侨乡，近年来农村剩余劳动力数量大，制约着福清市农民收入增长和全市社会经济发展。因此要采取有力措施，加快推进福清市农村剩余劳动力转移，促进国民经济持续、健康发展和保障社会稳定。

62．广东侨乡国内移民的崛起及其影响——台山市浮石村调查．何敏波．南方人口，2010（1）：39-46．

关键词：国内移民　海外移民　侨乡

内容摘要：台山有数量庞大的海外移民，他们主要来源于农村，对当地农村发展有重要的影响，一直受到较多的关注，而当地农村的国内移民却往往被忽视。改革开放以来，国内移民的数量大幅增加，而且随着个体经济实力上升、人脉力量突显等原因，整体实力不断提升，对农村经济发展、社会网络扩展、村民心态等都有重要的影响，成为侨乡的"新推手"。

63．场域理论视角下的国际移民研究——以安徽内陆新侨乡为例．汪鲸．华侨华人历史研究，2010（2）：73-79．

关键词：场域理论　国际移民　新侨乡　皮埃尔·布尔迪厄

内容摘要：论文介绍了场域理论，并运用场域理论对中国内陆山区新侨乡的国际移民潮进行分析。通过对场域、资本和村民习性的研究，从外在的社会结构和内在的个体心理结构两方面来考察新移民活动，为新侨乡研究提供一种新的观察解读模式。笔者认为新移民场域内资本的流动和转换是推动国际移民潮出现和变化的关键因素。随着各种资本向内陆山区农村的转移，新侨乡的范围和国际移民的数量将会继续扩大。

64．东亚华商网络与华人社会：全球视野与区域格局下的观照——读庄国土、刘文正《东亚华人社会的形成和发展：华商网络、移民和一体化趋势》．王爱平．华侨华人历史研究，2010（3）：68-72．

关键词：华商网络　海外华人社会　华侨华人研究　区域格局　全球视野

内容摘要：无

65．抗日战争前期泉州人出国研究（1937—1941）．骆曦．八桂侨刊，2010（2）：15-20．

关键词：抗战前期　泉州　华侨　出国

内容摘要：泉州是全国著名侨乡，泉州人出国历史悠久。民国建立后至抗日战争前，是泉州人出国的高峰期。1937年抗日战争爆发后，泉州一地虽然并未沦陷,但是出国人数却出现了迅速减少的变化。究竟是何原因导致了抗战前期的这一变化? 本文拟对此做一具体的研究,以期可以深入理解抗日战争对泉州人出国的影响。

66. 早期美国华人移民原因新探. 朱平,潮龙起. 烟台大学学报(哲学社会科学版),2010 (2):106 – 111.

关键词:美国华人 移民 国际移民理论

内容摘要:早期华人移民美国的动因,既可从宏观层面,运用推拉理论来分析中国和美国两方面的因素,也可从微观和中观层面,运用新古典主义学派移民理论、新经济学移民理论、网络理论和累积效应理论来考察家庭和侨乡社会等不同层面的因素。从宏观层面来看,19 世纪中后期中国广东的社会动荡、经济萧条是珠江三角洲地区民众移民的推力,而此时美国西部黄金的发现,以及后期美国资本主义的快速发展所提供的工作机会和较高的待遇,是形成珠江三角洲地区民众移民的拉力。从中观层面来看,早期广东移民形成的移民网络和累积效应对此后排华法时期侨乡民众克服各种障碍,源源不断地移入美国创造了中国其他地区所没有的条件。从微观层面来看,早期珠江三角洲地区民众移民美国,是他们规避风险、谋求跨国利益最大化的一种行为。

67. 温州海外移民形态及其演变. 徐华炳. 浙江社会科学,2010 (12):80 – 84.

关键词:中国海外移民 移民形态 温州 新移民 非法移民

内容摘要:中国的海外移民既是世界移民潮流的一部分,也影响着世界移民格局的发展乃至世界格局的进程。地处东南沿海的温州,早在宋代就有人移居海外,现今已是全国著名侨乡。作为中国海外移民的成员,温州海外移民必然具有中国海外移民的共同特性。借此,本文依据温州海外移民的千年历史,通过阐述温州人移居海外的主要形态及海外移民的发展趋势来窥探中国特色的海外移民模式。

68. 温州海外移民研究的现状、视角、原则和价值. 徐华炳. 浙江学刊,2011 (1):205 – 209.

关键词:温州海外移民 研究现状 研究视角 研究原则 研究价值

内容摘要:温州海外移民历史长达千余年,是全国著名的侨乡。本文在简要述评国内研究温州海外移民的状况的基础上,认为要从综合、比较和创新的视角,把握宏观与微观相结合、静态与动态相结合、定量研究与定性研究相结合的三大原则，运用文献分析法、实证调查法和口述访谈法等，开展这项具有理论价值与现实意义的学术研究。

69. 论浙南侨乡移民意识的生成、作用及其提升. 夏凤珍. 浙江工商大学学报，2011（2）：86-91.

关键词：网络理论　移民意识　浙南侨乡　提升路径

内容摘要：本文借助社会网络理论，阐述了浙南侨乡所特有的精神产物——移民意识，解析了它产生的社会历史条件，论述了它对侨乡社会各方面所发生的作用和影响，同时，也分析了它有待进一步提升的内容及途径，以助侨乡可持续发展。

70. 温州市重点侨乡玉壶、丽岙、塘下三镇移民比较研究. 尤云弟. 八桂侨刊，2011（2）：52-59.

关键词：温州　侨乡　移民　比较研究

内容摘要：温州市是中国著名侨乡之一，历史上经历三次移民高潮。文成县的玉壶镇、瓯海区的丽岙镇、瑞安市的塘下镇等农村集镇型的重点侨乡虽然都属于温州市，但各自移民的历史与现状异同有别。本文采用文献资料、实地考察、人口访谈、数据分析等科研方法，从移民史、出国规模、移民途径与方向、谋生职业、与侨乡关系等方面，对温州市重点侨乡玉壶、丽岙、塘下三镇的移民特点进行比较分析和研究，以期对"世界温州人"这一特殊群体的研究与发展有所裨益。

71. 区域移民及其社会研究的价值：以温州为例. 徐华炳. 社会科学战线，2012（6）：192-197.

关键词：移民　区域移民　温州移民

内容摘要：移民是人类社会进程中的常态。中国作为人口资源大国，人口迁移频繁，不仅国内流动人口规模壮观，而且国际移民亦众多。但因地理区位、历史背景、地域文化、区域经济等因素的差异，不同时空的移民各具特性。研究区域移民不仅在区域移民史、区域史乃至地方学研究上具有特殊的学术价值，而且在构建中国移民理论及中国移民学方面具有实证意义；不仅有益于移民者及其家庭的幸福，而且能为地方政府创新社会管理和增强服务功能等提供智力支持。文章以全国著名侨乡、市场经济的前沿阵地温州为个案，求证区域移民及其社会研究所具有的学术价值与实际功能。

72. 海外新移民与福州山区侨乡教育变迁：以福建闽清 X 村为例. 陈

日升. 福建论坛（人文社会科学版），2012（10）：181-185.

关键词：海外新移民　山区侨乡　教育变迁　闽清

内容摘要：海外新移民是山区侨乡村庄教育变迁背后的重要推手：一方面，海外就业的经历和收入促成村庄的海外新移民家庭将子女送到村外更好的学校就读，另一方面他们也带动了非移民家庭做出同样的选择。当以海外新移民为主的山区村庄人口不断外迁却又无法吸引外来人口迁入时，村庄教育陷入发展的困境不可避免。

73．海外新移民与当代侨乡社会发展：以福州市为考察中心．孟庆梓．经济视角（下），2012（12）：5-7.

关键词：海外新移民　侨乡　社会发展　福州

内容摘要：作为助推当代华南侨乡社会变迁的一种新动力，改革开放以来出国新移民潮的影响日益突显。就此而言，福建省福州市的考察情况表明，海外新移民潮的兴起和发展对当地社会经济发展做出了巨大贡献，同时也存在若干问题。分析这些影响并进行相关对策思考以便趋利避害已成为福州乃至整个华南新移民侨乡发展所面临的一个必要课题。

74．奔向中南美洲：东莞凤岗镇黄洞村新移民研究．苏小美．八桂侨刊，2013（1）：48-53.

关键词：东莞　新移民　南美洲

内容摘要：黄洞村是东莞的一个重点侨乡。鸦片战争后，就有村民以契约华工的形式被卖猪仔到中南美洲。改革开放以来，由于政策有所放宽，使得一大批黄洞年轻人相继走上了移民南美洲的老路。这批新移民主要活跃在苏里南、牙买加、圭亚那等南美小国，并以这些国家作为经济上的跳板，再次移民美国、加拿大、澳大利亚、英国等发达国家。本文以黄洞村为个案，分析黄洞新移民在各个阶段不同流向及其原因，力图呈现黄洞村多种多样的移民情况。

75．广东潮汕地区海外移民形态的新变化．黄晓坚．华侨华人历史研究，2013（1）：20-30.

关键词：潮汕地区　侨乡研究　海外移民

内容摘要：论文介绍了广东潮汕侨乡自由移民的历史传统，分析阐述了该地区移民形态以及与海外经济联系的变化。改革开放后，广东潮汕地区的人口迁移，经历了深刻的历史性变化，侨乡人口迁移从传统的海外自由移民与国内移民并重，转变为以国内移民为主、海外暂居为辅，从而加速了海外华侨社会向华人社会的转变、国内归侨侨眷社会向侨属社会的转变。随着侨汇的枯竭，侨乡相应衍生出"旅游贸易"和"非法务工"等涉外经济形态。它的产生和发展，实际上是当今全球化条件下劳动力、资金等要素的国际流转在潮汕侨乡的具体体现。往返于侨乡和海外、从事海外贸易和劳工作业的群体，带有传统意义上的"侨"的色彩。这些新的侨情变化，应该引起学界和有关部门的重视。

76. 穆斯林的流动与中国新移民——马来西亚回族流动个案研究. 黄永宝，张焕萍. 华侨华人历史研究，2013（2）：13-29.

关键词：马来西亚　移民研究　少数民族　穆斯林　新移民

内容摘要：论文分不同时期阐述了中国穆斯林移民马来西亚的历史，通过实证调研数据突出了穆斯林跨国流动与穆斯林世界的教育和贸易之间的密切联系，并对"侨乡"流动模式和"回族"流动模式进行了分析比较，认为有关华人移民的研究主要局限于地理（侨乡移民）或阶级（苦力、企业家或学生移民）方面。这些研究隐含一个不言而喻、理所当然的假设，即中国的移民都是汉族，少数民族被封闭在偏远的边疆地区，因而是不流动的。但研究显示，自1978年起，中国穆斯林少数民族无论是在跨境迁移——这在维吾尔族和哈萨克族等穆斯林少数民族中尤为突出，还是在远程的跨国迁移——在回族中尤其明显，都具有异常高的流动性。回族穆斯林少数民族的生活穿梭于中国民族国家和跨国穆斯林世界之间。宗教在回族穆斯林流动决策和流动模式中有重要作用。

77. 人口迁徙、性别结构及其社会文化变迁：从侨乡到战地的金门. 江柏炜. 人口学刊，2013（46）：47-86.

关键词：华侨　移民　冷战　性别研究

内容摘要：19—20世纪的金门历经剧烈的历史变迁，其中一个关键因素是人口迁徙。1840年以后，大量青壮年人口出洋谋生，其中东南亚各埠、日本长崎及神户为主要的侨居地。人口的跨境流动对地方社会产生几个层面的影响：一是部分累积财富的华侨除了赡养家眷外，亦挟其资本返乡建屋以光耀门楣，且参与地方事务以贡献桑梓；二是出洋人口多为男性，侨乡社会性别比例不均，妇女"母代父职、妻代夫职"，角色吃重。1949年以后，金门成为两岸热战、国际冷战的军事前线，大量军队进驻金门的结果：一是军人消费经济的兴起，一改前期仰赖侨汇的支助；二是性别结构完全翻转，成为一个以男性为主的封闭社会。本文在地方史料与田野调查的基础上，以19世纪中叶至20世纪后期的金门为例，探究因人口流动所衍生之社会文化变迁。首先，分析在1840年至1949年金门作为侨乡的历史情境，包括男性人口外流、华侨商绅阶层的兴起、侨汇网络的建立、侨乡妇女的处境等。其次，探讨1949—1992年金门作为两岸对峙、世界冷战的前线，战地体制如何维持有效性、海外华侨网络如何赓续、华侨如何代替地方社会发声的史实，以及男性军人移入所造成的性别结构不均所衍生的社会危机与对策等。最后进一步指出，20世纪的金门从人口流出、外来侨汇、开放流动的侨乡变成人口流入、内需产业、封闭禁锢的战地，其实是历经了一种关乎人口迁徙、性别的社会文化变迁。

78. **台山华侨出洋的社会经济背景分析**. 舒惠芳，石强，梅伟强. 特区经济，2014（5）：108-110.

关键词：台山　华侨　经济背景

内容摘要：台山是我国著名的侨乡，全市侨居海外和港澳的人数达130多万，占台山市人数2/3以上，分布在世界五大洲92个国家和地区。台山侨乡的形成固然与其自然地理环境相关，更与当时国内政治、经济环境相关。台山华侨的出洋谋生，对美国、加拿大、澳大利亚等国的经济发展起到了较大的促进作用，同时也给台山带来了极大的财富。

79. **论晚清广东鹤山华工出洋的原因及途径**. 徐晓俊. 前沿，2014（9）：223-225.

关键词：晚清　鹤山　华工出洋

内容摘要：广东省五邑地区是著名侨乡，其历史发展演变是中国华侨史的重要组成部分。五邑之中，鹤山由于历史上曾长期与其他四邑相隔绝，其相关的历史研究更是薄弱。本文针对19世纪中叶开始的鹤山人出洋承工的问题进行简要的考述，重点对鹤山人当时出洋的方式、出洋过程中的重要中转地等进行研究。

80. **潮州侨乡忆"过番"**. 佚名. 神州民俗，2014（13）：41-42.

关键词：侨乡　地方特色　潮汕人　华侨　谋生　出国

内容摘要：潮汕地区是著名的华侨之乡，分布在全世界各地的潮籍华侨、华人的人数几近于潮汕本土的潮人人数。潮汕人把出国谋生叫作"过番"，把漂洋过海、出国谋生的人称为"番客"，这些人在长期漂洋过海的实践中创造了丰富多彩、具有鲜明地方特色的习俗。

81. **侨乡的早期移民模式及华侨华人故乡情结之比较：以湖北天门市**

和广西容县为例. 郑一省. 八桂侨刊, 2015 (1): 39-45.

关键词: 侨乡 移民 故乡情结 模式

内容摘要: 天门人自18世纪时起便开始"北上"和"南下", 容县人移居海外则始于19世纪中叶。天门人移民的原因源于环境的改变, 而政治性和经济性则成为容县人移民的主要内容; 天门人在海外, 大都靠特殊的技艺谋生, 容县人早期大多数是以"契约劳工"或"卖猪仔"的方式迁移海外; 从移民实践来看, 天门和容县籍移民在迁徙过程中逐渐建构与形成了连锁移民网络; 在天门、容县籍移民及其后裔中, 不乏对故乡怀抱情深的企业家, 不少人在居住地建立一定的基业后, 都能关心和热心支持故乡的各种建设, 并通过返乡祭祖和参与宗族活动, 加强着与故乡的关系。

82. 移民行动对跨国空间社会网络的依赖——对浙南移民在欧洲族裔聚集区的考察. 陈翊. 华侨华人历史研究, 2015 (3): 44-54.

关键词: 移民研究 跨国空间 社会网络 族裔聚集区 有限选择

内容摘要: 论文研究了浙南侨乡移民持续迁徙行为的动因、浙南移民移入地就业和创业的有限选择等问题, 认为移民社会网络是指由浙南侨乡与欧洲的浙南移民族裔聚集区共同构筑的跨国空间网络。通过移民社会网络所动员和配置的资源, 侨乡居民完成移民的过程, 并在族裔聚集区站稳脚跟。移民行动者无论是在侨乡做出迁徙决策, 还是在移入地就业或创业, 都高度依赖移民社会网络所提供的路径和模式。同时, 移民行为也被限制在与网络资源水平匹配的有限选择中。

83. 20世纪中后期一个梅州客家人在香港的谋生史——以梅县区雁洋镇桥溪村朱昌峦家族侨批为例. 钟敏丽, 肖文评. 客家研究辑刊, 2016 (2): 30-36.

关键词: 谋生 梅州 客家人 家族 县区

内容摘要: 近代以来, 梅州到东南亚国家和港澳台地区谋生的人数众多, 故而享有"华侨之乡"的美誉。近年来随着国家提出和实施"一带一路"倡议, 华侨史成为学术研究重点。尤其是2013年"侨批"的成功申遗, 越来越多的侨批得到了应有的保护, 相关的研究成果也陆续发表。

84. 循环流动理论及在中国侨乡海外移民的适用. 林胜. 世界民族, 2016 (3): 71-81.

关键词: 循环流动理论 国际移民 侨乡

内容摘要: 目前, 国内学者在研究国际移民问题时尚未能很好地借鉴和运用循环流动理论。在全球化日益推进的背景下，循环流动这种独特的人口流动模式应得到学术界更多的关注。本文首先追溯了循环流动理论的理论渊源，接着介绍了国外学界对循环流动理论的解读，最后就循环流动理论在中国侨乡海外移民的适用情况进行了分析。本文认为，在移民的循环流动中，迁移者、输入国和输出国三方都会在循环流动过程中受益；保持国际移民"循环流动"的迁移形式有利于中国海外移民利用在输入国的优势为祖国服务；而对于希望来中国发展的外国人，也可制定方便其来华居留居住的政策，为人口的循环流动创造一个有利的环境。

85. 近代五邑侨史文献中的"出洋史"诗. 黄柏军. 粤海风, 2016 (4): 66-69.

关键词: 五邑 出洋 澳门猪仔馆 华侨

内容摘要: 江门五邑（旧时指新会、台山、开平、恩平以及鹤山等五县）是中国著名侨乡，至今旅居世界各地侨胞近400万人，海外乡亲数量和家乡常住人口数量一样多，故此有"海内一个五邑，海外一个五邑"的说法，是名副其实的"中国侨都"。鸦片战争以后，清朝政府腐败无能，内战连连，民生凋敝，天灾人祸，水深火热，五邑百姓走投无路，只有走金山。

（二）跨国网络与侨乡互动

1. 海外客家人对梅州侨乡建设的贡献. 温广益. 华侨华人历史研究, 1990 (1): 42-47.

关键词: 海外华侨 客家 侨乡 梅县 华侨投资 捐资兴学

内容摘要: 华侨与侨乡建设是一个范围颇为广泛的研究课题。本文拟从广东省四大侨乡之一的梅州侨乡入手，分三个部分叙述客家华侨与梅州侨乡建设的关系。

2. 华侨、海外华人、港澳同胞在广东改革开放中的作用. 利丹. 韶关大学学报, 1992 (4): 55-60.

关键词: 华侨 海外华人 港澳同胞 改革开放

内容摘要: 在广东改革开放中，华侨、海外华人、港澳同胞起着积极、重要的作用，主要表现在四个方面：毗邻港澳、华侨众多是中央给予广东特殊政策、灵活措施的重要原因；华侨、海外华人、港澳同胞为广东经济的起飞注入了蓬勃生机；华侨、海外华人、港澳同胞的大量捐赠，促进了广东侨乡两个文明建设，华侨、海外华人、港澳同胞与广东相互之间的交往，促进了广东人的观念变革。

3. 加拿大华侨对广州人和镇社会经济发展的影响. 薛德升，王宝玲. 中山大学研究生学刊（自然科学版），1994（3）：22-29.

关键词：加拿大华侨　人和镇　社会经济影响

内容摘要：本文通过对广州市白云区侨乡人和镇与加拿大华侨相互联系的调查研究，阐明了人和镇华侨迁居加拿大的历史，论述了不同历史时期人和镇与加拿大华侨联系的相似性和差异性，揭示了加拿大华侨与人和镇之间的联系对人和镇社会经济等各方面的影响，并对目前存在的问题进行了讨论。文章证明，我国的改革开放政策和华侨政策是非常成功的，人和镇与加拿大华侨的合作有着美好的前景。

4. 马来西亚华人与广州经济. 周洁萍，陈炳. 东南亚研究，1994（C1）：15-16.

关键词：马来西亚华人　广州市　经济合作　华侨　侨乡

内容摘要：马来西亚华人与广州侨乡的关系已经历了漫长的岁月。1786年，英国殖民主义者占领槟榔屿后，分别从广州等沿海城市诱拐、抢掠中国劳工，把大批华工贩运到马来西亚，使槟榔屿一时成为"苦力贸易中心"。

5. 20世纪二三十年代菲律宾闽侨救乡运动的历史背景. 施雪琴. 南洋问题研究，1995（2）：48-54.

关键词：菲律宾华侨　闽侨　侨乡　华侨汇款　爱国爱乡

内容摘要：发生在20世纪二三十年代的闽侨救乡运动，主要是旅居菲律宾的闽籍华侨为维护家乡的安定繁荣，为捍卫亲眷和自身的利益而主动发起的一项旨在进行政治革新，铲除恶势力，建设新福建的爱国爱乡的自救运动。20世纪初的福建侨乡，兵灾匪祸、社会动荡、民不聊生。而身居异国他乡的华侨也时常遭到当地排华浪潮的冲击。以李清泉等为首的菲律宾侨领毅然发起了救乡运动。他们成立了南洋闽侨救乡会，制定了救乡宗旨和计划，并提出了"建设新福建"的口号。救乡运动持续十余年，取得了一些成效。但在当时的历史条件下，靠海外华侨的力量是不可能从根本上改变福建故乡的面貌。这次救乡运动最终还是失败了，但它作为华侨爱国爱乡运动的一次伟大实践将永远载入史册。这次菲律宾闽侨救乡运动有着深刻的历史背景和时代背景,本文拟对其进行深入的分析。

6. 南洋闽侨救乡运动与漳龙路矿计划. 施雪琴. 南洋问题研究,1995 (4):46-51.

关键词:无

内容摘要:无

7. 海外安溪人对家乡建设的贡献. 李鸿阶. 八桂侨刊,1997 (3):44-48.

关键词:安溪县 公益事业 海外华侨华人 华侨投资公司 侨汇

内容摘要:福建安溪人移居海外的历史悠久,人数众多。虽然他们身居异乡,但心系桑梓,念念不忘家园故土。特别是近现代以来,随着海外安溪人的不断增加以及经济实力的显著提高,他们与祖籍地之间的联系更为密切,他们通过各种形式促进家乡社会经济事业的发展。

8. 晋江海外联系的变化与经济社会结构改造. 赵文骝. 华侨华人历史研究,1999(1):7-8.

关键词:晋江市 乡镇企业 东南亚 华侨投资公司 侨汇

内容摘要:晋江地处中国东南沿海,"造舟通异",出洋谋生,自古已然。唐朝(618—907),古港泉州的海外贸易已相当兴盛,至南宋(1127—1279)后期,海上贸易达到顶峰,其贸易量甚至与广州不相上下,成为当时中国最大的海港之一。

9. 华侨与侨乡政治:20世纪二三十年代菲律宾闽侨与救乡运动研究. 施雪琴. 华侨华人历史研究,1999(2):43-49.

关键词:菲律宾华侨 海外华侨 闽侨 侨乡 辛亥革命

内容摘要:发生在20世纪二三十年代的闽侨救乡运动,主要是旅居菲律宾的闽籍华侨为维护家乡的安定繁荣,为捍卫亲属和自身的利益而主动发起的一项旨在进行政治革新、铲除恶势力、建设新福建的爱国爱乡的自救运动。

10. 粤闽侨乡的经济变迁——来自海外社会资源的影响. 龙登高. 华侨华人历史研究,1999(3):51-55.

关键词:侨乡 经济变迁 海外华商投资 社会资源 利用外资

内容摘要:作为侨乡独具特色的社会资源,海外华侨华人长期以来是侨乡社会发展举足轻重的变量,使粤闽侨乡社会呈现不同于国内其他地区的演进历程。1949年后30年的封闭过程中,这一重要资源的缺乏使侨乡出现制度性断层，直到改革开放20年来，源自海外的社会资源重新加以弥补。

11. 广东五邑海外移民与唐人街. 张国雄. 南方人口，2000（3）：13－18.

关键词：五邑　华侨　唐人街　移民

内容摘要：唐人街是一个几乎全部由华裔居民组成，集生产、商贸、宗教、娱乐、社交、教育、生活为一体，基本上由各种华裔组织控制的社区。本文从国际移民的角度，分析了广东五邑海外移民对世界各地唐人街的形成和发展的影响。

12. 华侨华人与广东侨乡关系的思考. 周聿峨，曾品元. 华侨华人历史研究，2001（1）：15－21.

关键词：华侨华人　广东侨乡　发展

内容摘要：广东是中国第一侨乡。海外华人对广东，特别是主要侨乡的影响，使其具有鲜明特性。特别是改革开放以来，侨乡的现代化建设步伐明显快于其他地区，文化发展独具特色。从理论上认识华侨华人与侨乡的关系，是海外华人研究的一个重要问题。

13. 唐人街中的五邑侨团. 张国雄. 五邑大学学报（社会科学版），2001（1）：25－30.

关键词：侨团结构　侨团功能　五邑　唐人街

内容摘要：五邑侨团在海外唐人街是成立早、势力大的社会组织，集中分布在美洲、亚洲，其血缘性因素很大。它起到了团聚、扶助乡亲，传承中国传统文化的重要作用。通过对五邑侨团的研究，可以更深入地认识五邑华侨华人群体在海外的生存状态，考察五邑文化对华侨华人社区运作的影响。

14. 唐人街民族经济模式的形成与五邑华侨. 张国雄. 湖北大学学报（哲学社会科学版），2001（1）：86－90.

关键词：五邑华侨　唐人街　民族聚居区　经济模式　劳务市场　就业　餐馆业　洗衣业

内容摘要：华裔学者运用"民族聚居区经济"模式的理论令人信服地揭示了唐人街存在、发展的动力和机制，改变了过去比较单纯地将唐人街看作一个完全与外界隔离的贫困落后的移民聚居区的认识，同时，华裔学者又认为唐人街经济模式形成于1965年之后，是新侨民运动的产物，本文主要以欧美唐人街为分析对象，以唐人街主体人口——五邑华侨为切入点，试图证明1965年以前唐人街"民族聚居区经济"模式的存在是一个不争的事实，至少在欧美地区的唐人街是这样。

15. 海外华侨华人与侨乡关系演变的特点. 王元林. 暨南学报（哲学社会科学版），2001（4）：129－134.

关键词：华侨华人 侨乡 联系 演变

内容摘要：侨乡侨批业和侨汇发达，形成了以外购内销为特点的侨乡社会。中华人民共和国成立后，海外华侨华人与侨乡也出现了多种联系方式。随着海外社团日益国际化，出现了以地缘、血缘为主的社团回国寻根热，侨乡的范围逐渐扩展到内地。改革开放后，侨乡靠政策、技术致富，而侨乡新移民的文化素质不容乐观。随着新移民留学生人数的增加，文化发达的内地大中城市、高校和科研单位成为"新侨乡"。不同时期海外华侨华人与侨乡关系的不同特点，成为今日政府制定侨务政策的依据。

16. 闽籍华侨社会与福建互动关系初探. 柳红. 福建史志，2002（2）：46－49.

关键词：地方史 华侨 福建省

内容摘要：福建是我国著名侨乡，祖籍福建的华侨和外籍华人有800多万人，分布在全世界5大洲100多个国家和地区，其中约90%居住在东南亚各国，也有一小部分侨居美洲、欧洲、大洋洲以及东南亚以外的亚洲国家。在东南亚国家中，又主要分布在菲律宾、印度尼西亚、新加坡、马来西亚以及泰国、缅甸和越南。

17. 唐人街经济结构中的五邑华侨因素. 张国雄. 五邑大学学报（社会科学版），2002（2）：40－44.

关键词：唐人街 经济结构 五邑华侨 因素

内容摘要：唐人街具有自身的经济模式，它的形成与街区内华侨群体的行为方式紧密相关。同时，它又是华侨群体在街区内地位和影响力的重要基础。五邑华侨控制了美国、加拿大和澳大利亚唐人街的洗衣业、餐饮业，在商业领域也有很大势力，是唐人街经济成长的重要力量。本文通过对其经济运作进行分析可以更深入地考察唐人街华侨华人的社会状况。

18. 简论日本神户华侨华人与广东侨乡的关系. 张应龙. 华侨华人历史研究，2003（2）：35－43.

关键词：日本 神户 华侨华人 广东侨乡

内容摘要：本文将神户华侨与广东侨乡的关系分为近代和当代两个时期，指出近代神户华侨社会与广东侨乡关系的四个特征，认为近代神户华侨与广东侨乡的关系是以火柴贸易和生产为中心的关系。改革开放后，虽然神户华侨华人与广东侨乡的关系有了恢复和发展，但这种关系缺乏坚实经济关系的基础，是一种"根"在神户的关系，而不像中华人民共和国成立以前那种"根"在中国的关系。这是神户华侨华人与广东侨乡关系在近代时期和当代时期的主要差别。这种差别的产生主要是神户华侨华人社会本身变化——落地生根的结果。不过，未来新华侨华人与广东侨乡关系的动态却值得注意。

19. 华侨华人与温州经济．蔡克骄，江华．社会科学战线，2003 (2)：57 - 61．

关键词：经济发展　华侨　华人　温州经济　侨乡

内容摘要：温州是全国著名的侨乡之一，拥有海外侨胞30余万人，遍布世界65个国家，其中约2/3留居欧洲各国，尤以法国、意大利和西班牙等国为多。这些华侨华人大部分经过几代创业，已经积累了雄厚的经济实力，并逐渐融入当地社会；又与温州有着血缘和地缘关系，因而华侨华人的资金、市场和信息是温州社会发展进程中不可小视的独特资源。改革开放以来，华侨华人对温州经济的发展做出了重要贡献，本文欲对这一问题做初步的分析和展望。华侨华人对温州经济发展的贡献。温州的海外移民历史可以追溯到北宋，但经明清两代海禁后，移居海外者甚微。鸦片战争之后，中国被迫重开国门，温州对外移民重新开始，到第一次世界大战结束之前，温州的海外移民已经稍具规模。这些移民主要有两种去向：一是去南洋从事木器业，主要集中在新加坡；另一是应募去欧洲参战，主要为法国方面服务。这些人是温州海外创业的奠基者。之后，虽历经磨难（如关东大地震、日本人的大屠杀及"文化大革命"的遏制），温州人对移居海外一直表现出很大的热情，究其原因有二：一是内部的"推力"；二是外部的"拉力"。

20. 海外华人与我省县域经济发展对策研究．杨华基，李鸿阶，林心淦．福建论坛（经济社会版），2003（8）：38 - 43．

关键词：海外华人　县域经济　侨乡

内容摘要：文章从海外华人与县域经济结合点出发，详细论述了海外华人参与县域经济活动的方式及其作用，实现互动发展的条件和机制，提出了进一步发展县域经济的对策建议。

21. 东南亚华侨华人与当代闽粤侨乡制度的创新和变迁. 郑一省. 东南亚研究, 2004 (1): 64-69.

关键词: 东南亚华侨华人　闽粤侨乡　制度

内容摘要: 闽粤侨乡制度的创新和变迁早于中国其他许多地区, 这是与侨乡的特点相关联的。闽粤侨乡由于邻近东南亚地区, 与外界联系密切, 信息的获得比中国其他许多地区来得方便、快捷。当中国的国门向世界敞开时, 一些新的思想、经营理念便随着东南亚华侨华人对故乡的投资或探亲被带入了当地。可以说, 在当代闽粤侨乡制度的创新和变迁过程中, 东南亚华侨华人也扮演了十分重要的角色。

22. 多重网络的渗透与扩张——华侨华人与闽粤侨乡互动关系的理论分析. 郑一省. 华侨华人历史研究, 2004 (1): 35-45.

关键词: 多重网络　华侨华人　闽粤侨乡　互动关系

内容摘要: 本文以华侨华人与闽粤侨乡为研究对象, 探讨了多重网络的内容、结构及其在华侨华人与闽粤侨乡互动关系中的作用。本文认为, 多重网络是侨乡和华侨华人之间存在的一种关系网络。这种网络形成于两者的互动关系之中, 且在互动中渗透和扩张。正是这种多重网络的存在和活跃, 促使华侨华人与闽粤侨乡的关系更紧密、更持久。

23. 华侨华人与闽粤侨乡互动关系的恢复和发展. 郑一省. 东南亚研究, 2004 (2): 83-90.

关键词: 华侨华人　闽粤侨乡　互动关系

内容摘要: 华侨华人与闽粤侨乡互动关系的恢复和发展, 主要表现在出访海外乡亲所在地成为闽粤当地政府及有关部门的主要工作之一, 而华侨华人及其社团也经常前往闽粤祖籍地探亲、投资或考察。同时, 侨乡民间也通过复办侨刊乡讯、恢复民间组织等, 与海外华人社团建立紧密联系。

24. 华侨华人与中国经济联系的历史研究. 方向阳, 陈忠暖. 八桂侨刊, 2004 (3): 12-15.

关键词: 华侨华人　中国大陆　经济联系

内容摘要: 鸦片战争到中华人民共和国成立前, 华侨华人与中国大陆的经济联系范围和规模有所扩大, 主要通过侨汇、捐资、投资等方式与中国大陆发生经济联系; 从中华人民共和国成立到1978年, 不少爱国华侨华人还是以各种方式支持中国社会进步和经济建设,其中主要有回国参加社会主义建设、以各种形式资助抗美援朝战争、投资兴办企业、侨汇、捐助文教、福利等社会公益事业方式;改革开放以来,海外华侨华人以发展贸易和增加投资的形式,更加积极影响中国大陆的改革开放和经济发展。中国加入WTO以后,中国大陆经济对华侨华人经济的影响会迅速扩大,因而会出现双方向关系的发展。

25. 华侨华人与侨乡关系的演变探索. 蔡苏龙. 汕头大学学报(人文社会科学版),2004(5):80-84+92.

关键词:华侨华人 侨乡 社会变迁 华商网络

内容摘要:华侨华人与侨乡的社会关系是一种特殊的经济、文化模式的演进过程和结构设计。从历史和现实两重角度对华侨华人与侨乡的关系以及华侨华人的存在对侨乡社会的意义进行考察,可以看出华侨华人的作用和影响主要体现在侨乡社会转型期。随着经济全球化一体化进程的加快,华侨华人与侨乡社会的关系会呈现一些新的变化。

26. 华侨与近代侨乡金融业的兴盛——以广东梅县为例. 肖文燕. 华东交通大学学报,2004(6):65-66.

关键词:华侨 侨乡 金融业 转型

内容摘要:清末民国时期,中国侨乡金融业经历了一个由传统向近代转型的过程。在这一变迁过程中,传统与近代共生共荣的金店、水客业、侨批业的兴盛与华侨的作用密切相关。正是由于华侨的牵引拉动、内引外联的作用,推进了侨乡金融业的转型,进而有力地推动了整个侨乡经济变迁。

27. 试论近代潮汕经济的"华侨性". 熊燕军,孟广军. 湖北省社会主义学院学报,2004(6):95-96+99.

关键词:华侨性 潮汕 近代

内容摘要:潮汕地区是我国著名的侨乡。近代以来,随着大量的潮汕人移民海外,华侨或与华侨相关因素在经济结构中占据主导地位,潮汕经济开始呈现"华侨性"特征。

28. 从吧国公堂《公案簿》看清前期巴达维亚与中国的经济往来. 刘永连. 海交史研究,2006(1):91-101.

关键词:吧国公堂 《公案簿》 清前期 巴达维亚 中国 经济往来

内容摘要:作为反映巴达维亚华人社会生活的一种重要档案资料,近年整理出版的吧国公堂《公案簿》为我们提供了关于吧中两地经济往来的丰富信息。我们从中可以看出，清朝前期两地有着丰富的货物交流，侨汇和运输业也非常发达，而华侨华人在两地复杂而密切的社会关系更织就了两地之间稳固的贸易网络，形成其独特的贸易方式。

29. 20世纪中叶新马华人社会与华南互动之探讨. 张慧梅，刘宏. 南洋问题研究，2006（2）：53 - 63.

关键词：商会　信息流动　侨乡　网络

内容摘要：本文着重探讨新马华人社会的社会群体及经济组织在新马及华南的互动中所扮演的角色及依赖的基础，希望弥补以往研究新马华人社会与华南侨乡互动时只注重实际交往的不足，而进一步探讨这一实际交往的基础即无形的信息流动。另一方面，跨国社会联系又是建立在国家的基础上，因此希望能在探讨跨国社会网络的同时也回到国家层面，进一步揭示国家在网络发展中所起的作用。

30. 近代旅美华侨华人与中美文化的双向交流. 赵欣. 史学集刊，2007（4）：75 - 82.

关键词：近代　旅美华侨华人　文化　互动

内容摘要：鸦片战争强制性地拉开了中西文化交流的序幕，1848年以后，随着北美至中国航线的开通，一部分居住在珠江三角洲的广东人在多种原因的驱使下，远渡重洋来到北美。在美国西部形成了一个又一个的华侨华人社区，使中国的古老文明渐次播散到美国西部各州。随着北美华侨华人的不断扩展，不同类型的华侨华人在不同的领域里（商业、建筑、科技教育、宗教伦理、风俗习惯等许多文化领域里）对中华传统文化进行了被动和主动传播。被动的传播形成了美国多元文化的文化飞地，主动的传播使中国传统文化在美国文化的大熔炉里形成了一种鲜明的、交叉式的边缘文化。文化的传播是一个双向互动的过程。随着大批旅美华侨华人陆续返回故乡，他们也把西方文明带回侨乡。它们与本土文化发生碰撞、冲突、融合，从而在珠江三角洲一带的侨乡形成了新鲜的、西方式的边缘文化。

31. 华南侨村家族企业与乡村建设——以福建晋江肖下侨村为例. 贺东航. 福建师范大学学报（哲学社会科学版），2007（6）：132 - 136.

关键词：华南农村　地域化产业　互动　地方性建构

内容摘要：改革开放后，福建南部一个新侨民在家乡所创办侨资企业在与家乡的多重互动中，对侨乡地域化的产业形成起了关键的作用。透过乡土—海外网络所产生的特有效应，侨村大小企业如雨后春笋出现，尤以制伞行业迅速崛起。在此一过程中，侨资企业对村庄的影响，不仅表现为一种经济方式，更重要的是影响了村庄治理的社会结构和组织结构。这里既有现代化工业的建设和新式公共事业的兴办，也有侨村组织形式和权力格局的重新建构，以及传统文化价值在侨村的接续。

32. 华侨华人与侨乡文化互动的多重性——评《多重网络的渗透与扩张——海外华侨华人与闽粤侨乡互动关系研究》. 吴杰伟. 华侨华人历史研究，2008（1）：74-75.

关键词：闽粤侨乡 华侨华人 海外 文化互动 网络

内容摘要：从20世纪80年代开始，侨乡在短短的20年间发生了很大变化。侨乡的变化与海外华侨华人有着密切的关系，很多学者都在讨论这个问题，并由此向前延伸，讨论整个20世纪海外华侨华人与侨乡之间的关系。应该说，这方面研究的著述逐年增多，成果喜人。但是，全面、系统地研究海外华侨华人与侨乡之间关系的著作却不多见。2006年9月，世界知识出版社出版了郑一省博士的新作《多重网络的渗透与扩张——海外华侨华人与闽粤侨乡互动关系研究》，值得关注。该书主要对20世纪40年代至90年代海外华侨华人与侨乡之间的关系进行了梳理，集中研究了两者之间的互动关系。

33. 论"世界客属恳亲大会"与中国客家侨乡. 巫秋玉. 华侨华人历史研究，2008（1）：46-57.

关键词：乡团联谊 恳亲大会 客家文化 客家学 侨乡建设

内容摘要：世界客属恳亲大会在中国内地的五次召开，加强了海内外客家人对族群身份的认同和文化寻根；促进了客家文化和"客家学"学科的发展。大会活动所带动的资金的运作，并由此形成的中国客家侨乡与海外华商的经济网络，对于扩大举办地的对外开放，加速举办地经济文化的发展具有重要的历史和现实意义。

34. 多重视角下的华侨华人与侨乡的互动关系：评《多重网络的渗透与扩张：海外华侨华人与闽粤侨乡互动关系研究》. 郭平. 南洋问题研究，2008（3）：100-102.

关键词：闽粤侨乡 华侨华人 多重视角 海外 网络

内容摘要：无

35. 海外华人与侨乡关系研究的路径探索：评《多重网络的渗透与扩张：海外华侨华人与闽粤侨乡互动关系研究》. 许梅. 东南亚研究, 2008 (4)：90-92.

关键词：海外华人　侨乡　互动

内容摘要：侨乡研究长期以来一直是中国华侨华人研究的重要内容，但经过20多年的发展，其研究的瓶颈开始显现，主要表现为缺少理论体系的支撑。郑一省教授的《多重网络的渗透与扩张——海外华侨华人与闽粤侨乡互动关系研究》一书力图从侨乡研究最薄弱的理论环节入手，在网络学等相关理论的基础上，提出多重网络概念和理论，对海外华人与侨乡关系研究进行了理论上的新探索，从理论上弥补了侨乡研究的不足，也对推动华侨华人学科的理论建设起到积极的作用。

36. 侨乡与海外华侨华人（上）——以对外开放后侨汇与新移民为中心. 山岸猛, 乔云. 南洋资料译丛, 2009 (1)：68-80.

关键词：对外开放　华侨华人　新移民　GDP增长率　侨汇　海外侨乡

内容摘要：改革开放后中国的经济增长是惊人的。从改革开放的1978年至1990年的GDP实际年平均增长率达到了9%。其后的1991年至1996年的GDP年平均增长率达到了11.6%，实现了高速经济增长，至90年代中期成为"成长的亚洲"的重要部分，其市场规模之大引起了全世界的瞩目。在使高速经济增长成为可能的主要因素中，可以举出华侨华人对祖国的贡献。本文将以钱（这里主要指侨汇）和人（新移民）为中心对侨乡与海外华侨华人的经济关系加以考察。

37. 侨乡与海外华侨华人（下）——以对外开放后侨汇与新移民为中心. 山岸猛, 乔云. 南洋资料译丛, 2009 (2)：57-71.

关键词：华侨华人　新移民　对外开放　侨汇　海外　侨乡

内容摘要：无

38. 改革开放以来泉州侨乡与华侨华人的互动. 陈格. 八桂侨刊, 2009 (2)：61-64.

关键词：改革开放　泉州侨乡　华侨华人　互动

内容摘要：改革开放后，侨务工作得到新的发展，侨务政策得以全面落实。随着改革开放的深化和中国经济的飞速发展，华侨华人与中国的联系和互动也日益密切和频繁，双方的互动关系也从以前的单向做贡献转变为双向的互利合作双赢的局面。本文主要探讨改革开放以来泉州侨乡与华侨华人之间互动关系的轨迹，期待能对其内在规律有所认识、有所揭示，并对不断发展泉州侨乡与华侨华人更大范围的良性互动有所促进和推动。

39. 陆疆侨乡与华侨华人互动发展研究：以云南滇西地区为例．杨永平，何作庆，鲁建国．思想战线，2009（4）：137-138．

关键词：华侨华人　陆疆　侨乡　东南亚国家

内容摘要：中国有漫长的陆上边界线，涉及陆疆的包括广西、云南等9个省（区）。云南省毗邻东南亚和南亚，是中国的陆疆大省，同时还是中国第五大侨乡省（区）。据统计，云南省籍华侨华人共有208万人，分布在世界五大洲的68个国家或地区，其中泰国、越南、老挝、缅甸等东南亚国家集中了200万人。然而从中国陆疆省（区）的视角来研究侨乡的文章尚少。因此，现以云南滇西地区为例进行研究，丰富并拓展华侨华人的研究领域。

40. 国际化与地方化：近代闽南侨乡的社会文化变迁．郑振满．近代史研究，2010（2）：62-75．

关键词：国际化　地方化　海外移民　侨乡　闽南

内容摘要：近代中国侨乡的社会文化变迁，深受海外移民的制约和影响。已有的研究成果表明，海外移民在推进侨乡现代化的过程中，强化了原有的乡土社会文化传统。本文通过考察闽南华侨的跨国生存状态、侨乡社会权势的转移及侨乡社会文化的传承，探讨近代闽南侨乡的国际化与地方化进程。所谓国际化，是指闽南侨乡的社会经济中心不断外移，海外华侨成为闽南侨乡的地方精英，海外世界与闽南侨乡的联系日益密切。所谓地方化，是指闽南侨乡的政治权力中心不断下移，侨乡建设与地方公共事务受到了空前的重视，本地社会文化传统得到了更新和延续。深入研究这一历史过程，对于探讨全球化时代地方传统的发展前景，无疑具有理论意义和学术价值。

41. 华侨与侨乡的现代化历程：以泉州为例．蒋楠．华侨大学学报（哲学社会科学版），2010（4）：30-36．

关键词：华侨　泉州　侨乡　现代化　内卷化

内容摘要：华侨被公认在近代中国的现代化历程中有过卓越贡献。在侨乡泉州，这种贡献尤其明显，甚至是侨乡现代化的绝对主力。但是现代化的社会转型并不只是发展，近代中国在现代化中面临的困境在侨乡以特有的方式被缓和、消解,比如部分抵抗了近代国家政权的内卷化及保留了传统文化的权力网络。华侨对现代化的理解也与知识精英阶层有所不同,不宜对华侨对侨乡的现代化影响有想当然的过高估计。

42. 民国时期华侨与地方政治关系探析:以泉州为例. 骆曦. 广州社会主义学院学报,2011 (2):68-72.

关键词:民国 泉州 华侨 地方政治

内容摘要:本文拟以具有典型代表性的全国著名侨乡泉州为例,对民国时期华侨与泉州地方政治关系做一整体研究,以期能够深入理解民国时期华侨与侨乡地方的全面关系。

43. 动员与被动员:华人移民与侨乡社会发展. 黎相宜. 广东技术师范学院学报(社会科学版),2011 (4):42-46,139.

关键词:动员 被动员 华人移民 侨乡 社会转型

内容摘要:改革开放后,海外华人移民以多种方式将汇款注入有"侨"传统的东南沿海地区,带动了整个"侨乡"的社会转型。本文试图从"动员"与"被动员"的视角,考察在社会转型的背景中华人移民作为一种跨国性资源是如何被各方力量动员起来的。一方面,中国国家至侨乡地方社会在将华人移民裹挟并卷入整个中国市场转型与现代化的进程中逐步形成了动员传统;另一方面,华人移民一直延续传承的被动员传统在特定的历史背景下重新焕发生机。这种"被动员传统"与"动员传统"相互联结,促使华人移民成为侨乡社会转型的主要动力之一。

44. 近代旅日闽侨与侨乡联系探究(1840—1945). 许金顶. 史学集刊,2012 (3):24-30,98.

关键词:近代 旅日闽侨 侨乡

内容摘要:在不同的历史时段和不同的区域,华侨与侨乡之间存在不同的联系。基于普通华侨社会生活史的角度,本文考察了近代旅日闽侨与侨乡的多元联系及其演变形态,认为这些来自社会底层的普通华侨,与侨乡社会保持了不可分割的历史联系,逐渐成为侨乡社会发展的推动力,拓展了侨乡社会的外部发展空间,倡导今后运用历史社会学的田野调查方法,探寻其联系的不同方式及其影响,以期拓展日本华侨史研究的学术视野,深化对侨乡社会文化变迁的认识。

45. 跨国实践中的社会地位补偿:华南侨乡两个移民群体文化馈赠的比较研究. 黎相宜,周敏. 社会学研究,2012 (3):182-202,

245 - 246.

关键词：华人移民　华南侨乡　社会地位补偿　文化馈赠　跨国实践

内容摘要：中国改革开放以来，海外华人移民通过文化馈赠这种跨国实践极大地促进了东南沿海地区的发展。但从我们的观察来看，不同类型的移民群体的跨国实践模式不尽相同。本文借鉴以往国际移民与跨国主义的研究，从社会学的角度提出"社会地位补偿"的范式，对分别来自广东五邑开平和海南文昌下辖两个镇的移民群体进行比较。通过分析，我们发现移民对于侨乡的文化馈赠不仅受到其个人出国前后社会地位变化的制约，而且还受多种客观因素的制约。特定的祖籍国和移居国在世界政治经济地理格局中位置的差异，移民群体在移居地的不同社会境遇以及侨乡的地方政府和地方社会均对文化馈赠产生不同程度的影响。上述这些宏观、中观与微观层面的因素交互作用，形成社会地位补偿的特殊机制，影响移民跨国实践中的文化馈赠。

46. 华南侨乡跨国实践中的社会地位补偿. 黎相宜，周敏. 中国社会科学文摘，2012（9）：132 - 133.

关键词：无

内容摘要：无

47. 中泰民间关系的演进：以隆都镇为视域的研究. 黄晓坚. 华侨大学学报（哲学社会科学版），2013（3）：23 - 34.

关键词：中泰关系　华侨华人　隆都

内容摘要：基于泰国华侨华人的人口构成，中泰民间关系主要体现为在泰潮人与潮汕侨乡的天然联系；由于在泰潮人移民历史悠久、融入程度深、参政程度高，从而奠定了"中泰一家亲"的坚实社会基础。中华人民共和国成立后30年的新移民断层及其对中泰民间关系的社会基础造成的严重影响，致使改革开放后侨乡与海外的关系逐渐由三代以内直系亲属之间的交往演变为三代以外直系亲属及旁系亲属的交往，老一代移民的回馈行为亦呈现出"黄昏之恋"的浓郁色彩。随着潮人第一代移民群在泰国的式微和在原乡影响力的下降，侨乡进入"断乳"后的转型发展期，潮泰关系逐渐为"走亲串友"式的新型民间关系所取代。新时期中泰两国均应加强对潮泰之间的官方友好交往、民间经贸活动和宗教文化交流的引导和支持，培育民间关系新的增长点。

48. 跨国网络、公益传统与侨乡社会：以梅州松口德村为例. 段颖.

中山大学学报（社会科学版），2013（4）：133-146.

关键词：跨国网络　公益传统　大华侨　侨乡社会

内容摘要：华人移居海外，在适应当地社会人文地理环境的同时，也和家乡保持着联系，进而建立起跨越国家疆界的社会关系网络。随着时间的流逝，这种跨国联系也在不断发生着变化。海外华人对家乡的关注，尤其是以血缘、地缘为基础，逐渐拓展开来的乡村公益事业，影响着侨乡的政治、经济乃至乡民对于"侨"的认知与实践。通过对广东梅州松口德村进行人类学田野研究，探讨侨乡跨国关系的形成与变化以及源自海外华侨华人的公益慈善对乡民日常生活和乡村社会建设、文化生产的影响。随着时间推移与代际变化，海外华人与侨乡的联系已不如以往紧密，但蕴含于"侨"的观念中的开放、流动、灵活等特质以及侨乡特有的人文精神，却依然影响着乡民的生存心态与行为实践。而德村公益事业的开展，也为理解当代中国农村社会转型提供了一面极佳的镜像。

49. 社会变迁与跨国华人家庭的建立：以陈遗恩家庭为例. 陈丽园. 暨南学报（哲学社会科学版），2013（5）：138-144.

关键词：华南　侨批　海外华人　跨国华人家庭　马来亚橡胶业

内容摘要：陈遗恩家庭是民国时期曾生活在马来西亚柔佛州与家乡澄海县间的跨国家庭，出于对"家计"的关怀，移居马来亚的陈遗恩等人与国内家庭保持连续不断的侨批联系。从1910年到1940年，陈遗恩跨国家庭经受了许多外部力量的影响仍然生存下来，例如二战前马来亚橡胶业的兴衰、1929—1933年世界经济大危机、1941—1945年太平洋战争、战后马来亚的经济重建和1946—1949年中国的恶性通货膨胀。

50. 海外潮人与潮汕侨乡的跨国互动研究. 陈子. 兰台世界，2014（1）：87-88.

关键词：跨国主义　华侨华人　潮汕侨乡

内容摘要：本文以汕头市澄海区建阳侨乡为研究个案，尝试将跨国主义理论运用到潮汕侨乡研究中去，试图对东南亚潮人与汕头侨乡如何建构跨国互动进行研究。

51. 中国近代跨国移民对侨乡的经济影响：以台山为例. 王赫. 黑龙江史志，2014（13）：356.

关键词：跨国主义　跨国移民　侨汇

内容摘要：跨国主义理论是近年来新兴的研究当代移民现象的理论，

但将这一理论历史化,也可以用来研究近代华人跨国移民现象。近代华人的跨国实践是以经济利益为首要目标的,对侨乡的经济产生了巨大的影响。

52. 青田的跨国纠纷"和事佬". 张尚伟. 今日浙江, 2014 (13): 52.

关键词: 海外华侨 离婚纠纷 义乌市场 离婚诉讼

内容摘要: 有52万人口的侨乡青田县,一半的人口旅居在世界各国。近年来,随着华侨规模和人数日趋扩大,青田籍海外华侨与国内往来日益增多,参与投资创业的活动也随之增加,涉侨纠纷时有发生,涉侨案件逐年递增。"解决这些跨国纠纷,如果走法律途径和程序,不仅受地区和时间限制,手续和程序也非常烦琐,往往成为一场马拉松式的'拉锯战'。"

53. 跨国网络中的何氏九仙信仰与琼瑶教. 石沧金. 世界宗教研究, 2015 (2): 99-108.

关键词: 跨国网络 何氏九仙信仰 琼瑶教

内容摘要: 伴随福建移民的南下,九鲤洞仙师信仰及琼瑶教传播至南洋。至20世纪60年代,以何氏九仙信仰和九鲤洞神庙系统为纽带,跨越原乡莆田及新马印(度尼西亚)三国的民间信仰网络正式形成。琼瑶教主要的宗教仪式"肃坛持戒"不仅在海内外的九鲤洞神庙系统中举行,并可能扩散至莆田仙游籍华人创建的东岳观、三一教堂祠以及其他寺庙当中。侨乡莆田基于何氏九仙信仰和九鲤洞神庙系统而形成的跨国民间信仰网络,既包含丰富的宗教信仰内容,也富含乡缘情结,更含有传承发扬中华传统文化的深厚情结。

54. 道义、交换与移民跨国实践——基于衰退型侨乡海南文昌的个案研究. 黎相宜. 华侨华人历史研究, 2015 (3): 55-63.

关键词: 侨乡研究 跨国实践 侨捐研究 华侨投资 道义关系 交换关系 全球化

内容摘要: 论文以海南文昌侨乡为例,探讨了基于传统道义与交换互惠两种跨国关系的移民跨国实践的变化及其给侨乡带来的影响。研究发现,文昌的海外移民在迁移过程中经历了经济与声誉地位同时上升的过程,再加上受到多层社会结构因素的影响,纯粹社会声誉与身份归属方面的补偿不再对其构成吸引力,使得文昌移民与家乡一直持续的传统道义关系受到了不同程度的摧毁,基于传统道义关系发展起来的社会文化馈赠模式对于文昌移民的吸引力在下降。不少文昌移民试图与家乡重新建立起一种不同于传统道义的、互惠互利的社会交换关系，发展出一种既可赚钱又可普惠地方的跨国实践模式。而由于土地纠纷、行政干预等问题，海外移民与当地政府并没有建立良好的交换与互惠关系，使得营利性跨国实践也没有在文昌移民群体中大规模兴起。这些都进一步导致文昌移民在祖籍地的跨国实践逐渐衰落，也使得侨乡的象征意义与示范效应逐渐式微。华人本着爱国和慈善精神汇款回中国的时代，已经转变为在一个全球性的资本主义环境中着重投资的时代。

55. 海上丝绸之路与华侨华人：基于潮汕侨乡及海外潮人的历史考察. 黄晓坚. 新视野, 2015 (3): 117 - 123.

关键词：海上丝绸之路　华侨华人　海外潮人　潮汕侨乡

内容摘要：华侨华人与海上丝绸之路的关系源远流长。自汉代以来，海外潮商经历了行商、"海盗"、米商、南北行商等不同的历史发展阶段，都对海上丝绸之路的拓展或延续做出了很大贡献。不仅如此，他们还是海上丝绸之路贸易带的开拓者和建设者，促进了侨居地的经济繁荣和社会发展，对于中国、西方和东南亚来说都是双赢的结果。在新时期海上丝绸之路的构建中，应该重视并善于发挥华侨华人在中国—东盟睦邻友好、经贸合作和文化交流上的作用。

56. 《传承与交融：多维视野下的海外华人与中国侨乡关系研究》一书出版. 关耳. 八桂侨刊, 2015 (2): 20.

关键词：多维视野　侨乡文化　研究方法

内容摘要：郑一省教授主编的《传承与交融——多维视野下的海外华人与中国侨乡关系研究》一书，由广西师范大学出版社于2014年10月出版。全书分为四部分，56万余字。该书的内容涉及政治学、历史学、民族学、人类学、文学、教育学等众多的学科领域，在问题的探讨上展现了多学科、多视角的特点。

57. 移植与重构：民国时期闽南侨乡与南洋华社的跨国文化互动. 杨宏云, 周燕玲. 闽商文化研究, 2015 (2): 54 - 62.

关键词：闽南侨乡　南洋华社　文化　跨国

内容摘要：华侨华人与侨乡的跨国联系历史以来一直存在。民国时期大量的闽南移民频繁往来于侨乡，带动南洋华社与侨乡在物质、精神与家庭制度层面文化的互相植入与重构。这即是早期的华侨移民跨国实践。它对传播、传承中国文化，推动中国与东南亚的联系、合作与发展有着重要的意义。在当今经济全球化和区域一体化成为世界潮流的趋势下，这种具有历史依循的文化跨国实践与经济全球化和区域一体化的内在价值取向是相一致的。本文试图挖掘华侨华人下南洋历史的时代价值，从而为中国发展与东南亚友好关系提供重要依据。

58. 民国时期华侨与侨乡政治——以福建事变为例. 上官小红. 八桂侨刊, 2015 (4): 61-68.

关键词: 华侨 侨乡 福建事变 政治

内容摘要: 辛亥革命以来，海外华侨积极参与中国政治。20 世纪上半叶的中国社会战乱不断，华侨对侨乡社会尤其关切。十九路军入闽受到海内外的欢迎，但随后发起改旗易帜的福建事变却未能获得广泛的支持。华侨基于对全国抗日形势、十九路军在侨乡的作为及事变前景的分析，对福建事变各持不同态度，或声援、或抵制、或旁观。虽然福建事变昙花一现，但它再一次展现了华侨参与侨乡政治的热忱。

59. 民国时期华侨对海南现代知识分子群体的影响. 宁玉兰, 陈娉婷. 兰台世界 (上旬), 2015 (10): 76-78.

关键词: 民国初期 琼籍华侨 海南现代知识分子

内容摘要: 民国时期是海南现代知识分子形成的重要时期。作为海南社会由传统向现代转型中出现的新兴群体，海南现代知识分子的形成和发展，是诸多因素和力量共同作用的结果。作为著名的侨乡，华侨在其中扮演了重要的角色。他们凭借自身在政治、经济等方面的优势，为海南现代知识分子的成长提供了诸多必不可少的条件。

60. 三十年来中马民间个体交往之演变——以侨乡闽清的考察为例. 陈日升. 闽江学院学报, 2016 (3): 35-41.

关键词: 中马关系 民间交往 侨乡研究 闽清

内容摘要: 自 1974 年中国与马来西亚建交以来，两国经贸文化交流日趋频繁和深入，两国外交关系的发展推动了两国民间个体的交往，并最终促成了 20 世纪 80 年代马来西亚华人与侨乡之间跨国交往的重建与发展。闽清是重要侨乡之一。本文结合田野调查以及笔者的亲身经历，体现三十多年来侨乡闽清与马来西亚两地的民间个体往来演变的历程，同时探讨其演变的因素。

61. 华侨在祖籍地的社会网络与一带一路建设关系研究述评. 阮文

奇. 旅游纵览（行业版），2016（4）：210，212.

关键词：祖籍地　社会网络　海上丝绸之路　互利共赢　文化交流

内容摘要：21世纪海上丝绸之路是中国与沿线国家共同的振兴之路，是亲和之路、互利共赢之路。我国海外华侨众多，在"一带一路"倡议的背景下，侨乡祖籍地的社会网络对于实现与"一带一路"沿线的合作有着明显的优势，可以为实现与沿线国家的合作与对话，以社会网络促进侨乡地与沿线国家的政治、经济、文化交流。

62. 转型中的"侨"与跨国社会领域——以潮汕与马来西亚善堂的互动为例. 陈岱娜. 广西民族大学学报（哲学社会科学版），2016（5）：138-143.

关键词：华人　善堂　走廊生态圈　跨国社会领域

内容摘要：近代华侨与侨乡之间的"走廊生态圈"，血缘、地缘色彩浓厚，且是对侨乡单向的经济资助。20世纪80—90年代，潮汕地区的经济发展和善堂复兴也得益于此。新世纪里，"侨乡情"逐渐淡化，华侨捐资减少。但这并非侨乡衰退，只是"侨"的转型。事实上，在潮汕与东南亚华人之间，社会与文化正在"跨国社会领域"中密切互动，善堂和民间信仰则是它的社会组织和文化纽带的一个基础。

63. 跨国活动、海外移民与侨乡社会发展——以闽东侨乡福村为例. 曾少聪，李善龙. 世界民族，2016（6）：40-51.

关键词：海外移民　跨国实践　侨乡社会　福村社会发展

内容摘要：我国的海外移民形成了侨乡，侨乡与海外移民有着密切的联系。本文以闽东侨乡福村为个案，探讨海外移民与祖籍地之间的跨国活动，阐释海外移民对侨乡经济、社会和文化发展的影响，并指出这种影响的局限性。改革开放后，福村的海外移民与祖籍地的跨国活动日益活跃，对祖籍地的经济、社会和文化都产生了重大的影响。他们的跨国活动始于向祖籍地寄侨汇，进而逐步涉及经济、社会和文化领域。经济领域的跨国活动主要表现为：一是向祖籍地汇款；二是投资和引台资等资本在祖籍地建立企业；三是共同筹资建设祖籍地和母国。遗憾的是，他们的这些活动更多的是停留在"输血"层面，而没有实现"造血"功能。他们是社会文化领域跨国活动的积极参与者，甚至是发起者。同时，第二代移民受情感驱动因素影响，会与第一代一起参与经济领域、社会文化领域的跨国活动，但是他们的参与热情受他们叔伯辈的第一代移民的去世等因素影响而逐渐消减。

64. 跨国网络与"炫耀性消费"——以广州市花都区新村旅巴华侨华人为例. 李丽瑶. 商, 2016 (8): 97-98.

关键词: 新村 旅巴华侨华人 跨国网络 炫耀性消费

内容摘要: 近年来, 华侨华人在适应移居国生活环境之时, 也常常与中国的侨乡产生密切联系, 借此建立一种跨越地理、文化和政治界限的网络关系。本文试图探讨广州市花都区新村巴拿马华侨华人的"炫耀性消费"与跨国网络之间的关系。通过对新村进行人类学田野调查发现,"炫耀性消费"是华侨华人维系跨国网络的重要条件。同时华侨华人的"炫耀性消费"行为也促成了众多侨乡村民形成移民的意愿。

65. 跨国主义时代的侨乡社会发展差异研究——基于福州新旧两个侨乡的对比. 陈凤兰, 朱云柯. 中国市场, 2016 (30): 38-40, 42.

关键词: 跨国主义 侨乡 中国新移民

内容摘要: 文章运用田野调查的研究方法, 对福州新旧两个侨乡的移民群体进行调查, 以跨国主义的视角分析福州不同发展阶段的侨乡, 研究不同发展程度的侨乡社会以及移民跨国实践活动对侨乡社会的影响。通过把两个具有代表性的侨乡移民群体的迁移背景、海外生活适应情况及侨乡的发展变化进行对比, 探讨侨乡社会、移民群体异域生活状态之间的差异性与联系, 真实展现当下的侨乡社会形态。研究认为全球化并不是同一节奏的, 跨国实践的多样性促使侨乡社会呈现多元化, 地区间差异不容忽视, 应在跨国语境与空间中重新审视侨乡的发展。

66. 跨国网络与粤东侨乡社会变迁: 以梅州市大埔县百侯镇为例. 李思睿. 广西民族研究, 2017 (1): 79-86.

关键词: 跨国网络 侨乡 海外华人

内容摘要: 在早期的移民网络中, 人口的流动是单向的。海外华人在侨乡社会生活和地方政治中的影响巨大, 在许多方面起着与传统社会中乡绅同样的作用。随着改革开放和第一代海外华人的老去, 海外华人对侨乡的经济贡献日益减弱, 侨乡从依赖转向独立发展。在新型的跨国网络建构中, 祖先崇拜是重要的文化纽带。海外华人与侨乡的关系, 从最初以血缘为基础的宗亲互助、以地缘为基础的社会建设和公益传统, 发展为文化意义上的"寻根", 宗亲关系也呈现泛化趋势。跨国网络中的人口和资本的流动不再是单向的。归侨和"国内华侨"等现象的出现, 表明"侨"的内涵也随之变化。

67. 跨国宗族网络与侨乡地方意义的建构研究——以前美村为例. 王敏，江荣灏，朱竑. 世界地理研究，2017（1）：112-123.

关键词：侨乡　地方意义　跨国宗族网络　汕头前美村　社会建构

内容摘要：基于跨国宗族网络与地方意义营造的视角，以汕头市澄海区前美村为案例，试图挖掘充满地方意义的侨乡在外部政治经济体制和地方社会文化相互作用下的地方社会建构和营造过程。研究使用文本分析、深度访谈和实地观察等质性研究方法，揭示了作为"地方"的侨乡所具有的丰富的地方意义，以及地方意义建构过程中以跨国宗族网络为主社会关系之不断演替的机制所在。研究发现，前美村的空间和地方意义被不断地重构，而作为空间表征的"侨乡"也在不同时期的不同社会关系的空间实践下表达出不同的文化意义和地方意象。相较于以往各学科的侨乡研究，本文重视以往长期为学界所忽视的侨乡的空间和地方意义，从空间、地方和人的动态关系这一重要的地理纬度对侨乡内在的深刻社会文化进程进行了探讨。

68. 华侨村官与侨乡社会治理资源的跨国动员——以福建省明溪县为例. 陈凤兰. 华侨华人历史研究，2017（1）：19-28.

关键词：明溪县　侨乡研究　华侨村官　社会治理　跨国动员　衣锦还乡

内容摘要：论文以明溪县的华侨村官为研究对象，分析了华侨回国担任村官的社会结构性因素和个人因素。认为中国农村选举制度的普及是该群体产生的社会制度性因素，地方政府的动员推动了他们参与的积极性；个体对家乡的认同感与归属感以及传统的"衣锦还乡"追求，则是华侨村官参与乡村治理的重要内在动力。华侨担任村官后，运用自己曾在国外务工经商的经历优势，对国内与国外的资源进行动员，在侨乡的建设方面取得了可喜的成绩。华侨村官对侨乡的社会治理是中国乡村治理的一种特殊类型，对中国农村社会治理模式具有借鉴作用。不过，随着在侨乡成长的第一代移民的老去，第二代、第三代移民对家乡日益陌生，乡村回流人口必然随之减少，侨乡社会治理模式的未来走向还有待观察。

69. 美国铁路华工的追梦与圆梦——基于侨乡视角的考察. 张国雄，姚婷. 美国研究，2017（6）：9-39.

关键词：美国社会与文化　中美关系史　铁路华工　侨乡

内容摘要：本文主要依据侨乡新近发现的各种文献、文物，从侨乡的角度，考察淘金华工、铁路华工去美国追逐梦想的动因和移民机制，初步分析了华工出洋的成本与收益，详细讨论了他们梦想的内涵，他们带给家庭、家族、家乡的各种层面的变化，他们为实现梦想所付出的血汗乃至生命。美国淘金华工、铁路华工生活在现实环境和精神家园两个世界之中。他们不仅是美国西部开发和美国工业化进程的直接参与者、推动者、见证者和贡献者，也是侨乡社会转型进步这一"侨乡梦"的参与者、推动者、见证者和贡献者。

70. 追寻沉默的美国铁路华工——以中国近现代广东五邑侨乡文书为中心的探讨. 刘进. 美国研究, 2017 (6)：73 – 89.

关键词：美国　华工　铁路　侨乡文书　广东五邑

内容摘要：美国铁路华工在美国西部开发中做出了卓越的贡献。已有的研究成果大都以美国为中心，主要根据美国官方或者私人的档案和新闻媒体、铁路华工后代的追忆，以及学者的田野调查资料来建构铁路华工的历史，华工群体自己的声音严重缺失。21世纪以来，在素有"北美华侨之乡"的江门五邑地区发现的晚清、民国时期的各类侨乡文书，为追寻"沉默的铁路华工"的历史，倾听他们的声音，建构研究中的华工视野、侨乡视野、中国视野提供了可能。透过侨乡文书可以发现，铁路华工主动筹款出洋，通过美国—香港—侨乡的商业网络给家眷寄送侨汇和家信。铁路华工通过拼搏奋斗源源不断地输入血汗钱和思想观念，提升了家庭的经济和社会地位，编织起侨乡民众赖以谋生的移民网络，启动并促进了广东五邑侨乡的现代化进程。

（三）侨乡性别与妇女婚姻

1. 昔日海外孤儿苦，侨乡寡妇多. 陈前. 新宁杂志, 1979 (2)：46 – 47.

关键词：无

内容摘要：无

2. 美国女华侨回唐山择偶成亲现象剖析——台山县涉外婚姻问题研究. 吴行赐. 南方人口, 1986 (1)：35 – 39.

关键词：涉外婚姻　华侨　新移民　择偶标准

内容摘要：1979年中美正式建交以及中国侨务政策在侨乡贯彻落实，为太平洋两岸的台山人加强联系、共叙亲情提供了良好的条件。六年多来，广东省台山县数以万计的男女老少已获准赴美探亲或以亲属移民的身份迁居美国。众多的台山籍新移民已在美国安顿下来，从事工作或学习。

3. 从人口普查资料中反映出来的侨乡老年女侨属的特点. 方地. 人口与经济，1987（4）：34-39.

关键词：侨属　侨乡　人口普查资料　人口性别比　国际迁移

内容摘要：从19世纪下半叶至20世纪上半叶，广东省有大量青壮年男性人口迁移国外。由于多种原因，其女性家属绝大多数留在家乡，没有迁出。至今，中华人民共和国成立前没能迁出的那部分女侨属部分已经去世，部分陆续迁出；还有一部分因国外配偶已死，又婚或年老体弱，不习惯国外生活等原因，仍然留在家乡。侨乡的这部分人口与海外华人的关系与联系，值得国际迁移研究者与侨务部门重视。

4. 侨乡妇女的人生价值观变了. 施峥尧. 瞭望，1988（20）：17-18.

关键词：侨乡　人生价值观　闽南方言　华侨　侨汇

内容摘要：闽南泉州市晋江县一带，是我国著名的侨乡，百分之六七十的人家有海外关系。过去，许多华侨眷属常年不劳动，依赖侨汇生活，社会上流传一句话："嫁侨吃侨，快乐逍遥。"近日，记者在这里采访，却不止一次听到妇女说："不甘愿白白过一世人"（闽南方言，即"一辈子"）。

5. 侨乡的特殊婚俗：隔山娶. 杨汾. 梅县侨声，1989（20）：63.

关键词：无

内容摘要：无

6. 谱写侨乡妇女命运的变奏曲. 何启治. 小说评论，1992（2）：47-50.

关键词：无

内容摘要：无

7. 华侨婚姻家庭形态初探. 裴颖. 华侨华人历史研究，1994（1）：41-45+77.

关键词：海外华侨　华侨社会　一夫一妻制　婚姻制度　侨乡

内容摘要：无

8. 温州地区侨乡与非侨乡妇女的经济活动：个案比较. 吴藜. 华侨华人历史研究, 1995 (2): 70-76.

关键词：无

内容摘要：无

9. 冯群芳高度评价侨乡妇女. 佚名. 恩平公报, 1996 (复刊号3): 4.

关键词：无

内容摘要：无

10. 开平侨乡婚俗古今谈. 关绍基, 周继昌. 广东史志, 1997 (2): 59-60.

关键词：婚姻　风俗习惯　广东省

内容摘要：无

11. 九十年代广东五邑侨乡新移民的涉外婚姻观. 张国雄. 南方人口, 1997 (2): 37-42.

关键词：五邑　侨乡　新移民　涉外婚姻

内容摘要：本文以1994年江门市及下属的新会、台山、开平、恩平、鹤山五市即五邑的中国公民与外国公民（外国人和外籍华人）在江门市民政局登记结婚的776对夫妇资料为分析样本，讨论新移民的涉外婚姻观念和行为，希望能从一个侧面了解新移民的心态，认识其运动的内在机制。

12. 五邑侨乡红娘也食脑. 方灿宽. 八桂侨刊, 2004 (2): 40-41.

关键词：五邑地区　涉外婚姻　侨务工作　婚姻家庭生活

内容摘要：五邑地区（新会、台山、开平、恩平、鹤山）是我国著名重点侨乡，由于这五个县（现都已升格为县级市）地理接壤，语言相通（五邑话），生活、信仰和婚娶等习俗均大同小异，有着深厚而特殊的"乡里"（老乡）感情；同时这五个县的乡民出洋最早、人数最多，同具鲜明的侨乡特色，五邑侨乡名不虚传。

13. 从潮汕侨批看海外潮人的女性观. 杜式敏. 汕头大学学报（人文社会科学版）, 2005 (3): 81-84+92.

关键词：潮汕　侨批　女性观　海外潮人

内容摘要：性别观念是社会经济、政治的产物和反映，从《潮汕侨批萃编》第一辑收集的493封侨批中，可见到20世纪四五十年代寄批的海外潮人的女性观。主要有两种：一是"男尊女卑"的传统女性观，体现了海外潮人身在海外,仍传承着潮汕社会重男轻女、尊长重嫡的宗族意识;二是提倡接受教育,追求自立的女性观,说明了海外潮人由于主客观条件的变化,女性观也有所变化。

14. 一方奇特的手布诗. 许秀莹. 广东史志(视窗),2005(3):66-67.

关键词:奇特 经济水平 乡土观念 家庭

内容摘要:潮汕是著名侨乡,华侨出洋历史久远。这里曾因落后的经济水平,传统的乡土观念和宗族思想,远赴重洋的艰险,造成许多家庭裂分为二,原来的家庭剩下老少妻儿,青壮男人出洋后,靠寄侨批赡养家乡老少妻儿。丈夫三年不寄侨批,"陈女士"诉以"手布诗"。手布诗如一纸状词,又如一封家书,写在一方大小如手帕般的白纸上,由于时隔60年之久,白纸泛黄,而印上的诗句墨黑清晰。

15. 清代侨乡女性生活探析——以开平为例. 刘正刚,魏珂. 五邑大学学报(社会科学版),2006(4):35-39.

关键词:清代 女性 乡村 市场

内容摘要:有清一代,开平乡村社会的市场化倾向较为明显。女性与乡村社会区域市场发育有很大关联,乡村女性的守贞也刺激了市场的发展。由于男性出洋谋生,女性对乡村社会市场的发育及其家庭生活的稳定做出了显著贡献。

16. 移民的女性. 李明欢. 读书,2007(4):85-90.

关键词:跨国移民 女性

内容摘要:多年来,因身处具有跨国移民传统的福建,耳濡目染于侨乡移民文化,故一直致力于跨国移民研究。去年底,收到联合国人口基金(UNFPA)寄赠的《二○○六世界人口年度报告》(*State of World Population, 2006*),先睹为快,获益良多。该报告以《通向希望之路:妇女与国际移民》(A Passage of Hope: Women and International Migration,以下简称《妇女与国际移民》)为题,从性别视角切入当代国际移民。

17. 侨乡特色婚俗趣闻. 关绍基. 风采月刊,2007(83复刊):42.

关键词:无

内容摘要:无

18. 从文化视角观照五邑侨乡社会与妇女——兼与潮汕侨乡比较. 张运华. 五邑大学学报(社会科学版),2008(1):1-6.

关键词：妇女　侨乡社会　五邑侨乡　文化视角

内容摘要：妇女问题是社会发展的重大问题之一，妇女的解放程度是衡量社会进步的标志，妇女的地位和生活状况反映着所在地区的文化特色和开放程度。江门五邑是我国著名侨乡，在西方文化影响下，五邑妇女的观念意识、行为方式、情感表达等都发生了悄然变化，这主要表现于婚姻与家庭、社会权利与社会角色等方面。

19. 五邑侨乡的婚俗演变. 李日星. 五邑大学学报（社会科学版），2008（1）：7-11.

关键词：五邑　婚俗　文化　演变

内容摘要：五邑侨乡传统婚俗中，"自梳女""公鸡拜"以及"守切婚"和"冥婚"等，都是被扭曲的婚俗。而烦琐的婚嫁礼仪，既是古代五邑民间风俗的画卷，又是旧式盲婚哑嫁的自然形态。现代五邑侨乡的婚俗正在向多样化、现代化发展。五邑侨乡婚俗演变，体现了侨乡民俗文化的开放性、包容性和多元化特征。

20. 高校女归侨侨眷作用探析：以厦门高校为例. 许文君，赵菊荣. 经济与社会发展，2010（11）：143-145.

关键词：高等院校　女归侨侨眷　作用

内容摘要：高等院校女归侨侨眷具有强烈的爱国爱乡的情感及较高的文化素养，是沟通海内外的桥梁。应充分发挥高校女归侨侨眷沟通海内外的优势，积极推动侨乡经济发展；充分发挥高校女归侨侨眷的政治参与的热情，推动侨乡政治文明发展；充分发挥高校女归侨侨眷的学历优势，积极推动侨乡文化发展；充分发挥高校女归侨侨眷沟通家庭、社会的优势，积极推动侨乡和谐发展。

21. 关于福清法院审理涉侨离婚案件情况的调查报告. 何尚如. 民主与法制，2010（21）：68.

关键词：离婚案件　法院审理　夫妻感情　审判实践　侨乡　涉侨

内容摘要：福清市是著名的侨乡，自20世纪80年代刮起赴日本留学风后，涉外婚姻成为福清人出国出境的一条重要渠道，并以燎原之势愈演愈烈。历经二十年，福清人遍布世界各国，随之而来的涉外、涉台、涉港澳、涉侨"四涉"离婚案件急剧增多，特别是涉侨离婚案件呈逐年上升趋势，应引起重视。

22. 华侨家庭留守妇女的婚姻状况——以20世纪30—50年代福建泉

州华侨婚姻为例. 沈惠芬. 华侨华人历史研究，2011（2）：68 – 76.

关键词：华人研究　国际移民　留守妇女　华侨婚姻　父权制　两性关系

内容摘要：论文在现有研究的基础上，运用档案、民国报刊、口述历史访谈、留守妻子传记及其他相关资料和研究成果，以 20 世纪 30—50 年代福建泉州华侨婚姻为例，分析了华侨家庭留守妇女婚姻的缔结、维持、离婚、重婚以及婚外情等婚姻状况，探讨了国际移民对留守妇女婚姻生活的影响和华侨婚姻中的两性关系。本文认为，受到国际移民和侨乡发展的影响和冲击，华侨婚姻呈现出多元性，婚姻状况因华侨夫妇的不同境况而异。华侨婚姻是中国传统父权制婚姻在国际移民过程中的变异体，保留了父权制婚姻的一些特征，同时国际移民重新分配华侨夫妇的社会经济家庭责任，留守妇女往往要承担传统意义上属于丈夫的社会经济和家庭责任，她们的婚姻生活品质和生活也发生了变化。婚姻家庭的维持依赖各种复杂的内外因素，包括妻子的智慧、能力、坚忍和牺牲。

23. 论华侨妻子番客婶的文学形象和史学意义. 沈惠芬. 福建师范大学学报（哲学社会科学版），2011（4）：131 – 138.

关键词：华侨妻子　番客婶　文学形象　侨乡女性　海外移民

内容摘要：本文较系统地考察有关华侨妻子番客婶的文学作品，包括小说、戏剧、传记、散文、诗歌、报告文学、民歌、民间故事和民间传说，从而揭示番客婶的文学形象及其多样性。有关番客婶的文学作品是海外移民带给侨乡的一项文学收获，反映了海外移民对侨乡社会、侨乡文学和侨乡女性的深远影响。番客婶形象及其研究对学界审视和全面评价海外移民史、华侨华人史和侨乡史的发展进程具有特殊、重要的价值和意义。

24. 国际移民与婚姻挤压——以战后四邑侨乡为例的探讨. 石坚平. 华侨华人历史研究，2011（4）：11 – 20.

关键词：广东　侨乡　四邑　婚姻研究　国际移民

内容摘要：论文从战后四邑侨乡社会婚姻挤压的形成、战后四邑侨乡社会婚姻挤压下的社会调适等方面，对战后四邑侨乡社会重建问题进行研究。战后四邑侨乡社会的婚姻挤压是特殊历史时期各种社会经济因素相互影响、共同作用的结果；战争时期的兵燹、饥荒、瘟疫疾病、侨汇中断与国际移民网络丧失等一系列突发性的历史事件及其所带来的社会影响，造成了侨乡社会人口性别年龄结构的急剧变动；战后时期，美、加等国移民新政扫除了侨乡社会向海外华人社会跨国婚姻自由迁移的政策障碍；中外交通的恢复、国际移民网络的重建、巨量侨汇的涌入与华侨残破家庭的重建等社会经济因素的叠加，进一步加剧了婚姻市场的挤压程度。面对日益严峻的婚姻挤压问题，四邑侨乡社会在普通民众追求个人生活幸福的理性选择基础之上，形成了一些新的社会文化规范，衍生出一系列应对婚姻挤压效应的社会机制。

25. 社会性别视野下的侨乡女性创业现状与展望——以泉州市女企业家群体为考察对象. 刘以榕，张旭. 福建医科大学学报（社会科学版），2012（2）：25-29.

关键词：创业　侨乡　女性　泉州

内容摘要：本文分析了侨乡女性创业的动机、创业分布领域、管理模式、家庭与事业之间关系等现状，指出女性创业过程中存在的性别歧视、女性创业者心理误区等问题，提出构建先进的社会性别观，发挥妇联等社会组织的作用，加大对女性创业的扶持力度，探索促进女性创业的对策与措施。

26. 侨乡女性研究述评. 刘敏. 五邑大学学报（社会科学版），2012（4）：43-47.

关键词：侨乡女性　女性出洋　地位

内容摘要：侨乡女性的研究是中国社会研究尤其是妇女研究的重要内容。侨乡女性研究经历了记载、奠基及兴起的阶段，其中，女性出洋，婚姻，家庭、生计与地位，教育等，是学者关注的主要课题。回顾和概括以侨乡女性为主题的课题研究，并简要分析研究中存在的问题，有助于推动侨乡女性研究更加深入和完善。

27. 试论侨乡士人的女性观：以民国《开平县志·列女》为例. 刘正刚. 五邑大学学报（社会科学版），2012（4）：32-37.

关键词：民国　开平　地方志　女性观

内容摘要：民国《开平县志》突出了当地浓郁的侨乡文化特色，但仍沿袭传统方志"列女"的体例，收集大量节妇、烈女入志。由于编纂者多为清末与民国交替之士人，故方志反映出了侨乡士人既继承发扬传统文化又对新时代、新文化有所吸纳接收的心态。

28. 史学视野下的婚姻挤压问题研究——以战后四邑侨乡社会婚姻挤压问题研究为例. 石坚平. 青海师范大学学报（哲学社会科学版），2012

(6): 22 - 26.

关键词：性别比　婚姻挤压　海外移民　四邑侨乡

内容摘要：国内婚姻挤压问题的研究多是从社会学、人口学的角度出发，擅长对各项人口性别年龄构成的数据分析。然而，从历史学的角度来看，单纯的数据分析无法体现出特定社会经济条件下婚姻市场的动态变化过程，更无法诠释婚姻挤压形成、调适背后隐藏的社会文化机制及其制衡过程。战后四邑侨乡社会婚姻挤压问题研究能够为我们从历史学的视角检讨和反思国内婚姻挤压问题研究提供一些新的经验与启迪。

29. 侨乡文化自觉与文化自信的性别差异：基于第三期中国妇女社会地位调查江门市调查数据分析. 谢珊珊，梁巧. 五邑大学学报（社会科学版），2013（3）：11 - 16，93.

关键词：文化自觉　文化自信　性别差异　妇女社会地位调查

内容摘要：依据第三期中国妇女社会地位调查江门市数据，对江门市民文化自觉和文化自信方面的性别差异进行分析比较，发现女性在受教育程度、社会参与、价值追求、性别认同等重要指数方面明显高于男性，体现出不同于其他地区的逆差异，带有鲜明的现代女性特征，并深受外来文化的影响。

30. 抗日战争时期福建侨乡留守妇女参与革命活动探析. 沈惠芬. 党史研究与教学，2013（6）：93 - 100.

关键词：抗日战争　侨乡　留守妇女（番客婶）　华侨家庭　革命活动

内容摘要：抗日战争全面爆发后，福建侨乡部分留守妇女在抗日浪潮的推动或中共政治动员下参与政治、加入抗战行列。太平洋战争爆发后，更多留守妇女参与中共地下革命活动。本文以福建泉州侨乡华侨家庭留守妇女番客婶为例，探讨抗日战争时期侨乡留守妇女参与革命活动的表现、原因和特点，以期从中窥见海外迁移对侨乡妇女政治生活的影响和留守妇女政治活动的社会意义。本文认为，抗战时期福建侨乡留守妇女的革命活动具有鲜明的特点，是推动侨乡社会发展的有利因素。妇女的革命活动体现了海外迁移对侨乡妇女运动既起限制作用又为革命妇女提供资源的双重影响，体现了抗日战争时期中国妇女政治参与的多元性。

31. 构建东南沿海侨乡女性生活史：侨批资料的价值与利用. 沈惠芬. 福建论坛（人文社会科学版），2013（7）：103 - 110.

关键词：侨乡　留守女性　生活史　侨批　移民家庭　泉州

内容摘要：东南沿海侨乡女性是中国人口国际迁移史重要的参与者，对海外迁移现象的发生和持续发展有不可替代的作用。构建东南沿海侨乡女性的生活史是对留守女性群体的深入研究，也是解读中国海外迁移史和东南沿海社会历史的关键之一。侨批是华侨华人与家乡亲人（侨眷）的书信，同时具有汇款功能，记录着二者之间的联系沟通和华侨华人所汇钱款、礼物等项。作为海外迁移过程中的文本记载，侨批资料近年来逐渐引起研究者的注意，但主要的关注点仍然不是女性的历史。然而，那些涉及侨乡女性的内容，特别是侨乡女性书写或托人书写后寄出的信件揭示了海外迁移过程中留守女性与华侨华人的互动，以及她们的部分经历和感受，是构建侨乡女性生活史的珍贵资料。侨批所讨论的事情和笔墨之间流露的感情显示了海外迁移过程中出洋者和华侨华人的合作与冲突、移民家庭的变迁和留守女性在家庭和跨国移民网络中的地位和作用等，体现了海外迁移对侨乡女性生活直接而深刻的影响。不过，侨批资料有一定的局限性，必须配合其他研究资料利用，方能构建较完整全面的侨乡女性史。

32. 海西新侨乡客家家庭婚恋观的嬗变——以三明市明溪县为例．陈登平．龙岩学院学报，2014（1）：6-11.

关键词：海西新侨乡　家庭　婚恋观　嬗变

内容摘要：在改革开放和全球化背景下，"海西新侨乡"的离散潮冲击着明溪人民的家庭婚恋观，由传统封闭的客家家庭婚恋观，逐渐向开放现代的家庭婚恋观转变。这种观念的嬗变主要表现在他们对婚俗观念、生育观念、性的态度、婚姻与爱情的态度、血缘关系的态度与宗族和家庭的态度等方面。这种嬗变，既有文明进步的婚恋自由开放值得我们高兴的一面，也有婚姻家庭物质化逐渐加强值得我们警惕的一面。

33. 粤东侨乡传统妇女的生活状况：以丰顺县留隍镇为中心的调查与分析．钟晋兰．八桂侨刊，2014（2）：41-47.

关键词：留隍　妇女　生活

内容摘要：粤东丰顺县历史上存在不少妇女集体投江自杀的现象。留隍妇女集体投江自杀之风从清代中后期始，历经民国，一直持续到中华人民共和国成立初期。经济上普遍贫困、生产与家务劳动方面极度劳累，以及已婚妇女在家庭的地位低下、婚姻方面极度不自由是集体投江自杀的主要原因。此外，该地存在着的多种形式畸形婚姻、家庭生活中家婆权力很大,也与传统妇女集体自杀现象有较直接的关系。

34. 20世纪前后粤东留隍地区妇女集体投江与侨乡社会. 罗波. 八桂侨刊,2014(3):40-44.

关键词:集体自杀 妇女 社会结构

内容摘要:田野调查资料表明20世纪前后粤东留隍地区的妇女集体投江事件既不是无中生有,也不像方志那么浮夸,更不是经过地方长官的祭祀便销声匿迹。这种恶性事件间歇性地发生着,表现出社会结构的极端张力。大批男性下南洋谋生导致留隍社会性别、职业、家庭结构的失衡,加上社会减压机制的缺失使得留隍妇女无法承受这些压力从而走向不归路。

35. 侨乡跨国移民的婚姻形态研究:基于对福州"万八嫂"的实证调查. 陈凤兰. 福州大学学报(哲学社会科学版),2014(4):68-72.

关键词:侨乡 跨国移民 婚姻形态

内容摘要:侨乡的跨国婚姻形态是中国父权制文化在跨国背景下的延续,"万八嫂"是对福州侨乡地区留守妻子的统称。丈夫出国带来了跨国移民家庭中夫妻双方在社会经济、家庭责任方面的重新分配,"万八嫂"承担了多重家庭责任,她们的婚姻品质和社会生活因为丈夫出国而改变,并形成了在经济、地位上对丈夫的依赖。分隔两地的侨乡跨国婚姻遭受多重挑战与冲击,呈现高稳定、低质量的特点,"万八嫂"承受着多重的压力。而侨乡家庭内部两性的不均衡发展,是不利于女性社会地位的提高的。

36. 侨乡外嫁女文学形象的史学意义. 谢珊珊. 八桂侨刊,2015(3):66-71.

关键词:外嫁女 五邑侨乡 文学形象 史学意义

内容摘要:江门是著名侨乡,台山、开平是华侨聚居地。在台山、开平,嫁往海外,不仅是个别女孩的理想婚姻,也是当地家庭、社会的普遍追求选择。女子外嫁不仅改变着她个人的命运,还牵动着整个家族的利益。这种自19世纪初就形成的外嫁女传统,已经成为侨乡特有的一种移民方式与手段,是侨乡特有的社会现象。本文以《金山歌集》《金山伯的女人》等文学作品为依据,在性别视野下解读台山、开平外嫁女的文学形象与史学意义。

37. 移民全球化与通婚地方化——基于对福州侨乡的实地研究. 陈凤兰. 华侨华人历史研究,2015(4):28-36.

关键词:田野调查 移民研究 新移民 侨乡研究 通婚

内容摘要：论文运用田野调查的方法，选择福州侨乡地区的新移民为研究对象，对该地区在移民全球化背景下的通婚地方化现象进行考察和分析，认为侨乡"安土重迁"的文化观念、移民在风险社会下的理性抉择、扩展家庭社会资本的需要，以及新移民在移居地族群融合状况不佳是该地区盛行地方化通婚的主要原因。福州侨乡地区移民全球化与通婚地方化并存的现象，其实质是非精英新移民群体迁移全球后，遭遇文化冲突而选择的一种适应方式。

38. 和顺侨乡对女性的爱与尊重——以洗衣亭与女子学堂为例．杨艾伦．时代文学（下半月），2015（9）：158．

关键词：洗衣亭　女子学堂　爱与尊重

内容摘要：云南滇西依河而建的小镇和顺，由于受到外来文化的影响，是远近闻名的侨乡。在这样的文化背景下，和顺洗衣亭成为"走夷方"的男人对爱妻最为温情的馈赠。同样，女子学堂的开办，也成为和顺人民对女性尊重的见证。

39. 构建中国侨乡女性史：资料与方法的探讨．沈惠芬．福建论坛（人文社会科学版），2015（11）：149-156．

关键词：女性史　侨乡　社会性别　人口迁移　华侨华人

内容摘要：中国侨乡女性史是中国海外迁移史的重要组成部分，是海外华侨华人史、侨乡史、东南沿海社会史的主要内容之一，但长期未受到学界重视。本文以闽南侨乡女性研究为例，举隅并分析构建中国侨乡女性史的重要资料，并探讨有关研究方法。本文认为，构建侨乡女性历史关键在于研究资料的获得与社会性别研究方法的运用。除了在海内外各档案馆、图书馆、资料室、私人收藏家等处尽可能地搜索相关资料外，田野调查是发现、获得新研究资料不可缺少的途径。特别是寻找相关女性进行口述历史访谈，对构建这一女性群体的历史尤为重要。同时，运用社会性别研究方法对构建侨乡女性史有特别意义。

40. 泉州侨乡民间歌谣中的番客婶．张建良．广西民族师范学院学报，2016（1）：25-28．

关键词：番客婶　民间歌谣　泉州侨乡

内容摘要：泉州侨乡现存不少用闽南方言说唱，反映华侨、侨眷生活状况的民间歌谣，其中部分歌谣是以侨乡番客婶送别夫君、独守空房、两地相思、生活贫困等情景细节为素材的。对此类歌谣进行摘录并概括分析,了解早期侨乡番客婶的艰难历程和复杂心态。

41. 乡村"文明结婚":民国时期广东台山婚礼的变化. 冉琰杰. 五邑大学学报(社会科学版),2017(1):14-18,93.

关键词:文明结婚 基督教徒 华侨

内容摘要:清末民国时期,广东侨乡台山的知识精英鼓吹婚嫁改良,一些受过新式教育者、基督教徒、华侨或华侨子女在县城或乡村举行了"文明结婚"。分析这些"文明结婚"的现象,探讨"文明结婚"的原因,关注"文明结婚"者的宗教信仰,有助于以地方个案研究丰富对近代中国婚俗转变的认识。

三 侨乡侨汇

（一）侨汇简讯

1. 财政部收到各埠华侨汇来国民捐洋银数通告七则. 佚名. 政府公报, 1913（316）: 13-17.

    关键词: 无

    内容摘要: 无

2. 财政部收到荷属大亚齐埠华侨汇来国民捐洋数通告（附单）. 佚名. 政府公报, 1913（268）: 15-18.

    关键词: 无

    内容摘要: 无

3. 南洋华侨汇巨款援助罢工. 佚名. 工人之路, 1926（475）: 2.

    关键词: 无

    内容摘要: 无

4. 侨批夹附件被罚. 佚名. 华侨半月刊, 1934（46）: 33.

    关键词: 无

    内容摘要: 无

5. 汕头侨批业同业公会. 佚名. 交通公报, 1935（676）: 14-21.

    关键词: 无

    内容摘要: 无

6. 四月来侨汇达一千八百万. 佚名. 华侨半月刊, 1936（85）: 30.

    关键词: 无

    内容摘要: 无

7. 汕头侨汇消长状况. 佚名. 国际贸易情报, 1937（3）: 63-65.

    关键词: 无

三 侨乡侨汇

内容摘要：无

8. 侨汇状况. 佚名. 广东统计汇刊，1939（1）：70-78.

关键词：无

内容摘要：无

9. 兑换四邑侨汇戽纸. 佚名. 农贷消息半月刊，1940（5）：24.

关键词：无

内容摘要：无

10. 积极推进侨汇业务. 佚名. 农贷消息半月刊，1940（5）：24.

关键词：无

内容摘要：无

11. 规定奖励侨汇办法两项. 佚名. 农贷消息半月刊，1940（6-7）：24.

关键词：无

内容摘要：无

12. 广东的侨汇. 云照坤. 广东政治，1941（1）：78-81.

关键词：无

内容摘要：无

13. 广东侨汇之回顾与前瞻. 容华绶. 广东省银行季刊，1941（1）：177-183.

关键词：无

内容摘要：无

14. 美洲华侨与侨汇. 区琮华. 广东省银行季刊，1941（1）：71-95.

关键词：无

内容摘要：无

15. 槟城百余侨团要求当地政府维持侨汇原额. 佚名. 现代华侨，1941（2-3）：37-42.

关键词：无

内容摘要：无

16. 美洲华侨与侨汇. 佚名. 广东一月间，1941（5）：18-21.

关键词：无

内容摘要：无

17. 抗战四年来广东之侨汇对策. 李作燊. 新建设, 1941 (6-7): 45-49.

关键词: 无

内容摘要: 无

18. 马来亚侨汇通汇办法. 佚名. 经济汇报, 1941 (8): 57-104.

关键词: 无

内容摘要: 无

19. 马来亚侨汇问题. 佚名. 经济汇报, 1941 (8): 86-123.

关键词: 无

内容摘要: 无

20. 友邦封存资金与目前侨汇问题. 邱汉平. 经济汇报, 1941 (8): 4-119.

关键词: 无

内容摘要: 无

21. 调查侨汇区域增设行处. 佚名. 农贷消息半月刊, 1941 (10): 23.

关键词: 无

内容摘要: 无

22. 港府特准华商银行扩大侨汇额. 佚名. 华商报, 1941 (129): 4.

关键词: 无

内容摘要: 无

23. 十年来侨汇统计. 佚名. 华商报, 1941 (146): 4.

关键词: 无

内容摘要: 无

24. 中国银行办理南洋各地侨汇. 佚名. 华商报, 1941 (162): 4.

关键词: 无

内容摘要: 无

25. 本会主持侨汇对策座谈会. 佚名. 华侨月刊, 1942 (5): 18-20.

关键词: 无

内容摘要: 无

26. 救济侨汇的重要及其方策. 陈劭南. 新建设, 1942 (2-3):

120 – 184.

  关键词：无

  内容摘要：无

  27. 盼望侨汇早日实现. 洪曼宗. 华侨月刊, 1942 (5)：46.

  关键词：无

  内容摘要：无

  28. 侨汇之回顾与前瞻. 刘伯奎. 经济汇报, 1943 (6)：39 – 133.

  关键词：无

  内容摘要：无

  29. 电知华侨汇交国内眷属转作储蓄汇款与直接在海外购买国币储蓄券寄回国内眷属均一律加给国币补助百分之一百. 佚名. 中央党务公报, 1944 (15)：152 – 165.

  关键词：无

  内容摘要：无

  30. 侨汇为何如此迟滞. 佚名. 中美周报, 1945 (155)：52 – 53.

  关键词：无

  内容摘要：无

  31. 中行办理侨汇之经过及其改进计划. 陈长桐. 财政评论, 1946 (3)：33 – 78.

  关键词：无

  内容摘要：无

  32. 清算克扣侨汇的花样. 佚名. 文猎, 1946 (9)：24.

  关键词：无

  内容摘要：无

  33. 中行办理荷印侨汇. 佚名. 国际贸易, 1946 (10)：26.

  关键词：无

  内容摘要：无

  34. 经济资料摘要：去年侨汇统计. 佚名. 工商经济, 1947 (1)：19.

  关键词：无

  内容摘要：无

  35. 四邑侨汇抵广州每日港币八十万. 佚名. 开平华侨月刊, 1947

(1): 40.

  关键词：无

  内容摘要：无

  36. 中国银行九月份经收侨汇七十二亿余元. 佚名. 金融周报, 1947 (1): 22.

  关键词：无

  内容摘要：无

  37. 当前侨汇问题检讨. 杨锡圭, 廖少云. 协大农报, 1947 (1-2): 68-76.

  关键词：无

  内容摘要：无

  38. 经济资料摘要：本年一至四月份侨汇比较. 佚名. 工商经济, 1947 (2): 23.

  关键词：无

  内容摘要：无

  39. 改善侨汇. 佚名. 华侨通讯, 1947 (复刊2): 2.

  关键词：无

  内容摘要：无

  40. 童子说侨汇. 泳诗. 台山工商杂志, 1947 (2).

  关键词：无

  内容摘要：无

  41. 去年粤省侨汇总数将达五百亿. 佚名. 开平华侨月刊, 1947 (3): 40.

  关键词：无

  内容摘要：无

  42. 改善侨汇的意见. 佚名. 侨声（广州版）, 1947 (3): 4.

  关键词：无

  内容摘要：无

  43. 四邑侨汇逃香港一月竟达数十亿. 佚名. 侨声（广州版）, 1947 (3): 12.

  关键词：无

  内容摘要：无

44. 黑市影响侨汇减少. 佚名. 开平华侨月刊, 1947 (3): 40-41.

关键词: 无

内容摘要: 无

45. 侨汇逃港日趋严重 政府应谋改善办法. 佚名. 开平华侨月刊, 1947 (3): 40.

关键词: 无

内容摘要: 无

46. 关于侨汇问题读者函述意见. 佚名. 开平华侨月刊, 1947 (3): 33-34.

关键词: 无

内容摘要: 无

47. 厦市登记信局严防积压侨汇. 华日. 华侨通讯, 1947 (复刊号4): 3.

关键词: 无

内容摘要: 无

48. 三月份侨汇已显著增加. 佚名. 商业月报, 1947 (5): 73-75.

关键词: 无

内容摘要: 无

49. 侨汇逃港更巨更厉. 佚名. 经济通讯, 1947 (5): 157-158.

关键词: 无

内容摘要: 无

50. 荷印战争影响侨汇中断. 佚名. 华侨通讯, 1947 (7): 8.

关键词: 无

内容摘要: 无

51. 六月份侨汇统计. 佚名. 证券市场, 1947 (7): 16-17.

关键词: 无

内容摘要: 无

52. 全国侨汇粤占百分之八十. 佚名. 开平华侨月刊, 1947 (7-8): 52.

关键词: 无

内容摘要: 无

53. 广东侨汇之回顾与前瞻. 欧华清. 广东省银行月刊, 1947 (7-

8）：40.

关键词：无

内容摘要：无

54. 今后的侨汇问题. 伍凌羽. 广东省银行月刊，1947（7 - 8）：27 - 32.

关键词：无

内容摘要：无

55. 日趋衰落的侨汇问题. 佚名. 经济论衡周刊，1947（8）：2.

关键词：无

内容摘要：无

56. 台山侨汇减少十分之九. 佚名. 台山工商杂志，1947（8）：2.

关键词：无

内容摘要：无

57. 吸收侨汇唯一办法依供求关系定汇率. 佚名. 侨声（广州版），1947（8 - 9）：28.

关键词：无

内容摘要：无

58. 修正外汇办法公布后台中行暂停支付侨汇. 佚名. 侨声（广州版），1947（8 - 9）：40.

关键词：无

内容摘要：无

59. 外汇价修订后侨汇年计. 佚名. 侨声（广州版），1947（8 - 9）：21.

关键词：无

内容摘要：无

60. 侨汇与省行. 佚名. 侨声（广州版），1947（8 - 9）：27 - 28.

关键词：无

内容摘要：无

61. 侨汇之吸收. 金缄. 侨声（广州版），1947（8 - 9）：12.

关键词：无

内容摘要：无

62. 七月份侨汇统计. 佚名. 证券市场，1947（8 - 9）：62.

关键词：无

内容摘要：无

63. 中国工商：广州遏制侨汇逃港. 佚名. 上海工商，1947（10 - 11）：24.

关键词：无

内容摘要：无

64. 中国工商：邮汇局三月份侨汇. 佚名. 上海工商，1947（10 - 11）：22.

关键词：无

内容摘要：无

65. 八月份侨汇统计. 佚名. 证券市场，1947（12）：33.

关键词：无

内容摘要：无

66. 如何改善侨汇. 佚名. 经济通讯，1947（13）：387 - 388.

关键词：无

内容摘要：无

67. 侨务 侨汇 侨贷. 连士升. 华侨评论，1947（14）：20 - 22.

关键词：无

内容摘要：无

68. 侨汇收入统计. 佚名. 联合经济研究室通讯，1947（16）：32 - 41.

关键词：无

内容摘要：无

69. 四月份侨汇一百五十亿. 佚名. 经济通讯，1947（19）：612.

关键词：无

内容摘要：无

70. 防止侨汇逃避. 佚名. 经济通讯，1947（20）：646.

关键词：无

内容摘要：无

71. 隔靴搔痒的防止侨汇逃避办法. 佚名. 经济通讯，1947（20）：618 - 619.

关键词：无

内容摘要：无

72. 四月份侨汇总额仅二百〇二亿元. 佚名. 经济通讯, 1947 (21): 677-678.

关键词：无

内容摘要：无

73. 管制侨汇问题：英提交换条件. 佚名. 经济通讯, 1947 (22): 704.

关键词：无

内容摘要：无

74. 刘佐人谈侨汇. 佚名. 经济通讯, 1947 (23): 732-736.

关键词：无

内容摘要：无

75. 外汇官价太低 侨汇每况愈下. 佚名. 经济通讯, 1947 (26): 838-839.

关键词：无

内容摘要：无

76. 六月份经中行侨汇竟缩至卅八亿余元. 佚名. 经济通讯, 1947 (31): 999.

关键词：无

内容摘要：无

77. 新外汇政策实行 侨汇依然有逃避. 佚名. 经济通讯, 1947 (35): 1136.

关键词：无

内容摘要：无

78. 中行增设曼谷支行争取侨汇. 佚名. 银行周报, 1947 (35): 59.

关键词：无

内容摘要：无

79. 本年七月份中国银行侨汇统计. 佚名. 银行周报, 1947 (37): 38-45.

关键词：无

内容摘要：无

80. 侨汇与贸易新动态（星洲通讯）. 柯扬. 经济导报周刊, 1947

(38): 19-21.

 关键词: 无

 内容摘要: 无

 81. 新外汇政策实施后侨汇逃避香港如故. 佚名. 经济通讯, 1947 (38-39): 1244.

 关键词: 无

 内容摘要: 无

 82. 穗金融动荡, 侨汇逃避, "千元"细钞将逐渐收回. 佚名. 经济通讯, 1947 (43): 1374-1375.

 关键词: 无

 内容摘要: 无

 83. 侨汇逃港数量激增 十月份即达千亿元. 佚名. 经济通讯, 1947 (44): 1404-1405.

 关键词: 无

 内容摘要: 无

 84. 侨汇增加有待黑市消灭. 佚名. 征信新闻, 1947 (187): 3.

 关键词: 无

 内容摘要: 无

 85. 侨汇已照牌价兑付. 佚名. 中美周报, 1947 (251): 47-48.

 关键词: 无

 内容摘要: 无

 86. 南京将加强外汇管制, 强收外汇侨汇. 佚名. 华商报, 1947 (658): 3.

 关键词: 无

 内容摘要: 无

 87. 闽邮局统计福建侨汇逾五十亿. 佚名. 华商报, 1947 (676): 1.

 关键词: 无

 内容摘要: 无

 88. 芝沙丹尼去月底未经港 厦门侨汇领取难. 佚名. 华商报, 1947 (682): 3.

 关键词: 无

 内容摘要: 无

89. 八九两月侨汇收入共美金六十万. 佚名. 华商报, 1947 (696): 3.

关键词: 无

内容摘要: 无

90. 侨汇多定货少, 美汇美钞滑跌, 法军无胜望, 贡纸回缩, 国币仍紧俏, 未见大跌. 佚名. 华商报, 1947 (697): 3.

关键词: 无

内容摘要: 无

91. 十月份中国银行侨汇三百四十余亿. 佚名. 华商报, 1947 (704): 3.

关键词: 无

内容摘要: 无

92. 中行经收侨汇上月少了一半. 佚名. 华商报, 1947 (706): 1.

关键词: 无

内容摘要: 无

93. 去年中国银行的侨汇收入. 佚名. 经济通讯, 1948 (1): 24-25.

关键词: 无

内容摘要: 无

94. 卅六年一月至十月侨汇统计. 佚名. 银行周报汇编, 1948 (1): 54.

关键词: 无

内容摘要: 无

95. 沦陷区侨汇, 日阴谋套取. 佚名. 资本市场, 1948 (1): 237.

关键词: 无

内容摘要: 无

96. 经济资料摘录: 上年度十一个月来侨汇统计. 佚名. 工商经济, 1948 (1): 16.

关键词: 无

内容摘要: 无

97. 现阶段侨汇问题. 蒋清华. 华侨月刊, 1948 (1): 17-48.

关键词: 无

三 侨乡侨汇

98. 吸收侨汇与运用侨资. 梁耀华. 南光月刊, 1948 (2): 2-30.

关键词: 无

内容摘要: 无

99. 吸收侨汇协助建设. 李朴生. 侨声, 1948 (2): 1-32.

关键词: 无

内容摘要: 无

100. 中国银行三十六年一月至十月侨汇统计. 佚名. 银行周报汇编, 1948 (2): 28.

关键词: 无

内容摘要: 无

101. 中国银行三十六年十月份侨汇统计. 佚名. 银行周报汇编, 1948 (2): 28.

关键词: 无

内容摘要: 无

102. 四邑侨汇到那里去(四邑通讯). 邓崇楷. 再生杂志, 1948 (3): 19.

关键词: 无

内容摘要: 无

103. 二月份侨汇统计. 佚名. 工商经济, 1948 (4): 15.

关键词: 无

内容摘要: 无

104. 三十六年度广州侨汇仅九百八十八亿. 佚名. 银行周报, 1948 (5): 37-41.

关键词: 无

内容摘要: 无

105. 九月份侨汇锐增数达二十万美元. 佚名. 工商经济, 1948 (6): 15-16.

关键词: 无

内容摘要: 无

106. 穗九月份侨汇达六十万金圆. 佚名. 工商经济, 1948 (6): 14-16.

关键词：无

内容摘要：无

107. 邮汇局发表去年侨汇数额. 佚名. 银行周报汇编, 1948 (6): 42.

关键词：无

内容摘要：无

108. 中国银行经收侨汇去年共一千九百亿. 佚名. 经济通讯, 1948 (6): 204-205.

关键词：无

内容摘要：无

109. 黄文山建议侨汇原钞直汇. 佚名. 台山工商杂志, 1948 (7-8): 3.

关键词：无

内容摘要：无

110. 去年侨汇收入数. 佚名. 银行周报, 1948 (7-8): 53-54.

关键词：无

内容摘要：无

111. 三十六年度穗邮储汇分局侨汇统计. 佚名. 银行周报, 1948 (7-8): 53-54.

关键词：无

内容摘要：无

112. 政府将予侨汇上各种便利. 佚名. 开平华侨月刊, 1948 (8): 45.

关键词：无

内容摘要：无

113. 外汇黑市飞涨，侨汇逃避惊人. 佚名. 经济通讯, 1948 (9): 304.

关键词：无

内容摘要：无

114. 去年度中行收入侨汇共一千九百余亿. 佚名. 银行周报汇编, 1948 (9): 57-58.

关键词：无

内容摘要：无

115. 新外汇政策下的侨汇问题. 佚名. 经济评论, 1948 (10): 27-29.

关键词：无

内容摘要：无

116. 财部加强吸收侨汇. 佚名. 银行周报, 1948 (10): 42-54.

关键词：无

内容摘要：无

117. 三十六年度之侨汇. 佚名. 银行周报汇编, 1948 (10): 45.

关键词：无

内容摘要：无

118. 本年一月份侨汇额. 佚名. 银行周报汇编, 1948 (12): 39.

关键词：无

内容摘要：无

119. 外汇政策自食其果：去年侨汇惊人萎缩. 佚名. 经济通讯, 1948 (13-14): 446.

关键词：无

内容摘要：无

120. 最近侨汇突减大部留存外国. 佚名. 侨声（广州版）, 1948 (12-13): 9.

关键词：无

内容摘要：无

121. 侨汇的用途. 佚名. 侨声（广州版）, 1948 (14): 8.

关键词：无

内容摘要：无

122. 侨汇的作用. 佚名. 侨声（广州版）, 1948 (14): 7.

关键词：无

内容摘要：无

123. 争取侨汇一筹莫展. 佚名. 经济通讯, 1948 (16): 512.

关键词：无

内容摘要：无

124. 巨额侨汇逃港. 佚名. 侨声（广州版）, 1948 (16-17): 28.

关键词：无

内容摘要：无

125. 二月份侨汇收入较一月份减少. 佚名. 金融周报, 1948 (17): 7-46.

关键词：无

内容摘要：无

126. 最近两年来之侨汇统计. 佚名. 银行周报, 1948 (18): 37-43.

关键词：无

内容摘要：无

127. 政府更改金圆券比率侨汇问题或暂得解决. 村人. 南洋报, 1948 (19): 13.

关键词：无

内容摘要：无

128. 中国银行本年二月份侨汇. 佚名. 银行周报, 1948 (19): 35-41.

关键词：无

内容摘要：无

129. 暹罗近月侨汇统计. 佚名. 银行周报, 1948 (20): 35-36.

关键词：无

内容摘要：无

130. 星岛本年三月份侨汇统计. 佚名. 银行周报汇编, 1948 (20): 35.

关键词：无

内容摘要：无

131. 本年三月份邮局侨汇. 佚名. 银行周报, 1948 (20): 35.

关键词：无

内容摘要：无

132. 侨汇收入逐月减少，每月仅得六万美元. 佚名. 经济通讯, 1948 (20): 638.

关键词：无

内容摘要：无

133. 穗市侨汇数额. 佚名. 银行周报汇编, 1948 (21): 39.

关键词：无

内容摘要：无

134. 侨汇问题一筹莫展 商讨一周毫无结果. 佚名. 经济通讯, 1948 (23)：735-736.

关键词：无

内容摘要：无

135. 本年一至三月侨汇逃港达九十万美元. 佚名. 银行周报汇编, 1948 (23)：47.

关键词：无

内容摘要：无

136. 本年一至三月份中国银行侨汇额. 佚名. 银行周报汇编, 1948 (24)：56.

关键词：无

内容摘要：无

137. 侨汇状况能改善吗. 佚名. 经济通讯, 1948 (26)：820.

关键词：无

内容摘要：无

138. 三十六年度粤省侨汇统计. 佚名. 银行周报, 1948 (27)：62.

关键词：无

内容摘要：无

139. 本年四月份中国银行经收侨汇额. 佚名. 银行周报, 1948 (28)：37.

关键词：无

内容摘要：无

140. 央行总裁所拟之改善侨汇新办法. 佚名. 银行周报, 1948 (30)：42-45.

关键词：无

内容摘要：无

141. 战后我国侨汇概况. 佚名. 银行周报, 1948 (30)：41.

关键词：无

内容摘要：无

142. 穗中行提高结汇侨汇牌价. 佚名. 银行周报汇编, 1948

(32): 32.

 关键词：无

 内容摘要：无

 143. 制止资金逃避与奖励侨汇内流. 佚名. 银行周报，1948（33）：2-34.

 关键词：无

 内容摘要：无

 144. 本年五、六两月份中行经收侨汇额. 佚名. 银行周报汇编，1948（35）：85.

 关键词：无

 内容摘要：无

 145. 本年七月份邮汇局收汇侨汇额. 佚名. 银行周报汇编，1948（36-37）：97.

 关键词：无

 内容摘要：无

 146. 央行订定吸收侨汇办法. 佚名. 银行周报，1948（38）：27-28.

 关键词：无

 内容摘要：无

 147. 穗十月份侨汇收入五百万金元. 佚名. 银行周报，1948（48）：39-41.

 关键词：无

 内容摘要：无

 148. 我国本年一至十月份侨汇额. 佚名. 银行周报，1948（50A）：40-53.

 关键词：无

 内容摘要：无

 149. 鼓励侨汇央行每日另定汇率. 佚名. 银行周报，1948（50A）：39.

 关键词：无

 内容摘要：无

 150. 中央银行挂牌每日侨汇结算价. 佚名. 银行周报，1948（50A）：40.

三 侨乡侨汇

关键词：无

内容摘要：无

151. 暹罗侨汇去年二千万美金. 佚名. 华商报, 1948 (717): 3.

关键词：无

内容摘要：无

152. 穗储汇局去年侨汇总数五十一亿元. 佚名. 华商报, 1948 (732): 3.

关键词：无

内容摘要：无

153. 侨汇减少, 大钞涌出: 国币阵脚已起动摇, 廿三四日起上海又吹涨风. 佚名. 华商报, 1948 (733): 3.

关键词：无

内容摘要：无

154. 去年侨汇仅一千九百亿. 佚名. 华商报, 1948 (746): 3.

关键词：无

内容摘要：无

155. 汕侨汇交收有问题 一二千湿柴要加水. 佚名. 华商报, 1948 (766): 7.

关键词：无

内容摘要：无

156. 暹罗侨汇上月锐减全月共七九五亿. 佚名. 华商报, 1948 (768): 3.

关键词：无

内容摘要：无

157. 蒋军惨败国币再跌: 清明节近侨汇渐有增加, 跌风是否转缓, 仍看军事. 佚名. 华商报, 1948 (787): 3.

关键词：无

内容摘要：无

158. 二月份马来亚来侨汇共八十八万元. 佚名. 华商报, 1948 (789): 3.

关键词：无

内容摘要：无

159. 暹罗侨汇三月份剧增共三千余亿. 佚名. 华商报, 1948 (802): 3.

    关键词: 无

    内容摘要: 无

160. 中行二月份经收侨汇经一月减少一半. 佚名. 华商报, 1948 (809): 3.

    关键词: 无

    内容摘要: 无

161. 三月份马来亚侨汇共一百四十万元. 佚名. 华商报, 1948 (816): 3.

    关键词: 无

    内容摘要: 无

162. 暹罗四月份侨汇锐减总数三千一百余亿. 佚名. 华商报, 1948 (831): 3.

    关键词: 无

    内容摘要: 无

163. 暹罗侨汇银信局八十家停业, 曼谷三侨校首遭封闭. 佚名. 华商报, 1948 (841): 1.

    关键词: 无

    内容摘要: 无

164. 端午节近侨汇将增 蒋币跌势或可暂缓. 佚名. 华商报, 1948 (842): 3.

    关键词: 无

    内容摘要: 无

165. 黄金欲跌不落 蒋币得侨汇支持暂定. 佚名. 华商报, 1948 (851): 5.

    关键词: 无

    内容摘要: 无

166. 新结汇办法对进口商更坏, 不可能增加侨汇: 民信局大可放心. 佚名. 华商报, 1948 (863): 3.

    关键词: 无

    内容摘要: 无

三 侨乡侨汇

167. 端阳近侨汇减,蒋币内汇又创低价,黄金美汇软降,贡纸下跌. 佚名. 华商报, 1948 (865): 3.

关键词: 无

内容摘要: 无

168. 曼谷五月份侨汇共蒋币六千余万, 增加原因是蒋币跌得凶. 佚名. 华商报, 1948 (873): 3.

关键词: 无

内容摘要: 无

169. 华东区外汇管理暂行办法. 佚名. 山东政报, 1949 (1): 86-87.

关键词: 无

内容摘要: 无

170. 经济资料摘录: 侨汇新办法. 佚名. 工商经济, 1949 (1): 10.

关键词: 无

内容摘要: 无

171. 经济资料摘录: 去年侨汇统计. 佚名. 工商经济, 1949 (1): 10.

关键词: 无

内容摘要: 无

172. 历年侨汇动向. 佚名. 银行周报汇编, 1949 (2): 31.

关键词: 无

内容摘要: 无

173. 侨汇激增至每日十万美元. 佚名. 银行周报汇编, 1949 (2): 31.

关键词: 无

内容摘要: 无

174. 去岁全年侨汇收入二千三百余万美金. 佚名. 工商法规, 1949 (3): 66.

关键词: 无

内容摘要: 无

175. 中央银行侨汇结算价挂牌及外汇移转证市价. 佚名. 银行周报汇编, 1949 (4): 23.

关键词：无

内容摘要：无

176. 中原临时人民政府颁布华中区外汇管理暂行办法. 佚名. 江西政报, 1949 (4): 82-83.

关键词：无

内容摘要：无

177. 透视当前的侨汇问题. 邢广益. 银行周报汇编, 1949 (5-6): 17-18.

关键词：无

内容摘要：无

178. 中国银行侨汇结算价挂牌及市价. 佚名. 银行周报汇编, 1949 (5-6): 41.

关键词：无

内容摘要：无

179. 七年度星马侨汇数额统计. 佚名. 经济周刊, 1949 (6): 18-19.

关键词：无

内容摘要：无

180. 侨汇收入减少. 佚名. 银行周报汇编, 1949 (7): 41.

关键词：无

内容摘要：无

181. 去年华南侨汇收入额. 佚名. 银行周报汇编, 1949 (8): 52.

关键词：无

内容摘要：无

182. 侨汇逃避港澳. 佚名. 风行, 1949 (8): 10.

关键词：无

内容摘要：无

183. 侨汇结算价停止挂牌. 佚名. 银行周报汇编, 1949 (8): 52.

关键词：无

内容摘要：无

184. 侨汇日尽收万元. 佚名. 银行周报汇编, 1949 (9): 45.

关键词：无

内容摘要：无

185. 广东清明侨汇. 有为. 时事新闻, 1949（18）：13.

关键词：无

内容摘要：无

186. 菲侨汇会陷停顿. 佚名. 侨声（广州版），1949（19）：10.

关键词：无

内容摘要：无

187. 台山金融动荡，侨汇突减：台城市况冷落. 佚名. 侨声（广州版），1949（19）：15.

关键词：无

内容摘要：无

188. 侨汇牌价追不上黑市，侨眷将汇票退回. 佚名. 侨声（广州版），1949（19）：23.

关键词：无

内容摘要：无

189. 侨汇新办法昨正式公布明日起开始实行. 佚名. 侨声（广州版），1949（21）：17.

关键词：无

内容摘要：无

190. 古井侨汇一落千丈. 佚名. 侨声（广州版），1949（21）：12.

关键词：无

内容摘要：无

191. 四方八面压迫下的荷印侨汇. 向阳. 经济导报, 1949（143）：13.

关键词：无

内容摘要：无

192. 在没落中的缅甸侨汇. 向阳. 经济导报, 1949（145）：13.

关键词：无

内容摘要：无

193. 美加澳和纽西兰侨汇. 向阳. 经济导报, 1949（146）：13.

关键词：无

内容摘要：无

194. 没收侨汇. 佚名. 中美周报, 1949（350）：33.

关键词：无

内容摘要：无

195. 福建省管理侨汇业暂行办法. 佚名. 福建省人民政府公报, 1950（1）：66-67.

关键词：无

内容摘要：无

196. 福建省侨汇暂行处理办法. 佚名. 福建省人民政府公报, 1950（1）：66.

关键词：无

内容摘要：无

197. 华东区外汇管理暂行办法. 佚名. 福建省人民政府公报, 1950（1）：64.

关键词：无

内容摘要：无

198. 中国银行福州分行外汇外币存款章程. 佚名. 福建省人民政府公报, 1950（1）：68-69.

关键词：无

内容摘要：无

199. 厦门市一年来工作报告. 梁灵光. 福建省人民政府公报, 1950（A1）：49-50.

关键词：无

内容摘要：无

200. 私营行庄应加强自我整顿改造的决心. 何松亭. 中国金融, 1950（5）：16-18.

关键词：无

内容摘要：无

201. 中国人民银行福建省分行优待侨汇及为侨胞服务办法. 佚名. 福建省人民政府公报, 1950（10）：95-96.

关键词：无

内容摘要：无

202. 侨汇续有增加, 外币存款减少. 佚名. 南京金融周报, 1950

三 侨乡侨汇

(18): 13.

 关键词：无

 内容摘要：无

 203. 关于规定侨汇业课税办法的通知. 佚名. 中央税务公报, 1951 (3): 13.

 关键词：无

 内容摘要：无

 204. 贯彻侨务政策，坚决保护侨汇. 佚名. 新华月报, 1955 (4): 26-27.

 关键词：无

 内容摘要：无

 205. 国务院关於贯彻保护侨汇政策的命令. 佚名. 新华月报, 1955 (4): 25-26.

 关键词：无

 内容摘要：无

 206. 国务院"关于贯彻保护侨汇政策"的命令内容是什么. 佚名. 侨务报, 1957 (2): 10.

 关键词：无

 内容摘要：无

 207. 浙江省大力贯彻保护侨汇等侨务政策. 李南星. 侨务报, 1957 (2): 11.

 关键词：无

 内容摘要：无

 208. 争取侨汇迅速解付. 金慰. 侨务报, 1957 (2): 12.

 关键词：无

 内容摘要：无

 209. 侨汇解送员来了（木刻）. 谭杰尧. 侨务报, 1957 (7): 29.

 关键词：无

 内容摘要：无

 210. 十二年断汇的侨汇到了家. 谷野. 侨务报, 1957 (7): 29.

 关键词：无

 内容摘要：无

211. 凭侨汇收入增加供应物资的办法. 高雪沧. 侨务报, 1958 (2): 23.

关键词: 无

内容摘要: 无

212. 我国社会主义外汇事业的优越性. 洒丰. 金融研究, 1958 (2): 16-26.

关键词: 外汇政策 优越性 社会主义改造 侨汇

内容摘要: 随着中国人民解放战争的胜利, 中华人民共和国的成立, 中国的外汇事业在性质上起了根本的变化。中华人民共和国成立前, 外汇是帝国主义进行经济侵略和官僚资本投机发财的工具, 中华人民共和国成立后, 外汇则变成国家进行社会主义改造和社会主义建设的武器。

213. 福建省侨委负责人谈人民公社化后有关侨汇及华侨房屋等问题. 佚名. 侨务报, 1958 (11): 13.

关键词: 无

内容摘要: 无

214. 侨批业的一面红旗. 江流. 侨务报, 1959 (7): 30.

关键词: 无

内容摘要: 无

215. 送"侨汇". 学敏. 海燕, 1960 (1-2): 42-44.

关键词: 无

内容摘要: 无

216. 谈人民政府历来保护侨汇的政策. 惠群. 侨务报, 1960 (3): 30.

关键词: 无

内容摘要: 无

217. 泰国侨汇减少. 佚名. 南洋动态资料, 1960 (8): 21.

关键词: 无

内容摘要: 无

218. 正确贯彻侨汇政策争取更多侨汇收入. 徐文彪, 刘凤祥. 中国金融, 1964 (1): 20.

关键词: 侨汇政策 侨眷 青田县 归侨 意大利

内容摘要: 浙江省青田县人民银行, 由于认真贯彻了侨务、侨汇政策，提高了服务质量，已提前超额完成1963年全年侨汇收入计划。青田县人民银行，从1962年12月省侨汇工作会议后，在县委领导下，召开了若干次侨眷、归侨代表会议，贯彻了党的侨汇政策，配合商业部门，做好物资供应工作。银行内部，不断改进侨汇解付工作，假日或休息时间，专人值班，便利侨眷、归侨取款。此外，多次派工作组深入重点侨眷公社，做调查研究工作，根据了解的侨眷、归侨的要求，改进银行侨汇工作。为了加强对侨眷、归侨的联系，进一步做好侨汇工作，全县还发展了政治好、有能力、威信高的侨汇联络员26人，通过联络员，宣传了党的侨汇政策。1963年1—10月帮助侨眷、归侨代写侨信1040封，增加了侨汇收入。联络员胡德谦帮助法国侨眷留廷花，找到了20多年没通信联系的丈夫，沟通了汇路。意大利20户侨眷，1962年和国外亲人联系35次，1963年已增加到88次，1963年侨汇比1962年增加79.6%。为了帮助侨眷解决困难，还发放了华侨修建房屋贷款和侨眷小额贷款。

219. 一笔没有地址的侨汇. 赵士卞. 中国金融，1964（2）：25.

关键词：侨汇　信用社　新加坡　华侨　侨眷

内容摘要：广东省新会县人民银行侨汇股，最近收到了一张侨汇单。上面写着："新会县，东升里，苏美玲收，新加坡梁恩汇。"侨汇股的同志们看到这张侨汇单发愁了。新会县约有一百个"东升里"而且分布在许多公社，向哪里投送呢？大家商议了一番，谭股长深思了一会儿果断地说："为了免于华侨和侨眷两地挂心，我们不能把这笔侨汇退回去，就是找遍全县，也要尽快把侨汇送到收交人手里。"

220. 做好侨汇工作的几个问题. 佚名. 中国金融，1964（10）：19-21.

关键词：侨汇工作　侨汇政策　侨眷　华侨

内容摘要：侨汇是侨胞从事劳务和各种职业的所得，用以赡养国内家属的汇款，是广大侨眷的生活依靠，是侨胞、侨眷的正当权益之一。党和国家对侨汇是一贯坚决保护的。早在共同纲领第37条中即规定："人民政府应采取必要的办法，鼓励人民储蓄，便利侨汇。"在我国的宪法中第98条又规定："中华人民共和国保护国外华侨的正当的权利和利益。"根据这些精神，几年来国家制定了一系列的具体侨汇政策和办法。1955年2月23日国务院颁布了"关于贯彻保护侨汇政策"的命令。这都充分体现了党和国家对华侨及他们在国内的家属的关怀，因而获得了广大华侨和侨眷的极大拥护。

221. 千方百计解付侨汇——一笔侨汇追踪三年终于找到了收汇人. 佚名. 中国金融, 1965 (2): 20-22.

关键词: 侨汇 收汇 解付 南宁市

内容摘要: 一笔侨汇经过三年的时间, 追踪到全国几十个城市, 动员了银行和有关部门的许多同志, 终于找到了收汇人。

222. 切实做好春节期间的侨汇解付工作. 佚名. 中国金融, 1965 (2): 19-20.

关键词: 侨汇政策 侨汇工作 侨眷

内容摘要: 侨汇是国外侨胞从事劳动和各种职业的所得, 用以赡养国内家属的汇款。党和国家对侨汇一贯采取坚决保护的政策, 以保障侨胞、侨眷的正当权益。努力做好侨汇解付工作, 不论在经济上或政治上都有非常重大的意义。

223. 乘大好形势为国家积累更多的外汇资金. 佚名. 中国金融, 1965 (5): 22-23.

关键词: 侨汇工作 侨汇政策 外汇资金 侨批

内容摘要: 随着我国国际地位的日益提高和国民经济情况的全面好转, 1964年的侨汇工作, 取得了很大成绩。全年收汇超额16%完成了任务, 比1963年增加30.4%, 达到1953年以来各年收汇最高的水平。汇源地区全面增加, 赡家侨汇稳步上升, 大额侨汇也有较大幅度的增长。广东省佛山专区不少县去年的侨汇收入超过中华人民共和国成立以来收汇的最高水平, 其他各地也都超额完成全年任务。

224. 以"愚公"精神做好侨汇派送工作. 佚名. 中国金融, 1965 (17): 12.

关键词: 侨汇 愚公精神 侨批

内容摘要: 黄炳轩同志是广东普宁县侨批业的派送员, 今年51岁。他负责派送山区侨汇, 经常冒着严寒酷暑, 翻过高山峻岭, 先后走遍了三百多个村庄, 数年来如一日, 把每一笔侨汇亲手送交到侨眷手里。黄炳轩同志在平凡的工作中做出不平凡的事迹, 最根本的原因是他活学活用了毛主席著作。

225. 江西省人民委员会转发中央侨汇工作小组《〈关于今后侨汇物资供应的几点意见〉的通知》. 佚名. 江西政报, 1966 (C2): 266-267.

关键词：物资供应　侨汇工作　江西省　归侨　侨眷

内容摘要：现将国务院批准的中央侨汇工作小组《关于今后侨汇物资供应的几点意见》转发给你们。我省今后侨汇物资供应问题，从文下达日起，银行应全部停止发出侨汇物资供应票，过去已发出的工业品、副食品侨汇物资供应票（包括银行和侨户所存的），一律作废。粮、油、布三种侨汇物资供应证票，可使用到1966年底，逾期一律作废。并请各地和有关部门采取适当方式向归侨侨眷宣布。

226. 我县去年侨汇大增是近卅年之最. 佚名. 新宁杂志，1980（1）：7.

关键词：无

内容摘要：无

227. 疑难侨汇送到失散四十年亲人手上. 佚名. 新会侨刊，1980（复刊号）：20.

关键词：无

内容摘要：无

228. 从闽南侨汇三十年增减变化探讨当前争取侨汇的途径. 佚名. 社联通讯，1980（17）：30.

关键词：无

内容摘要：无

229. 吮吸侨胞血汗的罪人（贪污诈骗侨汇犯林添福落入法网）. 蔡珪村. 人大复印报刊资料（中国政治），1980（22）：79-80.

关键词：无

内容摘要：无

230. 人民政府关心侨眷生活，恢复侨汇特种商品供应. 佚名. 恩平公报，1981（1）：9.

关键词：无

内容摘要：无

231. 我们搞好侨汇建筑材料供应的一些做法. 新会县侨汇建筑服务公司. 国际金融，1981（1）：28.

关键词：无

内容摘要：无

232. 我县去年侨汇持续增长. 佚名. 新宁杂志，1981（1）：9.

关键词：无

内容摘要：无

233. 潮汕侨批史话. 朱育友，朱梦星. 广东华侨历史学会通讯，1982 (1)：24-25.

关键词：无

内容摘要：无

234. 娴姐——受人敬重的侨汇解派员. 黎燕云. 花县乡音，1982 (1)：19.

关键词：无

内容摘要：无

235. 君堂银行做好侨汇解付工作. 佚名. 恩平公报，1981 (2)：7.

关键词：无

内容摘要：无

236. 为侨胞迅速准确解付侨汇. 佚名. 恩平公报，1981 (2)：7.

关键词：无

内容摘要：无

237. 我县认真做好侨汇建筑材料供应. 佚名. 新宁杂志，1981 (2)：7.

关键词：无

内容摘要：无

238. 摆脱"左"的影响，侨汇收入不断上升. 常银信. 国际金融，1981 (3)：20.

关键词：无

内容摘要：无

239. 我县侨汇商品销售额比去年同期增长近五成. 佚名. 新宁杂志，1982 (3)：5.

关键词：无

内容摘要：无

240. 贯彻侨汇政策组织侨汇收入. 吴彬，风祥. 中国金融，1982 (3)：34-38.

关键词：侨汇政策　青田县　华侨投资　侨眷

内容摘要：青田县是浙江省的重点侨乡，全县有侨眷、归侨2568户，有分布在欧、美、亚、非 41 个国家和地区的侨胞 5136 人。近两年来，人民银行青田县支行在当地党政领导下，认真贯彻党的侨务侨汇政策，认真组织侨汇收入。1980 年侨汇收入达 363.7 万元，比 1979 年增长 22.4%，1981 年侨汇收入 422.6 万元，比 1980 年增长了 16.2%。

241. 贯彻侨汇政策，做好侨汇工作. 中国银行北京分行非贸易处. 财贸工作研究，1982（3）：44-47.

关键词：无

内容摘要：无

242. 广州市侨汇的发展和市场物价的关系. 中国银行珠江分行. 开放时代，1982（3）：18-21.

关键词：侨汇政策　市场物价　广州市　华侨

内容摘要：侨汇是我国海外华侨赡养国内亲属的汇款，是广大归侨、侨眷的合法收入和生活依靠。国家一贯保护侨汇的所有权和使用权。做好侨汇工作，不仅能够争取更多的外汇支援社会主义四化建设，而且有利于密切海外华侨同祖国的联系，扩大爱国统一战线。但是我们也应该看到，侨汇是一种流入的购买力，它和市场物价有着密切的关系，尤其广州是著名的侨乡，归侨、侨眷、港澳亲属较多，侨汇收入比重较大，因此，我们在研究广州市场物价的时候，不能不考虑和研究广州这个有别于国内其他大城市的特点。

243. 谈争取建筑侨汇. 陈济潮. 国际金融，1982（5）：32.

关键词：无

内容摘要：无

244. 侨眷的贴心人. 王培延. 中国金融，1982（5）：29.

关键词：侨眷　侨汇　人民银行

内容摘要：共产党员朱介友，是山东省昌邑县人民银行的侨汇解付员。十年来，他为侨眷解送侨汇七千余笔，210 万元。从未出过差错。多年被评为全县金融系统的标兵。侨汇收款人地址不清楚是常有的事，老朱总是千方百计把款送到。一天老朱收到香港汇给昌邑县潍河东阎西茂的一笔款。潍河东有 14 个公社，上千个大队，南北长约 200 里。经过一个月的寻找，终于在卜庄公社营子大队找到了收款人。阎西茂感激地说："您送来的不只是 150 元钱，而是党对侨眷的关怀和温暖。"

245. 在国务院侨办召开的侨汇工作座谈会上的讲话（摘要）. 崔平.

国际金融，1982（5）：2.

关键词：无

内容摘要：无

246. 上海华侨商店是怎样做好侨汇物资供应工作的. 佚名. 国际金融，1982（6）：32.

关键词：无

内容摘要：无

247. 侨乡鸿雁——中国银行石狮镇办事处侨汇派送员热情为侨眷代写家信. 李建成. 中国金融，1982（7）：44-46.

关键词：中国银行　侨汇　侨眷　侨乡

内容摘要：福建省晋江县是著名的侨乡。全县旅居海外的侨胞有五十多万人，旅居港澳的有十几万人。每年收入侨汇达十几万笔。书信往返更是成千上万。中国银行晋江县石狮镇办事处的干部职工深深地感到：信件往来是沟通海外亲人与国内侨眷之间思想感情的桥梁，是激发侨胞爱国怀乡热情、争取外汇收入的有效途径。

248. 带来欢乐的使者——记中国银行厦门分行侨汇派解员王溪成二三事. 彦方，沈宝兴. 中国金融，1982（9）：43-44.

关键词：中国银行　侨汇　厦门

内容摘要：一个身挎包的中年人来到厦门思明东路76号。他叩开一道木门，彬彬有礼地问："沈月兰住在这儿吗？"一位满头银发、面容憔悴的老大娘说："我就是。"又问："您认识郑文权吗？"老大娘的泪水夺眶而出，她焦灼地问："他在哪里？我想他40年了。"中年人高兴地说："恭喜您！他从新加坡给您汇钱来了。"老大娘再也抑制不住内心的激动，一个劲地念叨："儿啊，可盼着你了。"这个中年人叫王溪成，是厦门中国银行的侨汇派解员。他的到来，使相隔千山万水、离别40余载的母子通了音讯。可是，沈月兰哪里知道，王溪成经过多少周折才找到了她。沈月兰原住东山县，婚后没有生育，收养了出生才72天的郑文权。郑文权13岁那年，生母把他接到新加坡去了。后来沈月兰移居到了厦门。几十年来沈月兰无时不在思念她一把屎一把尿拉扯大的郑文权，为此不知淌了多少泪水。

249. 侨汇工作要更上一层楼. 何清波. 中国金融，1982（9）：42-43.

关键词：侨汇工作　侨汇政策　黑龙江省　"文化大革命"　三中全会

内容摘要：近两年来黑龙江省的侨汇工作有了很大进展。1981年全省侨汇收入达到140万美元，比1977年增长4.8倍，侨汇的户数也增加了50%以上。这主要是贯彻执行三中全会以来的路线、方针和政策带来的。为了使侨汇工作更上一层楼，我认为还需要做好以下几方面的工作。进一步认识做好侨汇工作的重要意义。侨汇工作，从表面看是经济工作，是银行的一项具体业务工作，但它也是一项政治工作。因为这项工作体现着党的政策，具有重大的政治影响。

250. 我县建筑侨汇大幅度增长. 佚名. 恩平公报，1983（5）：21.

关键词：无

内容摘要：无

251. 我行侨汇工作的基本做法. 中国银行青岛分行. 国际金融，1983（6）：32.

关键词：无

内容摘要：无

252. 侨乡青田积极搞好侨汇建房. 李林. 房产通讯，1983（7）：28.

关键词：无

内容摘要：无

253. 热心为侨胞服务，开拓侨汇资源. 封祝怀. 农村金融，1983（14）：31-34.

关键词：无

内容摘要：无

254. 我县提高建筑侨汇物资供应数量. 佚名. 石岐侨刊，1984（3）：20.

关键词：无

内容摘要：无

255. 有关侨汇购房建房问题. 佚名. 今日中国（中文版），1984（4）：70-71.

关键词：华侨　侨汇　城市建设　归侨　侨眷　养老金

内容摘要：凡是在城镇有正式户口的归侨、侨眷，均可用侨汇购买和建设住宅。国外华侨原籍在农村，在城镇又没有亲属的，原则上在农村购买和建设住宅；如要求在城镇购建住宅者，需经当地人民政府批准。领养老金的华侨要求在城镇购建住房定居养老的，可以不受"返原籍"的限制,但也需经有关部门批准。购建住宅要服从城市建设统一规划。

256. 认真负责的侨汇派送员. 陈良真. 中国金融,1984(4): 61-62.

关键词:侨汇 中国银行 侨眷 文昌

内容摘要:春节是侨汇旺季,疑难侨汇比较多,派送疑难侨汇的工作量就加大了。中国银行广东文昌县支行抱罗侨汇站的同志们不怕苦,不怕累,迎难而上。在派送侨汇过程中,凡是碰到收款人地址不明或姓名有误的疑难侨汇,他们总是勤走、勤问,想方设法把"疑难"变为不难,使笔笔侨汇及时送到侨眷的手中。

257. 三中全会以来我省的外汇管理工作. 黄耀. 四川金融研究,1984(10):10.

关键词:外汇管理 对外开放 十一届三中全会 贸易外汇 外汇收支

内容摘要:1977年以前,我省的外汇管理工作因外汇收支甚少,仅局限于非贸易外汇的管理,重点是取缔外币在省内流通,便利侨汇,开展对私批汇。党的十一届三中全会以后,由于实行对外开放,对内搞活经济的政策,我省对外交往日益扩大,外汇收支情况发生了极大的变化。

258. 灯谜知识巧解疑难侨汇. 隗山. 知识窗,1985(3):46.

关键词:无

内容摘要:无

259. 应实行更优惠的侨汇政策. 方楣. 经济学文摘,1985(4):57.

关键词:无

内容摘要:无

260. 广州办理用侨汇买卖侨房. 莫鸿柱. 穗郊侨讯,1986(3):13.

关键词:无

内容摘要:无

261. 全省侨汇工作的回顾和展望. 李松龄. 金融与经济,1986(4): 58-60+51.

关键词:侨汇 自行车 商品供应 托收票据 对外开放 四化建设

内容摘要:随着党对外开放、对内搞活的方针和侨务、侨汇政策的贯彻执行,1985年全省侨汇收入稳定增长,比1980年涨1.4倍;比1983年增长0.94%;但比1984年略有下降。近年来侨汇增长的新特点,汇款方式由过去以信汇为主,发展到票汇、旅行支票和现钞兑换等多种形式。其中票汇增长较多。

262. 中国银行梅县分行信托部开展外汇调剂业务支持侨乡建设. 丘乔元. 梅县侨声,1986(6):17.

关键词:无

内容摘要:无

263. 死侨汇复活了. 陈良真,林尤和. 南方金融,1986(7):40.

关键词:侨汇 中国银行 国外银行 汇款 文昌

内容摘要:华侨出国,年深日久,汇款回国时往往把收款人的姓名或地址写错;国外银行办理汇款,有时也会把收款人的姓名或地址译错。总之,有些是地址写不清楚;有些则是地址清楚而又查无此人……疑难侨汇真是无奇不有。然而,中国银行文昌支行抱罗分理处遇到这些难于解付的侨汇,不是轻易地退回国外,而是千方百计地寻找收款人,让一笔笔"死侨汇"复活。

264. 侨汇怎样付款. 佚名. 上海金融,1986(7):21.

关键词:侨汇券 外汇券 人民币

内容摘要:侨汇由汇出银行汇给中国银行交给收款人。付款时一般付给人民币,并按规定发给侨汇券。对大额款项可以付给一定比例的外汇券。私人的国外资产调回国内后,允许本人留存。

265. 建筑侨汇物资供应有优惠. 佚名. 中山侨刊,1986(9):12.

关键词:无

内容摘要:无

266. 侨胞侨眷的贴心人——记中国银行南通分行赵达信同志. 沈华征. 中国金融,1986(11):42-43.

关键词:中国银行 侨眷 侨汇工作

内容摘要:中国银行南通分行侨汇干部赵达信同志,数年如一日,一心扑在侨汇工作上,急侨胞侨眷之所急,赢得了侨胞侨眷的高度赞扬,被评为全国金融劳动模范,光荣地出席了全国金融系统先进集体劳动模范表彰大会。为了肃清十年内乱"左"的东西在侨胞侨眷中的影响,赵达信同志一户一户地苦口婆心地做工作。

267. 侨汇解付工作安全快捷. 佚名. 沙堆侨刊,1986(14):21-23.

268. 华侨、归侨、侨眷如何用侨汇在大陆购买或建造住宅?. 佚名. 恩平公报, 1986 (16): 25.

关键词: 无

内容摘要: 无

269. 将赠家侨汇变活兴办开发性农场. 丘福观. 新宁杂志, 1987 (3): 9.

关键词: 无

内容摘要: 无

270. 越南的输血管: 海外邮包和侨汇. 谭军. 海外文摘, 1987 (3): 17-18.

关键词: 无

内容摘要: 无

271. 用侨汇购房可照顾亲属入户. 佚名. 穗郊侨讯, 1988 (3): 31.

关键词: 无

内容摘要: 无

272. 华侨用侨汇在城镇购买住宅、照顾亲属入户有何具体规定. 乔平. 南海乡音, 1988 (3): 35-36.

关键词: 无

内容摘要: 无

273. 侨汇购买城镇住宅亲属入户可获照顾. 佚名. 紫阳月刊, 1988 (5): 42-44.

关键词: 无

内容摘要: 无

274. 华侨用侨汇在城镇购买住宅照顾亲属入户. 佚名. 居正月报, 1988 (13): 35.

关键词: 无

内容摘要: 无

275. 注意调整侨汇和捐赠政策. 桂治镛, 朱家健. 国际金融导刊, 1989 (1): 39-42.

关键词: 无

三 侨乡侨汇

内容摘要：无

276. 救活一笔侨汇款，沟通海外亲人． 王其耀． 福建金融，1989（9）：14.

关键词：海外　侨汇　华人华侨

内容摘要：不久前，中国银行杏林办事处收到一笔从马来西亚寄来的侨汇款人民币20元，收款人是东孚乡贞岱村陈清治。该办事处先后发了两次通知书，都被邮电局以"查无此人"退回。在投递无着落的情况下，按常规处理这笔汇款可退给汇款人，也可向汇款人查询。但轻易退给汇款人影响不好，还会引起侨胞对国内亲人情况的种种疑虑与猜测；若向汇款人查询，则往返需要时间。该怎么办？中行的同志认真进行了研究分析，认为这笔汇款有可能是"投石问路"，金额虽不大，但寻找亲人意义重大。

277. 新会县建筑侨汇的优待办法． 佚名． 文楼乡音，1989（17）：29.

关键词：无

内容摘要：无

278. 江西省人民政府批转省外办《关于鼓励侨汇购（建）住宅的几点意见》的通知． 佚名． 江西政报，1989（18）：18－19.

关键词：江西省　住宅建设　侨汇　建筑材料

内容摘要：无

279. 对侨汇的再思考． 高红军． 福建对外经贸，1990（4）：15－16.

关键词：侨汇　外汇　银行

内容摘要：无

280. 关于侨汇购建房屋问题． 佚名． 新宁杂志，1991（3）：51.

关键词：无

内容摘要：无

281. 侨汇工作的症结与现行侨汇政策的调整． 李兴，王益波． 财经理论与实践，1991（1）：67－69.

关键词：侨汇　货币政策　汇率

内容摘要：侨汇是我国重要的外汇收入来源之一。从湖南省益阳地区来看，侨汇是该地区非贸易外汇的主要来源。1990年1—10月，侨汇收入占到非贸易收入的60%。

282. 对侨汇资金利用的几点意见． 李良溪． 国际金融导刊，1991

(5): 54-55.

关键词：无

内容摘要：无

283. 霞山区侨办积极受理侨汇购房. 甄文辉. 湛江乡情, 1992 (2): 9.

关键词：无

内容摘要：无

284. 珠海市华侨旅游侨汇服务公司. 本刊. 珠海乡音, 1992 (23): 23.

关键词：无

内容摘要：无

285. 我国侨汇的变化态势与对策思考. 施修霖. 福建论坛（经济社会版）, 1993 (5): 18-24.

关键词：外汇市场　侨汇政策　生产性投资　汇价　华侨

内容摘要：作为一个国家旅外侨民从居住国汇回母国的外汇，是一个国家的非贸易外汇收入的一个重要组成部分。中华人民共和国成立四十多年来，我国侨汇总的状况有较大增长。据统计，从1950年到1990年全国侨汇收入96.49亿美元，平均每年2.35亿美元。由于广东、福建是我国主要侨乡省份，两省旅外华侨和港澳同胞多，约占全国华侨、华人总数的93%以上。因而两省的侨汇收入也相应占全国侨汇总数的绝大部分，据1950—1988年的统计，在全国侨汇收入总数中，广东、福建两省的侨汇收入就占全国侨汇总数的84.9%，其中广东省占66.7%；福建省占18.2%。两省侨汇收入的变化情况基本上反映了全国的情况。因此，我们考察我国侨汇的变化，就着重于分析广东、福建两省的侨汇的变化。

286. 市中行、邮电局共同办理侨汇解付业务. 佚名. 新宁杂志, 1996 (4): 10.

关键词：无

内容摘要：无

287. 侨汇购房入户须知. 南讯. 从化乡音, 1997 (1-2): 52.

关键词：无

内容摘要：无

288. 台山中行去年侨汇创佳绩. 佚名. 新宁杂志, 1997 (2): 13.

关键词：无

内容摘要：无

289. 我国外汇管理体制的沿革. 张玉忠. 云南金融，1997（4）：53-55.

关键词：外汇管理体制　外汇管理局　国际收支　人民币汇价

内容摘要：中华人民共和国成立以来，我国相继建立了独立自主的外汇管理体制，制定和实施了国家外汇法规、政策，保持了国际收支的基本平稳和汇率的基本稳定，促进了国民经济的持续、稳定发展。

290. 一度令人羡慕的侨汇券. 伦保持. 鹤山乡讯，2002（1）：30.

关键词：无

内容摘要：无

291. 上海也曾有侨批. 吴宝国. 上海集邮，2003（1）：36-38.

关键词：上海　谋生　华侨　侨批

内容摘要：侨批，并非闽粤独有。中国沿海广阔，出海谋生者众多；凡是有华侨旅居的地区就会产生侨批。现在集邮界专注于"闽粤侨批"，不外乎这里华侨多而集中，批信馆多而健全，侨批多而闻名之缘故。侨批研究有待向更深更广领域发展。南洋专事上海地区"汇兑唐信"者历来有之。

292. 藏家华彩. 佚名. 收藏界，2004（1）：80.

关键词：收藏家　侨批

内容摘要：侨批封收藏家邹金盛是澄海邮电局的退休职工。他从20世纪60年代开始收藏侨批封，至今已收藏了三万多个。这些侨批封大部分是从1850年到1949年由居住在东南亚的海外华侨所写。

293. 广东举行"侨批档案"宣传推介会. 钱淑仪. 广东档案，2011（6）：4.

关键词：侨批　档案文献　国家档案　亚太地区　记忆项目　省档案馆

内容摘要：12月8日，广东省"侨批档案"申报世界记忆亚太地区名录工作领导小组在广东省档案馆举办宣传推介会。国家档案局副局长、中央档案馆副馆长李明华出席会议。广东省副省长许瑞生会见联合国教科文组织的专家。来自国家档案局，福建、西藏等省区档案局领导以及国内外的档案学专家、历史学家共同探讨侨批档案的文化价值。

294. 侨汇券中忆往昔. 林长华. 集邮博览, 2011 (6): 84.

关键词: 侨汇 福建省 改革开放初期

内容摘要: 闲读《三国演义》, 意外发现 4 张夹在书中的 20 世纪改革开放初期的福建省侨汇券。面对着熟悉的"面孔", 犹如阔别多年的老友一样亲切, 而对于"80 后"青少年来说, 这可是"相见不相识"的稀客。在 20 世纪计划经济时期, 侨汇券确实是无数人可望而不可即的"稀客"。它是那个特殊年代的产物。

295. 在"侨批档案"宣传推介会上的致辞. 杨绍森. 广东档案, 2011 (6): 10, 8.

关键词: 侨批 档案 广东省 海外侨胞

内容摘要: 无

296. 在"侨批档案"宣传推介会上的讲话. 李明华. 广东档案, 2011 (6): 11.

关键词: 国家档案 侨批 档案文献

内容摘要: 无

297. 侨批, 来自一个时代的家书. 佚名. 福建画报, 2011 (8): 44.

关键词: 无

内容摘要: 无

298. 广东争取"侨批档案"申报世界记忆名录. 钱淑仪. 中国档案, 2011 (12): 11.

关键词: 省档案局 名录 记忆 世界文化遗产

内容摘要: 11 月 9 日, 省政府发文同意成立省"侨批档案"申报《世界记忆名录》项目领导小组, 省政府副秘书长杨绍森任组长, 省档案局局长徐大章任副组长, 成员有汕头市副市长郭大钦, 梅州市市委常委、常务副市长张远方, 江门市副市长李崴, 以加强对"侨批档案"申报世界记忆名录工作的领导。

299. 侨批, 广东华侨的"世界记忆". 邓琼. 神州民俗, 2012 (3): 68-71.

关键词: 广东侨乡 记忆 世界 联合国教科文组织 华侨 档案文献遗产

内容摘要: "侨批"这富含着广东侨乡底蕴、已位列《中国档案文献遗产名录》的珍贵档案, 日前迎来了三位联合国教科文组织"世界记忆"

项目专家的"私人考察"。专家之一、联合国教科文组织"世界记忆"项目亚太地区委员会特别顾问、国际档案理事会东亚分会秘书长朱福强认为,侨批实际上超越了亚太地区、具有全球意义。

300. 为"中国侨批""申遗"尽心尽力的潮汕历史文化研究中心. 王炜中. 广东档案, 2013 (6): 43-44, 36.

关键词: 潮汕侨批　档案文献　亚太地区　记忆名录

内容摘要: 被国际汉学大师饶宗颐教授誉为"海邦剩馥"的侨批, 在先后入选《中国档案文献遗产名录》《世界记忆亚太地区名录》的基础上, 2013年6月19日又圆满地完成了"申遗""三级跳", 终于成功入选《世界记忆名录》。对此, 潮汕历史文化研究中心尽了自己绵薄之力。2007年初, 汕头一人大代表在广东省十届五次人大会议上, 建议潮汕侨批申报世界记忆遗产, 该提案随后由省档案局办理。

301. 从"尺素雅牍"到世界遗产名录的成功申报. 陈汉初. 岭南文史, 2014 (3): 55-59.

关键词: 世界遗产名录　潮汕　汇款人　中国档案文献

内容摘要: 侨批, 从表面上看, 只是普普通通的信件。巴掌大的信封, 与普通信件不无一样, 有收信人地址、姓名, 寄信人地址, 也盖上邮戳, 人称"尺素雅牍"。但细细研读, 小小侨批, 却大有学问。俗称"番批"的潮汕侨批, 是海外潮汕华侨寄回家乡的家书信封上附上汇款数额, 兼有家书、汇款单功能的信、汇合为一体的华侨家书。侨批的批是批量的意思, 因为旧时华侨的侨批都是一个船期一次, 一个船期来一批, 称为批。

302. 让家书飞——那些年, 闽侨的抗战记忆. 陈旖旎. 福建人, 2015 (9): 64-67.

关键词: 集体记忆　南侨机工　抗日救国　海外同胞

内容摘要: 祖国罹难之际, 抗战绝不仅是祖国大地上的事, 救亡图强是海内外同胞一致的声音。身旅海外、心系国运的侨胞, 诚然不在少数。"烽火连三月, 家书抵万金", 在战火纷飞的年代, 跨国的"两地书"更是弥足珍贵。一封封侨批, 承载了海外侨胞和故乡人民对于抗战的集体记忆。"流光容易把人抛", 然而即使纸页泛黄, 这些得以传世的真实记录, 还是会永久鲜明。

（二）侨批银信

1. 恢复私营侨批业的刍议. 施金毅. 国际金融, 1984 (7): 35.

关键词：无

内容摘要：无

2. 广东潮汕地区侨批信局的形成和作用. 常增书. 集邮研究, 1985 (1): 28 – 30.

关键词：无

内容摘要：无

3. 容县侨汇庄简况. 封祖暹. 八桂侨刊, 1987 (2): 15 – 17.

关键词：侨汇　容县　华侨　侨乡

内容摘要：在太平天国起义失败至孙中山领导革命建立民国后的这个历史时期，中国处于外受侵略，内部军阀割据的长期分裂局面，那时工农业无以发展，加上贪官污吏横征暴敛，造成哀鸿遍野，民不聊生。我县部分贫苦农民先是逃避清朝追捕，后是逃避征兵，不得不逃离家乡，远涉重洋，到当时被称为"新洲"即今之马来西亚和印度尼西亚等地谋生。

4. 侨批业初探. 李天锡, 王朱唇. 华侨大学学报（哲学社会科学版), 1990 (2): 12 – 20.

关键词：侨批业　水客　华侨汇款　信汇　侨批局

内容摘要：侨批是侨信、侨汇的俗称。《辞源》对"批子"条的解释是"支取银钱的字条"，现代汉语中已经很少采取这种用法，但在福建的各种方言中，特别是闽南话中，"批"作为银钱解释却是一种基本用法。"侨批"即华侨的批信，是华侨既寄钱又寄信，因此侨批业就是为华侨汇款送信的行业，是一种特殊的邮政业务。经营这种业务的机构叫"批馆""银信局"或"侨批局"等，1934年后邮局则规定其统称为"批信局"。它具有民营信局、邮局、银行的功能。

5. 侨批业与海外交通. 李天锡. 海交史研究, 1991 (2): 70 – 79.

关键词：无

内容摘要：无

6. 梅州地区侨批业史略. 吴达章. 嘉应侨史, 1994 (1): 45 – 46.

关键词：无

内容摘要：无

7. 侨批. 佚名. 岭南文史, 1994 (2)：32.

关键词：民信局　汇款　华侨社会

内容摘要：侨批侨批，又称番批，银批，现在称侨汇。那时所指的意思是又汇钱又寄信。据考，"批"原本是闽南话"信"的意思。"侨批"的闽南话拼法是"Xiao Pue"。侨批产生的地区主要是中国东南沿海与东南亚之间华侨聚集的地区。

8. 侨批与潮汕华侨凝聚力. 杜桂芳. 通讯, 1994 (10)：26.

关键词：无

内容摘要：无

9. 泉州侨批业史初探. 黄清海. 八桂侨刊, 1995 (1)：53-58.

关键词：侨批业　侨汇　泉州　汇款服务　民信局　侨批局

内容摘要：侨批业，是经营华侨附有信件汇款的汇兑业。它包括中华人民共和国成立前称之的银信局、民信局、华侨民信局、批信局、批局、信局、侨批局、侨信局、汇兑信局、汇兑庄、汇兑局、批馆等（因"信"在闽南方言中与"批"同音），1950年改称"侨汇业"，但泉州民间方言仍称"侨批业"。中华人民共和国成立后泉州地区所称的收汇局、头盘局、二盘局、三盘局、收汇联营处、侨汇收汇服务处、侨汇源送处（站）、侨汇业派送联营处、海外汇款服务处（站）等均称侨汇业（侨批业）。侨批业是一种兼有金融和邮政双重职能的特殊的行业，它在泉州从产生、发展到消失有100多年的历史，具有历史悠久、从业人员多、业务量大、遍及面广等特点。

10.《泉州侨批业史料》简介. 周育毅. 华侨华人历史研究, 1995 (2)：7.

关键词：侨批业　泉州　国际汇兑

内容摘要：无

11. 浅谈潮汕过去的一个特殊行业：侨批局. 王琳乾. 汕头史志, 1995 (3)：1-4, 7.

关键词：无

内容摘要：无

12. 潮汕侨批：义务与权利——以强烈的心理需求为特征的家族观念. 杜桂芳. 华侨华人历史研究, 1995 (4)：42-49.

关键词：潮汕侨批　心理需求　义务与权利　海外潮人　潮汕华侨

内容摘要：无

13. **侨批——潮汕历史文化的奇观**. 杜桂芳. 东南亚研究, 1995 (6): 58.

关键词：潮汕华侨　海外潮人　侨批

内容摘要：侨批——潮汕历史文化的奇观。杜桂芳在藏书日见丰富的汕头潮汕文化历史研究中心资料库里，有专柜放置一批令人刮目的"书卷"。这就是澄海市邹金盛先生经过四十余年艰难搜集，如今奉献给潮汕历史文化研究事业的"侨批"复印件。

14. **侨批与潮汕传统文化引力场**. 杜桂芳. 通讯, 1995 (11): 16.

关键词：无

内容摘要：无

15. **论侨批的起源**. 陈训先. 华侨华人历史研究, 1996 (3): 76–80.

关键词：侨批业　潮人　商业思想　水客

内容摘要：无

16. **琼州（海口）的侨批邮戳**. 周德川. 上海集邮, 1996 (5): 41.

关键词：琼州　邮戳　海口　侨乡　琼崖　阿拉伯数字

内容摘要：海南省过去称海南岛、琼崖、琼州，简称琼，是中国三大侨乡省（福建、广东、海南）之一。现有琼籍华裔270多万人，分布于世界53个国家及地区。1988年海南建省前属广东省，但其侨批邮戳之使用时间却与广东汕头及福建厦门的侨批邮戳不同。

17. **广州市军管会关于华南区侨批业管理暂行办法的命令**. 佚名. 叶剑英研究, 1996 (S5): 117–119.

关键词：无

内容摘要：无

18. **也谈侨批的起源及其他**. 李天锡. 华侨华人历史研究, 1997 (3): 75–79.

关键词：水客　侨批局　侨批业　华侨汇款

内容摘要：无

19. **侨批——潮汕历史文化的奇观**. 杜桂芳. 文史知识, 1997 (9): 65–68.

关键词：侨批　海外潮人　东南亚　樟林港

内容摘要：潮汕的侨批，俗称番批，专指海外潮人通过民间渠道寄回国内的汇款，其中绝大部分附有家书。它最早产生于何年，无据可考。而按历史情况推断，应当始于清初海禁解除以后，即始于潮人从当时闻名于世的樟林港乘坐红头船出发，前往南洋。

20. 关于侨批史几个问题的探讨. 马承玉. 邮电文史, 1998 (1)：21 - 25.

关键词：侨批 邮电业 经济史 中国

内容摘要：无

21. 侨批史话（一）. 邹金盛. 集邮, 1998 (1)：43 - 45.

关键词：无

内容摘要：无

22. 侨批史话（二）. 邹金盛. 集邮, 1998 (2)：44 - 45.

关键词：无

内容摘要：无

23. 侨批史话（三）. 邹金盛. 集邮, 1998 (3)：46 - 48.

关键词：无

内容摘要：无

24. 侨批史话（四）. 邹金盛. 集邮, 1998 (4)：40 - 42.

关键词：无

内容摘要：无

25. 侨批信局的信用票. 一竹. 上海集邮, 1998 (4)：28 - 29.

关键词：侨汇 侨批信局 侨眷 泉州

内容摘要：民国前期，福建省军阀混战，地方治安混乱，侨批信局派送山区侨汇的信差常被劫杀。为了避免匪劫，侨批信局就仿效海外信局的汇票形式，印制发行信用票，俗称"山票"或"山单"（见《泉州侨批业史料》第20页），以代替现金。山区侨眷收到山票后，可迳向发行局（或其分支）兑取现金，也可在乡间向杂货店购买物品。杂货店收到山票集中后，到城里购货时即可用山票抵作现金交给商号，而后商号再向侨批信局领款。山票随商业关系流转，相当于现金在市场上流通。

26. 侨批史话（五）. 邹金盛. 集邮, 1998 (5)：44 - 45.

关键词：无

内容摘要：无

27. 侨批信局汇票凭条一例. 一竹. 上海集邮, 1998 (6): 29.

关键词: 汇票 电汇 信汇 侨汇 暗码

内容摘要: 侨批信局汇款有 3 种方式: 信外汇款 (简称信汇)、电汇和票汇。信外汇款是指书写在侨批信封左上角的、须由国内侨批员按址登门派送的汇款 (币别和金额), 也称信外款, 是最原始的侨汇方式。电汇是指借助于电信 (或暗码) 传递手段进行的汇款方式。

28. 侨批史话 (六). 邹金盛. 集邮, 1998 (8): 42-44.

关键词: 无

内容摘要: 无

29. 侨批史话 (七). 邹金盛. 集邮, 1998 (9): 44-46.

关键词: 无

内容摘要: 无

30. 侨批史话 (八). 邹金盛. 集邮, 1998 (11): 46-47.

关键词: 无

内容摘要: 无

31. 侨批史话 (九). 邹金盛. 集邮, 1998 (12): 48-49.

关键词: 无

内容摘要: 无

32. 侨批史话 (十). 邹金盛. 集邮, 1999 (2): 44-46.

关键词: 无

内容摘要: 无

33. 不附汇款的侨批封. 黄清海. 上海集邮, 2000 (4): 15.

关键词: 汇款 邮政 汇兑 信函

内容摘要: 中国侨批信局主要是应海外华侨汇款需要而产生, 所见侨批封通常都在正面左上角写明"外附×币××元"。为此有时被误解"侨批"只有汇兑功能而非完整意义上的民营邮政。只寄信函而不带汇款的侨批信件当可更正这类误解。

34. 近代华侨汇款与侨批业的经营——以潮汕地区的研究为中心. 陈春声. 中国社会经济史研究, 2000 (4): 57-66.

关键词: 汇款 经营 内部机制 商业组织 侨乡

内容摘要: 无

35. 1946—1949 年国民政府对侨批局的政策. 袁丁, 陈丽园. 南洋问

题研究, 2001 (3): 63-71.

关键词: 侨汇 侨批局 国民政府 1946—1949年

内容摘要: 1946—1949年, 南京国民政府采取各种政策, 企图大力吸收侨汇, 加强对侨汇的控制, 以巩固国民党政权, 进行内战。在这一阶段, 国民政府一方面改善自身的侨汇经营, 另一方面极力打击侨汇黑市, 以解决侨汇流失问题, 对于侨批局采取既限制, 又利用的政策。但是由于官营行局的先天不足, 始终无法替代民间侨批局, 加上为从事内战而开支巨额军费, 导致全国出现恶性通货膨胀。侨汇大量进入黑市而无法控制, 最终导致政策的失败。

36. **泰国的批馆: 历史与现状**. 杨晓慧. 东南亚, 2003 (1): 50-53.

关键词: 汇款人 货币兑换 银行汇款 金融机构 国际流通

内容摘要: 侨汇是华侨华人史研究中的一个重要问题。但据笔者所知, 国内史家对于批馆这一最重要的侨汇机构及其运作机制的论述大多集中在它的国内部分, 而与此相联系的国外部分却语焉不详。本文拟根据现有的资料对泰国批馆的源起、变迁、当前状况以及今后的发展趋势等问题做一简介。泰国批馆的起源和演变批馆又称为批局、汇兑信局、民信局、银信局、侨汇庄, 是我国现代邮政和商业银行体系发展起来之前专门从事信件投递和钱款汇寄的民间机构。在东南沿海地区, 批馆适应广大寓居海外的华人传递家信、汇寄钱款的需要于19世纪中后期得到长足的发展并积极向海外扩展业务, 甚至成为华人居住国的一项重要制度, 不仅便利了广大华侨, 而且还给当地的经济尤其是金融制度打下了深刻的烙印。其中比较突出的例子就是泰国的批馆。它们不仅垄断了中泰间邮政和银行汇兑联系建立之前的侨汇业务, 而且, 在40年代至中泰邦交正常化这段时期成为泰国政府认可的侨汇制度, 此后又与跨国旅游业结合起来, 利用现代交通和通信设施继续开展地下业务。

37. **网络化企业与嵌入性: 近代侨批局的制度建构** (1850s—1940s). 戴一峰. 中国社会经济史研究, 2003 (1): 70-79.

关键词: 网络化 嵌入性 侨批局

内容摘要: 本文力图借助地域社会的研究视野, 把近代侨批局置于由东南亚华人移民所建构的环南中国海跨国社会空间内, 并运用新制度经济学和新经济社会学的理论与方法, 集中考察侨批局制度建构的基本特征及其衍生的一系列特点。

38. 潮汕侨批网络与国家控制（1927—1949）. 陈丽园. 汕头大学学报（人文社会科学版），2003（A1）：2-11.

关键词：潮汕侨批　华人商业网络　侨批公会　国家控制　侨汇　国民政府

内容摘要：1927—1949年国民政府（及日伪政府）介入侨批业后与侨批经营网络间产生了磨擦。它们之间的相互交涉过程展示了华人商业网络在其具体的运作过程中与国家控制间的紧张关系与合作空间。侨批经营网络覆盖范围的广阔性使它与海内外华人社会构成水乳交融的关系，奠定了其在民间社会根深蒂固的地位。国家侨汇经营体系是自上而下垂直控制的体系，其渗透的范围难以覆及底层民众。如果国家体系试图干涉民间商业网络，必然引起两者间的摩擦。假如国家体系和民间商业网络都明确各自的活动空间，充分发挥它们的优势进行合作，那么两者间就可能出现良性互动。

39. 潮汕侨批文物图录. 佚名. 汕头大学学报（人文社会科学版），2003（A1）：2-237.

关键词：无

内容摘要：无

40. 侨批列字探析. 曾旭波. 汕头大学学报（人文社会科学版），2003（A1）：12-21+66.

关键词：侨批　列字　专业化　管理　文化交流

内容摘要：侨批封上的列字及编号，是海外批信局对批信运作的管理方法，是海外侨批信局走向专业化经营及管理的产物。侨批实物显示，侨批列字主要有六种。研究侨批列字的规律方法，不仅能折射出批局的兴衰史，而且能折射出华人文化与异国文化的交融状况。

41. 潮汕侨批局的经营网络. 马明达，黄泽纯. 暨南学报（哲学社会科学版），2004（1）：123-127.

关键词：潮汕地区　侨批　侨批局　经营网络　水客

内容摘要：广东潮汕地区侨批局是专门经营海外华侨华人寄回国内的简短家书及汇款的民营机构。它是在19世纪水客业的基础上产生的。随着侨批业务的增加。在当时的各种客观条件下逐渐发展起来，于20世纪30年代前后形成了功能齐全、纵横交错的经营网络。侨批局按功能可分为收揽局、中转局、投递局三种基本类型；按规模及经营网络又可分为大、中、小型三类批局。各类批局各具特点，共同构成了侨批的经营网络，对当时潮汕地区经济的影响很大。

42. 传统与现代：近代中国企业制度变迁的再思考——以侨批局与银行关系为中心. 戴一峰. 中国社会经济史研究，2004（1）：65-73.

关键词：近代中国　企业制度变迁　传统与现代

内容摘要：本文通过对20世纪上半期闽行与侨批局关系演化的个案考察，揭示了两者面对环南中国海华人移民汇兑市场，即通常所谓的侨汇市场，所展开的竞争、合作、利用、借鉴、共生等多重关系。从而重新检讨了以往学术界在中国近代企业制度变迁研究中的若干理论偏颇。

43. 从涓涓滴水看大海：记竹秀园郭氏在石岐兴办的永安侨批局. 刘居上. 中山侨刊，2004（62）：63.

关键词：无

内容摘要：无

44. 梅州地区客家侨批业初探. 李小燕. 汕头大学学报（人文社会科学版），2004（6）：82-86+89.

关键词：广东梅州地区　客家　过番　华侨　侨批

内容摘要：旧时，梅州地区许多客家人或由于生活所迫，或由于政治原因，或由于土客械斗下南洋谋生存求发展。他们在侨居地辛勤劳作，赚钱后通过水客、侨批局、私营商号、侨批馆与钱庄寄信寄钱回唐山老家。由此，在客家侨乡社会发展起了一个具有侨乡特色的行业——侨批业。侨批为客家地区经济与社会的发展做出了巨大贡献。

45. 闽南侨批业与天一信局的兴衰. 郑云. 漳州职业大学学报，2004（4）：53-55.

关键词：邮政史　漳州　侨批业　天一信局

内容摘要：闽南天一信局全称"郭有品天一汇总银信局"，位于龙海角美流传村，是旅菲华侨郭有品于1880年创办，至1928年停业。在48年时间内经历了兴衰过程，是中国历史上规模最大、分布最广、经营时间最长的早期民间侨批局，在闽南侨批史乃至中国邮政史、中国金融史上占有重要位置。

46. 太平洋战争时期的批信寄递. 邹金盛. 集邮博览，2004（5）：30-31.

关键词：太平洋战争　侨汇　东兴　侨委会　邮政储金汇业局　侨眷

内容摘要：1941年12月8日，日本侵略者发动太平洋战争，海上交通全面中断，南洋各地的侨批全部断绝。汕头沦陷，批信渺茫无期。占半数依靠侨批款过活的侨眷，只靠当物典屋，过着缺粮断炊，食不果腹的日子。

47. 民国时期大埔县百侯村的水客、侨批与侨乡社会. 肖文评. 客家研究辑刊, 2005 (2): 93–100.

关键词：社会发展　侨乡　大埔县　水客

内容摘要：粤东潮梅各县是华南地区侨属的主要分布地区，向以"华侨之乡"著称。对于华侨的产生及其对侨居地和原乡社会、经济、文化等方面的影响，前辈和时贤已取得大量研究成果，对于推动华侨史的研究做出了重要贡献。但纵观各项成果，也许限于资料和研究对象，多以概述性为主，而少见具体的个案研究。这使我们很容易获得关于侨乡的总体形象，而缺乏对各地差异性的认识和了解，似乎整个侨乡是均质的。实际上各个侨乡因地理环境、社会发展等不同而千差万别，如沿海平原与内陆山区、潮汕地区与客家地区，差异相当明显。要获得对侨乡社会的具体认识和理解，除进行乡村的个案研究外，别无他途。

48. 四邑侨批与潮汕侨批之比较. 麦国培. 五邑大学学报（社会科学版）, 2005 (2): 34–36.

关键词：侨批　四邑地区　潮汕地区　比较研究

内容摘要：广东江门"四邑"（今加鹤山称为"五邑"）与潮汕地区都是我国著名侨乡，历史上华侨与国内联系留下了大量极有研究价值的侨批。四邑侨批与潮汕侨批相比，存在来源地区、经营商号、寄款方式、寄款额次、文化内涵、邮政处理诸方面的不同，这是深入研究四邑、潮汕华侨文化的重要方面。

49. 1947—1950年印尼三宝垄华侨侨批初探——以李芝敏的十二封侨批为例. 严飞生, 房学嘉. 汕头大学学报（人文社会科学版）, 2005 (3): 77–80+92.

关键词：侨批　印度尼西亚　通货膨胀

内容摘要：透过李芝敏的十二封批信的内容，对1947—1950年印度尼西亚三宝垄华侨侨批状况做一个很浅显的探讨。通过批信中的内容，我们可以看到荷印政府的华侨政策和中国国内的货币变动及政治变迁对三宝垄华侨侨批的影响极大，这一时期侨批呈现相当复杂的状况。

50. 梅州客属地区的水客与侨批业述略. 夏水平，房学嘉. 嘉应学院学报，2005（4）：74-78.

关键词：梅州客家　水客　侨批　侨汇

内容摘要：侨乡地区的侨汇输入有两种重要的形式，即水客和侨批。本文主要介绍了梅州客家地区的水客业和侨批业的发展历史、输汇情况及若干特点，以期对这两种侨汇输入形式在客家地区的运作情况有一个初步的了解。

51. 清代潮帮侨批业对我国原始金融市场的贡献. 陈训先. 汕头大学学报（人文社会科学版），2005（5）：87-89+98.

关键词：清代　潮帮　侨批业　原始金融市场

内容摘要：清代侨批业是一笔集腋成裘的巨额流动资本，也是一股足以操持"商贸互动""盈亏互补"的强大势力。公元1775年至1890年约一个世纪的时期，潮帮侨批业对我国原始金融市场的发生和发展产生了独到的作用。

52. 抗战中的东兴邮政储汇处. 邹金盛. 集邮博览，2005（10）：30-32.

关键词：澄海　东兴　邮政代办所　侨汇

内容摘要：1941年12月8日，日本帝国主义者发动太平洋侵略战争，南洋各地相继沦陷，所有香港、越南、暹罗、新加坡、马来亚、印度尼西亚等地的侨批，均被日本控制。粤东及闽南等地，汇款断绝，侨眷无法度生，吃糠咽菜，卖儿当屋，饿死者不计其数。数月之后，南洋各批信局，先后始得通汇，利用沦陷期间探明的自越南至东兴的转批路线，批信局派出水客，冒险秘密将越币由海防运入东兴，转换国币汇入后方侨属，始得接济此项侨汇。

53. 百件家信见证侨乡历史：记侨批收藏爱好者杨光及他的侨批藏品. 曾秋玲，刘颖昕. 梅县侨声，2005（复刊83）：60-63.

关键词：无

内容摘要：无

54. 话说潮汕侨批. 王炜中. 潮商，2006（1）：82-84.

关键词：潮汕侨批　侨批局　潮汕地区　潮人　海外移民　水客

内容摘要：2000年11月22日，潮汕历史文化研究中心举办潮学讲座,邀请国际汉学大师饶宗颐教授主讲。他在演讲中指出,徽州特殊的是有契约,研究那些契约就是研究徽州商人及其活动,这在经济史上是很大的课题。而潮州可以与其媲美的是侨批,侨批非常值得研究,从中可以看到那时候的潮人在哪些国家及其活动。

55. 近百年来中国侨批业研究综述. 焦建华. 华侨华人历史研究, 2006 (2): 49.

关键词: 侨批　侨汇　批信局　华侨

内容摘要: 本文从民国时期、1949—1979 年和 20 世纪 80 年代后三个时期,回顾近百年来国内外有关中国侨批业的研究。作者认为,已有的侨批业研究选题不够宽泛,具体领域的研究不平衡,研究理论有所欠缺。作者指出,未来的侨批业研究应从资料收集、研究领域和研究理论等方面着手,拓宽和加深相关研究。

56. 民国时期五邑侨刊中的银信广告. 刘进. 五邑大学学报(社会科学版), 2007 (1): 3-37.

关键词: 银信　广告　五邑

内容摘要: 民国时期江门五邑地区的侨刊,登载了不少吸引五邑华侨"银信"业务的广告。"银信"是侨汇和家信的结合体,是海外华侨与家乡亲人之间物质与精神联系的重要载体。透过五邑侨刊中的银信广告,可以观察民国时期五邑乃至广府地区侨汇流通的主要方式和特点。

57. 试论建国初期广东侨批业管理政策. 张小欣. 当代中国史研究, 2006 (3): 77-85.

关键词: 中华人民共和国成立初期　广东　侨批业　管理政策

内容摘要: 中华人民共和国成立初期的侨批业是经营寄递海外华侨汇款及书信并收寄侨眷回执的私营行业。中华人民共和国成立后随着解放军在华南地区军事上的顺利推进,包括侨批业管理在内的一系列重要政策在广东得以迅速制定和推行。在"便利侨汇""外汇归公,利益归私"原则的指导下,各项侨批业管理政策试图努力扭转侨批业长期奉行的经营服务方针,使之服从于国家经济建设大局,但由于管理政策自身作用有限以及社会经济实力恢复尚需时日,从中华人民共和国成立到朝鲜战争爆发之前,广东侨批业管理并未达到预期目的。

58. 半世纪前的侨批汇票. 许建平. 收藏界, 2007 (3): 91-92.

关键词: 侨批　汇票　汇兑　省银行

内容摘要：银行业承兑汇票和邮政所经理的票汇业务，今天看来是两个不同业态的经营形式，但在侨批业之中，它们都只是作为业内的两种经营运作手段。因为侨批业本身就具有邮传、金融汇兑的双重属性，是集邮政和汇兑业务于一体的特殊业态；它的经营个体，就是诸如"批售馆""侨批信局"或"汇兑信局"等信局组织或机构，这种特殊的民间信、汇专营组织。

59. 近代闽南"侨批"文化中的水客. 吴鸿丽. 泉州师范学院学报，2007（5）：10-14.

关键词：近代　闽南侨批　传统文化　水客

内容摘要：自19世纪中叶厦门开埠后，闽南人大量移居海外，他们辛苦劳作，将来之不易的血汗钱托付回家乡，一代又一代的闽南华侨不断重复这一过程，由此产生了华侨和国内家眷及亲友进行联系沟通的侨批业。侨批成了华侨与侨眷重要的情感纽带，也造就了闽南侨乡独特的侨批文化。而这一文化又深深打上了传统文化的烙印。本文拟以早期闽南水客为例，对近代闽南侨批文化，做粗浅的探索。

60. 潮汕文化研究学者看侨批：代代相传的"海邦剩馥". 王炜中. 广东档案，2007（6）：28-30.

关键词：潮汕　泰中友好协会　海外华侨华人

内容摘要：2007年，潮汕侨批可谓喜讯频传，由潮汕历史文化研究中心和广西师范大学出版社编辑、出版的《潮汕侨批集成》第一辑、共36册已经问世；潮汕历史文化研究中心与潮州市政协文教卫体史委员会和东山湖温泉度假村联袂举办的"第二届侨批文化研讨会"圆满结束。

61. 档案人看侨批：传承华侨历史的档案. 吴晓琼. 广东档案，2007（6）：25-27.

关键词：中国档案文献　汇款凭证　国家档案　农村档案　家情　海内外

内容摘要：侨批，是海外侨胞通过民间渠道及后来的金融邮政机构寄回国内、连带家书或简单附言的汇款凭证。潮汕是中国著名的侨乡。潮籍侨胞是海外侨胞的重要组成部分。由于在潮籍侨胞主要集中的东南亚各国，当时的金融邮政机构尚未建立或极不完善，漂泊海外的众多侨胞靠水客和民营侨胞批局汇款赡养眷属，与亲人沟通信息、倾诉衷情。数以千百万计的侨批，不仅是一张张汇款凭证，而且是社会历史的真实见证，有着深刻的文化内涵。它渗透着海外侨胞的汗水和血泪，蕴含着他们对祖国、故里的一片深情，昭示着他们对家庭亲人的关爱和责任，充满着爱国心、乡情意和人情味，洋溢着中华民族传统的真挚感情。而今，中国处在伟大复兴的历史新时期，进一步动员国内同胞和海外侨胞为建设社会主义现代化强国而努力奋斗。要达到这个目标，就必须大力弘扬中华民族的伟大精神，而侨批反映出来的"热爱祖国、情系故里、坚忍不拔、勇于开拓、吃苦耐劳、笃诚守信"的海外潮人精神，便是中华民族伟大精神的具体体现。因此，侨批还是了解家情、乡情，进行爱国主义教育的好教材。它将鼓舞鞭策后人奋发图强，努力建设好自己的祖国家乡，为世界和平发展做出应有的贡献。

62. 近代国家与市场关系的一个例证分析——以福建侨批业市场与政府邮政竞争为例. 焦建华. 中国经济问题，2007（6）：73-77.

关键词：国家与市场　邮局　福建　侨批业

内容摘要：20世纪30—40年代国家与市场关系的研究大都偏重于国家对市场的控制，而市场对国家的反制重视不够。这一时期福建侨批业与国家邮局的关系虽然是由邮局主导，但也显示了侨批业对邮局的反制与制约。因此，已有结论并不全面，这与国家——市场理论对转型中的国家能力关注不够有关，应将其纳入研究范围，才能得出较全面的结论。

63. 竞争与垄断：近代中国邮政业研究——以福建批信局与国营邮局关系为例（1928—1949）. 焦建华. 学术月刊，2007（1）：142-147.

关键词：竞争　垄断　福建　批信局　国营邮局　关系

内容摘要：近代邮政体系建立之前，中国存在官方邮驿和民间邮政两套服务体系。前者18世纪末逐渐衰落，后者则在18世纪中叶快速发展，势力遍布大江南北。中国近代邮政垄断地位的确立与国家支持分不开，以福建批信局为例，国营邮局以管理者和经营者的双重身份，采取各种法律和行政手段，提高邮资、颁布执照并严格管理，限制分号设立和信件自带，严厉打击走私，逐渐掌控批信局及其业务，最终确立了国营邮局在侨批寄递市场的垄断地位，具有浓厚的行政垄断特征。

64. 民国时期五邑侨刊中的银信广告. 刘进. 五邑大学学报（社会科学版），2007（1）：33-37.

关键词：银信　广告　五邑

内容摘要：民国时期江门五邑地区的侨刊，登载了不少吸引五邑华侨

"银信"业务的广告。"银信"是侨汇和家信的结合体,是海外华侨与家乡亲人之间物质与精神联系的重要载体。透过五邑侨刊中的银信广告,可以观察民国时期五邑乃至广府地区侨汇流通的主要方式和特点。

65. 泰国侨批史略. 洪林. 汕头大学学报(人文社会科学版),2007(4):77-84.

关键词:潮汕移民 暹罗 侨批

内容摘要:潮汕移民暹罗约在宋元时代开始,而于明清为最。基于传统道德、文化观念,每有积蓄,必千方百计送到家乡,以赡养家人骨肉,原始的"侨批"由此产生。侨批业的产生约在1782年,以后慢慢地又产生当地送批人,于是暹罗、潮汕批局真正应运而生。考察批业历史,其兴衰的过程不仅反映了中泰两国金融、政治方面的历史状况,也可看出华侨对家乡的深厚情感和所做的巨大贡献。

66. 中国近代的垄断与"规制"——以福建批信局与国营邮局关系为例. 焦建华. 厦门大学学报(哲学社会科学版),2007(5):101-107.

关键词:垄断 "规制" 福建批信局 国营邮局

内容摘要:近代福建侨批业状况比较特殊,形成了国营邮局试图垄断、私营批信局竞争这样的可竞争市场。1928—1949年,福建批信局与国营邮局在进入壁垒、具体业务和走私方面都存在冲突,虽然国营邮局占绝对优势,但福建批信局借助公会和海外华侨的支持,对其有相当的"规制"。因此,可竞争市场理论具有一定可行性,将它引入民间团体和消费者之中,所形成的社会力量也是"规制"垄断企业的一种重要方法,可以此弥补仅从政府层面规制垄断企业的不足。

67. 侨批——潮汕文化底蕴的折射. 吴润填. 广东广播电视大学学报,2007(5):34-39.

关键词:侨批 潮汕 文化

内容摘要:潮汕侨批产生于特定的历史时期,对潮汕经济和人民生活起了重大的调节作用。潮汕侨批独特的形成原因,顽强发展的动力与潮汕文化息息相关,折射出潮汕人的文化底蕴。本文从涉猎到的一些批信的内容分析"回头批"折射出的潮汕人强烈的家族观念;精密细致的分款程序反映宗族性的经济调谐;寄予者以收受者奇妙的心理对应;一脉相承的文化心理积淀四方面探索潮汕人的传统文化心态。

68. 侨乡文化专家看侨批:民间档案的瑰宝. 刘进. 广东档案,2007

(6): 27 – 28.

  关键词: 侨乡文化　民族文化遗产　侨批

  内容摘要: 进入 21 世纪以来, 在我国经济、政治、社会全面快速发展的同时, 对民族传统文化的弘扬勃然兴起, 不少地方档案馆主动参与保存民族文化遗产事业的进程中来, 积极征集、抢救珍贵的民间档案。潮汕侨批是堪与徽州契约相媲美的珍贵民间文化遗存, 是最具典型性的民间档案。

  69. 岭南人文图说之四十九——五邑银信. 刘进. 学术研究, 2008 (1): 162.

  关键词: 银两　五邑　海外华侨

  内容摘要: "银信", 是海外华侨寄给国内家眷及亲友的侨汇 ("银") 和书信 ("信") 结合体的简称。清末民初, 华侨汇款回国。有银必有信, 银和信两位一体, 密不可分。

  70. 略论侨批业与诚信. 吴二持. 潮州文化研究, 2008 (1): 41 – 47.

  关键词: 无

  内容摘要: 无

  71. 浅论 20 世纪初期侨批局的经营制度创新: 以侨批局和银行的关系为例. 赵雪松. 河南社会科学, 2008 (A1): 87 – 89.

  关键词: 侨批局　经营制度　创新　银行

  内容摘要: 侨批局是存在于独特历史条件和特殊地域之中的一种以侨民汇款和信邮为主要业务的民营企业形式。侨批局在面对银行业对其侨汇业务的冲击时, 积极对自身早期经营制度进行大胆创新, 在一定程度上克服了传统经营制度的弊端, 使其更加富有竞争力, 因而银行同侨批局的关系由竞争走向合作。通过侨批局的发展历史可以看出, 中国的传统民营经济并不一定要彻底转换成西方的经营模式, 只要从自身情况出发, 因地制宜, 自主创新, 就能建立适合本国国情和企业自身的经营制度。

  72. 潮帮批信局与侨汇流通之发展初探. 马楚坚. 韩山师范学院学报, 2008 (2): 1 – 9.

  关键词: 潮帮　批信局　侨汇　流通　贸易平衡

  内容摘要: 潮人蹈海异邦, 将其所赚金钱通过银行以外而自成系统的侨批行业, 寄回家乡赡养家眷; 侨批行业分作潮帮、闽帮、粤帮。潮批于战时前后寄回潮汕地区有何不同；战时前后如何由不与银行汇通而变为侨汇流通发展；侨批汇款对潮汕贸易平衡有何作用，以上问题素来少有人关注，该文就此而综合资料，一一予以初探，将其发展历史重现。

73. 近代国家与市场关系的一个例证分析——以福建侨批业市场与政府邮政竞争为例. 焦建华. 中国近代史，2008（2）：52-56.

关键词：无

内容摘要：无

74. 侨批：华侨侨眷的情感纽带. 王雪玲. 文物世界，2008（3）：66.

关键词：华侨　情感　侨眷　闽南方言　经济联系　侨汇

内容摘要：现今也许很多人不太清楚什么是侨批，在闽南方言中，批就是信，寄信称寄批。但侨批并不是普通的侨信，侨批是侨信、侨汇综合体的俗称，是出国华侨和国内家眷及亲友进行经济联系和通兑信息的纽带。

75. 粤东客家山村的水客、侨批与侨乡社会：以民国时期大埔县百侯村为个案. 肖文评. 汕头大学学报（人文社会科学版），2008（4）：89-93，96.

关键词：近代经济史　客家山村　大埔县百侯村　水客　侨批　侨乡社会

内容摘要：以华侨之乡大埔百侯村为个案，讨论民国时期的水客、侨批及其侨乡社会的影响，认为因客家山区的环境、侨批的特点及水客所提供的个性化服务，联结家乡亲人与海外华侨关系仍主要通过水客来进行。水客和侨批对近代侨批社会形成和发展起着重大的影响作用。

76. 侨批文化内涵刍论. 吴二持. 汕头大学学报（人文社会科学版），2008（5）：84-88，96.

关键词：侨批业　侨批文化　地域性　商业性　信用性

内容摘要：侨批文化研究的兴起，成为当下潮学研究的热点。侨批业是基于特殊的华侨社会需要而产生的特殊服务行业。它产生于19世纪末华侨侨居海外逐渐众多之时，集商业贸易、金融货币、交通运输、人文道德、风土民情于一身，具有地域性、商业性和服务性，以及突出的信用性等特征。

77. 略论侨批业与诚信. 吴二持. 泉州师范学院学报，2008（5）：

69 – 73.

关键词：侨批业　道德意识　诚信　诚信机制

内容摘要：通过概述侨批及侨批业产生的内在必然性，进而从侨批业经营者主体和其运作过程中的道德意识和商业智慧两个方面，分别阐述侨批业经营的诚信因素和诚信机制。指出侨批业之所以能长期诚信经营，最主要的因素是经营者受传统道德长期浸染形成的个人操守，还有运用商业智慧加以制约和沿途安全的保障。

78. 五邑银信的缘起、特征及其档案文献价值. 刘进. 广东档案，2008（5）：28 – 29.

关键词：五邑　银信　文献价值

内容摘要：江门市下辖的台山、新会、开平、恩平和鹤山 5 个县级市、区，史称"五邑"，是著名的"美洲华侨之乡"。晚清以来，五邑华侨源源不断输入家乡大量的银信，使五邑地区的经济形态、社会结构、文化教育、社会观念发生了深刻变化，侨乡特色鲜明。五邑银信是极其珍贵的民间档案文献遗产。

79. 《广东侨批》档案文献的价值发现与传承. 吴晓琼. 广东档案，2008（5）：25 – 27.

关键词：档案文献　海外华侨华人　汇款凭证　档案工作　吴南生

内容摘要：19 世纪前期至 20 世纪 70 年代，在海外华侨华人的侨居地与包括广东在内的东南沿海各省份的侨乡之间，曾长期流行着一种特殊的银信交往方式，用以赡养家眷，保持与国内亲属的联系，此种海内外联系方式的承载体即为侨批。侨批，俗称番批、银信，它以银信合封为基本特征，是早期谋生的华侨通过民间渠道及后来的金融、邮政汇款回家的凭证。

80. 闽南侨批：中华儒文化缩影. 邓达宏. 东南学术，2008（6）：194 – 199.

关键词：闽南侨批　侨史研究　儒文化价值

内容摘要：本文在分析中华儒文化在福建及闽南地区传承的基础上，着重从孝文化、献身文化、商号文化等方面阐述了闽南侨批独特的儒文化特点，提出在现代文明社会里要加强对侨批人文史料的保护。

81. 天一信局与百年侨批. 何书彬. 时代教育（先锋国家历史），2008（18）：122 – 126.

关键词：侨批局　东南亚　大清邮政　中国金融发展　华侨

内容摘要：晋商与侨批业在中国金融发展史上就像一对南北对称的姐妹花，但在今日的命运则大不相同。凋零了的票号仍广为人知，在山西的乔家大院天天都在迎接络绎不绝的参观者时，位于福建省龙海市流传村的天一信局旧址依旧门可罗雀，难以摆脱持续衰败的命运。

82. 侨批研究：愉快的美德之旅. 林应婉等. 网络科技时代, 2008 (21): 74-80.

关键词：潮汕侨批　潮汕文化　中华传统美德

内容摘要：我的家乡汕头地处祖国东南沿海，有其独特的自然环境和人文环境。潮汕地区山川灵秀，人文荟萃，有海滨邹鲁之称。潮汕文化是中华文化的一支涓涓细流，有着浓郁的地方特色。

83. 潮汕侨批的历史贡献. 王炜中. 广东档案, 2009 (1): 27-29.

关键词：潮汕　华侨中学　华侨投资公司　关平两

内容摘要：据业内人士估计，在侨批业旺盛时期，潮汕侨汇（批款）估计有80%是通过侨批局汇入的。侨批业虽已隐退，但侨批的历史贡献至今仍令人难以忘怀。

84. 简述侨批业发展过程中的潮商精神. 何敏波. 八桂侨刊, 2009 (1): 36-40.

关键词：侨批　侨批业　潮商精神

内容摘要：20世纪90年代以来，海内外形成了一个研究侨批的热潮。本文主要以比较的角度，从侨批业发展过程中早期批馆的成立情况、战时新汇路的开辟和同业组织的早期概况、侨批馆的组织形式等方面探究潮商精神。

85. 近代福建侨批业研究. 程秀玲. 三峡大学学报（人文社会科学版）, 2009 (A1): 157-158.

关键词：侨批业　福建　特点

内容摘要：侨批局是服务于广大侨胞，为侨胞办理通信、汇款的一种民信局，它是适应海外华侨的需要而产生的，为身在海外的华侨解决了远离家乡通信、汇款困难的难题，深受广大侨胞、侨属的欢迎。侨批局在办理侨信、侨汇方面有着一套完善的组织经营方式并有着自己独有的优点，因此能冲破本国封建势力和外国殖民主义的压迫而长期存在。

86. 来自国学大师饶宗颐故里的一组清末、民初侨批. 沈建华. 潮州文化研究, 2009 (1): 46-51.

关键词: 无

内容摘要: 无

87. 侨批: 民间文献遗存的奇观. 刘守华. 中国档案, 2009 (1): 31-33.

关键词: 潮汕地区　海外移民　金融机构　泰中友好协会

内容摘要: "批一封, 银二元, 叫妻刻苦勿愁烦, 仔儿着支持, 教伊勿赌钱, 田园着缴种, 猪仔哩着饲, 待到赚有猛猛归家来团圆。"这首具有浓浓的潮汕韵味的民谣, 曾在广东地区广为流传。歌谣既是当年下南洋华侨心态的流露, 也是国内侨属生活状态的描述。其中, "批一封, 银二元"则道出了潮汕地区旅外华侨向国内亲眷寄信汇款的一种特殊形式——侨批。

88. 新加坡民信业的兴衰. 李小燕. 五邑大学学报 (社会科学版), 2009 (1): 41.

关键词: 新加坡　侨汇　民信局　兴衰

内容摘要: 民信业是新加坡重要的传统行业之一。新加坡民信业从明清到20世纪中叶伴随着华人在南洋的奋斗历程而经历了兴起、发展、繁荣、衰落的过程。这其中有时代的原因, 也有各个信局自身的原因。尽管新加坡民信业最终被现代金融业所取代, 但它在华人历史上书写了重要的篇章。

89. 早期侨批业运营的几个问题: 以吧城华人公馆《公案簿》的记载为中心. 黄挺. 韩山师范学院学报, 2009 (2): 37-43+50.

关键词: 侨批业　水客　信用保证　公案簿

内容摘要: 吧达维亚华人公馆的档案资料记载了19世纪中叶侨批局出现之前侨批业营运的情况, 包括早期水客、经营方式、经营过程的信用保证、侨批纠纷的解决、经营过程中不可预见情况的处理等。在1787年到1846年这段时间里, 水客作为一种行业, 从事侨批递寄, 制度上已经相当成熟。侨批局设立以后, 水客在早期侨批业运营过程中建立的制度, 诸如发展总分局的网络、收款后出具单据、兼营金融或者商贸业、利用汇水差价和商贸业获得利润等, 几乎都为批局所继承。

90. 侨批经营网络的组织形态探研. 陈丽园. 潮州乡音, 2009 (2): 37-39+40.

关键词：无

内容摘要：无

91. 清末至民国时期我国邮政部门对侨批业的管理. 黄泽纯. 广东教育学院学报，2009（2）：88-92.

关键词：邮政　侨批业　民营　管理

内容摘要：中国近代邮政建于清末，此时闽粤地区特有的民营侨批业已具有相当规模，被纳入了政府邮政管辖范围。此后，清末至民国，政府邮政部门逐步加强对民营侨批业的管理，而这种管理在规范侨批行业的同时，也给侨批业的生存发展带来了很大的限制，促使侨批局不断设法寻求生存发展的空间。

92. 从银信看"开平碉楼与村落". 刘进. 中国档案，2009（3）：14-17.

关键词：开平碉楼与村落　华侨汇款　海外华侨　银信

内容摘要："银信"亦称"信银"，是江门五邑等地粤语方言区民众对海外华侨寄给家人的汇款（"银"）和家信（"信"）的俗称，也是"外洋书信银两"的简称。在广东潮汕、梅州和福建侨乡，华侨汇款与家书多被称为"侨批"，银信和侨批在本质上并无差别。

93. 社会记忆视角下文献遗产的保护研究：基于广东侨批的个案分析. 吴江华. 档案学通讯，2009（4）：35-38.

关键词：广东侨批　文献遗产　保护体系

内容摘要：文献遗产是人类文化遗产的重要组成部分，是社会记忆的完整和系统性的见证。中华民族历史悠久，地大物博，留下了许多弥足珍贵的文献遗产。如何更好地保护、利用文献遗产，发挥文献在社会记忆构建中的作用，是一个跨越文献学和遗产学的新课题。本文拟从广东侨批文献遗产的保护利用案例的实践中，从社会记忆构建的角度出发，对文献遗产的价值分析和保护利用体系的建设进行探讨。

94. 岁月沧桑话侨批. 黄捷荣. 广东档案，2009（4）：39.

关键词：客家　围龙屋　梅县　文化之乡　侨乡

内容摘要：我的故乡梅县，是著名的"华侨之乡"，迄今为止，全县有近80万乡亲侨居在世界各地。在梅县，每座客家围龙屋都有人侨居海外，人们称为"断家不断屋"。

95. 试论梅州侨批对汉剧的影响. 邓锐. 梅县侨声，2009（复刊

100）：23-26.

　　关键词：无

　　内容摘要：无

96. 东兴汇路中的广西籍华侨与侨批馆. 陈思慧，郑一省. 八桂侨刊，2010（1）：56-61.

　　关键词：广西华侨　侨批馆　东兴汇路

　　内容摘要：东兴汇路，是指"二战"期间由于日本侵略者于1938年扩大对中国的侵略，以及于1941年发动太平洋战争以后，致使中国侨乡广东，特别是广东潮汕地区与南洋的侨汇线路中断而开辟的一条新汇路。东兴汇路从1942年4月开通至1944年初结束，虽仅几年时间，但该汇路开通的意义不仅是开辟了一条通往南洋与广东的新侨汇线路，而且使广东，特别是广东潮汕的百万归侨、侨眷的生活得以恢复正常。笔者通过到广西东兴、钦州等地进行多次的田野调查，以及通过查阅当地的大量历史和档案资料，对广西华侨、侨批馆在东兴汇路中的角色和作用进行了探讨。广西华侨、侨批馆既是东兴汇路的建构者之一，也是当时东兴经贸市场的主要经营者。

97. 媲美徽州文书的跨国民间文献——五邑银信. 刘进. 五邑大学学报（社会科学版），2010（1）：7-10.

　　关键词：银信　五邑　华侨　文献　价值

　　内容摘要：银信是晚清民国时期五邑及其周边地区民众对海外华侨华人寄回家乡之侨汇、书信的统称，它属于跨国民间文献，是广东侨批的重要组成部分。五邑银信的构成包含核心要素与关联要素，除具有广东侨批的一般特征之外，五邑银信还独具特点，有着极高的历史价值、学术研究价值和精神遗产价值。

98. 浅析侨批业与东南亚华侨金融业之间网络对应关系. 刘伯孳，黄清海. 闽商文化研究，2010（1）：163.

　　关键词：侨批　经营网络　金融业　华侨

　　内容摘要：侨批体现在经济上的贡献不仅仅在于对家乡经济的支持，而更有意义的是培植了一批批侨批业的经营者和从业者，带动了家乡与侨居地在金融领域的发展，在侨居地就出现了以经营侨批业而起家进而发展成为银行经营者的实例。在家乡由于侨批业的兴起，出于资金周转的需要等原因而使家乡的钱庄等民间金融机构兴起，并形成与东南亚的华侨金融网络的网络对应关系。当然,也有先经营银行,在民国后期侨批业进入大发展时期后,再经营侨批信局的实例。新加坡的华侨银行在侨批兴盛的时代于槟城、仰光、中国香港、上海、厦门等主要城市设立分行,形成了经营网络。华侨银行也在仰光、槟城经营侨批业,侨批业网络与华侨金融业网络有交叉渗透和互相不交叉、各自发展的地方,本文将结合实物为例来分析它们之间互相对应的关系。

99. 潮汕侨批可与徽州契约媲美. 王炜中. 东方收藏, 2010 (C1): 157-161.

关键词:潮汕侨批 侨批局 潮汕地区 契约 海外侨胞

内容摘要:无

100. "潮仙侨批"收藏一段历史. 佚名. 华侨华人资料, 2010 (2): 57-58.

关键词:无

内容摘要:无

101. 《潮汕侨批业档案文献选编·序》. 徐大章. 广东档案, 2010 (2): 34.

关键词:档案文献 潮汕侨批 海外侨胞 记忆遗产

内容摘要:跨越一个半世纪的广东侨批,是源于民间的原生态档案文献,也是人类记忆遗产。现已收藏的14万封广东侨批,涵盖了广东省的潮汕、梅州、五邑等著名侨乡,寄自东南亚和美洲等地。这一"草根"档案文献,内容真实、丰富,系统性和完整性很强。

102. 家书抵万金:《施能杞先生家书》解读. 李天锡. 学术问题研究, 2010 (2): 45-49.

关键词:《施能杞先生家书》 抗战 创业

内容摘要:《施能杞先生家书》是典型的侨批。它不仅再现了侨批的功能,而且还把侨批的功能进一步扩大。通过解读此一《家书》,可以了解20世纪三四十年代海外华侨以实际行动与祖国人民共赴国难、支援祖国抗战的情形,也可明白海外华侨创业之不易,以及施家后代对其父祖辈优良传统的继承。

103. 建国初期广东侨批业管理政策的调整及影响(1950—1953年). 张小欣. 华侨华人历史研究, 2010 (2): 22-30.

关键词:广东 侨批业 侨汇 侨务政策

内容摘要：论文利用广东省档案馆馆藏相关档案等文献，对1950—1953年反禁运斗争、土地改革和五反运动期间的广东侨批业管理政策调整问题进行了分析阐述，旨在探讨社会运动对侨务政策的内在影响以及国有化方针在侨批业中的深化过程。随着全国反禁运斗争、新解放区土地改革和五反运动的先后进行，国家在打击华南外汇黑市、划分兼营土地的侨批业经营者阶级成分和改善侨批业劳资不公基础上，逐步强化了对广东侨批业的管制，初步达到侨汇归公、严禁黑市的管理目的。尽管在各类运动中一些过激举措和工作偏差对侨批业造成不同程度的负面影响，但在国有化方针和争取侨汇政策影响下，侨批业管理政策在不断调整、改进、补救和纠正运动中的各类问题并维护了侨汇稳定。在此过程中，广东侨批业的国有化力度显著增强。

104. 口述历史：侨批研究的新视角——以潮汕侨批文化研究为例. 郑松辉. 广东技术师范学院学报, 2010 (2)：20-24, 138-139.

关键词：侨批　口述历史　侨批文化研究　潮汕地区

内容摘要：侨批文化研究的兴起，成为当下潮学研究的热点。本文回顾有关侨批业的研究，探索口述历史应用于侨批研究的新视角。作者认为，已有的侨批业研究不够宽泛，未来的侨批业研究应从口述历史资料收集、研究领域和研究理论等方面着手，拓宽和加深相关研究。本文试图探讨将口述史方法运用于侨批研究中的问题。从口述史学基本理论入手，追溯了口述史在欧美和亚洲的发展进程，探讨了口述史定义和学科性质，并结合侨批研究的学科特征，试图理清口述历史学科的基本工作程序以及在侨批文化研究中的具体应用，并对这一领域的今后发展做了展望。

105. 窥见时代背景记载爱国壮举——"侨批"：华侨奋斗的历史见证. 佚名. 华侨华人资料, 2010 (2)：56.

关键词：无

内容摘要：无

106. 侨批文化及其对闽南地区的影响. 李其荣，孙芳. 闽商文化研究, 2010 (2)：94-103.

关键词：侨批文化　闽南地区　历史贡献　影响

内容摘要：侨批是我国侨乡社会特有的文化现象，侨批成为目前国内华侨华人研究的热点。本文在分析闽南侨批的产生、发展及蕴含的文化内涵的基础上，着重探讨侨批在经济、文化等方面对闽南社会的历史贡献与影响，进而揭示侨批所具有的现实意义。

107. 近代跨国华人社会建构的事例分析——1929—1930 年新加坡保留民信局与减轻民信邮费全侨大会. 陈丽园. 华侨华人历史研究，2010 (3)：60-67.

关键词：实证研究　新加坡　跨国主义　跨国主义理论　跨国华人　华人社团　民信局　侨批业

内容摘要：本文通过发掘1929—1930年在新加坡发起的保留民信局全侨大会与减轻民信邮费全侨大会的史料，管窥了近代华人移民的跨国主义现象。维护侨批局生存的斗争表明，侨批局的成功保留与合法地位的确立是由多方面因素共同决定的。跨国华人社团网络的集体力量在维护跨国华人社会的利益上起着重要作用；侨批业具有内嵌于海外华人社会与侨乡社会有机体的性质，与后者有生死攸关的利害关系；在跨国的社会场景下，国家政策的制定与推行演变成了政府与跨国社会相互交涉与协商的过程。

108. 生死侨批. 吴林平. 广东档案，2010（4）：30-33.

关键词：潮汕侨批　侨批局　越南　潮汕地区　广东华侨　侨属

内容摘要：它们是漂洋过海寄来的特殊汇款，侨属的生活完全依靠着它。然而一场旷日持久的战争爆发，却让他们完全断绝了生活的来源，生命线彻底中断。兵荒马乱之中，携带巨额侨批的水客能否冲破重重封锁？跨国送款的漫长道路上，他们将经历怎样的生死考验？

109. 侨批文献：海外潮侨文化研究不可或缺的史料. 王炜中. 东方收藏，2010（5）：118-119.

关键词：文化研究　潮汕侨批　海外侨胞　邮政机构

内容摘要：侨批，一般是指海外侨胞通过水客、批局的民间渠道及后来的金融邮政机构寄回国内、连带家书或简单附言的特殊汇款凭证，其基本特征为"银信合一"。侨批主要分布在我国重点侨乡广东的潮汕、梅州、五邑，福建的闽南及海南一带。

110. "邮政之父"创福建侨批局，记录华人思乡路. 佚名. 华侨华人资料，2010（5）：73.

关键词：无

内容摘要：无

111. 侨批业的兴衰与侨批的档案价值. 庞卫东. 兰台世界，2010（7）：68-69.

关键词：侨批局　档案价值　华侨　水客

内容摘要：侨批是华侨寄回家乡赡养胞亲或报平安的一种"银信合封"的民间寄汇形式，通常在信封上附上汇款数额兼有家书和汇款单的功能。侨批的"批"有两层意思：一是指信，闽南语，潮州方言通常把信称"批（Pue）"；二是指"一批"，因为旧时华侨寄回家的钱和信一般都是一个船期来一批。经营"侨批"的机构为"侨批局"，也称"批信局""批局""信局""批馆"等。负责收送"侨批"的人则叫"水客""批客"或"批脚"。

112. 近代跨国商业网络的构建与运作：以福建侨批网络为中心．焦建华．学术月刊，2010（11）：136-143.

关键词：跨国商业网络　构建　运作　福建侨批网络

内容摘要：侨批业者主要以乡谊等社会关系为依托，构建了以批信局为主体，包括现代邮局、银行、钱庄等金融机构以及杂货店等的近代跨国华人商业网络，覆盖中国闽、粤、沪和香港以及东南亚国家与地区，福建侨批网络即是其中之一。福建侨批网络具有明显的空间形态，呈现跨国性、多重性、地域性和松散性等显著特征。在侨批网络运作中，东南亚和福建批信局各承担不同分工与职能，共同完成侨批收集、寄递、分送与完成等事宜。值得注意的是，作为一种跨国华人商业网络，侨批网络主要依赖传统信用机制，而其源于中国传统文化及在此基础上产生的"集体惩戒机制"，缺陷也较为明显，跨国化运作迫使传统信用机制开始近代化转型，以减少经营风险。

113. 侨批：家书织就国际化金融网络．苏文菁．政协天地，2010（11）：62-64.

关键词：金融网络　国际化　家书

内容摘要：15世纪以来，不同区域、不同民族、不同文化状态下的人民都别无选择地被裹挟入了全球化的浪潮中。商业、贸易、金融作为全球化的第一推动力无不体现出这种趋势。闽商作为中国商人中最具国际化的商人群体，历史以来就一直在推动着世界贸易的发展。

114. 从跨国经验到民族主义的跨越：以黄开物的侨批、侨信为参考．刘伯孳．闽商文化研究，2011（1）：29-39.

关键词：黄开物　侨批　侨信　跨国经验　民族主义

内容摘要：本文拟以菲律宾华侨黄开物的部分侨批中展现其跨国经验

中得到了家族事业的发展，为其家族的国内成员的生活带来了保障，并在马尼拉和国内参与了辛亥革命的活动，在其带领下依靠家族及宗亲成立了董事会兴办学校，完成了从跨国经验到民族主义的跨越的过程，在整个过程中起重要作用的是黄开物的跨国经验。

115. 海邦剩馥：广东侨批档案的价值研究. 吴晓琼. 广东档案, 2011 (1)：37-39.

关键词：潮汕侨批　档案文献　海外华侨华人　侨乡　海外侨胞

内容摘要：广东侨批档案不仅是简单的华侨家庭书信，还是侨乡在长达一个半世纪的时间中与东南亚、欧洲、美洲、大洋洲等国家和地区发生广泛联系的档案文献见证，是人类的一种集体记忆遗产。这其中广东侨批档案更是最完整，内涵最丰富，最具有典型性的。

116. 闽帮批信局之票汇作业——略论侨批业之金融属性. 许建平. 闽商文化研究, 2011 (1)：8-20.

关键词：批信局　票汇　"山票"与钱票　信局的支票、汇票　电汇帮单

内容摘要：本文尝试以闽帮侨批信局的票汇、电汇作业为观察契点，对侨批信局存世之钱票、山票、汇票/支票和电汇单据等进行初步收集整理，结合批信局与钱庄/银行、邮局的往来单据进行了比照分析。凸显了侨批信局的金融属性。同时，本文还根据郑林宽著《福建华侨汇款》等历史资料，综合所掌握的侨批实物文献。揭示了闽帮批信局不仅承继了民信局和票号经营的传统，同时还紧随着近现代社会经济的发展，更与金融业密切合作，显见侨批业重在海内外的承兑解汇，最终侨批业归之于银行业。

117. 以潮汕侨批为例，试论侨批的跨国属性. 王炜中. 广东档案, 2011 (1)：32-36.

关键词：侨批局　潮汕侨批　海外侨胞　水客

内容摘要：侨批，是海外侨胞通过民间渠道及后来的金融邮政机构寄回国内、连带家书或简单附言的特殊汇款凭证，其基本特征为"银信合一"。据专家考证，"批信"发生于明代，清代中期成形，清末国家邮政称为"侨批"。明代至清代中叶，侨批靠个体的水客携带，19世纪初叶，侨批收汇开始分工，便形成侨批局，并作为一个行业问世。

118. 清末的四枚天一侨批. 邹求栋，苏通海. 闽台文化交流, 2011

(2): 77-80.

关键词: 清末　侨批　经营场所

内容摘要: 收集侨批, 能收集到清末侨批难, 能收集到"天一信局"的侨批很难, 收集到清末天一局的侨批更是难上加难。笔者有幸见到四枚清末天一侨批, 不敢自珍, 特披露给诸同好鉴赏并请批评。

119. 记载侨乡儿女抗日救国的侨批. 佚名. 华侨华人资料, 2011 (2): 64-68.

关键词: 无

内容摘要: 无

120. 银信收费与珠三角侨乡社会观念变迁. 刘进. 五邑大学学报 (社会科学版), 2011 (2): 7-10.

关键词: 社会转型　侨乡　银信　权利义务观念　珠三角

内容摘要: 近代以来, 珠三角地区逐渐成为"美洲华侨之乡", 华侨向侨乡源源不断输入巨额银信 (侨汇与华侨家书)。海内外各种团体为争取银信递送中的利益, 或以家族亲情纽带和地域意识, 或以现代权利义务观念为理据进行激烈竞争。这种竞争引发的侨乡社会观念转变, 是乡土社会开始向工商社会转型的表征。

121. 客籍华侨历史的见证: 侨批封"封印". 佚名. 华侨华人资料, 2011 (3): 66-68.

关键词: 无

内容摘要: 无

122. 二十世纪上半叶菲律宾华侨与侨批业的发展. 佚名. 华侨华人资料, 2011 (3): 70-74.

关键词: 无

内容摘要: 无

123. 闽南侨批史三丰碑. 佚名. 华侨华人资料, 2011 (3): 42-43.

关键词: 无

内容摘要: 无

124. 从侨批看跨国华人的教育与社会传承 (1911—1949). 陈丽园. 东南亚研究, 2011 (4): 74-79.

关键词: 潮州　侨批　跨国华人　教育　社会传承

内容摘要: 本文通过一个潮州家族的侨批, 探讨教育对于跨国华人认同和社会传承的作用。在本文的个案中，陈遗恩父子很重视后代的教育，支持女子教育。他们的教育理念与实践主要来自跨国家庭的生活需要以及其在南洋谋生的经验教训。孩童时代在侨乡的生活经验与文化教育很大程度上塑造了华人的家乡认同，而南洋的生活经验与文化教育则奠定了他们以后的生活道路。双重的教育、双重的认同和不断转换的角色，构成了跨国华人的本质特征，而教育则成为跨国华人社会承传中重要的文化机制。

125. 民信局与侨批局关系考辨．徐建国．福建论坛（人文社会科学版），2011（5）：75-80．

关键词：民信局　侨批局　关系

内容摘要：作为晚清和近现代中国两种重要的民间服务组织，民信局和侨批局对促进信息沟通和亲情的交流以及商品经济的发展都起到了重要的作用。但关于两者之间的关系，一直含混不清。本文在对两者的差异性进行辨析的基础上，对两者进行了区分。

126. 联合国教科文组织专家莅临汕头、江门实地考察"侨批档案"．佚名．广东档案，2011（6）：3．

关键词：联合国教科文组织　实地考察　地区委员会　记忆项目

内容摘要："侨批档案"宣传推介大会后，2010年12月9—11日，联合国教科文组织世界记忆项目亚太地区委员会专家莅临汕头、江门实地考察"侨批档案"。

127. 潮汕侨批文献著录．邵仰东．图书馆建设，2011（12）：60-63．

关键词：潮汕侨批　文献著录　著录项目　侨批文化

内容摘要：潮汕侨批记载着有关潮汕大地与海外世界各地的许多宝贵历史资料，是研究近现代华侨史、金融史、邮政史、海外交通史、国际关系史等的珍贵档案文献。侨批文献著录应遵循客观著录原则、完整著录原则、关联著录原则、批封结合内信著录原则，著录项目包括列字编号、收批地址、收批人、批款、寄批人信息、写批日期、内信、邮路。目前潮汕侨批文献著录工作正在起步中，有待进一步探讨和实践。

128. 广东侨批的遗产价值．张国雄．广东档案，2012（1）：28-31．

关键词：广东　侨批　遗产　银信

内容摘要：侨批是清代以来在广东、福建、海南、广西沿海侨乡出现的一种乡村文书，它是由海外华侨华人通过民间渠道及后来的金融、邮政机构寄给家乡亲人的侨汇凭证和书信的结合体，所以乡村民众又俗称其为"银信"。根据现有的档案遗存，侨批最迟出现于19世纪初期（清朝道光年间），直到1979年侨批业务归口中国银行管理，历时150多年。

129. 泉州发现"王合兴"侨批遗址. 朱云. 泉州师范学院学报，2012（1）：88.

关键词：泉州　遗址　侨批　王合兴

内容摘要：泉州晋江市梅岭街道双沟草田美村，有"王合兴"古民居三进五间张大厝两座并列，建筑面积1428平方米，石埕680平方米，占地约2500平方米。其建筑于1911年建成，至今100多年。两座古厝大门匾对联、墙上诗句为清朝进士林翀鹤、曾振仲题写，烫金画与木雕、石雕，尽显过去的辉煌。有关专家认为，古厝建筑保存较为完整，雕刻、书法具有艺术价值和历史研究价值。

130. 试论侨批的跨国属性：以潮汕侨批为例. 王炜中. 广东档案，2012（1）：32-35.

关键词：侨批局　海外侨胞　潮汕侨批　跨国性

内容摘要：侨批，是海外侨胞通过民间渠道及后来的金融邮政机构寄回国内、连带家书或简单附言的特殊汇款凭证，其基本特征为"银信合一"。2000年11月，兼任潮汕历史文化研究中心顾问的饶宗颐教授在研究中心举办的潮学讲座上，对侨批做了精辟的论述："徽州特殊的是契据、契约等经济文件，而且保存很多"，潮州可以和它媲美的是侨批，侨批等于徽州契约，价值相等。价值不是用钱来衡量的，而是从经济史来看的。

131. 试论侨批对客家文化的影响. 邓锐. 广东档案，2012（1）：36-38，48.

关键词：客家文化　侨批　客家人　侨汇　侨乡

内容摘要：侨批指的是侨信，是一种海外侨胞通过民间渠道，将钱款和货物连带家书捎回故乡的特殊"汇款凭证"。侨批的历史之长，规模之大，文化色彩之浓郁，令世人惊叹。那么侨批对客家文化的影响如何呢？

132. 广东侨批的遗产价值. 张国雄. 广东档案，2012（1）：28-31.

关键词：侨批　海外移民　五邑侨乡　书信　遗产

内容摘要：侨批是清代以来在广东、福建、海南、广西沿海侨乡出现的一种乡村文书，它是由海外华侨华人通过民间渠道及后来的金融、邮政机构寄给家乡亲人的侨汇凭证和书信的结合体，所以乡村民众又俗称其为

"银信"。根据现有的档案遗存,侨批最迟出现于19世纪初期(清朝道光年间),直到1979年侨批业务归口中国银行管理,历时150多年。

133. 海南岛侨批业发展概略. 邢寒冬. 海南师范大学学报(社会科学版),2012(1): 93 – 99.

关键词:海南华侨 侨批 批信局

内容摘要:从19世纪后期至20世纪70年代,海南岛侨批业经历了兴起、繁荣、衰落到消失的过程。侨居国的社会状况和政策、海南华侨的经济地位、国内外形势、近代金融业和邮政业的发展以及战争灾难等,是影响海南岛侨批业兴衰的主要因素。侨批是侨眷生活的主要来源,也是侨乡经济的支柱。它对促进海南岛侨乡社会的发展,平衡国家外汇等方面起到了积极的作用。

134. 家族书信与华南侨乡国际移民. 刘进. 广东档案,2012(2): 28 – 30.

关键词:国际移民 书信 华人移民 侨乡 潮汕侨批

内容摘要:20世纪90年代以来,在华南的重点侨乡陆续发现和征集到大量海外华侨华人的家族书信。大量潮州侨批的发现和征集,使著名学者饶宗颐先生兴奋地认为潮汕侨批"与徽州的契据、契约价值相当"。

135. 侨批公会的建立与跨国侨批网络的制度化(1911—1937):以潮汕为例的研究. 陈丽园. 华侨华人历史研究,2012(2): 36 – 43.

关键词:潮汕地区 侨批研究 侨批公会 跨国主义 中华总商会

内容摘要:本文以潮汕侨批业为个案研究,利用跨国主义理论,探讨了侨批网络的内部整合与制度化问题。侨批网络的制度化表现首先是侨批公会的建立,继而是侨批公会网络的形成。侨批公会网络再通过其制度化机制进入以中华总商会为中心的更高层次的华人社团网络。侨批网络的扩大加强了其对外的集体交涉能力,从而维护了侨批网络的正常运转。在此运作模式中,新加坡中华总商会起着领导核心的作用。侨批网络的运作模式对研究跨国华人商业网络有重要的启示意义。

136. 侨批申遗,唤醒"世界记忆". 孔令源. 广东档案,2012(2): 26 – 27.

关键词:侨批局 文化遗产 联合国教科文组织 广东侨乡

内容摘要:近200年来,海外赤子浓浓的乡情,通过一份份侨批记录了下来,成为珍贵的档案文化遗产。"批"即"信","侨批"其实是流行于潮汕地区的称呼，在五邑地区它则被称为"银信"。

137. 福清新移民与侨乡地下钱庄关系探析. 沈燕清. 八桂侨刊，2012（2）：57-62.

关键词：福清　新移民　侨汇　地下钱庄

内容摘要：地下钱庄是对从事地下非法金融业务一类组织的俗称。近年来，福建著名侨乡福清地下钱庄问题呈愈演愈烈之势，这与福清作为重要的新移民输出地有很大的关系。改革开放以来，福清新移民不仅数量大增、分布更广泛，还为福清带来巨额的侨汇。这种海外人脉关系与侨资的不断涌入，为地下钱庄的生存提供了肥沃的土壤。

138. 侨批研究刍议：兼谈闽南侨批实物文献的征集. 傅晓岚. 贵州文史丛刊，2012（2）：121-126.

关键词：侨批　闽南侨批　文献学　档案文献遗产　征集

内容摘要：闽南侨批研讨已经不仅仅局限在侨批的历史回顾与实物侨批的文本释读之上，而是在更为广阔的视角下，对侨批历史上的人、事、物等方面展开更为广泛且细致的探究，这应该就是侨批历史研究与文化阐扬的新视线和新领域。本文着重从侨批文献的整理、研究，从文献学专业的视角切入论题，力主侨批文献资源共享，阐释了历史文献学之于侨批研究的方式、方法，对侨批文献的系统研究和实物文献的征集整理，做了有益的探究。

139. 建国初期我国侨汇政策及其实效分析. 张赛群. 八桂侨刊，2012（3）：38-44.

关键词：中华人民共和国成立初期　侨汇政策　实效

内容摘要：中华人民共和国成立初期，我国坚持"便利侨汇，服务侨胞"的方针和"外汇归公，利益归私"的原则，并采取了保障侨汇、优待侨汇等各项具体的措施，体现了公私兼顾、灵活务实等政策特点，最终使中华人民共和国成立初期的侨汇收入成为支持国家经济建设的重要力量。但与此同时，一些政策缺乏稳定性、对相关政策宣传不够、政策执行走样等问题也影响着中华人民共和国成立初期的侨汇实效。

140. 开办大清邮政档案. 哈恩忠. 历史档案，2012（3）：2.

关键词：大清邮政　西方列强　侨批局　邮驿　民信局

内容摘要：清朝末期，中国传统的邮驿方式已不能适应社会的需要，原有的邮驿体系不断瓦解，邮政局面混乱，既有官办的驿站、文报局，民办的民信局、侨批局，也有西方列强私设的客邮、商埠邮局，以及半中半洋的华洋书信馆等。

141. 侨批文化生态意识初探. 王汉武. 广东档案, 2012（4）: 25 - 27.

关键词：生态意识　潮汕侨批　文化生态学

内容摘要：尽管德国的生物学家海克尔在1866年首次提出生态学一词至今只有一百多年，尽管美国的文化进化论学者斯图尔德于1955年总结了前人的理论和实践，首先让文化生态学的响亮称谓问世至今也才几十年光景，可是，在我们迄今已发现的有近二百年历史的潮汕侨批文化中却早已充溢着鲜明的生态意识，这不能不使人惊叹并引为自豪。

142. 闽帮侨批业网络发展初探. 黄清海. 华侨大学学报（哲学社会科学版）, 2012（4）: 51 - 61.

关键词：侨批档案　侨批信局　网络发展

内容摘要："侨批档案"是特定历史时代人类的记忆遗产。以信局网络发展为主线，以侨批实物上记载的信息为依据，考察水客个人、信局网络到侨批行业网络整个侨批业发展过程，认为闽帮侨批局作为企业组织，有其网络经营的国际化视野和金融属性，能够因时因地而变，从而促进和适应不同时期侨批的业务发展。最后以吴道盛从当信局学徒，到开办建南信局，进而创办建南银行为例，说明闽帮侨批业最终归宿是获得新生，得到了进化。

143. 隆都侨批局：见证潮汕侨批业历史. 佚名. 潮商, 2012（5）: 86 - 87.

关键词：侨批局　潮汕侨批　侨批公会　汕头市　泰国

内容摘要：隆都的侨批业相当发达，自1906年至1956年，在隆都地区内就设有11个侨批局，都是属投递局。大部分是到汕头有关局解付侨批来派送，然后把回批送回汕头批局。有的是直接派送泰国本号批局的侨批，如前埔乡的许泰万昌批局，樟籍乡的许广和成银信局。隆都现存批局旧址有前美的陈宣器批局、后沟的万兴昌批局、前沟仙地头的许福成批局、上西大巷村的集成发批馆、前埔的许泰万昌新等。

144. 福建侨批多元文化价值探略. 邓达宏. 东南学术, 2012（6）: 286 - 294.

关键词：福建侨批　侨史研究　多元文化价值

内容摘要：福建侨批是侨乡特有的事物，它展现出华侨华人历史文化的丰富内涵。本文着重从"亲缘文化""地缘文化""商号文化""邮政文化""传媒文化"等方面阐述了福建侨批独特的多元文化特点，提出，在现代文明社会里要加强对侨批人文史料的保护。

145. 侨批艺术美鉴赏. 邓达宏. 福建艺术, 2012 (6): 51-54.

关键词：艺术美 鉴赏 眷恋之情 华侨 侨乡

内容摘要：侨批是一种"汇款家书连襟"的民间寄汇，是出国华侨和国内家眷及亲友进行经济联系和通兑信息的纽带。无论是福州侨批、闽南侨批，还是广东潮汕侨批，它们均是侨乡历史文化奇葩。它是以民间书信的形式，真实地记录了华侨对家乡、对亲人的眷恋之情和自幼形成的传统"家国"意识。它内涵丰富，既反映了侨乡的历史，也反映了侨居地政治、经济的状况，还体现了华侨的奋斗史。

146. 从社会信任角度看侨批业的建构与发展. 常慧. 剑南文学（经典教苑），2012 (6): 269-270.

关键词：侨批业 诚信 道德 社会信任

内容摘要：本文试从分析侨批业中所体现出的诚信，来分析其建立的机制、发展的程度以及对侨批业乃至整个海外华人经济社会的发展所产生的影响。并以此为鉴，结合当今社会信任理论的进一步发展，探讨如何在当今诚信已成危机的风险社会中，实现更好的发展。

147. 试论侨批的民间属性与文献价值：以潮汕侨批为例. 王炜中. 广东档案, 2012 (6): 36-39.

关键词：潮汕侨批 侨批局 档案文献 水客 侨眷

内容摘要：作为原生态"草根"档案文献的侨批档案，尽管已成功列入《世界记忆亚太地区名录》，仍然是需要进一步做深度"开发"的文化"富矿"。而准确地把握侨批的基本属性，就能更加深刻地理解它的历史作用和文献价值。在侨批的诸多属性中，除了突出的跨国性，就是鲜明的民间性。

148. 试论五邑银信的特色. 史艳群. 群文天地, 2012 (8): 36-37.

关键词：华侨 银信 侨汇

内容摘要：银信是华侨与家乡的一种很特别的寄送汇款、书信的方式，为华侨与国内亲属的联系架起了重要的桥梁，促进五邑侨乡形成的重要动力，也造就了五邑侨乡独特的经济与文化。这个记录着活生生的华侨移民史、创业史的钱与信合二为一的结合体称为五邑银信。

149. 侨批档案开发利用初探. 郑翰君，张惠萍. 兰台世界（中旬），2012（10）：73-74.

关键词：侨批档案　开发利用　华人华侨

内容摘要：文章首先对侨批档案进行了简要的介绍，分析了侨批档案的利用现状，指出其在利用方面的不足，最后从六个方面提出侨批档案在开发利用方面的建议。

150. 福州侨批历史探究. 邓达宏，李仲才. 福建论坛（人文社会科学版），2012（11）：93-97.

关键词：福州侨批　历史　探究

内容摘要：福州侨批是侨乡特有的事物，它展现出华侨华人历史文化的丰富内涵。本文着重从福州侨批的历史、运行特征、对侨汇业的影响及其价值进行分析，提出在现代文明社会里要加强对福州侨批人文史料的挖掘和保护。

151. 闽南侨批业对近现代中国社会经济的影响. 陈奭琛. 云南档案，2012（12）：23-28.

关键词：侨批局　侨汇　南洋华侨　闽南语

内容摘要：信在闽南语中读"批"，侨批是海外华侨将家书连同汇款寄回祖国的信函，是一种"银信合一"的结合体。经过不断演绎、发展，到清末时期在福建、广东、海南三地形成一个特殊的行业——侨批业。侨批业是经营华侨批信的汇兑业，兼具邮政、金融、交通、汇兑、文化等功能。

152. 闽商与侨批业. 苏文菁，黄清海. 闽商文化研究，2013（1）：18-32.

关键词：侨批商人　侨批业　侨汇

内容摘要：在闽商发展历史过程中，从事侨批经营的海外闽籍商人凸显出重要的地位。侨批商人从水客个体经营到信局企业经营，直至产生侨批公会行业组织的整个历史进程中，涌现出了许多如王世碑、郭有品、林树彦、吴道盛等杰出的侨批商人。本文拟系统介绍经营侨批业的闽商之海商的文化特质。

153. 广西容县侨汇庄的经营模式及网络初探. 郑一省. 华侨华人历史研究，2013（1）：31-39.

关键词：广西　容县　侨汇　侨批　侨汇庄　经营模式　经营网络

内容摘要：论文在实证调查的基础上，对广西容县"侨汇庄"的产生、发展、演变、经营模式及网络建构进行了考察研究。结果显示，容县的侨批机构在抗日战争前发展较快，至抗战时期处于低潮，而到抗战胜利后一段时期则是发展的兴旺时期。中华人民共和国成立初期，容县的侨批经营机构也有一个较好的发展过程，不过经营的规模与方式已经开始发生变化，至20世纪70年代初，广西的侨批经营机构退出了历史舞台。亲缘性与乡缘性的经营特征以及由此形成的经营网络，是包括广西侨汇庄在内的中国民间侨批机构的共同经营方式。亲缘式与乡缘式经营不仅是中国民间侨批业内部管理与协调的需要，而且还是族群应对竞争威胁的自我保护措施。

154. "云中谁寄锦书来"——侨批：从家书到文化遗产. 柯木林. 闽商文化研究，2013（1）：56-59.

关键词：侨批　新加坡　档案馆　泉州华侨

内容摘要：无

155. 全球化视野下的侨批业：兼论侨批文化的海洋文明属性. 苏文菁，黄清海. 闽商文化研究，2013（1）：33-47.

关键词：侨批局　全球化视野　记忆　海洋移民　水客

内容摘要：我们认为，自16世纪欧洲人开始"地理大发现"以来，人类文明史上出现了有别于陆地迁徙的跨洋越海大移民。至19世纪，这一海洋移民达到了高峰。中国清政府在此世界潮流的冲击下准许人民出国，参与了人类全球化的一个重要历程，侨批业得以产生。侨批虽早就是中国东南沿海区域人民在祖居地与侨居地之间、通过海路而编织起来的网络，但作为制度与业态的侨批业的产生是与清政府的"开关"有着密切的关联。从侨批的产生、侨批业的发展、衰微、转型，我们可以对侨批、侨批业的基本文化属性得出如下判断：侨批随海洋移民（贸易）而发生，具有海洋文化的开放、发展、变化的特质；同时也展现出海洋文化的完整属性。其世界性特质显著，需要全球化、全景式、多学科、交叉立体式的保护与研究。侨批作为以中国东南沿海区域为主要接受地，连接东南亚，辐射美洲、欧洲的物质载体。首先是中国东南沿海海洋经济与文化的区域记忆，是中华民族近代以来与全球经济一体化的记忆，是亚太区域人民近代以来通过海路与中国产生密切关系的记忆，更是世界文明不可或缺的重要组成部分。

156. 侨批的变迁——以王顺兴信局为中心．常慧．闽商文化研究，2013（1）：48 – 55．

关键词：侨批业　王顺兴信局　社会变迁

内容摘要：对于今天已经成功地申请为世界记忆文化遗产的侨批来说，研究它们，不仅是研究东南亚华人华侨的历史，更是对于世界具有重要意义的地方区域文化史的研究。本文以王顺兴信局的兴衰为主线，折射出近代中国海洋社会的发展和变迁。如今，如何从多方面的角度切入研究侨批，吸取其文化的有益成分，发展"中学为体，西学为用"的精神，是中华民族义不容辞的责任。

157. 从四邑银信看二战后缅甸华侨的心路历程——以缅甸华侨黄礼胜寄归银信解读为中心．石坚平．五邑大学学报（社会科学版），2013（2）：1 – 5．

关键词：华侨　银信　四邑侨乡　社会重建

内容摘要：通过对缅甸华侨黄礼胜寄归家乡妻儿一组银信的解读，可以探看"二战"后四邑侨乡重建时期一位普通缅甸华侨的心路历程。黄礼胜在银信中既表达出对战后缅甸社会时局动荡、华侨生存状况日益恶化的忧惧，又表达了对国内侨乡重建进程的密切关注、对家乡亲人的眷恋和对通货膨胀的担忧。

158. 侨批局：中国进入国际金融市场的先行者．王炜中．广东档案，2013（2）：31 – 33 + 30．

关键词：国际金融市场　侨批局　金融发展　金融机构

内容摘要：无

159. 福建侨批的收藏研究及其意义．李天锡．八桂侨刊，2013（2）：68 – 72．

关键词：福建侨批　收藏　意义

内容摘要：19 世纪末 20 世纪初，福建侨批因派送地域的关系，逐渐形成以厦门、福州、涵江、闽西诸口岸城镇为中心的四大地域体系，使侨批散布于全省各侨乡。随着时代的进步，福建侨批先后为民间集邮界人士和政府有关部门所收藏，并进行相关研究。福建侨批逐渐彰显出它的重要价值，体现出特殊的意义：一、福建华侨遍布东南亚各地，侨批记载着他们的出国规律和行为特征，具有世界意义。二、福建侨批主要集中在 19 世纪末至 20 世纪 40 年代，这一阶段中的第二次世界大战、中国的辛亥革命和十四年抗战等情况都在侨批中有所反映，具有历史意义。三、19 世纪以来，中国与东南亚、欧美的文化交流也在福建侨批中留有印记，具有时代意义。四、福建侨批还反映了福建沿海地区乡村的社会变迁，以及东南亚某些城市的发展，具有地域意义。

160. **侨批：潮汕人亲情的特殊见证.** 佚名. 华侨华人资料，2013 (3)：72 - 74.

关键词：无

内容摘要：无

161. **侨批文化生态意识再探——试以许成宗一家的侨批为例.** 王汉武. 广东档案，2013 (3)：25 - 27.

关键词：生态意识　侨批

内容摘要：一滴水能反映大自然的婀娜多姿，一个家庭能折射出人类社会的千姿百态。家庭是社会的细胞，在侨批文化的研究过程中，我们可以透过一个个家庭在不同时期中的侨批文本，结合有关的调查及佐证，以认识侨批文化的方方面面，领略侨批文化的深刻内涵。本文正是试图对许成宗一家的侨批分析，以窥探侨批文化生态意识的厚重与浓烈。

162. **侨批：华侨家书世界记忆遗产.** 本刊资料室. 八桂侨刊，2013 (3)：39.

关键词：侨批　海外华侨　记忆遗产

内容摘要：侨批又称"银信"，是海外华侨寄给国内侨眷的书信与汇款的合称，是一种"银信合一"的家书，其基本特征是民间性、国际性和系统性。根据现有的史料记载，侨批最早出现于 19 世纪中期清道光年间，最迟的侨批出现于 20 世纪 90 年代，历时 150 余年。目前保存的侨批文献共有 17 万件，主要分布在广东的潮汕、梅州侨乡，以及福建的厦门、福州、泉州等侨乡。侨批不仅记载着海外华侨对祖国的拳拳之心以及对乡土、家属的眷顾之情，同时也承载了国内侨眷对旅外侨亲的牵挂与思念。

163. **侨批背景下的中山移民与金融网络.** 裴艳. 八桂侨刊，2013 (3)：45 - 50.

关键词：侨批　金融网络　中山　华侨

内容摘要：广东中山县是重点侨乡，海外移民集中于东南亚、美国、加拿大、澳大利亚等地。中山侨汇网络主要依托外商银行、金山庄、银店、新式银行、邮局等机构组建。中山商人郭乐兄弟开办的永安公司在中山侨汇递解中发挥重要作用。中山侨汇对侨乡金融业兴盛有促进作用。

164. "潮汕第一亲人"百年浮沉. 蔡辉. 新商务周刊, 2013 (4): 104-106.

关键词：潮汕　东兴　跨国金融　汇信通　外汇存款

内容摘要：一封薄薄的信件，连接了天涯羁旅的海外游子和故土亲朋。一个多世纪以来，侨批以它独特的魅力，推动和促进了潮汕地区社会经济的发展"批一封，银二元"。下"南洋"谋生的人顺利抵达后，还未赚钱，就先写几句话和两元钱一起寄回老家报平安。"批"在闽南语中指信件，潮汕地区多华侨，最原始的华侨与故乡交往就是通过一艘番船传递信件与资金。

165. 从铁蹄下的"东兴汇路"：试析侨批的世界意义. 陈胜生. 广东档案, 2013 (5): 38-41.

关键词：侨批局　东兴　东南亚　抗战后期

内容摘要：在"侨批档案"成功入选《世界记忆名录》的今天，"东兴汇路"这一侨批史上的典型案例，更显出它的异彩。据此，本文在厘清"东兴汇路"历史的基础上，从经济、文化、社会等方位切入论述，挖掘其史学价值和世界意义。

166. 客家语系侨批的研究价值及作用. 魏金华. 广东档案, 2013 (5): 42-44.

关键词：侨批　客家人　海外华侨华人　研究价值

内容摘要：梅州侨批是广东侨批的重要组成部分。"客话"侨批在全国侨批档案研究中具有独特的地方民俗特色。广东华侨华人主要由粤语、潮语、客家语三大语系组成，客家语系的华侨主要分布在梅州市属的各县、市、区。梅州市现有人口520万人，目前能拥有360多万的海外华侨华人，足以证明清末至民国时期客家华侨分布在世界各地的数量已经令人叹为观止。

167. 潮汕侨批行业制度研究：以20世纪三四十年代的潮汕侨批档案为资料. 路晓霞，陈胜生. 档案, 2013 (6): 19-24.

关键词：潮汕侨批档案　批款保护制度　侨批业同业公会　侨批行业制度

内容摘要："有信必有款"的侨批使潮汕地区与外港各地在商业制度

领域紧密结合。以 20 世纪三四十年代的潮汕侨批档案为资料,厘清当前侨批研究中的一些模糊问题、发掘侨批业繁荣背后的制度动因,无疑具有研究价值和现实意义。研究发现,以侨批业为代表的潮汕传统商业不仅有健全的行业制度,还进行了制度创新,从而带动了潮汕商业的繁荣和商业伦理的发展。

168. 侨批档案中的"仁义礼智信". 牛文娟. 云南档案,2013(6):15-16.

关键词:侨批 档案 仁义礼智信

内容摘要:仁义礼智信是中华民族传统道德之纲,在我国两千多年来的历史进程中,锤炼了中华民族的性格,培育了中华民族的精神。侨批档案集中体现了华侨身上闪耀着的人性光芒和传统道德——仁义礼智信,具有深刻的文化意蕴。

169. 侨批档案文献的价值. 王付兵. 东南亚纵横,2013(7):58-62.

关键词:侨批 价值 华侨华人

内容摘要:侨批,仅福建、广东、海南 3 省特有,是海外华侨通过民间渠道或金融机构,主要寄给中国国内侨眷的书信或简单附言的汇款凭证。侨批是研究华侨史、中国近现代金融史、侨乡民间传统文化等方面的珍贵档案文献。

170. 福建泉州市档案馆征集到 155 封珍贵"侨批档案". 刘扬宇. 兰台世界,2013(7):103.

关键词:泉州市 档案馆 侨批 新加坡 福建省

内容摘要:日前,福建省泉州市档案馆征购到一批 1935 年至 1973 年新加坡华侨与福建家乡亲人间珍贵的"侨批档案"共 155 封。至此,该馆馆藏"侨批档案"达到 3125 封。据悉,泉州市档案馆此次征购的"侨批档案"独具特色:首先是时间跨度长,批信时间从 1935 年至 1973 年,涉及内容广泛,更能体现中华人民共和国成立前后国家政局及社会变化景象;其次是内容独特。

171. 传统组织与现代国家:南京国民政府侨批业政策的制定. 焦建华. 学术月刊,2013(9):145-150.

关键词:传统组织 现代国家 南京国民政府 侨批业政策

内容摘要:根据西方国家邮政专营经验,南京国民政府成立初便宣布取缔批信局，但因国内外批信局及海外华侨反对而放弃。随后，邮政总局详细调查了侨批业，认识到其经营优势，然后寻求与厦门、汕头两地批信局合作，通过谈判解决分歧。由于两地批信局对合作态度迥异，邮政总局趁机将不愿合作的汕头地区批信局改为隶属机构，但因国内外反对而很快放弃。最后，国民政府确定了侨批业基本政策：区别批信局与民信局、取缔民信局而留存批信局。由此可知，传统组织对现代国家构建并非只是消极因素，它也包含很多积极因素，现代国家对传统组织并非一味排斥或替代，而要充分发挥其积极性，相互调适，从而实现双赢。

172. 浅析"侨批档案"的搜集与保护. 黄清海. 福建金融，2013 (10)：71-72.

关键词：侨批档案　汇款　历史文献　《世界记忆名录》　搜集与保护

内容摘要：2013年6月19日，由福建、广东两省联合申报的"侨批档案"，成功入选《世界记忆名录》，成为福建省首个入选该名录的项目。本文简要概述了侨批的发展历史及中国银行参与搜集保护侨批历史文献的情况。

173. 侨批：中国信用文化之珍品. 晏露蓉，黄清海. 征信，2013 (10)：1-5.

关键词：侨批档案　侨批业　金融属性　信用文化　世界记忆遗产

内容摘要：2013年6月19日，由福建、广东两省联合推荐、国家档案局申报的"侨批档案"成功入选《世界记忆名录》。侨批是海外华侨寄给国内眷属的书信与汇款的合称。侨批业盛行于19世纪中期，直至20世纪70年代末归口银行管理，历时150余年。侨批具有国际汇兑工具、流通货币载体、个人信用产品等金融属性。侨批"银信合一"的特征，使其不同于一般的金融产品，它是富有情感的金融产品，蕴含着忠义孝悌的中华传统文化价值。同时，侨批业经营者坚守"见利不忘义、灵活要守信"的经商原则，体现了信义经商的传统文化价值。侨批是中华民族，更是世界的记忆遗产，它所体现的信用文化和精神值得我们永久记忆和传承。

174. 探觅侨批故里溯源信用文化. 黄钢生. 福建金融，2013 (12)：81.

关键词：侨批　史料价值　信用文化

内容摘要：2013年6月19日，在韩国光州召开的联合国教科文组织世界记忆工程国际咨询委员会（IAC）第11次会议上，由福建、广东两省联合推荐,国家档案局申报的"侨批档案"成功入选《世界记忆名录》,成为迄今中国入选的 9 个世界记忆名录项目之一。侨批档案作为福建、广东两省极其珍贵的文献遗产,彰显着其金融史料在信用文化上的价值。

175. 当代福建地下钱庄成因及问题探析. 吴晨漾,吴涛. 闽商文化研究,2014(1):79-82.

关键词:地下钱庄 外汇 资金

内容摘要:福建是中国有名的侨乡,拥有海外华侨华人 1512 万人,分布在世界 176 个国家和地区。众多的华侨华人伴随的是频繁的境内外资金往来。由于我国目前控制严格的外汇管理体制,无法满足华侨华人各类频繁经济活动的外汇需求,这给地下钱庄的发展提供了很大的空间。本文简要介绍了当代福建省地下钱庄的运作方式和特点,指出了地下钱庄的危害,提出了相关建议。

176. 侨批业的发展历程及其引起的政府关注. 陈奭琛. 山西档案,2014(1):111-114.

关键词:侨批 发展历程 政策

内容摘要:侨批是华侨特有的档案文献遗产。作为一种曾经影响全球经济的特殊经济形态,百余年来侨批业的发展历程既展现了自身的几度沉浮,又从一个侧面反映了世界华侨经济的变化。由于侨汇的规模、影响巨大,侨批业引起了中国及其许多国家的关注,同时这些政府干预也影响了侨批业的发展。

177. 太平洋战争前潮汕沦陷区侨汇业研究(1939.7—1941.12). 焦建华. 南洋问题研究,2014(1):69-77.

关键词:潮汕沦陷区 侨汇业

内容摘要:为了切断中国的国际交通线,控制丰富的侨汇资源,日军攻占了汕头及周边地区。不过,沦陷区与国统区之间继续通邮通汇,侨汇寄递渠道仍通畅,沦陷区侨汇业在短暂受创后逐渐恢复并有所发展。同时,日军采取措施加强对占领区侨汇业的控制与管理,日本政府及金融机构在东南亚侨款汇出地加紧争夺侨汇,取得不少成效。其后,因国民政府积极争取侨汇,潮汕沦陷区侨汇业渐趋萧条。

178. 1949—1957 年闽省侨批业解付局改造研究. 郑晓光. 闽商文化研究,2014(1):51-63.

关键词:无

内容摘要：中华人民共和国成立后，福建省政府为争取侨汇对私营解付局采取了一系列管理与改造措施，主要包括打击其非法经营活动、组织私私派送联营、统一批佣率、取消代理店与特临差制度等，最终在1957年建立解付局集体所有制的派送联营，实现了对侨批业解付流程的控制。政府由于解付局在业务范围上相异于承转局，因此采取了与之相异的措施。改造后的解付局成为辅助头二盘局争取侨汇的工具，其原本规模小、经营机动灵活、严格控制劳动成本等的经营特色随之消失。

179. 侨批的文献遗产价值及"入遗"后的保护策略. 陈奭琛. 兰台内外，2014（2）：27-28.

关键词：遗产价值　档案文献　集体记忆　保护策略

内容摘要：档案文献遗产是一项十分重要的档案，由于其珍贵性和特殊性，一直吸引着人们的关注。和其他档案相比较，档案文献遗产不仅仅强调其记录的属性，更加强调附属的价值。侨批作为一种特殊的档案文献遗产，具有重要的历史、文化、经济和社会价值。"入遗"后，侨批保护、研究和利用的新方向就是要努力挖掘、转化其档案文献遗产价值。

180. 侨批（银信）研究文献计量分析. 陈水生. 五邑大学学报（社会科学版），2014（2）：6-10.

关键词：侨批　银信　研究论文　统计分析

内容摘要：运用文献计量学方法，对中国期刊全文数据库收录的有关侨批（银信）研究论文进行计量分析，分析侨批（银信）研究论文的分布概况，对参与研究的人员及其研究内容和研究方向进行统计和分析，探讨近年来有关侨批研究的发展进程，为侨批（银信）的学术研究提供一定的借鉴和参考。

181. 论跨国侨批互动的双重性——以潮汕侨批为中心. 陈丽园. 汕头大学学报（人文社会科学版），2014（3）：12-17，94.

关键词：跨国侨批　东南亚华人　潮汕　侨汇

内容摘要：从宏观的、量化的角度探讨东南亚潮人社会与潮汕侨乡间通过侨批经营网络而进行的广泛的侨批互动。通过对1911—1949年东南亚与华南间侨汇与侨信的双向考察，揭示出侨批互动中的双重变动——侨汇与侨信的变动、维持性侨汇与改善性侨汇的变动，它们分别体现了侨批互动稳定性与变动性并存的双重特征，同时也表明了海外华人与侨乡社会互动关系中的双重机制。

182. 战后华南与东南亚侨批网络的整合与制度化：以南洋中华汇业总会为中心. 陈丽园. 东南亚研究, 2014 (3)：68-74.

关键词：南洋中华汇业总会　侨批网络　制度化　侨汇政策　跨国社团

内容摘要：本文以南洋中华汇业总会为中心，探讨战后侨批网络的区域整合与制度化机制。南洋中华汇业总会的成立使原先分别以闽、潮、琼汇兑公会为中心相互平行的侨批网络构建成为一个以汇业总会为中心的系统网络，并建立起以侨批公会——南洋中华汇业总会——中华总商会为中心的多层次跨国社团网络，从而进一步推动了侨批网络的制度化运作。作为东南亚侨批网络的最高领导机构，南洋中华汇业总会不但可以通过自下而上或自上而下的渠道解决帮派内部的问题，而且可以代表东南亚的侨批网络来处理中国—东南亚侨批网络的内部事务，通过一系列协调与维护新马及华南地区各级侨批网络的行动，使中国与东南亚间的侨批网络得到进一步的加强与整合。在以南洋中华汇业总会为中心的侨批网络与国家机构不断交涉的过程中，我们既看到了侨批网络自我维护机制的有效性，同时也看到了其在强大的国家机器面前所显示的脆弱性。

183. 近代潮汕侨批与墟市的发展关系刍议. 吴孟显. 汕头大学学报（人文社会科学版），2014 (3)：18-23，94.

关键词：侨批　墟市　近代　潮汕

内容摘要：近代以来，潮汕侨批发展迅速，形成了覆盖各城乡地区的经营网络，并与传统的墟市体系相互交织。近代潮汕的墟市数量在民国后期也出现了激增的现象，隐然呈现向现代转型的迹象。在潮汕墟市缓慢地由传统向现代的转型进程中，海外华侨寄回的投资性汇款和捐赠性汇款，以及大量批业商号的进驻等因素都起到了一定的推动作用。但与此同时，作为侨批汇款中最为重要组成部分的赡养性汇款，却又在某种程度上阻碍了这一进程。

184. "五邑银信"研究述略. 邓文华. 五邑大学学报（社会科学版），2014 (4)：7-10.

关键词：五邑银信　研究　综述

内容摘要：近年来的"五邑银信"研究，其内容主要集中在定义、缘起、流变、特点和价值等方面，而视野则集中在文献学、历史学、传播学、社会学等方面。虽然"五邑银信"的研究取得了较大成绩，但与潮汕侨批的研究相比，起步较晚。欲对"五邑银信"进行更全面、系统的研究，需进一步拓展视野，其中可以考虑的包括媒介文化、叙事学和伦理学。

185. 从"尺素雅牍"到世界遗产：略论潮人对侨批历史文化价值逐步深化认识的漫长之路. 陈汉初. 韩山师范学院学报, 2014（4）: 22-26.

关键词：潮汕侨批　世界记忆遗产　历史文化价值

内容摘要：民国《潮州志》把侨批列为"四大行业"之一，2013年侨批入选世界记忆遗产名录。这期间，潮汕地区的侨批收集、收藏和研究，经历了半个多世纪的历程。从20世纪40年代我国有四部著作论及华侨汇款，到潮汕地区民间集邮爱好者收集侨批封；从潮汕地区的大学、潮学研究单位收集、研究侨批，到人大代表提议侨批申遗，并获成功，潮人对侨批历史文化价值的认识经历了一个不断深化的过程。

186. 侨批及侨批业略考. 晏露蓉，杨少芬，江宇，梁雪芳，黄清海，黄钢生，梁晖晴. 福建金融, 2014（4）: 67-72.

关键词：侨批　侨批业　侨批文化

内容摘要：本文在参阅国内大量侨批研究文献的基础上，结合福建省金融学会、福建金融杂志社联合组织开展的"侨批"专题调研，辨析侨批的定义，介绍侨批业发展史，并以文图相辅的形式予以生动呈现。

187. 侨批的金融属性溯源. 晏露蓉. 福建金融, 2014（5）: 52-55.

关键词：侨批　侨批业　金融属性

内容摘要：本文阐释侨批所蕴藏的金融属性，包括侨批的货币形态、汇兑方式以及与银行的经营关系，并以文图相辅的形式予以生动呈现。

188. 潮汕侨批的人际和谐理念. 黄素龙. 广东档案, 2014（6）: 33-34+15.

关键词：潮汕　人际和谐　民间文化

内容摘要：潮汕的侨批，专指海外潮人通过民间渠道寄回国内，连带家书或简单附言的汇款。2013年6月19日，侨批被联合国教科文组织正式确定为世界记忆遗产。侨批是广东、福建两省侨乡特有的文化现象，当中以广东为突出，广东又以潮汕侨批最为著名。潮汕侨批作为一种珍贵的民间文化遗存，是潮汕华侨历史上具有独特文化色彩的事物，承载着潮汕地域文化，具有丰富的历史文化价值，蕴含着丰富的人际和谐理念。

189. "番批""番银"：海洋文明的金融符号. 林南中. 福建金融, 2014 (6)：62-68.

关键词：番批　番银　货币称谓　金融元素

内容摘要："侨批"又称"番批"，是指从海外寄回国内的信函和款项。侨批上的批款名称作为侨批信件上最重要的要素，是记载明清至民国时期东南亚华人移民聚居地与中国移出地之间人员往来和金融汇兑的民间档案文献，具有鲜明的海洋文化印记。本文主要介绍经由贸易或侨批汇寄回国内的早期番银，梳理明清以来较具代表性的番银及其在闽南民间和侨批批款上所体现的称谓。

190. 近代侨批业与制度的共同演化——以潮汕地区为例. 胡少东，陈斯燕. 汕头大学学报（人文社会科学版），2014 (6)：20-30+95.

关键词：侨批业　制度理论　组织场域

内容摘要：从新制度理论的视角构建理解侨批业与制度共同演化的分析框架，于广泛场域的关系系统中分析1860—1949年侨批业组织场域和制度的共同演化。研究结果表明，组织场域是一个对话或者是权力角力的平台，侨批业各利益相关者通过这个平台进行对话、竞争和合作，从而推动了侨批业和制度的共同演化。由规制性、规范性和文化—认知性制度所构成的三大制度支柱对侨批业的经营都有重要的影响，其中，文化—认知和规范性制度支柱是支撑侨批业经营的主要制度要素。三大制度支柱相互联系并相互影响，当三大制度支柱能够较好结合时，制度能够促进侨批业的发展，形成侨批局、邮政局、银行共同经营的局面，但当三大制度支柱不能得到较好结合时，侨批业行为趋于混乱以至走向衰败。

191. 论潮汕侨批的节律变化. 陈丽园. 汕头大学学报（人文社会科学版），2014 (6)：12-19, 95.

关键词：侨批　潮州人　东南亚　侨批政策　节律

内容摘要：侨批互动有一定的周期变化，其背后的影响因素主要是中国传统文化的节庆。在侨批互动的整体周期下面，还隐藏着受个人节庆影响的家庭小周期。侨批互动的周期变化还会导致华南金融市场的周期变化。侨批互动的节律变化也体现在各区域侨批结构的变动上。在"二战"前后，香港和东南亚各区域与中国间的侨批互动节律变化有时是一致的，有时有较大的差异，其背后主要受东南亚各地区潮州人口的结构、移民政策、侨批政策等因素的影响。

192. 侨批档案与闽粤近代金融史研究：基于史料比较的分析框架. 张林友. 福建金融, 2014 (7): 64-67.

关键词: 侨批 史料比较 区域金融史 应用

内容摘要: 侨批是一种具有微观特征的国际性金融史料。基于其专业性、微观性、国际性及文献规模大、时间跨度长等特征，侨批文献在金融机构、金融市场、金融监管及金融文化领域的应用，将大大助益闽粤等省区域金融史的研究。

193. 侨批、台批档案与信用文化：基于漳州侨批、台批发展史. 伊志峰. 福建金融, 2014 (10): 68-72.

关键词: 侨批档案 漳州侨批 信用文化

内容摘要: 漳州侨批归属厦门系侨批，却具有独特的经营方式和管理理念。以龙海天一信局、东山台批、诏安转口侨批为代表的漳州侨批、台批所蕴藏的信用文化内涵，对当今我国正大力推进的信用文化建设具有一定的现实意义。

194. 侨批：抗日战争又一项文献记忆. 邓达宏. 福建论坛 (人文社会科学版), 2014 (12): 131-135.

关键词: 抗日战争 侨批书信 文献记忆

内容摘要: 抗战文献是中华民族抗战精神和民族精神的物质载体，侨批所记载的抗日战争有关史实极为真实、珍贵，是抗战文献的重要组成部分。在中国人民抗日战争暨世界反法西斯战争胜利70周年即将来临之际，本文精选了侨批中有关记录抗战的点滴史料展示给读者，以此来揭露日寇在中国及东南亚等国家和地区所犯下的累累罪行，讴歌海外侨胞共赴国难的爱国壮举，并提出现阶段要重视侨批文献史料的保护与开发建设。

195. 侨批档案. 佚名. 兰台世界, 2014 (32): 162.

关键词: 海外华侨 邮传 泛海 避战 家山

内容摘要: 侨批，简称"批"（福建方言或潮汕话都称"信"为"批"），专指海外华侨通过海内外民间机构汇寄至国内的汇款和家书，是一种信、汇合一的特殊邮传载体。福建、广东与海南三省市我国的著名侨乡，早年华侨先辈为生活所逼或为逃避战乱谋求生存，冒险泛海南渡，前往东南亚及其他国家。由于三地侨胞主要集中在东南亚各国，我国迄至清末，金融邮政机构尚未建立或极不完整。

196. 金门侨批与金门学研究. 黄清海. 闽台文化研究, 2015 (1):

12 - 19.

关键词：侨批　闽南　金门

内容摘要：金门侨批隶属闽南厦门系，从侨批信封上的收寄地名、金融货币、批局印章、邮政邮戳等信息，可窥视金门华侨大致分布、金门侨批的邮路、汇路以及经营网络等，而侨批内信对金门不同历史时期的情形多有涉及，是研究近代金门学的宝贵史料。不过，由于多方面的原因，1949年前的金门侨批存世较少，且搜集不易，因此对金门侨批多渠道的搜集整理、有效研究利用，尤为必要。

197. 从侨批看民国初期梅州侨乡与印度尼西亚地区近代教育的发展：以梅县攀桂坊张家围张坤贤家族为中心. 田璐，肖文评. 地方文化研究，2015（1）：69-79，88.

关键词：侨批　侨乡　华侨　教育近代化

内容摘要：通过解读梅县攀桂坊张家围张坤贤家族侨批资料，文章考察了民国初期印度尼西亚华侨社会和梅州地区教育发展过程中的一些具体细节，探讨当时华人在印度尼西亚的社会地位及其与家乡社会发展和变迁的关系，以及当时青年华侨的思想和梅州侨乡教育近代化发展中出现的问题。

198. 闽粤侨批业与晋商票号之金融文化传承. 黄清海. 福建金融，2015（1）：64-69.

关键词：晋商票号　闽粤侨批　旧式金融　金融文化　文化传承

内容摘要：晋商票号与闽粤侨批业同系中国旧式金融范畴，二者虽有着不尽相同的经营理念和方式，但在中国经济金融史上均占据重要地位。迄今两者均遗存丰富的文献与文物，并已被列入国家级和世界级的文化与记忆遗产保护名录，是中国金融业弥足珍贵的文化与精神财富，值得今天的金融人予以传承与褒扬。

199. 从闽南侨批看近代中华文化的跨国传承. 张静，黄清海. 华侨大学学报（哲学社会科学版），2015（1）：29-38.

关键词：闽南侨批　中华文化　华侨华人　文化传承

内容摘要：闽南侨批源于民间个体的跨国金融与通信活动，却在近代中国跌宕起伏的历史中汇聚成一个群体的文化行为，衍生出丰富的内涵和作用。闽南侨批以"银信合封"的方式架设起华侨与侨眷之间的双向交流，促进了现实与情感的融合，成为中华文化延续和传承的支撑力。传统文化以侨批为载体，以家族宗亲理念为根基，进而形成以血缘、地缘为中轴的乡土观念，滋养出浓厚的故乡情感，派生出近代华侨华人在中外文化交融之下的社会改造理想。这种情感最终演化为爱国主义的民族情怀，作用于近代中国的社会政治变革。在悠久的华侨华人历史中，中华民族的文化力量正是在这种情感升华中得以绵延传承。

200. 侨批：潮人优秀传统家风的历史见证. 陈友义. 广东史志, 2015 (1): 65-69.

关键词：优秀传统　家风　历史见证　潮人

内容摘要：家风就是一家的传统作风、风尚。风，取自《诗大序》中"上以风化下，下以风讽上"之义。即人们借以自律正己、教化他人的良好品德风尚。家风就是一个家庭或家族长期以来形成的，能影响家庭成员精神、品德及行为的一种传统风尚和德行传承。家风是家庭成员成长的基石，有好的家风，才会养育出好儿女，才会有美满幸福的家庭生活。

201. 侨批对潮汕金融业发展的推动作用略考. 王炜中，王凯. 福建金融, 2015 (2): 69-71.

关键词：潮汕侨批　金融市场　银庄　外汇平衡

内容摘要：存续了一个半世纪的潮汕侨批业，给潮汕地区金融业和侨乡经济发展注入了活力。本文从规范原始金融市场、发展银庄业和促进外汇市场平衡三个方面，评述潮汕侨批对近代当地金融业发展的推动作用。

202. 侨批投递，独特的"海上丝绸之路"：以海峡殖民地时期新加坡批局与汕头等地的往来为例. 陈汉初. 广东档案, 2015 (2): 39-40, 22.

关键词：海上丝绸之路　国际移民　对外贸易史

内容摘要：饶宗颐教授说："侨批可以看出哪个时候潮人在哪些国家及其活动，还可以从潮人活动看那个国家的经济和政治。"侨批档案，作为国际移民的民间文献，记录了19世纪中叶以来中国国际移民向亚洲、美洲、大洋洲等地区迁移的历史，见证并促进了华人与东南亚文明、欧美文明之间一个半世纪的密切交流，是当今国际学术界研究中国对外贸易史、中外关系史、海外移民史、邮政史等领域的珍贵世界文献遗产。从现在征集到的侨批分析，早期华人足迹遍布世界五大洲，较为集中的地方为东南亚一带，如越南、泰国、新加坡、马来西亚、印度。

203. 从侨批看潮人好家风. 陈友义. 潮商, 2015 (3): 66-68.

关键词：潮人　汇款凭证　文化遗产价值　国家危难　优良品德

内容摘要：侨批，又称"番批"，是海外侨胞通过民间渠道及后来的金融邮政机构寄回国内、连带家书或简单附言的汇款凭证。一封封侨批，就是一封封深情厚谊的家书。侨批记录了潮人先辈漂洋过海，身处异域而艰苦创业的苦难历程，反映了热爱祖国、情系故里、吃苦耐劳、坚忍不拔、勇于开拓，笃诚守信的潮人精神，充分见证了潮人好家风。侨批见证潮人的忠公爱国是做人的基本准则，是潮人的优秀传统。

204. **解读凝固的人文记忆：厦门侨批**. 卢音，黄榕. 厦门航空，2015 (3)：96-97.

关键词：记忆　世界文化遗产　厦门

内容摘要："批信"发生于明代，清朝中期成形，清末国家邮政称为"侨批"，民国时总称"侨批"，但业务上称"批信"。1976年应为侨批结束时间，已有一百五十多年历史。2013年6月19日，"侨批（'批'与'信'闽南语同音）档案"被列入世界记忆名录，是福建省首个入选世界文化遗产的项目。正因为信批是海外华侨以"信款"合一的形式寄回故里的家书，流露了寄信人的真实情感，反映了当时的社会、经济、文化、时局等背景，堪称一段微缩的历史，弥久而更显珍贵。

205. **试析近代侨批跨国网络的历史变迁**. 焦建华. 中国社会经济史研究，2015 (3)：87-95.

关键词：侨批跨国网络　历史变迁

内容摘要：近代侨批跨国网络萌发于18世纪后期至19世纪中期的水客行业，20世纪20年代之前逐渐形成，其后进入快速发展时期。然而，因"二战"时期厦门、汕头以及东南亚地区先后被占领，侨汇跨国网络遭受重挫。"二战"结束后，因侨汇众多和金融投机盛行，侨批跨国网络进入鼎盛期。然而，因侨民逐渐认同于当地，当地政府限制或禁止侨汇，以及中华人民共和国政策变化，侨批跨国网络趋于消逝。

206. **浅谈对民信局几个问题的认识**. 孙鑫如. 集邮博览，2015 (3)：36-42.

关键词：邮政业务　永乐年间　侨批局　邮政支局

内容摘要：民信局本土说与舶来说之争，归根结底都需要理清几个基本问题：何为民信局？民信局究竟如何起源？民信局在与国家邮政的竞争中缘何落败？且听本文娓娓道来。

207. 侨批业：一条由亲情串起来的海上金融丝绸之路. 蒙启宙. 广州城市职业学院学报，2015（4）：6-14.

关键词：广东　侨批　金融　海上丝绸之路

内容摘要：粤省旅外侨胞众多，华侨汇款历来为粤省外汇的主要来源之一，对粤省的政治、经济和民生作用重大。清咸丰年间，随着侨批业的出现，一条由水客为载体、由侨批局为驿站的海上金融丝绸之路由粤省走向海外。直到20世纪70年代，这条由亲情串起来的海上金融丝绸之路在经历了朝代的更迭、时代的变迁，在第一、第二次世界大战的炮火中、在历次世界经济危机中历尽艰辛，顽强地向世界各地延伸，成为世界风云变幻的一个晴雨表，由此而形成的"侨批档案"成为世界记忆。文章站在金融的角度，借助大量第一手史料，从漂洋过海的金融使者、连接海外的金融驿站、风云变幻的戋纸天单和酸甜苦辣的世界记忆四个方面，剖析了侨批业这个具有浓郁南国特色的海上金融丝绸之路的形成、发展和对不同历史时期广东的政治、经济和民生的作用，以及所形成的历史和现实意义。

208. 从移民书信看华侨家庭的跨国互动. 密素敏. 八桂侨刊，2015（4）：46-53.

关键词：移民书信　华侨家庭　家庭矛盾　家庭团聚移民

内容摘要：近代以来，中国人移民海外后，往往通过书信与国内家庭保持联系，闽粤侨乡民间为此保存了大量的移民书信。移民书信的保存状况不一而足，反映的华侨家庭故事也千差万别。华侨出国除了带给侨乡家庭源源不断的汇款外，也因长期分离及观念冲突而造成家庭关系的紧张。由于条件所限，华侨家属选择再移民面临重重阻碍，早期的家庭团聚移民并不容易实现。

209. 从潮汕侨批看海外潮人的进步思想. 黄素龙. 广东档案，2015（4）：32-33，37.

关键词：潮汕　潮人　婚姻自由　自由平等　女性解放

内容摘要：漂洋过海的潮人由于长期在侨居地谋生，虽然世代积淀的传统思想和文化在不同程度上约束和规范着其行为，但从相对偏僻闭塞的潮汕乡村走出来的他们，在海外求生存、求发展的艰苦谋生过程中也接触到更多的人和事，他们的视野变得宽阔了。特别是受到西方文明的民主与科学、天赋人权、自由平等诸思想的刺激和熏陶，许多海外潮人心态较为开放，思想较为进步。

210. 近代侨批跨国网络与国家关系研究. 焦建华. 厦门大学学报（哲学社会科学版），2015（5）：147-156.

关键词：中国近代　侨批网络　跨国网络　国家

内容摘要：以往研究忽略国家等因素对跨国网络的制约。从北洋政府1926年取缔侨批总包制度、南京国民政府1946年限制批信自带以及1948年限制增设分号三个个案分析可以看出，国家因素在网络研究中不可或缺，虽然网络可以成为跨国的存在，但跨国网络发挥效力的场域还是在国家之内，不能枉顾国家之利益而自行其是。虽然跨国网络与国家具有对抗性，在一定程度上也改变了国家权力的运转形式，但跨国网络并非万能，它必须需求国家的合作，而且与国家的关系并不对等，国家在二者关系中占据主导和支配地位。

211. 民国时期中国银行四邑侨汇业务考述. 高东辉，孟祥伟. 中国钱币，2015（5）：38-43.

关键词：四邑　国家金融体系　运营体系

内容摘要：学界对侨汇的研究由来已久，成果丰硕，如民国学者吴承禧、郑林宽、姚曾荫等。近年来，陈春生、焦建华、陈丽园、刘进、石坚平等学者也发表了大批侨汇的研究成果。有学者将这些成果归纳为三个方面：描绘侨汇运营的跨国网络；国家控制力的增强和侨汇运营的近代转型；战时侨汇运营体系的中断与战后官方侨汇运营体系的重建。

212. 文化创伤与侨批记忆. 曹亚明. 韩山师范学院学报，2015（5）：100-105.

关键词：文化创伤　文化记忆　侨批　侨批记忆　创伤叙事

内容摘要：西方学术界主要把文化创伤理论运用于对第二次世界大战历史的反思，中国学术界也开始把这一理论应用于反右运动和"文化大革命"的反思，但将文化创伤理论与侨批记忆进行互相阐释还是一种新的尝试。文化记忆是保存经验与知识的储存器，而侨批档案正是一种具有意味的民间"文化形式"，也是保存侨民生存经验和情感体验的"储存器"。侨批所记载的并非仅仅是侨民个人的记忆，而是整个中国移民群体的创伤记忆。因此，直面侨民历史，反思文化创伤，是我们当前华侨研究和文化研究义不容辞的重要任务。

213. 一份弥足珍贵的民间文化遗存：潮汕侨批述谈. 王炜中. 福建金融，2015（5）：48-51.

关键词：潮汕　民间文化　海外移民　侨批

内容摘要：2000年11月22日，潮汕历史文化研究中心举办潮学讲座，邀请国际汉学大师饶宗颐教授主讲。饶宗颐教授在演讲中指出，徽州的特殊之处在于契约，研究那些契约就是研究徽州商人及其活动，这在经济史上是很大的课题。而潮州可以与之媲美的就是侨批，因为从侨批可以折射出彼时漂洋过海的潮人的生活缩影，进而管窥他们所处国家的经济和政治境况。他的这番话，可谓"一石激起千层浪"，令侨批越来越为世人所关注。

214．侨批与侨乡民俗文化探析．邓达宏，邓芳蕾．**东南学术，**2015（6）：251－257．

关键词：侨批　侨乡民俗文化　闽粤侨乡

内容摘要：侨批发轫于近现代闽粤侨乡，有着浓厚的民间草根文化背景，传承着侨乡丰富的民俗文化，成为侨乡传统文化的重要载体，涵盖了侨乡人民物质生活和精神生活的各个层面。侨批中，民俗文化包罗万象，包括物质文化、家庭社会组织、意识形态和口头语言等多个部分内容。从侨批信封载体的形式、侨批书信内容、侨乡建筑风格含批局建筑特点等，都蕴含着丰富的民间民俗文化，体现出侨乡浓厚的民俗文化特色。

215．社会记忆观视角下侨批封的价值和保护．傅少玲．**鄂州大学学报，**2015（6）：61－62＋88．

关键词：侨批封　社会记忆　历史文化价值　保护

内容摘要：侨批封是侨批档案的主体，具有社会记忆属性，可以真实地还原侨批业发展的历史脉络。文章从社会记忆观的视角出发，发掘侨批封"文、章、戳、图"四元素所蕴含的历史文化价值，并提出对其进行有效保护的措施。

216．天一信局与闽南金融信用文化．蔡良才，黄辉，王文强，林振赐，朱佳佳．**福建金融，**2015（6）：60－63．

关键词：侨批　天一信局　金融信用文化

内容摘要：龙海天一信局是福建侨批业最杰出的代表。本文以天一信局的发展史和经营之道为视角，探析天一信局所蕴含的闽南金融信用文化，阐释其对当前社会信用体系建设的借鉴意义。

217．天一信局传奇．石华鹏．**闽南风，**2015（7）：18－20．

关键词：传奇　中西合璧　天一信局　民居

内容摘要：一眼前的景况提醒我，记忆远比几座建筑留存的时间要长久。这里是中国首家民间侨批局，亦称大清第一民办邮局——天一信局的旧址所在地，漳州台商投资区角美镇流传村。村子的小巷深处，有三座中西合璧式建筑：北楼、陶园、苑南楼。西洋拱券式外廊与闽南民居相结合，气派而精巧。这三座体量巨大、建筑考究的"豪宅"连成一片，构成了天一信局当年的商业运转中心和生活居住中心。

218. 1896年3月：中国近代邮政诞生. 佚名. 工会信息, 2015 (8)：40.

关键词：侨批局 客邮 官局 大龙邮票

内容摘要：自1890年（光绪十六年）起，清政府着手推广近代意义的邮政。1896年3月20日，光绪皇帝下诏批准开办大清邮政官局，标志着中国近代邮政正式诞生。中国在正式建立近代邮政前，主要依靠传统的驿站从事邮政通信业务。除驿站外，当时还有商营的民信局和侨批局、外国人所办的客邮，并曾经历过一段海关兼办邮政的过程。民信局（又名民局）和侨批局，是传递民间书信、物品和办理汇款的私营商业组织，约创始于明朝永乐年间（1403—1424）。

219. 潮汕侨批与徽州契约的比较及启示. 王炜中. 福建金融, 2015 (8)：60-63.

关键词：潮汕侨批 徽州契约 比较分析

内容摘要：具有金融属性的潮汕侨批与体现法律精神的徽州契约，都属于极其珍贵的民间文化遗存。本文在介绍二者产生历史背景的基础上，比较分析了二者的基本属性和特征，进一步认识其具有的文献遗产价值和对当今社会的启迪。

220. 穿越抗战硝烟的侨批往事. 黄清海. 福建金融, 2015 (9)：64-66.

关键词：侨批 抗战史料 纪念抗战胜利70周年

内容摘要：侨批蕴藏着丰富的时代信息。在抗日战争时期的侨批中，有不少是记录海内外中华儿女积极抗日、饱受战争苦难及如何应对残酷的战争环境等内容的。这些珍贵的民间文献，重现了海外华侨华人奋起抗战的历史细节。本文遴选一户旅菲华侨家族侨批中的两则史料，进行文字识读、背景介绍，讲述侨批背后的抗战故事，以此纪念中国人民抗日战争暨世界反法西斯战争胜利70周年。

221. 天一信局：民间侨批第一站．林梅琴，庄国庆．福建人，2015 (12)：82 – 85．

关键词：角美镇　侨批业　福建人　福建闽南

内容摘要：福建是著名的侨乡，古往今来，许许多多的福建人在海外发展，创造财富，有举家迁移的，也有孤身在外的。那些独自拼搏的人，每每积累了一定积蓄，就通过"水客"给家人寄信件和银票。批，便是福建闽南地区对家书乃至一般信件的通称，侨批业也从此产生。

222. 侨批档案文化遗产研究．石剑文．兰台世界，2015（14）：122 – 123．

关键词：侨批　档案　文化　遗产　保护　管理

内容摘要：2013 年 6 月 19 日，广东、福建两省联袂申报的"侨批档案"成功入选联合国教科文组织《世界记忆名录》，本研究以此为契机就我国在"侨批档案文化遗产"工作方面各项工作的现状展开研究，并根据具体的问题提出了相应的策略研究。

223. 潮汕侨批与四邑银纸之异同．王炜中．福建金融，2016（1）：67 – 69．

关键词：潮汕侨批　四邑银纸　比较分析

内容摘要：潮汕侨批与四邑银纸同样源于广东侨乡重镇，但两者所处的社会环境不同，前者产生于东半球的南洋（东南亚），后者则产生于西半球的美洲；两者的基本特征各异，前者是"银信合一"，后者则似银行汇票；两者的运作方式大相径庭，前者不可买卖，后者则可转让。因此，两者虽同属侨汇范畴，但是各具特色。

224. 近代福建侨批业的嬗变．郑晓光，陈欣妍．三明学院学报，2016 (1)：55 – 59．

关键词：福建省　侨批业　华侨华人

内容摘要：侨批业是为解决华侨华人寄信和汇款回国难而产生的私营服务行业。起先由水客兼营侨批业务，而后随着业务的增大，兼营、专营侨批业务的私营服务机构大量产生。20 世纪初至抗战前，侨批业走向成熟，出现正规化、组织化、规模化和专业化经营。此间，民国政府出于金融统制的目的，试图取缔侨批业，但由于行业特殊性，最终只能作罢。抗战期间，受战争波及，侨批一度中断。抗日战争结束后，侨批业出现了畸形的繁荣，侨批局转变为金融投机机构。

225. 从侨批看 20 世纪中叶印度客家华侨的乡愁. 周云水. 客家研究辑刊, 2016（1）: 155 - 163.

关键词：华侨华人　客家人　20 世纪中叶　印度　乡愁　加尔各答　集中分布　中国城

内容摘要：印度客家华侨华人主要聚居在加尔各答的塔坝中国城，其原籍地集中分布在梅县城北、三板桥、西阳、丙村、雁洋和三乡等地。目前由于多种原因，大部分印度客家人已经移居第三国，只有 1000 名左右的客家人还在印度从事皮革制造和销售鞋制品的工作。

226. 浅谈馆藏文物"开平银信"的保护和利用. 林春英. 青年时代, 2016（1）: 64.

关键词：银信　馆藏　保护

内容摘要："银信"亦称"信银"，是江门五邑等地粤语方言区民众对海外华侨寄给家人的汇款（银）和家信（信）的俗称，也是"外洋书信银两"的简称。在广东潮汕、梅州和福建侨乡，华侨汇款与家书多被称为"侨批"，银信和侨批在本质上并无差别。

227. 略论晚清至民初厦门侨批业. 池秀梅. 福建史志, 2016（2）: 28 - 31.

关键词：侨批业　侨批局　盘局　解付

内容摘要：明清以降，大量的福建人越洋前往东南亚及日本、朝鲜半岛等地谋生。他们在海外或以苦力开荒垦殖，或事贸殖，常常数年一返，并以海外营生所得接济尚在家乡的父母妻儿。出洋营生的侨胞家中通常有老父母亟待赡养或妻儿嗷嗷待哺，因此，常常托返还的同乡或者相识之归侨，捎带银钱及信件返乡回家。

228. 侨批封上的功能戳记. 陈跃明. 集邮博览, 2016（2）: 58 - 59.

关键词：侨批　闽南语　功能戳记　邮资封

内容摘要："侨批"闽南语意为"华侨信函"。盖在侨批封上的戳记是研究侨批史的轨迹。戳记形式多样，内涵丰富，品之趣味盎然。试归类如下：如意戳，亦称吉祥戳，此戳最为常见。盖在封套正面右上角和左下角，常见有"如意"二字，边沿以花鸟舟船等为纹饰，寓意吉祥如意，予收件人以慰藉。约定戳，此戳为海外侨批局所刻制，为避免产生歧义，约定在国内交付之币种，以戳为据，如"订交中央法币"，此戳常见于民国早中期货币相对稳定时期。

229. "海丝战略"背景下的侨批档案研究. 蓝静红. 广东开放大学学报, 2016 (2): 87-90.

  关键词: 侨批档案　海丝之路　档案价值

  内容摘要: 侨批是侨乡一个时代、一批海外华侨的集体记忆, 是研究华侨史、中国近现代金融史以及侨乡民间传统文化的珍贵档案文献, 具有历史价值、经济价值、文化价值、社会价值等多元价值。侨批档案"记忆"海丝之路, "海丝战略"重塑今日历史。在国家实施海丝之路战略背景下, 侨批档案研究能加深双边情感交流, 有利于认识当代全球化国际新移民, 促进"海丝战略"的认同和实施。当前深化侨批档案的研究, 应着重从"挖掘、保护、服务"三方面实施, 以彰显其档案价值。

230. 地域社会的跨国叙事: 近代以来广东潮阳陈四合批局与陈氏跨国家族的建构. 陈海忠. 华侨华人历史研究, 2016 (2): 22-29.

  关键词: 潮阳　跨国华人　侨批　批局　本土文化　陈四合　陈云腾

  内容摘要: 论文通过个案研究, 探讨了近代以来广东潮阳陈四合批局与陈云腾跨国家族的建构。在中国近代政治史上, 闽粤交界的潮汕地区少为国史学者所关注, 但在社会经济与文化变迁领域, 这是一个需要深入研究的地方。无论是跨国主义、海洋史, 还是从方兴未艾的跨国史视角看, 近代以来的潮州人一直都是一个活跃的、深具跨国性特征的群体。陈云腾家族的故事首先说明, 要深刻理解跨国空间的人群, 任何时候都不能忽略近代以来国家的制度变迁与地方社会脉络的因素。在海外的"跨国"要素影响本土社会的同时, 本土社会业已存在的历史文化传统也深刻影响着处于跨国空间的人群。

231. 记中国银行闽行副经理兼泉州支行经理张公量. 黄清海. 福建金融, 2016 (2): 69-71.

  关键词: 中国银行　张公量　侨批业务　发展史

  内容摘要: 张公量一生从事银行职业32年, 其中在中国银行泉州支行任职经理14年, 其间首创银行办理"侨批"业务, 因时因地创新业务, 竭诚服务侨胞, 尤其在抗战期间, 为稳定泉州侨乡金融与侨乡民众生活做出了突出贡献。他参加革命, 筹设香港南洋商业银行, 继续为沟通南洋侨汇而殚精竭虑。本文回顾了他的主要生平, 以缅怀民国时期这位竭诚服务侨胞的职业银行家。

232. 广东侨批: 见证海上丝绸之路. 陈汉初. 岭南文史, 2016 (2):

30 - 33.

关键词：海上丝绸之路　国际移民　潮人　侨批

内容摘要：香港饶宗颐教授说："侨批可以看出哪个时候潮人在哪些国家及其活动，还可以从潮人活动看那个国家的经济和政治。"海外华人移民史是一部血和泪的历史。他们或因战乱，集体前奔，或因天灾人祸，为求温饱而逃去。侨批档案，作为国际移民的民间文献，记录了19世纪中叶以后中国国际移民向亚洲、美洲、大洋洲等地区迁移的历史，见证了海上丝绸之路的发展。

233. 市场、历史环境与近代侨批业的兴起．徐翠红，焦建华．五邑大学学报（社会科学版），2016（2）：1-5，92．

关键词：侨批业　华人移民　汇款　历史环境

内容摘要：侨批业是近代经营华侨汇款和信件的一个特殊行业，其兴起有特殊的社会历史条件。近代大规模的华人移民、数额巨大的汇款是侨批业兴起的前提条件，缺一不可，而华侨自身特殊因素为其兴起提供了可能，近代邮政和银行服务不足则直接刺激了侨批业的兴起。

234. 华侨华人与近代海上丝绸之路——基于天一信局的个案考察．郑晓光．淮南师范学院学报，2016（3）：59-64．

关键词：海上丝绸之路　华侨华人　天一信局　侨批

内容摘要：明清两代厉行海禁政策，海上丝绸之路逐渐式微。19世纪以后，第一次鸦片战争爆发后，欧美殖民主义者入侵亚洲，使中国和东南亚地区被动地融入世界资本主义市场，这在客观上成为近代海上丝绸之路兴盛的契机。下南洋的广大华侨华人成为近代海上丝绸之路建设的主体，是近代海上丝绸之路的开拓者和经营者。若无华侨华人的筚路蓝缕，胼手胝足，近代海上丝绸之路的繁荣是不可想象的，而以侨批业为主体形成的近代海上汇兑网络则成为近代海上丝绸之路兴盛的关键。

235. 梅州侨批尘封的"下市话"轶事．魏金华．文化学刊，2016（4）：16-20．

关键词：侨批档案　下市话　反切语　保密　保护与传承

内容摘要：客家人作为汉族民系的一个重要分支，在中国历史上占有一席之地，要了解客家和客家文化可从不同的角度进行观察和切入。本文从梅州华侨、华人往来海内外的家族信件——"侨批档案"作为切入点，探讨客家华侨在近代历史中从自然形成的草根档案等尘封的记录，通过梳理和剖析，从中挖掘和研究以"客家方言"并无关系的江湖土语——"下市话"从出现、形成、发展和逐渐走向失传的历史过程。我们认为在纯正"客家方言"集中的梅州地区，出现所谓"下市话"，对它进行抢救性的挖掘、保护、传承，这对研究当代的客家文化、华侨文化具有重要的意义。

236. 侨批的前世今生. 顾永林. 天津档案，2016（4）：56.

关键词：档案征集工作　天津市档案馆　归国华侨

内容摘要：说起侨批，很多人可能会打个大大的问号，那是什么东西？其实，它离开我们的生活仅仅几十年而已。天津市档案馆开展归国华侨档案征集工作的时候，有归侨捐赠了当年使用过的侨批信件和信封。借助这些档案，我们可以对以前的华侨历史有个整体的了解。

237. "侨批"隐语与梅州"下市话"的民间解读与学术视野. 佚名. 文化学刊，2016（4）：5.

关键词：文本资源　乡土性　闽方言　草根文化

内容摘要：通过对"侨批"隐语与梅州"下市话"的调查研究，我们至少发现了三个值得密切关注的问题：一是各地侨批是发掘发现各地乡土性民间秘密语的主要文本资源。只有解读出这样混杂于侨批话语中的一些反切秘密语，方得读懂全信。两者互为表里，相辅相成。此即"下市话"等乡土性民间秘密语之于侨批以及侨批隐语的最根本关系所在。

238. "侨批"隐语与梅州"下市话"等小地域乡土秘密语现象刍议——关于民俗语言文化遗产抢救性保护的田野调查札记. 曲彦斌. 文化学刊，2016（4）：21-40.

关键词：侨批隐语　梅州下市话　"乡土秘密语"现象　语言文化遗产

内容摘要：现可以直接用作考察研究的"下市话"文本，除现在世的少量可视为"传承人"的口述之外，更主要是存在于"侨批"里面。侨批是发掘发现各地乡土性民间秘密语的主要文本资源。侨批与个中各地乡土性民间秘密语的解读两者互为表里，相辅相成的基本的核心环节，也是"下市话"等乡土秘密语之于侨批以及侨批隐语的最根本关系所在。"下市话"等一些乡土秘密语亟待发掘保护的语言类民间文化遗产，需要采取立即抢救性地采集口述史性质的文本，还要不失时机地发掘、保护散存于各类文献中的文本并予及时准确的解读。

239. 福建省侨批业社会主义改造政策研究（1949—1956）. 郑晓光.

东南学术，2016（4）：190-198.

关键词：福建　侨批业　社会主义改造

内容摘要：中华人民共和国成立后，福建省政府遵循国家相关政策对资本主义工商业进行整顿与改造，然而侨批业由于行业特殊性，成为政府对资本主义工商业改造的特例。为了保证侨汇收入，政府对侨批业的管理与改造采取了较为灵活、务实的政策，有海外业务关系的承转局保留私人名义继续经营，派送侨汇的解付局则成立集体所有制的派送公司。政府最终实现了对侨批业的控制，侨批业的行业特色也随着改造而消失，成为国家银行的附属机构。

240. 华侨华人与中国的关系：侨批业之视角. 程希. 东南亚研究，2016（4）：80-96.

关键词：侨批　华侨华人　中国　侨批业　侨批局

内容摘要：随着"侨批档案"成功入选2013年6月的《世界记忆名录》，越来越多的人了解和认识到侨批（银信）的特殊价值及其作为人类文化遗产的世界意义。侨批这一世界文献遗产的抢救、保护与研究也得到了积极的推动。但是，曾经承担着侨批的收揽、中转、派送以及汇兑、解付之职责，兼具国际金融和国际邮政两大功能的侨批业、水客业，却并未受到更多的关注，特别是其在中华人民共和国成立后的发展轨迹以及作用和影响，更是鲜见学术探讨与总结。随着侨批局（或银信机构）遗址的不断荒芜破败或被征用开发，它们正在迅速而彻底地淡出历史的记忆。

241. 世界记忆遗产中的十项"中国记忆"（四）. 佚名. 党员干部之友，2016（5）：51.

关键词：海外华侨　记忆遗产　金融机构　闽南语

内容摘要："批"在闽南语和广东话中是"信"的意思。侨批是海外华侨通过民间渠道（俗称"水客"）及后来出现的专门的金融机构寄给家乡侨眷的书信和汇款的合称，又称"银信"。

242. 侨批：社会心理学视阈下的历史镜像. 王炜中. 福建金融，2016（6）：66-69.

关键词：侨批档案　社会心理学研究　史料价值

内容摘要：作为民间档案文献的侨批，堪称海内外华侨华人社会的"百科全书"，从中既能洞见历史和社会的变迁，又能窥探人们（包括个体和群体）基于对社会环境的不同理解而形成的不同理念、进而所产生的不同行为,这与社会心理学研究的内容高度契合,故侨批便成为社会心理学研究的又一珍贵档案。

243. 华侨银行的侨批业务. 刘伯擎. 福建金融, 2016 (6): 70-72.

关键词: 侨户 头寸调拨 业务网络 东南亚华人

内容摘要: 华侨银行是新加坡侨资银行的代表,其办公大厦成为新加坡标志性的建筑,但华侨银行在20世纪的30年代至60年代经营的侨批业务或许已经被人们渐渐淡忘。19世纪中期以来,在中国的福建、广东等地以及东南亚华侨聚居地,陆续出现了一种专为华侨递解信款、兼有金融与邮政双重服务功能的民间经济组织,即侨批局。

244. 侨批上的俗文化. 林长华. 华人时刊, 2016 (9): 70-71.

关键词: 海外华侨 移民史 民间机构 侨批

内容摘要: 说起侨批,大多数人可能感到莫名其妙,不知为何物。"批"是语相通、俗相同的闽南和粤东侨乡人及其海外乡亲对"信"的习惯叫法,海外华侨的书信称作"侨批"。侨乡人寄信叫"寄批";收到的侨信俗称"番批",专指海外华侨通过海内外民间机构汇寄至国内的汇款和家书,是一种信、汇合一的特殊邮传载体。侨批的历史是华侨的酸甜苦辣、血泪沧桑的历史见证,是见证华侨移民史、创业史的珍贵历史文物。起码在清代,闽南和粤东就有侨批出现。

245. 侨批与侨批文化. 林长华. 集邮博览, 2016 (11): 40-41.

关键词: 海外华侨 侨批 侨乡 汇款

内容摘要: 说起侨批,一些人可能不太熟悉,"批"是语相通、俗相同的闽南和粤东侨乡人及其海外乡亲对"信"的习惯叫法,海外华侨的书信称作"侨批"。侨乡人寄信叫"寄批";收到的侨信俗称"番批",专指海外华侨通过海内外民间机构汇寄至国内的汇款和家书,是一种信、汇合一的特殊邮传载体。在战乱频仍、通信闭塞的年代,"侨批"成为帮助华侨给祖国亲友汇寄钱银,接济生活和相互传递书信、互通信息的纽带和桥梁。

246. 试论从留住乡愁的角度审视侨批档案的文化价值. 宋丹. 办公室业务, 2016 (15): 74-75.

关键词: 留住乡愁 审视 侨批档案 文化价值

内容摘要: 侨批体现了海外华侨和中华民族难以割舍的血缘之情,侨批档案记录了海外华侨和国内亲人联系中的点点滴滴,蕴含着浓厚的乡愁情绪。目前，侨批档案已成功申请为非物质文化遗产。侨批档案以其独特的文化价值成为海外华侨与国内亲人的联系方式，受到海内外华人的普遍重视。文章从侨批的概念入手，深入挖掘了现阶段我国的乡愁现象，分析了侨批档案的文化价值和侨批档案中的乡愁文化，探索了完善侨批档案管理的工作方法。

247. 试论潮州侨批的经济文化功能. 石恩宇. 中国商论, 2016 (18)：126-127.

关键词：潮州侨批　金融功能　经济发展　启示

内容摘要：侨批，俗称"番批"，指华侨汇集成批寄回国内、以汇款为主的家书，具有海内外交流的书信与金融汇兑两种功能。在很长时期内，潮州侨批是侨眷维持生计、培育后代、求学创业、婚庆喜丧和公益建设等活动的主要经济来源，是侨乡社会发展的重要支柱。潮州侨批业的运作形态对于今天的经济发展具有借鉴作用。

248. 浅析泉州侨批的传统文化基因. 陈彦儒. 北方文学, 2016 (23)：156.

关键词：侨批　仁爱孝悌　爱国爱乡　文化基因

内容摘要：侨批作为民间留存的历史记忆，被当代国学大师饶宗颐誉为"海邦剩馥"，其文化价值和世界意义历久而弥新。在"一带一路"的背景下，分析其传统文化基因，对大力推进"21世纪海上丝绸之路先行区"建设具有重要的意义。

249. 侨批档案整理方法探讨. 聂勇浩, 陈童. 山西档案, 2017 (1)：49-53.

关键词：侨批档案　整理

内容摘要：文章以参与广东省档案馆两次侨批档案整理的实践为基础，结合对三家侨批档案保管机构的实证调研，归纳了侨批档案整理的流程及原则。其中，分类与档号编制是关键的尚未充分研究的环节。文章综合运用侨批档案的载体形式、内容、地域来源等多重联系，构建了分类体系。

250. 侨批与侨批文化漫谈. 林长华. 福建金融, 2017 (2)：68-70.

关键词：海外华侨　邮讯　侨批　移民潮

内容摘要：侨批对一般人而言，是既熟悉又陌生。年长者对侨批固然耳熟能详，年轻的一辈，多不知其为何物。"批"是语相通、俗相近的闽南和粤东侨乡人及其海外乡亲对"信"的习惯称谓,海外华侨的书信称作"侨批"。侨乡人寄信叫"寄批",收到的侨信俗称"番批",专指海外华侨通过民间机构及后来的金融邮讯机构寄回国内的汇款和家书,是一种信、汇合一的特殊邮传载体。侨批的产生有其特定的历史和社会背景。纵览史料可以发现,有"侨"才有"批",侨批的产生与19世纪中后期的闽粤移民潮密不可分。

251. 侨汇逃避期间中国银行与批信局关系之探讨(1946—1949)——以中国银行福建省分行为例. 焦建华. 贵州社会科学,2017(5):124–133.

关键词:无

内容摘要:无

(三)侨汇研究

1. 南洋侨汇之研究. 赵彦鹏. 南洋研究,1944(2):18–50.

关键词:无

内容摘要:无

2. 侨汇问题的检讨和改进. 刘文阶. 华侨先锋,1944(5):32–68.

关键词:无

内容摘要:无

3. 如何改进侨汇问题. 温雄飞. 华侨先锋,1945(1):17–93.

关键词:无

内容摘要:无

4. 侨汇与投资. 蔡经济. 南光月刊,1946(创刊号):33–37.

关键词:无

内容摘要:无

5. 侨汇在我国经济之地位. 佚名. 侨声(广州版),1946(1):6.

关键词:无

内容摘要:无

6. 侨汇在我国经济上之地位. 黄蔚竞. 侨声(广州版),1946(1):5.

关键词:无

内容摘要：无

    7. 论侨汇的危机. 刘熙钧. 社会科学杂志，1946（3-4）：40-132.

  关键词：无

  内容摘要：无

    8. 资金逃避与侨汇走漏. 佚名. 证券市场，1946（5-6）：30-31.

  关键词：无

  内容摘要：无

    9. 从侨汇减缩谈到侨资的出路. 钟承宗. 财政评论，1946（6）：67-73.

  关键词：无

  内容摘要：无

    10. 侨汇问题研究. 杨尔珵. 中央银行月报，1947（2）：29-151.

  关键词：无

  内容摘要：无

    11. 吸引侨汇刍议. 佚名. 华侨先锋，1947（3-4）：2.

  关键词：无

  内容摘要：无

    12. 战后的侨汇. 闵军译. 合作经济，1947（4）：29-32.

  关键词：无

  内容摘要：无

    13. 华侨与侨汇. 郑季楷. 广东省银行月刊，1947（7-8）：37-40.

  关键词：无

  内容摘要：无

    14. 批信局侨汇业务的研究. 西尊. 广东省银行月刊，1947（7-8）：18-25.

  关键词：无

  内容摘要：无

    15. 侨汇的过去和现在. 王科祥. 华侨先锋，1947（7-8）：15-40.

  关键词：无

  内容摘要：无

    16. 侨汇萎缩和侨汇逃避. 陈保灵. 广东省银行月刊，1947（7-8）：25-27.

关键词：无

内容摘要：无

17. 侨汇问题特辑. 佚名. 广东省银行月刊, 1947 (7-8): 1.

关键词：无

内容摘要：无

18. 侨汇改进之途径. 姚枂. 广东省银行月刊, 1947 (7-8): 12.

关键词：无

内容摘要：无

19. 侨汇的萎缩及其补救对策. 黄文山. 粤侨导报, 1947 (17-18): 2-28.

关键词：无

内容摘要：无

20. 侨汇逃避主因港币黑市过高. 佚名. 经济通讯, 1947 (20): 646-647.

关键词：无

内容摘要：无

21. 侨贷与侨汇. 佚名. 南光报, 1947 (40): 1.

关键词：无

内容摘要：无

22. 译述：中国的战后侨汇问题. 朱正明. 银行周报汇编, 1947 (46): 10-11.

关键词：无

内容摘要：无

23. 广东的侨汇. 道贤模. 侨声（广州版）, 1948 (14): 11-12.

关键词：无

内容摘要：无

24. 侨汇问题特辑. 佚名. 侨声（广州版）, 1948 (2): 1.

关键词：无

内容摘要：无

25. 侨汇问题之探讨. 何志潮. 侨声（广州版）, 1948 (2): 7-14.

关键词：无

内容摘要：无

26. 侨汇的萎缩及其补救对策. 黄文山. 侨声（广州版），1948（2）：3-35.

关键词：无

内容摘要：无

27. 侨汇之史的分析（上）. 陈祖模. 工商天地，1948（8）：20-23.

关键词：无

内容摘要：无

28. 侨汇之史的分析（中）. 陈祖模. 工商天地，1948（9）：22-23.

关键词：无

内容摘要：无

29. 侨汇的萎缩及其严重性. 佚名. 侨声（广州版），1948（14）：9-10.

关键词：无

内容摘要：无

30. 侨汇逃避问题（专论）. 蒋清华. 中央日报周刊，1948（12）：1.

关键词：无

内容摘要：无

31. 华南侨汇逃避问题. 邢广益. 侨声（广州版），1948（14）：13.

关键词：无

内容摘要：无

32. 侨汇逃避之因果. 蔡鹤朋. 侨声（广州版），1948（14）：6.

关键词：无

内容摘要：无

33. 侨汇问题之探讨——何谓侨汇. 何志湖. 侨声（广州版），1948（14）：7.

关键词：无

内容摘要：无

34. 论侨汇逃避香港. 刑谔千. 侨声（广州版），1949（19）：36-37.

关键词：无

内容摘要：无

35. 华南解放后的侨汇问题. 向阳. 经济导报，1949（144）：15-16.

关键词：无

内容摘要：无

36. 改革广州侨汇工作刍议. 方楣. 南方经济，1984（6）：10.

关键词：无

内容摘要：无

37. 外汇黑市及其对策初探. 苏彦汉. 国际金融研究，1986（6）：37.

关键词：外汇　黑市　外汇兑换券　汇率　侨汇

内容摘要：外汇黑市的出现于今已有几年的历史了。对于它的性质、特点、成因与作用如何，应采取什么对策，须做些探讨。外汇黑市的性质与特点主要存在于粤闽两省某些地区的外汇兑换市场，是违反我国外汇管理法令的一个非法的交换市场，所以可称为外汇黑市。这个外汇黑市的构成比较简单，通常只有外钞销售者、外钞购买者和外钞贩卖者，这不是一个严格意义上的外汇市场。

38.《湖南省志·金融志》（侨汇）一节浅议. 沈航. 湖南地方志，1987（3）：26-29.

关键词：无

内容摘要：无

39. 福建侨汇的制约因素及对策刍议. 张寿全. 福建论坛（经济社会版），1988（2）：40.

关键词：外汇收入　侨汇政策　港澳同胞　公益事业

内容摘要：侨汇是华侨、华人和港澳同胞用以赡养国内亲属或建房或办公益事业的汇款。它是归侨、侨眷和港澳同胞亲属的合法收入。国家保护侨汇政策不仅是国家当前的政策，而且是国家的长远政策。积极争取侨汇，是我国非贸易外汇收入的重要来源之一。当前四化建设急需外汇，如何增加侨汇收入是一项十分紧迫的任务。

40. 解放前四邑侨汇通阻情况初探. 曹汉生. 广东文史通讯，1988（2）：18-21.

关键词：无

内容摘要：无

41. 略论近代福建华侨汇款. 林金枝. 中国社会经济史研究，1988（3）：40-47.

关键词：华侨　民信局　侨汇　水客　闽侨

内容摘要：近代福建华侨汇款起初由"水客"带来，大概始于19世纪60年代。初期汇款估计不会太多，但其总额年均约在百万银圆左右。至70年代以后，汇款已逐渐增多。据估计，1871—1884年平均每年达311万银圆，1885—1898年平均每年约在1039万银圆。关于闽侨汇款数目，各方面发表资料不少，但常不免有挂漏不全之嫌，其数字之准确程度不无疑问。20世纪30年代末，福建省政府秘书处统计室郑林宪曾做过调查，根据他的调查结果，福建华侨汇款自1905年至1915年，每年侨汇数目约在1900万至2300万元；1916—1918年因为第一次世界大战的关系，银价高涨，汇款曾减至1300—1600万元；1919年以后二年增至2000万元，及至1921—1930年平均每年约4800万元；1929—1931年，适值世界经济危机，银价暴跌，所以汇款特别多，年由5800万元上升至7600万元。1932年以后至1937年约在五六千万元，1938年又达到7000万元的高峰，较历年以来最高的1931年稍少二百万元左右。

42. 浅议侨汇物资供应与我省赡家侨汇. 吴自源. 福建论坛（经济社会版），1989（2）：44-45.

关键词：侨汇政策　物资供应　法定汇率　赡家

内容摘要：如何发挥侨乡优势，落实侨汇政策，争取更多侨汇支持我省经济建设，是发展外向型经济的一个重要内容。本文拟就侨汇物资供应与赡家侨汇问题谈些粗浅的看法。国家为了鼓励赡家侨汇，制定了凭侨汇供应物资的优惠政策，即侨汇户在银行按汇率领取汇款的同时，还可以领到相应数量的侨汇物资供应券，凭券向华侨商店（专柜）购买需要的而市场上紧缺的商品，并得到价格上的优待。这对促进侨汇增长，团结侨胞起着十分积极的作用，深受广大侨眷及侨汇户的欢迎。

43. 略论近代厦门的华侨汇款及其作用. 熊越. 华侨华人历史研究，1990（4）：16-21.

关键词：厦门地区　侨汇　海外华侨　民信局　闽南地区　福建

内容摘要：众所周知，近代华侨与家乡的联系在经济上主要是以汇款为纽带的。作为八闽门户的厦门，是福建华侨出入的重要港口，厦门又是福建侨汇的集散中心。据统计，1905—1937年全省侨汇的80%—90%是在厦门集中或转汇。

44. 浅议我省侨汇商品市场萎缩的原因及对策. 佚名. 山东侨务，

1991（9）：23-24．

关键词：无

内容摘要：无

45. 侨汇对中国经济发展与侨乡建设的作用．林金枝．南洋问题研究，1992（2）：21-35．

关键词：侨汇政策　贸易入超　侨乡　海外华侨　港澳同胞

内容摘要：侨汇不但是国内侨眷的主要生活来源，是国外华侨和祖国家乡密切联系的纽带，也是国家非贸易外汇的重要收入，对国际收支和贸易平衡，对国家的经济以及对侨乡的建设都起着积极的有益的作用。

46. 近代广东侨汇研究（续）．林家劲．东南亚学刊，1993（10）：44-73．

关键词：无

内容摘要：无

47. 百数十年来的南洋侨汇．陈礼颂．国际潮讯，1994（17）：105-107．

关键词：无

内容摘要：无

48. 析华侨汇款及其作用．林金枝．八桂侨刊，1996（3）：26-31．

关键词：华侨汇款　民信局　侨汇政策　侨批业　侨乡　侨眷

内容摘要：华侨汇款含义侨汇系指中国旅居海外华侨从事各种职业所得而对大陆亲戚朋友的汇款，主要用于赡养国内亲属的生活用款。其是我国非贸易外汇的来源之一。自二战结束后，特别是50年代末期以来，由于华侨（尤其是东南亚华侨）绝大部分加入或取得居住地国籍，变为居住地公民，成为外籍华人。严格地说，外籍华人寄给中国亲属的款项，不能称为侨汇。

49. 1946—1949年广东侨汇逃避问题．袁丁，陈丽园．华侨华人历史研究，2001（3）：9-20．

关键词：广东华侨　侨汇　侨汇逃避

内容摘要：1946—1949年，国民党政府为内战需要，加紧控制侨汇业。但是由于国统区经济恶化、通货膨胀剧烈，国民党政府又大肆搜刮人民财富，采用不合理的外汇汇率政策，因此引发大规模广东省侨汇逃避现象。海外华侨汇往广东的侨汇纷纷通过外商银行、民营侨批局、钱庄、银号等机构流入黑市，使国民党政府外汇收入大量流失，财政困境更无法解脱。

50. 新中国侨汇工作的历史考察（1949—1966年）．杨世红．当代中国史研究，2002（2）：89-95．

关键词：侨汇工作　侨务工作　侨眷

内容摘要：1949—1966年，侨汇在我国政治、经济生活中占有十分重要的地位。这一时期，侨汇既是国内近千万侨眷主要或次要的生活来源，也是国外广大华侨与祖国联系的一个重要桥梁，又是国家社会主义建设中所需外汇资金的主要来源。因此，在"文化大革命"前，争取侨汇工作不仅被认为是我国侨务工作的一项重要内容，而且侨汇工作还对我国侨务政策的演变产生了不容轻视的影响。

51. 战后国民政府的外汇政策与侨汇．朱东芹．南洋问题研究，2002（2）：58-67+96．

关键词：国民政府　外汇政策　侨汇　战后

内容摘要：战后，国民政府为吸收侨汇曾几度调整外汇政策，然而，由于恶性通货膨胀加剧，财政经济濒临崩溃，国民政府无法维持一个稳定、合理的外汇汇率，对汇率的调整往往只有暂时的效果，当官价汇率与市场汇率接近时，侨汇数量就增加，反之则减少。战后侨汇呈逐年递减之势，由于官价汇率与市场汇率往往背离，因而无法阻止侨汇大量流入黑市。

52. 战时四联总处侨汇经营管理政策分析．王红曼．贵州工业大学学报（社会科学版），2004（1）：31-34．

关键词：战时　四联总处　侨汇政策

内容摘要：四联总处是抗日战争时期国民党最高金融机构，在侨汇经营管理方面出台了一系列政策，这些政策对当时金融外汇与国内生产建设发挥了积极作用。通过参考四联总处相关史料，对其侨汇经营管理政策展开分析，对于当前金融体制改革和银行制度创新有重要参考价值。

53. 从国际侨汇新动向看我国侨汇政策．丘立本．华侨华人历史研究，2004（2）：8-20．

关键词：国际侨汇　国际移民　中国侨汇政策

内容摘要：近30多年来，国际侨汇的数量急剧增长，侨汇的作用也发生了重大变化。据国际基金组织2000年度国际收支报告，目前全球侨汇总额已超过1000亿美元，约为30年前的50倍，其中60%流向发展中国家。

印度侨汇每年多达 100 亿美元，高居榜首，紧跟其后的是墨西哥和菲律宾等发展中国家。值得注意的是，在许多发展中国家利用侨汇发展经济的时候，中国对侨汇工作却由于外资输入的不断增加而有所忽视。中国 1982—1999 年 18 年的侨汇收入总额只有 110 亿美元，仅相当于印度 1999 年一年的侨汇收入。笔者认为，我国有关部门应当关注侨汇工作，充分认识侨汇资源的重要意义，采取有效措施，更好地为经济建设服务。

54. "四邑侨汇为粤省冠"说辨析. 刘进. 五邑大学学报（社会科学版），2005（4）：40-43.

关键词：四邑　华侨　侨汇　文化价值

内容摘要：在近代，侨汇为江门四邑侨乡重要的经济命脉，曾有"四邑侨汇为粤省冠"之说。从定量、定性两方面辨析此说的历史内涵，可以窥测四邑侨汇所包蕴的文化价值。

55. 资金流向与地方财政经济——以侨汇与解放前福建省财政经济的关系为例. 焦建华. 特区经济，2005（2）：45-46.

关键词：福建　财政经济　资金流向　地方财政　外资利用　侨汇投资

内容摘要：无

56. 新阶段的侨汇与新移民（上）. 山岸猛，司韦. 南洋资料译丛，2008（1）：64-69.

关键词：侨汇　新移民　改革开放

内容摘要：20 世纪五六十年代的侨汇每年在 1 亿—2 亿美元以内。其后的"文化大革命"期间至改革开放后的侨汇及个人外汇存款已经做过论述。90 年代后半期以来进入了侨汇及与侨汇密切相关的个人外汇存款迅速增加的新阶段。

57. 新阶段的侨汇与新移民（下）. 山岸猛. 南洋资料译丛，2008（2）：74-80.

关键词：新移民　侨汇　改革开放

内容摘要：改革开放后不久，侨汇便急速增加，但 20 世纪 80 年代前期已经开始减少，减少幅度比以往小，这种情况一直持续到 90 年代。进入 90 年代后开始增加，但初期的增加速度比较缓慢，到了 90 年代后期才急速增加。尤其是进入 2000 年以后，仅半年时间侨汇就超过了 20 亿美元，2003 年仅前半年就超过了 55 亿美元。

58. 侨汇券和外汇兑换券的社会经济意义——兼论1958—1995年的粤港关系. 雷强, 黎熙元. 广东社会科学, 2008 (2): 101-107.

关键词: 侨汇券 兑换券 外汇 粤港关系

内容摘要: 侨汇券在1957—1994年作为一种特殊票证从发行到停止使用经历了30余年, 外汇兑换券自1980年发行至1995年1月终止使用历经15年。这两种券证都是国家为着吸收民间外汇而发行的补偿性外汇兑换证明。侨汇券和外汇兑换券各自在不同的特定历史时期发挥自己独特的作用, 它们不但折射出国家宏观政治及经济政策的转变, 也折射出粤港两地居民生活唇齿相依的关系。

59. 清代侨汇之数额估计及社会影响. 王付兵. 世界民族, 2008 (3): 48-55.

关键词: 侨汇 清代 社会影响 估计 海外华侨 中国经济

内容摘要: 本文中的"侨汇"是指华侨寄给其国内亲属的钱款。侨汇是晚清时期海外华侨对中国经济的最主要贡献。由于记载清代侨汇的资料分散及侨汇进入中国方式的复杂等因素, 国内外学术界对清代侨汇的研究还显得比较薄弱。本文主要以来自南洋地区和美国的侨汇为例, 试图较系统地研究清代尤其是晚清的侨汇问题, 以期从一个侧面较客观地认识当时华侨与中国的互动关系。

60. 印度侨汇的地位、作用及发展前景. 李涛. 国际资料信息, 2008 (10): 23-27.

关键词: 侨汇 印度 经济全球化进程 社会经济发展 国际移民

内容摘要: 近年来, 国际移民输出国的侨汇迅速增长引起了普遍关注。印度作为重要的发展中国家, 随着经济全球化进程的空前加速, 其海外移民人数倍增, 与母国的联系也日趋紧密, 移民寄回印度的侨汇急剧增加, 侨汇对印度社会经济发展发挥着积极有效的作用。

61. 浅析海外侨汇对移民母国经济发展的积极作用. 林勇. 亚太经济, 2009 (5): 109-112.

关键词: 海外侨汇 移民母国 经济发展

内容摘要: 海外侨汇对移民母国具有拓展收入来源、弥补外汇短缺、增加投资和消费、促进就业增长、改善贫困状况、改变收入差距等积极作用, 一定程度上促进了移民母国经济发展, 但目前在海外侨汇跨国流动、发挥侨汇对母国经济发展的积极作用方面还存在一定的障碍。如何更加有效吸引侨汇、引导侨汇更有效地为国内经济发展服务，是目前移民母国面临的重要问题。

62. 民国时期海南侨汇问题述论. 张朔人. 安庆师范学院学报（社会科学版），2009（10）：45-49.

关键词：民国时期　海南　侨乡　侨汇

内容摘要：侨汇是海外华侨反哺家乡重要的经济手段之一。民国之际，琼籍华侨在侨居国位卑薪微的处境下，不忘故土，通过各种途径将积攒的钱送回故居地。这些侨汇除了赡养家小之外，部分地充当着雇佣资本，对于侨乡地区向消费城镇的转型也起到了一定的作用。

63. 侨汇与侨乡的经济变化（上）. 山岸猛，司韦. 南洋资料译丛，2010（2）：66-73.

关键词：侨汇　贸易差额　经济　侨乡　中国对外贸易

内容摘要：中国国内亲属与海外华侨华人之间的血缘、地缘关系通过侨汇和信件已经非常牢固。至改革开放前期，来自海外的侨汇很少用于再生产，主要用于扶助国内侨眷的生活。对中国政府来说，在填补贸易差额方面没有偿还义务的侨汇外币收入作为非贸易外汇收入来源。

64. 侨汇与侨乡的经济变化（下）. 山岸猛，司韦. 南洋资料译丛，2010（4）：66-74.

关键词：侨汇　改革开放初期　海外华侨华人　侨乡

内容摘要：改革开放前后的"以物代汇"与"以钞代汇"。改革开放开始时，侨汇形态有了很大的变化，以物代汇和以钞代汇的情况增多了。

65. 新中国建国初期汇率制度的历史考察（1949—1952）. 陈鸾. 企业导报，2010（11）：250-251.

关键词：人民币　汇率制度　中华人民共和国成立初期

内容摘要：中华人民共和国成立初期，在特殊的政治、经济和理论背景下，我国当时的货币当局从我们自己的国情和实践出发，制定了以兼顾"奖出限入"和"照顾侨汇"为方针的、独立自主、灵活调动的浮动汇率制度。进入21世纪以后，尤其是在世界金融危机爆发后，人民币汇率不断受到来自各方面的压力。在现阶段重温中华人民共和国成立初期的这一段历史，对我们处理现在的人民币汇率问题具有一定的启示作用。

66. 国际侨汇对移民来源国经济发展的影响——国外学术观点综述. 林勇. 华侨华人历史研究，2011（1）：64-76.

关键词：侨汇研究　国际侨汇　国际移民　公共投资　国际贸易

内容摘要：论文从侨汇对贫困和收入分配的影响、侨汇对消费和投资的影响、侨汇的危机救助作用和对经济增长的影响、侨汇对公共投资和官方援助的影响、侨汇的"道德风险"和侨汇对人才流失的影响、侨汇对荷兰病和国际贸易的影响六个方面，对国外的一些学术观点进行了分析阐述，认为前期的研究为本领域的研究提供了非常有价值的开拓性成果和坚实基础，但是目前国际侨汇的研究多集中于国别和微观的领域，在宏观综合分析、比较分析和理论探索方面还比较欠缺，诸多领域的研究工作还需要继续挖掘和探索，不少研究结论存在较大争议，因此还有许多问题亟须做进一步研究。

67. 中国银行侨汇业务与合昌信局. 黄清海. 闽商文化研究，2011（1）：21-28.

关键词：中国银行　合昌信局　侨批经营

内容摘要：1928年后中国银行成为国际汇兑银行。1937年初中国银行泉州支行承接合昌信局牌照，开办侨批派送业务。在战乱时期，该行积极发展南洋代理局有180多家，冒险派送侨批。从文中选用4枚实寄封上的信息，反映该行经营侨汇侨批的实况，以体现了中国银行沟通侨汇，服务华侨、侨眷的精神。

68. 中国清末民初银本位下的汇率浮动：影响和启示. 王信. 国际金融研究，2011（2）：35-41.

关键词：银本位　汇率浮动　货币调控

内容摘要：清末民初，银本位下的中国货币对大多数金本位国家的货币汇率自由浮动。浮动汇率并非影响中国国际收支和宏观经济的主要因素：在汇率大体持续贬值情况下，中国贸易逆差不断增大；汇率贬值有利于刺激外商直接投资和侨汇流入，弥补贸易逆差。关键问题是中国货币状况乃至整体经济活动受制于白银数量，容易大起大落。当前中国汇率弹性有待提高，对货币调控造成较大制约。我国汇率浮动早已有之，不必过于担心，中国完全具备主动加快汇率改革的条件。

69. 地方的外汇管理与侨乡的外汇. 山岸猛，司韦. 南洋资料译丛，2011（2）：67-77.

关键词：福建省　外汇　改革开放前　中国银行　侨汇　外贸企业

内容摘要：本文将考察海外亲属寄给大陆亲属的侨汇、赠品及投资对侨乡及其周边地区金融体系产生了什么样的影响。海外亲属寄给中国国内亲属的物品、金钱的情况直至近年仍未完全断绝。

70. 承继与变异：初期侨汇业政策研究：以福建邮电局与批信局的关系为例. 焦建华. 中国经济史研究, 2011 (3): 41-48.

关键词：中华人民共和国成立初期　侨汇业政策　福建邮电局　批信局　关系

内容摘要：中华人民共和国成立初期，福建邮电局沿用并更严格执行国民政府1948年侨批业管理办法，其后根据国际形势逐步调整，最终给予批信局各种优惠和扶持，甚至不惜损及邮电局自身利益，以鼓励吸引侨汇。虽然新旧政权阶级性完全不同，但新中国侨汇业政策具有明显继承性和内在一致性，这主要因行业特殊性所致，而与政权阶级性无关；新中国侨汇业政策也有新的特点，政策完全从整体利益出发，较少受部门利益影响，也较少受外来力量直接干预，这反映了新中国国家能力增强和封闭条件下经济政策的独立性较强。因此，新旧政府经济政策的差异性要重视，也不能忽视其继承性。

71. 波动与稳定：1957—1977年的中国侨汇政策. 张小欣. 当代中国史研究, 2012 (6): 114.

关键词：管理政策　侨汇　"大跃进"　归侨侨眷

内容摘要：华侨汇款是中国外汇储备的重要来源和国内广大归侨侨眷生产生活的重要保障，其管理政策也长期是国家政策的重要内容。但1957年"大跃进"开始后侨汇却一度受到"左"的社会运动影响而不断减少。为提升侨汇收入，国家不仅一再重申侨汇的重要性，而且还在增加侨汇物资供应、避免侨汇遭受侵犯、提高侨批业经营积极性等方面制定了具体政策，保障了侨汇的逐步增长。

72. 菲律宾侨汇的特点、作用及其发展前景. 李涛. 经济问题探索, 2012 (9): 177-180.

关键词：菲律宾　侨汇　发展前景

内容摘要：近年来，菲律宾的侨汇一直高居世界侨汇收入国前列，巨额的侨汇对菲律宾的社会经济发展起到了积极的促进作用。尽管侨汇给菲律宾经济注入了活力但也面临着一些问题与挑战。

73. 上海侨汇与1950年人民胜利折实公债. 尤云弟. 党史研究与教学, 2013 (4): 40-46.

关键词：1950年　上海侨汇　人民胜利折实公债

内容摘要：中华人民共和国成立初期的上海侨汇业以及人民胜利折实公债的海外方向募集状况尚未得到研究。为补此不足，本文拟依据档案、报刊文献，梳理基本史实，对1950年上海侨汇业认购折实公债问题进行剖析，旨在通过较翔实的史料，探讨政府如何鼓励特殊群体侨胞汇寄侨汇来购买折实公债及其"原币转汇、侨汇优待牌价、侨汇购债牌价"等举措实施成效，分析并评价侨汇的流入与输出是如何适应人民胜利折实公债认购运动的。

74. 新中国侨汇物资供应政策分析. 张赛群. 中国经济史研究, 2013 (4): 106-113, 176.

关键词：新中国　侨汇　物资供应

内容摘要：侨汇物资供应政策，是我国在特定历史时期为了争取侨汇、照顾侨眷和归侨而实施的一项政策。这项政策在制定的过程中体现了公私兼顾、灵活务实、地方适度的自主权、尊重侨胞意愿、强调做好思想工作等特点，在实践中也取得了一些成效和经验。当然，在当时的历史背景下，这一政策也不可避免地带有一定的局限性。

75. 关于发挥侨汇作用的思考. 陈昱昊, 赵智杰. 发展研究, 2013 (11): 43-45.

关键词：侨汇作用　侨资投资

内容摘要：福建是中国最大的侨乡之一，每年的侨汇收入居全国前列，福建的外资很大部分是侨资。本文通过对福建的经济模式、侨汇在福建经济发展中的作用进行调查研究，提出进一步发挥侨汇作用的几点思考意见。

76. 意大利华工、侨汇与侨务资源的可持续发展. 尹静. 中国经贸导刊, 2013 (17): 61-63.

关键词：劳动力移民　侨汇　可持续发展

内容摘要：本文分析了意大利华人劳动力移民的工作生活状态，其侨汇在消费、储蓄、投资领域的支配，二代移民和侨乡留守儿童的教育，以及在意非法华人移民的腐败、有组织犯罪等社会问题，得出我国侨务资源可持续发展的政策建议，并为我国控制非法移民提供了借鉴和依据。

77. 战后广东四邑侨汇体系的恢复与重建. 石坚平. 五邑大学学报(社会科学版), 2014 (2): 1-5.

关键词：四邑　侨乡　华侨华人　侨汇

内容摘要："二战"结束后，随着中外交通的恢复和海外移民网络的重建，四邑侨乡社会进入了恢复重建期。在战后广东军政当局的支持和配合下，以现代银行金融系统和邮政系统为主体的官方侨汇网络体系得到了迅速恢复和重建，一度成为主要的侨汇途径；随着海外巨额侨汇的涌入，四邑侨乡经济活动日益活跃。部分侨汇转化为金融资本，有力地推动着以金山庄、金号、银号、地下钱庄和零售商店为主体的四邑侨乡社会民营侨汇体系的恢复和发展。

78. 从《粤侨导报》看抗战后广东侨汇与经济重建. 梁迭戈. 广东档案，2014（6）：29-32.

关键词：经济重建　海外华侨　四邑　经济振兴　美洲地区

内容摘要：抗战后广东经济满目疮痍，百废待兴，战后国民党广东省政府开始经济重建，而重建的重点之一就是加强对海外侨胞宣传，吸引侨汇投资。《粤侨导报》由1946年广东省政府辖下的粤侨事业辅导委员会粤侨文化社编辑发行，是一本面向海外华侨的官方宣传刊物。

79. 非法买卖外汇难逃法网. 佚名. 浙江金融，2014（B9）：48-49.

关键词：非法买卖　外汇　外币兑换　侨乡　跨境

内容摘要：浙江某著名侨乡，在外经商打工的遍布世界各地，个人跨境往来频繁，本外币兑换交易活跃。2012年5月初，有人向公安局反映，发现某银行门口有"黄牛"长期蹲点，要求予以调查。

80. 我国侨汇成本情况调查研究：以福建省为例. 吴国培，王丽红，吴卫锋. 福建金融，2014（1）：21-27.

关键词：侨汇　侨汇成本　侨汇管理　国际移民

内容摘要：面对8国集团和20国集团提出的"5×5目标"，中国作为全球第二大侨汇收款国，将面临更加严峻的形势。本文以中国重点侨乡福建省为例，从市场竞争、基础设施、有效监管以及市场风险等方面，探析我国侨汇成本高起的原因，并提出降低侨汇成本的原则和具体措施。

81. 建国初期侨汇政策的制定与发展（1949—1956）. 张小欣. 党史研究与教学，2015（2）：43-50.

关键词：新中国　侨汇政策　侨批业　侨乡社会

内容摘要：侨汇政策是新中国非贸易外汇的主要来源。中华人民共和国成立初期在中央"便利侨汇，服务侨胞"原则的指导下，闽粤等侨乡大省、中国银行先后推出促进侨汇寄递、优待侨汇汇率、扩大侨汇经营覆盖面、扶助侨批业复业等重要措施，加快了侨汇收入的增长。尽管此后受东南亚国家侨汇限制输出政策及国内土地改革、"三反五反"等社会运动影响，侨汇收入和侨批业经营积极性一度受挫，但随着向社会主义过渡期间对侨汇经营的高度重视以及贯彻侨汇保护政策的颁布，1956年侨汇经营国有化得以初步实现。侨汇政策的制定与发展与国家社会性质和社会政策变化紧密相关，同时因侨汇流入使侨眷家庭拥有大量外来资金，改变了侨眷家庭的生活水平和结构，由此也推动了侨乡社会特色的形成和发展。

82. 华南地区捐款性侨汇的流通运作——20世纪上半叶香港台山商会的角色. 黄海娟. 民国档案，2016（1）：83-90.

关键词：同乡会 捐赠 侨汇 香港

内容摘要：民国年间，粤省最著名侨乡——台山县接收了大量的捐赠性侨汇，捐赠性侨汇从募集到中转再到应用经历了多个流通运转环节的操作。商人群体——香港台山商会凭借其地缘、信用度的优势成为捐赠性侨汇流通运作的转承轴心。然而，当捐赠性款项离港被置换成产业和物品后，香港台山商会与广州台山公会对捐献款产掀起争夺。与此同时，政治势力开始深度介入台山同乡会事务，商界和政界人士的力量博弈制约着以同乡为纽带人群的融合和分裂。

83. 抗战时期国民政府的侨汇管控及其成效. 尤云弟. 华侨华人历史研究，2016（3）：68-79.

关键词：抗战时期 国民政府 侨汇管控 金融保障 四联总处

内容摘要：本文以美国斯坦福大学胡佛研究院档案馆藏蒋介石日记、台湾"国史馆"藏蒋介石档案和外交部档案、广东省档案馆藏财政厅档案、中国第二历史档案馆和重庆档案馆编四联总处史料集、民国报刊等原始史料为依据，考察了国民政府管控侨汇的机构、政策、流向变迁历程及其成效。认为战时侨汇是外汇的重要组成部分，是国家金融抗战和军事国防联动布局的关键物资，国民政府对侨汇管控有其金融抗战和国防战略部署的双重需要。抗战时期国民政府的侨汇管控存在着复杂的政策调整和隶属机构的变迁，这些措施增加了海外侨汇流入祖国。四联总处、财政部、中国银行和中央银行对战时侨汇管控做出重要贡献。文中1940—1945年度中国银行经收美元和英镑外币侨汇数额的统计图，填补了战时侨汇本币和外币统计数据欠缺的空白。

四　侨乡经济

（一）侨乡投资

1. **近代华侨投资国内企业的几个问题**. 林金枝. 近代史研究，1980（1）：199-322.

关键词：华侨投资　国内企业　侨乡　企业史

内容摘要：为搜集近代华侨投资国内资本主义企业的历史资料，加以系统地整理，以供研究中国资本主义发展史、中国近代经济史以及近代华侨投资国内企业史参考，我们曾先后在国内主要侨乡广东、福建两省的50个市县以及旧中国资本主义最发达的上海市等地调研。

2. **近代华侨投资国内企业的几个问题（续）**. 林金枝. 近代史研究，1980（2）：217-318.

关键词：华侨投资　国内企业　民族工业　侨乡

内容摘要：华侨投资国内企业有80多年的历史，主要分布在闽、粤、沪等省市，也有一定的投资数量。究竟它在国民经济所处的地位以及所起的作用如何呢？这也是本文所要论述的课题。

3. **解放前华侨在广东投资的状况及其作用**. 林金枝. 学术研究，1981（5）：45-51.

关键词：华侨投资　华侨资本　广东侨乡　海外华侨

内容摘要：广东是全国的主要侨区，旅居海外华侨不但历史悠久，而且人数众多。据估计，广东的海外华侨（包括华人）达一千多万人。由于他们侨居国外受到殖民主义者的剥削和迫害，过着"海外孤儿"的生活，所以时刻怀念着祖国和家乡，渴望祖国早日强大，家乡经济得到繁荣。中华人民共和国成立前，华侨对广东的投资，就是热爱祖国，热爱家乡的表现。本文试图通过回顾华侨在广东侨乡投资的基本情况及其对广东经济所起的作用,缅怀华侨对祖国对家乡做出的贡献。

4. 解放前华侨在广东投资的状况及其作用(续完). 林金枝. 学术研究,1981 (6): 79 - 82.

关键词:华侨投资 华侨资本 广东侨乡 海外华侨

内容摘要:华侨对广东的投资有八十多年的历史,投资金额达三亿八千多万元,主要投资于工业、农矿业、交通业、商业、金融业、服务业和房地产业,集中在广州、汕头、江门、海口、佛山、台山、梅县等沿海城市和侨乡中心。虽然华侨投资的历史不长、投资数量不多、地区分布不够广、生产规模也不够大,但是,不可否认,华侨投资于广东企业起了积极的作用,它对广东经济的发展产生着相当深刻的影响。

5. 近代华侨在福建的投资及其作用. 林金枝. 福建论坛(经济社会版),1982 (1): 76 - 81.

关键词:厦门 闽南 公路 侨乡 华侨投资 交通运输业 侨区

内容摘要:福建是我国的主要侨区,旅居海外的华侨人数约占华侨总数的三分之一。在中华人民共和国成立以前的漫长岁月里,他们在海外受尽殖民主义者的百般凌辱,成为"海外孤儿",殷切盼望祖国繁荣富强,保护他们的正当权益,使他们的父兄子弟能够安居乐业。他们对祖国和家乡有着深厚的感情和血肉联系。因此,凡是爱国爱乡的事业,他们总是踊跃参加。他们在福建投资,就是在这种热爱祖国、热爱家乡的思想指导下进行的。当然,在投资时,也会考虑到是否有利可图。

6. 近代华侨在上海地区企业投资历史的若干问题. 林金枝. 南洋问题研究,1982 (3): 108 - 120.

关键词:华侨 上海 投资 企业

内容摘要:为收集近代华侨投资国内资本主义企业的历史资料,加以系统地整理,以供研究近百年来的中国经济史、中国资本主义发展史以及华侨投资国内企业史参考,我们先后(1958—1959)在国内主要侨乡广东、福建两省的50个市县以及上海市等地进行了调查研究,整理了《近代华侨投资国内企业史资料汇编》一部。

7. 旧中国的广东华侨投资及其作用. 林金枝. 南洋问题研究,1982 (2): 126 - 150.

关键词:华侨投资 美洲华侨 广东华侨 房地产业 海外华侨

内容摘要:广东是全国的主要侨区,旅居海外华侨不但历史悠久,而且人数众多。据估计,广东的海外华侨(包括外籍华人)达一千五百万人。可是,在旧中国,他们受到殖民主义者的剥削和迫害,过着"海外孤儿"的生活。长期旅居国外,时刻怀念着祖国和家乡,渴望祖国能够早日强大,家乡经济得到繁荣。在旧中国,华侨投资广东的资本主义企业,就是华侨热爱祖国、热爱家乡的一种具体行动和体现。

8. 从福建华侨投资的历史特点看利用侨资问题. 林金枝,林皇杜. 中国经济问题,1982(3):26-29.

关键词:华侨投资 港澳同胞 菲律宾华侨 海外华侨 华侨资本

内容摘要:中央批准福建、广东实行特殊政策和灵活措施,是一项具有重大战略意义的英明决策,为加快福建经济建设、利用外资侨资开辟了新的前景。福建是全国主要侨乡,华侨居住国外的历史悠久。现今旅居世界各地的华侨(包括华人,下同)为数众多,据估计约有两千万人上下。其中,原籍属福建的有五六百万人,约占全国华侨人数三分之一弱,相当于福建现有人口的四分之一。

9. 谈吸收侨资问题. 顾铭. 学术评论,1983(6):67-70.

关键词:华侨投资 合营企业 经济技术合作 厦门经济特区

内容摘要:福建省是我国主要侨乡之一。据有关记载,闽籍人旅居海外已有一千多年的历史,约有五六百万人,占全国侨胞总数的三分之一,遍布东南亚、日本、欧美等许多国家和地区。广大福建籍侨胞具有爱国爱乡的光荣传统,在历史上曾做出很大的贡献;在今天的四化建设中,他们又是一支重要力量,对振兴福建经济正在发挥越来越大的作用。

10. 近代华侨对祖国的经济贡献. 姚会元. 广东社会科学,1985(4):33-37.

关键词:华侨投资 经济贡献 南洋华侨 侨汇 华侨农场 海外华侨

内容摘要:中华民族有着牢固的凝聚力。广大华侨,虽然身在他乡,侨居异国,但他们一天都没有忘记自己是"炎黄子孙"、自己的"根"在中国。一百多年来,他们始终不渝地爱家乡、爱祖国。在缅怀华侨爱国业绩时,人们不会忘记他们对祖国的经济贡献。

11. 对泉州市吸收侨外资的几点意见. 林皇杜. 福建论坛(经济社会版),1985(9):24-26.

关键词:泉州市 侨汇 外资 海外华侨

内容摘要：泉州市（现管辖七县二区）是福建省的重要侨乡，华侨旅居海外历史悠久，人数众多。据估计，现在海外的侨胞和外籍华人共达三百多万人，相当于该市现有人口的62.5%，占福建全省在海外侨胞、华人总数的50%以上。他们大部分分布在东南亚的菲律宾、印度尼西亚、新加坡、马来西亚、泰国和缅甸等国，也有居住在南北美洲、大洋洲和欧洲一些国家的。广大华侨和华人虽然远离祖国，旅居异域几十年甚至上百年，但他们都有一个共同的感情和愿望：热爱自己的祖国和家乡，支持家乡发展各项经济事业。据统计，从1955年至1965年，泉州市各县、区侨胞、华人投资家乡各项经济事业达人民币四千五百三十多万元，平均每年投资四百多万元。

12. 谈福清侨乡优势的发挥. 王凌，陈维忠，李洪元. 福建论坛（社科教育版），1985（9）：29－30.

关键词：侨乡　港澳同胞　资源优势　侨资　华侨

内容摘要：福建省福清县是全国著名的侨乡，华侨人数多，财力厚，乡情重。全县九十五万人，其中归侨、侨眷、侨属占三分之一。旅居海外的华侨、华人和港澳同胞四十多万人，约占全省侨胞的十五分之一，拥有资产约占福建侨胞总资产的五分之一。据不完全统计，其中资产在一亿美元以上的有十几户，有的还是世界知名的金融家，这在全国侨乡中也是少见的。最为难得的是，他们爱国爱乡之情十分炽烈，从党的十一届三中全会到1984年的六年间，他们通过各种形式向家乡捐资、投资的数额是"文化大革命"前十七年的四倍半。因而如果说，"山、海、侨、特"是福建的主要优势，那么福清的最大优势则在于华侨。

13.《近代华侨投资国内企业史资料选辑》出版. 陈咏. 民国档案，1986（2）：103.

关键词：华侨投资　历史文献　档案资料　海外华侨　福建侨乡

内容摘要：由厦门大学林金枝、庄为玑合编的《近代华侨投资国内企业史资料选辑》（福建卷）最近已由福建人民出版社出版。本书编者搜集了大量尚未发表的有关档案文件和历史文献，以散见于书刊报章等资料为主，并通过深入福建侨乡县、市进行实地调查研究，根据综合整理所得的第一手资料汇编而成。本书选辑的档案资料，时间从1840年鸦片战争起至1949中华人民共和国成立前夕止，重点是中华人民共和国成立前几十年间。内容包括海外华侨、归侨和侨眷对国内资本主义企业的投资。

14. 近代华侨在汕头地区的投资. 林金枝. 汕头大学学报（人文科学版），1986（4）：105.

关键词：汕头市　海外华侨　投资企业　华侨资本

内容摘要：汕头地区不但是广东著名侨乡。而且也是全国著名侨乡。目前，该地区有人口九百万人，其中归侨、侨眷有一百多万人。据估计，居住在海外的华侨、华人约有六百多万人，居住在香港、澳门的潮汕人也有一百多万人。因此，华侨、华人、港澳同胞和侨眷众多，是汕头地区发展经济的一个巨大优势，是当前振兴汕头地区经济一支可利用的重要力量。为了科研工作的需要，作者曾在20世纪50年代末和60年代初到闽、粤、沪等省市的50个市县调查近代华侨在国内的投资企业，获得了不少资料，并整理出《近代华侨投资国内企业史资料选辑》书稿一部。

15. 评林金枝、庄为玑合编的《近代华侨投资国内企业史资料选辑》（福建卷）. 林孝胜. 华侨华人历史研究，1986（4）：78－79.

关键词：海外华人经济　华侨投资　国内企业　侨乡

内容摘要：海外华人分布全世界，几乎是有海水处就有华侨、华人。海外华人的先辈大部分来自广东与福建二省。因此，华南侨乡一直是海外华人移民史的研究对象，曾出版过陈达的《南洋华侨与闽粤社会》（商务印书馆1938年版）、陈翰笙的《解放前的地主与农民——华南农村危机研究》（原书为英文本、1936年出版）等著作。

16. 1875—1949年华侨在厦门的投资及其作用. 林金枝. 厦门大学学报（哲学社会科学版），1987（4）：17－90.

关键词：厦门　华侨投资　菲律宾华侨

内容摘要：厦门是著名侨乡，也是福建华侨进出的主要港口。自鸦片战争以后至1949年厦门解放前夕为止，华侨一直关心着厦门建设。作者根据所得的调查资料，企图通过近代华侨在厦门投资的历史发展变化、基本特点以及对厦门社会经济发展所起的作用等几个问题的叙述和分析，缅怀华侨对厦门建设发挥的巨大作用，以期进一步激励华侨和港澳同胞为今后厦门特区和福建的四化建设做出新的贡献。

17. 论近代华侨在厦门的投资及其作用. 林金枝. 中国经济史研究，1987（4）：109－125.

关键词：厦门　华侨投资　菲律宾华侨

内容摘要：厦门是福建的主要侨乡，也是福建华侨出入的重要港口。

自鸦片战争以后至1949年厦门解放前夕为止，每年都有数以万计的人民从这里进出。在中华人民共和国成立以前的漫长岁月中，华侨在海外受尽殖民主义者的百般凌辱，成为"海外孤儿"，殷切盼望祖国繁荣富强，保护他们的正当权益，使他们父兄子弟能安居乐业，因此对祖国和家乡有着深厚的感情和血肉联系。华侨在政治上支援和参加了祖国和家乡的革命运动，在经济上他们进行了不少投资。为收集近代华侨投资国内资本主义企业的历史，以供研究近百年来的中国资本主义发展史、中国近代经济史、近代华侨史以及侨乡地方史参考之用。

18. 进一步吸引侨资的几点意见. 黄灼明. 岭南学刊, 1988 (6): 23 - 26.

关键词：侨资　广东经济　经济建设　商品经济　广东省　侨资管理　侨乡

内容摘要：广东省是全国著名的侨乡，侨资在广东经济迅速发展中起了十分重要的作用。但近些年来，由于侨资管理等方面的原因，使侨资的巨大潜力没有得到挖掘和运用。如何进一步把侨资调动起来更好地促进广东经济建设的发展，这是我们当前迫切需要做好的一篇文章。根据我国发展经济的需要和有计划的商品经济的要求，我们必须对侨汇、侨资的政策进行调整和改革。

19. 发展侨乡侨资企业战略的探讨. 葛意强. 暨南学报（人文科学与社会科学版），1989 (1): 96 - 99.

关键词：企业发展战略　侨乡　侨资

内容摘要：从实际出发制定侨乡侨资企业发展战略，这是发挥侨资企业在侨乡经济建设中的重要作用必须解决的基本前提。所谓从实际出发制定侨乡侨资企业发展战略，就是要充分认识侨乡发展侨资企业的必要性及其优势条件，根据沿海经济发展战略和侨乡的实际情况，确定侨资企业发展的中长期目标。只有这样，才能做到发挥侨乡优势，扬长避短，获取最佳的经济效益，从而促进侨乡经济发展。

20.《近代华侨投资国内企业史资料选辑》（广东卷）一书出版. 夏南林. 南洋问题研究，1990 (1): 115.

关键词：华侨投资　国内企业　华侨史

内容摘要：由厦门大学南洋研究所林金枝、庄为玑编著的《近代华侨投资国内企业史资料选辑》（以下简称《选辑》）是一部研究近代华侨在中国大陆企业投资的大型历史资料性丛书。《选辑》（广东卷）一书是《选辑》全书的第二部分，已于 1989 年 10 月由福建人民出版社出版，并由新华书店在国内外公开发行。《选辑》（广东卷）内容丰富、资料翔实，大部分属第一手原始资料。

21. 广西招徕侨资溯源. 范柏樟，黄启文. 八桂侨刊，1991（2）：34-41.

关键词：广西　华侨　侨资企业

内容摘要：侨居海外的广大华侨，素有爱国爱乡的光荣传统。他们关心祖国和家乡有多种表现，携资回国办实业就是一个重要方面。广西作为我国的第三大侨乡，在中华人民共和国成立前的数十年间，特别是 1925 年至抗日战争期间，曾招徕不少华侨投资办实业，对广西的社会进步起了促进作用。为了弘扬华侨的光荣爱国传统，本文拟从华侨在广西投资的历史追溯、近代华侨在广西投资的成因和近代广西招徕侨资的特点和作用等三个方面进行论述。

22. 民国时期闽西华侨对社会经济发展的作用. 林金枝. 南洋问题研究，1993（4）：73-82.

关键词：胡文虎　社会经济发展　华侨投资　闽西地区　侨汇

内容摘要：闽西华侨对社会经济发展的作用巨大。早在明代后期，旅居菲律宾的晋江华侨就曾将辛勤劳动所积攒的收入及其他职业收入，寄回家乡作赡养家属生活费用，以及"买地盖房"和借贷给亲人经商的事迹。

23. 侨乡梅州投资环境日趋改善. 韩晓光. 梅县侨声，1995（42）：39.

关键词：无

内容摘要：无

24. 汕头开埠以来的华侨投资. 黄绮文. 汕头大学学报（人文社会科学版），1997（2）：90-94.

关键词：汕头　开埠　华侨投资

内容摘要：汕头是全国著名侨乡，开埠以来百余年的建设和发展，都与华侨的大力投资分不开。本文以丰富的资料，论述了汕头开埠以来华侨华人投资的特点和发展变化，并进一步根据汕头的实际情况，提出了认真研究侨情、侨力、侨心，重视信息网络，做好引资工作的见解。

25. 福建省利用外资中的问题和对策研究. 周业梁，吴伟民，王仁生. 发展研究, 1997 (9): 32-34.

    关键词: 福建　外资利用　管理

    内容摘要: 改革开放以来, 福建省充分利用政策优势、地理优势和侨乡优势, 积极深化改革, 扩大开放, 大力引进外资, 目前已形成多层次、多形式、全方位的对外开放新格局, 取得令人瞩目的成就, 促进了本省外向型经济的迅速发展。

26. 海外华侨华人投资潮汕地区侨乡建设的过程与特点. 王本尊. 华侨华人历史研究, 1998 (4): 19-27.

    关键词: 潮汕地区　海外华侨华人　利用外资　港澳同胞

    内容摘要: 20世纪70年代末以来, 中国大陆实行对外经济开放和对内经济搞活的基本国策, 迎来了海外华侨华人和港澳同胞投资广东潮汕地区侨乡建设的热潮, 给潮汕地区侨乡带来了勃勃生机。这次投资热潮的规模之大、地区之广、覆盖面之宽, 以及行业之多和效益之显著, 都是前所未有的。

27. 福建华侨投资房地产业启示录. 桢淳. 侨园, 1998 (6): 40-41.

    关键词: 房地产业　华侨投资　福建　侨汇　城市建设

    内容摘要: 在20世纪前期, 海外侨资走向有一个重要趋势, 就是回国投资急剧增加。据中国银行的材料记载, 1931年的侨汇比1918年的侨汇, 增加达5倍以上。

28. 港商投资汕头的工业的绩效与思考. 刘志坚. 经济前沿, 1998 (7): 52-56.

    关键词: 外资企业　绩效　外商投资　直接投资　"一国两制"

    内容摘要: 利用港 (外) 资发展经济, 是汕港合作的主要目标, 而检讨港 (外) 商投资汕头工业的绩效, 对在"一国两制"下深化汕港合作意义重大。汕头为百载商埠, 又是我国著名侨乡, 历史上就是与国际经济联系较紧密的地区。改革开放特别是汕头设立经济特区以来, 外商对汕头的直接投资一直保持稳定高速增长, 至1996年底, 全市累计实际利用外资43.91亿美元, 开办外资企业4657家。

29. 海外侨胞投资侨乡的一种特殊形式——侨属企业. 王本尊. 八桂侨刊, 1999 (1): 20-25.

    关键词: 侨属　侨乡　海外侨胞　投资　乡镇企业发展

内容摘要：侨属企业（含港属企业）是海外华侨华人、港澳同胞赠送资金或生产技术设备，由其在家乡的亲属经营创办起来的企业，它实际上是旅外同胞捐赠的重要形式，也是一种特殊投资形式的延伸和扩展。这类侨属企业，是实行改革开放以后，伴随着各地侨乡乡镇企业的发展而出现的新生事物。它既是乡镇企业发展的一支生力军，又是侨乡经济发展的重要生长点。

30. 地缘、亲缘文化背景与引进华侨华人资本：以福清市为剖析典型. 童家洲. 八桂侨刊，2000（2）：16－21.

关键词：福清市　华侨华人　三资企业　招商引资　华人资本

内容摘要：改革开放20年来，地缘、亲缘文化对我国引进华侨、华人资本发挥了十分有益的作用。福建是仅次于广东省的我国第二大侨乡。旅居海外的闽籍华侨、华人达1086万人，归侨、侨眷也达800万人之多，他们当中旅居东南亚的约占90%。闽籍华侨素有爱国爱乡的优良传统，一向关心祖国和家乡的建设。改革开放以来，据统计，从1979—1998年，华侨、华人和港澳同胞来闽直接投资金额，占全省同期吸收外资总数的70%。而福清市从1979—1998年，华侨、华人和港澳同胞来福清市直接投资金额，则占全市同期吸收外资总数的80%。后者比前者高出10个百分点。目前，学者们普遍认为，海外华侨、华人资本来中国投资，最根本动因是为了获取利润和占有市场。他们选择来华投资，与其地缘、亲缘网络文化背景也有不可忽视的关系。本文拟以福建省和全国重点侨乡福清市为剖析典型，探索地缘、亲缘网络文化背景因素，在福清市吸引海外华侨、华人资本中所产生的影响和作用及所处地位问题。

31. 侨商与近代广西民族融合. 陈炜. 广西右江民族师专学报，2002（2）：49－51.

关键词：侨商　近代广西　民族融合

内容摘要：广西作为我国的第三大侨乡，在近代曾有过不少侨商投资兴办工商业。从民族融合的角度探讨侨商投资对近代广西民族地区社会经济发展的影响，对当今民族地区市场经济建设，招商引资，振兴本地经济具有一定借鉴意义。

32. 香山籍华侨投资近代国内企业的前提及其历史变化. 马永明. 改革与战略，2004（6）：30－32.

关键词：香山籍　华侨　投资　前提　历史变化

内容摘要：近代以来，香山华侨投资国内企业在国民经济中占有一定比重，它在国民经济中尤其在近代香山华侨投资国内企业的重点地区上海、广州及侨乡香山起了一定的作用，在一定程度上促进了民族资本主义的发展。本文试图考察香山籍华侨投资近代国内企业的前提及其历史变化。

33. 华人资本投资华南地区的现状及前景. 彭俊华. 经济前沿, 2005 (1): 18-22.

关键词：华人资本　华南地区　投资　现状　前景

内容摘要：自改革开放以来，海外华资一直都是我国外资利用中最为重要的部分。由于先行开放的优惠政策、优越的地理位置加上侨乡的特殊背景，华南地区一直都是广大华商投资的热土。20多年来，华人资本对华投资经历了几个重要的发展时期，其投资来源地、投资领域和行业等都发生了很大变化。本文以翔实的资料，考察了海外华商投资华南地区的现状，并对其发展前景进行了展望，希望能为华南地区引进华资新一轮热潮提供参考。

34. 福建侨乡民间资本发展问题探析. 林善炜. 福州党校学报, 2005 (1): 37-42.

关键词：福建侨乡　民间金融　民间资本　民间投资

内容摘要：作为我国著名的侨乡和改革开放最早的地区，福建民间资本充盈，民间资本成为福建经济社会发展的重要驱动力量。但总体来看，福建雄厚的民间资本的能量仍没有充分释放出来，侨乡优势还得不到充分发挥，福建侨乡民间资本发展中仍存在许多亟待解决的问题，充裕的民间资本需要进一步盘活，必须解放思想、寻求突破、扶持引导、规范发展。

35. 论侨资与侨乡青田经济的发展. 任幸芳. 丽水学院学报, 2005 (3): 15-17+32.

关键词：青田　侨资　侨乡

内容摘要：青田华侨自改革开放以来，在很长的时期内主要以捐赠的形式服务于家乡建设。2000年前后他们在青田的投资额迅速增加。全文从侨资在青田的行业分布着手，分析了侨资迅速增长的原因及侨资在青田经济发展中所起的作用。同时对如何继续保持侨资量的增长的同时，注重侨资质的提高，进行了一定的思考。

36. 投资大陆过程中海外华人社会资本功效及机制分析. 任亮，张继

芳. 生产力研究, 2007 (22): 75-76.

  关键词: 海外华人　社会资本　功效　趋势

  内容摘要: 在我国改革开放之初, 投资环境还不完善的情况下, 海外华人与侨乡建立在血缘、亲缘、地缘等关系基础上的社会资本, 增强了其投资大陆的信心; 并在投资地的选择、捐赠、投资合作者的选择、有关投资信息的获得、降低进入当地市场的成本和进入风险等方面发挥了巨大作用, 使海外华人在投资初期就取得了成功, 并获得了丰厚的经济回报。但随着市场经济体制的不断完善, 投资环境的不断优化, 海外华人社会资本的效用将逐渐减弱。

37. 近代华侨投资与东南沿海地区的社会经济变迁: 以闽南地区为中心. 张莉. 八桂侨刊, 2009 (4): 42-46+52.

  关键词: 近代投资　华侨　经济变迁　闽南地区

  内容摘要: 本文集中研究闽南地区, 表明近代华侨的投资和东南沿海地区社会经济的变迁是密切相关的。近代华侨的投资随时局的变化而波动起伏, 这直接影响、制约着闽南地区社会经济变迁的范围和深度。近代闽南地区出现了外向型近代工业、繁荣的城市商业、现代型金融业和交通运输业, 以及由此引起的更深层次的传统产业结构的变化。但由于这种变迁并不是建立在社会经济内部自身良性发展的基础上, 而是建立在受国际时局左右的侨汇上, 因而极其脆弱。

38. 洋务运动期间华侨对国内投资及其作用. 周建波, 孙淮宁. 生产力研究, 2009 (19): 84-87.

  关键词: 洋务运动　华侨投资　侨资企业

  内容摘要: 洋务运动期间, 清政府实施了一系列争取华侨资本的政策, 得到了海外华人的认同, 由此拉开了华侨对国内投资的序幕, 继昌隆缫丝厂、广州电灯公司和张裕酿酒公司就是其中的佼佼者。华侨投资促进了中国民族资本主义经济的发展, 改善了民众生活, 促进了侨乡经济发展。

39. 近代华侨资本在海南产业分布的探讨. 张朔人. 新东方, 2010 (4): 36-43.

  关键词: 华侨资本　海南人　华侨企业　华侨投资　公路建设　咖啡

  内容摘要: 华侨反哺祖国的经济行为基本上可分为两类: 一类是以补贴家用为主的侨汇以及捐资兴办各种公益事业的款项; 另一类即是用于价

值增值的华侨资本。本文试图以华侨资本为对象探讨其对海南产业分布的影响。

40. 闽籍"大侨"的资本潜力及其利用研究. 黄英湖. 亚太经济, 2010 (5): 121 – 125.

关键词: 闽籍"大侨" 资本潜力 利用

内容摘要: 福建是全国第二大侨乡, 闽籍华侨华人遍布在世界各地。他们中有不少是拥有雄厚资本实力的"大侨", 蕴藏着很大的投资潜力。可是, 由于各种主客观原因, 这些"大侨"回祖籍地投资兴业的却为数甚少。我们应积极营造良好的投资软、硬环境, 发掘"大侨"们的投资潜力, 吸引他们回家乡投资。

41. 试析华侨华人资本之侨乡社会"根植性"及其培育. 林心淦. 福建论坛 (人文社会科学版), 2011 (1): 132 – 136.

关键词: 华侨华人资本 内生根植性 再造根植性

内容摘要: "侨资"根植性, 是指华侨华人作为资本所有者与侨乡社会之间存在的一种隐性的非经济性的关系特性, 分为"内生根植性"和"再造根植性"。对于"侨资"根植性的培育, 应当做好新侨的"留根工程"、构筑"侨社"核心竞争力。

42. 1950—1957 年我国华侨投资政策分析. 张赛群. 华侨华人历史研究, 2011 (3): 32 – 40.

关键词: 华侨研究 华侨投资 侨务政策

内容摘要: 论文梳理了 1950—1957 年我国华侨投资政策逐步形成和发展的三个阶段, 阐述了这一时期华侨投资政策的几个鲜明特点: 明显的阶段性、服务于国内经济建设的大局、与争取侨汇的目标相一致以及尽可能顾及华侨的利益和意愿。在此基础上, 论文对这一时期的华侨投资政策进行了评价, 并对影响华侨投资政策制定的各种因素予以探讨, 从其经验教训中获得对当今华侨投资政策的启示。

43. 华侨华人投资对上海经济转型的作用. 陈志强. 上海商学院学报, 2012 (1): 68 – 75.

关键词: 华侨华人 经济转型 作用

内容摘要: 本文分析了海外华商的经济特点、发展趋势及上海经济转型所面临的挑战和机遇, 阐述了华侨华人对上海引进外资、技术和管理经验方面所起的先导、示范、联动和扩散作用, 提出利用上海区位优势, 立足浙闽粤等侨乡资源，发展非政府组织，建立模块服务团队，形成以港澳台为节点、以东盟为跳板辐射美加澳的产业互动群，构筑筹资、营销和创新三大板块等政策建议。

44. 民国时期华侨投资国内公用事业的困境：以侨商陈子桢等人承领广州公共市场案为中心. 李淑蘋，李文惠. 东南亚研究，2012（1）：91-96.

关键词：侨商　华侨投资　公用事业　陈子桢　程天固　刘纪文

内容摘要：民国时期的广州是孙中山及其追随者们着力打造的模范新都市，在市政建设方面虽有许多规划，但多因政府财政困难无法实现。而广东省作为侨乡，是华侨投资国内企业最多的省份，却少有华侨在广州的公用事业方面投资。本文通过分析侨商陈子桢等人承领广州全市市场案，认为广州市政当局的政策在一定程度上影响了华侨对本来盈利就少的公用事业的投资。

45. 扩张与失衡：改革开放以来的温州侨资侨属企业研究. 徐华炳，吴颖. 八桂侨刊，2015（3）：50-56.

关键词：海外温商　投资创业　侨资企业　侨属企业　经济变迁

内容摘要：温州是全国重点侨乡，海外温州人回乡投资创业已有百余年历史。温州侨资侨属企业发展至今，有力地助推了温州地方经济社会的发展，也形成了自身特色。其中1979—2010年，温州侨企经历了平稳发展、快速增长和转型升级三个阶段，呈现出数量急剧扩张、投资形式多样化、科技含量不高、区域分布不均和行业结构失衡等特点。

46. 20世纪30—40年代华侨在广西的投资与侨乡发展. 贺金林. 八桂侨刊，2016（3）：75-80.

关键词：20世纪30—40年代　吸引侨资　广西侨乡发展

内容摘要：新桂系统治之初，广西地方政府通过派员前往海外宣传，热情接待回国考察实业的华侨等举措，积极吸引海外华侨回到广西投资兴业。至20世纪30—40年代海外华侨在广西从事矿业与农垦等方面的投资之时，广西地方政府采用共同合资、向侨商提供贷款与保护等诸多措施为侨商提供便利。海外侨资的引入不仅在一定程度上推动了广西工农业生产的发展，而且也密切了华侨与祖国之间的联系。二者在共同促进广西侨乡新面貌的同时，也带来了广西侨乡民众思想观念上的变化。

（二）侨乡建设

1. 侨乡的开发对策．王扬泽．海洋开发与管理，1985（1）：16．

关键词：港澳同胞　侨务工作　华侨　侨乡　优势产业

内容摘要：汕头市要突出自己的特色，首先要紧紧抓住一个"侨"字。汕头的最大优势就在于有600万潮汕籍华侨和百万港澳同胞，这是发展汕头经济最有利的条件。因此，要进一步实行开放政策，特别是要做好侨务工作，对华侨做到有名、有利、有情，增加广大华侨和港澳同胞的向心力，大力引进侨资和侨资背后的国际资本，解决开发的资金困难问题。其次是努力引进先进的科学技术，开发具有汕头特色和发展前途的三大优势产业——轻工加工业、果菜生产业和水产养殖业，把汕头建成我国重要的加工工业基地、果菜生产基地和海水产品基地。与此同时，还要抓好交通、能源、科技和教育几个战略重点，大力开发人才资源，聘请潮汕籍的海内外专家当顾问，提供技术信息和咨询服务，保障经济有较快的发展速度。

2. 潮汕侨乡与经济特区建设．汕头特区经济技术研究所．侨史学报，1986（2）：22 – 27．

关键词：无

内容摘要：无

3. 试论"泉州模式"的经济特点及其意义．苏东水．复旦学报（社会科学版），1987（2）：20 – 28．

关键词：乡镇企业　泉州模式　乡镇经济　股份企业

内容摘要：泉州是举世闻名的文化古城，著名侨乡，宗教圣地，人文荟萃，古人盛赞它"山川之美，为东南之最"，是"市井十洲人"的都会。不久前，中国国民经济管理研究会华东管理学会在泉州举行年会，探讨了利用"侨、优、特"发展乡镇企业的"泉州模式"。作者出于对侨乡的热爱，三年来曾八次到该地区进行访问、考察。本文着重就"泉州模式"的经济特点及其意义谈谈自己的看法。

4. 在改革开放中前进的江门二轻工业．彭永光．中国集体经济，1989（1）：36 – 37，42．

关键词：无

内容摘要：江门市地处珠江三角洲经济开放区，管辖台山、开平、恩平、新会、鹤山5个县，是著名的侨乡，毗邻港澳，交通方便，经济发达，手工业历史悠久。1983年实行市管县的新体制以来，随着改革、开放政策的进一步实施，江门市二轻工业以前所未有的速度向前发展。

5. 努力开拓具有侨乡特色的经济发展新路子. 林大穆. 发展研究，1991（11）：23-26.

关键词：泉州市　乡镇企业　三资企业　农村

内容摘要：无

6. "东方第一港"新姿——泉州市对外开放掠影. 杨兴国. 国际经济合作，1992（10）：36-37.

关键词：三资企业　泉州市　对外开放　乡镇企业

内容摘要：泉州位于福建省东南沿海"金三角"地带，曾被马可波罗誉为"东方第一大港"。它既是中国闻名遐迩的侨乡，也是台湾汉族同胞主要祖籍地。今天，在改革开放的大潮里，这里正上演着一幕幕蔚为壮观的连台好戏。沸腾的土地在泉州，记者曾听到这样几句话："'三来一补'起步，乡镇企业铺路，三资企业上路，成片土地开发迈大步。"

7. 泉州侨乡经济发展预测. 叶东明. 泉州师专学报（社会科学版），1993（1）：12-15.

关键词：泉州市　经济发展　侨乡

内容摘要：泉州市地处福建省东南沿海，面积10865平方公里，人口600万人，有421公里长的海岸线，拥有肖厝、辋川、崇武、秀涂、后渚、祥芝、深沪、东石、石井、安海等大小14个港口。泉州市又是我国著名的侨乡，拥有遍布于世界各地600多万华侨、华裔及港澳同胞。

8. 上海川沙县侨资企业巡礼. 周天柱. 今日中国（中文版），1993（2）：74-76.

关键词：国际市场　欧美市场　港澳台　沙县　浦东新区　侨资

内容摘要：在黄浦江畔的上海滩，有一个颇具盛名的"小侨乡"，它就是浦东宝地——川沙。浦东新区面积为350平方公里，川沙县就占了312平方公里。开放浦东，川沙自然首享其福。目前川沙县在海外的华侨和港澳台同胞约2万人，分布在世界33个国家和地区；县内居住归侨74人，侨眷4万多人，还有去台人员1750人，台属5000人左右。

9. 理想的投资区——琯头镇. 叶林松. 现代情报，1993（3）：42.

关键词：闽江口　经济开发区　对外开放　深水码头

内容摘要：琯头镇位于闽江口北岸，是著名的侨乡，距福州仅40多公里，距马祖列岛14海里，距台湾基隆136海里，历史上与台湾、马祖都有商船直航，为闽江口"金三角"对外开放的黄金地带。琯头镇经国务院批准，列为马尾经济开发区的第三期工程，有小长门和粗芦岛玉霞鼻两处可选择开发为万吨级以上的深水码头，琯头港已辟为台轮停泊点，3000吨码头正在筹建中。

10. 东邻汕头的黄金地——澄海. 蔡人群，张小文. 经济地理，1993（4）：96－98.

关键词：澄海　汕头特区　侨乡　韩江三角洲

内容摘要：南靠韩江三角洲，东邻汕头经济特区，有一个人口、城镇高度密集，经济文化发达，物产丰饶的地方，它就是我国著名侨乡——广东东部沿海的澄海县。

11. 侨乡经济与外资. 郑德华. 华侨华人资料报刊剪辑，1993（6）：24.

关键词：无

内容摘要：无

12. 晋江：侨乡新事. 李小霞. 现代中国，1994（1）：65－75.

关键词：晋江　乡镇企业　侨乡　产品展销会　合资企业

内容摘要：无

13. 当代江门市五邑侨乡社会经济发展的特点. 吴行赐. 华侨华人历史研究，1994（1）：63－69.

关键词：华人华侨　五邑侨乡　社会经济发展　侨汇　港澳台　侨眷

内容摘要：无

14. 论广西国有华侨企业的改革与发展. 黄绍胤. 八桂侨刊，1994（4）：10－15

关键词：华侨企业　华侨农场　经济体制改革　广西

内容摘要：广西是全国第三侨乡，广西华侨的人数占全国第三位。而广西国有华侨农（林）场、工厂的企业数和职工数，在全国国有华侨企业最多的3个省份中居第二位，企业数占全国总数的34.8%。华侨企业工作是广西侨务工作的一个重要组成部分，因有华侨企业也是全区国民经济一支不可忽视的力量。笔者于1984年春到自治区侨务部门工作后，开始接受的第一个任务,就是到防城十万山华侨林场、钦州丽光华侨农场和防城华侨砖厂等,几个华侨企业,调查了解生产情况。尔后,从1984年11月至1986年10月,负责主管全区华侨企业工作,并主持国营华侨企业经济体制改革工作,直接参加了华侨企业的改革工作和生产管理。当前,我国正处于由计划经济向社会主义市场经济体制过渡的历史转折时期,如何抓住机遇,深化改革,加快发展,这是广西国有华侨企业面临的重要课题。本文根据十四届三中全会《关于建立社会主义市场经济体制若干问题的决定》的精神,结合我区国有华侨企业的具体特点及其发展史,提出若干探讨性的见解。

15. 侨乡台山的新变化. 杨理科,赵明亮,马维秋. 瞭望,1994(41):32-34.

关键词:台山市 经济发展 侨乡 西部沿海 发展机遇

内容摘要:无

16. 十五年的变迁——记北海市侨港镇. 乔工伟. 八桂侨刊,1995(1):35-37.

关键词:北海市 渔业生产 难侨 水产加工

内容摘要:北海市侨港镇,1979年前还是一片人烟稀少的荒滩。为了妥善安置从越南颠沛流离到北海的8000多名难侨,1979年经上级批准在这里建立了难侨安置点。10多年来,这里经济迅速发展,难侨生活不断改善,基础设施初具规模,供电供水、商业服务、医疗卫生、文化教育等生活设施比较齐全,已建成了一个欣欣向荣的新侨乡。目前全镇拥有大小机动渔船700多艘,总马力7万多匹。渔业生产量节节上升,从1979年的2000多吨增至1993年的42000多吨,渔船固定资产从1979年的240万元增到1993年的8000多万元,人均纯收入从1979年的120元增至1993年的2299元,全镇渔工贸收入1993年达2.3亿元,形成了海洋捕捞、水产加工、修造渔船一条龙的海洋生产服务体系和渔、工、贸并举的综合性城镇。联合国难民署的高级官员曾称赞侨港镇为"世界上安置难民的光辉典范和橱窗"。

17. 97后珠江三角洲经济发展及构建侨乡大都会的思考. 袁筑丽. 五邑大学学报(社会科学版),1995(2):41-48.

关键词:"珠三角" 经济一体化 经济发展 江门五邑 侨乡特色

内容摘要:本文用分析对比的方法,探讨了港澳回归后,完整的珠江三角洲经济区的最佳经济运行模式——实现"经济一体化",建立"自由经济区"的必要性与可能性。并思考了如何实现江门五邑地区与"珠三角"的同步、协调发展、构建侨乡"大都会"的战略决策、当前存在的主要问题、应采取的对策。

18. "泉州模式"的历史轨迹. 陈飞天. 福建学刊, 1995 (2): 14-19.

关键词:泉州模式　乡镇企业　泉州市　市场化体系

内容摘要:"泉州模式"指泉州市农村经济发展的模式,是对泉州这个特定地区,在特定历史背景下,农村经济发展变化规律及其运行机制的基本特征所做的理论概括。泉州农村经济发展是以乡镇企业为突破口,进而带动了农村各行各业朝着专业化、社会化、商品化方向协调发展,所以乡镇企业发展是"泉州模式"的轴心。

19. 发挥侨乡优势挖掘聚财潜力. 林诗章. 海南金融, 1995 (7): 36.

关键词:侨乡优势　琼海市　储蓄存款　华侨　侨汇

内容摘要:琼海市人口43万人,其中归侨、侨眷及港澳亲属约10万人,占全市总人口的23%,个别乡镇占35%以上。据外事办统计资料记载,旅居国外的琼海市华侨大约有55万人,故琼海市素有"侨乡"之称。琼海市侨胞众多,具有华侨投资和侨汇储蓄的潜力。我们要发挥侨乡优势,挖掘聚财潜力。

20. 潮汕文化与侨乡经济发展. 刘淼. 通讯, 1995 (11): 19.

关键词:无

内容摘要:无

21. 发挥侨乡优势,加速汕头国际港口城市的建设. 刘斌. 通讯, 1995 (11): 21.

关键词:无

内容摘要:无

22. 沿海侨乡经济发展与商业文化结构剖析. 饶志明. 华侨大学学报(哲学社会科学版), 1996 (2): 40-46.

关键词:商业文化　经济发展　结构剖析　侨乡　地域文化

内容摘要:海外商业实践及其他环境因素导致沿海侨乡形成有别于整体文化和其他地域文化的商业文化结构,进而推动民营经济的发展和市场基础结构的形成。工商业的发展及社会经济结构的变化不断推动商业文化的合理化。

23. 海外潮人与潮汕地区的经济发展. 郑一省. 八桂侨刊, 1997 (1): 40 – 44.

关键词: 潮汕地区   侨乡   经济发展   引进外资   华侨

内容摘要: 潮汕地区是对粤东的泛称, 主要指潮州、汕头、揭阳、饶平、澄海、普宁、惠来等地。这个地区, 从汉朝初年设南海郡揭阳县算起, 已有两千多年的历史。唐朝的韩愈因得罪皇帝, 被贬谪到潮州时写道: "一朝封奏九重天, 夕贬潮阳路八千。"可见潮汕当时是发配罪臣的穷乡僻壤。在唐朝末年, 以及南宋时, 因战乱的关系, 中原居民才大量南迁潮汕。由于社会动乱、生活困窘等原因, 潮汕人自明朝以后开始向海外移民, 这种迁移在鸦片战争, 特别是在1860年汕头开埠之后达到高潮。据汕头海关的不完全统计, 从鸦片战争以后的1869年至1939年, 经由汕头出口的总人数达1130多万人, 同期回国的约1040万人, 净出国人数达90多万人之多。潮汕移民起先多聚集于东南亚, 后随着移民的增多, 国际社会经济发展的变化而逐渐迁移世界各地。根据资料统计, 移居国外的潮人目前主要分布在泰国、新加坡、马来西亚、印度尼西亚、澳洲和欧美等国家和地区, 人数共计1200多万人。数百年来移民海外的潮汕人士, 在国外长期生活奋斗, 同当地人民水乳交融, 其前途同所在国的前途息息相关, 苦乐与共, 早已展现他们克勤克俭的特性和艰苦奋斗的开拓精神。同时, 他们也与祖 (籍) 国侨乡一直维持着密切的联系。

24. 广东侨乡外向型经济优势及其地缘背景研究. 文云朝. 地理科学进展, 1997 (4): 27 – 34.

关键词: 侨乡   经济优势   地缘战略背景

内容摘要: 本文把广东侨乡外向型经济优势与广东籍华侨、侨人的地理分布及其地缘背景联系起来研究。它从地缘政治、地缘经济、地缘文化方面研究了影响地缘战略决策的基本要素, 并结合东盟的具体情况对其进行分析、探讨, 指出了面向21世纪再创侨乡优势的努力方向。

25. 江门市实施"大经贸"战略的思考与建议. 纪秋颖, 黄满标. 五邑大学学报 (社会科学版), 1998 (1): 41 – 45.

关键词: 大经贸   "大经贸"战略   外经贸企业

内容摘要: 江门市是珠江三角洲著名侨乡, 外向型经济是其经济战略重点，本文就江门市外经贸发展状况，结合"大经贸"战略，分析了江门市外经贸发展存在的问题，并对如何实现"大经贸"战略，提出了具体建议。

26. **侨乡纽带与中国经济现代化.** 黄岑. 东南亚学刊，1998 (2)：33-37.

关键词：无

内容摘要：无

27. **泉州：港口经济，侨乡经济.** 佚名. 环渤海经济瞭望，1998 (5)：24-26.

关键词：无

内容摘要：无

28. **归侨、侨眷与晋江乡镇企业.** 沈燕清. 南洋问题研究，1999 (1)：103-113.

关键词：乡镇企业发展　晋江市　侨眷　家族企业　侨属

内容摘要：1997年2月—1998年3月，厦大南洋研究院组织的晋江侨乡的田野调查，我有幸加入其中，调查中我深深体会到侨乡优势对晋江乡镇企业发展所起的作用，而"侨"的优势又是通过归侨、侨眷起作用的，本文试图分析归侨、侨眷这一特殊群体在晋江乡镇企业发展中所起的作用及其存在的问题。晋江归侨、侨眷的概况根据1990年第七届全国人大常委会审议通过的《中华人民共和国归侨、侨眷权益保护法》的规定，侨眷是指华侨在国内的眷属，它包括华侨在国内的配偶、父母、子女（媳妇、女婿）、兄弟姐妹、祖父母、外祖父母、孙儿孙女、外孙儿、外孙女、抚养人和生活主要来源依靠华侨的其他亲属，涵盖面很广（侨眷、归侨的含义均适用于港、澳、台同胞）。晋江是我省著名侨乡，历史上曾出现几次移民高潮，晋江人大量前往东南亚、港、澳、台和其他地区。目前在海外的晋江人甚至超过国内的晋江人，到1995年为止，晋江人口有95万人，海外华侨、港、澳、台同胞有214万多人，素称"海内外300万晋江人"，因而"十户人家八户侨"是晋江的一大特色。如石狮在20世纪80年代初，全镇共有5227户，共有25000多人，其中百分之七八十家庭与海外华侨有各种亲友关系，其中有直系亲属621户。

29. **晋江侨乡经济发展与外商投资企业.** 俞云平. 八桂侨刊，1999 (1)：26-31.

关键词：外商投资企业　三资企业　晋江市　经济发展　社会资本　侨乡

内容摘要：改革开放以来，中国经济以近10%的年增长率迅速发展，而沿海侨乡地区的发展速度比其他地区更快，成为中国经济最具活力的地区之一。比如福建晋江，"六五""七五""八五"期间的经济增长速度分别达到18%、24%和58%，创造出经济奇迹。研究侨乡经济的发展问题，对探索中国不同区域的经济发展道路，对全面了解海外华人与中国的关系，都有着重大的现实意义。本文仅选择侨乡经济的一个侧面——外商投资企业，以晋江侨乡为个案，在回顾晋江外资发展历程，着重分析晋江外商投资企业的地区分布、行业结构、资金技术来源、经营管理状况的基础上，探讨晋江外商投资企业在晋江侨乡经济发展中的地位作用。

30. 广东对外开放的成就与基本经验. 宋子和，张长生，蔡兵. 特区理论与实践，1999（10）：23-24.

关键词：广东　对外开放　利用外资　国际市场

内容摘要：广东以邓小平对外开放理论为指导，利用地缘、人缘优势，在全国对外开放中先行一步，是最早发展外向型经济的地区。20年来，一方面，广东的对外开放取得了举世瞩目的巨大成就；另一方面，面对国际、国内的新形势，也遇到了严峻的挑战，亟待提高对外开放水平。回顾广东对外开放的历程、成就，总结经验，不仅对广东，而且对全国提高对外开放水平都具有重要意义。

31. 温籍华侨与温州经济发展. 蔡克骄，朱建仁. 温州论坛，2001（2）：23-26.

关键词：温州市　经济发展　华侨投资

内容摘要：温州市是全国著名的侨乡，有海外侨胞40余万人。他们侨居海外，情系桑梓，积极开展与温州的经济合作，并取得了巨大的成就。面对经济全球化的大趋势，我们应加强与温籍华侨的经济合作，更好地迎接经济全球化的机遇和挑战。

32. 内地劳动力与海外华人资本的结合——珠江三角洲侨乡研究. 黄朝晖. 华侨华人历史研究，2001（2）：58-63.

关键词：劳动力　华人资本　珠江三角洲　侨乡

内容摘要：1979年以来，以港澳台资本为先导和主力的华商率先在中国改革开放的前沿阵地——珠江三角洲侨乡落户，在带动侨乡工业化进程的同时，也使过去侨乡传统的劳动力结构发生巨大的变化。本文通过若干个案研究，分析侨乡劳动力市场与海外华人资本的结合模式及其对沿海侨乡、内陆地区及海外华商三方所产生的影响。

33. 试析晋江侨乡经济发展中的人文因素. 王望波. 南洋问题研究, 2002（4）：62-70+96.

关键词：传统文化　侨　经济发展

内容摘要：福建省晋江市是我国著名的侨乡，自1978年中国实行改革开放政策以来，晋江的经济发展取得了巨大的成功。本文试图论证地方传统文化，以及众多的海外晋江人，他们所带来的资金、技术设备，尤其是先进的经营管理经验和开拓国内外市场的能力，是晋江社会经济迅速发展的重要原因。

34. 发挥侨乡优势，推动经济发展. 佚名. 舜河侨刊, 2004（35）：72.

关键词：无

内容摘要：无

35. 容县：四大策略振兴侨乡工业. 秦崇广. 当代广西, 2005（14）：25-26.

关键词：容县　侨乡　现代化

内容摘要：走进侨乡容县，只见两年前还是一片荒凉的容城南郊，现在已是现代化厂房林立的自治区级工业区，各种规格的高中密度板、皮卡纸、针织品、保健食品和药品等产品正通过检测包装，源源不断地运往国内外市场。

36. 闽粤侨乡民间资本开发与运用比较及其启示. 林善炜. 福州党校学报, 2006（2）：30-34.

关键词：闽粤侨乡　民间资本　开发与运用　比较与启示

内容摘要：闽粤两省是我国著名的侨乡，又是全国综合改革开放试验区和民营经济发展大省，民间资本充盈。闽粤侨乡民间资本运行和发展有许多共同之处，但因区位优势、体制环境、制度创新程度等不同，两大侨乡在实践中涌现出了不同的民间资本投资机制和投资方式。本文通过比较，归纳两大侨乡在民间资本开发与运用中的异同点，总结广东侨乡在民间资本开发与运用中的成功经验，揭示广东侨乡民间资本开发与运用对福建侨乡民间资本开发与运用的启示。

37. 邓小平的"独特机遇论"与侨乡社会的现代化模式. 沈卫红. 复印报刊资料（邓小平理论"三个代表"重要思想），2007（10）：68-72.

关键词：无

内容摘要：无

38. 对外开放后福建侨乡的经济发展与海外华侨华人的经济作用——以晋江市为中心. 山岸猛. 南洋资料译丛，2007（1）：68-81.

关键词：海外华人　华侨华人　晋江市　经济发展　对外开放　侨乡

内容摘要：福建省晋江市（1992年由县改为市，以下称为"市"）的乡镇企业自改革开放以后取得了显著的发展。人们一般称为"晋江模式"。

39. 改革开放后广东省侨乡的经济变化与海外华侨华人——以台山市的新移民和侨汇为中心. 山岸猛. 南洋资料译丛，2007（3）：65-80.

关键词：华侨华人经济　改革开放　经济增长　海外　新移民　侨汇

内容摘要：改革开放后中国急速的经济增长引起了世界的瞩目。众所周知，其原因之一是海外华侨华人起到了很大的作用。当然，虽然问题很多，也很复杂，但21世纪忽略了亚洲经济就难以叙述世界经济。尤其是华侨华人经济的动向受到了注视。海外华侨华人经济对中国大陆的经济影响很大，今后也将继续保持一定的影响力。我们有必要对这种大的潮流加以阐述。

40. 华侨与近代侨乡工业——以广东梅县为例. 肖文燕，张宏卿. 华侨华人历史研究，2007（3）：54-60.

关键词：田野调查　广东　梅县　侨乡研究　侨乡工业　华侨投资

内容摘要：本文将田野调查与历史研究结合起来，以学界研究较薄弱的山区侨乡——梅县为研究区域，对华侨与近代侨乡工业发展的关系进行了分析。结果显示，华侨在率先投资近代工业中，注重引进西方先进的技术和西方近代企业制度及经营理念，在侨乡工业从传统向近代转型的过程中，华侨起了积极的推动作用。

41. 华侨与近代侨乡农业变迁——广东省梅县个案研究. 肖文燕. 东南亚研究，2007（2）：78-84.

关键词：华侨　侨乡　农业变迁　种植业

内容摘要：近代以来，中国侨乡农业经历了一个由传统向近代转型的过程。在这一变迁过程中，华侨起了积极的推动作用。本文将田野调查与历史研究结合起来，以全国著名侨乡——广东省梅县为个案，从种植业这个视角切入，阐述和探讨华侨在侨乡梅县农业变迁中所起的作用。本文认为，在传统粮食作物和经济作物的生产以及山林业的发展诸方面，华侨通过多种形式的努力，或引进并推广优良品种，或传播先进生产技术，或身体力行改变经营管理方式等，推动了传统种植业的更新。正是由于华侨这一资源，农业中近代新因素（新品种、新管理、新的经营方式、新的技术与人才）开始在侨乡梅县出现并日渐成长，有力地推动农业近代化转型，促进了经济的发展。

42. 社会资本与地方经济发展：以广东新会为例. 孟晓晨，赵星烁，买买提江. 地理研究，2007（2）：355－363.

关键词：社会资本　海外关系网络　地方经济发展　广东新会

内容摘要：海外关系网络是一种特殊的社会资本，对地方经济的发展可以起到一定的促进作用。本文从社会网络作为资源配置渠道的角度，以广东新会为例，通过实地调研、数据统计及问卷分析，探讨了海外关系网络对地方经济发展的作用。研究发现，通过海外关系网络进入侨乡的资金主要有侨汇、捐赠和投资三种形式，三者都直接或间接地作用于新会地方经济发展的各个方面，对新会地方发展起到了重要的作用。然而，随着经济的发展和市场的建立，社会网络的作用正在减弱，说明社会资本只能在特定的时期和特定的历史条件下起作用。侨乡经济要取得持续发展，就必须加强市场的建设。

43. 泉州侨乡社会资本及其形成与发展. 许月云，许红峰. 福建论坛（人文社会科学版），2007（9）：123－126.

关键词：泉州　侨乡　社会资本　族缘　侨缘　业缘

内容摘要：福建泉州以侨乡家族文化特有的信任、互惠、合作机制和价值观念融合形成的区域文化规范和纽带，以血缘（族缘）、侨缘、业缘社会关系为基础所形成的社会关系网络，构成了侨乡先赋性族缘社会资本、获致性侨缘社会资本和业缘社会资本；族缘社会资本、侨缘社会资本、业缘社会资本互相依存、互相叠加、互相融合、互相丰富、互相促进共存于侨乡社会中，对侨乡社会和经济发展发挥着资源配置、社会支持、企业发展等功能效用；侨乡社会资本是促进侨乡社会经济和谐发展的重要"内源动力"与"和谐因子"。

44. 对外开放后侨乡的经济变化与海外华侨华人（上）——以改革开放后至 20 世纪 90 年代初期的人口移动为中心. 山岸猛. 南洋资料译丛，

2008 (3): 60-66.

关键词: 20 世纪 90 年代初　人口移动　改革开放　华侨华人

内容摘要: 20 世纪 90 年代初期, 中国仅农村就有 1.2 亿至 1.5 亿的剩余劳动力。农村的剩余劳动力超过了日本的人口总数。此外, 在城市一直是 5 个人干 3 个人的活。而且, 使问题更加复杂的是由于人口基数很大, 每年出生的人口也很多。

45. 对外开放后侨乡的经济变化与海外华侨华人 (下) ——以改革开放后至 20 世纪 90 年代初的人口移动为中心. 山岸猛, 刘晓民. 南洋资料译丛, 2008 (4): 59-70.

关键词: 20 世纪 90 年代初　华侨华人　人口移动　改革开放　侨乡

内容摘要: 1979 年实施对外开放政策以来, 利用外资的工业化成为了主要的方向。而海外华侨华人的对中投资尤其受到重视。

46. 海外潮商对潮汕经济建设的贡献 (下). 杨群熙. 潮商, 2008 (6): 74-75.

关键词: 潮汕地区　港澳同胞　海外华侨华人　外资　侨乡

内容摘要: 改革开放 30 年来, 海外华侨华人、港澳同胞对潮汕地区侨乡的投资, 大体经历 3 个阶段: 从 20 世纪 70 年代末开始到 80 年代中期, 可以说是起步阶段; 80 年代后半期, 是开始发展阶段; 进入 90 年代以后, 尤其是邓小平同志于 1992 年南方谈话以后, 则进入迅速发展的阶段。

47. 论 1978—1991 年华人、华侨、港澳同胞在广东改革开放中的作用. 利丹. 珠江经济, 2008 (12): 89-92.

关键词: 华人　华侨　港澳同胞　广东　改革开放

内容摘要: 改革开放初期, 华人、华侨、港澳同胞在广东改革开放中起着积极的、重要的作用, 主要表现在三个方面: 他们与广东进行广泛的国际技术合作和交流, 为广东经济的起飞注入了蓬勃生机; 他们的大量捐赠促进了广东侨乡的两个文明建设; 他们与广东相互之间的交往, 促进了广东人的观念变革。

48. 依托华侨大力发展"海外青田人"经济. 沈正研. 政策瞭望, 2009 (8): 32-33.

关键词: 华侨　青田县　金融危机

内容摘要: 青田县是我国著名的侨乡。2008 年下半年以来, 青田县通过"引进来"和"走出去"的办法, 积极发挥海外青田人的作用, 着力应对金融危机,推动了外贸出口和整个经济的逆势而上。最近,省委书记赵洪祝批示对青田的引侨工作予以肯定,认为这是件互利双赢的事,家乡有需求,在外的华侨也有需求,是开展这项工作的好时机。温州、丽水等县市都可开展起来。

49. 探求具有泉州特色的发展之路. 黄岑. 经济研究导刊,2009 (17):131.

关键词:泉州市　优势　机遇　发展

内容摘要:泉州位于台湾海峡西岸,是一座历史文化名城,在地理位置、人文、发展政策、经济基础方面都有得天独厚的优势,还是中国著名的侨乡。海峡两岸直接三通、北京奥运会、海峡两岸经济区的建设、第六届全国农运会的举办、经济全球化都为泉州的发展提供了良好机遇。应充分利用好机遇,建设东海新城区,加强与台湾的经济文化交流,调整产业结构,提升泉州知名度。

50. 晋江姓氏分布与经济发展初探. 苏伟雄. 考试周刊,2010 (10):188-190.

关键词:晋江市　区域经济发展　台湾海峡　晋江经济

内容摘要:晋江地处福建东南沿海,东濒台湾海峡,与金、台隔海相望,是全国著名侨乡和台胞主要祖籍地,是福建省综合改革试验区。晋江名人、企业家很多,一些家族发展壮大,控制着当地的大型企业和经济发展,逐步形成地方性姓氏特色经济。

51. 论东南亚侨商对保山社会经济发展的影响. 吴臣辉. 昆明理工大学学报(社会科学版),2010 (5):14-18.

关键词:侨商　保山　经济　教育

内容摘要:保山所辖——隆阳、腾冲、龙陵、昌宁、施甸等区域与东南亚国家缅甸有着山水相连的区位地理优势,自秦汉以来,保山先民沿着"蜀身毒道"经缅甸前往东南亚、南亚国家甚至西亚诸国从事经贸,形成著名的"陆疆侨乡"。一批批侨商促进了居住国社会经济发展,同时,他们又通过投资原籍国农田水利、道路基础设施,引进国外先进技术、管理水平创办实业,创建学校报刊介绍国外先进教育理念、宣传民主思想,为保山社会经济文化教育事业发展做出了重要贡献。

52. 侨力资源资本化机制研究:以福清侨乡为个案. 林心淦. 八桂侨刊,2011 (3):37-43.

关键词：侨力资源　资本化　机制　福清　侨乡

内容摘要：侨力相对于侨乡经济社会系统，如果没有动态参与的行为关系，就只是静态的、潜在的侨力资源；当发生动态参与的行为关系后，则是转化为侨力资本形态。本文以福清侨乡为个案，分析中国改革开放以来，侨力资源相对于侨乡社会的资本化形式及其动力机制。

53. 海外移民的慈善推动与都市农业现代化：以广州为例. 陈世柏. 求索，2012（6）：155-157.

关键词：都市农业　农业现代化　侨乡模式　海外移民　慈善

内容摘要：与非侨乡相比，侨乡都市农业现代化具有非侨乡不可比拟的优势，改革开放后广州在海外移民慈善行为的推动下，探索出一条农业现代化的侨乡模式。这条模式就是以"侨"为媒介，发挥侨力，汇聚侨资，海内外乡亲互动，抓住都市农业的发展机遇；以科技扶持和创新为突破口，提高都市农业的产业水平；以优化农业结构为核心，提升都市农业的产业体系；以城市为依托，拓展都市农业的产业功能，促进传统农业向都市农业的转变，推动都市农业的现代化。广州都市农业现代化的模式为其他地区都市农业的现代化道路选择提供了极好的借鉴。

（三）侨乡旅游

1. 华侨华人与侨乡福建旅游业的发展. 林德荣. 华侨华人历史研究，1992（3）：12-15+11.

关键词：华侨华人　福建　旅游业　侨乡

内容摘要：随着我国改革开放的顺利进行，社会经济的不断发展，福建侨乡旅游业发展迅速，令人瞩目。几年来福建旅游部门苦心开拓的东南亚及港澳台市场，取得了初步成效，展示了广阔的客源前景。

2. 浅析福建对东南亚华侨华人旅游市场的拓展. 林德荣. 华侨华人历史研究，1998（2）：75-80.

关键词：东南亚　华侨华人　旅游市场

内容摘要：福建是全国著名的侨乡，有归侨、侨眷436万多人，而在海外的人口，相当于本地人口的20%以上，或在海外的人口超过20万人以上的县（区）全省有21个。这种千丝万缕的亲缘、神缘、文缘联系，形成了东南亚华侨华人旅游市场拓展的重要资源。

3. 侨乡和顺旅游的文化审美价值. 蔡维琰. 云南民族大学学报（哲学社会科学版），2004（4）：72-75.

关键词：和顺文化　文化智慧美　文化审美价值　自然和社会审美价值

内容摘要：腾冲县和顺乡是我国著名的侨乡之一。和顺乡独特的文化特有优势，具有旅游的文化审美价值。这不仅体现着历史的意义，也体现着现实的、将来的意义。

4. 云南省保山市和顺镇：以规划为龙头在保护框架内开发旅游资源. 高勇. 城乡建设，2007（5）：41-42+5.

关键词：保山　和顺　规划　旅游资源

内容摘要：坚持规划先行，构建整体保护框架；引进实力企业，高标准开发旅游资源。和顺镇位于云南省保山市腾冲县城西南4公里处，是云南著名的侨乡。全镇国土面积17.4平方公里，2005年末全镇总人口6189人，共计1559户。

5. 华侨文化旅游开发探讨：以福建福清市为例. 蔡朝双. 赤峰学院学报（自然科学版），2011（5）：112-113.

关键词：华侨文化　华侨华人　旅游开发　福清市

内容摘要：随着新世纪的到来，华侨华人的经济、人力资源对侨乡的影响日益凸显，开发华侨文化旅游，对侨乡的经济发展具有极大的带动、辐射作用。本文以福清市为例，在探讨侨乡资源的基础上，对福清华侨文化旅游开发的现状及优势进行分析，进而对今后福清华侨文化旅游市场的开拓、旅游经济的提高提出一些基本思路。

6. 广东华侨华人旅游市场开发. 梁江川. 五邑大学学报（社会科学版），2012（3）：6-9.

关键词：华侨华人　旅游市场开发　广东侨乡

内容摘要：随着广东华侨华人旅游市场日趋多层次和多元化，入粤华侨华人游客在年龄结构、出游动机、访粤频率、旅程安排和消费水平等方面呈现出新的特点。针对华侨华人旅游市场开发的现存问题，可以侨乡振兴、规模扩张、精益营销、区域联动四大战略举措进行应对。

7. 腾冲的之路突围：旅游地产需深耕产业链. 谭鸿宇. 城市开发，2012（14）：76-77.

关键词：腾冲　旅游资源　旅游项目　华侨城

内容摘要：提起腾冲，"侨乡文化""玉文化""马帮文化""抗战文化"这些名词会充斥我们的脑海。这个"极边第一城"被越来越多的人所熟悉时，与之相联系的旅游地产也引起了人们的广泛关注。

8. 试探广西容县近代建筑群旅游开发. 杨梅. 云梦学刊，2013（2）：105－107，123.

关键词：无

内容摘要：容县，地处广西东南部，玉林市东部，北流江（容县称为绣江）中游，是一座有着1700年历史的岭南古城。此外，其作为广西最大的侨乡，是"广西优秀旅游县""国家AAAA级三名旅游区"。

9. 浅析文成县文化特色村的现状及品牌策略. 王金娅. 神州（下旬刊），2013（8）：51.

关键词：文成县 文化特色 品牌策略

内容摘要：畲乡风情、侨乡文化、孝文化和刘基文化是文成县四张文化特色村的品牌，其知名度和影响力不断提升。本文针对文化特色村创建过程中存在的品牌意识淡薄、后续效应不强、经费投入不足等制约因素，提出了放大文化特色村品牌效应的三大创新策略，重点在识别系统、宣传推介和联动提升上树形象、扬品牌、强特色。

10. 金门陈坑社区参与旅游发展的调查与思考. 吴应其. 厦门理工学院学报，2014（4）：20－25.

关键词：旅游发展 社区参与 参与动力 文化展示 金门陈坑社区

内容摘要：典型闽南传统社区、非商业性旅游地金门陈坑融渔村、侨乡、战地于一体，有发展旅游的特殊优势。村民多出于宗族情结和家乡认同，不计报酬、不遗余力地支持旅游开发，使社区文化得到一定的展示与传承；但因低估旅游收益预期，村民多不愿专职经营旅游业，旅游开发带给陈坑社区的经济效益不大。为提高陈坑社区参与旅游发展的含金量，使旅游造福陈坑并更好展示和传承地方文化，应发挥地方力量，创造村民经营旅游业的条件，改进文化展示方式。

11. 侨乡文化遗产旅游开发的法律保护：以开平碉楼与村落为例. 徐丹丹. 云南社会主义学院学报，2014（4）：139－140.

关键词：侨乡文化遗产 开平碉楼与村落 法律保护 旅游开发

内容摘要：随着开平碉楼与村落的申遗成功，对此世界文化遗产的开发、利用和保护变得尤为重要。在对文化遗产进行整体保护的基础之上，对其进行合理的旅游开发，有利于侨乡文化的传承，促进遗产地社会经济的可持续发展，有效地改善遗产地居民的生活条件和生态环境。因此，构建完善的文化遗产保护法律制度规范，建立高效统一的文化遗产管理机制和体系，合理地遵照真实性和完整性的世界文化遗产保护的核心原则是发挥侨乡文化遗产作用的重要保障。

12. 广西侨乡文化遗产资源旅游开发现状研究．程芸燕，陈炜．科学时代，2015（11）：339－340．

关键词：广西侨乡　文化遗产资源　旅游开发

内容摘要：广西是中国的第三大侨乡，如何利用其侨乡优势，大力发展侨乡文化遗产旅游，以推动侨乡社会经济发展，是一个极富现实意义的课题。鉴于此，本文在分析广西侨乡文化遗产资源的价值与特征的基础上，对该区域文化遗产旅游开发的现状进行调查分析，指出现阶段旅游发展中存在的问题，以期为实现广西侨乡文化遗产旅游的可持续发展提供若干经验借鉴。

13. 开发侨乡城郊乡村旅游的可持续发展因素分析——以广东鹤山市双合镇为例．林柏杰．旅游纵览（下半月），2015（5）：158－159．

关键词：双合镇　旅游主题　广东省鹤山市　现代旅游业

内容摘要：乡村旅游处于旅游业与农业的交叉领域，是现代旅游业发展到一定阶段的产物，它是人民生活水平的不断提高，旅游需求不断提升的结果。乡村旅游的发展就是一种在市场经济条件下自发形成的旅游形式，它很好地适应了都市人群在快节奏、高压力以及高污染环境生活下衍生出的一种对自然和恬淡生活的向往，对乡村怀旧的一种精神需求。广东省鹤山市双合镇乡村旅游资源丰富，特别是近年来乡村旅游发展已取得了良好的经济效益和社会效益。

14. 遗产旅游地居民的地方认同——"碉乡"符号、记忆与空间．孙九霞，周一．地理研究，2015（12）：2381－2394．

关键词：地方　地方认同　遗产旅游　侨乡　碉乡

内容摘要：文化地理学者对"地方"这一理论视角主观性意义的强调，使得"地方认同"等呈现人与地方情感联系的概念被重新审视。在当今中国申遗热的背景下，当地人的地方认同在各方力量对遗产归属与表述的争夺中重塑。如果将这种重塑放在多尺度的分析框架下，就可以发现地方认同不仅仅局限于某一特定封闭的地点，在本土、全国以及跨国空间中呈现不同的表述。开平碉楼与村落作为广东首个世界文化遗产,并且是中国唯一以华侨文化为主题的世界文化遗产,是研究遗产生产对地方认同变迁影响的典型案例。结合文献分析、观察法与访谈法等,阐述遗产旅游发展背景下当地居民的地方认同变迁,分析开平作为"碉乡"的具体内涵。研究发现:遗产申报和维护使碉楼被硬性确立为地方的象征,具有高度符号化的特点;"碉乡"形象在居民地方认同中的展开并不完整;"碉乡"在历史延续中存在着多重割裂;"碉乡"的空间边界既明确又封闭。

五　侨乡通讯

（一）侨乡简讯

1. 国家银行对侨乡生产的扶植. 陈抗风. 中国金融，1952（8）：11.

关键词：国家银行　侨眷　储蓄保险　侨乡　侨汇

内容摘要：人民政府对侨眷的关怀和照顾，就拿国家银行这一部门来说，除了侨汇方面给侨胞侨眷解决保值、简化手续和普设机构种种的优待和便利，并成立了华侨服务部专门为他们服务外，又通过了农贷、储蓄保险等方法从根本上来扶持侨眷生产。

2. 今日的侨乡梅县. 佚名. 新华社新闻稿，1954（1581）：25–26.

关键词：无

内容摘要：无

3. 让台山侨乡工业遍地开花. 李卓苏. 侨务报，1958（5）：17.

关键词：无

内容摘要：无

4. "大跃进"中的侨乡：新会参观记. 廖钺. 侨务报，1958（7）：15–16.

关键词：无

内容摘要：无

5. "大跃进"中的新侨乡. 陈国俊. 侨务报，1958（10）：14–15.

关键词：无

内容摘要：无

6. 侨乡采风录. 佚名. 侨务报，1958（10）：36.

关键词：无

内容摘要：无

7. 勤工俭学之花在侨乡. 佚名. 侨务报, 1958 (5): 28.

关键词: 无

内容摘要: 无

8. 永春侨乡的电气化. 吴克. 侨务报, 1958 (6): 17-18.

关键词: 无

内容摘要: 无

9. 侨乡普宁在跃进中. 佚名. 侨务报, 1958 (7): 9.

关键词: 无

内容摘要: 无

10. 突飞猛进的侨乡汕头近貌. 吴松涛. 侨务报, 1958 (8): 30-31+25.

关键词: 无

内容摘要: 无

11. 写在"突飞猛进的侨乡汕头近貌"发表之后. 吴松涛. 侨务报, 1958 (10): 15.

关键词: 无

内容摘要: 无

12. 积极参加支前工作的金井侨乡. 许木魁. 侨务报, 1958 (11): 18.

关键词: 无

内容摘要: 无

13. 侨乡市场的新动向. 老乔. 侨务报, 1959 (7): 24.

关键词: 无

内容摘要: 无

14. 喜看侨乡新风貌——记广东省兴隆华侨农场群体活动. 佚名. 体育报, 1978 (12): 4.

关键词: 无

内容摘要: 无

15. 台山县侨乡建设投资公司成立. 佚名. 新宁杂志, 1980 (4): 6.

关键词: 无

内容摘要: 无

16. 侨乡音讯: 闽粤桂侨办企业发展. 佚名. 中国建设, 1981 (2):

76 – 77.

  关键词：无

  内容摘要：无

  17. 侨乡音讯：北碚华侨茶果场. 佚名. 中国建设，1981（5）：33 – 34.

  关键词：无

  内容摘要：无

  18. 我国驻美国旧金山领事黄文胜春节期间到四邑侨乡视察. 佚名. 新宁杂志，1982（1）：3.

  关键词：无

  内容摘要：无

  19. 我国驻秘鲁大使徐晃来县访问侨乡侨眷. 佚名. 鹤山乡讯，1984（3）：15.

  关键词：无

  内容摘要：无

  20. 建设北岭侨乡的带头人. 温良. 珠海乡音，1985（3）：20.

  关键词：无

  内容摘要：无

  21. 旅外乡亲建新屋，三灶侨乡春色美. 向民. 珠海乡音，1985（3）：16.

  关键词：无

  内容摘要：无

  22. 朗头村西社侨乡合资修整村容. 花叟. 花县乡音，1985（4）：15 – 16.

  关键词：无

  内容摘要：无

  23. 努力建设具有侨乡特色的经济开放区. 黎子流. 开放，1985（6）：10.

  关键词：无

  内容摘要：无

  24. 侨乡成立专职机构办理出国做工手续. 本刊讯. 百合侨刊，1985（13）：40 – 47.

关键词：无

内容摘要：无

25. 侨乡官塘在起飞. 卜早文. 珠海乡音, 1985 (4): 20.

关键词：无

内容摘要：无

26. 侨乡荷塘建房热. 文海. 中国建设, 1985 (1): 46-47.

关键词：无

内容摘要：无

27. 侨乡南靖县与港商合办友谊果场. 赖金炎. 中国柑桔, 1985 (4): 33.

关键词：联合企业　合资经营　柑橘园　果苗

内容摘要：1983年3月省地县三级合资经营的福建省南靖农贸联合企业与香港宇宙物产有限公司采取补偿贸易形式合办友谊果场。

28. 共叙乡情，同建侨乡. 湾仔侨联. 珠海乡音, 1986 (5): 17.

关键词：无

内容摘要：无

29. 立足本地资源、引进先进技术：广宁县积极发展侨乡工业. 吴序道. 西江乡情, 1986 (创刊号): 18.

关键词：无

内容摘要：无

30. 侨胞侨属爱祖国群策群力建侨乡：记广海四届侨代会的召开. 冯华权. 广海通讯, 1986 (复刊号): 17-18.

关键词：无

内容摘要：无

31. 侨乡永兴简讯. 佚名. 湖南侨讯, 1986 (创刊号): 27.

关键词：无

内容摘要：无

32. 山区侨乡在崛起. 新新. 西江乡情, 1986 (创刊号): 39.

关键词：无

内容摘要：无

33. 四会侨乡展新姿. 肆侨. 西江乡情, 1986 (创刊号): 17.

关键词：无

内容摘要：无

34. 侨乡新的史页：粤东侨乡见闻之一. 乔乔. 侨史学报，1986（2）：52－54.

关键词：无

内容摘要：无

35. 侨乡新的变化：粤东侨乡见闻之二. 乔乔. 侨史学报，1986（3）：56－59.

关键词：无

内容摘要：无

36. 侨乡小墟（穗郊新貌）. 杨灿平. 穗郊侨讯，1986（4）：18.

关键词：无

内容摘要：无

37. 侨乡广西发展对外经济. 王蓉贞. 中国建设，1986（9）：66－80.

关键词：无

内容摘要：无

38. 侨乡君堂镇制衣业蓬勃发展. 佚名. 恩平公报，1986（15）：7.

关键词：无

内容摘要：无

39. 侨乡古镇恩城近貌. 胡焕长. 恩平公报，1986（18）：23－24.

关键词：无

内容摘要：无

40. 为了海外华侨的合法权益——记泉州市华侨事务律师事务所. 林群英，江槐. 瞭望，1986（33）：40－41.

关键词：华侨事务　海外华侨　律师事务所　合法权益

内容摘要：福建省泉州市华侨事务律师事务所设在一条街巷里，地处弯街僻巷，却门庭若市。许多来自不同国度和地区的外籍华人、海外华侨、港澳同胞、台湾同胞，以及归侨、侨眷、去台人员亲属都来这里办理他们的有关事务。泉州是著名侨乡，统计资料表明，从泉州出去的华侨有326万人，分布在世界90多个国家和地区，港澳同胞中就有40万人祖居泉州。泉州也是台湾同胞的祖居地之一，有40％的台湾同胞祖籍在此。

41. 发扬爱国精神振兴侨乡赤溪. 胡景炎. 曹峰侨刊，1987（复刊号）：24.

关键词：无

内容摘要：无

42. 繁荣侨乡的必由之路. 佚名. 新宁杂志, 1987（3）：1.

关键词：无

内容摘要：无

43. 走向富裕的闽粤侨乡. 黄如捷. 瞭望（海外版），1987（41）：11.

关键词：无

内容摘要：无

44. 侨乡新会景堂图书馆新貌. 谭圣剑，李中壮. 图书馆园地, 1988（2）：61-63.

关键词：无

内容摘要：无

45. 蚌湖侨乡举行"三剪彩". 黄政海. 穗郊侨讯, 1988（4）：16.

关键词：无

内容摘要：无

46. 今日侨乡人和墟. 曹树峰. 穗郊侨讯, 1988（4）：23.

关键词：无

内容摘要：无

47. 改善侨乡投资环境加快对外开放步伐：台山县建设陆海空交通网的体会. 黄抗健. 海宴侨刊, 1988（6）：19-20.

关键词：无

内容摘要：无

48. 侨乡马湾今胜昔. 天宣. 中国建设, 1988（10）：53.

关键词：侨乡　马湾　天门市

内容摘要：一辆银灰色的小轿车从湖北省天门市宾馆开出，向东行驶不到半个钟头，进入了一座新兴的市镇。车中一位精神矍铄的老人，是旅居印度尼西亚的华侨郑朝纲。这位82岁高龄的老人举目四望，带着疑惑的眼光问道："你们把我带到什么地方？"陪同的人回答："这就是侨乡马湾镇！"郑先生的疑惑是有道理的。原来破旧窄小的羊肠小道被笔直宽阔的大道代替了，到处是鳞次栉比的楼房。

49. 发挥侨乡优势振兴附城经济. 佚名. 台山光裕月刊, 1988 (20): 13.

关键词: 无

内容摘要: 无

50. 人和侨乡交通今胜昔. 曹树峰. 穗郊侨讯, 1988 (1): 12.

关键词: 无

内容摘要: 无

51. 以工为主、全面发展的边境新侨乡湾仔镇. 钟文显. 珠海乡音, 1988 (11): 6.

关键词: 无

内容摘要: 无

52. 中原侨乡马湾镇的巨变. 萧赐轶, 杨正文. 瞭望 (海外版), 1988 (10): 17–19.

关键词: 无

内容摘要: 无

53. 放眼向"洋"看世界——侨乡五邑现代化工业生产巡礼. 吴爱平. 实践, 1988 (7): 17–20.

关键词: 无

内容摘要: 无

54. 潮汕从靠侨汇到创外汇. 佚名. 瞭望 (海外版), 1988 (35): 31–32.

关键词: 无

内容摘要: 无

55. 侨乡建设新貌剪影. 陈锦尧. 恩平公报, 1989 (29): 23.

关键词: 无

内容摘要: 无

56. 闽南山区侨乡——凤城. 陈克振. 现代中国, 1990 (6): 48–49.

关键词: 无

内容摘要: 无

57. 前进中的侨乡——江门. 佚名. 中国对外贸易, 1990 (6): 50–51.

关键词：无

内容摘要：无

58. 侨乡清远在建设中. 龙洪. 今日中国（中文版），1990（6）：47-48.

关键词：北江　侨乡　清远

内容摘要：我们在粤北重镇韶关搭上南下的列车，来到南距广州约90公里的侨乡清远。新城位于北江畔，蜿蜒的北江缓缓流过清远。这座具有2200多年历史的城市，在1988年1月由"县"升级为"市"，辖清城、清郊两个区和佛冈、英德、连山等六县，总面积近19000多平方公里。

59. 周郡侨乡展新姿. 邓国洪. 棠下侨刊，1990（7）：20-21.

关键词：无

内容摘要：无

60. 侨乡新闻. 佚名. 小海月报，1991（38）：7-38.

关键词：无

内容摘要：无

61. 西塱村侨乡联谊大楼落成. 关焰忠. 穗郊侨讯，1991（2）：18.

关键词：无

内容摘要：无

62. 拳拳赤子心绵绵桑梓情：川沙县"小侨乡"见闻. 肖前. 上海人大月刊，1992（7）：29.

关键词：无

内容摘要：川沙如今是黄金之地。上海规划开发浦东新区350平方公里中，川沙占312平方公里。换言之，川沙县70%的土地划入浦东新区。难怪川沙人颇为自豪地说："开发浦东我伲川沙占了大半片天。"川沙在上海素有"小侨乡"之称，旅居海外的华侨和原籍在川沙的港澳同胞就有13000余人。

63. 新闻记者访侨乡. 侨联. 九江侨刊，1992（12）：13.

关键词：无

内容摘要：无

64. 侨乡通讯. 佚名. 密冲通讯，1992（22）：63-64.

关键词：无

内容摘要：无

65. 侨乡简讯. 佚名. 北炎通讯，1992（45）：19-20.

关键词：无

内容摘要：无

66. 广东侨乡系列片《东莞》解说词. 何煜南，王玉良. 东莞乡情，1993（3）：28-30.

关键词：无

内容摘要：无

67. 加快步伐繁荣侨乡. 佚名. 沙堆侨刊，1993（37）：1.

关键词：无

内容摘要：无

68. 开平设市侨乡生辉. 佚名. 百合侨刊，1993（33）：91.

关键词：无

内容摘要：无

69. 南口侨乡气象新. 陈均昌，温文瞻，彭钦文. 梅县侨声，1993（36）：41-43.

关键词：无

内容摘要：无

70. 侨乡平塘面貌新. 佚名. 舜河侨刊，1993（2）：20.

关键词：无

内容摘要：无

71. 侨乡喜事多. 佚名. 番禺侨讯，1993（13）：28.

关键词：无

内容摘要：无

72. 侨乡新闻. 佚名. 小海月报，1993（45）：9-43.

关键词：无

内容摘要：无

73. 侨乡消息. 佚名. 花都乡音，1994（2）：35.

关键词：无

内容摘要：无

74. 从人民生活看侨乡的变化. 曹树峰. 穗郊侨讯，1994（5）：13.

关键词：无

内容摘要：无

75. **见义勇为在侨乡**. 吴明哲，黄继聪. 长安，1994（5）：16.

关键词：无

内容摘要：无

76. **红杏枝头春意闹**. 佚名. 农经，1994（8）：14-15.

关键词：厦门市　台商投资区　华侨

内容摘要：杏林镇属厦门市杏林区管辖，位于厦门市中部沿海，东邻著名侨乡集美，南接海沧开发区，与厦门本岛仅一水之隔。全镇总面积45.4平方公里，下辖10个村委会，1993年底人口总数39474人，其中农业人口34294人，非农业人口5180人，总劳力22928人。杏林是闽南华侨和台湾同胞祖居地之一，现在海外有杏林籍的华侨16000多人，台胞20000多人。1989年5月20日，国务院正式批准杏林为台商投资区，杏林镇被划为规划区。杏林镇的土地资源主要由耕地、山地、内陆水域、浅海滩涂四大部分组成。

77. **杜阮巨变——新会市著名侨乡杜阮镇走马**. 范怀烈，黄煜棠，李福生. 作品，1994（10）：94.

关键词：无

内容摘要：无

78. **东坑侨乡面貌新**. 佚名. 敬修月报，1994（复刊13）：7.

关键词：无

内容摘要：无

79. **泰国集邮家许茂春莅沪**. 佚名. 上海集邮，1994（6）：6.

关键词：集邮家　泰国　邮展　许茂春

内容摘要：9月中旬，泰国华裔集邮家、泰国1993世界邮展金奖得主许茂春先生，因经商事务在上海逗留期间，市邮协副会长刘广实会见许先生，并就"侨批"等学术问题进行了探讨。

80. **广东省拆迁城镇华侨房屋规定**. 佚名. 人民之声，1995（A4）：25-26.

关键词：无

内容摘要：（1995年5月9日广东省第八届人民代表大会常务委员会第十五次会议通过）第一条，为保证城镇建设的顺利进行，妥善处理拆迁城镇华侨房屋，保护华侨业主的合法权益，根据《中华人民共和国宪法》和国家有关法律、法规，结合本省实际情况，制定本规定。第二条，本规定所称华侨房屋是指在本省行政区域内城镇的以下几种房屋：（一）华侨、归侨的私有房屋；（二）中华人民共和国成立后用侨汇购建的私有房屋；（三）依法继承华侨、归侨的私有房屋。第三条，华侨房屋的所有权和继承权以及宅基地（包括附属庭园地）的土地使用权受法律保护。

81. 六大战略兴侨乡. 孙昌松. 湖北经济, 1996（1）: 73.

关键词：天门市　科技兴市　产业结构　对外开放　农村经济

内容摘要：无

82. 千童故里第一侨乡：李文珊主席谈"徐福东渡". 本刊记者. 乡音, 1996（6）: 16-17.

关键词：徐福东渡　侨乡　故里　弥生文化　日本列岛

内容摘要：1996年10月20日，河北省徐福千童会在石家庄举行成立大会。会上，选举产生了徐福千童会领导机构。邀请程维高、叶连松、吕传赞担任名誉会长，李炳良、许永跃、卢展工、丛福奎、杨泽江、徐纯性、漆侠、胡如雷担任顾问。会议选举河北省政协主席李文珊为会长，韩立成、刘作田、王祖武、王满秋为副会长。李文珊在成立大会上做了重要讲话。李文珊说，具有5000年辉煌历史的中华民族，历史上曾发生过许多推进人类文明的壮举。秦代的徐福东渡，便是中外学术界和政界关注的重大课题。

83. 台山市成功举办首届戏曲节. 李剑昌. 南国红豆, 1997（2）: 49.

关键词：台山市　戏曲　民间艺术　粤剧　曲艺

内容摘要：牛年春节期间，著名侨乡——台山市成功地举办了首届戏曲节。中共台山市委宣传部、台山市文化局等6单位组成的组织委员会，以"创作与演出相结合、专业与业余相结合"为指导思想，开展三大项活动：通过戏剧曲艺作品创作大赛，评出16件优秀作品；通过老年人曲星大赛，产生9位老年人曲星；选调9支团队的剧目，举行5场戏剧晚会。戏剧演出活动，在台山市有着深厚的群众基础。台山市粤剧团、台山市民间艺术团、端芬镇业余粤剧团、深井镇海光业余剧社、台城镇宁城音乐曲艺社、附城镇演出队、广海镇夕阳红业余曲艺队、沙栏镇业余曲艺队和斗山镇琳琅业余剧社，在戏曲节中分别演出了《山乡风云》等大型的现代粤剧与传统粤剧。

84. 侨乡，有所特殊的学校：海南省文昌市看守所采访录. 何邦启.

预审探索, 1997 (3): 13-19.

  关键词: 无

  内容摘要: 无

  85. 侨乡尖兵的风采. 庄灿枝. 基层生活, 1997 (8): 47.

  关键词: 无

  内容摘要: 无

  86. 侨乡通讯. 佚名. 密冲通讯, 1997 (31): 29-32.

  关键词: 无

  内容摘要: 无

  87. 侨乡瓜岭村今昔. 尧天. 荔乡情, 1998 (41): 18.

  关键词: 无

  内容摘要: 无

  88. 侨乡瓜岭村的好带头人. 黄金棠, 李焕章. 荔乡情, 1998 (42-43): 29.

  关键词: 无

  内容摘要: 无

  89. 侨情乡讯. 佚名. 今日中国 (中文版), 1999 (1): 30-31.

  关键词: 美华文学 海外华人 文学研究 留学生文学

  内容摘要: 汕头市不久前举行第12届菊展, 令市民大饱眼福。近年来, 侨乡汕头通过举办各类花事活动, 使市民的业余文化生活不断得到丰富。汕头属亚热带海洋性气候, 四季如春、气候宜人, 适宜各种花卉的培育种植。兰花、菊花是本地有名的品种。

  90. 侨镇巨变"金凤凰"争栖观澜镇. 彭俊文. 经济前沿, 1999 (C1): 88-89.

  关键词: 观澜镇 招商引资 发展历程

  内容摘要: 观澜镇地处深圳北部山区, 原是七山二水一分田的穷乡僻壤。全镇只有两个作坊式的小工厂, 两条不到500米的狭小街道, 一条高低不平的沙土路。满路都是土, 下雨就是泥。世代靠单一的手工农业捱日了。1979年前人均收入不到百元! 迫于生计, 曾有3万多人漂洋过海, 到全世界50多个国家和地区谋生, 这也是观澜成为著名侨乡的由来。

  91. 玉融侨乡新风采. 佚名. 党建, 1999 (2): 47.

  关键词: 外向型经济 侨乡 玉融

内容摘要：福建闽江口有一座秀丽的小城——福清，人称玉融。这里有福建省十大风景名胜之一石竹山，还有从新石器时代直到近代的众多文化遗址，国道福厦线贯穿全境。改革开放以来，福清努力发挥"山海侨台"优势，锻造农业和外向型经济的腾飞双翼，取得令人瞩目的成绩。

92. 内外同心建设繁荣富庶新侨乡. 佚名. 台山光裕月刊, 1999 (44): 28.

关键词：无

内容摘要：无

93. 人在异域　心在侨乡. 佚名. 都斛侨刊, 1999 (20): 46.

关键词：无

内容摘要：无

94. 加强侨乡精神文明建设，为温州二次创业作贡献. 温州市侨联. 中国侨联通讯, 1997 (9): 14-16.

关键词：华侨事务　温州市　华侨联合会　精神文明建设

内容摘要：无

95. 侨捐项目：侨乡巨变的见证. 陈德廷. 五华侨刊, 2000 (8): 15.

关键词：无

内容摘要：无

96. 侨乡都斛采风. 陈定安. 五邑乡情, 2000 (34-35): 34.

关键词：无

内容摘要：无

97. 走马侨乡：今日青岗. 青岗村委. 中山侨刊, 2001 (54): 26-27.

关键词：无

内容摘要：无

98. 侨乡春节气氛浓郁. 佚名. 新宁杂志, 2002 (1): 13.

关键词：无

内容摘要：无

99. 黄剑云开拓侨乡修志的瑰丽. 陈策文. 五邑乡情, 2003 (2): 36.

关键词：无

内容摘要：无

100. 江门五邑侨乡处处坦途. 李健群. 五邑乡情, 2003 (2): 17.

关键词: 无

内容摘要: 无

101. 侨乡梅州"三胞"一年公益捐款一亿多元. 佚名. 侨园, 2003 (3): 46.

关键词: 无

内容摘要: 无

102. 侨乡蚌湖告别乘车难. 江灿强. 穗郊侨讯, 2003 (5): 13.

关键词: 无

内容摘要: 无

103. 侨乡凤岗办大节 30万人会文化大餐. 佚名. 东莞乡情, 2003 (6): 33-34.

关键词: 无

内容摘要: 无

104. 侨乡容县: 投资置业的理想宝地. 佚名. 经贸世界, 2003 (9): 92-93.

关键词: 无

内容摘要: 无

105. 走马侨乡: 金斗湾风情. 黄中强. 中山侨刊, 2003 (56): 14-15.

关键词: 无

内容摘要: 无

106. 侨乡经纬——市政协发动委员关心支持家乡实录. 佚名. 新宁杂志, 2004 (1): 21-22.

关键词: 无

内容摘要: 无

107. 侨乡经纬——深井镇: 恳亲招商赛龙舟. 杨设仍. 新宁杂志, 2004 (2): 12.

关键词: 无

内容摘要: 无

108. 侨乡俊彦——办实业兴公益: 记美国马炳康. 佚名. 新宁杂志, 2004 (3): 4-6.

关键词: 无

内容摘要：无

109. 侨乡动态. 易成. 东莞乡情, 2004 (3): 20-21.

关键词：无

内容摘要：无

110. 侨乡经纬：李陈维湘赞助第八届艺术节. 侨讯. 新宁杂志, 2004 (4): 15.

关键词：无

内容摘要：无

111. "开平侨乡"再入方寸. 余仲平. 风采月刊, 2004 (复刊72): 8.

关键词：无

内容摘要：无

112. 侨乡经纬：台城金行多又多. 华风. 新宁杂志, 2005 (1): 21.

关键词：无

内容摘要：无

113. 侨乡经纬：广告牌林立台城洋溢市场气息. 佚名. 新宁杂志, 2005 (2): 18.

关键词：无

内容摘要：无

114. 侨乡短波. 江灿强. 穗郊侨讯, 2005 (3): 18-20.

关键词：无

内容摘要：无

115. 侨乡风貌：甫草洋村历代华侨捐资建家乡剪影. 佚名. 冲蒌侨刊, 2005 (总49): 22.

关键词：无

内容摘要：无

116. 侨乡凤岗引来"金凤凰". 萧湘. 东莞乡情, 2006 (3): 40.

关键词：无

内容摘要：无

117. 侨乡经纬：台山千多年制盐史即将终结. 佚名. 新宁杂志, 2006 (3): 15.

关键词：无

内容摘要：无

118. 扩校修祠乔迁喜　侨乡莘村盛事多. 佚名. 敬修月报，2006（复刊32）：14.

关键词：无

内容摘要：无

119. 台山市启动"侨乡先锋林"冠名植树活动. 佚名. 胥山月刊，2006（复刊42）：3.

关键词：无

内容摘要：无

120. 侨乡开平观碉楼. 陈伟放，陈建华. 山西老年，2007（5）：43.

关键词：世界文化遗产　建筑风格　华侨　移民文化　侨乡

内容摘要：无

121. 第三届侨乡华人嘉年华活动在江门举行. 佚名. 梅阁侨刊，2008（57复刊）：30-31.

关键词：无

内容摘要：无

122. 改革开放三十年喜看侨乡新变化. 佚名. 康和月刊，2008（复刊39）：5.

关键词：无

内容摘要：无

123. 广东启动"侨批"申报中国档案文化遗产工作. 佚名. 海南档案，2008（3）：26.

关键词：广东省档案局　中国档案　文化遗产　侨批

内容摘要：2008年7月16日，广东省档案局召集潮汕历史文化研究中心、汕头市档案局、江门市五邑大学广东侨乡文化研究中心、江门市档案局、江门市文广新局有关专家学者和从事潮汕侨批研究的老同志，在汕头市潮汕历史文化研究中心举行专题研究会，正式启动"广东侨批"申报中国档案文献遗产工作。

124. 保存完整齐全，侨乡大埔展出"过番护照". 佚名. 八桂侨刊，2010（2）：36.

关键词：马来西亚　博物馆　大埔　护照　侨乡

内容摘要：无

125. 闽台文化研究所潮汕考察记. 李弢. 闽台文化交流, 2010 (2): 160.

关键词: 汕头市　研究所　闽台文化　侨批

内容摘要: 为了进一步提升加强我所的各方面工作, 2010 年 4 月, 在汤漳平所长的带领下, 我所相关人员一行到广东省潮州市韩山师范学院的潮学研究院、汕头市潮汕历史文化研究中心, 考察调研, 取经学习。

126. 纪录片《中国华侨义冢》杀青. 佚名. 当代电视, 2010 (6): 97.

关键词: 中国华侨　海外贸易　广东新会　墓主　魂归故里　作新

内容摘要: 无

127. 福建省关注和解决散居归难侨的民生问题. 佚名. 中国统一战线, 2010 (7): 16.

关键词: 福建省　华侨农场　海外华侨华人　归难侨　侨眷

内容摘要: 福建是中国著名侨乡, 海外华侨华人 1260 多万人, 归侨侨眷 480 万人。到 2009 年底, 福建共有归难侨 65307 人, 其中集中安置在华侨农场 18490 人。

128. 何厚铧先生二十年的"叱石放羊"情结. 黄柏军. 神州民俗 (通俗版), 2012 (5): 38–41.

关键词: 澳门特别行政区　捐款　旅游胜地　何厚桦

内容摘要: 最近, 广东省江门市杜阮镇人民政府收到来自澳门特别行征区的一笔 10 万元港币的特别捐款——署名正是澳门原特首何厚铧。然而, 杜阮镇当地的干部和群众却一点也不感到意外。在当地乡民中, 何厚铧对江门当地旅游胜地"叱石"风景区情有独钟, 已经是有口皆碑的文化佳话了。这 20 多年来从不间断的汇款单就是明证。笔者在杜阮镇当地进行随机采访, 提起何厚铧和叱石风景区的故事。很多当地村民非常兴奋地说: "何厚铧先生今年春节才来我们这里参观, 在叱石风景区寻羊放羊, 还给我们杜阮人拜年问好呢。"

129. 17 名印尼莆籍青少年福建莆田访亲行. 陈瑜瑜. 海外华文教育动态, 2013 (7): 22.

关键词: 高校　高等教育　华文教育　留学生教育

内容摘要: 来自印度尼西亚的 17 名莆籍青少年日前在领队林玉梅女士的带领下, 开始返乡后的寻根访亲活动。同学们前往祖籍地——莆田市江口镇顶墩村,这是一个著名的侨乡。两头石狮立在村口,往里走,随着村民的介绍,他们知道了这条村道叫"公平路",第三座桥叫"公平桥",是夏令营领队林玉梅女士的哥哥林公平先生出资18万元修建了这条全村人的必经之路。

130. 福建《侨批档案》的申遗之路. 福建省档案局《福建侨批与申遗》课题组. 中国档案, 2013 (8): 37-39.

关键词: 侨批　国家档案　记忆名录　中外关系史　世界文献遗产

内容摘要: 侨批是海外华侨寄给国内侨眷的书信与汇款的合称("批"是福建方言对书信的称呼),又称"银信",是研究经济社会史、金融史、中国对外贸易史、海外交通史、中外关系史、海外移民史、邮政史、宗教史等的珍贵世界文献遗产。侨批档案文献资料,有助于我们将其与已有的世界各国典籍文献资料相互印证,填补历史空白。

131. 侨乡永春致力于打造"中国香都". 郑夷. 创业天下, 2013 (12): 64.

关键词: 中国　侨乡　文化研究　文化产业

内容摘要: 10月18日,福建省永春县香文化研究会成立暨第一次会员代表大会在当地举行。这是该县致力于发展香文化产业,打造"中国香都"的又一重大举措。著名诗人余光中任研究会名誉会长,福建青年杂志社(《创业天下》主办单位)等新闻机构成为该研究会支持媒体。

132. 广东开平民俗节日"楼冈网圩日"纪实照片荣登联合国领奖台. 黄柏军. 广东档案, 2014 (1): 37-38.

关键词: 民俗研究　联合国教科文组织　摄影家　开平市

内容摘要: 位于粤西的广东开平,是全国著名侨乡,辖区内有着百年历史的华侨文化遗产——"开平碉楼与村落"。2007年,这张开平华侨文化的名片入选联合国评定的"世界文化遗产名录",成为广东第一处也是中国唯一一处华侨文化世界级历史文化遗产。如今,当我们走进开平,1800多座海外华人华侨参与建造的碉楼已经从当初的默默无闻隐藏深闺一跃为今天的举世瞩目的"碉楼之乡"。

133. 汕头华侨经济文化合作试验区将带动经济再腾飞. 罗堃. 潮商, 2014 (1): 5-9.

关键词: 经济文化　合作试验　海上丝绸之路　华侨华人　汕头特区

内容摘要: 2014年2月18日,汕头市委书记、市人大常委会主任陈茂辉先后参加汕头市十三届人大四次会议澄海代表团和南澳代表团的分组讨论,与代表们一起审议《政府工作报告》。陈茂辉强调,汕头市要抢抓机遇,积极融入国家建设21世纪"海上丝绸之路"的发展机遇,发挥侨乡优势,构建创新发展平台,全力推进汕头海湾新区和华侨经济文化合作试验区的规划建设,增创特区新优势。汕头特区因侨而立,侨乡优势是其最大特色。

134. 本外币兑换进山村. 郑小琴,何鸣. 中国金融,2014 (12):95.

关键词:外币兑换　金融机构　农户信用　农信联社　农村金融

内容摘要:浙江省青田县不仅是著名的石雕之乡,同时也是经济发达的侨乡,全县分布在世界120多个国家和地区的华侨华人有25万之多。青田的许多家庭在海外都有亲戚朋友,侨汇也成为当地居民的一大收入,并直接推动这个依山傍水的小县城跃居浙江省最大的欧元现钞集散地。

135. "金山伯的荣耀——近代江门五邑侨汇展"策展记. 高东辉. 文物天地,2015(11):68-69.

关键词:海外移民　五邑　金山伯　侨汇

内容摘要:2015年8月25日,"金山伯的荣耀——近代江门五邑侨汇展"在北京的中国钱币博物馆开展,展期2个月。此次展览共展出历史及文物图片400余幅,侨汇历史文物近百件,涵盖近代江门五邑侨汇的历史、运作和影响等方面的内容,向观众展示了五邑侨汇独特的文化内涵和重要价值,展现了其连接华侨与家庭、家乡、国家的纽带作用,弘扬了华侨爱国爱乡的精神。

136. 福建侨批档案展在纽约、华盛顿展出. 叶建强. 中国档案,2015 (12):42.

关键词:福建省档案馆　纽约州　华盛顿　《星岛日报》　马里兰大学

内容摘要:日前,"百年跨国两地书——福建侨批档案展"分别在美国纽约法拉盛政治大厦艺术文化中心和华盛顿马里兰州州立大学展出。此次展览由福建省档案馆联合福建省海外交流协会、美国侨商联合会(纽约)、美国福建同乡联合会(华盛顿)共同举办,中国驻美大使馆参赞兼副总领事李民、纽约州长办公室孙雯代表、纽约州参议员杨曼雯代表、纽约市议员顾雅明、马里兰大学孔子学院院长 Dr. Donna Wiseman 等20多名嘉宾,以及《美国侨报》《美国明报》《星岛日报》和 USC 美中影视文化传媒集团等多家媒体高层领导出席展览开幕式,1300 多名当地华侨华人参观了展览。

137. "文革"挤占华侨私房上半年要全部退出. 本刊编辑部. 文史博览(文史),2016(2):49.

关键词:无

内容摘要:据《羊城晚报》报道,国务院华侨办公室主任廖晖在全国侨务工作座谈会上说,今年全国侨务部门要着重做好三项工作。一要大力发展侨乡的乡镇企业,以充分发挥侨胞和归侨、侨眷建设祖国的作用。二要加快落实侨务政策的步伐。集体和个人"文化大革命"中挤占的华侨私房,今年上半年要全部退出。三要改革华侨企业的管理体制,简政放权,放宽政策,发展生产,尽快提高广大归侨、难侨的生活水平。

138. 2016 年海外华侨华人玉林恳亲大会在容县举行. 邱烜,李嘉敏. 当代广西,2016(18):8.

关键词:华侨华人 玉林 海外 容县 侨乡文化 国家

内容摘要:9 月 12—13 日,以"弘扬侨乡文化·展示五彩玉林"为主题的 2016 年海外华侨华人玉林恳亲大会在容县举行。全球 50 多个国家的海外华侨华人会聚广西最大的侨乡共叙乡情、共商发展、共谋合作。

139. 福建侨批档案展赴日美展出. 叶建强. 兰台世界,2016(22):6.

关键词:福建省 档案馆 交流活动 侨批

内容摘要:日前,福建省档案局副局长马俊凡受邀带队随同福建省"中国·福建周"代表团赴日本长崎和美国纽约开展经贸文化交流活动。其间,在日本、美国举办的"中国·福建周"文化艺术展中,省档案馆精选的 70 多件(组)侨批档案和 34 幅反映清末民国和中华人民共和国成立初期福州的山水风貌、城市街景、人文风俗的历史照片以及闽茶文化等展品,充分发挥了侨批档案这一世界记忆遗产的文化价值。

140. 泉州市档案馆征集到 270 件珍贵侨批档案. 刘扬宇. 兰台世界,2016(22):9.

关键词:档案馆 泉州市 征集 领事馆 时间 馆藏

内容摘要:10 月 12 日,泉州市档案馆从民间征集到一批珍贵的侨批档案。这批侨批档案共有 270 件,侨批内容丰富,品种多样,品相完好,特色明显,是不可多得的珍品。此批侨批最早时间为 1893—1951 年,把本馆馆藏侨批档案最早时间提前到 19 世纪。

（二）侨刊乡讯

1. 《广东侨报》复刊. 佚名. 新闻战线，1980（2）：35.

关键词：广东侨报　复刊　侨务　侨乡

内容摘要：《广东侨报》1 月 5 日正式复刊。叶剑英委员长为该报题写了报名。复刊后将继续宣传党的方针、政策，报道侨乡和华侨企业四化建设成就，报道侨务动态和推广交流侨务工作经验，表彰归侨侨眷先进集体和先进人物。

2. 广东侨刊积极进行改革. 古星祥. 新闻战线，1983（6）：25.

关键词：广东　社会主义物质文明　海外侨胞　三中全会

内容摘要：广东现有侨刊 30 多种，在近 50 个国家和地区发行，共约 20 万份。近来，广东侨刊进行了不少改革。第一，扩大了宣传范围，既面向了老一代的华侨，又面向了年青一代的华裔；既面向了经济界，又面向了知识界。总之，面向了海外侨胞的大多数。第二，从内容选择、专栏设置、版面安排等方面，都突出了党的十一届三中全会以来的路线、方针、政策和侨乡社会。

3. 《中山侨刊》与浅井计弥. 佚名. 中山侨刊，1986（10）：23.

关键词：无

内容摘要：无

4. 抓住特点突出侨台. 颜振育. 新闻业务，1986（10）：34 - 35.

关键词：福建侨乡　华侨　特殊政策　开放型

内容摘要：在当前报纸宣传改革中，很重要的一点是，宣传要抓住特点，报纸要办得有特色。福建省有水、海、侨、特、台、亚（热带）等自然、地理、历史、社会和实行特殊政策的特点和优赞，而其中尤以侨、台更为突出。因此，近年来，我们从省情出发，坚持对内宣传和对外宣传并举的方针，把"抓住特点、突出侨台"作为报纸宣传改革的一项重要内容，帮助侨胞、台胞了解在开放、改革中前进的福建，努力把《福建日报》办成一张"开放型"的具有地方特色的省报。

5. 办好侨刊乡讯应处理好三个关系. 郑瑞林. 对外宣传参考，1987（1）：34 - 36.

关键词：无

内容摘要：无

6. 从复办侨刊论及乡情. 林湛贤. 独联侨刊, 1988 (1)：5.

关键词：无

内容摘要：无

7. 新会最早的侨刊之一《新小侨报》. 陈占标. 棠下侨刊, 1989 (6)：25.

关键词：无

内容摘要：无

8. 从侨刊乡讯资料看美国华侨华人的故土观念. 陈山鹰. 华侨华人历史研究, 1991 (3)：1-8.

关键词：华侨华人　侨乡　美国华侨　乡土观念　华裔　中国移民

内容摘要：海外华侨华人与中国故乡的关系，早已引起学者的注意和研究。以往国内学者根据自身所处的环境条件和资料掌握情况，对海外华侨华人影响中国故乡，也即是在关于侨乡社会的形成和经济文化教育的发展及其特点等方面，做了较深入的探讨；并深入探讨了有关中国乡土文化对海外华侨华人心态、观念的影响。

9. 广东侨刊乡讯概况及其在海外的功能. 陈山鹰. 华夏, 1991 (3)：55-57.

关键词：无

内容摘要：无

10. 浅谈五邑侨刊的搜集与管理. 李妙娴，程良堂. 图书馆论坛, 1991 (1)：55-56，54.

关键词：侨务　五邑　侨刊　华人华侨

内容摘要：江门市辖五县：新会、台山、开平、恩平和鹤山，俗称"五邑"，是全国著名侨乡。全市总人口332.5万人，而在海外的华人（包括港澳同胞）达272.4万人，尤其是被誉为"中国第一侨乡"的台山县，全县人口95.1万人，而在海外的祖籍台山人达119万人，超过国内台山人。五邑侨胞遍布世界近百个国家和地区，遗留有丰富的侨刊乡讯，值得进一步地收集和管理。

11. "特色"是地方报纸的生命——《台山报》办报经验调查. 陈灿富. 广东行政学院学报, 1992 (2)：63-65.

关键词：台山　地方报纸　办报经验　侨乡

内容摘要：随着改革开放的深入，各地报刊犹如雨后春笋，成为地方宣传的新生力军。广东《台山报》是一家四开四版的地方党委机关报，多年来坚持党报性质，贯彻党和国家的路线、方针、政策，促进侨乡两个文明建设，沟通侨情，联络乡情，办出了鲜明的地方特色，从周报扩大到周二报，发行量日升，从复刊初期1985年的6000份增长至1992年的3万份，发行到美国、加拿大、中国香港、中国澳门等50多个国家和地区。1988年被选送北京报刊博览会，是广东省唯一一家参展的县报。

12. 近代以来福建主要侨务报刊述评. 钟健英，林青. 党史研究与教学，1992（2）：80-89.

关键词：海外华侨　闽侨　侨务　爱国热情

内容摘要：福建省是我国著名的侨乡，旅居海外的华侨和祖籍为福建的外籍华人约有800万人，占全国华侨、外籍华人总数的1/3左右。华侨的爱国热情和巨大影响，从辛亥革命始，便开始充分地显露出来。于是，各个时期的福建地方当局，均设立各种不同性质、不同形式的侨务机构，处理专门事务，沟通海外华侨与国内的联系，办有各种类型的侨务报刊。

13. 广东侨乡刊物的历史与今日. 郑德华. 侨史学报，1994（1-2）：61-62.

关键词：无

内容摘要：无

14. 集体家书，做侨胞的良伴：新形势下侨报侨刊工作浅议. 别林. 侨务工作研究，1996（2）：21-22.

关键词：侨务工作　报刊　中国

内容摘要：无

15. 侨刊乡讯两地情. 耀中. 南荫乡音，1996（13）：17.

关键词：无

内容摘要：无

16. 踏破铁鞋无觅处　地名办里见真情. 陈晓峰. 中国地名，1996（3）：44-45.

关键词：铁鞋　祖居　台胞　海外关系　侨乡

内容摘要："飞渡重洋归故里，落叶归根觅归居。拳拳热心为赤子，分分热忱尽乡情。"这是一位旅美华侨在地名办的帮助下找到了祖居地后，万分感激时写下的一首诗。随着祖国改革开放的不断深入,许许多多的海外赤子回到素有"江西侨乡"之称的丰城,寻根、探亲、访友。

17. 来自侨乡的"家书". 礼村. 今日中国(中文版),1997(9):44-45.

关键词:侨刊乡讯 侨乡 投资环境 华侨华人

内容摘要:无

18. 棠下侨刊基金会章程. 佚名. 棠下侨刊,1997(33):21.

关键词:无

内容摘要:无

19. 富有特色的"集体家书"——五邑的侨刊乡讯. 梅伟强. 五邑大学学报(社会科学版),1999(3):72-76.

关键词:"集体家书" 五邑 侨刊乡讯

内容摘要:江门五邑是全国著名侨乡,众多的侨刊乡讯是其一大特色。文章介绍了它的历史发展及鲜明特色,分析了其长盛不衰的奥秘所在。

20. 建立台山"侨刊库"刍议:为《新宁杂志》创刊90年而作. 蔡锋. 新宁杂志,1999(4):40.

关键词:无

内容摘要:无

21.《五邑侨刊汇览》出版. 黄柏军. 五邑乡情,2000(32):24.

关键词:无

内容摘要:无

22. 沙堆侨刊社的发展历程. 佚名. 沙堆侨刊,2000(60).

关键词:无

内容摘要:无

23. 东镇侨乡月刊的历史作用. 高民川. 东镇侨刊,2000(64):36.

关键词:无

内容摘要:无

24. 辛勤耕耘硕果累累——《华侨华人历史研究》创刊52期述评. 赵和曼. 华侨华人历史研究,2000(4):1-6.

关键词:《华侨华人历史研究》 东南亚研究 科研成果 学术交流

内容摘要:本刊编辑部在创刊50期之际,推出了"优秀论文奖"评选活动。此次活动的评委之一、《八桂侨刊》的主编赵和曼先生，为配合此次评选活动，对本刊创办至今的情况，做了一个较为全面的回顾和总结，写就了此文。赵先生以一个同行的眼光，既表扬和鼓励了本刊取得的进步和成就，也实事求是地指出了本刊存在的不足和问题，并对本刊今后的发展提出了热情而中肯的建议。为引起社会各界对华侨华人研究和学术刊物的进一步关心和支持，本刊这一期特发此文，以飨读者。

25. 富有特色的"集体家书"——五邑侨刊乡讯. 方灿宽. 海内与海外，2004（7）：50 - 52.

关键词：民间宣传刊物　侨刊乡讯　江门市　民族文化

内容摘要：无

26. 网络化给侨刊带来机遇. 佚名. 新闻前哨，2004（6）：65.

关键词：侨刊　网络化　信息容量　信息采集　阅读方式

内容摘要：华中科技大学新闻与信息传播学院研究生张坚念在《侨刊在网络时代面临的挑战和机遇》一文中认为：互联网为传统传播媒介的发展提供了一条快车道，任何一种传统媒介，在网络时代，都可以借助于互联网，在传播新闻信息方面为本身增强优势。

27. 侨刊史料中的金门（1920s—1940s）：珠山《显影》（Shining）之考察. 江柏炜. 人文及社会科学集刊，2005（1）：159 - 216.

关键词：金门　侨乡　《显影》　侨刊

内容摘要：闽粤为近代中国著名的侨乡，海外移民及归侨众多。华侨的出洋主要是经济上的因素，他们汇款返乡支持了家乡家眷生计、教育、公益、实业等层面的发展，促成了侨乡社会的近代化。在昔日交通不便捷的情况下，海外侨居地与侨乡之间的联系，经常必须仰赖侨刊或乡讯的报导。这些刊物一般由各侨乡宗族所办，刊行于海外，让华侨得以了解家乡动态与相关事闻。不过由于国共战争、"文化大革命"之故，多数侨刊没有保存下来。本文拟以保存完整的侨刊福建金门珠山《显影》（Shining）为例，一方面深入分析1928年至1949年（1937—1945年因战争停刊）《显影》（共二十一卷）史料，一方面也从刊物内容中理解20世纪20—40年代金门社会生活、治安状况、海外乡侨事迹、侨汇经济、实业发展、政治时局、文化变迁等主题。最后，进一步探究《显影》的史料价值及其局限，说明其对于侨乡研究的重要性。

28. 办好侨报，服务侨乡的实践与思考. 王文津. 新闻记者，2006

(9): 85-87.

  关键词：侨乡　侨报　侨报　侨刊乡讯

  内容摘要：在我国 2000 多种报纸中，侨刊乡讯堪称独树一帜，它没有党报机关报的权威，没有都市报、生活报的热门，也没有晚报、法制报的"刺激"，但它却有众多媒体不能代替的外宣功能，拥有众多的海外读者——侨胞和乡亲，也为侨乡群众所喜闻乐见，正逐步成为侨乡对外宣传的一个重要阵地。本文试以《集美报》办报经历为例，兼谈侨刊乡讯的外宣功能。

29. 《温州侨乡报》向"都市报"的飞跃. 陈忠. 青年记者，2007 (16): 76.

  关键词：《温州都市报》　"都市报"　侨乡　办报理念　新闻事业

  内容摘要：几年前，《温州侨乡报》的办报理念和发展速度，引起新闻界的关注，自从 2001 年 7 月 1 日《温州侨乡报》改为《温州都市报》以来，又是一次大的飞跃，是温州报业的奇迹。

30. 看隆都沙溪侨刊而谈及旅斐济旧事. 关植和. 隆都沙溪侨刊，2008 (1): 36.

  关键词：无

  内容摘要：无

31. 侨刊乡讯如何突出"亮点"办出特色. 蔡维希. 中国地市报人，2008 (7): 16.

  关键词：对外宣传　世贸组织　莆田　境外　读者

  内容摘要：对外宣传是新闻宣传战线的重要一翼。中国加入世贸组织后，与外部世界的联系和交往大大增加，对外宣传也因此日益显得重要和不可或缺。面向境外宣传本地区建设的新成就、新变化、新特色，是侨刊乡讯对外宣传的主要内容。福建《莆田侨乡时报》自 2000 年起正式有了刊号，几年来，一直受到境内外读者特别是境外莆田籍读者的喜爱和欢迎，被称作"了解家乡的窗口、投资莆田的桥梁"。

32. 百期侨刊的感想. 周毅光. 东镇侨刊，2009 (100): 16.

  关键词：无

  内容摘要：无

33. 充分发挥侨刊乡讯在对外宣传中的重要作用. 朱清. 福建理论学习，2009 (2): 19-21.

  关键词：对外宣传　中华文化　港澳台地区　海外

内容摘要：侨刊乡讯（CNQ 刊号）是经国家新闻出版部门批准、由民间组织创办、主要向海外（含港澳台地区）发行的报纸和期刊，是祖地人民与海外乡亲沟通联系的集体家书。

34. 略论侨刊乡讯的收集整理工作：以暨南大学图书馆为例. 景海燕. 图书馆理论与实践，2009（9）：102-104.

关键词：侨刊乡讯 收集 整理

内容摘要：侨刊乡讯是侨乡民间创办，主要面向海外公开发行、非营利性的报纸和刊物。它以浓郁的乡土气息、独特的报道内容和活泼的版面形式，激发海外赤子怀国、思乡、念祖、恋亲的情感，深受他们的欢迎，被赞誉为集体家书、沟通海内外联系的桥梁。侨刊乡讯诞生至今已有近百年的历史。该类文献的收集与整理对华侨华人研究尤其是侨乡研究，有着重要的意义。暨南大学图书馆华侨华人文献研究中心近年来致力于侨刊乡讯的收集整理工作，从而大大丰富了华侨华人文献收藏。

35. 论开平碉楼与村落. 黄金源. 现代企业文化，2009（12）：184-185.

关键词：文化遗产 中西合璧 开平 碉楼

内容摘要：碉楼是集建筑学、力学、工艺美术、园林环保于一身的中西方文明的结晶体。它不仅反映了侨乡人民艰苦奋斗、保家卫国的一段历史，同时也是活生生的近代建筑博物馆，一条别具特色的艺术长廊，对其进行保护和挖掘，对研究华侨历史和建筑艺术、工艺美术，对开发旅游资源和开展爱国主义教育，都具十分重要的意义。

36. 侨刊传递侨乡情. 李国元. 下泽侨刊，2009（18）：44.

关键词：无

内容摘要：无

37. 浅谈新时期侨刊乡讯如何办出特色. 郑育俊. 科技信息，2009（24）：109.

关键词：对外宣传 侨刊乡讯 地方特色

内容摘要：当今中国乃至世界都发生了广泛而深刻的变化，对外宣传任重道远。作为对外宣传阵地上的一朵奇葩，侨刊乡讯无疑绽放得非常绚烂。就福建而言，从1956年创办的首份侨刊乡讯《永定乡讯》到如今数十家，几十年来，这些报纸如一封封家书为海外赤子所喜爱。随着时间的推移，国内外形势的巨变，读者的需求也在变化，如何在新时期办好侨刊乡讯，体现特色，本文主要围绕侨、台特色和地方文化特色等方面，结合作者新闻实践谈一些认识。

38. 侨刊廿年忆人事. 佚名. 都斛侨刊，2009（40）：8.

关键词：无

内容摘要：无

39. 广东侨刊乡讯的收集与整理：以暨南大学图书馆为例. 景海燕. 图书馆论坛，2010（1）：56－58.

关键词：广东侨乡　侨刊乡讯　收集与整理　分类编目

内容摘要：侨刊乡讯是我国侨乡特有的民办刊物，记载了大量的颇具价值的侨乡信息，为侨乡历史与文化研究提供了弥足珍贵的资料。文章从广东侨刊乡讯的基本概况、侨刊乡讯的征集、侨刊乡讯的整理等方面进行论述，以期抛砖引玉，探讨地方文献工作的新方法、新路子，更好地为侨刊乡讯的研究和发展服务。

40. 福建侨刊乡讯在海外落地发行. 杨国栋. 对外传播，2011（1）：56－57.

关键词：福建侨乡　华文报刊　海外华文传媒　海外华人社会

内容摘要：福建是全国第二大侨乡，与广东一道享有国家赋予侨刊乡讯的特殊政策。多年来，福建侨刊乡讯积极开展与海外华文传媒的交流与合作，持续开拓海外落地印刷发行点，"借船出海"，扬帆远航，通过与菲律宾、印度尼西亚、泰国、南非、匈牙利、英国、美国、德国、澳大利亚、波兰等十几个国家的近20家华文报刊交流合作。

41. 侨刊中的侨乡社会与"侨""乡"网络——基于1949年前《新宁杂志》"告白"栏目的分析. 姚婷. 华侨华人历史研究，2011（4）：21－30.

关键词：广东　台山　侨刊乡讯　新宁杂志　侨乡社会

内容摘要：论文以台山侨乡创刊最早的《新宁杂志》"告白"栏目为切入点，通过对其种类和内容的梳理，分析了1949年以前台山侨乡的社会状况。认为当时的台山社会仍与中国社会进程呈现较大的一致性，传统文化的影响依然深厚；同时，"侨"的影响无处不在，台山侨乡的经济、文化和民众生活都因此遭遇了与非侨乡迥异的来自国际政治和经济体系的冲击。此时台山的"侨""乡"网络呈现以侨乡为中心，向各个台山人聚居点辐射和扩散的状态。侨刊本身即是"侨""乡"网络中的一个节点，它见证并参与着此网络的构建。

42. 新时代侨刊职能：促进文化交流、促进经济投资. 肖菁，陈璐霞. 商业文化，2012（2）：330.

关键词：侨刊　期刊　经营

内容摘要：曾经被国内外乡亲亲切地称为"集体家信"，侨刊乡讯类期刊至今已有近百年的历史，然而，随着改革开放和经济发展，以及互联网时代的到来，侨刊如何在新形势背景下，促进交流、促进投资，充分发挥联系海外乡亲的桥梁纽带作用是一个值得探讨的问题。

43. 读图时代与新闻图片编辑——以 2011 年《福清侨乡报》刊发的新闻图片为例. 钟鹰. 海峡科学，2012（7）：47-50.

关键词：读图时代　新闻摄影　图片编辑

内容摘要：当今社会已经从"读文时代"进入"读图时代"，新闻图片凭借其强烈的视觉冲击、逼真的情景再现以及直观的信息传递优势在新闻报道中发挥特有的作用，"一图胜千言"的巨大传播优势，使新闻图片成为报纸在传媒竞争中的一个重要武器。

44. 浅谈《福清侨乡报》的发展. 卢贤明. 海峡科学，2012（12）：45-46.

关键词：侨乡报　侨刊乡讯　新闻传播　发展　对策

内容摘要：侨乡报是县市级侨乡地方政府的机关报，同时又具有侨刊乡讯之功用。它不仅肩负着党的政策宣传任务，而且还肩负着"传递乡情、联结乡谊、服务三胞"的三重任务，既是侨乡地方政府和海外华侨联系的桥梁，也是侨乡地方政府对外宣传的重要窗口。该文以《福清侨乡报》为例，着重探讨了侨乡报在不同发展阶段所面临的不同问题，提出了相应的对策建议。

45. 侨乡的经济活动与空间营造：以 1928—1937 年金门珠山《显影》侨刊为例. 袁兴言，邬迪嘉. 建筑与城乡研究学报，2012（19）：65-100.

关键词：华侨　侨乡　经济家族

内容摘要：历史中的侨乡社会，普遍地呈现一种二元性的聚落经济现象：一方面本地生产不足，人口大量外移；另一方面资金大量回流，建筑活动兴盛。本研究以金门珠山村为研究对象，应用经济家族（economic-clan）的观点，分析其聚落历史空间、侨刊《显影》《族谱》及口述访谈素材，提出跨海宗族社会的假说。在这个社会之中，侨乡建筑现象不仅是基于血缘认同而产生的空间文化消费性支出，而且是联结侨汇资本与原乡空间的结构性因素。它以家人住屋及储蓄性空间资本的双重面貌，构成了当时跨海宗族社会的重要物质基础。

46. 馆藏特色文献之五邑侨刊实证研究. 丘柏林，周群. 图书馆学刊，2013（12）：130-133.

关键词：图书馆　特色文献　五邑侨刊

内容摘要：五邑侨刊经过近100年的发展，现存86种。通过对五邑大学图书馆藏纸质侨刊的整理，获得一系列详细数据，依据这些数据对五邑侨刊概况、发展阶段及其特色与效果进行分析总结，详细论述了五邑侨刊的历史、种类、级别、经费来源和获奖情况等。

47. 广东侨刊乡讯收集与开发利用工作的实践与思考. 景海燕. 大学图书情报学刊，2014（5）：80-82，97.

关键词：广东侨乡　侨刊乡讯　民办刊物　集体家书　地方文献

内容摘要：侨刊乡讯是我国侨乡特有的民办刊物，记载了大量颇具价值的侨乡信息，为侨乡历史与文化研究提供了弥足珍贵的资料。作为我国重点侨乡之一的广东省，其侨刊乡讯具有历史悠久、数量众多、种类齐全、发行范围广等特点。多年来，暨南大学图书馆秉承多元合作、资源共享的基本理念，采取与主管部门、出版单位及收藏单位等多元合作方式，在全面系统地收集广东侨刊乡讯方面做了很多有益的努力和尝试。

48. 信息化时代下侨刊乡讯的发展. 钟羡芳. 出版广角，2014（11）：40-41.

关键词：信息化时代　祖籍地　侨乡　侨刊乡讯

内容摘要：作为侨乡人民联系海外乡亲的一种书文载体和精神纽带，侨刊乡讯是外宣工作的主要阵地。它以"侨乡""乡谊"为特色，向海外侨胞展示家乡日新月异的变化，是展示祖国形象的新名片。侨刊乡讯是经侨乡新闻出版部门批准，主要向海外（含中国港澳台地区）发行或赠送的报纸和期刊，是祖地人民与海外乡亲沟通联系的"集体家书"。侨刊乡讯对促进侨乡和港澳台同胞祖籍地的对外开放和经济社会发展发挥了积极的作用。

49. 文化产业视域中的福建侨刊乡讯. 尚光一. 福建江夏学院学报，2015（3）：82-87.

关键词：文化产业　福建　侨刊乡讯

内容摘要：随着文化产业的快速发展，福建侨刊乡讯迎来了一个快速发展的机遇。福建侨刊乡讯的目标受众是福建、港澳台及海外具有购买力并渴求家乡资讯的中高收入阶层，因而必须凸显自身的文化休闲功能，以在满足受众文化休闲需求的同时，获得自身的生存与发展空间。未来，福建侨刊乡讯应大力推进数字化建设、重视培育引进文化产业人才、进一步明确自身的市场定位。

50. 华侨大学报：打造华人的集体家书．张罗应．新闻与写作，2015（7）：110－112．

关键词：华文传播 集体家书 华侨大学报

内容摘要：侨刊乡讯是一份特殊的报纸，它是与海外乡亲联系沟通的"集体家书"。在网络传媒快速发展、报业竞争越来越激烈的今天，必须明确定位，坚持宗旨；打好"侨"牌，凸显特色；与时俱进，善用新媒体；软化语言，亲近读者，打造好寄往海外华侨华人的"集体家书"。

51. 新媒体时代侨刊乡讯发展策略探析．张焕萍．中国报业，2015（10）：35－36．

关键词：侨刊乡讯 时效性 华人华侨

内容摘要：作为主要面向海外乡亲的窄播刊物，侨刊乡讯更应该正视自身面临的困境，积极谋求发展，寻找既符合新媒体时代发展，又充分体现自身特色的生存之道。

52. 一九八〇年代以来的华南侨乡刊物研究．邱淑如，严汉伟．国家图书馆馆刊，2016（1）：129－146．

关键词：华南侨乡 海外华人 侨刊 时空分析

内容摘要：无

53. 侨刊乡讯如何防止"内向"与因应传播手段变化发展．徐德金．对外传播，2017（1）：26－28．

关键词：传播手段 侨刊乡讯 集体家书 海外

内容摘要：侨刊乡讯是由国家新闻出版部门批准，主要面向海外、港澳台地区发行的报纸和杂志，是开展对外宣传工作的窗口和传递乡情、联络乡谊的纽带，是促进两岸和平发展的重要平台，是祖地人民与海外乡情沟通联系的"集体家书"。

54. 侨刊参与华南侨乡社会治理的实践初探——以1949年前的台山侨刊为例．姚婷．华侨华人历史研究，2017（1）：29－37．

关键词：台山　侨乡社会　社会治理　民间刊物　侨刊　受众

内容摘要：论文对民国广东台山地区侨刊的基本概况进行了梳理，考察了侨刊参与侨乡社会治理的角色定位与实践。认为侨刊不单纯是近代华南侨乡的一种民间刊物、乡村文献，更作为一个社会主体参与了侨乡的社会治理，是侨乡社会转型的推动者。以改良社会为己任的侨刊参与侨乡社会治理的实践大致体现在革弊、兴利、议政督政三个方面。侨刊的受众——华侨的变革意识与侨刊追求改良侨乡社会的宗旨不谋而合，于是前者提供资金和海外信息，后者则为前者实现其参与侨乡社会治理的意愿提供思想、信息传播和讨论的平台和渠道。

55. 县域乡讯媒体的报网融合探索与实践——基于《青田侨报》的思考. 廖峰，王黎薇. 传媒评论，2017（2）：81-82.

关键词：无

内容摘要：侨报是我国独特的一种新闻现象和文化载体，一般是指在侨乡编辑出版、专门向海内外发行或赠送，用以传递乡讯乡情和联系乡谊的地方性报纸。作为对外传播不可忽视的延伸，侨报以其拥有忠实海外读者、报道侨乡新风尚等特点和优势，被誉为"民间信使""集体家书"。笔者以《青田侨报》为个案，试从纸质媒体的公共服务功能角度，着重探析传统乡讯面临的机遇和挑战，进而以"互联网+"思维为引导探讨。

六　侨乡宗族

1. 福建侨乡族谱中有关南洋华侨史的若干问题．林金枝．南洋问题研究，1982（4）：105－133．

关键词：族谱　福建侨乡　南洋华侨　马来亚　华侨史

内容摘要：族谱是封建社会发展到一定时期的历史产物，记述了以家族世系为中心的历史，一定程度地反映了某一地区或某一家族的政治、经济、文化及其思想体系的情况和问题，它既是研究封建社会家族历史及检索人物的重要资料，也是研究封建社会经济结构和社会经济形态的参考资料。它和传记学、地方志一样，是研究地方史不可缺少的文献。在中国侨乡，族谱除起研究地方史的一般作用外，由于它还记录着族人出国原因、出国历史、人数及侨居地区分布、出国后海外职业、生活和悲惨遭遇、华侨平均寿命以及与祖国家乡的关系，因而族谱也是研究侨乡的华侨史的重要资料。中华人民共和国成立以来，由于中国社会政治经济制度发生了根本变化，产生族谱的社会制度已被推翻。因此，族谱存在的价值及作用日已消失。但从历史文献看，宜应对现存的族谱进行搜集，妥为保存。"取其精华，弃其糟粕"，对研究地方史以及华侨史仍然大有用处，建议文化部门应重视这一工作。

2. 闽南侨乡族谱中的南洋华侨史实．林金枝．福建论坛（经济社会版），1983（1）：98－104．

关键词：吴氏族谱　华侨史　侨乡　南洋华侨　晋江

内容摘要：福建是我国的主要侨乡。闽侨旅居海外，已有一千多年的历史。现今分布在世界各地的华侨和外籍华人，估计有两千万人，其中原籍属福建的约五六百万人，他们主要分布在东南亚各地，也有一部分居住在日本、美国以及其他地方。在东南亚，又主要居住在印度尼西亚、马来亚、新加坡、菲律宾以及印度等地。为了开展地方华侨史的研究，侨乡族谱就是一种重要的历史资料，值得很好地研究。厦门大学南洋研究所曾于

20世纪50年代末期组织人员，先后六次到福建泉州、晋江、南安、惠安、同安、安溪、永春、德化等市县的侨乡调查访问，总共查阅了80部族谱（另外还在厦大图书馆借阅侨乡族谱十多部）。

3. 从福建侨乡族谱看南洋华侨史的若干问题. 林金枝. 历史研究，1984（4）：59－80.

关键词：刘氏族谱　华侨史　福建侨乡　南洋华侨

内容摘要：无

4. 从福建侨乡族谱看南洋华侨史. 谭文. 福建论坛（人文社会科学版），1984（6）：82.

关键词：华侨史　南洋华侨　华侨投资　福建侨乡族谱

内容摘要：厦门大学南洋研究所林金枝发表于《历史研究》1984年第四期的《从福建侨乡族谱看南洋华侨史的若干问题》一文指出，福建是中国的主要侨乡。现今分布在世界各地的华侨和华人，估计有两千万人，其中原籍属福建的约有五六百万人。

5. 从族谱资料看闽粤人民移居海外的活动及其对家乡的贡献. 林金枝. 东南文化，1990（3）：194－204.

关键词：闽粤侨乡　华侨华人　族谱　南洋　侨居地

内容摘要：由于科研工作需要，为获得华侨史的丰富资料，早在20世纪50年代中期，作者曾到福建主要侨乡进行调查访问工作，获得了不少侨乡族谱资料。80年代，又数次到广东中山图书馆和汕头市图书馆查阅了200多部族谱，获得了许多有关华侨史的资料。本文试图通过地方文献的一个侧面，着重从族谱的角度，利用所得的资料，探讨闽粤人民移居海外的活动及其对家乡的贡献。

6. 华侨与海上丝绸之路——部分侨乡族谱中的海外移民资料分析. 郑山玉. 华侨华人历史研究，1991（1）：23－30.

关键词：海上丝绸之路　海外移民　华侨　族谱　侨乡

内容摘要：海上丝绸之路发端于中国而延伸至世界各地。就广义而言，中国的海外移民（华侨）及其对侨居地的开发建设，促进中外友好关系、交通贸易和科技文化交流等方面，成为"海上丝路"的重要组成部分。

7. 略论侨乡族谱在华侨历史研究上的资料价值. 郑山玉. 华侨华人历史研究，1991（1）：31－34.

关键词：族谱资料　侨乡　侨史研究　人口流动

内容摘要：著名史学家顾颉刚先生曾说过："我国历史资料浩如烟海，但尚有二个金矿未曾开发，一为方志，一为族谱。"近几年来，我们在从事侨乡族谱的调研中，深感顾先生之言殊为确论。族谱记载的内容十分广泛，大凡本家族的历史沿革、世系繁衍、居地迁徙、人口流动、山川名胜、族产名绩、科举仕宦、传记艺文、婚丧祀典、族规家法等，均有详略不等的记载。

8. 侨乡族谱与华侨华人问题研究．郑山玉．海交史研究，1995（1）：64-75．

关键词：族谱资料　问题研究　海外华侨华人　侨乡　侨史研究

内容摘要：谱牒学研究与谱载资料的利用，在近一个时期以来已日益受到学术界的瞩目和重视。侨乡族谱中的侨史资料，对于华侨历史研究的深入展开、对于侨务部门的实际工作，以及海外华侨华人追寻先辈的历史足迹，尤其具有独特的意义和作用。

9. 泉州侨乡族谱华侨出国史料剖析．郑山玉，李天锡，白晓东．华侨大学学报（哲学社会科学版），1995（2）：37-48．

关键词：华侨　泉州地区　族谱资料　侨乡　契约华工

内容摘要：多年来，我们致力于泉州侨乡族谱的调研工作，从中获取大量的华侨史料。这些珍贵的原始记录，从不同角度展示了华侨历史的丰富内涵，对于华侨问题研究的诸多领域（诸如华侨出国史、创业史、爱国爱乡史等），具有极高的史料价值。

10. 改革年代侨乡社区的宗族组织与政治过程．刘朝晖．思想战线，2007（3）：23-30．

关键词：宗族　社区　权力结构　政治过程

内容摘要：改革年代的侨乡宗族组织得到了复兴和发展，但在现代国家政权建设的框架中已经丧失了其社会控制的功能，相反，个人、家庭、家族、村级地方基层政权以及各类自愿性社团组织等对村落社会的结构和权利进行了分割和重组。一方面，国家逐渐淡化行政监督权力，通过多元化的形式实施对村落社会的影响和控制；另一方面，社区中的个人、家庭和自愿性社团积极介入村落社会的政治实践过程。家庭组织在结构和功能上的新变化已经开始影响村落社会政治权利的分配过程，它演变成为村民主张个人权利和义务的策略单位。

11. **海外华侨与闽南侨乡家族文化——以晋江石圳村闽南李氏迎祖为例**. 王丽明. 东方论坛, 2008 (1): 31-34.

关键词: 闽南文化　侨乡家族文化　石圳村　李氏迎祖

内容摘要: 闽南是我国著名的侨乡。闽南文化糅合了中原文化、本土文化和海外文化。闽南的发展历程决定海外移民必然是闽南文化形成中的重要影响因素。时至今日，华侨仍在闽南文化的传承上起着举足轻重的作用，而历久不衰的闽南文化也成为加强华侨对家乡的认同感的重要纽带。本文以2002年石圳村举行的"闽南李氏迎祖"活动为切入点，管窥闽南文化的重要组成单元——闽南侨乡家族文化与海外华侨之间的关系。

12. **云南省腾冲和顺侨乡宗祠社会功能分析**. 段家开. 保山师专学报, 2008 (6): 94-96.

关键词: 和顺侨乡　宗祠　社会功能

内容摘要: 在方圆20平方公里的侨乡和顺小镇，分散着八大姓氏的宗祠。这些宗祠成为和顺百姓开展祭祀祖先、倡办各种公益事业活动的公共空间，推进了和顺的文明进程。

13. **浅析云南省腾冲县和顺侨乡宗族活动的社会功能**. 段家开. 中国市场, 2008 (35): 100-101.

关键词: 和顺侨乡　宗族活动　社会功能

内容摘要: 云南省腾冲县和顺镇是著名的侨乡，全镇总面积20平方公里，现有人口5000多人，侨居国外的华侨6000多人，为国内人口的117%。从明朝初年开始，中原汉族定居边地和顺后，各大宗族积极开展各种社会活动，建设乡里，推动了侨乡经济社会的发展，构建了文明和谐的社会。

14. **海外华人社会与闽南侨乡的同姓组织：菲华蔡氏宗亲组织的结构及其互动的研究**. 潘宏立. 闽商文化研究, 2010 (1): 166.

关键词: 海外华人　侨乡　宗亲会　闽南　生存发展　血缘组织　宗族组织

内容摘要: 1990年以后，中国东南地区闽粤两省侨乡的同姓组织，在海外华人因素的促进下迅速复兴。根据近年的比较研究，福建南部沿海侨乡宗族的再生和复兴，不仅仅停留在村落层次上已经扩大到跨乡镇、县市的宗亲会组织网络的建立与提携上，而且大部分与海外的宗亲组织来往密切，构筑了跨国跨地区的国际性互动网络。这表明福建南部的同姓组织正以中国大陆其他地区少见的速度在深度和广度上发展。闽南侨乡的同姓组织主要包括宗族及宗亲组织。闽南宗族历史上曾经十分发达。由于故乡宗族组织的发达及其海外生存发展的需要，福建籍海外移民很早就在侨居地建立了同乡会及宗亲会。这些地缘和血缘组织长久以来为福建籍侨民的社会生活发挥了巨大的作用。因此，在以东南亚为主的福建籍华侨聚居地区，宗亲会组织历来十分发达。闽南侨乡的同姓组织由于有海外华人因素的明显作用，其复兴与重构具有自身鲜明的特殊性。海外福建籍同姓组织不仅在组织结构上及功能上对故乡的同姓组织影响明显，而且两者的互动关系十分密切。而这种血缘组织及其相关的地缘组织不仅是早期闽商赖以生存发展的基本要素，也是当今海内外闽商商业网络的一个重要组成部分。本文根据笔者十余年来对石狮市的同姓组织所做的一系列田野调查研究，主要以对蔡氏同姓组织所进行的田野调查资料，报告通过该项研究而揭示的海外华人与闽南侨乡同姓组织的互动状况，阐明其社会原因及作用。

15. 族谱与新加坡"福建人"方言族群移民史研究. 李勇. 世界民族, 2010 (1): 53 – 60.

关键词: 移民史 福建人 族谱 族群 方言 华侨华人历史研究

内容摘要: 运用侨乡族谱研究海外华侨的移民历史由来已久。在福建区域移民史研究中，较有代表性的作品有庄为玑等人的《福建晋江专区华侨史调查报告》、林金枝的《从福建侨乡族谱看南洋华侨史的若干问题》、郑山玉的《侨乡族谱与华侨华人历史研究》等。上述研究依据族谱所载姓名、世代、生卒年、卒葬地、婚姻及子女、出洋原因或所附小传等相关史料，分析了华侨的出国原因、移居地分布、移民趋势，旁及华侨出国路径、在海外的生活、与祖籍地关系等问题。可以说，族谱史料是人们研究华侨移民史尤其是早期移民史不可或缺的重要文献。然而，现有的研究大多从华侨移民史的宏观角度切入，运用族谱来研究华人某一方言族群移民历史的作品还比较少见。

16. 民国时期的晋江华侨与乡族械斗. 陈金亮. 社会科学家, 2010 (2): 152 – 154.

关键词: 民国 晋江 华侨 乡族械斗

内容摘要: 文章根据新发现的民国档案、报刊资料，就民国时期晋江华侨在乡族械斗中所扮演的角色做一探索。华侨一方面充当支援者，利用资金、武器对家乡械斗予以接济,作为乡族利益的代言人向政府施加影响,助长了械斗的蔓延;另一方面又充当调解人,积极配合地方政府参与械斗的调解,努力维护基层社会秩序的稳定。这种矛盾角色反映出乡族观念对华侨的深刻影响,同时也体现出民国时期华侨已经成为侨乡社会的一种重要调节力量。

17. 祖孙三代的桑梓情:侨胞钟铭选家族三代热爱家乡纪事. 陈克振. 炎黄纵横,2010(3):28-30.

关键词:公益事业 捐赠 家乡 桑梓情 安溪县 家族

内容摘要:安溪侨乡的华侨巨商钟铭选,热心捐办家乡公益事业,其儿孙又继承先辈遗风,并发扬光大,先后捐赠巨资在家乡兴办公益事业。钟铭选家族祖孙三代热爱家乡的桑梓情,深受家乡亲人的赞誉,也受到家乡各级政府的表彰。

18. 安溪《参山二房黄氏族谱》华侨史料剖析. 吴远鹏. 福建史志,2000(4):54-56.

关键词:氏族谱系 安溪县 华侨 史料

内容摘要:泉州是我国著名的侨乡,有600多万祖籍泉州的华侨、华人分布在海外100多个国家和地区。侨乡族谱中关于泉州人民买棹扬帆、播迁海外的记述浩如烟云。《参山二房黄氏族谱》以下简称《黄氏族谱》,清光绪十二年(1886)重修抄本,即是这其中的一部。由于《黄氏族谱》中记载参山黄氏族人迁居台湾的史料繁多,因此谱中关于族人出洋的记载较易为人们所忽略。

19. 永春族谱里的感人故事. 林联勇. 炎黄纵横,2010(6):58-59.

关键词:黄氏族谱 吕宋 侨乡 家族 南洋

内容摘要:在很多人的印象里,族谱是对家族单调乏味的记载。其实,如果你用心翻阅,也可以从厚重的族谱中读到生动的历史。

20. 华侨华人民间文献多重价值初探. 徐云. 华侨华人历史研究,2012(3):12-22.

关键词:华人研究 民间文献 文献学 侨批 族谱 契约文书

内容摘要:论文对华侨华人民间文献的定义、种类、特点、价值等方面做了初步的探讨。认为华侨华人民间文献是中国历史文献的重要组成部分,具有世界性、多样性、分散性和延续性的特点,并具有历史凭证价值、学术研究价值、思想教育价值和文化传承等多重研究和利用价值。目前除了侨批、侨乡族谱、公馆档案等进行了有序的收集整理外，绝大多数的华侨华人民间文献散落在私人或非官方组织手上。对华侨华人民间文献进行系统的收集整理和开发利用十分必要。

21. 论关族图书馆联系侨乡宗族关系的职能. 李斯，沈默，冯华倩，简佳妮，李瑞瑞. 图书馆论坛，2014（3）：40-45+7.

关键词：关族图书馆　宗族关系　侨乡　社会职能

内容摘要：文章从接收和管理捐赠、编印侨刊、提供宗亲交流的场所、举办各种宗族活动、传承宗族历史文化五个方面阐释关族图书馆联系侨乡宗族关系的职能，得出关族图书馆是联系侨乡宗族关系重要纽带的结论。

22. 侨乡宗族文教活动管窥（1911—1949）：以开平县司徒氏为例. 邓玉柱. 文教资料，2014（13）：106-107，112.

关键词：民国时期　侨乡宗族教育　开平县司徒氏

内容摘要：文章以民国时期赤坎发行的司徒氏族刊——《教伦月刊》为基本史料，侧重考察民国时期开平县赤坎镇司徒氏的主要文教活动。通过考察发现，在海外华侨的支持下，侨乡宗族教育在内容和形式上均有了新的发展，他们顺应时代潮流，开办学校，设立图书馆，设立促进教育的专门机构，开展文体活动，在发展学校教育和社会教育方面成绩突出，为侨乡文教事业的发展做出了巨大贡献。

23. 民国时期台山县的家族自治. 黄海娟. 五邑大学学报（社会科学版），2015（1）：16-21，93.

关键词：家族　自治　政治

内容摘要：家族自治是中国传统社会实行乡族事务自我管理的主要形式，但家族有自治行为却无自治概念。清末宪政思想传入中国，家族开始适应新的政治话语。以民国时期侨乡台山为例，探讨家族如何运用自治旗帜，随着中国政局变迁、行政区域的分合而嬗变，以及如何创造出一定的自治模式适应新的政治环境，最终与民主政治并存。

24. 温州海外移民世家研究. 徐华炳. 浙江学刊，2015（4）：53-62.

关键词：温州　海外移民　移民世家

内容摘要：温州海外移民世家是温州家族的重要成员，是温州家族的海外拓展与建构。此群体的形成有世界经济发展不平衡和全球化的大因素，也有温州地域文化和移民意识等主观原因。温州海外移民世家数量众多，其祖籍地以文成、瑞安和瓯海等重点侨乡为主，侨居地则集中于西欧大中城市。他们既讲究家庭祖训，聚和、重教、务实，也注重发挥家族家庭力量，善贾、乐助、抱团，以贡献海内外而赢得声誉。

25. 海外华侨华人、侨乡社会与跨国宗族实践——以广东五邑侨乡薛氏为例. 黎相宜. 华侨华人历史研究，2016（1）：55-63.

关键词：侨乡研究　五邑侨乡　跨国实践　宗族研究　宗亲会

内容摘要：论文以旧金山、香港与广东五邑侨乡坎镇的薛氏宗亲会及其相关组织为重点，从互补与竞争的视角，探讨这些国家和地区的薛氏宗族及其宗亲成员在一个跨国空间内展开的宗族实践，并进一步分析这种宗族实践的发生机制、发展过程及所产生的社会影响，以回应传统宗族研究遗留下来的争论。由于海外侨资与声誉资源的稀缺，合作、竞争与矛盾始终存在于宗族内部，这种互补与竞争既是跨国宗族内部出现的不同成员及组织的经济与社会分化的产物，也进一步成为维持与加强跨国宗族形态的不同区域、国家的宗族成员及组织对于宗族的归属感与向心力的重要动因。正是在这种既有同盟又有竞争的错综复杂的宗族网络中，侨乡宗亲组织以及遍布在世界各地的海外宗亲组织及其个体才得以呈现出丰富多样、精彩纷呈的跨国宗族实践。

26. 东南亚华侨华人谱牒文献的形成、收藏现状与整理措施. 王华. 图书馆理论与实践，2016（4）：103-107.

关键词：谱牒　华侨华人　东南亚

内容摘要：东南亚华侨华人谱牒文献具有重要的研究意义。晚清民国以来，随着东南亚地区华侨华人人口的不断增长，海外华人社会逐渐形成。宗亲社团以编修谱牒文献传承中华文化；国内侨乡的谱牒文献亦收录东南亚宗族亲人的相关信息。现存东南亚华侨华人的谱牒文献主要收藏于国内外各大文献机构之中。为促进相关研究与文献工作，笔者提出加强征集、工具书编制、数字化、网络化、商业化以及交流与合作等整理措施。

27. 论民国时期华侨在中国档案与族谱中的形象. 沈惠芬. 福建论坛（人文社会科学版），2017（3）：118-124.

关键词：民国时期　跨国移民（华侨）　华侨形象　宗族　华侨与中国

内容摘要：民国时期是中国人向海外迁移的活跃时期，许多跨国移民（华侨）在移民接受地与移民输出地（俗称侨乡）之间来来往往、活动频繁，对侨乡乃至中国的政治、社会、经济、文化等方面产生一定的影响，在当时的各种文本资料中都有所反映。通过分析民国时期官方档案与侨乡族谱中有关的华侨资料，笔者试图探寻民国华侨在当时中国政府文本及宗族记述中的形象。本文认为，民国时期官方文本与族谱资料塑造了不少华侨形象，反映了当时中国政府与侨乡宗族对华侨的观念与定位。虽然现实生活中华侨的形象更为多元多样，民国官方文本资料和部分族谱资料却一再地把华侨塑造为国家或宗族的热爱者，或是地方政治的受害者，显得单调而二元化。

七 侨乡建筑与文化遗产

1. 灵活多样的侨乡住宅. 赵喜伦. 建筑知识，1983（4）：10.

关键词：竹筒屋 农村建房 侨乡 住宅

内容摘要：广东人多地少，素有"七山二水一分田"之称，尤以珠江三角洲、韩江三角洲人口密度最大，每人平均耕地不到1亩，有些仅3—4分。因此，农村建房节约用地的问题十分突出。为此，农民在建新房时，对传统住宅采取了去芜取菁的态度，很少见到有人再去建造单层的"三合院""下山虎""四点金"等式样传统房，因为它们面积大、占地多、分居不灵活；同时，也不建那种大进深，穿套多的"竹筒屋"。现在，农民大多喜欢建2—3层别墅式的平顶楼房。

2. 台山近代城镇规划建设初探. 沈亚虹. 新建筑，1986（4）：27-29.

关键词：珠江三角洲 西方建筑文化 城镇规划建设 中国近代 台山

内容摘要：台山县是我国著名的侨乡，位于珠江三角洲西南部南海之滨。县内岗峦起伏，山地多而平原少，雨量充沛，属亚热带海洋性气候。早在20世纪初，台山县从县城到县内各城镇、墟市（集镇）就有计划地、系统地进行了大规模的改造和建设，其规划建设范围之大、内容之多、速度之快、质量之高，在中国近代城镇发展史上，是十分突出的一例。

3. 广东地区近代中外建筑形式之结合的研究. 蔡晓宝. 华中建筑，1987（2）：26-30.

关键词：广东地区 建筑形式 侨乡民居 近代建筑 骑楼

内容摘要：本文从广东地区入手，分析了近代受外国建筑形式影响的各类建筑，主要是教会建筑，住宅建筑（城镇"骑楼"式、城郊乡下"碉楼"式、"教堂区"、宅邸、侨乡民居）以及纪念性建筑等，概述了外国建筑形式传入广东的六种途径。

4. 广东开平风采堂. 颜紫燕. 华中建筑, 1987 (2): 78-83.

关键词: 折中主义 传统建筑 建筑形式 风采堂

内容摘要: 传统的建筑素有传统的形式, 当它处于华侨遍及的侨乡村, 情况又如何呢? 本文通过对著名侨乡——广东开平的荻海风采堂的剖析, 阐述传统建筑与国外形式结合之经验。论文通过风采堂选址、平面布局特色、立面造型艺术、装饰细部处理等方面, 论述了风采堂的艺术价值及所受折中主义影响。

5. 碉楼记. 沈仁康. 人民文学, 1990 (C1): 69-73.

关键词: 钢筋水泥 开平县 建筑特色 碉楼

内容摘要: 广东的开平县是著名侨乡, 全县人口60万, 它分布在世界五大洲的华侨以及港澳同胞, 也是60万, 一比一。西出广州百余里, 进入开平县境, 一派平原秀色。最引人注目的是远远近近村子里鹤立鸡群般的碉楼, 绵绵延延, 数十里不断, 伟岸耸立, 别具风采。其他侨乡如新会、台山、恩平, 也有碉楼, 但远不如开平的密集众多。据记载, 国民党苛捐杂税中有一种碉楼捐, 因纳不起碉楼捐而被迫拆毁的有2000座。现在仍存在的还有1500座左右, 可见数目之大。碉楼成为开平农村的建筑特色, 一个村子少则有一二座, 多则有一二十座。碉楼矮的二三层, 高的七八层, 普遍为五六层。它是方形或长方形建筑, 有的是黄泥夯成的, 有的是青砖砌成的, 有的是钢筋水泥筑成的, 墙厚有达一米的, 窗子极小, 恰似战争中的碉堡。

6. 南萠侨乡话碉楼. 佚名. 中山侨刊, 1989 (18): 43.

关键词: 无

内容摘要: 无

7. 中西合璧的联芳楼. 吴庆洲. 广东建筑装饰, 1997 (4): 30-33.

关键词: 联芳楼 中西合璧 民居形式 人居环境

内容摘要: 梅州为著名的侨乡, 梅州民居形式多样, 方、圆土楼、围龙屋、五凤楼等民居形式早已为海内外研究者所熟知, 这些民居多为中国传统形式, 而由华侨兴建的中外文化交融为特色的民居则鲜为人知。本文介绍的联芳楼就是典型例子之一。

8. 关于侨乡现代城镇建筑特色的几点建议. 赵红红. 建筑学报, 1998 (7): 46.

关键词: 建筑特色 现代城镇 城市设计 传统侨乡 设计风格

内容摘要：无

9. **江门五邑侨乡建筑文化的特色及其继承与发展**. 仲德崑. 建筑学报，1998（7）：45.

关键词：侨乡建筑　建筑文化　五邑侨乡　人文背景　历史文化

内容摘要：无

10. **运用侨乡传统建筑风格创造江门地方特色**. 白德懋. 建筑学报，1998（7）：40.

关键词：侨乡建筑　传统建筑风格　地方特色

内容摘要：无

11. **近代中西建筑文化碰撞的产物：粤中侨乡民居**. 陆映春. 华中建筑，1999（1）：142-145.

关键词：中西文化　侨乡民居　空间构成　建筑风格

内容摘要：文章试图通过对现存广东四邑侨乡民居的实地考察与理论研究相结合，采取与西方近现代建筑相比较的方法，着重分析中西文化交流、渗透在侨乡民居中的体现，总结出侨乡民居的类型特点和别具一格的设计手法。

12. **从开平风采堂看近代岭南建筑的特征：继承革新经世致用**. 唐孝祥. 广东建筑装饰，1999（4）：20-21.

关键词：岭南建筑　特征　古建筑　中国

内容摘要：开平风采堂始建于光绪三十二年，于民国三年告竣。其主体建筑由"风采堂"和"风采楼"两部分组成，总建筑面积达5364M^2。就其总体布局而言，平面处理在注重功能需要的基础上，追求紧凑集中，与20世纪初西方建筑流行的集中式平面极为相似。但其平面构图的具体手法又反映了广东侨乡近代建筑兼容并包、会通中西的价值取向、意匠追求和个性特点。

13. **粤中的侨乡村落**. 陆映春，陆映梅. 南方建筑，1999（4）：74-76.

关键词：侨乡　村落　构成　特点

内容摘要：本文从分析岭南人的思想意识形态和粤中村落的布局现状入手，总结出粤中村落秩序性、整体性和开放性的特征，并分析其空间构成手法，进一步总结出由于近代西方建筑文化的导入而使侨乡村落产生出异于传统村落的变化，而更富有近代特色。

14. 台山侨乡碉楼的沧桑. 欢年. 莘村族刊, 1999（复刊 45）: 53 – 55.

关键词：无

内容摘要：无

15. 粤中侨乡民居设计手法分析. 陆映春, 陆映梅. 新建筑, 2000 (2): 47 – 51.

关键词：侨乡民居　空间构成　风格特征　设计手法

内容摘要：本文试图用粤中建筑文化与西方建筑文化相对比的方法, 分析粤中侨乡民居内部空间构成和外部风格特征的建筑处理手法。为今天侨乡建筑风格的持续发展提出具体可鉴的方法。

16. 保护历史街区传统建筑风貌的理性探索——以泉州市中山路保护整治规划设计和实践为例. 王晓雄. 城乡建设, 2001（11）: 10 – 11.

关键词：泉州市　传统建筑　规划设计　历史街区保护

内容摘要：泉州, 坐落在福建省晋江下游北岸, 1982 年国务院命名为我国首批 24 个国家级历史文化名城之一。它是中世纪世界著名的通商口岸, 也是我国著名的侨乡之一, 至今已有 1300 多年的城市发展史。近年来, 随着泉州地区经济的快速发展, 城市居民收入的提高和人口的不断增长, 原有的居住环境已远远不能满足居民对现代化生活的需求。由于缺乏规划设计的正确指导, 造成居民对原有的传统民居进行随意改造和翻建。这种无序建设使得泉州这座历史城市的历史风貌受到不同程度的破坏, 历史街区的保护与整治工作已迫在眉睫。但是如何在保护、整治工作中保持和发扬历史城市的历史文化和城市特色, 又如何将规划建筑设计意图在具体的保护与整治实践中得以贯彻, 本文将通过泉州中山路保护与整治的实践, 探索出一条对历史城市的历史遗存进行有效保护和可持续发展的途径。

17. 开平华侨与碉楼建筑. 梅伟强. 五邑大学学报（社会科学版）, 2002 (2): 45 – 49.

关键词：开平　华侨　碉楼建筑　侨汇

内容摘要：碉楼分布于广东省开平市广大城乡, 其数量之众多、建筑之壮观、风格之特别, 在广东乃至全国均属罕见。它是中国华侨文化的集中表现, 极具历史、文化、科学和艺术价值。开平华侨对碉楼的建筑做出了重大贡献

18. 开平侨乡独特的建筑文化. 余玉晃. 广东史志, 2002 (2): 51-55.

  关键词: 侨乡 碉楼 建筑文化 自然环境 开平市

  内容摘要: 无

19. 开平碉楼. 钱唐根. 上海档案, 2002 (3): 57-58.

  关键词: 碉楼 建筑风格 开平市 装饰风格 巴洛克式

  内容摘要: 在富饶的南粤, 有一个非常有名的侨乡——开平市, 她距广州约一百公里, 驱车两个多小时, 就能到达位于潭江边的开平市。开平很早就是建筑之乡, 开平的人民为自己的家乡建造了许许多多富有特色的建筑。她的现代建筑新颖雅致, 在开发区, 可以看到耸立在潭江边的现代化建筑——五星级的半岛酒店, 从酒店隔江相望, 繁华的古城却是老屋连绵、书香弥漫。在城区, 虽有很多让人流连忘返的街区, 然而, 另一值得一提的应是长久地耸立在五邑田野中融合着中西情调、造型各异的碉楼。这些遍布在开平乡间的一座座奇怪的、与中国传统建筑风格截然不同的小楼, 将古罗马式的柱子和拱券、巴洛克式的穹顶和装饰风格与中国沿海乡村自古以来防范盗匪的碉楼样式融合在一起, 使得建筑学家至今无法为这些小楼定义。

20. 广东侨乡聚落的景观特点及其遗产价值. 刘沛林. 中国历史地理论丛, 2003 (1): 77-84+161.

  关键词: 广东 侨乡 聚落景观 世界遗产

  内容摘要: 广东侨乡聚落景观是19世纪中期与西方开通贸易之后逐步形成的。华侨的勤劳不仅带来了侨乡经济的繁荣, 而且带来了侨乡思想观念的变化, 建筑形式的刷新就是这种变化的写照。广东五邑等地侨乡出现的风格独特的碉楼民居、骑楼商业街、公共建筑及私家园林等, 在中国传统建筑的基础上, 大胆引进西方建筑元素和手法, 创造出一组组式样独特的"另类"建筑景观, 使历来沉稳、厚重的中国传统建筑增添了不少活泼、升腾之感, 从而丰富了聚落天际线。这种侨乡聚落景观的形成, 成为一种特定时代的特殊的历史见证, 是一笔重要的历史文化遗产, 应予积极保护。

21. 广东开平侨乡建筑杂谈. 方雄普. 侨园, 2003 (2): 32-34.

  关键词: 侨乡建筑 钢筋水泥 建筑风格 碉楼 社团 防卫功能

  内容摘要: 我是广东开平人, 少年离乡远走天涯, 在北方生活将近40

年了。去年12月，因工作的关系我重回广东。其间，参观了故乡开平的一些景点，勾起了我沉淀多年的乡情。返京后我情不自禁地提起笔来写了这篇开平建筑杂谈。

22. 广东开平塘口镇潭溪院的规划、建设与管理：开平碉楼文书研究之一. 张国雄. 建筑史，2003（3）：147-157+287.

关键词：规划　建设　管理　文书研究

内容摘要：近年来随着开平碉楼保护整治工作的深入开展，发现了一批保存在碉楼里的文书，成为研究开平碉楼、广东侨乡村落、侨乡近代社会发展的珍贵资料。本文以碉楼文书为第一手资料，以塘口镇潭溪院谢氏家族的东明、赓华村为分析样本，讨论开平侨乡村落的兴建与管理。

23. 中国碉楼的起源、分布与类型. 张国雄. 湖北大学学报（哲学社会科学版），2003（4）：79-84.

关键词：碉楼　乡土建筑　定义　中国

内容摘要：中国碉楼是汉族和一些少数民族地区在历史时期兴建的一种以防御为主的多层塔楼式乡土建筑，至迟在汉代已经广泛分布。在不同的民族和不同的地区，碉楼的称呼、建筑材料、建筑造型和建筑风格有所不同。本文从语义学的角度，通过国内外不同类型碉楼的比较，揭示了中国碉楼的起源、分布和特征。

24. 侨乡小城镇近代骑楼保护对策探讨. 李琛. 小城镇建设，2003（11）：52-54.

关键词：广东　近代骑楼　小城镇建设　建筑文化　人文环境

内容摘要：无

25. 开平碉楼：令人震撼的华侨乡土建筑奇观. 吴就良，谭伟强. 风景名胜，2003（12）：104-123.

关键词：碉楼　开平市　华侨　建筑形式　建筑艺术

内容摘要：开平市位于中国广东省珠江三角洲西南部，是著名的侨乡。开平碉楼是开平一带特有的乡土建筑群体。它起源于明朝后期，随着华侨文化的发展而鼎盛于20世纪初叶，现存一千八百多座。这些碉楼集居住与防卫功能于一体，融中西建筑艺术于一域，是一道独具特色的历史文化景观。

26. "五脚基"：近代闽粤侨乡洋楼建筑的原型. 江柏炜. 城市与设计学报，2003（13-14）：177-243.

关键词：五脚基　洋楼　殖民建筑　异质空间　混杂体　闽粤侨乡近代建筑

内容摘要：作为一种建物类型（building type），"洋楼"载明了近代闽粤侨乡社会与文化的变迁，更是散居天下、却心系原乡的"华侨"（overseas Chinese, Chinese Diaspora）之历史、意识形态、意象化的物质表征。这种华洋融合与转化所生产出来的异质空间（heterotopia）与混杂体（hybridism），一方面承袭了汉文化的合院空间体制，一方面则加上殖民建筑（colonial architecture）之外廊与西式山头装饰为其主要特征，作为彰显家族荣耀、新的身份认同与文化想象的建筑实践。数量最多的洋楼类型，则属"五脚基"（Five-footway），不论是独栋建筑或传统合院附属建筑之改建，都是一般归侨选择的空间文化形式，尤以闽南及潮汕地区为最。五脚基原是19世纪80年代英属海峡殖民地城市店屋留设五呎通道的规范（building legislation），被带回侨乡之后，转化成住宅的外廊作法，更成为此一洋楼建物类型的命名。与殖民建筑的外廊（veranda）一样，五脚基洋楼的外廊具有休闲、家务劳动的意象及功能，逐步取代了原有的天井空间，也促使传统的合院空间体制发生变化。本文在田野调查的基础上，首先探讨五脚基的起源，以及其作为混杂体（hybridism）的空间文化形式，进而探讨它如何随着归侨及侨汇资本转化成为粤侨乡洋楼的住宅类型；再者，分析侨乡五脚基的功能与意义；最后，从社会文化史的角度，指出近代侨乡住宅空间体制及生活方式的变迁。

27. 中西建筑文化交融下的古聚落——和顺侨乡. 张轶群，扶国. 长沙铁道学院学报（社会科学版），2004（1）：72-74.

关键词：古聚落　和顺　侨乡

内容摘要：处于"西南丝绸之路"上的和顺乡是一个历史文化积淀丰厚、物质环境与人文气息完好延续、至今仍保持着形成于清及民国时期的村落格局的传统村落。在近代和顺乡因与印度、缅甸等英殖民地交流频繁而打下众多东西方文化交融的烙印。文章分析了和顺乡的物质环境与人文气息，探讨了和顺村落建设取得出色成就的原因及对我们的启示。

28. 开平碉楼的类型、特征、命名. 张国雄. 中国历史地理论丛，2004（3）：23-32.

关键词：碉楼　乡土建筑　文化交流　侨乡　开平

内容摘要：广东五邑侨乡的乡村广泛分布的数千座碉楼以及楼内保存

的大量碉楼文书，以其独特的历史文化价值在历史乡土地理、中国近代建筑史、华侨史、近代社会史、近代中外文化交流史等学科领域具有很大的研究价值。随着开平碉楼申报世界文化遗产工作的展开，这类乡土建筑逐渐受到学界的关注。但是迄今对它的基础性研究工作还非常缺乏，如何命名？如何定义？尤待深入地认识。本文根据笔者近年来的考察积累，对其进行初步的分类，描述其建筑和文化特征，提出命名的意见，并揭示其独特的内涵。

29. 试析开平碉楼的功能——侨乡文书研究之三. 张国雄. 五邑大学学报（社会科学版），2004（4）：51－56.

  关键词：开平 碉楼 功能

  内容摘要：开平碉楼除了以往研究中较多注意的防御和居住功能外，从社会背景、地理环境、与村落的关系、民众心理和碉楼使用等方面考察，还具有防洪、办学、村落环境构件和社会心理、习尚承载等功能。它全面反映出近代开平侨乡政治、经济、社会、文化、民众心理等的变化，包蕴了丰富的文化内涵。

30. 广东五邑侨乡规划与建筑体现中西文化融合初探. 许桂灵，司徒尚纪. 中山大学学报（自然科学版），2004（5）：107－112.

  关键词：中西文化融合 规划制度 骑楼 碉楼 五邑侨乡

  内容摘要：在广东五邑侨乡自然和人文历史地理背景基础上，阐述以华侨为纽带引进近代西方城镇规划布局制度，营建具有岭南区域特色的骑楼、碉楼等所体现中西规划与建筑文化融合的历史过程、特质和风格，尤其是将西方的建筑形式与中国传统的聚落布局和设计相结合的文化创新，具体说明华侨文化是一种时代先进文化，应予继承、弘扬和发展，为现实服务。

31. 从开平碉楼看近代侨乡民众对西方文化的主动接受. 张国雄. 湖北大学学报（哲学社会科学版），2004（5）：597－602.

  关键词：开平碉楼 传统乡村 文化交流

  内容摘要：开平碉楼不仅仅是中国碉楼一个非常独特的类型，更是近代中外文化在中国传统乡村交流的历史见证，表现出这种交流的广泛性、深刻性以及民众的主动性和创新能力，因而具有重要的独特的历史文化价值。本文通过开平碉楼审视了近代五邑侨乡中外文化交流的方方面面，分析了交流的机制，并初步评介了它在近代中外文化交流中的历史地位。

32. **金门现代建筑撷要.** 陈凯峰. **小城镇建设**,2004（10）:76-77.

关键词：现代建筑　建筑史　闽南地区　空间　泉州　侨乡

内容摘要：无

33. **走近开平碉楼.** 曾凡祥. **中国绿色画报**,2004（12）:46-49.

关键词：开平碉楼　世界遗产大会　建筑艺术　赤坎镇　文物保护单位

内容摘要：在我国房屋建筑设计中独树一帜、有世界一绝之称的广东开平碉楼，近来又引起海内外有关人士的关注。今年11月，笔者有幸走近著名的侨乡——广东开平，只见碉楼星罗棋布，城镇农村举目皆是，多者一村十几座，少者一村两三座，纵横数十公里连绵不断，蔚为大观。据调研，开平碉楼始建于20世纪二三十年代，全盛期建成3000多座，使开平成了奇特的碉楼建筑王国。经过漫长的岁月，现存1833座。这些碉楼集居住与防卫功能于一体，被誉为令人震撼的建筑艺术长廊。2004年6月，开平碉楼作为广东省唯一的参展项目，亮相第28届世界遗产大会世界遗产展，让全世界感受碉楼、欣赏碉楼。

34. **广东地域建筑的类型及其区划初探.** 林琳，任炳勋. **南方建筑**,2005（1）:10-13.

关键词：地域建筑　竹筒屋　建筑形态　客家土楼　围屋　商业功能

内容摘要：本文从建筑的平面结构、功能特点等方面对广东地域建筑的类型进行了分析，通过对地理因素和人文因素的探讨，将广东地域建筑划分为三个大区域和一个特别区，即粤中粤西广府建筑区、粤东潮汕建筑区、粤北粤东北客家建筑区和五邑侨乡特别建筑区。

35. **中西规划与建筑文化在广东五邑侨乡的交融.** 许桂灵，司徒尚纪. **热带地理**,2005（1）:87-91.

关键词：中西文化融合　规划制度　骑楼　碉楼　五邑侨乡

内容摘要：本文在介绍广东五邑侨乡自然和人文历史地理背景基础上，阐述以华侨为纽带引进近代西方城镇规划布局制度，营建具有岭南区域特色的骑楼、碉楼等所体现中西规划与建筑文化融合的历史过程、特质和风格，尤其是其中的文化创新，说明华侨文化是一种时代先进文化，应予继承、弘扬和发展，为今天现实服务。

36. **近代华侨投资与潮汕侨乡建筑的发展.** 吴妙娴，唐孝祥. **华南理工大学学报（社会科学版）**,2005（1）:53-56.

关键词：潮汕侨乡　近代　投资　建筑美学

内容摘要：潮汕侨乡在 19 世纪末 20 世纪初初步形成。近代的华侨投资极大地促进了潮汕侨乡建筑的发展，奠定了潮汕地区城市的基本格局，在潮汕广大乡村留下了大量风格独特的民居建筑，并形成了独特的建筑审美视角。

37. 试比较广东侨乡近代建筑审美文化特征. 赖瑛. 南方文物，2005 (2)：52 - 57.

关键词：近代建筑　海外华侨　五邑侨乡　审美文化

内容摘要：无

38. 生态、景观、文化与城市绿色空间的融合——江门市城市绿地系统总体规划. 冯娴慧，王绍增. 风景园林，2005 (4)：39 - 42.

关键词：生态　景观　侨乡文化　城市绿地系统

内容摘要：江门市位于珠江三角洲的五邑地区，是五邑著名的侨乡。江、河环绕城市，北部为山地，具有山环水抱的山水城市优势。江门市的城市绿地系统规划在保护和完善现有山水格局的前提下，塑造具有完善生态系统结构、特色景观构架和体现侨乡文化风貌的城市绿色空间。

39. 梅县围屋. 陈夏. 中国老区建设，2005 (6)：44.

关键词：梅县"围屋"　中国　建筑形式　设计艺术

内容摘要：梅县"围屋"，与北京的"四合院"、陕西的"窑洞"、广西的"杆栏式"和云南的"一颗印"，合称为中国民间五大传统住宅建筑形式。它的建筑和设计艺术之独特，给这个侨乡带来了浓郁的乡土风情。人们说，梅县"围屋"充满着客家人的"客味"。"围屋"是由一座弧形或方形的辅助建筑群，像城堡一样将主体住宅包围着的建筑。

40. 试析近代兴梅侨乡建筑的文化精神. 唐孝祥，赖瑛. 城市建筑，2005 (11)：23 - 25.

关键词：建筑美学　兴梅侨乡　近代建筑　文化精神

内容摘要：近代兴梅侨乡建筑面对外来文化的冲击，在守持传统建筑文化的同时，吸收了一定的外来文化，形成了独具特色的侨乡建筑文化，表现出耕读传家、崇文重教的价值取向，慎终追远、重本溯源的宗亲观念和进退两宜、尝试开放的文化心理。

41. 洋楼：台山侨乡文化的一张名片. 陈刚严，新宁. 新宁杂志，2006 (1)：16 - 17.

关键词：无

内容摘要：无

42. 试论近代广府侨乡建筑的审美文化特征. 唐孝祥，朱岸林. 城市建筑，2006（2）：81-83.

关键词：建筑美学　广府侨乡　近代建筑　审美特征　文化意义

内容摘要：广府侨乡与潮汕侨乡、兴梅侨乡并称广东三大侨乡。广府侨乡建筑以其覆盖地域面积最广、建筑形制最丰富、保存数量最多而成为近代岭南侨乡建筑文化中的代表。它展现了中西建筑文化从接触碰撞到融会创新的历史过程，突出体现了开放性、兼容性、创新性的时代精神和审美特征。

43. 从审美文化视角谈开平碉楼的文化特征. 吴招胜，唐孝祥. 小城镇建设，2006（4）：90-93.

关键词：开平碉楼　文化特征　审美文化

内容摘要：开平碉楼作为一种独特的民居建筑，愈来愈引起人们的普遍关注。开平是我国著名的华侨之乡，也是闻名遐迩的碉楼之乡。开平碉楼鼎盛时期达3000多座，现经开平市人民政府普查登记在册的有1833座。开平碉楼虽历经风雨，却风采依然，其建筑造型和风格，千姿百态，异彩纷呈，堪称岭南近代侨乡建筑文化和艺术中的一朵绚丽奇葩。开平碉楼是积极防御与攀比炫富的矛盾统一体，是艺术和美的化身，具有防御性、炫耀性、开放性、创新性和兼容性等文化特征。

44. 开平碉楼的设计. 张国雄. 五邑大学学报（社会科学版），2006（4）：30-34.

关键词：开平碉楼　设计师　乡村工匠　乡土建筑

内容摘要：千姿百态的开平碉楼为谁设计？如何设计？一直是开平碉楼研究的一个谜，又是必须解决的基础课题之一。通过田野调查、碉楼文书收集与对知情人的采访，可以判定开平碉楼的设计有外国设计师、中国设计师、乡村工匠的贡献，三类设计师的设计各有特点，又存在着相互影响、借鉴的关系。

45. 开平碉楼景观的类型、价值及其遗产管理模式. 申秀英，刘沛林，Abby Liu. 湖南文理学院学报（社会科学版），2006（4）：95-99.

关键词：开平碉楼　防御建筑　文化景观　文化反射　遗产管理

内容摘要：广东开平碉楼景观是侨乡民众为了抵御当时猖獗的匪盗而

修建的一种堡垒式建筑,是一种典型的中西结合且以西式风格为外部特征的文化景观。开平碉楼在平面上往往以楼群为主要建筑形式,在立面上则形成具有起伏的天际线。开平碉楼是开平华侨在特定历史条件下所创造的特殊文化景观,是国际文化传播过程中典型的"文化反渗"现象,具有重要的遗产价值。广东省及开平市所倡导的"政府托管制"和"居民直接管理"等一系列政策和措施,是对遗产保护与管理模式的重要创新。

46. 试析近代潮汕侨乡建筑的审美文化特征. 唐孝祥,吴妙娴. 城市建筑,2006(5):86-89.

关键词:建筑美学 潮汕侨乡 审美文化

内容摘要:潮汕侨乡是广东侨乡的重要组成部分,华侨投资极大地推动了近代潮汕侨乡的建筑发展。博采众长的开放品格、经世致用的商业意识和精雕细刻的炫富心理,是近代潮汕侨乡建筑审美文化特征的主要表现。

47. 广东开平立园建筑艺术赏析. 廖颖华. 建筑与环境,2007(1):127-130.

关键词:中西合璧 融合 借鉴 立园

内容摘要:五邑侨乡的立园,是中国华侨园林中的奇葩,其独特的中西合璧的园林建筑艺术手法非常值得现代园建创作借鉴。

48. 闽南侨乡近代地域性建筑文化的比较研究. 陈志宏,曾坚. 建筑师,2007(1):72-76.

关键词:闽南侨乡 近代建筑 地域化 比较研究

内容摘要:本文采用地域性建筑文化发展的研究视角,从侨汇经济、城市文化、近代营造业兴起等方面,分析了闽南近代侨乡建筑文化形成的社会背景;同时,结合三种有代表性的侨乡建筑类型,研究闽南洋楼民居的文化交融特点与伦理定位,比较洋风骑楼与其他骑楼类型的风格特征与形成渊源,并从地域化设计手法、文化复兴意识、乡土格调与民族情结等方面,分析了侨乡校园建筑中蕴含的文化内涵,深入剖析了侨乡近代建筑的演化特征。

49. 中西融汇的岭南乡村文化景观. 佚名. 中国文化遗产,2007(3):12-25.

关键词:碉楼 文化景观 乡土建筑 建筑材料 建筑风格

内容摘要:开平碉楼与村落在建筑、规划和景观设计等方面,既是自古以来一种独特文化传统的延续，又是人类不同文明交融的美丽结晶，展现了不同文化价值的交汇以及岭南侨乡建筑和景观设计理念与实践的演变与发展。

50. 岭南建筑民俗中的易学思想. 朱培坤. 民俗研究，2007（3）：117-124.

关键词：岭南建筑　建筑思想　近现代建筑　建筑形制

内容摘要：岭南近现代建筑具有独特的民俗风情，自成一套完整的解释系统，甚至可以说，是较早把现代建筑思想与中国传统文化进行结合的标本。

51. 世界文化遗产——广东开平碉楼与村落（1）. 佚名. 汕头大学学报（人文社会科学版），2007（4）：93.

关键词：世界文化遗产　碉楼　开平　建筑文化　村落　广东　珠江三角洲

内容摘要：开平碉楼与村落地处珠江三角洲西南部。这里是我国著名的侨乡，同时也是碉楼建筑之乡、艺术之乡。开平碉楼鼎盛时期达3000多座，现存1833座，分布在开平15个镇。

52. 碉楼：一个时代的侨乡历史文化缩影——中山与开平碉楼文化的比较和审视. 胡波. 学术研究，2007（5）：150-155.

关键词：中山　碉楼　碉楼文化

内容摘要：本文通过对中山和开平碉楼之比较分析，认为中山碉楼具有分布集中、格局合理、结构简单、形式多样、中西合璧、文化多元、小巧玲珑、朴素实用的特点。碉楼既是一种建筑文化，也是一个地区历史与文化的载体。中山碉楼既有承袭中原文化，吸纳邻近地域文化和海外文化的痕迹，又有保持本土文化特点的品质。它集中地折射出中山近现代社会发展的历史轨迹，积淀着中山的文化思想和民俗风情。

53. 中国农民"嫁接"的文化经典. 张国雄. 中华遗产，2007（6）：30-31.

关键词：文化经典　中国农民　嫁接　碉楼　开平

内容摘要：开平兴建碉楼的历史，最早可追溯到明朝嘉靖年间。据说在20世纪二三十年代鼎盛时期，开平的碉楼达到三千多座，碉楼成为开平华侨家园的守护神。开平碉楼实在是一个博大精深的"课题"，它的存在，无疑成为令我们尊崇的庞大的文化殿堂。那么，我们又该如何用现代人的眼光来观看它呢？

54. 1833座碉楼中的"四大代表". 张国雄、谭伟强、周一渤、何树炯. 中华遗产, 2007 (6): 68-85.

  关键词：碉楼　村落　建筑　华侨华人　文化遗产

  内容摘要：在开平的1833座碉楼中，迎龙楼、瑞石楼、自力村和马降龙村落堪称典范。申报世界文化遗产时，也是以它们作为"四大代表"。聚焦这"四大代表"碉楼及村落，透析其各自不同的样式和风格，也许能更深地启示我们，为何碉楼已成为华人华侨生命所系的灵魂栖息地。

55. 台山侨乡的建筑风貌特色与传承. 蔡柏滋. 小城镇建设, 2007 (7): 49-53.

  关键词：本土建筑　侨乡　台山

  内容摘要：广东台山侨乡有着厚重的人文历史和灿烂的多元文化，异域风情与东方文化相互交融，使本土建筑和欧美风情巧妙结合，建筑风貌独树一帜、别具一格，多样化而又有统一的基调，建筑形态丰富、生动，将当地的传统文化观念、居住模式巧妙地与西方建筑技术结合起来，从而形成了充满侨乡民俗特色的中西合璧。

56. 开平碉楼——复活的侨乡传奇. 吴吕明. 风景名胜, 2007 (8): 111-116.

  关键词：碉楼　开平　建筑风格　侨乡

  内容摘要：开平碉楼是中国乡土建筑的一个特殊类型，是一种集防卫、居住和中西建筑艺术于一体的多层塔楼式建筑。根据现存实证，开平碉楼最迟在明代后期（16世纪）已经产生，到19世纪末20世纪初发展成为表现中国华侨历史、社会形态与文化传统的一种独具特色的群体建筑形象。这一类建筑群规模宏大、品类繁多，造型别致，分布在开平市的乡村。

57. 边陲明珠，侨乡风貌——云南和顺侨乡聚落环境空间艺术探析. 白小羽，陈敏. 中国建筑装饰装修, 2007 (11): 216-219.

  关键词：侨乡　理想环境模式　景观构成　整体规划

  内容摘要：结合历史地理文化等因素，从结构体系、空间层次上剖析了"侨乡"和顺的聚落空间艺术，并总结其对现代村镇空间规划的启示。

58. 海南侨乡第一大屋. 蔡自强. 椰城, 2008 (1): 22-23.

  关键词：海南　侨乡　东南亚　守信

内容摘要：海南侨乡第一屋是琼海市朝阳镇留客村的蔡家深家的古屋。留客村颇有故事。明朝年代，乐会县衙地址在万泉河畔的博乐城村，四面环山，万泉河流过。留客村离县衙不远，有一条通往乐城的渡口。

59. 世界文化遗产：广东开平碉楼与村落（2）. 魏巨山. 汕头大学学报（人文社会科学版），2008（4）：97.

关键词：世界文化遗产　开平　村落　碉楼　侨乡文化　中西合璧

内容摘要：赤坎镇是开平侨乡的重镇，有着古老的街景、古朴的民风、中西合璧的建筑物。赤坎古镇至今保留着具有独特西洋格调的建筑楼群与石拱桥、骑楼木阁、双层瓦顶。其中有闻名海内外的司徒氏图书馆和近堤西畔的关族图书馆；而堤西路的骑楼建筑群更是赤坎侨乡文化的一景，沧桑厚重的石街、斑驳镂空的窗花、精雕雅致的灰塑形成独具韵味的欧陆风情街，真实地见证了赤坎古镇的历史变迁。

60. 试析开平碉楼与村落的真实性与完整性. 张国雄. 五邑大学学报（社会科学版），2008（4）：5-10.

关键词：世界遗产　真实性　完整性　开平碉楼与村落

内容摘要：真实性和完整性是世界遗产的基本属性和内在价值，是对世界遗产实施科学保护的前提，然而，目前世界遗产研究领域对此讨论较少。通过对开平碉楼与村落建筑、环境、记录之考察与分析，可以论证世界遗产真实性、完整性及其相互关系，从而对世界遗产包括开平碉楼与村落的科学保护提出建议。

61. 论潮汕近代民居建筑的海洋文化内涵. 郑松辉. 汕头大学学报（人文社会科学版），2008（4）：84-88，96.

关键词：潮汕地区　海洋文化　民居建筑　近代　文化生态

内容摘要：潮汕侨乡是广东侨乡的重要组成部分。华侨投资极大地推动了近代潮汕侨乡的建筑发展。近代潮汕侨乡建筑审美文化特征的主要表现是展现了中西建筑文化从接触碰撞到融会创新的历史过程，突出体现了开放性、兼容性、创新性的时代精神和审美特征。海洋文化对潮汕近代文化的影响是一个客观存在的事实。近代潮汕民居建筑文化是中国近代建筑文化的重要组成部分，有独特的历史文化价值。它给国际建筑思潮影响下的当代新地域性建筑的生存与发展以启迪。

62. 近代闽粤侨乡建筑赏析. 张雪冬. 建筑，2008（9）：69-71.

关键词：建筑赏析　近代　华侨　闽粤　东南亚

内容摘要：中国华侨绝大多数是福建、广东人，其中分布在东南亚一带的华侨以闽籍，而拉美地区则多为粤籍侨民为主。清末洋务运动开展以后，清政府对华侨的态度实现了从弃民至侨商的转变。

63. 侨乡民居的装饰艺术. 王力. 艺术教育, 2008 (11): 26-27.

关键词：装饰艺术　民居　侨乡　兼收并蓄　外来文化

内容摘要：广东手工艺历来发达，广东建筑的装饰、装修一直享有盛名，是全国三大体系之一。同时广东又是华侨最多的一个省份，侨乡遍及全省，善于兼收并蓄、大胆吸收外来文化的广东民居就有了自己独特的魅力。文章以广东中山市为例，浅谈当地民居的装饰艺术。

64. 贾金柱意写开平碉楼与村落. 贾金柱. 美术大观, 2009 (1): 96.

关键词：碉楼　世界文化遗产　村落　侨乡

内容摘要：开平碉楼与村落坐落于岭南五邑的开平市，这里有中国第一侨乡的美称，2006年被列为世界文化遗产。

65. 论侨乡小镇特色规划：以温州市丽岙镇为例. 陈思鸿. 建筑与环境, 2009 (1): 31-34.

关键词：丽岙　花城　侨乡

内容摘要：在中国小城镇建设当中，如何体现小城镇原有特色一直是众多学者探讨的热点，也是小城镇规划是否成功的关键。而在镇区建设中如何体现小城镇规划特色更是非常值得讨论的问题。本文通过对温州市丽岙镇的侨乡特色分析，提出了从环境特色、产业特色、人文特色着手，从不同方面探讨如何体现该镇原有的侨乡小镇特色，为丽岙镇规划建设提供了发展方向。

66. 海口骑楼. 王小虎. 椰城, 2009 (C1): 21.

关键词：无

内容摘要：海南是中国著名的侨乡。侨居世界50多个国家和地区，特别是东南亚各国的海南乡侨有200多万。数百年来，他们拓殖海外，历尽艰辛，创下了辉煌的业绩，对居住国的政治、经济和科技文化事业的发展做出了巨大的贡献；他们爱乡爱国，一往情深，为祖国的繁荣和家乡的进步、发展立下了不朽的功勋。

67. 中国近代南方侨乡建筑的文化特征探析. 杨思声, 肖大威. 昆明理工大学学报（理工版）, 2009 (2): 64-67.

关键词：近代建筑　侨乡建筑　建筑特色

内容摘要：文章研究了中国近代南方侨乡建筑形成的多元复合文化背景，对建筑中所具有的时代变革性、地域性、民俗性相混合的特点进行深入分析，认为中国近代南方侨乡建筑的复合性文化特征对当代的建筑创作具有重要的影响和启发。

68. 近代闽南侨乡"五脚基"与"洋楼"表征关系解析. 杨思声，王珊，戚路辉. 华侨大学学报（自然科学版），2009（5）：575-579.

关键词：五脚基　表征符号　闽南　洋楼　符号三角理论

内容摘要：基于皮尔斯的符号三角理论和实证分析，提出在近代闽南侨乡文化的特殊场合下，五脚基能成为洋楼的表征符号的观点。五脚基作为一种符号媒介，能够与洋楼客体对象建立表征关系，这种表征关系体现为存在关联、标识关联、类构关联3个方面，而五脚基符号媒介在与洋楼客体对象建立表征关系后，它也就能上升为一种更发达的符号。五脚基除了作为闽南人用来指代外廊文化体的符号外，当其处在近代闽南侨乡特定的文化场合内的时候，却还有表征洋楼的功能。

69. 华侨与侨乡民居：客家围屋的"中西合璧"：以客都梅州为例. 肖文燕. 江西财经大学学报，2009（6）：68-72.

关键词：华侨　侨乡　民居　客家　围龙屋

内容摘要：近代以来，在海外华侨的影响下，中国侨乡社会发生了深刻的变化，侨乡民居变迁是其中重要方面。围龙屋是一种富有中原特色的典型客家民居建筑，被中外建筑学界称为中国民居建筑的五大特色之一。本文在占有大量地方文献和实地调查材料的基础上，以全国著名侨乡——客都梅州为例，考察客家围屋的洋化，探讨华侨影响下的侨乡民居变迁以及华侨在这一变迁中的作用，并分析其原因。

70. 近代泉州侨乡外廊式建筑的演变探析. 杨思声，王珊. 华中建筑，2009（7）：185-189.

关键词：外廊式建筑　泉州　近代建筑　侨乡　骑楼

内容摘要：中国近代建筑史的重要潮流——殖民外廊式建筑潮流衰退后，在泉州侨乡却迎来了建设外廊式建筑的高潮，但目前尚未得到充分认识。该文通过对近代泉州侨乡外廊式建筑的兴盛规律、形成原因、发展演绎特点进行深入研究，充分揭示这一特殊的建筑历史现象。

71. 珠江三角洲历史文化村镇的类型及特征研究. 罗瑜斌，肖大威.

华中建筑, 2009 (8): 204-208.

关键词: 历史文化村镇 类型 特征 珠三角

内容摘要: 根据村镇历史发展、功能特征、自然和人文景观等物质要素特点, 将珠三角历史文化村镇划分为传统农耕聚落文化型、侨乡外来文化型、建筑遗产型、革命史迹型、商贸交通型和名人史迹型六种类型, 并归纳出其以水为脉、以祠为宗、以墙为围、以巷为网的村镇整体格局特征以及岭南传统文化景观特征。

72. 新会侨乡的亭文化. 佚名. 沙堆侨刊, 2009 (87): 68-69.

关键词: 无

内容摘要: 无

73. 梅州侨乡客家民居中西合璧的建筑文化. 吴庆洲. 赣南师范学院学报, 2010 (1): 13-16.

关键词: 客家民居 中西合璧 建筑和装饰艺术 建筑文化

内容摘要: 中西合璧的客家民居是梅州等地客家侨乡特有的文化景观, 这些民居的创建者多有侨居海外的背景, 接受了西方建筑文化, 将西方建筑文化引入客家建筑之中。文章以六座客家民居为实例, 探讨它们的中西合璧的建筑和装饰艺术以及中西交融的建筑文化。

74. 近代江门侨乡的建筑形态研究. 任健强, 田银生. 古建园林技术, 2010 (2): 46-48+78.

关键词: 侨乡建筑 建筑风格 海外华侨 世界文化遗产 碉楼

内容摘要: 江门市位于广东省, 珠江三角洲的西岸, 下辖新会、台山、开平、鹤山和恩平等五市 (区), 俗称五邑地区, 是全国的著名侨乡。近代的江门侨乡, 华侨的影响渗透到城镇的发展过程中, 涌现出一批优秀的华侨建筑。

75. 广东开平碉楼: 土洋结合的战斗堡垒. 王其钧. 博物杂志, 2010 (2): 34.

关键词: 开平碉楼 洪涝灾害 社会秩序 侨乡

内容摘要: 广东省西南部的开平县是著名的侨乡。这里三面环山, 地势低洼, 每当遇到海潮或台风暴雨就会发生洪涝灾害。由于历史原因, 几百年来开平一带社会秩序也很混乱, 经常有盗贼匪寇出没。天灾人祸, 使得当地居民多闯出海外谋生。为了防洪防匪, 海外华侨寄回巨资。开平的人们创造出一种特殊的碉楼民居。

76. **泉州回族祠堂建筑的审美文化分析. 赵洋. 福建论坛（社科教育版）**, 2010（2）：69-70.

关键词：泉州　回族　祠堂建筑　审美文化

内容摘要：在泉州这样一个多种宗教相并存的城市，回族祠堂建筑有其特殊的审美文化特性。回族祠堂建筑是泉州传统血缘、宗教、地域文化的一种表现形式。文化的传承性要求我们在展望泉州回族祠堂建筑保护的同时，也应该对祠堂建筑的当今价值进行探讨。现以侨乡泉州的回族祠堂建筑为研究对象，通过实地考察从历史考证的角度对泉州回族祠堂建筑的典型——丁氏回族祠堂——的审美文化进行美学特征探讨，并对其当代意义和保护与开发提出见解。

77. **凤岗碉楼与开平碉楼比较研究. 梅伟强. 五邑大学学报（社会科学版）**, 2010（2）：1-4.

关键词：凤岗碉楼　排屋楼　客侨文化　开平碉楼

内容摘要：东莞市凤岗镇现存碉楼（当地人习称"炮楼"，专家建议改称"排屋楼"）120座。凤岗碉楼与世界文化遗产开平碉楼在历史、数量、形制、风格等诸多方面各有异同，具有鲜明的客家文化与外来文化融合的特色。独具的历史文化价值使凤岗碉楼成为"客侨文化"的典型代表。

78. **文化交流视野下的近代广东侨居. 姜省. 华中建筑**, 2010（4）：148-151.

关键词：近代侨居建筑　平面与空间布局　建筑立面形态　建筑结构与技术

内容摘要：该文从文化交流视野入手，介绍了近代广东侨居的建筑形态特征和三大侨乡侨居建筑的个性与差异，希望对相关建筑理念起到启迪借鉴的作用。

79. **闽南近代洋楼民居与侨乡社会变迁. 陈志宏, 贺雅楠. 华中建筑**, 2010（6）：122-125.

关键词：近代　闽南侨乡　洋楼民居　社会变迁

内容摘要：近代租界口岸的开埠与海外移民潮的兴起，闽南传统民居逐渐地受到外来建筑文化的影响，形成了独具特色的近代洋楼民居。该文从家族伦理关系、日常生活方式、社会治安状况、地方风水观念等四个方面，分析了洋楼民居的形成发展与侨乡社会生活变迁的关系，并进一步剖析了侨乡近代民居发展的特征。

80. 海南海口：保护最大骑楼建筑街区. 佚名. 中国住宅设施，2010 (10)：8.

关键词：骑楼建筑　街区保护　海口市

内容摘要：海南省海口市目前正式启动骑楼建筑历史文化街区保护与综合整治工程，计划在未来两年多内，将国内迄今保留规模最大、保存基本完好的骑楼建筑街区——海口骑楼老街，建成具有浓厚历史文化氛围的集娱乐、休闲、购物为一体的商业中心，以新姿态迎接国内外游客，向世人展现海口侨乡历史文化。

81. "外廊样式"对中国近代建筑的影响. 杨思声，肖大威，戚路辉. 华中建筑，2010 (11)：25 - 29.

关键词：外廊样式　中国近代建筑　侨乡　殖民

内容摘要：该文阐述了"外廊样式"与中国近代建筑发展的关系，认为"外廊样式"作为一种建筑类型，存在于中国近代建筑历史发展的始终，丰富繁衍并精彩演绎，对中国建筑的近代转型起了重要作用；另外，它还衍生出"骑楼街屋"这种特殊的城镇空间形式。

82. 开平碉楼. 伯益. 建筑工人，2010 (11)：1.

关键词：碉楼　世界文化遗产　侨乡　开平

内容摘要：2008年，广东开平碉楼被评为世界文化遗产。开平是著名的侨乡，现有人口68万，而在国外的侨胞却有75万之多，遍布世界67个国家和地区，素有"中华海外两开平"之誉。开平位于广东新会、台山、恩平、新兴四县边界，过去有"四不管"之说。

83. 桥梁档案见证侨乡成"桥乡". 占世国. 浙江档案，2010 (12)：53 - 54.

关键词：侨乡　桥梁栏杆　青田县　档案

内容摘要：桥，对于大多数人来说，是司空见惯的，但对于生活在浙江第二大江——瓯江两岸的侨乡青田的百姓来说，瓯江上出现大桥却让他们等待了上千年。从青田建县 (771) 开始，一直到1995年，经过了1224年的等待，第一座大桥——西门瓯江大桥才姗姗来迟地出现在瓯江江面上，侨乡人民的大桥梦终于实现了。让我们和青田的桥梁档案一起，共同见证侨乡成"桥乡"。

84. 侨乡的碉楼. 胡娇，刘少伟，骆美环，陈小雪. 神州民俗 (通俗版），2011（1）：23-27.

关键词：碉楼　白石　华侨　侨乡　金山

内容摘要：白石村是著名的侨乡，华侨历史源远流长。据2000年对白石村华侨分布情况的调查，目前白石村华侨遍布美国、加拿大、尼加多尔、秘鲁、巴拿马、哥斯达黎加等10多个国家，境外总户数371户。

85. 梅县松口镇洋楼建筑的文化解读. 吴卓丹. 嘉应学院学报，2011（1）：15-17.

关键词：侨乡　侨民　乡民　洋楼建筑　文化价值

内容摘要：通过梅县松口镇洋楼建筑的文化价值研究，表明侨乡人民勇于突破现实因素的束缚，以积极谦虚的心态学习外国文化，以开放宽容的心态接受外来文化。洋楼建筑文化表现了侨乡民众在跨文化交流中开放进取的精神。侨民作为中外文化交流的载体，为本土乡民打开认识和了解外部世界的窗口；本土乡民对外国建筑文化元素的学习、接受和吸收，表现了本土乡民乐于接受新事物，善于创新的精神。

86. 传统建筑的现代表达. 李艮. 现代装饰·理论，2011（1）332.

关键词：地域文化　建筑群　建筑设计　总平面布置　毗卢寺

内容摘要：腾冲县位于云南西部，与缅甸接壤，被誉为中国"极边第一城"，是国家级对外开放口岸，是走向南亚、东南亚战略的重要"桥头堡"。旅游资源丰富。有四山（高黎贡山、云峰山、火山、来凤山）、三海（热海、北海、青海）、两侨（和顺、绮罗）、二居（艾思奇故居、李根源故居）、一城（腾冲省级历史文化名城）、一园（国殇墓园）、一瀑（城市火山瀑布）等，形成了以火山热海为依托的火山地热旅游资源，以高黎贡山、来凤山为依托的森林生物多样性旅游资源，以和顺、绮罗、滇西抗战史、云峰宗教名山等为依托的人文文化旅游资源，以傈僳族"上刀山、下火海"等为依托的民族风情旅游资源等，为腾冲发展观光旅游、休闲度假旅游、文化生态旅游奠定了良好的基础。

87. 近代台山侨墟的集镇化演变研究. 何舸，肖毅强. 南方建筑，2011（2）：9-13.

关键词：岭南近代城乡　台山侨墟　集镇化　交通兴革　建筑制度

内容摘要：墟市是岭南地区城镇发展中的一种独特的城市化现象。明清逐步发展起来的墟市，带动了岭南近代城乡集镇化的发展。本文在粤中台山墟市田野调查的基础上，分析在华侨力量推动下的台山近代墟市的发展,及其集镇化演变的过程。并通过侨墟的这一独特案例的研究,探究作为岭南侨乡文化代表的台山及其近代城镇格局在近代岭南城乡形成与发展中的基层价值。

88. 开平碉楼对中国传统建筑的启示. 齐全礼. 中华民居, 2011 (2): 216.

关键词: 开平碉楼 侨乡 中国传统建筑 外来文化

内容摘要: 开平碉楼是中国近代乡土建筑中的一朵奇葩,以其独特的外观屹立于中国的南方小城——开平。2007年6月28日第31届联合国世界遗产大会审议通过将"开平碉楼与村落"列入世界遗产名录。然而,开平碉楼产生的背景是什么,碉楼为什么会是这个样子,以及开平碉楼对当下中国传统建筑的保护和利用有什么意义,这些是本文试图探讨的内容。

89. 开平碉楼灰雕和壁画颜料碎片原材料的拉曼光谱分析. 曾庆光、张国雄、谭金花. 光散射学报, 2011 (2): 158-161.

关键词: 显微激光拉曼光谱 灰雕 颜料

内容摘要: 本文采用显微激光拉曼光谱分析了开平碉楼灰雕和壁画黄色颜料碎片的原材料组成,通过分析发现: 灰雕的主要成分是稻草秆(作为骨架材料),石灰($CaCO_3$),沙(石英SiO_2)以及黄色颜料类胡萝卜素。壁画黄色颜料碎片的成分则是针铁矿(α-FeOOH)和$CaSO_4$。这也说明开平碉楼在选材上,即使是在同一栋楼内,相同颜色的颜料使用的原材料也不一定相同。

90. 开平碉楼的建筑艺术特征. 朱蕙. 五邑大学学报(社会科学版), 2011 (3): 21-23, 93.

关键词: 开平碉楼 世界文化遗产 华侨 建筑艺术

内容摘要: 开平碉楼是岭南侨乡的一种建筑形态,大多分布在珠三角西部江门地区。开平碉楼吸收了西方国家众多风格建筑的样式,保留了中国传统建筑的特色,使中西建筑艺术熔于一炉。因此,在侨乡文化背景下的开平碉楼极具特色,所呈现出来的建筑艺术征候也非常引人注目。

91. 近代江门侨乡的新型墟市研究: 以汀江墟为例. 任健强,李文. 华中建筑, 2011 (4): 133-135.

关键词: 江门侨乡 新型墟市 汀江圩 股份制 集市广场布局

内容摘要: 以近代江门侨乡的新型墟市汀江墟为例,指出股份制的建墟制度以及集市广场布局是其新颖之处的两个主要方面,也是区别于传统墟市的重要方面。通过对新型墟市的研究，将有助于进一步挖掘侨乡的文化内涵和建筑文化资源。

92. 广东五邑地区传统村落的空间形态特征分析. 邱丽，渠滔，张海. 河南大学学报（自然科学版），2011（5）：547-550.

关键词：侨乡　村落　空间形态　建筑文化

内容摘要：广东五邑地区由于独特的地理位置和历史原因，形成了特殊的华侨文化，从而深深地影响了该地区村落的发展过程，形成了别具一格、东西文化交融的村落空间形态。这些村落的空间形态的变化主要表现在村落的总体布局以及由于欧式建筑的出现，在建筑尺度、装饰等方面对传统村落空间的冲击上，充分反映了侨乡传统村落的与时俱进的特征。

93. 开平碉楼：中西合璧的建筑奇迹. 朱文超. 资源导刊（地质旅游版），2011（5）：56-63.

关键词：建筑风格　开平碉楼　中西合璧　华侨　巴洛克

内容摘要：家乡开平历史悠久、景观优美，是中国著名的华侨之乡、建筑之乡、艺术之乡，更是闻名遐迩的碉楼之乡。在家乡广袤的土地上，散落着大大小小的碉楼1833座，其建筑风格千姿百态、异彩纷呈，既有中国传统的硬山顶式、悬山顶式，也有国外的希腊式、罗马式、拜占庭式、巴洛克式等。它们真实地见证了一个多世纪以来华侨的不屈不挠与风雨沧桑，反映出侨乡人民艰苦奋斗、保家卫国的英勇历史，被誉为"华侨文化的典范之作""令人震撼的建筑文艺长廊"。

94. 客属围屋唯我侨乡. 程建军. 南方建筑，2011（5）：81-88.

关键词：客属围屋　侨乡村　建筑特色

内容摘要：在粤东梅州客家地区分布着大量的围屋式民居，明朝成化年间开基的南口镇的侨乡村，在$1.5km^2$的范围内就分布着31座清末民初兴建的百年客家围屋，是围屋聚落最密集的乡村之一。同时这里建筑类型丰富，有民居、祠堂、学塾、庙宇等，民居建筑中又有围龙屋、杠横屋、华侨大屋、别墅洋楼等多种形式。其在节约土地、灾害防御、建筑功能和空间营造等方面均体现出独到的科学和艺术性，值得我们深入研究、借鉴和保护利用。

95. 近代闽南外廊式建筑衍变景象解析. 王珊，杨思声. 华侨大学学报（自然科学版），2011（6）：694-698.

关键词：建筑类型　地域环境　适应　外廊式　闽南地区

内容摘要：在生物学知识的类比启发下，结合建筑类型学、地域建筑学等相关学说，推演"类型的环境适应"理论，解析外廊式建筑在近代闽南的衍变景象。研究结果表明：在近代闽南侨乡人们的创造下，近代闽南外廊式建筑存在着群体繁生、个体趋同和趋异、特殊集联体衍生三重不同尺度的地域适应性繁荣景象。

96. **开平碉楼：一场时空紊乱的穿越**. 王少芳. 中国三峡，2011 (6)：18 – 25.

关键词：碉楼　建筑艺术　建筑材料　华侨　侨乡

内容摘要：电影《让子弹飞》，没有辜负影迷们的期待，以其别树一帜的荒诞与雄性气质，征服了观众，成为2010年国产电影的最大赢家。今人在间离效果足够充分的当下，怀揣着一种非功利、游戏的态度一眼望去，那个国事蜩螗、军阀混战、土洋交融、光怪陆离的民国初年，确实极富传奇色彩和荒诞底蕴。

97. **我爱家乡的碉楼**. 黎杰诚，雷颖茹. 少先队员（成长树），2011 (9)：59.

关键词：开平碉楼　家乡　世界文化遗产　五邑侨乡　森林公园

内容摘要：我的家乡是美丽的五邑侨乡——江门。这里有风景优美的圭峰山森林公园和远近闻名的小鸟天堂，还有我国宝贵的世界文化遗产开平碉楼。

98. **中西合璧：联芳楼的建筑艺术审美表现**. 杨传健. 艺术教育，2012（1）：146 – 147.

关键词：联芳楼　中西合璧　建筑艺术　审美表现

内容摘要：联芳楼，是广东梅县客家侨乡民居建筑形式的一种特殊风格的表现，是客家传统的房屋结构与西方的建筑艺术相结合的典型民居建筑。它体现了中外建筑文化的交融和碰撞，具有重要的史学和美学研究价值。文章从其环境、造型、结构布局和装饰四方面论述联芳楼的建筑审美表现，以认识联芳楼的建筑艺术和文化内涵。

99. **试析闽南侨乡建筑的文化地域性格**. 唐孝祥，吴思慧. 南方建筑，2012（1）：48 – 53.

关键词：闽南　侨乡建筑　文化地域性格

内容摘要：包括厦门、漳州、泉州在内的闽南地区是我国重要侨乡之一。闽南侨乡建筑，类型样式丰富，文化内涵深厚，建造工艺讲究，在地域技术特征、文化时代精神和人文艺术品格等方面表现出独特而鲜明的文化地域性格，对于研究地域建筑文化的传承和侨乡建筑的文化精神具有重要意义。

100. 广东开平庐建筑风格及其文化内涵：一个实地调查报告．郑德华，谭金花．海洋史研究，2012（1）：328－354．

关键词：Luarchitecture（庐） Qiaoxiang（侨乡） Overseas Chinese（华侨/华人） Fallen Leaves Return to The Roots（落叶归根）

内容摘要："开平碉楼与村落"项目于2007年6月28日被联合国教科文组织遗产中心列入世界遗产名录后，引起各地研究者对碉楼的研究兴趣。然而，除少数学者开始关注到侨乡其他建筑外，对这个领域的研究可以说是仍未深入展开，特别是开平的另外一种重要的多层建筑"庐"（乡村别墅），更未有深入研究。

101. 五邑碉楼与侨村建筑的装饰艺术．朱蕙．文艺研究，2012（3）：157－158．

关键词：装饰艺术　碉楼　五邑侨乡　侨乡建筑　华侨

内容摘要：地处广东珠江三角洲的江门市又称五邑，因为江门市原来下辖新会、开平、台山、恩平和鹤山五个县级市，故得此名。五邑侨乡的华侨遍及世界各国，而且人数众多，是全国第一侨乡。

102. 广东开平碉楼与村落．广进．民主，2012（3）：26－29，57．

关键词：碉楼　建筑艺术　乡土建筑　开平市　华侨史

内容摘要：江门市（俗称"五邑"）位于珠江三角洲西岸，人口450万，祖籍江门的乡亲400多万，遍布港澳台和五大洲，有"中国第一侨乡"之美誉。在江门境内，碉楼星罗棋布，城镇农村，举目皆是，尤以开平市碉楼最为突出，不但数量多，而且颇具特色。开平碉楼多者一村十几座，少者一村二三座。从水口到百合，又从塘口到蚬冈、赤水，纵横数十公里连绵不断，蔚为大观。这一座座碉楼，是开平政治、经济和文化发展的见证。

103. 泉州侨乡民居建筑的文化内涵与美学特征．魏峰，唐孝祥，郭焕宇．中国名城，2012（4）：43－49．

关键词：侨乡民居建筑　建筑美学　文化内涵　美学特征

内容摘要：由于泉州的自然、社会、人文、历史等原因，孕育形成了泉州地区独特的文化地域性格。从建筑美学的角度对泉州侨乡民居建筑进行研究，通过对侨乡民居建筑典型案例的审美分析，研究分析泉州侨乡民居建筑的建筑意境美、空间构造、建筑材料、装饰匠艺，总结出泉州地区侨乡民居的地域性、文化性、时代性的文化内涵与建筑美学的四个基本特征，为今后的建筑创作的审美传承与借鉴提供可行性研究。

104. "杂交之美"——隐于田野林间的侨式民居建筑：谈欧洲建筑装饰在广东侨乡的移植与演变. 宋戈，陈小瑾. 旅游纵览（行业版），2012（5）：181.

关键词：建筑　演变　侨乡　功能　装饰　自然

内容摘要：明末清初因外出海外谋生而往乡间带回"万国风情"的中西杂交式建筑风格在广东侨乡"遍地开花"。以欧洲文艺复兴后的建筑装饰风格为主体的"功能性建筑"在乡间因人为或客观自然因素而不断"分裂变种"。试以建筑装饰风格的角度思考：这种"变种"的因素是否完全充斥于整个侨乡实体建筑文化之中？而这种跨洋式的"杂交"产物又有何实用之美与借鉴意义？

105. 台山华侨近代建筑的现状及其保护的建议. 叶玉芳. 商业文化（下半月），2012（6）：358-359.

关键词：侨乡建筑　台山　保护建议

内容摘要：建筑是石头的史书。台山华侨近代建筑是量大面广、特色鲜明、内容丰富的近代广府侨乡建筑，是台山悠久华侨历史与近代社会的缩影，真实地反映了侨乡社会形成以后，台山政治、经济、文化方面的面貌。本文试图对台山华侨近代建筑作个粗浅的梳理、对其现状做出初步的分析，并提出若干保护建议，以期对其保护利用起到促进的作用。

106. 浅析侨乡历史文化瑰宝："台山洋楼". 林瑞心. 商业文化（下半月），2012（6）：352-354.

关键词：侨乡　"台山洋楼"　建筑特色　中西文化交流

内容摘要：融汇西方建筑艺术与中国传统建筑艺术于一体的"台山洋楼"，风格独特、美轮美奂，是侨乡历史文化中的瑰宝，也是一颗埋没于尘世的明珠。随着《让子弹飞》《一代宗师》等影视片陆续在台山取景拍摄，中西合璧的近代建筑群令人叹为观止，"台山洋楼"由此而渐为世人所识。本文从"台山洋楼"产生的社会历史背景、建筑特色和分布情况等方面作初步研究，探讨其对当地社会的影响，并试图研究在特定历史条件下中西文化交流的一些特质。

107. "五脚基"洋楼：近代闽南侨乡社会的文化混杂与现代性想象. 江柏炜. 建筑学报, 2012 (10)：92-96.

  关键词：五脚基　近代建筑史　文化史　华侨　南洋

  内容摘要：在田野调查的基础上，探讨闽南数量最多的洋楼类型"五脚基"的起源，以及其作为混杂体（hybridism）的空间文化形式，它如何转化成闽南侨乡社会的住宅类型；分析"五脚基"空间的功能与意义，从社会文化史的角度，归纳出近代侨乡住宅空间体制及生活方式的变迁。

108. 中山近代民居的分类研究. 王力. 中华民居, 2012 (10)：98-99.

  关键词：中山近代民居分类　空间特点　装饰特点

  内容摘要：传统民居是历史文化的最大载体，是历史文脉最深厚的根基。本文在充分调研了大量实例的基础上把侨乡中山的近代民居分为三大类，分类的标准既是以不同空间形态，实际也是由于不同地理位置、不同经济条件等诸多因素作用的结果。三种类型的民居有各自的空间特点和装饰特点，本文分别对三种类型民居举例进行了类比说明，以使读者对中山近代民居有较为总体全面的认识。希冀对研究广府系列民居文化有一些参考作用。

109. 南洋侨乡建筑奇葩的百年孤独：记文昌"松树大屋". 陈雪妮, 胡亚玲. 今日海南, 2012 (11)：40-43.

  关键词：文昌市　南洋　宅院　侨乡建筑

  内容摘要："松树大屋"，是我在文昌的一个意外惊喜。它坐落在离文昌市区约10公里的头苑镇松树下村，掩映在一片山林碧树丛中，褪了色彩，少了喧哗，添了凋敝，增了老态，却坚持着骨子里的大气与奢华。墙上的灰唰唰往下掉，绿的枝叶却争相从夹缝中横空出墙。

110. 开平碉楼的建筑装饰艺术. 薛颖, 程建军. 民族艺术研究, 2013 (1)：116-121.

  关键词：开平碉楼　建筑装饰艺术　地域性

  内容摘要：本文从开平碉楼建筑功能及其变化、碉楼建筑装饰的发展变化、碉楼建筑装饰的总体特征、碉楼建筑装饰审美内涵四个方面来阐述开平侨乡碉楼建筑装饰的地域性特征，揭示中西合璧的侨乡建筑文化内涵。

111. 赤坎骑楼. 关羡荣. 人民之声, 2013 (1)：53.

关键词：骑楼建筑　赤坎　开平市　骑楼街　欧陆风　山花

内容摘要：赤坎古镇是远近闻名的侨乡，位于开平市中部，距开平市区12公里。是一个具有350多年历史，具有浓郁岭南特色和深厚文化底蕴的古镇，2007年被评为第三批"中国历史文化名镇"。走进赤坎古镇，古朴的气息扑面而来，最引人注目的，是被誉为侨乡一绝，由600多座骑楼连绵而成的骑楼街。

112. 中西文化交融的精影华章：厦门乡村洋楼建筑特点. 谢惠雅. 南方文物，2013（1）：172-178.

关键词：无

内容摘要：厦门位于福建省东南沿海，是我国著名的侨乡，厦门现有华侨35万人。历史上，由于厦门的特殊地理位置，有大量人口外出"南洋"（南亚、东南亚）谋生、创业，使厦门逐渐成为拥有众多海外华侨和归侨侨眷的著名侨乡。而他们在故乡兴建的住宅、院邸，为我们留下了一笔宝贵的财富。

113. 从屋顶装饰看江门建筑的发展——江门地区建筑风格调查报告. 谭金花，袁国清，龙嗣胤，陈俊槟，张梅洁. 五邑大学学报（社会科学版）. 2013（1）：22-26.

关键词：文脉　江门　城市发展　屋顶装饰　文化传承

内容摘要：近年经济发展加速，城区人口急增，大量风格雷同的高层建筑在全国各地拔地而起，很多城市因此失去了地方文化特色。本文以江门地区的屋顶装饰风格为出发点，力求通过对现存建筑屋顶的调查研究来追踪江门建筑发展的轨迹，提出今后城市建设中如何传承本土文化、让地方特色与世界接轨方面的建议。

114. 赤坎古镇侨乡骑楼. 佚名. 黄金时代，2013（2）：96-97.

关键词：无

内容摘要：赤坎镇历史文化悠久，人文底蕴深厚，是一座具有350多年历史的古镇。2007年赤坎镇被国家文物局、建设部授予"中国历史文化名镇"称号，成为江门地区唯一的"中国历史文化名镇"。赤坎之名，原为"赤堪"，因地多红土而得名。赤坎老镇区主要是由司徒氏和关氏兴建的。清顺治八年司徒族在上段设市并建拱北等街，康熙元年定墟赤坎，拉开了赤坎老镇发展的历史序幕。

115. 从古厝走向番仔楼的艺术形态演变的文化解析——以晋江市福

全历史文化名村为例. 张杰, 夏圣雪. 设计艺术研究, 2013（2）: 72-80.

关键词: 闽南 番仔楼 传统古厝 叠楼

内容摘要: 闽南古村落中保存着大量的番仔楼, 针对这些与传统古厝艺术风格迥异的番仔楼, 由晋江福全历史文化名村入手, 从地域自然环境、海外移民与侨汇、地域历史文化等方面剖析了福全番仔楼的形成与发展的原因以及空间艺术变异的过程, 从而揭示出传统古厝是番仔楼空间艺术形态演变的原型。西洋式的造型与装饰是促使番仔楼形成独特形式的催化因素; 其内在的精神空间成因则在于家族制度的需求、精神纽带的需求、地域社会价值观与群体精神的需求等, 而这一切皆来源于不同文化的碰撞与交流。

116. 广东开平侨乡民国建筑装饰的特点与成因及其社会意义（1911—1949）. 谭金花. 华南理工大学学报（社会科学版）, 2013（3）: 54-60, 114.

关键词: 民国建筑 壁画 灰雕 建筑装饰 开平碉楼

内容摘要: 20世纪二三十年代, 广东五邑地区及邻近县份的部分地区, 很多赴海外谋生的华侨回乡结婚, 并建碉楼和别墅等楼房供家人居住。时人在建设过程中, 以模仿西洋建筑为尚, 参考及借鉴西方古典建筑的某些特征, 又混有本地传统建筑文化元素。以岭南地区盛行的建筑装饰壁画与灰雕为主要表现手法, 兼用进口材料与西画技法。然而, 此种装饰无论在材料或者表现主题和表现手法上, 都不同程度地异于岭南地区的传统特点。本文以民国时期广东开平县的华侨建筑为例, 分析民国时期北美华侨之乡的壁画和灰雕装饰的特点、成因及其社会意义。

117. 基于"消费型"特征的近代广府侨乡民居文化探析. 郭焕宇, 唐孝祥. 华南理工大学学报（社会科学版）, 2013（3）: 49-53.

关键词: 广府侨乡 侨乡民居 消费型特征 社会转型 审美文化

内容摘要: 近代广府侨乡因大量侨汇资金的输入而形成具有"消费型"特征的经济社会。基于侨乡地区社会、经济、文化的"消费型"特征, 广府侨乡村落民居建筑文化展现出鲜明的文化特色, 实现了传统民居形式向近现代民居形式的巨大转变。广府侨乡民居建筑的营建过程、建筑本身的空间特性及审美文化特性, 以及建筑的使用等三个方面的转变, 表征了广府侨乡的华侨观念转变和侨乡社会转型。

118. 近代粤闽华侨建筑审美心理描述. 李岳川. 华中建筑, 2013 (4): 152-155.

关键词: 近代粤闽华侨　建筑审美心理　情感

内容摘要: 近代对粤闽侨乡建筑的研究主要包括地域性研究、类型研究、史论研究3个方面, 其共同特点是较为重视对建筑客体的描述和界定, 而较少关注对建筑实践主体——华侨的研究。华侨建筑审美心理是主体研究的基础和前提, 也是近代粤闽侨乡建筑审美文化系统的重要组成部分。在特定的历史情境和主体社会属性的影响下, 华侨对西洋风格建筑的认知呈现出天然的"非日常"特征, 由此更容易产生建筑审美活动。在这一过程中, 主体首先对西洋建筑感到惊美与向往, 继而通过想象沉浸到异域与先进文明的建筑之境中。部分人可最终实现审美超越, 从中体会到强烈的人生感和使命感。此外, 华侨的建筑情感也伴随着一些负面心理。这些心理因素共同影响并制约着粤闽侨乡建筑风格的形成。

119. 近代漳州侨乡民居建筑审美的基本维度. 魏峰. 华南理工大学学报 (社会科学版), 2013 (5): 98-103.

关键词: 侨乡民居建筑　建筑审美　空间　意境　环境

内容摘要: 福建是我国著名的侨乡, 而闽南是侨乡最为集中的地区。漳州、泉州、厦门三地华侨人数众多。华侨对当地建筑的营造起着重要的作用, 不仅在侨汇的资金上提供资助, 同时还在建筑的样式与风格上产生重要的影响。在近现代百年发展的过程中, 逐渐形成了独特的侨乡地域性建筑风格, 在民居建筑的表现上尤为显著。漳州的侨乡民居是闽南侨乡民居建筑的重要组成部分。其主要的民居建筑都分布在较偏僻的乡村, 有着自己的地域特质。

120. 浅析开平华侨园林奇葩: 立园的园林环境修葺. 李红梅, 梁志健. 现代园艺, 2013 (5): 42-43.

关键词: 立园　中西合璧　建筑风格　园林艺术

内容摘要: 立园有着深远的历史文化背景和独具一格的岭南侨乡园林特色, 是中国华侨园林的奇葩, 它的园林环境修葺与设计紧紧围绕着立园中西合璧这一造园特点。再现了立园昔日的风采, 使它的景观特色和造园艺术得到了很好的延续。

121. 侨乡碉楼家具装饰: 中西文化交流的印记. 王锡斌. 装饰, 2013 (6): 120-121.

关键词：侨乡　家具　中西交流

内容摘要：本文以开平碉楼内所陈列的家具为调查研究对象，从家具的设计社会背景、装饰题材、元素等方面展开探讨，发现侨乡家具的设计思维是开放包容的，特别是在装饰上表现得较为突出，成为记录中西文化交流的历史印记。

122. 鼓浪屿近代建筑中的"厦门装饰风格". 钱毅. 华中建筑, 2013 (6)：29-32.

关键词：鼓浪屿　近代建筑　厦门装饰风格

内容摘要：厦门装饰风格是 20 世纪 20 至 30 年代，以鼓浪屿为中心，在闽南侨乡地区形成并被大量使用的一种地方化近代建筑风格。该文主要就厦门装饰风格的形成背景与过程、空间特征与立面装饰风格、工艺与技术，以及厦门装饰风格对闽南地区近代建筑的影响进行论述。

123. 保护碉楼村落续写侨乡历史. 江汉. 新经济, 2013 (7)：88-91.

关键词：村落　碉楼　侨乡　保护

内容摘要：在广东江门的大地上（江门及台山、开平、恩平、新会、鹤山市），从清末民初开始，曾经走出国门数百万人。他们漂洋过海，生死度外，异国他乡，艰辛打拼，血汗积蓄，回乡修屋，在成千上万的祖居村落里，修起了无数间整齐划一的青砖瓦屋，巍峨壮观的碉楼。

124. 近代闽南与潮汕侨乡的中西建筑文化博弈. 李岳川，肖磊. 小城镇建设, 2013 (12)：96-100.

关键词：闽南　潮汕　近代侨乡建筑　社会空间　文化博弈

内容摘要：近代闽南与潮汕侨乡的建筑风尚是中西建筑文化博弈的结果。其产生和发展的内在机制受主客体和环境三方面的影响。主体方面，近代闽南与潮汕华侨及侨乡民众对西方建筑文化的认识具有认同先于认知的特点，这也决定了主体对西洋建筑认识的感官性和经验性；在客体方面，中西建筑文化针对各种社会空间表现出各自的适应性；在环境方面，一定地区范围内原有中西建筑文化势力的对比影响着二者的博弈结果。

125. 探索建筑遗产的保护与发展策略——广东开平巴黎大旅店的规划方案为例. 谭金花. 南方建筑, 2014 (1)：71-75.

关键词：合理再利用/活化　乡土建筑　文化遗产

内容摘要：开平碉楼与村落于 2007 年 6 月被列入世界文化遗产名录

后，许多游客慕名而来。开平的遗产给人以自然质朴的乡间美与历史感，如何保护开平的遗产，而不至于出现如中国其他景点那种过度商业化的行为，或者出现建设性的破坏？这是摆在开平当地政府和文物管理、旅游开发部门面前的一道需要长期面对的难题。本文将以开平赤坎镇一处建筑——巴黎大旅店为例，探讨一个合理活化历史建筑的方案，使之既能发展地方经济，又能保护与传承历史文化。

126. 近代广东侨乡民居文化研究的回顾与反思. 郭焕宇. 南方建筑，2014（1）：25-29.

关键词：侨乡民居　广府　潮汕　客家　比较

内容摘要：侨乡民居是中国近代建筑史研究的重要内容。侨乡课题的研究，成果丰富，与之相关的侨乡建筑文化研究，在南方民系民居研究的基础上，也日渐深入。近代广东侨乡民居，充分展现了岭南广府、潮汕、客家三大汉族民系民居建筑在近代侨乡文化影响下丰富多样的演变图景。目前的研究现状表明，近代广东侨乡民居文化研究的学科视野亟待拓展，基于民系特征加强比较研究和跨学科综合研究具有重要意义。

127. 近代广东侨乡家庭变化及其对民居空间的影响. 郭焕宇，唐孝祥. 建筑学报，2014（A1）：74-77.

关键词：华侨家庭　广东侨乡　侨乡民居

内容摘要：从家庭的微观层面，探析侨乡民居建筑文化形成和演变的动因机制，揭示近代广东侨乡的社会、经济、文化与建筑复杂多变的互动关系。

128. 保护闽南侨乡特色建筑刻不容缓. 陈忠杰. 政协天地，2014（C1）：60-61.

关键词：侨乡特色　闽南　建筑保护　建筑艺术

内容摘要：闽南是著名的侨乡，有专家认为，闽南侨乡特色建筑是中国传统建筑精髓的重要组成部分。它体现了闽南民居建筑艺术，又吸取了南洋文化和西方建筑的艺术特点，是"世界人类的共同遗产"。

129. 土楼与人口的流动：清代以来闽西南侨乡的建筑变革. 郑静. 全球客家研究，2014（2）：123-163.

关键词：土楼　人口流动　社区　华侨　乡土建筑

内容摘要：无

130. 近代广东侨乡民居装饰的审美分析. 郭焕宇. 华中建筑，2014

(4): 122-125.

关键词：广东侨乡　民居　装饰　审美属性　建筑美学

内容摘要：基于建筑美学理论展开分析，近代广东侨乡民居装饰的审美属性包括自然适应性、社会适应性、人文适应性三个层面内容，即经世致用的地域性特征、与时俱进的时代性特征和开放兼容的文化性特征。具体表现为民居装饰材料、技艺的地域性特征；民居装饰在侨汇经济、政治政策、社会治安等多样条件下的时代性特征；民居装饰在材料技法、造型符号以及题材内容等方面中外结合的文化性特征。

131. 近代广东侨乡民居的文化融合模式比较．郭焕宇．华中建筑，2014（5）：130-134.

关键词：近代　侨乡民居　文化融合模式

内容摘要：近代广东三大汉族民系侨乡地区的民居建筑文化，在传统文化与海外文化的碰撞交流过程中发展演化。两种异质性的建筑文化相遇，在广府侨乡表现为外来文化与本地传统文化充分交融的"合流式"融合模式；在潮汕侨乡、客家侨乡则分别表现为外来文化以"融入式"及"嵌入式"模式与本地文化融合。

132. 从文书档案看广府聚落营建思想的演化．郭焕宇．兰台世界（中旬），2014（7）：7-8.

关键词：谱牒　广府　聚落　营建思想　侨乡

内容摘要：广府聚落选址和布局，由传统的风水思想及理论，向科学、理性的营建思想演化。聚落建设与管理，由宗法礼制主导向股份制度主导的营建思想演化。聚落形态的塑造，由固定模式、强调整体，向凸显个性、多样统一的营建思想演化。

133. 多重网络影响下近代广东侨乡聚落结构与节点．郭焕宇．中国名城，2014（8）：68-72.

关键词：节点　路径　网络　侨乡建筑　侨乡聚落

内容摘要：广东侨乡在近代时期形成后，在多重社会关系网络影响下，聚落空间的结构日趋复杂化。侨乡聚落空间形成高整合度的多层级空间层次结构，即"都市—县城—墟镇—乡村"多层级城乡体系。对应于移民网络、经济网络、资讯网络和社团网络等社会关系网络的节点，侨乡聚落的节点多样化，出现多种新型功能类型的建筑。侨乡聚落形成多重性的内在空间关系，空间节点具有多重功能，链接多重社会关系网络；同时，多重社会关系通过多重形式的空间路径实现链接。

134. 兰溪公园：五邑侨乡村落水口园林的近代化. 张波，肖大威，李荣彬. 中国园林，2014（9）：113 – 116.

关键词：风景园林　水口园林　公园　近代　五邑侨乡

内容摘要：近代时期，在华侨影响下，五邑侨乡村落进行了新潮的公园建设。浮石村兰溪公园就是其中之一。一方面，演化自乡土园林，兰溪公园是我国较早期出现的近现代公众休闲园林；另一方面，脱胎于岭南地区常见的水口园林，兰溪公园以岭南乡村的文阁、祠庙、凉亭、石桥、古榕、河溪为主要景观元素，较之近代城市公园，完好地承续了中国园林的情感象征性。兰溪公园兼具时代特征和地域特色，是融合传统文化的中国近代乡村物质建设，其表现出的现代文明进步方式是岭南侨乡文化的组成部分。

135. 浅谈潮汕侨乡建筑——陈慈黉故居之美. 蔡馥. 才智，2014（12）：269.

关键词：侨乡建筑　陈慈黉故居　潮汕传统文化思想　中西融合

内容摘要：侨乡建筑的独特性在于蕴含其中的文化传统和时代烙印，具有极高的审美价值。陈慈黉故居的外观形态之美体现在其建筑格局、宅内艺术珍品和中西融合的建筑风格之中；其文化伦理之美则体现在对风水文化、伦理规制以及归根思想和宗族责任感的继承，时代也赋予了故居中西融合的风格。

136. 近代侨汇经济影响下广东侨乡聚落的阶段建设. 郭焕宇. 山西建筑，2014（20）：7 – 9.

关键词：侨乡　聚落　建设　经济　发展

内容摘要：以广东侨乡聚落为研究对象，探讨了近代侨汇经济影响下广东侨乡聚落的发展状况，从其初兴发展期、全盛繁荣期、低潮衰落期三个阶段进行了详细论述，为侨乡聚落的研究奠定了基础。

137. 浅谈金门县传统聚落的保护和利用. 马琛. 孔庙国子监论丛，2015（1）：304 – 315.

关键词：传统聚落　红砖古厝　珠山聚落　民宿保护利用

内容摘要：金门是拥有长达一千六百多年历史的闽南沿海的一座小岛。特殊的历史背景，让金门呈现出闽南、战地和侨乡三种文化共存的独特魅力。本文以金门金城镇珠山聚落为例，来阐述金门传统聚落民宿的保护与再利用，以此来学习金门在保护传统闽南民居方面的经验。

138. 乡村文化遗产保育与发展的研究及实践探索——以广东开平仓东村为例. 谭金花. 南方建筑, 2015 (1): 18-23.

关键词: 旅游开发　保护与利用　保育与发展　公共参与

内容摘要: 近年来随着经济的发展, 乡村建筑遗产的"保护与利用"被提上日程, 这些村落的"开发模式", 似乎总逃不脱被圈起来收门票的命运, 村民也总在这些开发中"被动地配合"。无论是旅游经营者还是村民, 都在这样的大潮中逐渐形成一种既定的思维——"保护与利用"就是利用文化遗产来创造经济利益。笔者拟探讨国际上对于"文化遗产的保育与发展"的概念与国内现行的"文物的保护与利用"概念的差异, 及其引起的不同的社会后果, 以及在乡村文化保育过程中, 公共参与的重要性; 同时以广东省开平市仓东村的保育与发展的实践为例, 研究此种理念在中国实施的可行性。

139. 近代潮汕侨乡民居文化"生产型"特征探析. 郭焕宇, 唐孝祥. 华南理工大学学报 (社会科学版), 2015 (2): 101-105.

关键词: 潮汕侨乡　侨乡民居　生产型　审美文化

内容摘要: 近代潮汕侨乡地区城乡建设繁荣, 但差异明显, 城镇街区以洋化特征的骑楼为主, 而在广大乡村"洋楼"的数量却十分有限。近代潮汕侨乡村落的民居大量继承了生产型社会的建筑传统, 呈现出典型的"生产型"特征。具体表现在三个方面: 营建生产过程, 呈现传统的程式化特征, 体现趋向静态稳定的思维方式; 建筑本身则体现儒家文化的伦理化特征, 折射出礼制思想的价值观念; 建筑的使用, 强调承前启后的延续性特征, 反映恒久永续的文化理想。

140. 开平碉楼的非主要用途探究. 叶娟. 五邑大学学报 (社会科学版), 2015 (2): 11-14, 92.

关键词: 开平碉楼　非主要　用途

内容摘要: 防匪、防洪、居住是开平碉楼的主要和专属功能, 为大众所熟知和认同。对现存1833座碉楼的调查数据作重新整理发现, 开平碉楼还有作为教育场所、银行、侨汇兑换、金库、当铺、医院、祠堂等之用。归类和总结开平碉楼的这些非主要用途, 可以为进一步探究开平碉楼的价值和意义提供新的立足点。

141. 侨乡民居铭石楼室内陈设形式与家具鉴赏. 陈惠华, 胡传双, 王婷, 鲁群霞, 曹宇明. 家具, 2015 (2): 68-72.

关键词：侨乡民居　室内陈设　家具　铭石楼

内容摘要：侨乡家具最初作为开平民居建筑的附属存在，并随着建筑的发展而不断变化完善。本文以侨乡开平铭石楼室内陈设的家具为调查研究对象，分别对楼内的厅堂、卧房、厨房环境的家具及其陈设形式进行数据记录及造型分析，着重分析了具有侨乡特色的典型家具的造型与装饰，阐述了海外异域文化与当地民俗文化的融合对侨乡家具发展的影响。

142. 开平碉楼：侨乡艺术的瑰宝．乔安．当代检察官，2015（3）：36．

关键词：开平碉楼　建筑艺术　侨乡　乡土建筑　中西合璧

内容摘要：开平是中国著名的侨乡，更是闻名遐迩的碉楼之乡。碉楼是中国乡土建筑的一个特殊类型，是集防卫、居住和中西建筑艺术于一体的多层塔楼式建筑，其特色是中西合璧的民居，有古希腊、古罗马及伊斯兰等风格多种。

143. 浅析开平碉楼与村落的园林艺术及景观保护．梁志健．中国园艺文摘，2015（5）：163－164．

关键词：碉楼　村落　景观　园林艺术

内容摘要：开平碉楼与村落有着深厚的侨乡文化内涵及中外交融的建筑艺术，形成了如今独特的碉楼与村落景观。开平碉楼与村落的布局、建筑与周围自然环境和谐统一，体现出独特的景观及园林艺术。

144. 客家侨乡民居营建思想探析．郭焕宇．中国名城，2015（5）：91－94．

关键词：客家　侨乡　民居　营建思想

内容摘要：广东客家侨乡地区，现存大量围屋民居。建筑中的碑刻碑文和民间流传的族谱等以传统图文记录形式，具体形象地反映了民居的营建思想。包括象征比附、注重风水的营建思想，聚族而居、析居而聚的营建思想，以及光宗耀祖、垂裕后昆的营建思想。

145. 近代厦门与汕头侨乡民居审美文化比较初探．李岳川，唐孝祥．南方建筑，2015（6）：55－60．

关键词：厦门侨乡民居　汕头侨乡民居　审美分化　审美整合　比较研究

内容摘要：近代厦门与汕头侨乡地方民居审美文化因不同的历史境遇而呈现发展走向的差异，前者主要因外力而驱动，后者则主要由内力主导，继而使二者在中外建筑审美文化交流的过程中表现出不同的分化和整合结果。

在审美文化分化中，两地侨乡民居表现出享乐性与务实性的差异；而在审美文化整合中，两地侨乡民居表现出外向兼容与内化改良的差异。

146. 以教育为契机的社区营造"仓东计划"文化遗产保育实践. 谭金花. 世界遗产, 2015 (9): 22-22.

关键词: 教育 仓东村 文化遗产 保育实践.

内容摘要: 仓东村是一个典型的侨乡村落。村民们在榕树头唱民歌, 夫人庙的"净地"和"做香功"仪式, 祠堂煮餐等集体活动, 不仅仅是仪式或者活动, 这样的公共参与也是一种生活方式和信仰, 是社区凝聚力和亲和力的来源。这样的氛围使村民对自己生活的地方更有归属感, 更有感动与认同, 村落因而才有了精神和灵魂。因此在社区营造方面, 我们始终围绕"为何要保护？为谁而保护？为何要发展？为谁而发展？"等问题, 与村民的合作是一个"信任+尊重+沟通+理解"的过程。

147. 侨乡的历史建筑保护政策初探——以中山市为例. 欧阳洁, 苏景相. 建设科技, 2015 (10): 118-119.

关键词: 历史建筑 侨乡 政策

内容摘要: 在快速的城市化和城市更新背景下, 历史建筑的保护管理工作面临诸多的挑战, 特别是在沿海华侨众多的城市中, 由于年代久远, 大部分难以找到产权人或代管人, 导致大量历史建筑空置并遭到不同程度的损坏。本文以著名侨乡中山市为例, 从权属、管理机构、资金等方面探讨侨乡的历史建筑保护问题。

148. 开平碉楼与村落岭南侨乡中西合璧的乡土建筑群落景观. 佚名. 文明, 2015 (11): 184-189.

关键词: 开平碉楼与村落 建筑群落 岭南地区 中西合璧 侨乡

内容摘要: 开平碉楼位于中国广东省江门市下辖的开平市境内。在封建帝国时期, 岭南地区社会治安较差, 匪患严重, 当地居民有建集居住与防卫功能于一体的厚墙碉楼式建筑的传统。

149. 粤东侨宅修复与侨文化研究. 陈锦通. 山西建筑, 2015 (14): 1-3.

关键词: 侨宅 侨文化 建筑修复

内容摘要: 对粤东华侨建筑与华侨文化进行了详细介绍, 论述了进行侨宅建筑修复的必要性, 指出研究的方向, 并提出侨宅建筑与文化保护、继承的一些措施, 有利于侨乡建设的不断发展。

150. 浅析侨乡骑楼建筑. 刘艳霞. 建筑工程技术与设计, 2015 (15): 296.

关键词: 中华酒店 骑楼建筑 中西文化

内容摘要: (江门) 中华酒店作为特定时代、特定地域、特定文化的一个建筑表达形式, 是中西文化的碰撞融合的结晶。它让我们重新认识了江门的历史, 更加让我们见证了一个又一个时代的变迁。

151. 近代莆仙地区侨乡民居建筑文化审美特征. 魏峰. 福建工程学院学报, 2016 (1): 90 – 96.

关键词: 建筑美学 近代莆仙 侨乡民居 建筑文化 审美特征

内容摘要: 地处福州与闽南之间的莆仙地区是福建主要侨乡之一, 印度尼西亚是其重要的侨居地。从自然适应性、社会适应性、人文适应性3个层面分析近代莆仙侨乡民居建筑的审美文化, 莆仙侨乡民居建筑兼具闽东福州与闽南的传统建筑文化特征, 与南洋建筑文化融合过程中表现出局部的洋化现象, 形成了东南两方兼得相宜、内敛尝试性开放、中外兼容并蓄的闽东南侨乡民居建筑文化审美特征。

152. 碉楼与庐: 五邑侨乡建筑风格的演变及文化根源. 谭金花. 五邑大学学报 (社会科学版), 2016 (1): 1 – 7.

关键词: 侨乡文化 侨乡建筑 碉楼 庐

内容摘要: 五邑侨乡大规模的建造活动集中在清末民初的四五十年间, 以20世纪二三十年代为盛。改革精神、华侨经济的蓬勃发展和社会秩序的混乱, 造就了五邑侨乡独特的建筑风格——一方面模仿西方古典建筑元素以追求衣锦还乡的荣耀与生活的舒适, 另一方面又极强调建筑的防御功能。从当时的经济情况、匪患情况, 以及碉楼与庐建筑的材质、特色, 可以看出五邑侨乡的社会秩序对于碉楼和庐等建筑的防御性功能设计的影响及其文化根源。

153. 华侨对侨乡文化的影响——以海口骑楼老街为例. 汪晓婷. 青春岁月, 2016 (2): 410.

关键词: 海口 华侨 侨乡文化 骑楼老街

内容摘要: 本文以海口骑楼老街为例, 通过实地参观考察和小组讨论的方法, 从海口华侨下南洋的原因、华侨对骑楼老街的贡献等方面探讨华侨对侨乡文化的影响。

**154. 华侨建筑形态与宗族意义场所的重构——陈慈黉故居的建筑地

理学研究. 赵美婷, 王敏. 热带地理, 2016 (2): 198-207.

关键词: 华侨建筑　建筑形态　宗族场所　陈慈黉故居　场所意义

内容摘要: 通过文献法和访谈法对陈慈黉故居建筑形态演变进行梳理, 从建筑地理学视角探析建筑演变与社会文化构建之间的互动关系与作用机制。研究发现, 故居的建筑形态演变与前美村的社会文化建构间的互动关系存在耦合关联, 由于在建设之初、冲突和重构3个不同时期双方作用力量有所差异, 因此两者所呈现的形态与关系亦有所不同。宗族意义场所是两者的交汇点, 建筑形态表现其场所意义。时代特征推动故居场所意义经历从宣示家族荣耀与权力——试图规训宗族意志——展演宗族与地方文化的重构。侨乡建筑的时空叠合的性质以及由其文化内涵所产生的场所意义是人文地理研究值得关注的对象。

155. 浅谈外来文化影响下的华侨建筑装饰特点——以近代泉州传统式建筑为例. 陈静茹. 安徽文学, 2016 (2): 159-160.

关键词: 泉州　华侨建筑　建筑装饰　中西合璧

内容摘要: 近代时期 (1840—1949), 伴随通商口岸的开放, 泉州华侨人数激增, 随之而来的是侨汇的不断增多和外来文化的逐渐传入。在外来文化的熏陶影响下, 泉州华侨建筑不断兴建, 成为泉州侨乡文化的重要载体。本文拟通过分析近代泉州传统式华侨建筑的装饰特点, 窥探近代泉州传统式华侨建筑中西合璧的装饰特点。

156. 开平碉楼设计的美学原则. 张繁文. 艺术工作, 2016 (2): 110-112.

关键词: 开平碉楼　美学原则　中国建筑史

内容摘要: 开平碉楼是中国乡村众多碉楼中的一个独特类型, 在近现代中国建筑史乃至世界建筑史上均具有独特的地位, 赢得了国际社会的广泛关注。其与周边村落在2007年被联合国教科文组织列入《世界遗产名录》, 为中国的文物保护和文化建设做出了很大贡献。开平碉楼是在广东侨乡特定的地理空间和历史条件下形成的。

157. 开平碉楼活化利用探索——以自力村4座碉楼为例. 张万胜. 五邑大学学报 (社会科学版), 2016 (3): 1-5, 93.

关键词: 世界文化遗产　开平碉楼　活化　自力村

内容摘要: 为探索开平碉楼的活化途径, 选取自力村4座联系紧密的碉楼为研究对象, 根据自力村的特点、游客需求及碉楼本体特征, 提出4

种功能互补的活化模式,分别为开平漂洋华工纪念馆、五邑侨乡非物质文化体验馆、游客居民交流中心及乡土旅社,并对4种活化模式提出具体活化建议,逐步探索符合开平碉楼特色的、可推广应用的活化保育模式。

158. 近代闽南与潮汕侨乡侨批馆建筑文化比较研究. 李岳川. 南方建筑, 2016 (3): 63-70.

关键词:侨批馆　建筑文化　闽南　潮汕　比较研究

内容摘要:侨批馆是近代闽南与潮汕侨乡建筑文化中极具特色的建筑类别。它产生于侨乡特有的金融行业——侨批业,较为直接地反映了建筑与社会经济发展之间的错综复杂关系。在建筑形态和空间分布上,闽南与潮汕侨批馆建筑文化一方面表现出多样性、依附性与层级性等共通特征,另一方面也表现出地缘性与业缘性的发展趋向差异。

159. 开平碉楼中建筑装饰元素的审美特征. 吴珊. 嘉应学院学报, 2016 (4): 98-100.

关键词:开平碉楼　中西融合　装饰艺术　审美特征

内容摘要:建筑元素中的造型和装饰充分体现了建筑的审美特征。近代开平碉楼的楼顶、女儿墙和门窗是侨乡建筑装饰重要特征之一,在中国乡土建筑上呈现别具一格的审美特征。从变化丰富的建筑结构和装饰艺术中看到西方建筑艺术风格与传统本土文化的融合,形成独特的审美情趣。开平碉楼正式开启了中西结合的典范,体现了侨乡建筑中独特的审美特征。

160. 闽南侨乡传统大厝风貌及文化内涵. 郑维明. 文物世界, 2016 (4): 3.

关键词:闽南侨乡　大厝风貌　文化内涵

内容摘要:闽南侨乡传统大厝建筑艺术拥有独特的地方风貌,成为闽南文化的主要载体。它具有顽强的生命力和包容性,是中华历史文化遗产的重要组成部分,其优秀传统文化值得我们继承与发扬。本文以闽南侨乡传统建筑风貌为载体,浅析其建筑特点、装饰工艺及地域文化内涵。

161. 地方建构视角下的青田侨乡——幸村之民居景观研究. 夏翠君. 华侨华人历史研究, 2016 (4): 82-90.

关键词:浙江青田　侨乡研究　文化景观　民居景观　田野调查　地方建构理论　幸村

内容摘要:在积累了一定的经济资本之后,许多华侨不惜代价把大量的精力与金钱投放在家乡的祖屋上，新建的房子或中或西，形成了侨乡的独特文化景观。论文聚焦浙江青田侨乡幸村的民居景观，以历史与地方建构的视角对侨居景观的社会变迁历程及新建侨居社会博弈的具体过程进行了深入的分析，探索了民居景观与侨乡地方建构的具体社会过程。研究发现，言说与竞争、他者想象、"构想的空间"及"生活的空间"等因素交织在一起，共同作用于侨乡的地方建构，把握与利用这些因素对完善侨乡治理与侨乡地方建设有至关重要的作用。

162. **厦门与汕头侨乡的近代服务业建筑文化比较．** 李岳川，徐国忱．中国名城，2016（5）：81-87.

关键词：厦门　汕头　近代侨乡建筑　服务业建筑文化

内容摘要：厦门与汕头侨乡近代服务业发达，并在建筑文化中有所反映，其中厦门建筑文化侧重于娱乐性，以影剧院建筑为代表；而汕头侧重于商务性，以旅栈业建筑为代表。这种差异源于二者不同的社会经济结构。从家庭和职业结构看，厦门人口中以侨眷为重要组成的无业人口多于汕头，他们具有较高的消费能力，促成了娱乐业建筑的繁荣。而汕头商业人口更多，无业人口较少，历年海关出入人数也多于厦门，建筑文化因此表现出更多的商务性特征。

163. **世界文化遗产开平碉楼．** 佚名．黄河·黄土·黄种人，2016（5X）：66.

关键词：开平碉楼　建筑风格　世界遗产名录　碉楼

内容摘要：开平碉楼，位于广东省江门市所辖的开平市境内。碉楼建筑星罗棋布，是中国著名的侨乡，也是闻名遐迩的碉楼之乡。2007年6月28日，被列入《世界遗产名录》。20世纪20年代，乡土建筑群有3000多幢，现存1833幢。这些碉楼集居住、防卫功能于一体，融中西建筑艺术于一身，有中国传统式的宫殿式建筑，有古希腊、古罗马及伊斯兰等多种欧式建筑，形式千姿百态，凝聚了西方建筑史上不同时期许多国家和地区的建筑风格，堪称中西合璧。

164. **开平碉楼与村落防御功能格局的时空演变．** 梁雄飞，阴劼，杨彬等．地理研究，2017（1）：121-133.

关键词：防御功能　空间计量分析　开平碉楼与村落

内容摘要：世界文化遗产开平碉楼与村落作为侨乡聚落防御的代表，有其独特的分布特征和空间格局。利用空间计量分析方法，揭示开平聚落防御功能格局的时空特征和演变过程。

165. 民国时期台山侨墟的崛起与衰落. 凤群. 五邑大学学报（社会科学版），2017（1）：9–13，93.

关键词：台山　侨墟　汀江墟　骑楼　衰落　保护

内容摘要：民国时期四邑墟镇的兴起与近代侨村的不断涌现、地方经济的活跃以及商业的发达有密切关系，尤其以台山的侨墟具有代表性。台山新墟镇的建筑，在建筑风格上有别于传统旧墟镇，骑楼建筑应运而生。大型墟镇的兴起，促进了侨乡经济多元化的发展。但目前以骑楼文化为代表的民国台山侨墟正在衰落，这与华侨投资减少及时代政治经济发展不无关系。

166. 欧美风格对华侨特色城镇建设的影响——以青田欧洲小镇建设为例. 林琳. 工程技术研究，2017（1）：247、254.

关键词：华侨　欧美风格　特色城镇

内容摘要：以著名侨乡青田的城市建设为例子，讨论欧美风格对华侨特色城镇建设的影响，分析其重要的积极作用。

八 侨乡文化

(一) 侨乡文艺

1. 侨乡泉州. 朱展华, 杨荣敏. 人民画报, 1955 (3): 16 – 19.
关键词: 无
内容摘要: 无

2. 侨乡散记. 杨嘉. 作品, 1956 (2): 69 – 77.
关键词: 无
内容摘要: 无

3. 送侨汇的姑娘 (小说). 高梓. 少年文艺, 1956 (4): 34 – 41.
关键词: 无
内容摘要: 无

4. 侨乡散记. 何人. 园地, 1957 (5): 15 – 18.
关键词: 无
内容摘要: 无

5. 一个难侨的心愿 (侨乡散记). 韩萌. 作品, 1957 (25): 32.
关键词: 无
内容摘要: 无

6. 侨乡台山. 中国新闻社. 人民画报, 1958 (7): 18 – 20.
关键词: 无
内容摘要: 无

7. 试谈侨乡的新民歌. 李乡浏. 侨务报, 1958 (7): 23 – 24.
关键词: 无
内容摘要: 无

8. 周总理访问侨乡 (外一首). 陈英博. 作品, 1958 (13): 23 – 24.

关键词：无

内容摘要：无

9. 侨乡新貌. 高至荣，宋学广. 人民画报, 1960 (3): 14 – 15.

关键词：无

内容摘要：无

10. 侨乡行（诗）. 剑熏. 广西文艺, 1961 (8): 16 – 17.

关键词：无

内容摘要：无

11. 侨乡山水歌. 丁明著. 诗刊, 1963 (7): 52.

关键词：无

内容摘要：无

12. 侨乡台山. 本报. 人民画报, 1972 (4): 40 – 44.

关键词：无

内容摘要：无

13. 侨乡新会. 高胜康. 人民画报, 1973 (6): 24 – 41.

关键词：无

内容摘要：无

14. 侨乡新歌（诗三首）. 李灿煌. 福建文艺, 1975 (1): 56 – 58.

关键词：无

内容摘要：无

15. 侨乡新貌. 陈田摄. 中国摄影, 1976 (5): 24 – 25.

关键词：无

内容摘要：无

16. 侨乡小景（剪纸）. 蔡业崇. 广东文艺, 1977 (11): 53 – 54.

关键词：无

内容摘要：无

17. 侨乡的山. 刘毓华，黄英晃. 广东文艺, 1978 (3): 36 – 37.

关键词：无

内容摘要：无

18. 侨乡花月夜. 王一桃. 长江文艺, 1978 (11): 62 – 63.

关键词：无

内容摘要：无

19. 茉莉花香－侨乡散记. 黄明定. 福建文艺, 1979（10）：34.

关键词：无

内容摘要：无

20. 侨乡今昔（三首）. 伍棠. 福建文艺, 1979（10）：60－88.

关键词：无

内容摘要：无

21. 侨乡月. 韶文景. 作品, 1979（10）：53－54.

关键词：无

内容摘要：无

22. 侨乡邮局（诗）. 柯原. 人民文学, 1979（11）：97.

关键词：无

内容摘要：无

23. 闽南侨乡歌谣. 阿红整理. 榕树文学丛刊, 1980（1）：166.

关键词：无

内容摘要：无

24. 侨乡的路与桥（二首）. 洪三泰. 福建文艺, 1980（1）：47－88.

关键词：无

内容摘要：无

25. 侨乡诗页（九首）. 潭朝阳. 诗刊, 1980（1）：20.

关键词：无

内容摘要：无

26. 侨乡的歌（三首）. 蔡其矫. 福建文艺, 1980（3）：51－53.

关键词：无

内容摘要：无

27. 侨乡的变迁. 曾炜. 战地, 1980（3）：66－79.

关键词：无

内容摘要：无

28. 闽南侨乡风情（四首）. 李灿煌. 福建文艺, 1980（4）：35－39.

关键词：无

内容摘要：无

29. 闽南"宝珠"（侨乡石狮小记）. 施宣圆. 复印报刊资料（旅游）, 1980（4）：33－34.

30. 侨乡散记. 翱云翔. 新宁杂志, 1980 (4): 41.

关键词: 无

内容摘要: 无

31. 侨乡拾翠. 韦丘. 山花, 1980 (4): 32.

关键词: 侨乡　华侨政策　海外游子　白眼　石榴花

内容摘要: 无

32. 侨乡风物 (首二). 陈瑞统. 星星诗刊, 1980 (5): 22 – 23.

关键词: 无

内容摘要: 无

33. 侨乡墟场. 刘永乐. 福建文艺, 1980 (6): 53 – 56.

关键词: 无

内容摘要: 无

34. 侨乡一瞥. 李灿煌. 星星诗刊, 1980 (9): 63 – 64.

关键词: 无

内容摘要: 无

35. 侨乡音讯: 台山与华侨. 叶洪. 中国建设, 1981 (3): 21 – 23.

关键词: 无

内容摘要: 无

36. 侨乡山水二题. 王钦之. 榕树文学丛刊, 1981 (3): 69 – 74.

关键词: 无

内容摘要: 无

37. 侨乡昌邑纪行. 佚名. 山东画报, 1981 (5): 26 – 28.

关键词: 无

内容摘要: 无

38. 侨乡的艺术明珠——梨园戏 (剧种简介). 志荣, 郑君. 天津演唱, 1981 (5): 22 – 23.

关键词: 无

内容摘要: 无

39. 侨乡花灯吟. 陈瑞统. 星星诗刊, 1981 (5): 26 – 27.

关键词: 无

内容摘要：无

40. 侨乡剪影. 陈残云. 羊城晚报，1981（5）：2.

关键词：无

内容摘要：无

41. 侨乡音讯：晋江县安海镇漫步. 黄梅雨. 中国建设，1981（7）：66－72.

关键词：无

内容摘要：无

42. 侨乡二题. 西彤. 特区文学，1982（1）：97－98.

关键词：无

内容摘要：无

43. 游侨乡古刹龙山寺. 陈启初. 群众文化，1982（2）：16－18.

关键词：无

内容摘要：无

44. 侨乡行. 高其昌. 鸭绿江，1982（4）：57－60.

关键词：无

内容摘要：无

45. 三埠今昔. 刘华. 今日中国（中文版），1982（7）：57－58.

关键词：新昌　潭江　周恩来　三埠　侨乡

内容摘要：三埠，坐落在广东珠江三角洲西南部的潭江河畔，由长沙、荻海、新昌三镇组成，是著名侨乡开平县的政治、经济、文化中心，也是"六邑"（开平、台山、恩平、新会、新兴、鹤山）水陆交通的枢纽。昔日的"小武汉"解放前，三埠隔江相峙，近似于武汉三镇（武昌、汉口、汉阳），号称"小武汉"。

46. 山东侨乡见闻. 林华. 今日中国（中文版），1982（8）：54－55＋80.

关键词：华侨　侨乡　山东　侨务

内容摘要：前不久，我们访问了山东省的济南、昌潍、烟台等侨乡地区。所见所闻，耳目一新，令人兴奋。齐鲁侨情山东是我国北方诸省中华侨最多的一个省。

47. 侨乡小镇——梅县松口. 温文瞻，蓝凤翔. 旅伴，1982（9）：159－162.

关键词：无

内容摘要：无

48. 侨乡风光画及其作者. 邱及. 今日中国（中文版），1982（11）：62-64.

关键词：华侨 中国画 山水画 侨乡

内容摘要：画家郑成扬是中国美术家协会、中国电影家协会会员，1939年出生在广东普宁县一个华侨家庭。他自幼喜爱绘画，从小学到中学都深得学校美术老师的精心培养，后考入北京艺术学院专学中国画。1961年毕业后一直从事电影美术工作，在业余时间坚持山水画写生创作。

49. 著名侨乡集美镇. 彭一斤. 知识窗，1983（1）：21-21.

关键词：无

内容摘要：无

50. 笋江船家女. 陈瑞统. 诗刊，1983（5）：32-32.

关键词：侨乡 笋江 船家女

内容摘要：无

51. 侨乡在早晨. 赵元瑜. 白沙侨刊，1983（6）：32.

关键词：无

内容摘要：无

52. 故乡的雨，故乡的风. 王玉民，罗天抚. 音乐世界，1983（9）：5.

关键词：故乡 独唱 侨乡

内容摘要：无

53. 《侨乡风貌画展》作品. 佚名. 美术杂志，1983（11）：28-29.

关键词：侨乡 作品

内容摘要：无

54. 侨乡风情（六首）. 李灿煌. 福建文学，1983（11）：66-66.

关键词：无

内容摘要：无

55. 廖仲恺先生故乡纪行. 钟文，庆先友. 今日中国（中文版），1984（1）：41-43.

关键词：廖仲恺 家乡 民主革命 孙中山

内容摘要：广东省东部的惠阳县，距广州市约160公里，是一个著名的侨乡。我国民主革命的先驱者之一、孙中山的亲密战友廖仲恺的家乡就在这个县的鸭仔埗窑前村,即现在的陈江公社幸福大队窑前生产队。

56. **侨乡墟集**. 锦山. 云大新. 琼州乡音, 1984 (2): 13-14.

关键词:无

内容摘要:无

57. **侨乡惠州见闻**. 庆先友, 钟文. 今日中国(中文版), 1984 (2): 47-49.

关键词:惠州市 珠江水系 香港 东江大桥 侨乡

内容摘要:广东省惠州市,位于珠江水系的东江中游,东南北三面环水,西面依山,是一个风景秀丽、名胜古迹颇多的历史名城。我们从广州乘车东行,沿广汕公路,经增城、博罗,折向南行,过东江大桥,便进入惠州,全程约160公里。惠州街道整洁,繁华的中山路两旁高大的玉兰树,盛开着白色花朵,清香四溢,沁人肺腑。

58. **侨乡新貌**. 佚名. 石岐侨刊, 1984 (3): 26.

关键词:无

内容摘要:无

59. **春至人间花弄色:侨乡五日小扎**. 宣翁. 莘村族刊, 1984 (3): 75-76.

关键词:无

内容摘要:无

60. **赤坎镇今日**. 佚名. 今日中国(中文版), 1984 (5): 46.

关键词:华侨 赤坎 司徒美堂 侨乡

内容摘要:赤坎镇坐落在广东开平县的赤坎、百合、塘口三区的中心,过去曾是开平、台山、恩平、新会、高明、鹤山、阳江、阳春(统称八邑)的政治、经济、文化中心。这里是著名侨乡,也是著名侨领司徒美堂、华侨画家司徒乔的故乡。在旧社会,赤坎镇拥有五家大酒店、两家大戏院,市面上灯红酒绿,纸醉金迷。

61. **上川行**. 佚名. 今日中国(中文版), 1984 (5): 46-47.

关键词:广东侨乡 生产责任制 广海 上川

内容摘要:在广东侨乡台山有个大岛,这就是与广海公社隔海相望的上川岛。据说这里是过去台山人飘海出洋去美洲的一个码头。在一个金秋风平浪静的日子,我们从广海公社出发,乘船去访问了它。一上码头,便是上川区政府机关所在地三洲镇,眼前呈现幢幢新房,排排绿树,一片欣欣向荣的景象。上川岛原来是个缺吃少穿的地方。近年来,由于实行了生产责任制,上川的面貌发生了很大的变化。全区四百六十七公顷水田,粮食每年递增一百二十万公斤。今年早稻的产量又超过历史的最高水平。

62. 侨乡新貌:话说威海(六). 佚名. 山东画报,1984(6):22.

关键词:无

内容摘要:无

63. 侨乡飞来金凤凰. 天由. 恩平公报,1984(10):31.

关键词:无

内容摘要:无

64. 边陲侨乡——迤萨. 李荣光. 民族团结,1985(1):48.

关键词:侨乡 云南边疆 迤萨

内容摘要:在云南边疆,红河两岸,哀牢群峰千层万叠,势如龙蛇的近山和远峰,掀动千波万浪,奔腾起舞。山山碧绿苍翠,箐箐泉水淙淙,神奇、秀丽,远远眺望,陶然欲醉。侨乡——迤萨,就像镶嵌在这绿色地毯上一颗明亮的珍珠。

65. 侨乡文昌好. 欧英彬词,张奏思曲. 文昌乡声,1985(1):52-52.

关键词:无

内容摘要:无

66. 侨乡吟草. 李放. 文昌乡声,1985(1):19-20.

关键词:无

内容摘要:无

67. 武夷山下侨乡——古田. 丁湖. 今日中国(中文版),1985(2):65-66.

关键词:武夷山 古田山 福建省 侨乡 水利建设

内容摘要:地处闽东北山区的古田县,是福建省重要侨乡之一。全县总人口32万人,旅居海外(主要在东南亚一带)的就有八万多人。这个昔日贫穷落后的山区发生了喜人的变化。山城的变迁早先,古田旧县城位于翠屏山之南的古田溪畔,据说是在明朝弘治十五年(1502)抗倭寇时筑起的一座城池。这里街道崎岖不平,煤油灯不亮,有的地方还用竹篾、松枝照明。古田溪水患严重,给古田人民带来深重的灾难。新中国成立后,人民政府十分重视水利建设。

68. 赞惠阳侨乡. 范怀烈. 惠阳乡情, 1985（2）: 8-54.

关键词: 无

内容摘要: 无

69. 海上明珠: 侨乡桂山岛见闻. 秦水金. 珠海乡音, 1985（2）: 23.

关键词: 无

内容摘要: 无

70. 北岭侨乡新貌集锦（三张）. 陈康摄. 珠海乡音, 1985（3）: 22.

关键词: 无

内容摘要: 无

71. 安溪桥梁巡礼. 翁永和, 叶其俊. 中国建设, 1985（5）: 40-41.

关键词: 闽南 安溪县 桥梁 侨乡 家乡 捐资

内容摘要: 在闽南著名侨乡安溪县的方圆两千九百多平方公里境内, 纵横交错的溪流总共长达四百七十多公里, 因而自古以来, "造桥开路"在安溪人的心目中占据着重要地位。人们想桥、盼桥、爱桥成癖, 为建桥甘愿牺牲一切; 而出外谋生的侨胞们, 更是以在家乡捐资建桥为荣。"桥" "侨"谐音, 建起了一座桥, 侨胞们就和家乡系上了一条纽带, 心也就和故乡贴得更近了。

72. 揭西掠影. 德度. 今日中国（中文版）, 1985（8）: 46-47.

关键词: 揭西 侨乡

内容摘要: 群山环抱、空气清新的河婆镇, 是粤东重要侨乡揭西的县治。这个昔日贫困萧条的山乡小镇, 如今已成为全县六十三万人民的政治、经济、文化、交通的中心。河婆镇已有一百多年历史了。据《潮州府志》记载: "河婆为揭阳县西部唯一重镇, 附近数县山货, 多集于此输出。"

73. 滇西和顺侨乡散记. 郑瑞林. 中国建设, 1985（11）: 43-43.

关键词: 和顺侨乡 腾冲县 滇西 中缅边境 彝族 西南边陲

内容摘要: 今年2月, 我从首都北京来到西南边陲的侨乡和顺访问。离开北方时, 千里冰封, 万里雪飘, 来到这里, 只见山清水秀, 到处盛开着杜鹃花和山茶花, 麦苗青青, 菜花金黄, 一派欣欣向荣的景象。和顺,位于云南省腾冲县城南五公里,是这个县的一个直属乡。这里靠近中缅边境,四周群山环抱,中间是块平坝。

74. 漫谈侨乡那伏. 佚名. 沙堆侨刊, 1985 (12): 21.

关键词:无

内容摘要:无

75. 茶东村记事. 高民川. 今日中国, 1985 (12): 42.

关键词:港澳同胞　侨务工作　中山市　海外侨胞　侨乡　侨联

内容摘要:茶东,是广东中山市南蓢区的一个侨乡小村,人口仅六百人,而旅居海外的侨胞和港澳同胞却有一千多人。近几年来,这个村的侨联会协助政府做好侨务工作,颇有成效,牵动了海外侨胞和港澳同胞的心。

76. 侨乡歌剧新花——《台湾舞女》. 颜振奋. 戏剧报, 1986 (1): 44 - 45.

关键词:台湾　舞女　音乐剧　侨乡

内容摘要:正当歌剧工作者为振兴歌剧努力进行艺术探索的时候,福建省晋江地区歌剧团给首都观众带来一台别具一格的闽台音乐剧《台湾舞女》。这台歌剧以浓郁的地方色彩和乡土气息赢得歌剧同行和观众的赞赏。晋江地区是著名的侨乡,与台湾只有一水之隔,又邻近香港、澳门,风俗民情与血缘关系都是一脉相承,密不可分。晋江地区歌剧团从成立起就确定自己的艺术活动要植根于乡土之中,面向侨乡,因此他们创作的歌剧大都反映闽南侨乡和港台生活,具有独特的艺术特色。

77. 揭阳侨乡风貌诗话(一). 高小芹. 揭阳侨史, 1986 (创刊号): 31.

关键词:无

内容摘要:无

78. 邮情深似海——福建侨乡邮政巡礼. 陈鸿基. 中国邮政, 1986 (2): 11 - 13, 35 - 37.

关键词:无

内容摘要:地处台湾海峡一岸的福建省,有旅居世界五大洲的华侨、华人700多万人,有居住在省内各地的归侨、侨眷500多万人。近几年来,福建省在经济上实行特殊政策和灵活措施,海外赤子与祖国、与家乡的联系日益增多,邮电部门积极创造条件改善侨乡的通信服务,为活跃侨乡经济，促进侨乡繁荣做出了可喜的贡献。昔日"别离方异域，音信若为通"的情景，已随波东流不复存在。

79. 侨乡西莲圹．庾熙光．花县乡音，1986（4）：30-31．

关键词：无

内容摘要：无

80. 侨乡情歌．叶又绿搜集整理（其浩题图）．民间文学，1986（6）：39-40．

关键词：无

内容摘要：无

81. 我省著名侨乡县福清剪影．毛祚华．中共福建省委党校学报，1986（6）：2，55-56．

关键词：无

内容摘要：无

82. 侨乡竹枝词．郑彬．恩平公报，1986（18）：40．

关键词：无

内容摘要：无

83. 展翅腾飞的台山侨乡．雷仲予，刘卓安．瞭望，1986（39）：17-19．

关键词：侨乡 港澳同胞 华侨 海外关系 华人 侨务政策

内容摘要：广东省台山县是全国著名的侨乡。祖籍台山的华侨、外籍华人、港澳同胞达110万人之多，超过了本县现有的人口。这些华侨、华人分布在78个国家和地区，尤以美国、加拿大为多。在台山县现有的95万人口中，侨眷、归侨、港澳同胞家属占七成以上。在动乱的十年中，"海外关系"成了被批斗的罪证，错斗了不少人，严重地挫伤了广大华侨、港澳同胞及其亲属建设家乡的积极性。十一届三中全会以后，台山县把落实各项侨务政策作为拨乱反正的一项重要工作来抓。

84. 侨乡风情（风情录）．丘桓兴．中国妇女，1987（3）：42-44．

关键词：无

内容摘要：无

85. 侨乡明珠：兰昌．麦良全．南海乡音，1987（3）：9．

关键词：无

内容摘要：无

86. 一部闽南侨乡风云录（评论）. 方航仙. 厦门文学, 1987 (3): 68-69.

关键词：无

内容摘要：无

87. 台山侨乡竹枝词二首. 梁国钧. 新宁杂志, 1987 (4): 43.

关键词：无

内容摘要：无

88. 欧洲的侨乡. 陈鹤龄. 社会学与社会问题研究·台港及海外中文报刊资料专辑, 1987 (4): 45-53.

关键词：无

内容摘要：无

89. 读《侨乡十行诗》. 扬光治. 作品, 1987 (6): 75-76.

关键词：无

内容摘要：无

90. 侨乡十行诗. 向明, 郭玉山, 朱光天, 蔡宗周, 黄蒲生. 作品, 1987 (6): 72-75.

关键词：无

内容摘要：无

91. 苏州胥口侨乡公墓介绍. 静安区侨联. 上海侨讯, 1987 (9): 14.

关键词：无

内容摘要：无

92. 海岛侨乡三灶镇. 李志均. 珠海乡音, 1987 (10): 14-17.

关键词：无

内容摘要：无

93. 侨乡新楼宇. 佚名. 广东画报, 1987 (11): 22-24.

关键词：无

内容摘要：无

94. 如今正好同欢乐：珠江三角洲侨乡见闻偶拾. 宣翁. 莘村族刊, 1987 (11): 70-71.

关键词：无

内容摘要：无

八　侨乡文化

95. 开恩侨乡盛世琐闻. 余国雄. 风采月刊, 1987 (15): 45-46.

关键词: 无

内容摘要: 无

96. 侨乡小镇. 柳溪. 散文世界, 1988 (1): 50-52.

关键词: 无

内容摘要: 无

97. 侨乡步兵师. 中夙. 昆仑, 1988 (3): 4-46.

关键词: 无

内容摘要: 无

98. 侨乡掠影. 佚名. 中国排球, 1988 (3): 18-19.

关键词: 无

内容摘要: 无

99. 海南侨乡行. 尤宇文. 中国建设, 1988 (5): 39-41.

关键词: 文昌　个体经济　海外

内容摘要: 从广州坐海船24小时, 可抵海南岛最大城市——海口。这里满目椰林, 一派热带风光, 市内汽车川流, 楼房栉比, 真难想象这就是昔日流放罪犯的不毛之地。万宁县冯所若, 童年时父死母改嫁, 一直靠海外伯父接济生活。近两年政策允许发展个体经济, 伯父便汇款给他建了一栋楼房, 并买了一辆私人客车, 让他跑客运。现在海外不再汇款, 但他的生活有了明显的好转。

100. 侨乡凤岗纪行. 陈镜坤, 汪平. 东莞乡情, 1988 (6): 13-14.

关键词: 无

内容摘要: 无

101. 侨乡女厂长 (诗). 禤凯文. 作品, 1989 (10): 57-67.

关键词: 无

内容摘要: 无

102. 侨乡一医院〔散文〕. 赵荣芳. 大众健康, 1989 (10): 43-44.

关键词: 无

内容摘要: 无

103. 侨乡好 (词). 骆铃. 鹤山乡讯, 1989 (20): 25.

关键词: 无

内容摘要: 无

104. 记旅游四邑侨乡. 佚名. 沙堆侨刊, 1989 (25): 53-54.

关键词: 无

内容摘要:

105. 侨乡风情: 台山春节习俗. 韦廷. 侨刊文摘, 1990 (1): 17-27.

关键词: 无

内容摘要: 无

106. 第一侨乡巡礼: 台山漫记之五. 雨文. 新宁杂志, 1990 (2): 32-34.

关键词: 无

内容摘要: 无

107. 杨夏林笔下的侨乡风采. 刘明. 现代中国, 1990 (2): 23-26.

关键词: 无

内容摘要: 无

108. 侨乡容县. 佚名. 广西画报, 1990 (4): 24-27.

关键词: 无

内容摘要: 无

109. 福建侨乡石狮市见闻. 胡国华. 瞭望 (海外版), 1990 (6-7): 27-30.

关键词: 无

内容摘要: 无

110. 侨乡侨情. 佚名. 现代中国, 1990 (7): 66-71.

关键词: 无

内容摘要: 无

111. 侨乡即景. 沈仁康. 诗刊, 1990 (10): 39-40.

关键词: 侨乡 海外 银发 风筝 虾酱

内容摘要: 无

112. 侨乡新风. 郭亨渠. 文明导报, 1990 (11): 26-26.

关键词: 无

内容摘要: 无

113. 望江南·访侨乡鹤山 (三首). 王坚辉. 鹤山乡讯, 1990 (22): 36.

关键词：无

内容摘要：无

114. 侨乡行. 佚名. 梅县侨声, 1990（23）: 25.

关键词：无

内容摘要：无

115. 侨乡剪彩联话. 刘华. 鹤山乡讯, 1990（24）: 31.

关键词：无

内容摘要：无

116. 侨乡难追旧旅痕. 翟象乾, 陈晓星. 恩平公报, 1990（33）: 26.

关键词：无

内容摘要：无

117. 爱的困惑——侨乡系列小说之七. 沈仁康. 作品, 1991（1）: 102-115.

关键词：无

内容摘要：无

118. 蚌湖侨乡的变迁（桑梓春色）. 王坚辉. 穗郊侨讯, 1991（1）: 17-18.

关键词：无

内容摘要：无

119. 风光绮丽的侨乡——新会. 谢燕鸣. 广东文献, 1991（1）: 47-51.

关键词：无

内容摘要：无

120. 侨乡风光. 佚名. 侨刊文摘, 1991（1）: 25.

关键词：无

内容摘要：无

121. 鸦湖侨乡今昔面面观. 曹树苍. 穗郊侨讯, 1991（1）: 38-39.

关键词：无

内容摘要：无

122. 台山侨乡墟市知多少. 刘重民. 新宁杂志, 1991（2）: 45.

关键词：无

内容摘要：无

123. 鸦湖侨乡今昔面面观（二）. 曹树苍. 穗郊侨讯, 1991（2）: 43-45.

关键词：无

内容摘要：无

124. 侨乡话桥. 萧绍兴. 现代中国, 1991（5）: 66-68.

关键词：无

内容摘要：无

125. 侨乡灯饰美如画. 少兰. 九江侨刊, 1991（11）: 15.

关键词：无

内容摘要：无

126. 侨乡行. 王坚, 李树忠. 瞭望, 1991（12）: 19-22.

关键词：侨乡　闽江口　经济发展　福清　泉州

内容摘要：10年来，我国农业发展的巨大成绩，不仅仅表现在以占世界7%的耕地养活了占世界22%的人口，更深刻的意义在于，我国几千年的传统农业正向现代化农业转变。10余年来，我国农业的生产手段有了很大进步，农业机械化程度明显提高，水利化及电气化方面也有长足进展，在农业生产技术方面，耕作、饲养等方面的先进技术得到进一步的应用和推广，更多地采用了良种、化肥、农药和除草剂等；在生产组织管理方面，农业的布局和规划更为合理，双层经营体制不断得到完善，农业生产的区域化、专业化、农工商一体化也正在一些地区健康发育和成长。

127. 侨乡好. 佚名. 水步侨刊, 1991（13）: 41.

关键词：无

内容摘要：无

128. 侨乡台山见闻（一）. 黄本驹. 居正月报, 1991（23）: 28.

关键词：无

内容摘要：无

129. 侨乡吟草. 符忠苗. 琼州乡音, 1992（1）: 44.

关键词：无

内容摘要：无

130. 侨乡乐：中山乡之巨大变化. 佚名. 舜河侨刊, 1992（1）: 18-19.

131．侨乡女教师（诗歌）．张庆华．广东教育，1992（3）：45-46．

关键词：无

内容摘要：无

132．侨乡台山见闻（二）．黄本驹．居正月报，1992（24）：26-27．

关键词：无

内容摘要：无

133．侨乡开平春节风俗．冯活源．小海月报，1992（41）：73-74．

关键词：无

内容摘要：无

134．侨乡情歌二首．旭波．粤北乡情，1993（18）：44．

关键词：无

内容摘要：无

135．侨乡四连纪事．陈秋芳．文艺报，1993（16）：7．

关键词：报告文学　中国　当代

内容摘要：无

136．侨乡台山县见闻．黄本驹．居正月报，1993（26）：18．

关键词：无

内容摘要：无

137．赤子情深载侨乡．佚名．广东画报，1994（1）：22-24．

关键词：无

内容摘要：无

138．侨乡海防市．李镜．昆仑，1994（1）：14-44．

关键词：无

内容摘要：无

139．侨乡三题．吴文．泉州文学，1994（1-2）：76-78．

关键词：无

内容摘要：无

140．"侨乡之侨乡"：会文镇．云林，龙玉文．琼州乡音，1994（2）：35．

关键词：无

内容摘要：无

141. 海口：古老的商埠美丽的侨乡. 韩庆元. 琼州乡音，1994（2）：65.

关键词：无

内容摘要：无

142. 老华侨原伯回乡记. 崔淑玲，李浦荣. 海内与海外，1994（2）：60-61.

关键词：华侨 珠江三角 家乡

内容摘要：桑绿蚕黄的金秋时节，在富饶美丽的珠江三角洲侨乡，一辆红色的出租小汽车在村口停下。"二叔！到家了。"黎原老先生在侄子大民的陪同下，回到了阔别四十多年的家乡。他兴奋地环顾四周，眼前的一切，似乎熟悉而又陌生，河边的老榕树依然是那样青翠婆娑，盘根错节。

143. 侨乡传统山歌. 佚名. 客联，1994（2）：31.

关键词：无

内容摘要：无

144. 恩平设市繁荣侨乡. 佚名. 广东画报，1994（9）：22-30.

关键词：无

内容摘要：无

145. 侨乡大涌行. 佚名. 中山侨刊，1994（29）：43.

关键词：无

内容摘要：无

146. 可爱的侨乡：人和（桑梓春色）. 陈雨平. 穗郊侨讯，1995（2）：16.

关键词：无

内容摘要：无

147. 台山：走向世界的侨乡. 雷仲予. 今日中国（中文版），1995（2）：64-66.

关键词：走向世界 台山市 侨乡 西部沿海 港澳台

内容摘要：广东台山市在海内外的知名度颇高，除了因为它在排球运动上有过辉煌的历史，被誉为排球之乡外，也许更主要的原因，就是因为它是全国著名的侨乡。台山作为我国著名的侨乡，这是长期的历史形成的。

八 侨乡文化

148. 中国的侨乡. 常青. 侨园，1995（6）：40-41.

关键词：侨乡　华侨华人　海外华侨

内容摘要：侨乡一词，《世界华侨华人词典》这样解释：华侨在中国的故乡。这个解释是针对旅外华侨华人乡亲而言的。不管是哪个省哪个市哪个县哪个村，只要有乡亲在海外侨居或定居，便可以称为侨乡，到目前为止，还没有人界定在省市县村不同范围内有多少位旅外乡亲就算侨乡，少于多少位就不算。因此，侨乡这个概念既模糊又宽泛。但把旅外乡亲较多且相对集中的地方称为侨乡，应该是大多数人所接受的共识。按中国传统说法，粤闽是中国的两大著名侨乡省，广东省在全国侨乡中居于老大位置。目前，粤、籍的华侨、华人有2000万人分布在海外100多个国家和地区，省内侨户人口也有1000多万人。

149. 粗笔描世态，精心塑形象：《侨乡轶事》创作联想. 姚溪山. 福建艺术，1995（6）：6-7.

关键词：侨乡　世态　塑形　华侨　人物形象

内容摘要：无

150. 侨乡四会一方宝地. 四侨. 西江乡情，1995（9）：28.

关键词：无

内容摘要：无

151. 侨乡女. 王鼎南. 歌曲，1995（11）：40-41.

关键词：侨乡　对唱　门帘　绣花　摩托

内容摘要：无

152. 侨乡胜景：容县都峤山. 周玲玲. 文史春秋，1996（1）：36-37.

关键词：容县　侨乡　都峤山

内容摘要：在容县县城的南面10公里外，横亘着一列紫黛色的群山。这就是道书中称为"第二十洞天"的都峤山，又名南山。据光绪年间编纂的《容县志》记载：都峤山高达300余仞，周围280里，山脉起自广东信宜，经岑溪，连绵起伏，逶迤而来。

153. 侨乡教育的摇篮. 佚名. 福建画报，1997（1）：18-20.

关键词：无

内容摘要：无

154. 侨乡司前沐朝晖. 镜波. 珠江经济，1997（1）：36-37.

关键词：侨乡　农村人均收入　改革开放　民营企业主　公益事业

内容摘要：新会是广东著名的侨乡之一，在这侨乡有一个美丽的小镇叫司前。多年以来，这个有着"新会地尾"之称的小镇默默无闻，因地偏一隅，人多田少，漂洋过海、出外谋生者甚多。随着邓小平同志南方视察掀起改革开放热潮，司前这个小镇发生了翻天覆地的变化，全镇工农业总产值以每年增加2个亿的幅度递增，1995年全镇工农业总产值达到9.3亿元，比1992年增长158%；农村人均收入2800元。

155. 福清：一个侨乡的变迁. 日农，念琪. 今日中国（中文版），1997（8）：69-70.

关键词：福清市　侨乡　图书馆　台资企业　海外华侨

内容摘要：无

156. 侨乡轶事：芗剧现代戏. 姚溪山. 剧本，1997（9）：27-41.

关键词：李振堂　侨乡　摩芗剧

内容摘要：侨乡轶事姚溪山地点：沿海某开放县的一个贫困山区。时间：似乎是昨天发生的故事。人物：沈贵贞——女，48岁，龙岗乡乡长。唐元华——男，26岁，新任龙岗小学校长。李振堂——男，68岁，华侨富商。李凤英——女，24岁，龙岗小学教师。

157. 美国华盛顿州州长骆家辉台山寻根记. 车晓蕙. 记者观察，1997（12）：35，34.

关键词：美国华盛顿州　台山市　西雅图　骆家辉　寻根

内容摘要：10月11日午后，由香港驶来的一艘轻型客轮，缓缓停靠在广东省潭江上游的公益码头。正在中国访问的美国华盛顿州州长骆家辉，在家人的陪伴下，踏上了他的祖籍——侨乡台山的土地。1996年11月，新当选的华州州长骆家辉是美国历史上第一位华裔州长，其父骆荣硕就出生在有"中国第一侨乡"之誉的广东省台山市。此次中国之行，骆家辉特意安排了半日时间，与父母兄妹一起来台山寻根访祖。客轮一抵港，骆氏一家就受到了早在此地等候的父老乡亲的热情欢迎。码头广场上以及公路两旁，挤满了专程赶来一睹这位美国州长风采的乡邻，他们把他称作当上美国高官的"本乡人"。

158. 侨乡台山川岛新建筑. 李小明. 五邑乡情，1997（26）：35.

关键词：无

内容摘要：无

159. 沁人心脾，动人情怀：现代芗剧《侨乡轶事》观后散记. 曾镇南. 文艺报，1997（29）：3.

关键词：芗剧 《侨乡轶事》 艺术评论 地方戏

内容摘要：无

160. 侨乡女子龙舟队. 陈大任. 珠海乡音，1997（38）：9.

关键词：无

内容摘要：无

161. 广西著名侨乡的新篇章. 刘发良. 城市发展研究，1998（1）：56-59.

关键词：玉林市 城市建设 侨乡 乡镇企业 流动人口

内容摘要：无

162. 北京成为新侨乡. 王之中. 前线，1999（8）：41-42.

关键词：新移民 新侨乡 侨资企业 侨务工作 移民群体

内容摘要：无

163. 生机勃勃的侨乡诗山镇. 佚名. 福建画报，1998（9）：32-34.

关键词：无

内容摘要：无

164. 文化彩带联五洲. 陈国壮. 海内与海外，1998（10）：32-33.

关键词：海外华侨华人 艺术团 海外侨胞 民间交往

内容摘要：广州市是全国著名的侨乡大都市，有归侨侨眷130多万人，海外华侨华人、港澳同胞100多万人。这两个一百多万，是广州现代化建设的一支重要力量。作为维系海外华侨华人及国内归侨侨眷的群众团体——广州市归国华侨联合会，以中华文化为纽带，以民间交往、文化交流等形式广泛联系海外侨胞，把外宣工作与外联工作、经济工作有机地结合起来，从而最大限度地达到弘扬中华文化、为侨服务、为经济服务的目的。1992年底，市侨联乘邓小平南方谈话的东风，先后创办了为海内外侨界服务的《侨友画报》《广州侨商报》。《侨友画报》是一份以照片为主，辅以文字的精美的大型彩色画刊，它以侨情、乡情。亲情为主调，以生动形象的画卷，报道广州侨乡改革开放巨变，传递侨情信息，宣扬华人英才，寻访历史足迹，介绍中华灿烂文化，是一份很受海外侨胞和国内归侨侨眷及社会各界欢迎的侨刊。《广州侨商报》则是以文字为主、辅以照片的报纸，以"反映侨情商情，服务侨联侨胞，影响华人社会"为宗旨，在

"侨"字和"商"字上做文章,以外引内联作为报道的主题,在弘扬中华文化、开展对外文化宣传方面起着多功能的作用。目前,《广州侨商报》发行到海外一百多个国家和港澳地区社团,其影响日益扩大。

165. 侨乡三轮车. 潇琴. 散文百家, 1998 (11): 45-48.

关键词:无

内容摘要:无

166. 侨乡围龙屋. 房木生撰文,羽翔摄影. 地理知识, 1998 (11): 48-55.

关键词:无

内容摘要:无

167. 著名侨乡:瓜岭村. 黄金棠. 荔乡情, 1998 (41): 19-20.

关键词:无

内容摘要:无

168. 永春侨乡域外情. 郑流年. 炎黄纵横, 1999 (1): 41-43.

关键词:无

内容摘要:无

169. 华侨之乡——观澜镇. 佚名. 经济前沿, 1999 (C1): 117.

关键词:观澜镇 外来人口 华侨 精神文明 常住人口

内容摘要:观澜镇位于深圳市的北大门,面积112平方公里,镇下12个村(居)委会,常住人口1.8万人,外来人口11万人,旅外华侨3万多人。既是侨乡,又是革命老区。观澜镇作为宝安区的东大门,交通四通八达,近年来新(扩)建观光路等5条高等级公路,纵贯全镇11个行政村,与镇内交会的梅观、机荷高速公路衔接。

170. 侨乡明珠——石狮. 佚名. 发展研究, 1999 (5): 40-41.

关键词:石狮 侨乡 财政收入 港口城市

内容摘要:无

171. "风头水尾"地 侨乡展新姿. 佚名. 福建画报, 1999 (9): 16-18.

关键词:无

内容摘要:无

172. 人和圩杂忆. 林焕文. 羊城今古, 2000 (1): 28-29.

关键词:人和圩 广州市 农村 历史发展 中国

内容摘要：人和圩位于广州市正北24公里处，历史上，属番禺县鸦湖乡管辖，与同文乡的高增圩相连。人和圩是一个相当繁荣的农村贸易集市，每逢圩期，鸦湖、同文、蚌湖、竹料以至花县清潭、白鳝塘一带的村民，都到这里贸易。人和周围农村，是高田区，土地瘠薄，人多田少，生活清贫，所以男士多出外谋生，到港澳海外的也不少，逐渐形成侨乡。华侨多了，反过来又带动本地区经济的繁荣，使人和很自然地成为这个小地域的经济中心。

173. "银花"盛开的侨乡. 佚名. 福建画报, 2000 (1)：30 - 32.

关键词：无

内容摘要：无

174. 安溪有个善坛村——畲族侨乡散记. 蓝炯熹. 炎黄纵横, 2000 (2)：38 - 40.

关键词：无

内容摘要：无

175. 浙南古镇——侨乡"瞿溪". 潘晓棠. 小城镇建设, 2000 (2)：77.

关键词：瞿溪镇　小城镇建设　浙江

内容摘要：瞿溪历史悠久，在南宋前称为沈岙，民国时始称为瞿溪镇，旧时以盛产竹笋声名远扬，如今以牛皮制革闻名。瞿溪镇位于温州市中西部，距市中心13.7公里，镇域面积35.34平方公里。境内山清水秀，人杰地灵，自古是能人云集，文化积淀深厚之地。独具地方风情的"二月初一"民间交易集市已有200多年历史，人文景观丰富，拥有普明寺、宝月寺、桃园龙潭等名胜古迹，这里还是著名侨乡，近千人的足迹遍及东南亚、西欧、北美地区。

176. 侨乡恋歌（独唱）. 林澍, 葛清. 福建艺术, 2000 (3)：62 - 63.

关键词：独唱曲　词曲　五线谱　Moderato　4/4

内容摘要：无

177. 偷渡，血泪难圆的"天堂梦". 陈文吉, 黄益利. 福建通讯, 2000 (4)：17 - 20.

关键词：偷渡　天堂　改革开放　福建　华侨

内容摘要：冒险偷渡也要走！福建沿海各地区，与中国台湾、日本、美国等隔海相望，同时又是我国改革开放的综合试验区之一和著名的侨乡，在这里人们与国外数千万侨胞有着千丝万缕的联系，因此，当偷渡黑潮涌来之际，福建自然首当其冲，成为偷私渡活动的多发区。在这里人们对偷渡似乎开始麻木了，明知此路多艰险，仍认为不失为一条致富的捷径。

178. 兴隆黎地变侨乡. 蔡德佳. 今日海南, 2000 (9): 44 - 46.

关键词: 华侨农场 侨乡 郭沫若 政务院

内容摘要: 去国迢迢做客佣, 归来重做主人翁。卧薪尝胆同舟乐, 艰苦奋斗创业雄。多种经营多并举, 一年垦辟一兴隆。太阳河畔歌声起, 物内桃源在此中。这是我国原政务院副总理、全国人大党委会副委员长郭沫若1962年视察兴隆华侨农场时, 深有感触赋写的《咏兴隆》。这首诗热情洋溢地歌颂了华侨爱国爱乡, 艰苦奋斗, 开发兴隆的伟大成就和豪迈的主人翁创业精神。

179. 侨乡风情: 腾冲和顺, 绮罗村落居民. 杨大禹, 任颖昱. 室内设计与装修, 2000 (12): 80 - 86.

关键词: 村落 居民 景观环境 侨乡风情 云南

内容摘要: 无

180. 侨乡漫笔. 佚名. 田头侨刊, 2000 (17): 47 - 48.

关键词: 无

内容摘要: 无

181. 南粤明珠——东莞市凤岗镇. 佚名. 求是, 2000 (22): 63.

关键词: 东莞市 凤岗镇 广东 基础建设 投资环境 经济发展

内容摘要: 广东省东莞市凤岗镇位于东莞市最南端, 是广东省著名的侨乡。全镇总面积103平方公里, 下辖12个行政村。改革开放以来, 凤岗镇利用毗邻港澳的地理条件, 发挥华侨众多的人文优势, 通过"筑巢引凤", 发展外向型工业来壮大集体经济。全镇历年累计投入基础建设资金6亿元, 建成了现代化的水、电、路、通信设施和高标准的市政设施。

182. 三合侨乡一景: 凉亭多. 佚名. 康和月刊, 2000 (23): 8.

关键词: 无

内容摘要: 无

183. 大亚湾畔新明珠——广东省惠阳市. 佚名. 求是, 2000 (24): 61.

关键词：广东　惠阳市　经济实力　城乡建设　社会事业

内容摘要：惠阳市位于广东省东南部，濒临南海大亚湾，毗邻香港和深圳，是广东著名的侨乡。全市面积2178平方公里，人口54.3万人。改革开放以来，惠阳市委、市政府坚持以经济建设为中心，充分发挥地处沿海、毗邻香港、华侨众多、交通便利等优势，先后投入数十亿元，加强基础设施建设，营造良好的投资环境，以优惠政策和优质服务招商引资，利用国内外资金、技术和先进管理经验促进经济体制改革和经济结构的调整优化，不断推进"工业立市"和外向型经济的发展，迅速增加了经济总量。促进经济建设不断迈上新台阶。——综合经济实力显著增强。

184. **侨乡中的侨乡：梅家大院**. 邱真全. 五邑乡情，2000（34-35）：25.

关键词：无

内容摘要：无

185. **油画：侨乡的女儿**. 谢新活. 五邑乡情，2000（34-35）：54.

关键词：无

内容摘要：无

186. **两人世界悲欢人生**. 赵家欣. 群言，2001（7）：34-36.

关键词：国民党　抗日救亡运动　沦陷区　闽浙赣　新闻记者

内容摘要：1938年仲夏，我受香港《星岛日报》派遣，回到抗日烽火漫燃的祖国，采访东战场新闻，奔走闽浙赣各地。同年深秋，来到面对厦门沦陷区的闽南侨乡泉州，巧遇国民党侦骑追捕的抗日女战士谢怀丹。她是厦门沦陷前从事抗日救亡运动时我最敬佩的一位杰出女性。古城重逢，我以新闻记者身份掩护她。在抗日有罪、灾祸四伏的日子里，两个命运吉凶难卜的人联系在一起，我们相亲相爱，有了一个辗转流离、居无定处的家，开始了两人共历半个多世纪的悲欢人生。

187. **侨乡浮石飘色**. 冯耀华. 东方艺术，2002（4）：26-28.

关键词：无

内容摘要：被誉为"全国民间艺术之乡"的广东台山传统民间艺术丰富多彩，源远流长。台山浮石飘色誉满海内外，成为民间艺坛的一支奇葩，是广东五邑侨乡民间艺术文化瑰宝。

188. **永春侨乡域外情长篇**. 郑流年. 炎黄纵横，2002（5）：40-46.

关键词：无

内容摘要：无

189. 有一个乡村叫"和顺". 金平, 鲍利辉. 人与自然, 2002 (7): 72-75.

关键词：侨乡　腾冲　缅甸　云南　和顺

内容摘要：一脚踏进和顺，我的镜头就没有合眼。我曾十次百次地听人说起云南的腾冲，说起腾冲的和顺，说起这座西南边陲的自然村落，毗邻缅甸、通往南亚的著名侨乡。

190. 侨乡密冲今胜昔. 佚名. 敬修月报, 2002 (25): 15-16.

关键词：无

内容摘要：无

191. 美丽富饶的侨乡南口镇. 佚名. 客家人, 2003 (2): 14-15.

关键词：无

内容摘要：无

192. 侨乡经纬：台山园林酒店风雨同载二十年. 佚名. 新宁杂志, 2003 (2): 19.

关键词：无

内容摘要：无

193. 侨乡巨变. 何锐. 源流, 2003 (4): 31.

关键词：新侨乡　江门五邑　五邑侨乡　新型工业化

内容摘要：江门五邑在旧社会是个穷困之乡，为了生存，多少男儿不得不抛亲别乡，远渡重洋去寻求生路。如今的五邑，却已是初步实现了小康的新侨乡，380多万人民过着安居乐业、丰衣足食的生活。人们考虑得最多的是在新的世纪里，怎样加快实现侨乡的新型工业化、信息化，进而实现社会主义的现代化。从争取生存到致力腾飞的强烈反差中，人们感受最深的就是没有共产党就没有江门五邑新侨乡。五邑侨乡有着光荣的革命传统。历史上从唐代中叶开始就有新会陈谦崖山农民起义，明代、清代农民起义也没有停止过，19世纪末的戊戌变法维新运动，其主要领导人之一就是新会的梁启超。辛亥革命前后，陈少白、李雁南以及在海外的广大华侨都为民主革命做出过贡献。

194. 绿染侨乡容县. 容县林业局. 中国林业, 2003 (12B): 30-32.

关键词：广西容县　林业经济　林业结构　生态环境

内容摘要：著名侨乡容县，地处桂东南，是一个人均拥有4亩山4分田的丘陵山区县，素有"八山一水一分田"之称。全县总人口75.17万人，总面积225851.4公顷。在土地面积中，林业用地面积154271.3公顷，其他用地面积71581.1公顷。管辖16个乡镇，219个村（居）委员会。

195. 颂都斛侨乡（七律）. 佚名. 都斛侨刊，2003（27）：34.

关键词：无

内容摘要：无

196. 侨乡行（诗歌）. 晓光. 五邑乡情，2004（4）：32-33.

关键词：无

内容摘要：无

197. 侨乡与隆越夜越热闹. 佚名. 华侨华人资料，2004（4）：75-76.

关键词：无

内容摘要：无

198. 腾冲印象. 时振谦. 协商论坛，2004（9）：52.

关键词：腾冲火山群　高黎贡山　云南腾冲　新生代

内容摘要：云南腾冲是西南丝绸古道上的边关重镇，是通往缅甸、印度、巴基斯坦等东南亚国家的商贸口岸，因其悠久的历史、灿烂的文化而成为著名的侨乡和历史文化名城。壮丽的火山群和神奇的高黎贡山国家级风景名胜区腾冲火山群是典型的新生代火山群，为中国火山群之首。在200多平方公里的火山分布地上，90多座火山群雄崎苍穹。吞月吐日的火山喷口，千姿百态的火山奇石，鬼斧神工的柱状节理，澄澈秀美的火山口湖都是火山运动的经典之作，堪称天下奇观。

199. 山乡和侨乡——张资平小说的客家情境. 曾汉祥. 韶关学院学报，2004（10）：41-44.

关键词：中国现代文学　客家文学　张资平

内容摘要：张资平以客家为题材的小说描绘了居住在山乡和侨乡的客家人，特别是客家妇女的生存状态，展现了客家文化的价值观念，表现了客家人既保存了中华民族传统文化的精华，又容易接受外来文化影响的特点。

200. 闽南侨乡独特的"太子亭". 林博专. 科学24小时，2004（12）：21.

关键词：侨乡　闽南　南靖县　太子亭

内容摘要：无

201. 新会体育馆等 18 项工程剪彩、奠基. 佚名. 独联侨刊，2004 (43)：40-41.

关键词：无

内容摘要：无

202. 中国第一侨乡台山侨史之最. 佚名. 海宴侨刊，2004 (56)：43.

关键词：无

内容摘要：无

203. 侨乡古屋的"趟栊门". 郭章明. 中山侨刊，2004 (61)：26.

关键词：无

内容摘要：无

204. 侨乡颂（诗）. 佚名. 五邑乡情，2005 (3)：39.

关键词：无

内容摘要：无

205. 抗日战争侨乡歌谣（闽南语）. 潘玉仁. 侨区风雷，2005 (7)：55.

关键词：无

内容摘要：无

206. 中国"加拿大村"，在乡愁中沉沦. 樱子. 小康，2005 (7)：72-74.

关键词：加拿大　乡愁　建筑　悲情　守望　侨乡

内容摘要：加拿大村，在中国南方的一个小城——开平。一个海外人口超过其国内人口的侨乡。加拿大村，是一座空城，一座充满悲情和寂寞的村庄。1933 年至 1935 年，加拿大村建成。1951 年，这里的最后一户居民移民加拿大。从此之后，村里一直无人居住，这里的精美建筑在风雨中守望了半个世纪。这些建筑的主人是民国时期从"猪仔"路上有幸回国的"卖猪仔"。他们历经千辛万苦，省下几个钱，回家乡完成"田、园、庐、墓"的梦想。这是一座最应具有乡愁气息的村庄。从建造它的那天起，它就注定将在乡愁中沉沦。

207. 海丝之路：泉州. 海苏. 海峡旅游，2005 (9)：35.

关键词：泉州市　"海上丝绸之路"　祖籍地　国务院

八　侨乡文化

内容摘要：泉州市位于福建省东南沿海，既是著名的侨乡，又是台湾汉族同胞主要祖籍地。泉州是"海上丝绸之路"的起点，国务院首批公布的24个历史文化名城之一。早在唐代，泉州刺桐港就是我国四大外贸港口之一，在宋元时期与埃及亚历山大港齐名被誉为东方第一大港。

208. 加拿大村，在乡愁中沉沦. 樱子. 人民文摘，2005（10）：44-46.

关键词：加拿大　乡愁　移民　老建筑　金山

内容摘要：无

209. 十里洋场赤坎风情街. 佚名. 旅行者，2005（11）：109.

关键词：风情　康熙年间　20年代　文化底蕴　中国传统　建筑材料　古民居　"金"　混凝土　开平

内容摘要：赤坎是开平最老的一个镇。始建于康熙年间，是一座拥有350年历史的侨乡古镇。赤坎也是我们此次开平之行的最后一个景点，漫步其间。可充分领略这里浓郁的南国特色和深厚的文化底蕴。沿河边一字排开的堤西路古民居是一幢幢整齐而风格各异的骑楼。大多建于20世纪20年代，由当地归侨及商号老板兴建，楼上起居，楼下用作铺面和饭庄，楼高都是2至3层。在中国传统"金"字瓦顶及青砖结构的基础上，又融入当时先进的西洋混凝土建筑材料以及广式的骑楼与西方的罗马石柱。

210. 侨乡渡头. 雷根成，谭文辉. 中山侨刊，2005（66）：33-34.

关键词：无

内容摘要：无

211. 侨乡春秋. 佚名. 沙冈月刊，2005（99-100）：62-73.

关键词：无

内容摘要：无

212. 侨乡喜洲的特色文化. 施珍华，张化军（图）. 大理，2006（1）：15-16.

关键词：特色文化　喜洲镇　侨乡文化　人文资源　地方文化

内容摘要：喜洲喜洲，欢喜之洲；倚山面水，环境清幽；古道纵横，通向四周；海外侨民，心系喜洲。为什么呢？不仅只是眷恋故土，而是喜洲白族的特色文化植根深厚，孕育了一代又一代的子民，为祖国、为家乡去跋涉、奔波，转而又为故里的培植和建树薪火相传，形成了与时俱进，又与众不同的侨乡喜洲的鲜明特色，成为侨乡文化中一支独秀的人文

213. 扎根在侨乡的土地上——浅谈方言与歌剧. 何杰. 戏文, 2006 (1): 82.

关键词: 闽南方言 侨乡 地方剧种 地方语言 潮汕地区 闽南话

内容摘要: 无

214. 陈埭——福建回族最大聚居地. 蔡文琪. 福建乡土, 2006 (3): 12-13.

关键词: 陈埭镇 回族 聚居地

内容摘要: 晋江市陈埭镇位于福建省泉州湾南部的晋东平原, 是福建回族最大的聚居地之一。该镇共有回民2万多人, 分布在7个行政村中。由于当地回民都为丁姓, 又有"陈埭万人丁"的美称。陈埭回民祖祖辈辈经营沿海滩涂, 养殖海蛏, 称为"管海"。在供奉祖先时, 海蛏被列为不可或缺的祭品。改革开放以后, 陈埭回民充分发挥侨乡优势, 大力发展侨乡经济。

215. 侨村塔下的石旗杆. 谢华章, 张忠坚. 神州民俗, 2006 (12): 31.

关键词: 南靖县 福建省 历史

内容摘要: 走进省级历史文化名村、闻名遐迩的客家侨乡福建省南靖县塔下村, 就仿佛走进了历史的风尘中、文化的慰藉里。只见一座座高大雄浑、气势恢宏的方形、圆形、围裙形、曲尺形土楼, 串成一个个优雅、温馨、祥和的家园。

216. 著名侨乡台山牛肉节. 佚名. 神州民俗, 2006 (12): 26.

关键词: 牛肉 侨乡 重阳节

内容摘要: 山口墟重阳牛肉节由来已久, 相传清光绪乙未年 (1895) 重阳节那天, 有人在山口墟买了两三斤牛肉, 其病得危在旦夕的母亲吃后不久就好了。此事远近相传, 于是次年九月初九开墟, 专卖牛肉。之后, 重阳节买山口墟牛肉来吃可祛病除痛, 吉祥顺利, 就成了当地的民俗。

217. 走马侨乡. 佚名. 中山侨刊, 2006 (69): 24.

关键词: 无

内容摘要: 无

218. 取儿媳 (天门说唱). 黄河. 曲艺, 2007 (1): 86-87.

关键词: 玛丽亚 侨乡 说唱 天门

内容摘要：无

219. **凤舞侨乡**. 佚名. 东莞乡情, 2007 (6)：53-54.

关键词：无

内容摘要：无

220. **晋江市龙湖镇**. 佚名. 领导文萃, 2007 (7)：186.

关键词：龙湖镇　晋江市　交通枢纽　侨乡

内容摘要：龙湖镇以湖得名，位于福建晋江市东南部，毗邻石梅市区，是晋南的重要交通枢纽。全镇面积63.9平方公里，人口8.5万人，素有"侨乡中的侨乡"之美誉，是民族英雄施琅将军的故乡。境内施琅将军纪念馆是"泉州十八景"中的景点之一。农特产品"衙口花生""衙口芋丸"是龙湖镇久负盛名的特产，享誉海内外。龙湖内生长的龙湖鳖、龙湖鲈鱼、龙潮鳗鱼"龙湖三宝"，以其独特美味和药用价值闻名遐迩。

221. **山花子·梅阁侨乡新貌**. 佚名. 梅阁侨刊, 2007 (52)：88.

关键词：无

内容摘要：无

222. **著名侨乡艺术之乡：大吴村**. 佚名. 潮州乡音, 2008 (2)：18-19.

关键词：无

内容摘要：无

223. **浅谈青田玉**. 马永升，叶则荣，谭涌. 中国宝玉石, 2008 (4)：112-113.

关键词：青田石雕　田玉　光绪年间　支柱产业　叶蜡石

内容摘要：青田叶蜡石矿藏中，蕴藏着纯度高、结晶完美的叶蜡石，即众所周知的青田玉石。据有关资料记载，青田石雕最早可以追溯到300年以前，清朝光绪年间就出口欧美及南亚各国，雕刻工厂和店铺遍及世界各地，故有青田侨乡、青田石雕之乡之称。青田石雕在这块人杰地灵之地世代生息繁衍，支撑着青田的一片蓝天，至今仍是青田县第一大支柱产业，从业人员达数万人，石雕年销售收入数亿元，远销100多个国家和地区，带动20万人出国侨居。

224. **努力培育侨乡与涉台信息品牌**. 佚名. 政协天地, 2008 (7)：59.

关键词：社情民意　信息工作　侨乡　台湾

内容摘要：无

225. SHANTOU: The Hometown of Overseas Chinese. 佚名. 中国对外贸易（英文版），2008（23）：48.

关键词：中国　汕头　侨乡　经济发展

内容摘要：无

226. 梁启超乃新会侨乡之骄傲. 佚名. 沙堆侨刊，2008（84）：61-63.

关键词：无

内容摘要：无

227. 温溪：浙南侨乡的一颗明珠. 周建平，潘江浩. 政策瞭望，2009（1）：54-55.

关键词：外来务工人员　侨乡　浙南山区　长三角　商品集散

内容摘要：温溪镇地处瓯江下游，是丽水市的东大门，位于青田、永嘉、瓯海3县交界处，全镇区域面积58平方公里，总人口7万多人，其中外来务工人员3.5万人，下辖22个行政村，8个居委会。是浙南山区重要的商品集散地和鞋革生产基地。

228. 江西华侨之乡：石滩镇. 佚名. 求实，2009（2）：2.

关键词：江西　南昌市　丰城市　侨乡

内容摘要：石滩镇位于丰城市南郊9公里，距省会南昌市70公里，东临张巷镇、西连剑南街道、南接桥东镇、北靠小港镇，素有江西第一侨乡和鱼米之乡之称。全镇总面积63平方公里，下辖15个村委会、1个居委会、117个自然村、134个村民小组，总人口3.3万人。

229. 侨乡遗产. 佚名. 隆都沙溪侨刊，2009（3）：56-57.

关键词：无

内容摘要：无

230. 走过和顺. 左中美. 丝绸之路，2009（5）：24-25.

关键词：无

内容摘要：在侨乡有一处上马石，男人们从这里上了马，离家远行。有一处隔娘坡，过了隔娘坡，离家的儿子便踏上了迢迢的异乡之旅。

231. 仁和之乡，魅力伞都. 吴健军，庄金泉. 领导文萃，2009（5）：151-152.

关键词：仁和　海外华侨　蓝色产业　现代城镇　区域特色产业

内容摘要：晋江市东石镇位于福建省东南沿海，与金门隔海相望，陆地面积65平方公里，海岸线28公里，辖29个行政村和5个社区，常住人口10万人，外来人口4万多人，有海外侨团9个，海外华侨及港、澳、台同胞20余万人，是闽南重点侨乡。

232. **晋江榕商有故事**. 佚名. 中国商人，2009（10）：94.

关键词：企业家　改革开放　商会　市场分析

内容摘要：作为全国著名侨乡，祖籍晋江的华侨、华人达200多万人，遍布世界50多个国家和地区。改革开放以来，晋江从当地实际出发，走出一条以市场为导向，以外向经济为主，以股份制和多种经济成份并存的，具有晋江的特色。

233. **厦门：鹭岛笑飞扬**. 罗新欣，冯实. 中国残疾人，2009（12）：28-31.

关键词：厦门　海上　白鹭

内容摘要：城在海上，海在城中，一座风姿绰约的海上花园，岛、礁、岩、寺、花、木等相互映衬，融侨乡风情、闽台习俗、海滨美食、异国建筑为一体，集风景秀丽、气候宜人、四季如春、适宜居住为一身，这就是厦门。它清新的空气，广阔的沙滩，和煦的阳光，致使成千上万的白鹭在这里栖息。

234. **梅阁侨乡即景**. 佚名. 梅阁侨刊，2009（复刊58）：97.

关键词：无

内容摘要：无

235. **"年味"十足的侨乡斗山镇**. 佚名. 提领月报，2009（复刊65）：15-16.

关键词：无

内容摘要：无

236. **侨乡槐湖变新样（调寄扬翠喜）**. 余炳光. 风采月刊，2009（复刊91）：39.

关键词：无

内容摘要：无

237. **从电影院昔今之变看侨乡发展**. 余振扬. 风采月刊，2009（复刊93）：41-42.

关键词：无

内容摘要：无

238. 侨乡幸福万年长（卖鸡调）. 余炳光. 风采月刊, 2009（复刊93）: 40.

关键词：无

内容摘要：无

239. 从侨乡和顺到塔山. 朱小平, 吴志实. 海内与海外, 2010 (10): 56-59.

关键词：腾冲　侨乡　云南

内容摘要：侨乡和顺雨后更葱茏, 半亩荷塘桥引水, 一墙苔色印书声。遗韵洗衣亭。这是我雨中游腾冲著名侨乡和顺时口占的小令——忆江南·腾冲和顺。

240. 南洋客. 陈丽桔. 福建文学, 2011 (2): 71-72.

关键词：南洋　家乡话　侨乡

内容摘要：家乡人习惯亲切地称侨胞为南洋客。南洋客, 三个看似通俗的字眼, 却在这块素有侨乡之称的美丽大地上, 留下许许多多光辉灿烂的足迹, 造福过无数的前人, 并且还继续为今人与后人做出贡献。

241. 试论"秋晚"的核心竞争力　兼谈2011年央视中秋晚会《江门月·中华情》. 杨洪涛. 中国电视, 2011 (11): 33-35.

关键词：江门　中秋　黄浦江　文化符号

内容摘要：自2004年至今, 中央电视台的中秋晚会已走过8个年头。从黄浦江边到海峡两岸、从武汉三镇到侨乡江门, "秋晚"奉献了一场场视听盛宴。"秋晚"是继"春晚"之后的又一电视文化品牌, 它不同于"春晚"的创作特点与自身优势, 成就了其在文化和艺术层面上清新雅致的审美范式, 也赢得了观众的赞誉。

242. 深山古城播火种　崛起海西新侨乡. 佚名. 红土地, 2011 (12): 45-46.

关键词：侨乡　海西　火种　古城　中央苏区

内容摘要：中央苏区的前沿和门户"宁化、清流、归化, 路隘林深苔滑……", 毛泽东曾用《如梦令·元旦》这首壮丽的诗篇记载了明溪（旧称归化）光荣的岁月, 这里是最初中央苏区之一。红军战地医院、铜铁岭战役遗址、苏维埃政府遗址、东方军司令部旧址……每一个历史的印痕无不留下英雄和伟人的足迹。

243. **和顺镇散记（外一篇）.** 李文. 大理，2012（3）：29-30.

关键词：和顺镇 "丝绸之路" 文化底蕴 人文景观

内容摘要：近日到腾冲一游，虽不是最好季节，仍感受颇多。腾冲作为古代川、滇、缅、印南方路上"丝绸之路"必经之地，以其悠久的历史，深厚的文化底蕴，独特的人文景观，奇丽的自然风光，近年来吸引越来越多各地游客踏尘而来。到腾冲游玩的地方很多，而被称为"中国魅力之镇"的和顺镇给我印象最深。和顺镇在腾冲县城西南约4公里处，因有河顺着镇前流过，改为"和（河）顺"；又因华侨出国历史长、侨属多，成为云南省著名的侨乡。

244. **闽西纪行.** 赵丽华. 云南画报，2012（5）：66-69.

关键词：闽西南 客家人 福建土楼 客家土楼 族群

内容摘要：当今天的我们把先辈们在艰难险阻中用鲜血和生命探求过的历程当作一次精神的洗礼重新体会行走过，心的悸动和铺天盖地的疑问会腾扑而来。闽西大地和客家儿女在我心中一直都充满了传奇的色彩。那里是用怎样的魅力在20世纪初的风云变幻中会集了这么多优秀杰出的革命家，魅力缘自何方？是什么样的信念支撑着客家人很早就从中原大地一路向南，这个被闽地原住民称为"客家"的族群是那样的生生不息，迁徙征程向南、向东！不怕冒险，他们甚至那么早就开始了远渡重洋闯天下，他们的勇迈，让难离的乡土成了今天气象万千的侨乡！

245. **陈彧君：回溯侨乡记忆.** 孙冬冬，毕珂. 艺术界，2012（5）：102-103.

关键词：侨乡 木兰溪 南洋 祭祀 记忆 东南亚文化

内容摘要：我老家在福建莆田的附近，是一个有点像岛屿的村落，四周环山，木兰溪绕山而过。因为村子在丘陵地带，没有什么田，村子离海还有几十公里距离，捕鱼也不方便，村民就靠种植龙眼、枇杷之类的果树生活。我们那边常开玩笑说，整天吃稀饭是有原因的，因为没有水稻，米很少，煮一锅的汤才能放一点点的米，主要以地瓜为主食。所以，大家只能外出去谋生。

246. **此岸与彼岸：读尹继红长篇小说《乡图》.** 张抗抗. 炎黄世界，2012（8）：18-19.

关键词：20世纪 移民史 上半叶 故事 悲壮

内容摘要：侨乡—异邦；铁路—海洋；金矿—碉楼；过海—返乡。前后历时 40 年沉重而悲壮的故事大回环，足以激发我们对于 20 世纪上半叶中国移民史的重新想象。

247. 迤萨侨乡编年史. 海男. 文学界（原创版），2012（3）：82-87.

关键词：编年史　侨乡　古道

内容摘要：迤萨侨乡，云南第二大著名侨乡。让我们怀着追溯的情怀和期待缓缓地进入这座被永恒编年史迹中所记载过的，至今依然保持着古老梦幻的原乡。那些被马帮行走过的足迹沿这个地区绵延出去，形成了美轮美奂的古道。沿着古道冒险的迤萨侨乡展现在——清朝、民国以后的，无限沧桑史卷中，并保留下来了迷人的传说，直到如今，那些经历了百年历史的迤萨古老的四合院、瓦院依然向我们述说着已经消失的画面。当我们来到了迤萨侨乡，一部史书的古老述说者带着一百多年来的美妙的守望，已经向我们走来。

248. 走过立园. 翁亚珍. 青海湖，2013（2）：71-72.

关键词：立园　花园　华侨　浮雕　繁花　回廊

内容摘要：仲秋，粤南开平。1800 多幢碉楼，似古希腊的城堡，又像教堂式的塔楼，分散矗立在人迹稀少的原野里，人去楼空。田野阡陌纵横，碉楼孤孤单单，周围荒草萋萋。也有的被凤尾竹放肆地包围住，碉楼成树状，最上层精致如花。镂空立体雕、罗马柱、龙凤牡丹、繁花浮雕，每幢楼很欧洲很古典又很中国。碉楼自顾自地亭亭玉立，孤芳自赏……一百多年，碉楼就这样在荒凉中美丽并孤独着？很想知道它们曾经的荣耀与骄傲，曾经的苦难与哀怨。我走进了立园。那是开平上千座碉楼庄园中比较豪华并可供游人参观的一座。园主谢维立先生早已在门口静静地迎候。

249. 文南老街南洋风. 张茂. 今日海南，2013（3）：40-43.

关键词：南洋　文昌　文化内涵　骑楼　人文景观

内容摘要：旧时文昌有句俗话："不逛文南街就不算逛文城。"如今的文南街，在文城激烈的商业竞争中地位依然。2012 年经过数月整修，海南著名侨乡文昌的文南街以"怀旧"的南洋风貌重新亮相，街头的骑楼、雕像"诉说"着文昌华侨下南洋的故事。

250. 湄南河上的侨乡. 钮小雪. 潮商，2013（5）：90-93.

关键词：无

内容摘要：现代化和全球化的浪潮中，一切传统都将在转型社会中重新洗牌。对于老一辈华侨和潮商而言，他们的财富和善举终将在湄南河的冲刷下成为历史。5月，泰国曼谷。雨季仍未至，热带季风特有的湿热气息却已扑面而来。跟随中国首部公益慈善电影《善堂》和慈善纪录片《善行侨乡》筹备采访团，我们一行18人开始了为期一周的曼谷善堂之旅。

251. 潮汕古村落：秀小村庄里的"光辉岁月". 黄达. 当代检察官，2014（11）：44.

关键词：古村落　潮汕　村庄　海上丝绸之路

内容摘要：潮汕古村是广东三大民系古村的鼎之一足。位于海上丝绸之路的发祥地，又是与海外文化交流的前沿，并有着深厚的本土文化滋养。这一切与独特的地理、气候和自然环境相融合，造就了大气、典雅、堂皇的潮汕古村特色。而频繁可见的外来痕迹和创新做法，又可一睹对外贸易的影响。移民文化和侨乡文化，在这些古村中显得特别突出。

252. 依稀家乡淘金梦. 林春. 中国边防警察，2015（1）：52-54.

关键词：闽东方言　淘金梦　福清　户籍政策　商业巨子

内容摘要：背景福清市位于福建省东部沿海，是福建省会福州市的直辖县级市，海岸线总长348公里，有大小岛礁866个，总面积1931.7平方公里，户籍人口约122万人，通行闽东方言（福清话），是福建著名的侨乡之一。改革开放前，这个地方80%以上的人生活在农村，靠着人均三分地艰难度日。面朝黄土背朝天是他们生活的主题。"地瓜县"是那时候对这方土地的称谓。改革开放后，为生计所迫的福清人，十有六七告别故园，告别妻儿，一步三回头地登上远航的船，把生命和前途交给陌生的彼岸，开始了海外淘金的生活。

253. 侨批剪不断的故乡情. 老骥，阮任艺. 汽车自驾游，2015（1）：48-50.

关键词：故乡情　侨乡文化　沿海地区　福建省

内容摘要：泉州，闽南文化的源头，曾经的世界四大海港之一，从东汉末期置郡县，至今已过去1750多个春秋。由于时间的因素，和朋友一起驾车进行的东南沿海之旅到泉州后也就快到了尽头。这一趟的沿海之旅，除了例行的游山玩水、大快朵颐吃尽珍馐美味外，从进入浙江开始，我就逐渐被一种贯穿沿海地区的特有文化所吸引——那就是侨乡文化。而这种源自心灵深处的触动，在进入福建省后，就显得越来越强烈了。

254. 和顺乡愁铸就的滇西古镇. 王永清，肖育文，易高原. 汽车自

驾游，2015（1）：51-55.

关键词：古镇　滇西　乡愁　侨乡文化

内容摘要：云南的腾冲县是一个历史悠久而颇具盛名的大侨乡，而对侨乡文化的好奇则驱使着我一次又一次前往探访。从省城昆明出发，沿高速公路行至大理，再从大理转至杭瑞高速经保山市，车行两个半小时后便到了腾冲，全程约650千米。

255. 惠安女的色彩. 戴永成. 泉州文学，2015（2）：20-21.

关键词：湄洲湾　泉州湾　红头巾

内容摘要：一黄斗笠，蓝上衣，红头巾，一种惠安女的色彩，黄之肤、蓝之梦与火之焰的色彩。生命色彩的三原色，构成闽南女人的光芒。震颤大海、东方与世界的光芒。那些惠安女的背影，在黄金海岸上行走，在泉州湾与湄洲湾行走，在闽南侨乡中行走，行走出一种日月的光芒与文化的精髓，行走出一种平和、温润、大气、坚韧的惠安女美感。

256. 海上丝绸之路起点的故乡情：塘东村. 单彦名，田家兴，高朝暄等. 小城镇建设，2015（5）：16-17.

关键词：宝盖山　海上丝绸之路　洋屿　建筑造型　围头

内容摘要：塘东村位于福建省晋江市金井镇东南围头半岛的西南海滨，东连陆、西临海，倚山望洋，景色秀丽。村子西侧海滨由于海潮作用日积月累，形成1700多米长的天然沙堤。村东有宝盖山，村北有凤髻山。村内原有"后书房池""莲花池""后西洋池"和"龙光池"4处池塘。塘东村遗存众多，有西资岩大佛寺、东蔡家庙、进士第、古厝建筑群、白洋屿灯塔、千年古井等历史文化资源。古村内街巷纵横交错，多呈丁字形，以石砖铺路。塘东村是著名侨乡，民居建筑较讲究，按照建筑造型分为古厝、石屋。

257. 来自广东侨乡的空军勇士——伍国培. 唐学锋. 红岩春秋，2015（10）：30-34.

关键词：航空事业　航空界　竹泉　冯如　中国空军

内容摘要：广东台山是中国著名的华侨之乡，也是中国的航空之乡。当中国航空事业发轫之初，台山就有174人投身航空界。其人数之多，为全国各县之冠。早在1909年，就有台山人朱竹泉、朱兆槐二人在美国协助冯如研制出第一架由中国人制造的飞机。1912年3月，他们又协助冯如在广州制造飞机1架，4月，在台城南山桥上空放飞。这是在中国国土上，由中国人自己设计、制造的第一架飞机的首次试飞。

258. 我与"千面女郎"侨批的情缘. 邓达宏. 福建艺术, 2016（5）：41-45.

关键词：无

内容摘要：一个非常偶然的机会，我接触了"千面女郎"——侨批，从相识、相知、相交、相得，一晃十来年，而今已达到一刻不离，如痴如醉，脑子里几乎都是它的形象，它给我带来了好运、带来了极大的荣誉。偶遇侨批和"千面女郎"侨批的相识，还得从2003年说起。彼时的我，正好从事华侨谱牒研究，在翻阅诸多华侨族谱的过程中，一条谱载信息令我疑惑。

259. 时代风云、家族兴衰、潮汕风情的交响曲——评郭小东教授的长篇小说《铜钵盂》. 陈南先. 写作（高级版），2016（7）：30-34.

关键词：长篇小说 《铜钵盂》 时代风云 家族历史 潮汕风情

内容摘要：《铜钵盂——侨批局演义》是郭小东教授的第十一部长篇小说，也是中国文坛第一部反映侨批题材的长篇小说。小说将宏大叙事和个人叙事密切结合，时代风云、家族兴衰、潮汕风情三者在小说中水乳交融。小说的语言诗意灵动。

260. 踏莎行·红河迤萨古镇. 谭国祥. 中华诗词，2016（8）：34.

关键词：红河 踏莎行 古镇

内容摘要：滇迤侨乡，南疆宝地。马帮走过国门去。红河汉子善经商，银铃响彻山间驿。山顶城池，中西体系。峰尖云上群楼立。高门宅院鉴当初，斜坡古巷金钱计。

（二）侨乡习俗

1. 客家歌谣民俗价值试探. 吴福文. 民间文艺季刊, 1986（2）：243.

关键词：客家歌谣 客家妇女 民俗价值 华侨 侨乡 番客

内容摘要：关于客家歌谣的艺术成就与思想价值，论述者可谓多矣，本文就客家歌谣民俗志功能做些探讨。客家歌谣所涉猎的民俗范围很广，但客家毕竟是汉民族的一支民系，这些古老而传统的习俗与汉民族别地多为大同小异，所以，本文仅欲论谈客家明显有别于别地的三种有代表性的风俗：尊师重学、出洋过番和客家妇女。

2. 闽南侨乡饮"茶米"习俗记趣. 张宇生. 中国土特产, 1988（4）：

30 – 31.

关键词：无

内容摘要：无

3. 闽南侨乡饮茶习俗. 张宇生. 上海食品, 1988 (7)：15 – 16.

关键词：无

内容摘要：无

4. 闽南侨乡崇龟趣谈. 张宇生. 中国土特产, 1989 (5)：37 – 38.

关键词：无

内容摘要：无

5. 闽南侨乡崇龟趣谈. 彭原军. 老人天地, 1989 (9)：28.

关键词：无

内容摘要：无

6. 浅谈移民传统对闽南文化习俗的影响. 白晓东. 八桂侨刊, 1994 (2)：40 – 42.

关键词：闽南文化 《过番歌》 移民活动 侨乡 华侨 闽南方言

内容摘要：闽南侨乡的形成，与其悠远的移民传统是紧密相连的。移民活动曾经长期成为闽南普遍的社会现象，它深深地影响了社会生活的各个层面，也影响了各社会阶层。今天，我们仍能从闽南的语言、谚语、民间歌谣、民间故事、戏剧以及民俗方面看到移民传统的强大影响。本文从闽南移民传统的历史特点，探讨闽南文化习俗的历史渊源。

7. 潮汕侨乡的特有风俗. 人驹. 岭南文史, 1992 (4)：5.

关键词：潮汕地区 风俗 侨乡 东南亚 华侨

内容摘要：广东潮汕地区中华人民共和国成立前出国谋生的人，绝大多数前往东南亚各地定居。经过长时期的频繁往来，在这些华侨的故乡形成了种种与迎送亲人"过番"、祝愿亲人在外平安顺利有关的特殊风俗，如"送顺风""落马"之类。

8. 福建晋江华侨习俗浅析. 李天锡. 民俗研究, 1994 (4)：63 – 67.

关键词：华侨风俗 移居国外 传统文化 福建晋江

内容摘要：福建晋江素称"海滨邹鲁"，有着浓郁的中国传统文化氛围。在中国传统文化的影响下，人们为了适应生产和生活的需要，以及对美好理想的追求，随着历史的演进，逐渐形成了一整套丰富多彩的民情风俗。晋江又是全国著名侨乡之一，出国华侨众多。在华侨移居国外，谋生异域，以及与国内亲人联系过程中，也产生了一些有关习俗。本文拟就这些习俗的一些主要方面略做探讨。

9. 闽南侨乡的"做牙"食风. 林长华. 炎黄纵横，1999（2）：56.

关键词：无

内容摘要：无

10. 华侨华人与当代闽粤侨乡的民俗活动. 郑一省. 东南亚研究，2003（6）：66-71.

关键词：华侨华人　闽粤侨乡　民俗

内容摘要：自中国对外开放以来，寻根认祖、探本溯源的活动成为华侨华人与当代闽粤侨乡文化交流的热点。以族谱家乘、寻根问祖为引导的活动，对促进华侨华人与侨乡的沟通联系产生了积极影响。由于祖宗和祭祖仪式同样为华侨华人所看重，因而它们也成为华侨华人和侨乡民众之间互相沟通的一个重要渠道，这些都使两者原先疏远的关系得到恢复和发展。同时，随着华侨华人回乡谒祖热度的升温，侨乡的民间宗教信仰也得到恢复。

11. 近代广东侨乡生活方式与社会风俗的变化——以潮汕和五邑为例. 王元林，邓敏锐. 华侨华人历史研究，2005（4）：56-62.

关键词：华侨华人　广东侨乡　生活方式　风俗文化　潮汕　五邑

内容摘要：近代广东侨乡社会受海外华侨华人的影响，其社会生活方式与风俗文化都发生了较为深刻的变化。首先，在衣食住行等方面出现了渐趋"洋化"的生活方式；其次，在风俗文化上出现了传统习俗基础上结合"出洋"的怪异习俗；最后，在社会风气上，一方面出现了奢靡腐化的现象，另一方面新的文明之风突起。本文以潮汕、五邑为例，探讨海外华侨华人对近代广东侨乡生活方式与社会风俗的影响。

12. 从闽台地区"送王船"习俗看社会的历史记忆功能——以厦门海沧区新垵村为个案. 徐庆红. 闽台文化交流，2006（4）：93-97.

关键词：闽台地区　仪式　厦门海沧　记忆功能　历史记忆　宗族势力

内容摘要：新垵是厦门海沧区的一个行政村，包括4个自然村，是全国有名的侨乡。厦门市被国家列为经济特区后，厦门各区有了新的发展定位，海沧区承接了从厦门迁出的大部分重工业，同时，新兴的各种劳动密集型产业也纷纷在海沧落户，比较有名的如夏新、柯达等电子类产业都在海沧区的新阳工业区。由于工业区在地理位置上与新垵、霞阳两村相接，于是便各取其村名中的一个字，谓之新阳。

13. 信仰虔诚　人神共居　中西融合——开平民间信仰文化的特色. 梅伟强. 五邑大学学报（社会科学版），2007（1）：29-32.

关键词：信仰虔诚　人神共居　中西融合　开平碉楼与民居　民间信仰文化

内容摘要：民间信仰是一种文化现象，是中华民族民俗文化的组成部分。我国"华侨之乡"——开平，有着独特的社会历史发展进程，经过长时期多元文化的相互渗透、相互影响、相互融合，开平积淀形成独特的民间信仰文化。开平民间信仰文化最显著的特色是信仰虔诚，人神共居，中西融合。

14. 两头家：华南侨乡的一种家庭策略——以海南南来村为例. 陈杰. 广西民族大学学报（哲学社会科学版），2008（3）：27-33.

关键词：两头家　家庭策略　华南侨乡　东南亚华人

内容摘要：本文通过文献回顾，介绍两头家形成的社会背景、历史发展和特征。在此基础上，以家庭策略的视角对海南南来村两头家个案的家庭史进行分析。认为两头家是早期华南侨乡移民在文化传统与社会结构的框架下一种集体选择的家庭策略。

15. 闽南侨乡民俗变迁点滴. 俞云平，王雅琼. 八桂侨刊，2008（4）：76-79.

关键词：闽南侨乡　民俗　变迁

内容摘要：侨乡民俗是侨乡人社会心态的集中反映。本文考察了闽南侨乡在家庭结构、风俗习惯、文化传统等方面的历史变迁，揭示出当代的侨乡人并没有从根本上放弃或改变传统民俗，而是使以移民文化为基础的侨乡民俗服务于新的时代需求。侨乡民俗不管如何变迁，或多或少总会刻上来自海外华人社会影响的印迹，显示出与众不同的侨乡特色。

16. 晋江砌田村礼俗语言象征意义读解. 何春燕. 绵阳师范学院学报，2010（7）：52-54.

关键词：婚俗事象　象征　谐音式民俗语义

内容摘要：文章试以晋江砌田村村民在婚庆等场合所表现出来的民俗事象为考察对象，着重从婚俗事象背后的象征、文化意义角度入手，进行分析和探究，从而向读者展示富有闽南侨乡特色的婚俗文化，并关注村民在礼俗活动中表现出来的精神状况和价值追求。

17. 弱群心声:"出洋子弟勿相配":珠三角侨乡歌谣中的出洋传统与家庭意识. 谭雅伦. 华侨华人历史研究, 2010 (4): 31 - 44.

关键词: 四邑　口传文化　侨乡民歌　金山歌集　粤讴　童谣　金山婆

内容摘要: 随着鸦片战争后的出洋倾向,珠三角地区成为北美华人的祖籍家乡。北美六十多年的排华移民政策同时助长了当年珠三角侨乡的经济繁荣。然而,侨乡金山家庭物质富裕的表面,也掩盖了家庭分离中出洋者的谋生血泪和留守家里的金山妇的精神痛苦,对此华侨研究历史书上甚少记载或研究,却不加掩饰地生动地反映和保存在当年的妇孺民歌童谣里。本文以所收集到的中华人民共和国成立前的珠三角地区的妇孺民歌童谣为据,结合同时代在北美旧金山华人社区流传的粤讴体裁的"金山歌"作品,分析探讨了当年侨乡地方歌谣文化所反映的出洋传统、婚姻价值取向和留守家园的侨眷(妇孺)的生活形态、家庭意识及其不平则鸣的抗争声音。

18. 广海"打龙船"习俗. 司徒沛. 海洋与渔业, 2011 (8): 55 - 56.

关键词: 习俗　端午节　丝绸之路　台山市　广东　渔港　口岸

内容摘要: 广海地处广东省台山市东南端,靠山近海,与上、下川岛隔海相望,是著名的古城,是古代海上"丝绸之路"重要口岸之一,也是著名的侨乡——台山市的重要商埠和渔港。在靠海临江的地方,人们端午节时都习惯划龙舟,以龙舟竞渡来纪念屈原,过端午节。但在广海,端午节人们不流行在水上划龙船,而是在陆上"打龙船"——举着木制的小龙船走村串巷唱龙船歌,成为一种独特的民俗。

19. 众溪汇潭:广东侨乡梅州客家香花仪式的文化源头分析. 张小燕. 世界宗教文化, 2015 (6): 142 - 148.

关键词: 梅州香花仪式　宗教仪式　客家人　地域文化　集成

内容摘要: 广东侨乡梅州客家香花仪式是流传于当地民间的一种超度亡魂的宗教仪式,属于当地民间丧葬仪式中一个重要的宗教仪式部分,具有浓郁的地域民俗文化特征。本文尝试通过对梅州香花仪式与客家人的风俗习惯、客家人的宗教信仰、当地其他民族文化关系的分析,初步梳理梅州香花仪式"众溪汇潭"式的地方文化源头。这不仅丰富了我们对梅州香花仪式之来龙去脉的体悟，而且促使我们对宗教仪式演进的过程及其特点有了新的思路和考量。

20. **五邑区域丧礼文化多元性探究**. 刘小杰，张诗婷. 神州民俗，2016（3）：28-30.

关键词：五邑　丧礼文化　多元性　历史演变

内容摘要：江门五邑是我国东南著名侨乡，既有悠久的传统历史文化，又以其华侨文化闻名中外。近代，其文化在传统文化、西洋文化及华侨文化等多重元素的影响下呈现多样性的特点。其丧礼文化也体现了这一规律，并在长期的形成中得到了五邑人民的认可。

21. **闽南侨乡关帝信仰初探**. 赵薇. 中国民族博览，2016（4）：20-21.

关键词：关帝信仰　侨乡

内容摘要：由于地理环境和社会环境的差异，民间信仰在闽南地区颇为兴盛，诸如妈祖信仰、关帝信仰、保生大帝信仰等。文章即以关帝信仰为例，对闽南侨乡的关帝信仰进行初步的探讨。

22. **梅州客家香花仪式的研究状况以及对相关问题的反思**. 张小燕. 世界宗教文化，2016（5）：83-89.

关键词：梅州香花仪式　宗教仪式　宗教艺术象征

内容摘要：本文尝试通过梳理梅州香花仪式的研究状况以及对相关问题的反思，让我们对宗教仪式演进的过程及其特点有新的思路和理解。

23. **新加坡的客家人及客家话**. 严修鸿. 客家文博，2017（1）：57-62.

关键词：河婆　家话　语言　交际环境　方言节目　梅县话

内容摘要：客家人在新加坡的人数众多，东南亚是海外客家人口分布的主要地区，新加坡作为南洋的区域中心，自然也是客家驻留之所。广东的梅州、大埔、河婆、惠州、东莞、增城，福建的永定等地则都是闻名的客家侨乡。根据近人统计，东南亚有几百万客家籍华人。

（三）侨乡图书

1. **回顾与展望——谈侨乡绮罗图书馆重建两周年**. 腾冲县洞山公社绮罗大队党支部书记. 云南图书馆，1983（3）：29-33.

关键词：无

内容摘要：无

2. 侨乡"文化之津"——和顺图书馆. 蔡汉晖. 瞭望，1984（18）：43-44.

关键词：图书馆　华侨　腾冲　侨乡　乡村文化　藏书

内容摘要：具有五十多年历史的云南省腾冲县和顺公社和顺图书馆，拥有五万余册藏书，其中有大量珍贵的古籍线装书，可算为国内规模最大的乡村图书馆。

3. 侨乡绮罗图书馆新馆舍落成. 尹安祜. 云南图书馆，1985（1）：36-37.

关键词：无

内容摘要：无

4. 侨乡文化之花——和顺图书馆. 杨五美. 民族艺术研究，1989（A1）：78-79.

关键词：侨乡　公共图书馆　腾冲县

内容摘要：在中华人民共和国成立40周年之际，回顾我省公共图书馆事业发展的历程，具有六十多年历史的和顺图书馆，像一颗灿烂的明星，闪耀着文明、智慧的光辉。距离腾冲县城西五公里的和顺乡，居民80%是归侨和侨眷，是云南著名的侨乡。1924年旅缅侨胞为了发展家乡文化事业，集资创建了著名的和顺图书馆。

5. 华侨、港澳同胞与广东图书馆事业. 方文真. 图书馆论坛，1990（1）：37-40.

关键词：图书馆事业　县级公共图书馆　台山县　广东　利用侨资

内容摘要：广东是我国主要侨乡，全世界三千万的华侨和外籍华人中，祖籍广东的占70%左右，五百多万港澳同胞中，广东籍的约有四百多万人。归侨和侨眷在全省人口中也占相当比例。东南亚国家的华侨也以粤闽居多。这些华侨和港澳同胞，有不少经过几十年的艰苦奋斗，已有一定的建树，出现了不少有名的金融家、企业家和科学家。他们虽然旅居异国他乡，其后裔甚至不谙乡音，但他们仍保留有浓厚的民族感情和乡土观念，有着爱国爱乡的光荣传统。

6. 利用侨乡优势，发展顺德图书馆事业. 陈尧禧. 图书馆论坛，1992（6）：58-60.

关键词：顺德图书馆　图书馆事业　开架借阅

内容摘要：随着改革开放的不断深入，人们对图书馆事业的发展提出了更高的要求。但是，由于我国经济底子薄，国家还不能拿出更多的钱来发展图书馆事业，在这种情况下，利用侨乡优势发展顺德的图书馆事业，是促进我市图书馆事业发展的一条重要途径。

7. 艾思奇故居与和顺图书馆. 梅德. 风景名胜, 1994 (5): 25-26.

关键词：图书馆　艾思奇　侨乡　腾冲　华侨

内容摘要：云南边陲重镇腾冲，是风景秀丽的侨乡，滇缅古道南方丝绸之路和史迪威公路均从这里经过。和顺乡在县城南4公里，气候温和，花木茂盛，是著名的侨乡和文化之乡。全乡人口5万多人，华侨、外籍华人就有6000多人；普及了中等教育，大专学生占总人口的5%以上。这里有1928年由华侨、群众捐资兴建的和顺图书馆。

8. 浅议五邑大学图书馆馆藏与服务的特色. 关小芸. 五邑大学学报（社会科学版），1995 (2): 70-73.

关键词：五邑大学　图书馆　江门市　侨乡

内容摘要：10年前，为适应江门五邑侨乡社会经济发展的需要，江门市委、市政府、五邑侨乡海内外人民齐心协力，办起了一所综合性的本科大学——五邑大学。学校创办之初，就明确提出"面向地方，服务基层"的办学方针，为振兴江门五邑经济，建设富裕文明侨乡培养优秀建设人才。称作学校"心脏"的图书馆，我们在贯彻落实这一办学方针中，充分利用侨乡优势，抓住契机，从实际出发，努力探索，积极稳步地发展，在馆藏图书与服务社会方面，逐步建立起有侨乡特色的地方大学图书馆。

9. 植根于社会沃土　播种于精神家园——介绍保山市市级社会主义新农村建设示范点腾冲县下绮罗村图书馆. 鲁兴勇. 云南图书馆, 2007 (2): 9-10.

关键词：新农村　精神家园　图书馆　腾冲

内容摘要：下绮罗村是著名侨乡，具有独特的自然景观和人文景观，是腾越文化的集中展示地，是云南省农村经济发展和精神文明建设的一面旗帜。

10. 建设具有侨乡特色的现代化图书馆. 江红辉. 全国新书目, 2007 (12): 79-80.

关键词：图书馆　侨乡特色　地方文献　文献资源

内容摘要：广东省江门市五邑图书馆前身为江门市图书馆，1989年由城区政府管辖变为市文化局直属，1992年香港五邑公司捐资兴建新馆舍，故更名为五邑图书馆。1995年新馆正式开放，建筑面积8500平方米，阅览座位700多个，每周开放时间68小时，馆内6个服务窗口。

11. 论侨乡开平家族图书馆及其发展. 杨洁. 农业图书情报学刊，2009（9）：160.

关键词：华侨　家族　图书馆　开平

内容摘要：本文介绍了我国华侨广东开平家族图书馆（司徒氏图书馆、关氏图书馆）的创建和发展史，分析它创建以来发挥的作用，并提出了开平侨乡家族图书馆的发展方向及策略。

12. 从泉州市农村侨乡看农村图书馆建设. 翁海珠. 图书馆论坛，2010（2）：166-168.

关键词：农村图书馆　建设　创新机制

内容摘要：目前我国农村图书馆建设存在着政府职能弱化等原因造成文化环境建设缺失。文章从侨乡泉州沿海农村图书馆建设的实践，探讨如何通过强化政府职能，创新经营机制等举措来建设侨乡农村图书馆，建立推动侨乡文化大繁荣、促进农村文化建设的新机制。

13. 广东五邑侨乡图书馆的公益性发展研究：以新会景堂图书馆为例. 杨洁. 山东图书馆学刊，2010（5）：53-56.

关键词：五邑侨乡图书馆　华人华侨　公益化

内容摘要：华人华侨捐资支持广东五邑侨乡公益文化事业历史悠久，创建和推动了五邑侨乡图书馆公益化建设。新会景堂图书馆作为五邑地区的公益图书馆的典范，始终坚持"以读者为本"的服务理念，推出了一系列人性化的举措，值得其他馆借鉴并学习。

14. 论和顺图书馆的生态特点及对新农村文化建设的启示. 吴臣辉，万晓萍. 保山学院学报，2011（1）：95-99.

关键词：和顺图书馆　生态文化　特点　新农村　作用

内容摘要：和顺图书馆有"文化之津""民智泉源""馆媲谟觞"的称号，滋养出以中原文化、侨乡文化、佛教文化、翡翠文化为内涵的和顺文化。而和顺文化具有时代性、共生性、开放性、和谐性等生态文化的特点，对社会主义新农村文化建设具有一定的借鉴作用。

(四) 侨乡档案

1. 浅议侨乡档案的特点及其工作重点. 江档. 广东档案, 1989 (4): 20-22.

关键词: 无

内容摘要: 无

2. 侨乡特色档案的构建研究. 黄项飞. 福建档案, 2003 (1): 35-37.

关键词: 华侨　档案工作　福建省

内容摘要: 无

3. 归侨家庭"档案馆": 再现东南亚风情. 伍艳娜. 广东档案, 2004 (1): 31-33.

关键词: 东南亚华侨　家庭档案　华侨农场　归侨　印度尼西亚

内容摘要: 在我国著名侨乡——台山市的西南海滨, 有一个神秘的梦幻的地方, 这里随处可见身穿东南亚各国的绚丽服饰的居民及其不同国度的生活风俗; 随处可闻东南亚各国的历史和他乡的故事, 这就是"不用离疆去寻梦, 只需咫尺游海侨"。海侨前身是 1963 年由国务院为安置回归的难侨而兴办的华侨农场, 归侨分别来自印度尼西亚、越南、马来西亚、缅甸、新加坡、菲律宾、印度、柬埔寨、老挝、文莱等 13 个国家和地区, 故有"小小联合国"之称。

4. 广东侨批档案入选《中国档案文献遗产名录》纪实. 吴晓琼. 广东档案, 2010 (2): 32-33.

关键词: 潮汕侨批　档案文献　人类文化遗产　国家档案

内容摘要: 最近, 广东侨批档案经国家档案局批准, 正式入选《中国档案文献遗产名录》。文献遗产是人类文化遗产的重要组成部分, 是"社会记忆"的完整和系统性的见证。中华民族历史悠久, 留下了许多弥足珍贵的文献遗产。

5. 侨批元数据方案的设计和实现. 杨剑, 杨明华, 金文坚, 刘晓莉. 图书情报工作, 2013 (3): 100-104.

关键词: 侨批　元数据　都柏林核心元数据　元数据规范

内容摘要: 侨批是一种特殊的文献类型, 其元数据规范的制定是侨批数据库建设的基础。制定侨批元数据规范的总体思路是基于 DC 核心元数据，并考虑到侨批自身的特点和读者检索习惯。本规范的制定是在专门元数据规范制定的原则基础上，经过侨批文献分析、属性特征提炼、规范控制、著录实践等一系列过程，除根据侨批自身特点扩展个性元素外，还对复用的部分 DC 元数据进行一些特殊的处理。

6. **"开平碉楼与村落"信息专题数据库建设研究.** 岳艳明. 图书馆学研究，2013（4）：49-51.

关键词：开平碉楼与村落　华侨华人　特色数据库

内容摘要：开平是全国著名的华侨之乡、建筑之乡、文化艺术之乡。世界遗产"开平碉楼与村落"体现了华侨文化的特点，蕴含着丰富的华侨历史信息。该论文提出了"开平碉楼与村落"信息专题数据库建设的内容和方法。

7. **侨批元数据著录规则研究.** 杨明华，刘晓莉，金文坚，杨剑. 图书馆论坛，2013（4）：82-85.

关键词：侨批　元数据　著录规则

内容摘要：侨批是一种特殊类型的文献，其元数据规范及著录规则目前在我国的数字图书馆标准规范建设中尚属空白。文章通过对侨批的历史文化价值，及对其当前的分布现状和集中保存的特点、个性元素信息特征的分析研究，并历经一年多的试著录，最终形成了侨批元数据规范及著录规则，为接下来侨批数据库建设工作的开展奠定了基础。

8. **文献学视角下的侨批文献研究.** 许建平. 图书馆理论与实践，2013（12）：121-123.

关键词：侨批文献　来、回批　信局汇票　信局档案

内容摘要：侨批文献的形式颇为丰富，除了实物侨批封笺以外，还有侨批信局的汇票、支票、帮单、账簿、印鉴、匾额、广告，以及有关档案史料等。因此，侨批研究不能仅仅从邮政交通史的角度来参研，而必须以文献学为指导，扩大并浚深侨批研究内涵和外延。本文列举侨批的多种文献形制，力主扩大对侨批文献的收藏与研究，进而使得侨批的研学得以深入。

9. **难以割舍的"侨批"情：记客属侨批收藏第一人魏金华.** 焦林涛. 广东档案，2014（3）：35-36.

关键词：无

内容摘要：他是默默无闻的侨批档案收藏者。他是满腔热血的侨批档案保护者。他是不求功名利禄的侨批档案捐赠者。他就是推动中国侨批档案成功"申遗"的功臣之一——梅州市客属侨批档案收藏第一人魏金华。

10. "申遗"成功后泉州侨批文献的保护和利用. 陈奭琛. 泉州师范学院学报, 2014 (4): 117-120.

关键词：侨批　世界记忆名录　保护　利用

内容摘要：《世界记忆名录》收编的是具有世界意义的文献遗产。为了推动侨批入选《世界记忆名录》，泉州市做了大量侨批保护和研究工作，取得了良好的成绩，但也存在一些问题。"申遗"成功之后，泉州市要在原有工作的基础上，充分利用"世界记忆工程"的有利条件，进一步加强侨批保护和开发利用研究，要履行"世界记忆工程"项目应尽的权利和义务，提升侨批保护的科学化水平，加强侨批保护的组织管理，构建侨批文化公共服务体系。

11. 客家古村落的世界记忆：记桥溪村最后一批侨批档案. 李冬蕾. 广东档案, 2014 (4): 31-32.

关键词：无

内容摘要：2014年7月，广东省档案馆从私人收藏家魏金华手里征集到1613件侨批档案，经过初步的整理后，我们发现这批档案内容丰富，涵盖面广，种类包括华侨使用的证件、单据、侨批银信、侨批印章、侨批老照片等。其中144件侨批档案来自一个典型的客家古村落——梅州桥溪村。客家侨批在漫长的历史发展过程中，大多随着岁月的流逝而灰飞烟灭。有幸留存的侨批档案随着时代的进步，逐渐彰显出它的价值，先后为民间收藏家和政府有关部门所收藏。

12. 论侨批档案的搜集与保护. 阮莹. 科技风, 2014 (20): 221.

关键词：侨批档案　搜集　保护

内容摘要：侨批实质上属于一种草根文献，主要以家庭情感沟通为纽带而连续书写，一点一滴、如实记录了海外华侨聚居地人们的真实生活境况，蕴含了深远的历史搜集价值和遗产保护价值。

13. 漳州侨批档案管理浅析. 程秋嫣. 价值工程, 2014 (30): 181-182.

关键词：侨批　侨批档案　档案管理

内容摘要：侨批是华侨与侨眷往来通信活动中的历史记录，是漳州地区重要的地方特色文献。本文简要介绍了侨批的种类,结合目前漳州地区侨批的收藏保护情况,从管理制度、保护意识等方面分析侨批档案管理现状,并提出完善措施。

14. 侨批文献数字化建设研究. 张惠萍. 盐城师范学院学报(人文社会科学版),2015 (6):119 – 121.

关键词:侨批文献 世界记忆遗产 华侨 数字化 标准化 数据库

内容摘要:侨批文献被誉为近代华侨社会的"百科全书",对其进行数字化建设具有重要意义。将文献扫描成电子版、建立侨批网站和数据库是现有侨批文献数字化的三种方式,但仍不能满足其发展的需要。据此,可以通过拓宽侨批文献的数字化范围、统一侨批文献数字化标准、多种形式筹集资金、重视民间侨批文献的数字化征集、加强侨批文献的合作共建共享等途径,保存和数字化建设侨批文献。

15. 青田民国时期涉侨档案简介. 傅旭芬,徐立望. 浙江档案,2015 (12):44 – 45.

关键词:侨务工作 县档案馆 青田 民俗研究

内容摘要:在青田县档案馆馆藏的民国档案中,有涉侨档案97卷,其中58卷以侨务专题为中心,更是十分珍贵。这些原真性好、史料价值高、门类各异、内容丰富的档案,在国内实属罕见,对研究青田侨乡历史文化乃至全国的华侨文化,都具有十分独特而重要的价值。

16. 晚清民国华侨档案整理与研究. 王华. 河南图书馆学刊,2015 (12):130 – 132.

关键词:华侨档案 历史研究 文献机构

内容摘要:华侨档案文献形成于晚清民国时期。中国第一历史档案馆、中国第二历史档案馆、广东省档案馆、福建省档案馆以及侨乡各级档案馆是晚清民国时期档案的主要收藏机构,并具有各自的馆藏特色,对其进行整理与研究具有重要的意义。

17. 侨乡研究的知识积累和现代资料体系建设. 张恒艳,庄国土. 华侨大学学报(哲学社会科学版),2016 (1):100 – 108.

关键词:传统侨乡 知识积累 数据库技术 资料体系

内容摘要:从总体上考察侨乡研究的知识积累过程可以发现,以往侨乡研究资料的挖掘和积累是在不同的研究框架和理论方法下进行的,因而造成了资料的局部结构化和整体零散化。吸收多学科理论方法建构侨乡资料的表达模型，利用数据技术开发层级存储框架，可以构筑符合理论研究和侨乡文化发展双重需求的新型资料体系。

18. 变"死档案"为"活文化"——记晋江市档案馆档案文化产品开发. 佚名. 领导文萃, 2016 (1): 2.

关键词：档案文化　馆藏档案　对外宣传

内容摘要：档案，承载着珍贵的文化资源，开发档案文化产品能够满足大众的文化需求。近年来，晋江市档案馆树立"大编研"理念，采用"引进来"与"走出去"的编研形式，注重"找热点"与"接地气"相结合，深挖馆藏档案资源，相继出版了《晋江行政区域演变稽略》《图说老晋江》《晋江侨批集成与研究》《侨批记忆》专题邮册等二十几种档案文化产品，促使馆藏"死档案"完美化身为"活文化"，受到社会各界人士的认可和喜爱，成为对外宣传档案文化不可缺少的展示品，成为基地结对共建最好的交流纽带，成为学生来馆参观最佳的伴手礼。

19. 论侨批档案的收集与保护. 蓝静红. 广东档案, 2016 (2): 36-37.

关键词：华侨史　海外华侨　集体记忆

内容摘要：侨批是侨乡一个时代、一批海外华侨的集体记忆，是研究华侨史、中国近现代金融史等方面的珍贵档案文献。2013年侨批档案入选《世界记忆名录》，使侨批档案从"中国记忆"上升为"世界记忆"，使侨批档案本身所蕴含的史料、文化、教育乃至经济等档案价值能够在全世界范围传播，也使侨批档案的现实保护工作提上重要日程。如何做好侨批档案保护工作，是当前学术界和档案工作者面临的一大课题。

20. 市县档案馆建设与侨批档案保护利用纳入省国民经济和社会发展"十三五"规划纲要. 郑泽隆. 广东档案, 2016 (3): 4.

关键词：县档案馆　档案保护　档案工作　档案事业

内容摘要：《广东省国民经济和社会发展第十三个五年规划纲要》（以下简称《纲要》）正式发布。《纲要》将市县档案馆建设与侨批档案保护和利用等多项档案工作纳入其中。《纲要》在第二篇第十二章"提升文化软实力，打造文明高尚的精神家园"中，提出要提升基本公共文化服务水平，加强市县图书馆、文化馆、博物馆、档案馆以及县镇数字影院、乡镇综合文化站、基层综合文化服务中心、农家书屋等文化设施建设。

（五）侨乡文物与博物馆

1. 浅谈在侨乡容县收集的马来西亚、新加坡、文莱的硬币. 梁华汉. 广西金融研究，2004（A1）：56-57+60.

关键词：新加坡　英属海峡殖民地　容县　侨乡　铜币

内容摘要：无

2. 海上丝路追昔：访泉州海上交通史博物馆. 陈淀国. 安全与健康（下半月），2005（3）：49.

关键词："海上丝绸之路"　侨乡　泉州　海上交通　对外贸易

内容摘要：闽南侨乡泉州，古称"刺桐"，别名"鲤城"，作为中世纪"海上丝绸之路"的起点，曾在东西方文化交流和对外贸易往来中，发挥了不可替代的作用。那座世界鲜有的"海外交通博物馆"，更是过了这个村，就没有这个店的难得去处。

3. 滇缅抗战博物馆战争与和平. 王爽. 创造，2008（6）：38.

关键词：战争与和平　抗战博物馆　十字架

内容摘要：和顺乡，乡顺河，河往乡前过。水映寺，寺映水，水往寺中流。这是流传在当地一个很古老的对联，一个小伙子因为对出了姑娘出的上联成功娶到娇妻。而我们也从对联中看到了和顺这个地名的来源——简简单单，有一条河顺着这里流过。跨过双虹桥，我们来到和顺。来这里，不是为了欣赏和顺这个中国第一魅力名镇那如诗如画的田园风光，也不是想从这个有名的侨乡获得什么有关福祉的灵感，是为了探访一个隐藏在此的博物馆——滇缅抗战博物馆，也是为了见一位为了收藏倾尽所有、负债累累却依然执着的民间收藏家——段生馗。

4. 广东革命历史博物馆馆藏广府侨乡契约文书研究. 石坚平. 岭南文史，2009（4）：7-12.

关键词：广府　侨乡　契约文书　广东革命历史博物馆

内容摘要：广东革命历史博物馆收藏过一批广府侨乡契约文书，不仅有着自身独特的产生、流传和收藏经历，而且具有种类繁多、门类齐全、涉及面广、真实性高、系统性强、社会价值大的主要特点。这些契约文书真实地记录了近代化背景下、广府侨乡社会形成与发展的过程中广大侨乡民众日常的社会生活，是特定历史时期遗留下来的珍贵的历史文献资料。

5. 沙捞越"白人王"硬币. 林南中. 收藏, 2010 (2): 138.

关键词: 沙捞越 硬币 白人 契约华工

内容摘要: 在闽南侨乡, 至今仍可见到一种标铸SARAWAK (沙捞越) 地名的早期硬币。鸦片战争后, 闽南一带许多百姓被拐骗到南洋当苦力。当时厦门就有"大德记卖人行""和记洋行"等从事贩卖契约华工的生意, 其中一部分人到了沙捞越。华工艰辛创业, 有的在当地定居了下来, 于是在华侨当中就产生了来往于南洋和国内的"水客"。他们把华侨辛苦赚来的血汗钱带回国内, 并把内地"新客"带出国门, 投奔海外。这也是至今闽南一带遗存许多海外"番钱"的原因之一。

6. 浅谈泉州市的博物馆建设与城市需求. 吴翠蓉. 福建文博, 2011 (4): 80–84.

关键词: 建筑博物馆 泉州市 海外交通

内容摘要: 有学者认为博物馆是收藏记忆的场所、文化殿堂、城市的名片和窗口, 透过它可以看到城市的历史概貌、文化底蕴和未来走向。博物馆作为公共文化事业的一部分, 越来越受到政府和社会公众的重视, 在推进社会主义新文化事业的建设中, 必将发挥越来越大的作用。泉州是历史文化名城和著名侨乡, 博物馆扮演的角色尤其重要。

7. 广府侨乡契约文书中的图甲户籍问题研究——以沥滘契约文书研究为例. 石坚平. 历史档案, 2011 (4): 48–57.

关键词: 广府 侨乡 契约文书 图甲户籍 沥滘

内容摘要: 广府侨乡契约文书是近代广府侨乡民众日常社会生活的真实记录。无论是购买土地, 还是置办房产, 都需要经过一系列的程序来立契为凭, 推粮过户, 缴纳税费。因而, 广府侨乡契约文书中保存了大量有关土地赋税登记的图甲资料。这些契约文书, 不仅为检讨和验证既往学者有关清代图甲制的研究提供了珍贵史料, 而且为探讨图甲户籍制度在广府侨乡社会的衍变提供了新的视角。本文拟在广府沥洛契约文书的基础上, 对其中反映的图甲问题做进一步探讨。

8. 海外征集华侨文物的思考与探索: 以泉州华侨历史博物馆为例. 吴翠蓉. 福建文博, 2012 (2): 71–74.

关键词: 泉州华侨 文物工作 华侨史 侨乡

内容摘要: "海水到处, 就有华人", 中国人移民海外的历史悠久, 到20世纪上半叶再掀移民高潮, 改革开放后, 国人移民海外的势头更加强劲。据统计，目前海外华侨华人已有3000多万人，遍布世界各地。因此，中国境内对华侨华人文物史料的收藏、展示和研究也进入了黄金时期。自20世纪末始，东南沿海的著名侨乡福建、广东两省就开始有意识地在当地侨乡和海外抢救性地征集文物。

9. 浅析陈白沙纪念馆的建筑与陈列. 林军. 神州（中旬刊），2013（4）：12-14.

关键词：基本概况　建筑陈列特点与不足　改进想法

内容摘要：陈白沙纪念馆的建筑与陈列抓住了江门的历史文化特点和馆藏文物特色两大要素，但也存在功能上、软件上、展陈设计与手法上的欠缺，只有在观念上、内容上和手法上进一步地创新，才能在总体上把握住其自身的地域文化特色和侨乡个性特质。

10. 侨乡名人故居的保护与开发研究：以江门五邑地区为例. 金华. 教育教学论坛，2013（38）：159-160.

关键词：侨乡名人故居　保护　开发

内容摘要：近年来国民的文化意识不断觉醒，同时具备名人效应和教育影响的名人故居得到了越来越多人的重视。江门五邑地区作为著名侨乡和全国文明城市，其名人故居的保护和研究意义重大。本文以江门五邑地区为例进行研究，为侨乡名人故居的保护与利用提供借鉴思路和可行的建议。

11. 百年前的华工契约合同. 唐宏杰. 东方收藏，2014（3）：92-93.

关键词：合同　印度尼西亚　菲律宾　华工　契约合同

内容摘要：无

12. 泉州市区北门街出土银币分析. 唐宏杰. 福建文博，2014（4）：65-68.

关键词：泉州　外国银币　移民潮　贸易活动

内容摘要：作为我国首批历史文化名城，泉州历史上对外交流十分频繁。泉州被誉为宋元时期"东方第一大港"和"海上丝绸之路"的起点。17世纪以来，特别是清末民国时期，随着西方资本主义国家以及东南亚殖民地经济的发展，出现了大批闽南人出国谋生的移民潮，泉州由此成为我国著名侨乡。大量的外国货币随着贸易交往和人员往来被带到闽南特别是泉州并被保留下来，2001年泉州市区北门街出土了大批古代外国银币，数量大、种类多，成为今天我们研究泉州海外贸易史、华侨史以及中外文化交流的重要实物资料。

13. 一个时代革命群体的光辉缩影：写在泉州华侨革命历史博物馆开馆之际. 刘西水. 福建党史月刊，2014（11）：45-46.

关键词：历史博物馆　叶飞　东南亚华人

内容摘要：2014年5月14日，福建省南安市举行纪念叶飞将军诞辰100周年系列活动暨泉州华侨革命历史博物馆开馆仪式。泉州是著名侨乡，泉州华侨革命历史博物馆设有华侨将军叶飞专题陈列和泉州华侨革命历史专题陈列两个大展区，收录了213位泉籍华侨的事迹，集中展示了辛亥革命以来泉籍华侨为了国家富强、民族振兴和人民幸福而不懈奋斗的出彩人生。

14. 侨批漫卷载风雨　水客万里送温情. 李敏均. 广东档案，2015（2）：34-35.

关键词：港澳台同胞　客属　旅居海外　西阳镇　仁和

内容摘要：梅县历史源远流长，迄今有1500多年历史，2013年10月18日，经国务院正式批准撤县设区。梅县是全国著名的华侨之乡，人口59.25万人，旅居海外的侨胞和港澳台同胞100多万人，分布在全球五大洲60多个国家和地区，在东南亚各国尤其居多，其中定居在印度尼西亚就有50多万人。梅县华侨在海外和港澳地区的社团众多，比较知名的有印度尼西亚客属联谊总会、印度尼西亚梅州会馆、泰国客属总会、泰国梅县会馆、毛里求斯仁和会馆和新加坡应和会馆。

15. 博物馆、文化遗产与华侨华人研究. 陈志明. 西北民族研究，2016（2）：39-48.

关键词：华侨博物馆　博物馆与文化　文化遗产　华侨华人

内容摘要：华侨华人博物馆与相关之文化遗产是海外华人研究的重要组成部分，无论是中国国内还是海外，华侨华人博物馆之收藏展现了海外华人的移民历史、创业经历、生产生计、宗教活动、文化传承以及与侨乡的关系。博物馆收集的族谱、侨批、信件以及相关文物都是研究华人移民史、文化适应、地方化进程以及华侨华人与祖籍国家乡之关系的宝贵资料。本文聚焦于博物馆、华人文化遗产与华侨华人研究，进而探讨博物馆的表述性质及其政治与象征意义，华侨华人博物馆、文物收集与文化产业之发展，以及华侨华人博物馆在中国与海外华人联系、交流中所扮演的重要角色。文中讨论了作者对华侨博物馆的一些观察与思考。

（六）侨乡文化研究

1. 浅谈侨乡精神文明建设. 陈维忠，蔡萍萍. 中共福建省委党校学报，1986（6）：20-23.

关键词：无

内容摘要：党的十一届三中全会以来，党中央再三强调，我国的现代化建设必须一手抓物质文明建设，一手抓精神文明建设，贯彻两个建设并举的方针。物质文明的建设是社会主义精神文明建设的不可缺少的物质基础，而社会主义精神文明对物质文明的建设，不但起巨大的推动作用，而且保证它的正确发展方向。物质文明建设重要，精神文明建设也同样重要。

2. 清末民初台山侨乡民间歌谣杂议. 横水. 广东教育学院学报（社会科学版），1988（4S）：56-63.

关键词：无

内容摘要：无

3. "过番"文化与潮汕方言词的关系. 林伦伦. 语言文字应用，1996（2）：84-87.

关键词：潮汕方言　侨居国　潮汕人　东南亚　闽南方言

内容摘要：潮汕地区是著名的侨乡。明、清以来，潮汕人漂洋过海、外出谋生者络绎不绝，乃至于分布在全世界各地的潮籍华侨、华人的人数几近于潮汕本土的潮人人数。潮汕人把出国谋生叫作"过番"。"过番"的历史、习俗在今天已成为过去，但对潮汕方言词的影响依然存在。

4. 华侨义冢的文化内涵. 欧济霖. 五邑大学学报（社会科学版），1996（2）：67-69.

关键词：文化内涵　乡土观念　海外华侨社团　义冢　价值取向

内容摘要：著名侨乡新会市近年陆续发现19世纪80年代至20世纪40年代大型华侨义冢5处、2400余穴，按原侨居地分葬，其中有游美的、旅越南的以及旅居世界各地的。

5. 五邑文化研究的开拓性成果——评《五邑文化源流》. 梅伟强. 五邑大学学报（社会科学版），2000（1）：86-90.

关键词：书评 《五邑文化源流》 欧济霖 张国雄

内容摘要：近几年来，在我省，文化史和区域文化的研究成为一个热门课题。据《中华读书报》1999年7月14日第7版载，广东高等教育出版社就先后出版了几本"地方特色文化读物"：《客家文化源流》《潮汕文化源流》《五邑文化源流》《广府文化源流》，受到了文化及学术界的关注和好评。这种现象的出现，一方面说明中国文化博大精深，源远流长，研究领域在日益拓宽；另一方面说明建设有中国特色社会主义现代化事业中，文化建设本是题中应有之义，已越来越受到人们的重视。在江门五邑侨乡，近几年来，地方文化史的研究同样热门，对陈白沙学派的研究就出版了《陈献章集》（上、下）、《陈白沙新论》、《广东大儒陈白沙》和《陈白沙诗笺》等巨著。

6. 小议侨乡松口客家山歌的形象创作. 杨伟昭. 梅县侨声, 2003（复刊76）：53 – 55.

关键词：无

内容摘要：无

7. 海外华人对侨乡的文化影响：以石圳乡为个案. 佚名. 华侨华人资料, 2004（2）：37 – 40.

关键词：无

内容摘要：无

8. 侨乡文化与地域文化. 胡百龙. 五邑侨史, 2005（总26）：13 – 14, 20.

关键词：无

内容摘要：无

9. 中华文化、华侨文化与侨乡文化. 余定邦. 八桂侨刊, 2005（4）：56 – 60.

关键词：中华文化 华侨文化 侨乡文化

内容摘要：中华文化是维系海内外中华儿女、增强民族凝聚力的纽带。华侨文化和侨乡文化都是中华文化的组成部分，但不能把华侨文化等同于侨乡文化，应把二者加以区分。

10. 云南红河县侨乡文化的历史与开发研究. 何作庆, 朱明. 红河学院学报, 2006（1）：27 – 31.

关键词：红河县 侨乡文化 探讨

内容摘要：阐述了红河迤萨镇侨乡文化的形成，指出了红河迤萨镇侨乡文化的现状与特色，提出了红河迤萨镇侨乡文化开发的意义、指导思想及对策等，为中华民族"多元一体"提供了实例论证。

11. 云南侨乡文化成因、特征及建设．高泽涛．云南社会主义学院学报，2006（2）：57－59．

关键词：云南侨乡文化　成因　特征　建设

内容摘要：云南侨乡文化是历史上形成的云南地域文化中的独特现象，从物质层面、制度层面、观念层面由表及里对其解读，其根本特征是中华传统文化、边地少数民族文化、西方文化的融合，体现出包容和开放的品质。关注云南侨乡文化对于充分认识云南侨乡省份的地位，发挥独特区位优势，充分利用和保护侨力资源，有积极的借鉴意义。

12. 侨乡论坛：台山人精神与中国先进文化．马福荫．新宁杂志，2006（3）：38－39．

关键词：无

内容摘要：无

13. 输入与输出：广东侨乡文化特征散论——以五邑与潮汕侨乡建筑文化为中心．张应龙．华侨华人历史研究，2006（3）：63．

关键词：广东侨乡　五邑　潮汕　建筑文化

内容摘要：侨乡文化是中外文化交流的产物。侨乡文化体现了"中学为体，西学为用"的精神，无论在哪个侨乡，外来文化只是一种"补充"，侨乡的主流文化还是本土文化。本文以侨乡文化中比较容易辨认的建筑文化为中心，对最有代表性的五邑侨乡与潮汕侨乡的侨乡文化特征进行比较研究。作者认为，从建筑文化角度而言，五邑侨乡的文化特征是输入型文化，潮汕侨乡的文化特征则是输出型文化。而侨乡之所以采用西洋建筑文化，其实是侨乡现代化建设的选择。

14. 广西侨乡文化与华侨华人文化互动研究．郑一省．八桂侨刊，2007（2）：8－12．

关键词：广西　侨乡文化　华侨华人文化　互动

内容摘要：本文从阐释广西侨乡文化和华侨华人文化的含义入手，探讨了两者的互动。所谓广西侨乡文化与华侨华人文化的互动，是指广西侨乡文化对海外华侨华人及其社会的影响，以及华侨华人文化对广西民众及其社会的影响。广西侨乡文化与华侨华人文化互动的主要内容，就其作为各自发挥影响的精神力量而言,主要表现在观念形态、心理特征、价值取向和行为模式等方面。其中广西侨乡文化对华人社会产生重大影响的文化成分包括:革命斗争传统、乡土意识、家庭观念和宗教信仰;而海外华侨华人文化对广西社会产生影响的是商品意识,以及华侨华人文化中所吸收的西方文化。

15. 薛海虹:让碉楼龙船承载侨乡文化走向世界. 邱镇尧. 大众商务,2007(12):18-19.

关键词:碉楼 技术工艺 侨乡 龙船

内容摘要:今年10月初,成功研制开平"碉楼龙船"工艺模型的广东开平市图强工艺厂与宋代古船"南海Ⅰ号"礼品商,就接受委托生产"南海Ⅰ号"纪念工艺模型事宜达成协议。目前,"图强"生产"南海Ⅰ号"工艺模型的技术工艺已成熟,12月初的"南海Ⅰ号"打捞出水,立即按要求投入生产。同时,该工艺厂加紧研制的新会"崖门古船"已获得成功,并填补了广东省宋代古船模型商品船的空白。

16. 重视发挥"振兴侨乡"的文化纽带作用. 胡明. 江苏政协,2008(1):51-52.

关键词:文化纽带 五邑侨乡 软实力 华侨

内容摘要:众所周知,广东开平、台山、新会、恩平、鹤山合称五邑侨乡。19世纪中叶,北美洲相继发现了金矿并修建铁路,十分需要吃苦耐劳的劳工,开平、台山等五邑地区因人多地少,乡民利用邻近港澳之便大量出洋谋生。当时华工在外工作繁重,生活极为艰苦。他们对家乡的路、田、屋、祠、墓极为依恋,思乡的观念在华工中相当普遍。

17. 炫耀性消费:基于侨乡文化的分析. 卢帆. 经济与社会发展,2008(2):117-119.

关键词:侨乡 炫耀性消费 消费文化

内容摘要:文章以"炫耀性消费"为视角,研究侨乡中的消费行为如何受到侨乡传统文化的多重影响进而形成具有闽浙地方特色的侨乡消费文化,并对"炫耀性消费"的利弊进行理性思考。

18. 中越红河流域滇境陆疆侨乡"和"文化探讨. 何作庆,瞿东华,丁菊英. 红河学院学报,2008(4):9-12.

关键词:中越红河流域 陆疆侨乡 和谐文化

内容摘要:在实地田野调查和大量收集资料的基础上,概述了中越红河流域滇境陆疆侨乡的分布格局及现状,分析了中越红河流域滇境陆疆侨乡和文化的交融及其特点,提出了建设中越红河流域滇境陆疆侨乡和谐文化的对策。

19. 金门话中反映的侨乡文化. 谢佳玲. 东华中国文学研究,2008(6):101-129.

关键词:金门话 侨乡文化 南洋 文化语言学

内容摘要:海岛金门自古由于土地贫瘠、战祸频繁,人民生活困苦。早年由于岛上出海容易,因此许多乡人纷纷离乡出洋谋生,尤以南洋为多。乡人出洋有所成就后,或衣锦还乡,带回侨居地的语言、文化风俗;或寄侨汇造福亲族、铺桥、兴学、建洋楼,也因此在当地形成特殊的侨乡文化。这样的文化特色除了表现在建筑、日常饮食、服饰、习俗外,在文学作品及地方语言中亦屡见此文化现象的展现。本文即以金门话为研究对象,采取文化语言学的观点,分别就南洋文化直接输入当地的文化现象及落番时空情境下于地方自然生成的文化产物两方面,来探讨金门话在语音、语汇、语义中所展现的这种侨乡文化现象。一方面可以看到语言因文化接触而产生的影响,另一方面亦可从语义的内涵理解当时的文化情境。

20. 红河县侨乡迤萨镇的多元饮食文化. 张虹,何作庆. 红河学院学报,2009(4):20-25.

关键词:侨乡 红河县 迤萨镇 多元饮食文化

内容摘要:文章从中国陆疆侨乡饮食文化的视角出发,以云南红河县侨乡迤萨镇研究为例,探讨了陆疆侨镇迤萨的多元饮食文化中的与自然和谐,阐述了汉儒饮食文化、少数民族饮食文化和国际饮食文化等在侨镇迤萨的交汇和融合,指出了陆疆侨镇迤萨的多元饮食文化的功能与特点。

21. 青田华侨华人与中欧文化交流. 郭剑波,陈红丽. 八桂侨刊,2009(4):47-52.

关键词:青田 华侨华人 中国传统文化 欧洲文化 交流 传播

内容摘要:不同文化之间需要双向互动交流。在中欧文化交流中,青田华侨华人充当了重要媒介。他们将中国传统文化重要组成部分的青田地域文化传到欧洲,使之成为欧洲多元文化的组成部分之一。随着他们与家乡联系和沟通的加强,又把部分欧洲文化传回故土,对侨乡文化的发展产生重要影响。

22. 从"在园"看江门五邑侨乡文化的发展. 司徒明德. 五邑侨史,

2005（总26）：28-32.

关键词：无

内容摘要：无

23. 水文化的固守与变迁：以红河县侨乡迤萨镇水文化为例. 孙澄，何作庆. 红河学院学报，2010（1）：6-11.

关键词：云南省红河县　侨乡水文化　人与自然　和谐关系

内容摘要：文章从中国陆疆侨乡水文化的视角出发，以云南红河县侨乡为例，阐述了陆疆侨县红河的水文化中的人们顺应和利用自然水源，认识和掌握各种水的来源、水质和开发方式；依据对自然降水、地下水、地表水等水源的不同分类而形成的其特有的取水、贮水、用水制度及习俗；阐述了中华人民共和国成立后在现代技术条件下的水文化的提升、交汇和融合；指出了侨乡水文化的特点和功能，实现了人与自然和谐、协调，形成了人与人、人与社会、汉族与少数民族的和睦关系。

24.《金山》：物象与历史重建. 王则蒿. 五邑大学学报（社会科学版），2010（3）：34-38.

关键词：《金山》　物象　意义　嵌入　书写

内容摘要：物的形象（物象）的使用在文学文本中具有非常重要的意义。《金山》通过碉楼及与其相关的物象，重建了华侨身份与侨乡史的叙事行为，展现出独特的叙事学、形象学意义，有助于海外华人对自身存在的反思与对家国观念的追索，以建构一种更加真诚的自我言说。

25. 海外潮人文化初探. 王炜中. 闽台文化交流，2010（3）：124-130.

关键词：海外潮人　潮汕地区　文化创造　海外移民　泰国

内容摘要：潮汕地区是中国的著名侨乡，有大量民众移居海外，经长期积聚，在本土潮人文化的基础上衍生出海外潮人文化。本文仅就海外潮人文化的有关问题，做初步探讨。

26. 论侨乡文化的德育价值及实现途径. 付绯凤. 五邑大学学报（社会科学版），2011（1）：23-25.

关键词：侨乡文化　德育　价值　实现途径

内容摘要：在多元文化冲击下，高校德育面临严峻挑战，亟须进行全面优化、提升。侨乡文化中蕴藏着丰富的德育资源，它们对大学生思想品德教育具有凝聚价值、动力价值、塑造价值。在课堂教学、课外实践活动和校园文化建设中充分利用这些资源，开掘、实现其价值，可有效提升高校思想品德教育的水平。

27. 清末侨乡的珠玑巷认同：以五邑方志为例. 刘正刚，李贝贝. 五邑大学学报（社会科学版），2011（4）：5-9.

  关键词：珠玑巷 清末 方志

  内容摘要：清末五邑侨乡编纂的方志，受西学和时人构建"国族"热的影响，对民间流传的珠玑巷传说重新梳理使之逐渐官方化。在官民合力下，该传说渐成珠三角地区重要的地方文化资源。伴随着五邑人的海外拓展，珠玑巷传说最终成为海内外广府人追溯祖先、认同祖国的文化象征，也成为联结海内外华人的精神纽带。

28. 客家族群"过番"南洋的共同历史记忆：以客家《过番歌》为探讨中心. 苏庆华. 海交史研究，2012（1）：103-114.

  关键词：客家 过番 过番歌 共同历史记忆

  内容摘要："过番"，又作"来番""落番"，是指"到南洋（东南亚一带国家）"。曾经一度广为流传于南洋社会和侨乡的《过番歌》，是过去各方言族群先辈们移民南洋时挥之不去的共同历史记忆；其所蕴含的充满血泪的丰富情感和史实价值自不待言。伴随着时光的流逝，"过番"的历史已渐为人们所淡忘；《过番歌》的大量流失也在情理之中。对时下的新生代来说，这些陈年老事犹如天方夜谭般的不可思议！职是之故，抢救流失中的《过番歌》成为刻不容缓的急务。通过组构《过番歌》的点点滴滴使其"还原"历史面貌和精神，更是我们这一辈人应尽的义务。限于文章的篇幅，本文拟从客家《过番歌》切入，探讨早期客家移民到南洋，特别是独立前的马来亚（包括新加坡）的艰辛经历和以血泪编织而成的共同历史记忆。

29. 红河陆疆侨乡的文化特征探讨. 何作庆，丁菊英. 红河学院学报，2012（3）：1-5.

  关键词：红河侨乡 马帮文化 类型与特征

  内容摘要：本文在实地田野调查和大量收集资料的基础上，简要概述了中华人民共和国成立前云南红河陆疆侨乡的形成，分析了红河陆疆侨乡的文化特征，探讨了红河陆疆侨乡给我们的启示。

30. 江门荷塘舞纱龙的价值与传承简论. 黄慧清. 神州民俗（学术版），2012（4）：24-26.

关键词：荷塘　纱龙　民间艺术　价值传承

内容摘要：江门市荷塘镇舞纱龙是岭南民间舞龙独具特色的一种，也是当地传统文化突出的表现形式。它不仅具有珍贵的工艺价值、舞蹈价值，而且蕴含着深厚的人类学、文化学、民俗学价值，对研究岭南文化和侨乡文化具有重要意义。

31. 侨文化与闽都文化：兼议闽都侨文化建设. 叶钦地. 福州党校学报, 2012 (4): 69-72.

关键词：福州　侨文化　闽都文化

内容摘要：侨文化是中华文化的重要组成部分，是中华民族凝聚力与创造力的重要源泉，是我国重要的文化软实力。福州是著名的侨乡，侨文化是闽都文化富有特色的重要内容。加强闽都侨文化品牌建设，进一步发掘闽都文化价值，推动闽都文化、中华文化走向国际。

32. 多元文化的融合体：析和顺侨乡文化特点. 张全辉. 大众文艺, 2012 (13): 118-119.

关键词：和顺　侨乡文化　自强进取　兼容并包　亦儒亦商

内容摘要：腾冲和顺乡是云南省著名的侨乡。在600多年的发展中逐渐形成了独具特色的侨乡文化。和顺侨乡文化是一种多元文化的融合体，包含了中华民族传统文化、边疆少数民族文化和外来西方文化，体现出几个典型的文化特点：自强进取的文化精神；兼容并包的文化取向；崇新爱国的文化传统；亦儒亦商的文化品格。

33. 浙南华侨华人与中欧文化交流. 郭剑波. 浙江师范大学学报（社会科学版), 2013 (4): 9-15.

关键词：浙南　华侨华人　中国传统文化　欧洲文化　交流传播

内容摘要：不同文化之间需要双向互动交流。中外文化交流内容包括人员往来、物产移植、衣食住行、婚丧嫁娶等风俗习惯的互相影响，以及宗教、文学、艺术方面的传播等。在中欧文化交流中，浙南华侨华人充当了重要媒介。他们将中国传统文化重要组成部分的浙南地域文化传到欧洲，使之成为欧洲多元文化的组成部分之一。随着他们与家乡联系和沟通的加强，又把部分欧洲文化传回故土，对侨乡文化的发展产生重要影响。

34. 腾冲和顺侨乡文化传承价值研究. 李熙春. 云南社会主义学院学报, 2013 (6): 344-346.

关键词：和顺　侨乡文化　文化自信　文化自觉　传承价值

内容摘要：和顺侨乡文化以其自身具有一定地域和多元融合的特性，以和顺古镇为载体，通过自在和自觉的方式实现对人类文化的继承和发展。文章通过分析和顺侨乡文化的形成、内涵及特性，探究和顺侨乡文化的传承价值，通过保护和发展和顺侨乡文化使得侨乡文化精髓得以良好地传承，并成为和顺侨乡经济社会发展不可或缺的软实力，为"天下和顺"建设贡献力量。

35. 浅谈侨乡群众文化的传承与发展. 黄彩筠. 群文天地，2013 (12)：50-51.

关键词：侨乡　群众文化　传承　发展

内容摘要：台山是著名华侨之乡，文化底蕴深厚，各类特色民间艺术种类繁多，遍布城乡大地，群众文化活动频繁，参与活动的群众人数众多，影响非常广泛。根据现时台山群众文化的现状和存在问题，结合笔者从事基层文化多年的心得体会，提出如何更好地传承和发展侨乡群众文化的几点意见和建议。

36. 闽南泉州食俗文化初探. 吴文庆. 中国食品，2013（13）：84-85.

关键词：泉州　闽南　饮食文化　地方风味　番薯

内容摘要：泉州历史悠久，设州迄今已有一千二百余年，是我国著名侨乡、"海上丝绸之路"起点。泉州临海，山多地少，人均不到三分田。勤劳爱拼的泉州人为生活所迫很早就不得不到海外打拼，"爱拼才会赢"成为泉州人最真实的写照。闽南泉州菜和中国台湾、港澳以及东南亚地区的菜肴有重要的渊源关系，注重调汤估料，口味清淡、酸甜适宜、清鲜香脆。

37. 侨乡多元文化交融与碰撞探析. 汪静，季丽春. 教育教学论坛，2013（44）：166-169.

关键词：青田　侨乡　多元文化　交融　碰撞

内容摘要：基于对侨乡社会生活多层面的调查，本文着重从建筑风格、饮食习惯、宗教信仰和子女教育、华侨归属感等方面分析侨乡青田在国际化进程中呈现的多元文化融合及文化冲突，即侨乡对多元文化的包容程度及各种文化碰撞给华侨生活工作所带来的冲突和困惑，并从社会政府、华侨自身两方面探讨解决多元文化冲突的必要途径。

38. 腾冲侨乡儒商文化探析. 袁俊凤. 云南社会主义学院学报，2014 (2)：49-52.

关键词：侨乡　儒商文化　多元性　传承

内容摘要：数千年来，腾冲侨乡先民创造的地域文化、涌入边地的中原移民的移民文化与异域文化融合，形成具有地方民族特色的当地儒商文化。儒商文化崇文尚教，讲究礼仪、突破局限、开放和谐。儒商文化促进了侨乡社会经济的发展，孕育了特有的侨乡人文精神和道德风范。

39. 承传与创新：略谈四邑侨乡与北美洲华人社区的通俗文化. 谭雅伦. 华侨华人历史研究，2014（2）：1-14.

关键词：北美　华人社区　侨乡研究　侨乡文化

内容摘要：论文将北美华人社区与广东珠三角侨乡在地方语言和通俗文化的传承与演变方面进行了比较研究。认为二者之间的跨越太平洋文化关系密切。广府的通俗文化一直是北美华人社区的主流文化；北美华人的生活文化意识也是珠三角侨乡的地方文化特色。两者互相影响，互动演变。不过，在20世纪50年代以后，这个互动的承传创新的关系出现了分化和演变。北美华人社区因为有大量新移民持续涌入而不断发展，而珠三角侨乡地区的侨乡文化形态，则逐渐失去了昔日的光芒需要转型，比如依赖过去的移民历史文化遗产来开发旅游经济。

40. 广东台山侨乡文化特色. 宁天舒. 旅游纵览（行业版），2014（3）：206-207.

关键词：文化特色　五邑侨乡　基督教　文化现象

内容摘要：台山是"中国第一侨乡"，旅居海外的华侨分布广、人数多，在漫长的历史进程中，台山侨乡逐步形成了独特的侨乡文化特色，台山教育事业发达，语言特色鲜明；建筑种类较多，且中西兼容；基督教传入得早，民众思想开放；文体氛围浓厚，形成特有的体育文化现象。

41. 华侨文化对岭南文化风格的影响. 许桂灵. 岭南文史，2014（3）：20-23.

关键词：岭南文化　西方价值观念　地域文化　文化特质

内容摘要：华侨文化是由于华侨出国、侨居异地，将中国文化与侨居国文化交流、结合的产物。华侨文化具有国内和国外两个源头，具有跨文化、跨地域的特点，处于内外两种或多种地域文化边缘，是一个特殊文化系统。在这种背景下形成、发展起来的华侨文化拥有自己的文化优势。在国内侨乡，民性外向、开放、包容、思想活跃，对新鲜事物敏感，通过他们的言行举止，反映了西方价值观念、行为规范。

42. **对闽南侨乡文化建设的几点思考：以邓小平关于文化建设的思想为基点**. 王振. 福建工程学院学报, 2014 (5)：473－477.

关键词：邓小平　文化思想　闽南侨乡　文化建设

内容摘要：文化是民族的血脉，是人民的精神家园。闽南地区利用当地的特殊地域优势，大力"走出去"和"引进来"，形成了一种具有本土气派而又不失外来风格的侨乡特色文化，对当地发展起了重要的推动作用。与此同时，闽南侨乡在文化建设中也呈现出一些问题，主要表现为中外文化、古今文化、区域间文化的冲突和碰撞。而邓小平关于文化建设的思想对侨乡文化建设具有重要的理论指导作用。因此，闽南侨乡如何在邓小平理论指导下摆脱文化发展困境，充分发挥侨乡文化特色，促进侨乡文化的发展、繁荣，就显得尤为迫切和重要。

43. **客、闽、潮"过番歌"的比较研究**. 林朝虹，林伦伦. 文化遗产, 2014 (5)：90－97，158.

关键词：过番歌　客家　福建　潮汕　主题　形式

内容摘要："过番歌"是指在中国侨乡或境外华人社区流传的以各方言族群先辈们到海外谋生为主题的民间歌谣或长篇说唱。客家、福建、潮汕等族群的"过番歌"在共同的历史背景下，主要由于"家破无奈过暹罗"的经济原因而产生。客家"过番歌"以七言四句体的女性独唱曲和"郎搭妹、妹搭郎"的男女对唱曲等山歌特有的艺术形式，直接表达"莫过番"的主题；福建民系"过番歌"则以闽语短篇歌谣和长篇说唱的形式，表达了"番平千万不通行"的主旨；潮汕"过番歌"则采用诗体、变体、叠体、曲体、十二月歌、"手布诗"等形式，通过叙说过番男人的牵挂、留守女人的哀怨等方式，侧面表达了劝世主题。

44. **遗失中的侨乡文化：中山古村落改造研究**. 曾艳，崔平平，王力. 中外建筑, 2015 (2)：62－64.

关键词：古村落　建筑改造　祠堂　生态

内容摘要：文章通过对广东省中山市城市古村落现状的研究，分析了中山市古村落建筑特色和文化特点，阐述古村落改造中研究与保留村落文化的重要性。文章从城市整体保护和规划，公众参与改良古老建筑，传承传统非物质文化遗产，保护自然生态环境等几方面进行阐述。

45. **闽南侨乡文化建设的困境与出路**. 王振. 山西农业大学学报（社会科学版），2015 (3)：306－310.

关键词：闽南侨乡　困境　文化建设

内容摘要：文化是民族的血脉，是人民的精神家园。闽南地区利用独特的地域优势，大力"走出去"和"引进来"，形成了一种既有本土气派而又不失外来风格的侨乡特色文化，对当地发展起了重要的推动作用。同时，闽南侨乡在文化建设中也呈现出一些困境，主要表现为中外文化、古今文化的冲突和碰撞。充分发挥侨乡文化特色，对指导侨乡文化建设，促进侨乡文化的发展、繁荣具有重要作用。

46. 侨乡文化与侨乡文化研究．张国雄．五邑大学学报（社会科学版），2015（4）：1-7．

关键词：侨乡文化　研究主体　学科建设

内容摘要："侨乡"长期作为华侨华人历史研究的"背景""配角"，这与其实际的历史地位和学术价值是不相称的。"侨乡文化"与"华侨历史"是互为依托又相对独立的研究主体。它有自己的发展轨迹和学术特征，是中国学者拥有的优势学术资源。通过论述"侨乡文化"的主体特征，并回顾广东侨乡文化研究中心进行侨乡文化学科建设的历程，希望以此为侨乡文化研究的继续成长发育打下一个基础。

47. 台山侨乡文化的凝聚力．刘红卫．五邑大学学报（社会科学版），2016（1）：8-11，93．

关键词：侨乡文化　凝聚力　宗族　社会　教育　侨刊

内容摘要：宗族血缘亲情是台山侨乡文化凝聚力的雏形。由于族侨受欧风美雨的熏陶及台山民众受西方文化的影响，近代台山侨乡文化的凝聚力逐渐改变了自身宗族指向的内倾性、封闭性而呈现出一定程度的开放性，并以族侨对宗族、台山社会革新事务的责任、义务表现出来。台山侨乡文化的凝聚力是台山宗族、社会近代化的推动力，在创办学堂、侨刊、图书馆、宣讲所及兴办实业等革新事务中发挥着重要作用。

48. 开平侨乡文化的多元性及其开发保护——以"赤坎古镇、立园村、自力村"为例．刘小杰，李凯．旅游纵览（行业版），2016（2）：144-145．

关键词：无

内容摘要：无

49. 华裔美国文学中侨乡文化的书写．牛晓红．兰州教育学院学报，2016（6）：15-17．

关键词：华裔美国文学　五邑侨乡文化　全球化

内容摘要：本文从饮食文化、母语方言词汇的转译、跨洋婚姻等几方面来探讨全球化背景下五邑侨乡文化在华裔美国文学中的持存与流变，将注意力集中于侨乡文化在这些作品中如何得以表现这一方面，从而指出华裔作家的文本以不同程度或层次描述着侨乡文化，客观上起到了文化沟通的作用，以文学创作进行着特殊的文化翻译。

50. **五邑侨乡地域文化符号在设计中的转换与呈现**. 蒋海霞，陈振益. 包装工程，2016（6）：41-44，86.

关键词：五邑侨乡　地域文化　设计应用

内容摘要：本文以广东五邑侨乡为例，研究地域特色文化符号在现代应用设计中的转换和呈现。本文整理和分析了五邑地区地域文化中的实体文化与虚体文化，运用符号学原理构建地域文化中有形的视觉符号系统和无形的精神符号系统，在此基础上，探索地域特色文化符号的设计应用，建立相对明确的设计方法。通过现代设计的转换，地域文化以适应现代社会生活及传播方式的面貌呈现出来，从而获得流通和发展。设计作为一种战略手段，已经成为地方发展的重要竞争力。

51. **侨元素融入玉雕作品的美学意义及价值体现**. 黄德晶. 大众文艺，2016（20）：121-122.

关键词：侨元素　非物质文化遗产　玉文化　玉雕　美学特征

内容摘要：侨乡文化、岭南玉雕文化源远流长，具有丰富的内容和形式。本文从侨乡文化的内涵入手，探讨了侨乡文化与玉雕作品在社会价值、艺术价值方面的关系，详细分析了侨乡文化对作品内涵的提升，以及玉雕作品对侨乡文化的传承，最后提出侨乡文化的地域特征在玉雕创作中的运用。

52. **潮汕侨乡文化概论**. 李玉茹，黄晓坚. 八桂侨刊，2017（1）：56-66，76.

关键词：潮汕侨乡　侨乡文化

内容摘要：潮汕地区是我国主要传统侨乡之一，拥有丰富多彩的侨乡文化，对当地的历史发展和社会变迁均产生了重要影响。潮汕侨乡文化与本土传统的潮汕文化和海外的潮人文化，既有区别又有联系。其基本内容，包括思想意识、侨批文化、语言词汇、俗语歌谣、建筑艺术、饮食文化、社会风尚、华侨遗址、涉侨习俗等九个方面，十分丰富。其主要特点，表现为体系齐全、地域色彩、潮客兼容和中体西用等几个方面，值得进一步深入研究。

53. 21 世纪海上丝绸之路与潮汕侨乡非遗文化的海外传播研究——以潮州工夫茶文化海外传播为例. 蔡梦虹. 文化学刊，2017（3）：163-168.

关键词：21 世纪海上丝绸之路　潮汕侨乡　潮州工夫茶文化　海外传播

内容摘要：潮汕侨乡位于广东东部沿海，因其独特的地理位置与人文环境，曾是古代海上丝绸之路的重要港口。潮汕地区以其悠久的历史和独具特色的文化（潮州工夫茶、潮剧、潮绣等）享誉海内外，"21 世纪海上丝绸之路"的建设又为潮汕文化的海外传播带来了新机遇。本文主要探讨潮州工夫茶海外传播的困境，并提出具体的传播策略，以促进潮州工夫茶等潮汕文化的海外传播，增强潮汕地区与丝路沿线各国各地区的交流合作，加快"21 世纪海上丝绸之路"文化建设，进而提高中国文化软实力。

54. 试论涉侨文化的当代价值——以闽粤侨乡为案例的研究. 李玉茹. 华侨华人历史研究，2017（1）：38-49.

关键词：闽粤侨乡　潮汕侨乡　华侨文化　侨乡文化　涉侨文化　文化遗产

内容摘要：论文利用粤东及闽南地区的文化现象和人文景观，阐述了华侨文化、侨乡文化与传统文化的联系和区别，以及涉侨文化在地方经济社会发展中的地位和作用。华侨文化与侨乡文化概称为涉侨文化，其作为与地方传统文化密不可分的重要文化形态，在促进闽粤侨乡传统文化的复兴和社会和谐上产生了潜在的积极影响。由于地方党政部门重视和善于打造各种平台，涉侨文化为当代侨乡的经济社会发展奉献良多，并在维系海内外中华儿女民族文化认同和促进中外关系发展上发挥了积极的作用。毋庸讳言，在当前涉侨文化的研究、保护和利用中，存在的一些问题也应当引起各方重视。比如侨乡文化的完整理论体系亟待构建、侨乡文化遗产保护和整理迫在眉睫，而鉴于涉侨文化与当代中国侨乡的经济社会发展具有高度的关联性，各级党政部门、侨务部门和高校科研院所应当重视对所在区域侨乡（文化）研究中心工作的支持力度。

55. 作为方法的侨乡——区域生态、跨国流动与地方感知. 段颖. 华侨华人历史研究，2017（1）：1-11.

关键词：侨乡研究　海外关系　区域网络　跨国流动　文化资本

内容摘要：论文基于对云南腾冲和顺侨乡与广东梅州南口、松口侨乡的田野调查与比较研究，考察了两地不同的人文地理、社会环境与历史生态对侨乡产生的影响；探讨了侨乡民众对于"侨"的理解与认知，及其如何应对民族国家建设、海外关系变化、侨乡文化资本化以及区域发展与全球流动；分析了时代变迁中"侨"之为侨的文化动力，并以侨乡为方法，构建理解区域网络、跨国流动与地方世界的文化图景。论文认为，国家力量对"侨"的界定与分类以及不同时期跨国网络的运作，影响着海外华人以及侨乡民众对于"侨"和"海外关系"的认知，并在日常生活、乡村建设以及新的流动中呈现出来。经由历史积淀所形成的侨乡人文景观，则使侨乡卷入新的"资本化"过程。侨乡乡民亦在文化建构中重新认识、理解与之相关的"侨"的历史与文化。

九 当代侨乡

（一）侨乡教育

1. 泪眼看侨乡教育. 碧澄. 中美周报，1949（353）：27-28.

关键词：无

内容摘要：无

2. 关于福建华侨办学沿革史的部分调查. 郭梁，蔡仁龙，刘晓民. 南洋问题研究，1986（2）：20-33.

关键词：爱国华侨 侨办学校 福建省 兴办学校 捐资办学 港澳同胞

内容摘要：我所华侨研究室与日本宫畸大学教育学部于1984年8月4日签订合作研究协议，双方联合进行"华侨教育的比较研究"这一课题，该室负责调查、研究福建省侨办学校的沿革，作为"比较研究"的一个组成部分。1984年11月至1985年8月，在省侨办、侨联的支持下，在各地侨办、侨联以及教育部门的配合下，我所研究人员蔡仁龙、李国樑、刘晓民先后到厦门（包括同安县）、晋江、莆田、福清以及漳州等侨乡地区进行了侨办学校的调查，并陪同日方市川信爱教授等人到福建省部分地区进行了学术访问。在调查研究收集资料的基础上，最后由李国樑同志执笔，于1985年6月完成了《关于福建省华侨办学沿革史调查中期报告书》。后经中日合作双方进行成果交流，执笔者又对中期报告书做了修改、补充，完成了《关于福建华侨办学沿革史的部分调查》。按照中日合作研究协议中关于研究成果先由双方自行发表的精神，本刊特摘要刊登该报告书的部分内容，并由执笔者根据国内读者的需要对发表的内容做了修订。

3. 广东华侨、港澳同胞捐资办学现状浅析. 潘嘉玮. 华南师范大学学报（社会科学版），1986（4）：66-70.

关键词：港澳同胞　华侨政策　捐资办学　台山　侨校　侨乡

内容摘要：爱国爱乡、造福桑梓是华侨的光荣传统。在我国教育史上，华侨捐资办学是其中重要的一篇。广大旅居海外的华侨热心为家乡捐资办学具有悠久的历史。在广东省，最早可追溯到1872年（同治十一年），著名的旅美爱国华侨学者容闳在家乡香山县南屏乡（现珠海市南屏）发起创办的"甄贤学社"，这是广东省华侨办学的先驱。到20世纪初，华侨为家乡捐资办学的义举蔚然成风。1905年台山旅美华侨伍于秩等人，募金开办了端芬成务小学；新会旅美华侨吴虞廷等人，筹集巨款在新会县办了高等小学堂一所，初等小学堂六所。1908年旅日华侨何定求等人，在大埔县创办了乐群中学。1909年，台山县旅美、加华侨捐资创建了端芬中学、台山一中。1920年，为了扩建台山第一中学，旅加拿大的侨胞响应捐资竟有9332人，捐资款项达249000多加元。到1949年中华人民共和国成立前夕，全省侨乡大都办有侨校。这些侨建学校反映了广大侨胞希望祖国独立、昌盛的强烈愿望。

4. 广东华侨与侨乡教育. 许肇琳，张天枢. 学术研究，1987（4）：99－104.

关键词：港澳同胞　华侨教育　捐资办学　广东华侨　侨办学校　捐资兴学　教育事业　广东侨乡　家乡　侨务政策

内容摘要：世界各地的广东籍华侨、华人约有1500万人，广东籍港澳同胞有400多万人。他们一向热爱祖国，关心桑梓，素有在家乡兴办各种公益事业的优良传统，在捐资兴学方面，尤为突出。

5. 广州侨教近百年简史. 王晓莺，司徒杰. 广州教育，1988（6）：63－66.

关键词：广州　华侨　教育事业　侨乡

内容摘要：广州是我国最大的侨乡城市，目前有华侨57.1万人，港澳同胞84.5万人，连归侨、侨眷、港澳同胞亲属在内合计有260.7万人，相当于广州总人口的1/3。因之，华侨子弟教育便在广州教育事业中占有相当重要的位置。

6. 闽南三角区近十年来华侨捐资办学的特点初探. 林蒲田，陈火玉. 泉州师范学院学报，1989（2）：90－94.

关键词：闽南地区　捐资　华侨　办学

内容摘要：闽南厦、漳、泉三角区是我国著名侨乡和"三胞"出入的门户。估计有华侨、港澳同胞和外籍华人700万人左右。他们主要分布在东南亚和欧美等70多个国家和地区。

7. 福建泉州华侨办教育的部分史料. 佚名. 教育与职业，1989 (10)：46.

关键词：泉州华侨　教育　捐资兴学　侨乡

内容摘要：在泉州侨乡地区，华侨捐资兴学的历史十分悠久，最早见于记载的有清道光七年（1827），惠安归国华侨郭用锡父子捐纹银两千两建考棚。为此，道光皇帝下诏书敕封、嘉奖郭用锡父子。清光绪二十七年（1901），晋江县永宁乡旅菲华侨林登概、林允柱办起行实小学堂（今永宁中心小学），开了泉州现代华侨办教育的先声。

8. 略谈台山侨乡初中教育的发展. 余晴. 教育创新，1990（1）：35-45.

关键词：无

内容摘要：无

9. 侨乡教育之光：台山漫记之六. 兆文. 新宁杂志，1990（3）：29-32.

关键词：无

内容摘要：无

10. 浅谈侨校的办学特色. 余晴. 广东教育学院学报（社会科学版），1991（2）：99-111.

关键词：侨校　办学特色　教育质量　侨乡教育

内容摘要：近年来，随着华侨办学的深入发展，广大侨胞要求侨校高质量出人才的心愿越来越迫切。因此，当前华侨捐资兴建的学校如何尽快提高教育质量，已成为侨乡教育中一个值得探讨的课题。为此，笔者走访了一些侨校，根据它们的实践和体会，认为侨校应有自己的特色，应探索出办学的新路子。

11. 台山侨乡教育蓬勃发展. 余晴，李兆俊. 五邑乡情，1991（8）：30-31.

关键词：无

内容摘要：无

12. 泉州：社会力量办学群星闪烁. 阿明. 中国成人教育，1994（6）：17-31.

关键词：社会力量办学　学校　泉州市　侨乡

内容摘要：福建省泉州市是著名的侨乡，基础教育向来发达。几年来，这个市依据当地经济和社会发展的需要，以抓住规律、发挥优势为基本工作思路，以宏观统筹从严，微观管理放开为指导思想，大力扶持发展社会力量办学，培养多层次、多规格、多类型的急需人才。

13. 海外移民与近代沿海侨乡教育结构的变迁. 郑甫弘. 南洋问题研究，1996（4）：39－46.

关键词：侨乡　教育结构　海外移民　侨办学校　华侨教育　海外华侨

内容摘要：无

14. 和顺侨乡教育的发展与师承关系. 杨发恩，尹文和，张文才，刘振东. 云南师范大学学报（哲学社会科学版），1996（4）：16－22.

关键词：和顺侨乡　教育发展　乡村文化界

内容摘要：云南著名侨乡腾冲和顺乡，教育发达，人才辈出，被誉为"在中国乡村文化界堪称第一"。此乃明清以来数十代人热心办学的历史沉淀结晶。明清以来和顺人大量入缅经商，由于幼时在家乡受过良师益友的熏陶，因而旅缅华侨中亦儒亦商者为数颇多。他们不仅对中缅经贸和文化交往做出贡献，而且对家乡的文教事业特别关注，全力支持。这是和顺乡教育发达，孕育出一大批学者、侨领、社会活动家的重要原因。

15. 海外胞亲对揭阳教育事业的贡献. 王本尊. 八桂侨刊，1998（3）：60－64.

关键词：教育事业　港澳同胞　捐资兴学　海外侨胞　侨办学校

内容摘要：揭阳市是潮汕三市之一，地处梅州市、汕尾市、汕头市和潮州市之间。该市成立于1991年12月，辖揭东县、揭西县、惠来县、格城区，代管普宁市，共有71个镇，2843个乡村。面积为5240.5平方公里，总人口为449.26万人。现有海外侨胞250多万人、港澳台胞50多万人；有归侨2.5万人，侨、港眷属181万人。归侨、侨（港）眷属相当于全市总人口的近一半。自实行改革开放以来，各地侨乡落实各项侨务政策，加强与海外乡亲的联系，充分利用地缘、人缘的优势，大力发展侨乡经济。文化教育事业随之有了长足的进步。这得益于广大海外侨胞和港澳同胞的大力支持和赞助。揭阳市的海外胞亲历来具有慷慨解囊，竭尽所能，赞助家乡兴办教育事业，造福子孙的光荣传统。自1872年（清同治十一年）中国第一所侨资兴办的学校——甄贤义学（中国第一位留美学生、华侨容闳倡议并捐资创办于广东省香山县南屏乡）创办之后，潮汕地区随之陆续出现了一批华侨捐资、集资创办或助办的书院及学塾，成为潮汕地区早期的侨办学校。进入20世纪以来，潮汕地区海外华侨的经济力量和民族意识不断增强，他们除了在海外热心捐助兴办教育之外，同时也在祖籍家乡捐资办学。

16. 集学村之美，让侨乡更辉：集美大学的创建与改革纪实. 梁振坤，陈浩. 中国高等教育，1999（19）：18-22.

关键词：集美大学　创建　福建　办学方式

内容摘要：跨过气势如虹的厦门大桥，来到风景如画的杏林湾畔，迎面便是蜚声海内外的集美学村。集美，著名爱国华侨领袖陈嘉庚先生的故乡。早在20世纪初，陈嘉庚先生倾资创办集美学校时，便按大学的宏伟规模来规划学村的远景宏图，先后开办了师范、水产航海、财经、体育等专门学校和专业班。五六十年代以后，在党和政府领导下，集美学校的办学规模和层次在原有基础之上得到显著发展，相继设立了五所大专院校——集美航海学院、厦门水产学院、福建体育学院、集美财经高等专科学校、集美师范高等专科学校。几十年来，这些院校为社会主义建设事业培养了大批人才，并且各自也逐渐形成了一定特色。

17. 侨办教育的新高潮：改革开放以来的晋江侨办教育（1979—1997）. 乔印伟. 南洋问题研究，1999（1）：93-102.

关键词：侨办教育　华侨华人　捐资办学　教育体制

内容摘要：晋江的侨办教育，在19世纪80年代末即开始出现萌芽，经过其后数十年的孕育，到20世纪二三十年代达到了高潮。在二三十年代，华侨由于和祖国保持着密切的联系，他们在家乡大力兴办教育。侨办教育形成较为完备的体系，并成为侨乡教育最为重要的部分。二三十年代的侨办教育，与当时的海外华侨教育同衰共荣，联为一体，为晋江海内外的教育事业写下了光辉的一页。其后的半个世纪，或是旷日持久的战争，或是极"左"路线的干扰，侨办教育一蹶不振，勉强维持，甚至于中断。70年代以后，伴随着中国改革开放进行社会主义现代化建设的伟大乐章，侨办教育也从低谷中复苏过来，并迎来再一次的高潮。本文试从社会历史背景出发，较为详细地介绍改革开放以来晋江侨乡的侨办教育状况。

18. 晚清时期的晋江华侨与侨办教育. 乔印伟. 华侨大学学报（人文

社会科学版），1999（2）：97-103.

关键词：晋江　晚清时期　侨办教育

内容摘要：本文叙述晚清时期晋江华侨捐资办学的历史渊源、时代背景、办学状况、办学特点及其与侨乡教育的关系。

19. 从"落叶归根"的工具到"落地生根"的媒介：东南亚华文教育功能的演变．周中坚．东南亚，2000（2）：50-54.

关键词：华文教育　居住国　侨民教育　东南亚华人　民族教育

内容摘要：华侨移居东南亚大约已有两千年的历史，他们把祖国的教育一并带到海外。在华侨聚居地，在出现近代学校之前，同国内一样以私塾形式进行教育，讲授《三字经》《千字文》《百家姓》等启蒙读物和四书、五经等儒家典籍。鸦片战争以后，随着华侨大规模移居和西方文明东传，19世纪末20世纪初，东南亚产生了近代华文学校。一个世纪以来，东南亚华文教育经历了华侨教育和华人教育两个阶段，从面向祖国、为华侨"落叶归根"服务，演变到面向居住国、为华人"落地生根"服务。

20. 侨乡学校：松源中学．梁德新，李敬谋，张勇军．梅县侨声，2003（复刊74）：59-60.

关键词：无

内容摘要：无

21. 浅谈华侨与台山侨乡文化教育的发展．刘重民．五邑侨史，2004（总25）：21-23.

关键词：无

内容摘要：无

22. 侨乡博士村．黄鸿锐．源流，2005（11）：34.

关键词：台山市　侨乡　留美学生　白沙镇

内容摘要：台山市白沙镇西村有31个自然村，总人口3390多人，旅居港澳台及美、加、新等地乡亲5890多人。西村在清代就有乡亲出国谋生、求学。黄兆材品学兼优，赴京投考，获得中国首批官费留美学生的资格，毕业后协助亲人在美开办金山庄，协助办劳工。

23. 侨乡飞英小学百年今犹灿．丘祥昌．梅县侨声，2005（复刊84）：45-48.

关键词：无

内容摘要：无

24. 侨乡经纬：台山中职教育迎来新机遇．赵可义，刘伟佐．新宁杂志，2006（2）：20．

  关键词：无

  内容摘要：无

25. 福建教科所对闽南华侨华人捐资办学状况进行大规模调研．佚名．教育评论，2007（3）：66－67．

  关键词：华侨华人 捐资兴学 闽南地区

  内容摘要：最近，福建教科所组织10余位科研人员赴闽南地区的晋江市、石狮市、南安市、惠安县、鲤城区、洛江区、漳浦县，对当地侨乡的华侨、华人、港澳台同胞捐资办学状况进行大规模的调研。调研期间，除深入基层教育单位进行考察外，还在泉州市和漳州市召开了多场座谈会。通过调研，了解到闽南地区华侨、华人、港澳台同胞捐资兴学的事迹既典型又感人。前辈杰出华侨捐资人物，诸如陈嘉庚、李光前、胡文虎、刘玉水等堪称楷模，名扬海内外。

26. 侨乡名校——集美大学．佚名．报告文学，2007（11）：1＋125．

  关键词：集美大学 陈嘉庚 华侨领袖

  内容摘要：集美大学位于著名爱国华侨领袖陈嘉庚先生的故乡——集美（现为厦门市集美区）。集美大学是在陈嘉庚先生创办的一系列专门学校的基础上，经教育部批准，于1994年10月，由集美学村原集美航海学院、厦门水产学院、福建体育学院、集美财经高等专科学校等组成的大学。

27. 华侨华人捐资办学的社会效应——以闽南为中心．黄新宪．教育理论与实践，2008（1）：15－19．

  关键词：华侨华人 捐资办学 教育

  内容摘要：华侨华人捐资办学，有其良好的社会效应。华侨华人通过新式教育实践，充当了教育现代化的先导，对社会变迁产生了积极作用。华侨华人捐资办学，可以形成一种特有的侨乡文化，促进向心力和认同感的产生。捐资办学促进了华侨华人之间的团结互助，为闽南社会的良性发展营造了积极的外部氛围。

28. 从侨乡文化的视角看现代远程教育．蓝斌．广东广播电视大学学报，2008（2）：107－110．

  关键词：现代远程教育 地域性 侨乡文化

内容摘要：现代远程教育的发展需要文化支撑，现代远程教育文化建设是打造远程教育核心竞争力，提升远程教育质量，谋求可持续发展的关键。在文化建设当中，地域文化的差异性是客观存在的，融合好地域文化往往可以成为系统文化建设的一个有力支点。

29. 华侨捐资兴学与近代中山侨乡教育事业的发展. 李爱慧. 八桂侨刊, 2008（2）：57-62.

关键词：华侨　兴学　侨乡　教育

内容摘要：自近代以来，广东省侨乡的教育事业在全国乡村和市镇中是比较发达的，这当中离不开华侨的大力捐助，中山县也不例外。自清末以来，海外中山籍乡亲就热心于在家乡兴学育才，至民国时期二三十年代掀起了一次捐资兴学的高潮，涌现出一批倾情兴学的楷模，如马应彪、周崧、郭顺、程度纯等。在近代，中山县籍华侨在家乡共独资或集资兴建起十多间新式学堂，为普及教育，培养新式人才，提高国民素质，促进中山地区向现代社会转型做出了重要贡献。

30. 云南和顺地景中的国家象征民间化过程. 方怡洁. 中国农业大学学报（社会科学版），2008（2）：49-63.

关键词：地景　地方主动性　认同政治　文化与商业

内容摘要：文章主要从地景的观点去分析文化与商业在一个云南侨乡的脉络中互动后的现象。诠释地景在该地方文化中扮演突出的角色，透过说地景，让地景用来平衡地方自治与国家控制之间的张力。和顺的地景实践主要环绕在汉式建筑的建盖与风水的使用上，文章暂不讨论风水，而聚焦在该地方人说（谈论、诠释）地景的过程。这一过程让和顺商人，得以借用地景上的儒家象征，作为商业竞争时所用的客观参照体系。简言之，地景成为一个将财富与声望互相转换的机制，透过这一转换机制，让和顺地区儒家文化的实践因小区内部自主性的财富竞争而被加强；而财富竞争，也因为有能力实践儒家文化而激烈。这使得儒与商两者，以一种非常具地方特色的方式相辅相成。

31. 意大利职业学校与温州华侨学校结为姊妹校园. 佚名. 海外华文教育动态，2008（6）：36.

关键词：华侨学校　职业学校　意大利　温州

内容摘要：日前，由普拉托市政府教育部门和意大利普拉托职业学校组成的教育访华团抵达了中国著名侨乡温州，访问团将对温州进行为期一周的参观访问，并与温州华侨职专在职业教育模式探讨、师生互访、学术研讨、教学改革等方面进行广泛交流。

32. 海外华侨捐资兴学与近代中山侨乡教育事业的发展. 李爱慧. 历史教学（高校版），2008（8）：94－98.

关键词：华侨　兴学　侨乡　教育

内容摘要：无

33. 侨乡容县的教育：容县高中. 佚名. 基础教育研究，2008（11）：58.

关键词：侨乡　容县　教育　办学理念

内容摘要：无

34. 侨乡留守生教育问题的探索. 周建文. 甘肃科技纵横，2009（4）：100.

关键词：侨乡　留守生　教育问题　有效措施

内容摘要：多年来，地处农村的侨乡玉壶镇，剩余劳动力出国务工促进了家乡的经济发展，同时也为玉壶中学教育带来了诸多问题。由于缺乏父母的关爱和管教，许多留守生出现了一系列问题，染上了恶习，甚至违法犯罪，对社会造成了一定的影响。让全社会都来关心留守生的教育，完善隔代教育；警校协同，加强法制教育；多管齐下，促进情感教育，共同为留守生的健康成长创造良好的环境。

35. 当前侨乡留守幼儿不良行为成因的调查分析. 林敏. 幼儿教学研究，2009（10）：18.

关键词：不良行为　幼儿园　侨乡　行为规范　素质教育

内容摘要：培养幼儿良好的行为规范是幼儿园实施素质教育的一项重要内容。我园地处农村侨乡，由国外寄养在家的留守幼儿日渐增多，留守幼儿的不良行为经常发生。这些不良行为如不加以矫正，势必影响幼儿园教育教学正常有序地开展，也不能有效地培养幼儿的良好个性和健康心理。我园针对当前这种情况进行了调查分析，采取恰当的方法及时纠正留守幼儿的不良行为，加强培养幼儿良好的行为规范，为幼儿今后的发展打好基础。

36. 侨胞捐助温州高等教育：回顾与展望. 徐华炳，张东平. 八桂侨刊，2010（2）：66－72.

关键词：温州　侨胞　慈善捐助　高等教育

内容摘要：本文以全国著名侨乡温州为个案，从捐助的主体、金额、形式等方面回顾了华侨华人与港澳台同胞对中国高等教育的关心和捐助情况，并针对捐赠新趋向，建议侨乡政府应完善相关政策，侨乡高校要提升实力，侨乡社会须采取多种举措，以开拓合作新前景，从而进一步鼓励侨胞为中国高等教育的新发展提供更有力的支持。

37. 近代闽南华侨捐资兴学之人文路向：兼论陈嘉庚先生办学思想. 邓达宏. 福建党史月刊，2010（4）：39-43.

关键词：闽南华侨 捐资兴学 人文精神

内容摘要：本文从人文教育的视角阐述了近代闽南华侨支援家乡建设，捐资兴学，兴建学校，培育人才，发展侨乡文化教育事业；高度赞扬了陈嘉庚先生等闽南华侨热爱祖国、热爱家乡的爱国情怀。

38. 容闳科教兴国思想的萌发与实践：兼论对华侨回乡捐资兴办教育事业的影响. 万晓宏. 上饶师范学院学报，2010（4）：54-57.

关键词：容闳 科教兴国思想 华侨 捐资兴学

内容摘要：早在耶鲁大学读书期间，容闳的心中就已萌发科教兴国思想。毕业后经过十余年的努力，容闳科教兴国思想的第一步——幼童赴美留学计划终于实现。虽然容闳的留美教育计划中途夭折，但他提出的科教兴国思想产生的历史影响十分深远。容闳也非常重视在国内大力兴办教育，在他的影响下，广大爱国华侨纷纷回国捐资兴学，发展教育事业，有力促进了侨乡的经济发展和社会进步。

39. 民国时期的"教育"募捐热潮. 佚名. 传承，2010（10）：30-32.

关键词：无

内容摘要：抗日战争期间，我国许多公、私立学校遭受了惨重的损失，不得不从北方及沿海迁到西南。这一时期是我国教育经费最困难的阶段，教育经费的支出在最低时仅占财政预算的0.3%（宪法规定为15%），各公、私立大学的师生生活非常困难。抗战胜利后，各项事业亟待恢复，特别是迁到西南的政府机关、工厂、企业、学校、医院都要迁复。但资金从何来？各私立学校只得从募捐上想办法。从1941—1947年，教育界兴起了频繁的教育募捐热潮，并且产生了几次规模较大、时间较长、参与人数众多、获得捐款可观、影响久远的教育募捐运动。

40. 华侨与近代侨乡教育变迁：以广东梅州为例. 肖文燕，张宏卿.

福建师范大学学报（哲学社会科学版），2011（1）：128-137.

关键词：华侨　侨乡　教育变迁　广东梅州

内容摘要：近代以来，中国侨乡教育迅速转型。侨乡教育经费来源多元化、学校生源构成多样化、教育培养方向与教学内容外向化和教育体系多层化，华侨功不可没。这些转型特点在广东梅州得到了明显体现。

41. 侨乡地方高校开展华文教育的探索——以温州大学为例. 包含丽. 八桂侨刊，2011（1）：43-46.

关键词：无

内容摘要：无

42. 中国侨乡广西建设面向东盟的华文教育基地. 林浩. 海外华文教育动态，2011（2）：16.

关键词：广西壮族自治区　东盟国家　教育基地　华文　侨乡

内容摘要：广西壮族自治区侨办主任冯祖华7日在南宁表示，广西加强面向东盟的华文教育工作，建设为东盟国家提供汉语学习服务的基地。冯祖华说："广西侨办当前正重点推进国务院侨办华文教育基地——广西华侨学校的建设，扎实推进升格规划工作，和有关方面一道争取将其设置成为广西东盟北部湾华侨学院；接下来，广西侨办还将争取国务院侨办支持，兴建一批广西华文教育基地。"

43. "文化大革命"前国内华侨教育述评. 杨柳平. 咸宁学院学报，2011（8）：124-127.

关键词：国内华侨教育　归国华侨学生　方针政策　措施

内容摘要：中华人民共和国成立后，党和政府非常重视国内华侨教育，制定了华侨教育方针政策与措施，积极为归国华侨学生在国内举办华侨教育。这不仅为华侨学生提供了教育，突出了政府的教育职能，而且在一定程度上促进了国内教育事业发展。此外，还为国家建设争取了侨汇和培养了人才。但由于华侨教育缺乏相关的教育法治精神，在思想教育方面违背了教育的基本规律，以及忽视多元文化并存交融所起的作用，导致效果欠佳。

44. 关于青田侨乡华侨子女华文教育的调查研究. 林鸣笛. 商业文化（学术版），2011（11）：246-247.

关键词：华侨子女　华文教育　研究调查

内容摘要：青田是中国著名的华侨之乡，华侨子女人数庞大。华文教育在快速发展的同时也出现各种各样的问题亟须我们去调查研究及解决。本文将就青田华侨华文教育的现状原因加以分析研究并给出解决办法。

45. 从潮汕侨批史料解读华侨子女教育. 邓达宏. 海峡教育研究, 2012 (1): 40-42.

关键词: 潮汕 侨批史料 捐资兴学 子女教育

内容摘要: 本文从侨批史料的视角阐述了近代潮汕华侨支援家乡建设, 捐资兴学, 兴建学校, 培育人才, 发展侨乡文化教育事业的事迹, 高度赞扬了潮汕华侨热爱祖国、热爱家乡、重视子女教育的爱国情怀。

46. 二十世纪五六十年代的福建华侨捐资办学历史分析. 郭少榕. 教育史研究, 2012 (2): 58-61.

关键词: 华侨 捐资办学 办学政策 办学特点

内容摘要: 20世纪五六十年代, 随着中国社会巨变, 华侨捐资办学行为和方式产生了许多变化, 从初期的部分复苏到陷入低潮, 再到以公办侨助为主要办学形式。虽然华侨捐资助学的爱国情怀不变, 但华侨办学的数量、形式等深受政治形势影响, 进而影响了侨乡教育大局。总结分析20世纪五六十年代福建华侨捐资办学的历史和特点, 反思当时的社会政治背景、教育政策对华侨思想及侨乡教育和社会的影响, 有利于我们总结经验教训, 更好继承和发扬华侨的爱国传统, 促进侨乡教育等各项事业的积极发展。

47. 海外移民对福州侨乡教育事业的影响. 陈日升. 闽江学院学报, 2012 (4): 24-27.

关键词: 海外移民 福州 侨乡 教育

内容摘要: 海外移民是推动福州侨乡教育事业发展的重要力量, 主要表现在推动基础教育的普及和发展、促进教学条件改善、提升教学质量等方面。自20世纪90年代以来, 由于福州地区海外新移民的发展, "读书无用论" 的观点以及 "洋留守孩" 的教育问题开始成为影响福州侨乡教育发展的新问题。

48. 数字融合与边缘重生: 新时期侨乡留守儿童的媒介使用与满足. 王佑镁. 远程教育杂志, 2013 (1): 86-92.

关键词: 学习困难 数字技术 数字融合 边缘重生 使用与满足 侨乡留守儿童

内容摘要: 数字技术与学习困难研究成为近年来学习科学领域关注的

新议题。从本质上看，这一议题实际上关注数字社会中个体的社会包容问题。以存在于发展中国家的边缘群体——侨乡留守儿童为研究对象，以数字融合为视角，基于传播学的使用与满足理论，对新时期侨乡留守儿童正式与非正式学习中的媒介使用现象进行了实证研究，提出数字媒介环境中侨乡留守儿童弥合数字隔离、实现边缘重生的可能及途径，为学习困难群体的数字融合提供物质可及、使用可及、精神可及、技能可及和政策可及五个方面的对策，促进数字时代的学习公平与社会公正。

49. 民国时期旅缅华侨社团对侨乡地方教育的影响：以云南腾冲和顺崇新会为例. 徐东，马晓龙. 雨花，2013（2）：20-26.

关键词：民国时期　和顺崇新会　缅侨华人社团　文化教育

内容摘要：民国时期缅甸华侨社团蓬勃发展，形式多样。"和顺崇新会"是由和顺乡旅居缅甸侨胞组成的华侨社团。他们在家乡宣传新教育思想，整顿和革新教育；改善办学条件，创办现代学校；启智化愚，创建和顺图书馆；移风易俗，改良社会新风尚，直接推动了当时和顺文化教育的发展。其动因主要在于源远流长的文化积淀和重教兴文传统；爱国爱乡，促进家乡社会发展的价值取向；衣锦还乡，光宗耀祖的心理情结；渴求知识、自我反思、强化自身的外部动力。

50. 潮汕侨批史料——原生态"草根"文献　兼论侨乡教育. 邓达宏. 发展研究，2013（3）：109-114.

关键词：潮汕侨批　"草根"文献　侨乡教育

内容摘要：本文从侨批史料的视角阐述了潮汕华侨支援家乡建设，捐资兴学，兴建学校，培育人才，发展侨乡文化教育事业；高度赞扬了潮汕华侨热爱祖国、热爱家乡、重视子女教育的爱国情怀。

51. 近代潮汕侨乡的教育转型：以书院衰落与新式教育兴起为中心. 于亚娟. 汕头大学学报（人文社会科学版），2013（4）：26-31，94.

关键词：近代　潮汕侨乡　教育转型　书院　新式教育

内容摘要：近代潮汕侨乡教育实现转型，以书院衰落及新式教育兴起为考察中心，观之则发现书院日趋没落并于清末民初改制，代之以新式教育。进一步研究表明，潮汕侨乡教育转型源于洋务运动、改良主义思潮、华侨助学、科举制废除等因素的综合作用，并表现出教会学校和民办学校是重要推动力、新式学校主要分布在商业发达而士绅势力较弱的城镇、新式教育地域发展失衡等特点。

52. "跨国寄养"背景下我国农村侨乡留守儿童媒介素养研究. 王佑镁. 现代远距离教育, 2013 (4): 55-61.

关键词: 跨国寄养　侨乡留守儿童　媒介素养

内容摘要: 在"跨国寄养"教育情境下, 媒介接触与使用对于弥合侨乡留守儿童与父母在教育时空上的限制至关重要。采用分层抽样调查研究方法, 从媒介的使用与满足出发, 对浙江、福建及广东等地 240 位农村侨乡留守儿童媒介素养状况进行研究和对比分析。结果发现, 由于农村侨乡教育环境与媒介环境的影响, 缺乏相应的媒介素养教育机会, 留守儿童对媒介的认知有效利用率普遍有待提高, 留守儿童媒介素养偏低。要提升侨乡留守儿童的媒介素养, 需尽快建立侨乡特色的中小学媒介素养教育体系, 充分整合社区资源开展面向侨乡留守儿童的媒介教育活动, 积极创设侨乡留守儿童媒介素养教育新平台, 政府和社会形成合力助推侨乡儿童媒介素养提升, 促其个体发展与社会融合。

53. 华侨华人在广州兴办教育探讨. 李云. 教育评论, 2013 (5): 135-137.

关键词: 海外华侨华人　捐资办学　教育现代化

内容摘要: 教育现代化是物质层面、制度层面、观念层面的现代化, 核心是人的现代化。改革开放后, 海外华侨华人将海外许多可借鉴的教育制度、理论和资金输入侨乡, 从物质、制度和观念三个层面, 与广州的教育实践紧密结合, 对广州乃至全国的教育改革和发展产生深远的影响。

54. 近代闽南华侨捐资兴学及办学理念. 邓达宏. 福建广播电视大学学报, 2013 (5): 1-6.

关键词: 近代闽南华侨　捐资兴学　办学理念

内容摘要: 海外华侨历来重视教育。本文从人文教育的视角阐述了近代闽南华侨支援家乡建设, 捐资兴学, 兴建学校, 培育人才, 发展侨乡文化教育事业的过程; 高度赞扬了陈嘉庚先生等闽南华侨热爱祖国、热爱家乡的爱国情怀, 讴歌了他们创办教育的新理念。

55. 侨批与闽粤侨乡教育探略. 邓达宏. 东南学术, 2013 (6): 291-295.

关键词: 国际移民书信　侨批　闽粤侨乡教育

内容摘要: 近现代海外华人通过民间渠道给家人汇款时附寄的书信, 在广东潮汕、梅州地区、福建闽南地区被称为"侨批", 在江门五邑地区被称为"银信"。侨批是一种原生态的国际移民书信。从大量侨批史料可以看出,闽粤华侨长期支援家乡建设,捐资兴学,培育人才,为侨乡文化教育事业和经济建设做出了巨大贡献。这表明了闽粤华侨热爱祖国、热爱家乡、重视子女教育的爱国情怀。

56. 外来务工人员子女媒介素养教育现状及对策:以福清市石竹街道为例. 蔡正华. 福建师大福清分校学报, 2013 (6): 21-27.

关键词:外来务工人员子女 媒介素养 媒介使用

内容摘要:随着我国城镇化进程的不断推进,外来务工人员子女的受教育权利日益受到关注,但他们的媒介素养现状却未能引起足够的重视。本文以东南沿海著名侨乡——福清市为例,调查外来工子女对媒介的使用情况及媒介素养程度,由此提出提升外来务工子女媒介素养的对策。

57. 用侨乡文化的精粹涵养海外华裔新生代资源——以广东江门市为例. 刘庄. 广西社会主义学院学报, 2013 (6): 48-51.

关键词:侨乡文化 海外华裔新生代 资源

内容摘要:于世界而言,海外华侨华人是推动世界发展及经济全球化的一支重要力量;于中国而言,华侨华人一直是中国改革开放的主要推动力之一。随着时光流逝,爱国情浓、桑梓情深的老一辈侨胞逐渐淡出舞台,华侨华人新生代走上了前台。在海外华侨华人构成渐变的过程中,用侨乡文化涵养华裔新生代资源,充分发挥新侨的高智性、专业性及与当地主流社会联系日益密切的特点,将对中国经济转型升级以及向世界展示"真实中国"产生积极影响。

58. 关于侨乡教育现状及瓶颈的调查研究:以浙江省侨乡青田为例. 吴姝雅,林艳艳,周璐琳,赵多加. 教育界(高等教育研究), 2013 (8): 132.

关键词:侨乡经济 存在问题 瓶颈

内容摘要:百年大计,教育为本;千秋大业,教育为先。侨乡经济具有独特性,侨乡教育所面临的环境也相对特殊和复杂。其国内子女的教育问题成为影响华人华侨社会生活、侨乡社会发展,尤其是侨务资源开发和利用的一个重要因素。

59. 近代福建华侨办学再探. 郑宗伟. 海峡教育研究, 2014 (1): 52-55.

关键词:无

内容摘要：本文从分析现存的侨批史料入手，对近代福建华侨办学的历史进程和重要人物的贡献进行了简要探讨。

60. 华侨与近代潮汕侨乡教育事业研究：以清末民国时期澄海侨办教育为例．陈子．前沿，2014（C2）：218-220.

关键词：海外华侨　潮汕　侨办教育　现代化　华侨教育

内容摘要：本文通过对20世纪上半叶澄海侨乡侨办学校发展情况的考察及其与海外华侨教育之间关系的梳理，探讨华侨捐资兴学对潮汕地区侨乡现代化的作用及其对海外华侨教育的反哺作用。

61. 民国时期侨乡开平的教育发展．谭金花．五邑大学学报（社会科学版），2014（3）：15-19.

关键词：民国时期　华侨　侨乡教育　教育改革　开平

内容摘要：广东开平华侨在其家乡所进行的教育改革，是民国时期席卷全国的教育改革中极有地方特色的部分。开平华侨在外域遭受排挤，又目睹西方文明，此种经历促使他们发奋和谋求改革以自救。他们出钱出力兴办学校、图书馆、报刊等，期望通过改革家乡的教育制度，来提高家乡人的素质，改变国家落后面貌。

62. 国际移民书信对侨乡教育的影响．邓达宏．八桂侨刊，2014（4）：54-60.

关键词：国际移民书信　侨乡教育　影响

内容摘要：近现代，国际移民书信多指海外华人通过民间渠道给家人汇款时附寄的书信，在广东潮汕、梅州地区、福建闽南地区称其为"侨批"，在广东江门五邑地区称其为"银信"。它们作为闽粤侨批"富矿"的有机组成，已成为侨乡文化的重要载体。这里，以原生态的国际移民批信为依据，着重阐述在极端困难的生存环境下，华侨华人仍积极捐资助学，兴办学校教育，培育人才，推动侨乡教育事业发展，从而高度赞扬了他们热爱家乡、重视侨乡教育的爱国情怀。

63. 侨乡台山国际理解教育现状与改进建议．宋东长．生活教育，2014（14）：102-103.

关键词：侨乡台山　国际理解教育　现状　改进建议

内容摘要：具有天时、地利、人和的侨乡台山，国际理解教育思潮启蒙较早，但进展缓慢。作为台山的教育工作者，应树立国际教育理念，整合侨乡各种资源，为培养国际人才而努力。

64. 试析对"洋留守华裔"华文教育的路径选择：以浙江重点侨乡青田县为例. 夏凤珍. 八桂侨刊, 2015（1）：53-58.

关键词："洋留守华裔" 华文教育 传统节日 文化认同

内容摘要：近年来，有越来越多的"洋留守华裔"生活、学习在浙江省青田县等侨乡，凸显对他们进行华文教育的迫切性。对"洋留守华裔"开展华文教育，有就近施教的便利，还是联谊海外侨胞的重要渠道。只要围绕华文教育的最终目标，明确政府、家庭、学校各施教主体的职责，以语言习得为重点，以传统节庆活动为抓手，提升施教的手段方法，完善施教的内容，一定有助于构建"洋留守华裔"华文教育的有效路径。

65. 清末民国时期的台山华侨与侨乡教育. 谷帅召. 五邑大学学报（社会科学版），2016（2）：6-11，92.

关键词：清末 民国 台山华侨 侨乡教育

内容摘要：清末民初，台山借助海外华侨众多、侨汇资源丰富以及海外华侨对家乡教育事业关心支持等有利条件，大力发展教育事业，在教育普及平民化、教育公平化、学校设置层次合理化、教育理念现代化方面做出了显著成绩，使当时的台山教育为全省所瞩目，推动了侨乡社会的近代化进程。

66. 广西华裔华侨留学生教育市场发展分析. 董健. 教育观察（上半月），2016（3）：143-144.

关键词：留学生 华裔华侨 留学教育市场

内容摘要：中国—东盟自由贸易区以及中国第三个侨乡是广西发展华裔华侨留学生教育的地域和人缘优势。广西应抓住优势和特色，通过充分利用国家的扶持政策、发挥政府职能的主导作用以及致力打好"侨乡牌"和"东盟牌"等措施，做大做强广西的华裔华侨留学生教育市场。

67. 浅谈侨乡地区高中心理健康教育的途径与方法. 何思学. 科教文汇, 2016（22）：139-141.

关键词：高中生 心理健康教育 途径

内容摘要：心理健康教育是教育者根据学生生理、心理发展的特点，运用心理学等多种学科的理论与技术，对学生进行心理健康知识与技能的教育、训练和心理咨询与辅导，促进学生身心全面和谐发展和整体素质提高的教育活动。高中生是出现各种心理问题的高危人群，本文针对侨乡地区开展高中阶段心理健康教育的途径和方法进行阐述，以促进该地区高中阶段的心理健康教育的开展。

68. 解读青田华侨留守儿童的分离焦虑. 陈红儿. 吉林教育，2017 (5)：34.

关键词：无

内容摘要：案例背景浙江省青田县是中国著名的侨乡。根据统计数据来看，在塔山实验小学1477名学生中，从外国回来的华侨留守儿童就有710人。而在我们班50名学生中，从外国回来的华侨留守儿童就有24人，占全班总人数的48%。这些华侨留守儿童的祖籍来自青田，但他们国籍不同，语言不同，生活习惯不同，因此，我们班成了一个独具特色的"联合国班级"。

（二）侨乡体育

1. 篮球之乡七十年——回忆晋江篮球队. 陈扬明. 福建体育科技，1983（2）：34.

关键词：篮球　晋江　运动会

内容摘要：晋江是我国著名侨乡，又以"篮球之乡"闻名全国。晋江篮球队有着悠久历史和光辉历程。中华人民共和国成立前晋江是闽南政治、经济、文化中心，晋江县政府就设在泉州城内。中华人民共和国成立后，晋江、泉州分开成立县市。下面所介绍的是中华人民共和国成立前曾经力冠全省，具有我国篮球南派打法，对我国篮球运动有一定影响的晋江篮球队。

2. 福建侨乡体育的有利条件及其经营管理刍议. 王炳坤. 福建体育科技，1986（1）：9.

关键词：侨乡体育　海外华侨　港澳同胞

内容摘要：我国的社会主义制度决定了我国的体育必须是发展具有中国特色的社会主义体育。20世纪末，我国要成为世界体育强国，必须从我国的实际出发，切实搞好体育改革，抓好三项战略：全民体育战略、奥运会战略和体育科技战略。而根据侨乡特点，发挥侨乡优势，大力发展侨乡体育，对我国体育事业的发展将起积极的作用。

3. 侨乡武苑新葩. 成彬. 中华武术，1994（2）：2.

关键词：侨乡　石狮市　武术

内容摘要：在石狮市环城路松茂村，有一座武馆，建馆5年来，培训弟子6000余名，不少人在各级武术比赛中披金挂银，它便是远近闻名的石狮市自然门武术馆。

4. 福建侨乡与体育. 陈志和. 福建师大福清分校学报，1995（2）：77-82.

关键词：侨乡体育 生命活动 生产需要 国际交往

内容摘要：福建侨乡与体育，总是结不解缘。在我国改革开放和重视华侨政策的感召下，广大华侨、归侨、侨属更加热爱祖国、热爱家乡。他们有着乐于帮助侨乡增加体育经费来源渠道、修建侨乡现代化体育场地设施、发展侨乡旅游体育、加强对外体育交流、引进体育先进技术的光荣传统，为我省兴办体育事业开辟资金、设备、技术、信息渠道等方面做出了贡献。随着社会的发展，人民生活水平的提高，体育已不仅是侨乡人民的需要，而且是整个社会的需要，不仅是提高侨乡生产的需要，也是保证人们健康地发展和正常的生命活动的需要。因而要加强政府对侨乡体育工作的领导，有意识有组织地开展群众性体育活动，建立体育组织、改革管理体制，成立侨乡体育基金会，实现体育投资多元化，积极开展国际体育交往，建立现代化体育情报系统，为加速实现我省体育的现代化而奋斗！

5. 福建侨乡社会体育现状的调查分析与发展对策. 苏肖晴. 福建师范大学学报（哲学社会科学版），2000（3）：157-160.

关键词：福建侨乡 社会体育 发展对策

内容摘要：本文从研究现代化城市文明建设和体育发展水平的理论和实践出发，根据福建侨乡走向现代化城市和社会发展的特殊要求，对福建侨乡体育现状进行较为全面的调查和分析研究，并提出了福建侨乡体育发展的未来模式以及实现这一模式的相应对策，为制定福建侨乡体育发展政策提供理论依据。

6. 福建沿海侨乡农村篮球运动开展现状与发展对策的研究. 蔡宝家，林珍瑜，唐文玲. 广州体育学院学报，2005（1）：39-42.

关键词：农村体育 篮球运动 福建沿海侨乡农村 发展对策

内容摘要：通过对福建沿海侨乡农村篮球运动开展现状的调查研究，既肯定其成绩又指出不足，同时提出一些发展对策，为我国广大农村开展篮球运动起到宣传和借鉴意义。

7. 侨缘社会资本对侨乡社会体育发展的功效研究. 许月云，刘刚，许红峰，郑志丹. 北京体育大学学报，2006（10）：1327-1329.

关键词：侨缘社会资本　侨乡　社会体育　功效

内容摘要：侨缘社会资本是侨乡社会体育发展的重要区域资源，是侨乡社会体育发展的"输血源"和"动力源"；侨缘社会资本在侨乡社会体育发展中发挥了"第三部门"提供信息资源、经费资源、场地资源、组织资源等重要的历史功效；随着海外华侨华人社会结构的变化、侨乡社会经济迅猛发展，侨缘社会资本对侨乡社会体育发展的功效逐步由昔日的"输血型"向当今的"造血型"转化，秉承侨缘社会资本特殊禀赋的侨乡民营经济、民营企业、侨乡居民成为当今侨乡社会体育发展强有力的物质、人力、组织、信息等体育资源的重要主体。

8. 侨乡乡镇居民体育价值观特征及其差异性比较研究. 许月云. 成都体育学院学报，2007（2）：46-50.

关键词：侨乡　乡镇居民　体育价值观

内容摘要：本文采用文献法、访谈法、问卷调查法、数理统计法、比较分析法等，就侨乡乡镇居民体育价值观对重点侨乡——晋江13个乡镇1300名居民进行调查研究。结果表明，乡土情感因子、国家地区促进因子、休闲娱乐因子、社会效应因子、健身保健因子、美育体验因子、知识技能因子构成了侨乡乡镇居民体育价值观结构体系。不同性别、年龄、文化程度侨乡乡镇居民体育价值观具有一定的交互作用和显著性差异。侨乡区域的社会环境、文化环境、经济环境、历史变迁等是侨乡乡镇居民体育价值观结构体系鲜明的地域特色和多元特征及差异性的重要影响因素。

9. 侨乡乡镇居民的体育价值观. 许月云，郑志丹. 武汉体育学院学报，2007（4）：91-95.

关键词：侨乡　乡镇居民　群众体育　价值观

内容摘要：采用文献法、访谈法、问卷调查法、数理统计法、比较分析法等，就侨乡乡镇居民体育价值观对重点侨乡晋江13个乡镇1300名居民进行调查研究。结果表明：乡土情感因子、国家地区促进因子、休闲娱乐因子、社会效应因子、健身保健因子、美育体验因子、知识技能因子构成了侨乡乡镇居民体育价值观结构体系。不同性别、年龄、文化程度侨乡乡镇居民的体育价值观具有一定的交互作用和显著性差异。

**10. 海外华侨对侨乡泉州社会体育发展的历史绩效：侨乡社会资本视

域下侨乡社会体育发展绩效的实证研究之一. 许月云. 漳州师范学院学报(自然科学版), 2008 (3): 93-96.

关键词: 侨乡社会资本　华侨　社会体育　功效

内容摘要: 侨乡社会资本是侨乡社会体育发展的重要区域资源, 是侨乡社会体育发展的输血源和动力源。侨乡社会资本在侨乡社会体育发展中发挥了提供信息资源、经费资源、场地资源、组织资源等重要的历史功效。

11. 华侨、港澳同胞与中国体育事业的发展. 郑志刚, 关文明. 体育学刊, 2008 (5): 47-49.

关键词: 中国体育　侨务政策　华侨　港澳台同胞

内容摘要: 本文通过历史回顾, 总结、介绍长期以来广大海外华侨、港澳同胞对祖国体育事业大力支持的动人事例。他们的支持主要表现在三方面: 第一, 优秀体育人才回归, 报效祖国; 第二, 慷慨解囊, 在财力物力上支援体育事业; 第三, 支持侨乡体育事业, 促进群众体育。事实说明, 广大侨胞、港澳同胞与祖国血脉相连, 爱国情深, 中国体育事业今天如此辉煌, 与他们的无私奉献是分不开的。

12. 侨乡晋江乡镇居民体育活动现状的社会学因素分析. 郑志丹, 许月云. 韶关学院学报, 2008 (6): 115.

关键词: 侨乡　乡镇居民　体育活动

内容摘要: 本文采用分层抽样法, 对侨乡晋江 13 个乡镇 1300 名居民进行了调查研究。调查表明: 侨乡乡镇居民体育参与人口比率高于全国平均水平, 但体育人口比率偏低; 活动时间的安排表现为随意性、间断性; 活动人际环境以同伴形式为主; 活动项目以散步、跑步、羽毛球、篮球、乒乓球为主; 活动场所以村落体育场地、自家庭院、住宅区空地为主; 组织化程度较高; 增进健康、丰富生活、延年益寿以及受朋友同事邀请、学校体育教育、乡村体育氛围等内外动因是影响侨乡乡镇居民参与体育活动的主要因素; 缺乏时间、兴趣是不参加体育活动的主要原因。

13. 海外乡亲与广州侨乡体育发展. 陈世柏. 体育文化导刊, 2010 (3): 99-102.

关键词: 体育原理　海外乡亲　捐赠　广州

内容摘要: 广州作为全国重点侨乡大都市, 经济与体育事业非常发达, 体育发展水平处于全国领先地位。广州体育事业的腾飞与海外乡亲的捐赠密不可分。他们对家乡那片赤子之心奠定了广州市体育事业的坚固基石。

14. **华人华侨与台山排球运动的兴起**. 耿之矗. 兰台世界, 2010 (23): 45-46.

关键词: 排球运动 华人华侨 体育局 侨乡

内容摘要: 台山堪称中国第一侨乡, 市内人口98.92万人, 旅居海外及港澳台等92个国家和地区的台山籍乡亲达130多万人, 堪称"内外两个台山"。2005年1月, 广东省体育局正式命名广东省首批十个"体育之乡", 台山市众望所归, 被评为"排球之乡"。在20世纪五六十年代, 人人都知道"无台不成排"。

15. **地方高校体育与群众体育发展模式的构建: 以广东江门侨乡为例**. 钟喜婷, 杨进波. 广东技术师范学院学报(自然科学版), 2011 (4): 88-90.

关键词: 地方高校体育 群众体育 发展模式

内容摘要: 通过对广东江门侨乡高校体育及群众体育的发展现状进行仔细地分析, 并进一步探索出有利于地方高校体育与群众体育发展的模式, 希望此模式对地方高校体育与群众体育发展有一定的借鉴意义。

16. **泉州小城镇群众体育发展驱动力及管理模式探析**. 郭惠杰, 张华光, 施小菊. 菏泽学院学报, 2011 (5): 89-92.

关键词: 泉州 小城镇 群众体育 管理模式

内容摘要: 从社会变革、经济实力与体育需求、侨乡特色与本地文化传统三个方面, 阐述了泉州小城镇群众体育发展的驱动力。本文结合社会管理系统理论, 以县级管理主体—镇级管理部门—华侨联合会为主线, 构建了纵向垂直管理与横向水平沟通的小城镇群众体育管理模式。

17. **台山侨乡排球文化探析**. 潘兵. 体育文化导刊, 2011 (11): 23-24.

关键词: 群众体育 台山 排球

内容摘要: 台山是我国著名的侨乡。参与排球运动锻炼的人很多。其排球文化具有交融性、教育性、大众性等特征。

18. **海西背景下侨乡福清市篮球运动开展特征及发展对策研究**. 林政梅. 吉林师范大学学报(自然科学版), 2012 (3): 133-136.

关键词: 海西 侨乡篮球运动 特征 对策

内容摘要：本文采用问卷调查、文献资料、专家访谈等方法，对侨乡福清市篮球运动开展现状进行调查与研究，分析了福清市篮球运动开展的特征及存在的主要问题，并针对问题提出了一些发展对策，旨在为福清市篮球运动的发展提供一定的理论参考。

19. 侨乡武术东南亚会馆化传播方式研究. 于海滨. 体育科学研究，2012（4）：25 - 27.

关键词：会馆化　侨乡武术　传承

内容摘要：本文采用文献资料法、调查法和文化学的相关理论，考察侨乡武术在东南亚会馆化传播的历史与现状，总结了东南亚会馆化传播武术的作用及出现的问题，提出解决问题的对策和方法。研究结果表明：会馆化传播是侨乡武术在东南亚最主要的传播方式。会馆化传播，发挥了武术家的传承力量；会馆化传播，使武术的传播焕发出勃勃生机；使武术的交流和竞赛国际化。完善习武观念，提高理论技术水平；发挥名人作用，规范传统武术传承；规划武术品牌，弘扬传统武术精华，使传统武术在东南亚更好地传播。

20. 台山侨乡排球文化解读. 潘兵. 科技信息，2012（18）：33，35.

关键词：台山侨乡　传统排球　文化现象　研究解读

内容摘要：一项体育运动，近百年来在同一区域、同一种族、同一人群中受到喜爱并经久不衰，这在当今现实社会中并不多见。在广东台山，人们对排球运动情有独钟，深为喜爱。排球是台山侨乡人值得炫耀的。因此，排球运动已成为台山人健身教育、节庆娱乐、公关会友等一种特有的文化现象。随着社会的发展，这种文化现象深深地刻上历史的烙印，其深刻内涵值得关注和解读。

21. 潮汕文化背景下休闲体育文化特色研究. 李朝旭，师小蕴，郑旭东，李志刚. 铜仁学院学报，2013（4）：83 - 88.

关键词：潮汕文化　潮汕民性　潮汕体育　潮汕民俗　休闲体育文化

内容摘要：潮汕地区体育管理部门主要有四种，即文体局、体育局、教体局和宣传部。潮汕休闲体育文化特色，从组织形式来说，有侨乡特色和社会化特色；从文化性格来说，具有兼容性、务实性、独立性、抗争性和平民化的显著特色。

22. 广东台山"9人制"排球运动文化成因与延续之研究. 张亚平. 运动，2013（4）：154 - 155.

关键词：广东台山　9人制　排球　文化

内容摘要：本文采用文献资料法等方法，探讨了广东台山"9人制"排球运动文化的产生、发展与传承。结果认为，广东台山"9人排"体育文化既具有浓厚的地域性、群众性，又具有强烈的开放性和独立性。台山"9人排"一方面保留了台山传统体育的区域文化特色，反映了台山群众在体育活动中所呈现出的特有行为模式和社会心理习惯；另一方面在实践的体育活动中体现了地域性文化特质。在广东台山"9人排"产生与发展过程中，广东台山的华侨与侨汇产生了积极的重要作用。

23. 民国时期梅州足球之乡形成的社会动因. 卢志成，杜光宁. 体育文化导刊，2014（3）：173-176.

关键词：体育史　近代体育　足球　梅州　足球之乡

内容摘要：本文运用文献资料法分析了民国时期梅州"足球之乡"形成的社会动因。现代教育兴起，学校足球盛行；结社成风，足球社团推广；侨乡形成，侨资助力；精英引领是梅州"足球之乡"形成的社会原因。梅州足球的发展在顺应中国现代化进程的同时具备了现代足球发展的主要社会因素，吻合了现代足球发展的基本规律，即学校足球是发展之基础、民间组织是强大推动力、完善的基础设施是保障、精英人物是领航者。

24. 台山侨乡排球文化价值取向研究. 潘兵. 当代体育科技，2014（11）：124，126.

关键词：台山侨乡　体育文化　价值取向　问题研究

内容摘要：排球运动之所以成为台山侨乡人热衷的一项体育健身运动，最重要的原因在于它融入社会、融入习俗、融入生活、融入情感。它以排球为载体不断升华成为一种独特的城市文化，对发展经济、促进社会和谐与进步，有着独特的价值。

25. 文化视野下台山侨乡九人制排球运动特点及其核心价值研究. 潘兵，李丽，孔令建. 体育时空，2014（11）：37，39.

关键词：体育文化　台山侨乡　排球运动

内容摘要：在台山侨乡九人制排球运动的发展进程中，所形成的传统性、教育性、区域性和兼容性的特点，折射出特有的文化风格及独特的核心价值。

26. 台山侨乡传统排球运动发展与文化保护研究. 潘兵，胡小军. 当代体育科技, 2014 (26): 142-143.

关键词: 台山侨乡 传统体育 排球文化

内容摘要: 台山侨乡排球文化是前辈在生产劳动和日常娱乐中创造出来的。它用肢体语言的文化形式诠释着历史, 传承了文明。它颇具区域性体育文化特征。近期调研中发现, 当前台山排球运动及排球文化现象在逐渐消失, 这种现象令人担忧, 为此潜心探讨与研究。

27. 侨乡台山九人制排球文化的特征与保护. 李丽, 孔令建, 潘兵. 体育科技文献通报, 2015 (6): 12-13, 57.

关键词: 九人制排球 文化 特征 保护

内容摘要: 台山九人制排球文化具有区域性、教育性、开放性、包容性、创新性及鲜明的时代性, 为台山民众休闲体育的形成、终身体育理念思想更新、全民健身目标达成做出巨大的贡献。它的保护分为政府主导的静动态保护, 以多媒体信息技术为基础的影像资料、继承人保护。

28. 侨乡民俗体育与学校体育结合的思考. 陈丽妹. 内蒙古师范大学学报 (哲学社会科学汉文版), 2015 (6): 82-84.

关键词: 无

内容摘要: 无

29. 华人华侨在台山排球运动发展中的作用与思考. 马明兵, 杜邦胜. 湖北师范学院学报 (自然科学版), 2016 (2): 39-43.

关键词: 华人华侨 台山排球 发展

内容摘要: 本文采用文献资料、实地调研等方法, 分析了华人华侨在台山排球运动发展中的作用, 认为台山华侨及港澳台同胞是排球运动传入台山的催化剂。他们的支持保障了战乱时代台山排球运动的传承和开展。他们的先前积累是中华人民共和国成立初期台山排球运动发展的基石。他们的支持和赞助加速了改革开放后台山排球运动的蓬勃发展。同时也提出了相应措施振兴台山排球, 让华侨及港澳台同胞支持台山排球运动发展的侨乡文化发扬光大。

30. 近代潮汕侨乡体育发展探析——以澄海县为中心. 连远斌. 五邑大学学报 (社会科学版), 2016 (3): 17-21, 93.

关键词: 近代 潮汕 侨乡体育 澄海县

内容摘要: 华侨与原乡居民之间的文化交流, 使近代澄海的体育活动颇具侨乡特色。无论传统体育项目还是现代体育项目都得到蓬勃发展。这是华侨支持、政府部门重视及侨乡学校推动的结果。侨乡体育文化的探析，对于近代体育史、区域文化及华侨华人历史的研究都有重要启示作用。

（三）侨乡公益

1. 晋江侨捐心态、投向特征及其管理对策浅探. 施文芳. 南洋问题研究，1998（2）：73－75.

关键词：公益事业　捐赠者　海外侨胞　捐资办学　侨务工作

内容摘要：晋江市是全国著名的侨乡。旅外乡亲遍布五大洲60多个国家和地区，人数近百万；在晋江境内的归侨、侨眷有70多万人，约占全市总人口的75%。旅外的晋江乡亲素有热爱祖国、热心家乡公益事业的优良传统。近年来，晋江市侨捐公益事业的发展保持良好的势头，年捐资额均超过亿元人民币。据统计，从1979年至1997年底，旅外乡亲用于兴办公益事业的捐款总额逾10亿元人民币。在这种情况下，加强对侨捐公益事业的管理，正确引导捐资投向，保护侨胞关心和支持家乡建设的积极性，是一项十分重要的工作。本文试图从晋江市侨捐公益事业的现状出发，就侨胞捐赠的心态，近期侨捐公益事业的特点及加强侨捐管理工作等方面做些探讨。

2. 拳拳游子意　殷殷故乡情——石圳村华侨兴办家乡公益事业. 李锐. 今日中国（中文版），1988（7）：54－55.

关键词：公益事业　华侨　晋江　华人

内容摘要：福建省著名侨乡晋江县围头半岛的东侧，有一石圳村，这里曾是海滨僻壤，地瘠民贫。清朝（1644—1911）中叶以后，许多村民出洋谋生，大多侨居菲律宾群岛。祖籍石圳的海外华人、华侨，已达八千人左右。他们中的许多人，仍心系故土，积极兴办家乡公益事业。早在20世纪20年代，来自该村的爱国侨领、菲律宾中华商会会长李清泉先生，就提出"建设新福建"的口号，组织"南洋闽侨救乡会"，创办了《福建时报》，为家乡的振兴而奔走呼号。当第一次国共合作、北伐军北征之际，他积极捐款，支援大革命。

3. 改革开放以来捐赠在晋江社会经济发展中的地位与作用. 王付兵. 南洋问题研究，1999（1）：84－92.

关键词：晋江市　捐赠　港澳同胞　侨乡　华侨华人

内容摘要：无

4. 改革开放以来华人华侨对福清的捐赠及其作用. 王付兵. 华侨华人历史研究, 2000 (3)：9-16.

关键词：改革开放　华人华侨　福清市　经济发展

内容摘要：福清雅称"玉融"，简称"融"，是福建著名的侨乡之一。其"西北依山，东南滨海"，历史上由于"地苦瘠而民贫，产虑薄而用奢"，加之旧时代的政治腐败和经济剥削，造成福清民不聊生，盗匪兵灾层出不穷。破产农民与失业的手工业者，为寻求谋生之路，无奈纷纷铤而走险漂洋过海出国谋生，创造了一部艰苦创业、敢冒风险和具有较强开放意识的悠久的华人华侨历史。

5. 关于侨乡优势的思考——广东潮州大吴村旅外乡亲捐资公益事业调研报告. 陈蕊. 华侨华人历史研究, 2005 (4)：63-69.

关键词：旅外乡亲　捐资　侨乡优势

内容摘要：广东省潮州市是著名侨乡。长期以来，旅外乡亲对家乡公益事业进行了无私的捐资。这些捐资促进了家乡的发展，也成为潮州的一大侨乡优势。本文以大吴村为个案，分析旅外乡亲捐资的情况，总结旅外乡亲捐资成功的大致模式，同时对这一侨乡优势所出现的问题进行初步探讨。

6. 经济与公益活动中的地方政府与华侨华人互动. 贺东航，黄美缘. 南洋问题研究, 2005 (4)：50-56.

关键词：侨乡　经济与公益活动　地方政府—海外华侨　互动

内容摘要：本文探讨了改革开放以来，在经济与公益活动中地方政府与华侨华人互动的过程与特征。地方政府为了获得社会资本，利用各种场合与海外华侨华人直接互动。同时，政府也采取"间接"互动的方式，广泛接触海外华侨。另一方面，海外华侨通过与地方政府的紧密互动，不仅加入侨乡的公益事业，而且融入当地的经贸活动中，获得了较大的经济利润。在此基础上的双方互动，促成了侨乡进行一系列的制度创新，使侨乡成为中国经济和社会变革的先行地区。

7. 从慈善事业看近代华侨精英与侨乡公共事务——以泉州花桥善举公所为例. 蒋楠. 华侨华人历史研究, 2008 (1)：58-63.

关键词：泉州　华侨精英　慈善事业　公共事务　侨乡社会

内容摘要：结合近代百年来沿海侨乡社会和慈善组织的历史变迁，以泉州花桥善举公所为例，分析阐述了华侨精英依托侨乡特殊社会文化网络，在地方公共事务发展中的主导作用。

8. 华侨华人慈善捐赠和侨乡发展——对瑞安市桂峰乡华侨华人的调查和分析. 张小绿. 温州大学学报（社会科学版），2008（4）：17-22.

关键词：华侨华人　捐赠模式　贡献　侨乡发展

内容摘要：温州是全国著名的侨乡。海外温州人的侨汇、信息、市场和社会关系网络是侨乡发展的重要资源。本人通过对瑞安市桂峰乡海外华侨华人群体的调查分析，发现华侨华人慈善捐赠的模式有个人、民间组织和政府三种并各有特点。动因则是强烈的爱国爱乡的愿望。华侨华人慈善捐赠对侨乡的教育事业、公益事业和地方经济三个方面做出了贡献。

9. 改革开放以来海外台山乡亲捐赠活动的原因及作用. 薛永芳. 八桂侨刊，2009（1）：70-73.

关键词：改革开放　海外乡亲　捐赠　台山

内容摘要：改革开放以来，海外乡亲对侨乡的捐赠活动具有数额大、范围广、内容多等特点，具有主动性、持续性、规范性等特征。海外乡亲的捐赠活动是中国慈善捐赠活动的重要组成部分，也是中国慈善事业的重要优势。因此，研究海外乡亲对侨乡的捐赠活动，不仅有利于加深侨乡研究的内涵，而且对拓展中国慈善事业的研究内涵具有重要的理论意义和现实意义。本文以广东台山为个案，探讨改革开放以来台山海外乡亲捐赠活动的原因和作用。

10. 晋江慈善总会发展现状分析. 郑文标，张禹东，许金顶，彭立群. 福建省社会主义学院学报，2009（3）：79-82.

关键词：慈善　晋江　侨乡

内容摘要：本文拟分析晋江慈善总会的发展现状，总结总会的运营特色，探讨侨乡因素对晋江慈善事业发展的影响，并剖析总会发展面临的问题，为国内慈善事业的建设提供一个参照案例。

11. 海外捐赠及其对广州城乡经济的效用. 陈世柏. 湖南农业大学学报（社会科学版），2009（6）：37-42.

关键词：海外乡亲　广州　生产建设　侨属企业

内容摘要：改革开放以来，在中国政府的大力鼓励和支持下，海外乡亲积极地捐款捐物，支持广州侨乡的工农业生产。捐赠历经起步、发展、高潮、持续和衰落五个阶段,呈现出区域的集中化、方式的多样化、受赠主体的集体化等特征。海外乡亲的捐赠,大大提高了广州侨乡工农业生产总值,改变了侨乡工农业落后的面貌,改善了侨乡经济结构,促进了侨乡农业商品化进程和工业化进程,为广州的经济建设做出了突出的贡献。

12. 近代南安商贾与泉南慈善公益事业. 林连芳. 沧桑, 2010 (2): 111-112.

关键词:南安商贾 慈善救济 捐赠

内容摘要:鸦片战争以后,泉南侨乡社会风貌的改变除了在产业与交通运输方面外,侨乡的慈善公益事业的发展,在泉南近代化中亦是不可忽视的一大特点。同时它也是泉南侨乡社会转型的一个重要特征。清末民初以来,近代南安商贾作为一个商人群体进入了泉南社会舞台。他们参与了整个泉南近代化历史进程。特别是在慈善公益事业方面,他们的作用更为明显。

13. 海外乡亲捐赠广州公益事业略论:以科技、旅游、环保、治安为例. 陈世柏. 五邑大学学报(社会科学版), 2011 (2): 31-34, 94.

关键词:海外乡亲 捐赠 公益事业

内容摘要:改革开放后,在海外乡亲的资助下,广州开创了国内以民间力量成立科技基金会的先河。海外乡亲的科技捐赠增强了侨乡的发展动力;环保捐赠支撑了可持续发展;旅游捐赠促进了经济发展;治安捐赠保障了社会稳定。海外乡亲对公益事业的捐赠为广州的经济发展和社会稳定奠定了良好基础。

14. 社会地位补偿与海外移民捐赠——广东五邑侨乡与海南文昌侨乡的比较分析. 黎相宜,陈杰. 华侨华人历史研究, 2011 (4): 1-10.

关键词:华南侨乡 华人捐赠 公共事业 文化事业 社会地位 补偿心态

内容摘要:论文从社会学视角,对广东坎镇与海南文镇两个移民群体公共文化事业的捐赠活动进行了比较研究,认为海外移民对于侨乡公共文化事业的捐赠与其社会地位补偿密切相关,提出了"社会地位补偿"的解释范式。广东坎镇移民流向主要为美国、加拿大等经济发达国家,移民群体社会地位落差较大。他们的捐赠活动,不仅能够补偿他们某种身份及归属感的缺失,而且还能够获得一种额外的社会声誉。这种移民的补偿心态使得坎镇侨乡的公共文化事业出现了繁荣发展的盛况;而海南文镇移民流向主要是东南亚国家,经历了从"华侨"到"华人"的身份转变,祖籍地与移居地的经济差距缩小导致移民补偿成本升高,侨乡地方社会所构建的补偿体系对移民的吸引力在逐渐减弱,从而导致文镇公共文化事业出现衰落的发展态势。

15. 改革开放以来泉州侨捐流向分析. 张赛群. 八桂侨刊,2011(4):11-18.

关键词:改革开放 泉州侨捐 流向

内容摘要:泉州侨捐在空间上显示出分散和集中的双重性质,尤其集中于重点侨乡;在行业方面集中于文化教育和卫生事业,另在基础设施建设、公益福利事业等方面也比较突出。从纵向来看,这一侨捐流向基本格局不变,但也随着社会发展和人们思想的变化而出现若干新特点。整体而言,泉州侨捐流向是比较合理的,但也需要有效引导,以使侨捐发挥最大的社会效益和经济效益。

16. 新世纪华侨华人、港澳同胞慈善事业在中国大陆的前景展望. 陈世柏. 慈善,2011(2):28-31.

关键词:无

内容摘要:改革开放后,华侨华人、港澳同胞发扬爱国爱乡的优良传统,在中国大陆慷慨捐赠,为建立一个富强、文明、民主、和谐的侨乡做出了突出贡献。在新世纪,华侨华人、港澳同胞慈善事业将面临更为广阔的历史发展机遇。一方面,30多年的改革开放使中国发生了翻天覆地的变化,中国经济迅猛发展,综合国力不断增强,国际关系日益改善,政府对慈善事业的重要性的认识日渐深入,全社会的慈善意识普遍提高,社会慈善文化氛围大大改善,这些都为华侨华人、港澳同胞在中国发展慈善事业创造了最基本、最重要的条件。另一方面,改革开放加速了中国社会的转型,中国的贫富差距日益扩大,社会弱势群体大量存在,贫困问题依然严重。为了消灭贫困、改善民生,中国政府在21世纪伊始就提出"社会福利社会化"的口号,主动转变政府职能,积极地在慈善领域实行"退出机制",以推动社会福利社会化的进程。在此背景下,中国的慈善组织蓬勃发展,并逐步迈向规范化、制度化和国际化。中国社会的转型为华侨华人、港澳同胞在中国发展慈善事业提供了广阔的施展舞台。与此同时,国际上新的慈善革命的到来,潜移默化地影响着中国的慈善事业,促使中国慈善事业不断变革和完善,为华侨华人、港澳同胞在中国发展慈善事业创造了良好的外部环境。

17. 改革开放以来晋江侨捐流向分析. 张赛群. 五邑大学学报（社会科学版），2012（2）：23－27.

关键词：改革开放以来　晋江侨捐　流向

内容摘要：改革开放以来，晋江侨捐增长迅速。侨捐在行业分布上主要集中于文化教育领域，地域分布上主要集中于重点侨乡。历史考察，侨捐流向基本遵循以上规律，但随着社会发展也呈现出若干新特点。整体而言，当前晋江侨捐流向比较合理，但仍需积极引导，以使侨捐发挥最大的经济效益和社会效益。

18. 海外华人宗教团体赈济侨乡社会机制研究. 陈景熙. 世界宗教文化，2013（1）：45－48.

关键词：海外华人宗教　侨乡社会　德教　汕头

内容摘要：本文以海外华人宗教"德教"团体为研究对象，以民国年间汕头市北侧澄海德教紫澄阁为具体案例，运用田野调查、文献检索所收集的侨乡历史文献，在考证紫澄阁由创立至组织"明德善社"的历史脉络的基础上，重点探讨1948年至1949年该德教团体受香港德教会委托，在澄海县城范围内代赈棉衣的运作方式，希望借此揭示20世纪50年代之前，海外华人宗教团体赈济侨乡社会的具体机制。

19. 改革开放以来华侨华人在福清侨乡捐赠行为的文化解读. 林心淦. 八桂侨刊，2013（4）：15－21.

关键词：福清　捐赠行为　侨捐文化　侨乡

内容摘要：本文以福清侨乡为个案，探讨侨捐行为背后文化（特别是观念）的动因，即支撑着侨捐行为作为侨乡社会普遍现象得以延续发展的思想观念动因、社会文化动因。侨捐文化形式从物质文化、制度文化、行为文化三个层面体现了侨捐文化内涵，从而实现了侨捐文化功能，推动侨捐行为从个体到群体化、导向化。侨捐文化功能，从利己的方面来分析，可以包括精神效能和社会资本两个层面，前者更多是侧重于观念心态层面的外在动力和精神效能所产生的内在动力；后者则是带有利己的功利效用，即侨捐行为给捐赠者带来具有利己效用的社会资本。

20. 从社会资本视角看海外慈善资源的获取与利用. 李云. 广西社会主义学院学报，2014（1）：70－76.

关键词：社会资本　祠堂文化　海外移民　慈善资源

内容摘要：海外慈善资源是一种潜在的社会资本。广州民众通过海外移民展开互动，把这一潜在的价值资源变成了现实的社会资本。祠堂文化的复兴则是广州民众主动获取和充分利用海外慈善资源的结果。在海外移民支持下，广州民众把海外慈善资源转化成了文化资本和经济资本。海外慈善资源转化成文化资本，提升了侨乡民众的文化能力，使祠堂文化在广州焕发出新的活力。

21. 老年人福利的社会化与海外移民的慈善推动：以广州为例. 李云. 武昌理工学院学报, 2014（1）: 48-51.

关键词：社会福利社会化　海外移民　慈善　老年人福利

内容摘要：中国政府的社会福利社会化为海外移民参与侨乡社会福利提供了政策上的支持和法律上的依据，侨乡弱势群体的大量存在和老年人对社会福利需求的增加，为海外移民的慈善参与提供了空间和动力。改革开放后，海外移民在广州侨乡慈善供给老年人福利，由孤寡老人、生活困难的老人扩展到全体老人，由老有所养到老有所医、老有所乐、老有所学、老有所为，由临时性地提供福利到设立基金长期提供福利，体现了新时期海外移民资助老年人福利发展的趋势，拓展了中国社会福利社会化的途径，为其他地区兴办社会福利事业提供了一个成功的范式。

22. 浅议如何加强中小学校社会捐赠资金的管理. 吴全海. 经济视野, 2014（23）: 490.

关键词：资金管理模式　社会捐赠　中小学校　个人捐赠

内容摘要：社会捐赠是指自然人、法人或其他社会团体出于爱心，自愿无偿地向公益性社会团体、公益性非营利单位、某个群体或个人捐赠财产进行救助的活动。社会捐赠资金是一项专项资金，具有专门的指定用途，其来源于社会各行各业，是社会各界人士自愿、无偿、义务捐赠的资金。我县是个知名侨乡，随着公益事业的健康快速发展，目前已形成"社会捐资助教"的良好氛围，社会各界对教育捐助方式多种多样，数额庞大，资金管理模式多样。

23. 五邑华侨慈善教育捐赠现状、问题与对策：以五邑大学接受捐赠为例. 王继远，纪晓虹. 五邑大学学报（社会科学版）, 2015（2）: 1-5, 92.

关键词：教育捐赠　华侨权益　立法

内容摘要：五邑华侨慈善教育捐赠促进了侨乡教育事业发展。以五邑大学为例,通过调查问卷、实地走访和数据统计发现,当前,慈善教育捐赠方式单一、传统,并受到多重因素影响,这里既有捐赠者个人因素,也有国家政策法律等软环境不完善、受赠机构体制机制不健全等原因。要促进华侨慈善教育捐赠,建议完善华侨慈善教育捐赠的基础性法律体系、实施大学慈善教育捐赠战略、创新慈善教育捐赠治理模式、增强慈善捐赠的使用状况透明度、培育五邑华侨捐赠群体。

24. 钟铭选家族:做公益,不只是修桥铺路建学校. 张柏芳. 福建人,2015(4):80-83.

关键词:祖孙三代　酒店管理集团　乡贤　凯悦酒店　乡村道路

内容摘要:在闽南著名侨乡安溪县,流传着"祖孙三代一门侨贤"的感人事迹。铭选医院、铭选中学、铭选大桥……遍布安溪的一项项侨建工程,均由旅港乡贤钟氏家族捐建,迄今造福安溪民众。

25. 海外捐款的运作与监督机制. 黄海娟. 兰台世界,2016(1):113-115.

关键词:华侨　捐款　监督

内容摘要:近代华侨的捐资办学是一个值得研究的问题,以往的研究集中于列举各地区侨资办学的情况,对海外华侨捐款运作和监督机制却少有讨论。本文利用全国著名侨乡广东省台山市档案馆的馆藏资料,以民国时期加拿大华侨扩建台山县立中学校舍合作个案研究,分析海外华侨在募集捐款后,如何建立集体捐款运作和监督机制实现款项的跨地域操作,并克服建校过程中的种种困难,把他们的想象变成现实。

(四) 侨乡调查

1. 侨乡:福建同安曾厝村的情况调查. 郑炳山. 侨务报,1957(1):13-14.

关键词:无

内容摘要:无

2. 福建晋江专区华侨史调查报告. 庄为玑,林金枝,桂光华. 厦门大学学报(哲学社会科学版),1958(1):93-127.

关键词:南洋　晋江　印度尼西亚　侨眷　族谱　华侨史

内容摘要:1956—1957 年厦门大学南洋研究所为了配合华侨史的编写

工作，进行了晋江专区六次的侨乡调查。调查的人员主要是历史组的同志，政治经济组和资料室的同志也曾参加调查工作。调查的地点是在本专区15个县市的范围内，其中泉州、晋江、南安、惠安、同安、安溪、永春、德化、莆田、仙游及福清11县市，曾经做过"初步调查"的工作，还有大田、永泰、平潭、金门4县。

3. 侨工三兄弟——侨乡访百岁老人. 符丙钦，陈羡强. 广东文艺，1977（3）：49-54.

关键词：无

内容摘要：无

4. 侨乡一条村：访冲蒌泥冲村. 台文. 新宁杂志，1980（1）：21.

关键词：无

内容摘要：无

5. "修史访侨乡". 佚名. 广东华侨历史学会通讯，1982（3）：29.

关键词：无

内容摘要：无

6. 利用侨乡优势，发展乡镇企业——陈埭公社侨属集资办厂情况调查. 吴文华. 福建对外经贸，1984（5）：22.

关键词：无

内容摘要：无

7. 访三个侨属家庭. 孙庆烈. 中国建设，1985（7）：46-48.

关键词：东山县　福建侨乡　侨属

内容摘要：近年来，居住在福建侨乡东山岛上的侨属，随着收入的逐步增多，业余生活也更加丰富多彩。每当夜幕降临时，在东山县城关镇南门海滨一个普通的居民住宅里，经常可以看到一群民间戏曲爱好者聚集在这里，有的击鼓弄弦，有的练功学唱。民间老艺人黄匡国正在传艺教唱，那音韵婉转、悦耳动听的昆腔曲调不时回荡在宁静的海岛上。人们路过这里，总要停步围观、欣赏。这就是民间老艺人办的"戏曲之家"。

8. 重教兴业，尊贤育人——胡文虎家乡调查小札. 蒋国华，王树彬. 龙岩师专学报，1986（1）：102-107.

关键词：胡文虎　侨乡　教育

内容摘要：十月金秋时节，我们去看望率领儿子、儿媳回乡祭祖探亲的香港大学新闻系著名学者，香港永靖同乡会副会长，本校胡文虎研究室顾问胡殷先生，顺道到下洋中川村做了些调查。下洋中川村是胡文虎先生的故乡，下洋是闽粤边界著名的侨乡。年已80高龄的胡聚友先生老当益壮陪同我们做了这次访问。

9. 侨乡经济结构变革的新因素——外资企业——广东新会县虎岭乡考察述评. 冯宇平. 中山大学研究生学刊（社会科学版），1986（2）：93-100.

关键词：无

内容摘要：无

10. 揭阳县仙桥镇篮兜侨乡调查纪实. 郑祖逊，郑衡. 汕头侨史，1987（2）：45-50.

关键词：无

内容摘要：无

11. 蓝兜侨乡调查记实. 郑衡，郑祖逊. 揭阳侨史，1987（总2）：1.

关键词：无

内容摘要：无

12. 水南共同富裕模式——江门市水南乡调查. 佚名. 现代哲学杂志，1988（1）：39-42.

关键词：共同富裕　江门　商品经济　承包责任制　农村

内容摘要：在全国农村经济制改革过程中，各地农村从自己的具体条件出发，创造了各具特色的经济发展模式。江门市水南共同富裕模式就是这众多的发展模式之一。水南位于珠江三角洲开放区，地处著名的侨乡，"五邑两阳"首府——江门市东郊。

13. 来自侨乡的报告——关于宁波市北仑区大碶镇精神文明建设的调查. 李培沂. 中共浙江省委党校学报，1988（3）：13-17.

关键词：宁波市　精神文明建设　北仑区　侨乡

内容摘要：宁波市北仑区大碶镇是宁波的主要侨乡之一，位于镇海的东南部，与北仑港毗邻，公路通宁波、穿山、镇海、新碶、塔峙等地，交通方便。全镇总面积26平方公里，现辖17个行政村、一个淡水渔业队、一个街道（下属三个居民委员会），人口19400多人。

14. 发挥侨乡优势兴办外向型企业——台山县水步镇的调查. 刘沃明. 广东教育学院学报（社会科学版），1989（1）：19-77.

关键词：外向型企业　台山　侨乡　交通

内容摘要：水步镇是著名侨乡台山县的北部重镇，是台山县通往江门、广州等地的交通要道。1986年被列为珠江三角洲工业卫星镇，享受经济开放区的优惠政策。全镇居乡人口为4.9万多人，而旅外侨胞、港澳同胞近6万人。与全国广大农村一样，水步镇也长期走着"以农唯一"的道路。

15．侨乡社会的历史和侨乡调查（续）．黄重言．侨史学报，1989（1－2）：25－31．

关键词：无

内容摘要：无

16．我会赴粤东侨乡进行学术调查．佚名．侨史学报，1989（4）：66．

关键词：无

内容摘要：无

17．腾冲行——文化调查笔记．高德林．民族艺术研究，1990（1）：71－73．

关键词：腾冲　文化调查　文艺演出　文化馆

内容摘要：深秋季节，我来到了风景秀丽，文化发达的省级历史文化名城腾冲，参观了各类文化设施和文化活动，了解了那里的文化工作情况，心情非常激动。和顺乡是一个依山傍水、风景宜人的小山村。这个村子有7000多人，历史上文化经济都比较发达，是我省著名的侨乡。

18．在希望的土地上——来自福清县龙田镇的报告．树树．福建党史月刊，1990（3）：53－55．

关键词：福清县　社会总产值　农村商品经济　干部岗位责任制

内容摘要：1989年隆冬，在庆贺时间进入20世纪90年代的鞭炮声中，从著名的侨乡福清县传来了巨大的喜讯：龙田镇的年社会总产值达到了1.8亿元，人均收入739元，分别比1988年增长了35.1％和10.13％。这是一个了不起的数字，龙田镇的人民是怎么实现这个宏伟目标的呢？

19．浪迹天涯怀故国，蹉跎八旬报春晖：青田县阜山乡华侨史调查摘要．史澄．浙江师大学报（社会科学版），1991（1）：87－120．

关键词：华侨史　海外华侨华人　青田县

内容摘要：阜山乡是浙江省青田县的一个重要侨乡。这是个幅员不大、人口不多的山乡，第二次世界大战前仅1000多户、5000多人，但却有华侨近千人,平均接近一户一人。近年,全乡约2000户,人口不到一万,海外华侨华人即达1400人,超过战前400多人。目前,乡民出国热潮正猛,华侨人数在大幅度增加。这样一个山区之乡,全身泥土气的山里人为什么能"视远历重洋如归市"?一直以来,外界不得其解,视之为谜。

20. 青田国际劳务输出调查——浙江省国际劳务输出研究课题报告之三. 周元熙,陈孟林. 丽水师范专科学校学报,1992(1):60-65+76.

关键词:青田县 国际劳务输出 华侨 侨乡 侨眷 青田石雕

内容摘要:浙江省青田县社会劳动力转移过程中,国际劳务输出较为突出。1990年末华侨有30399人,占丽水全地区华侨总量的87.74%,比1986年的1.63万人增加了46.38%,目前侨眷近7万人,是我省著名的侨乡,也是全国重点侨乡县之一。青田国际劳务输出的现状成因首先是自然环境的影响。青田县位于经济不发达的浙西南山区,北有括苍山脉,南有雁荡山脉,西有洞宫山脉,境内海拔千米以上的山峰有64座,全县山地面积约占总面积的89%。"四普"资料人口有447535人,其中农业人口占85%。山多地少,人多耕地少,这是青田县的一个突出的矛盾,从而导致农村劳动力的过剩。

21. 江门侨乡访问记. 佚名. 海外星云,1992(1):28-29.

关键词:无

内容摘要:无

22. 亭江乡镇企业的现状调查及其思考. 林忠,陈家炳. 福建金融,1993(2):34-35.

关键词:现状调查 乡镇企业 侨乡

内容摘要:亭江镇地处闽江下游入海口,104国道横穿该镇,上连马尾,下接连江,具有良好的交通地理环境。亭江还是个远近闻名的侨乡,几乎家家户户都有海外关系,因此也有不少数目的海外收入。就我所来说,集镇居民的各项储蓄存款已达4700多万元。这些外部环境为亭江乡镇企业的发展提供了有利的条件。

23. 厦门集美区考察报告. 杨颂东. 理论学习,1994(C2):55-60.

关键词:集美区 经济特区 乡镇企业 引进外资 社会主义市场经济体制

内容摘要:集美区位于福建东南沿海,厦门岛北端,与市区仅一桥之隔,是厦门岛与大陆连接的桥头堡。交通便利,环境十分优越。它是著名爱国华侨领袖陈嘉庚先生的故乡,是著名的侨乡,这里有全国著名的集美学村,这些都为集美经济的发展和腾飞创造了条件。

24. 华侨:侨乡社会经济与文化发展的强大动力——"台山第一侨乡"端芬镇的调查之一. 梅伟强. 五邑大学学报(社会科学版),1996(1):70-76.

关键词:侨乡 社会经济 文化发展 美国华侨 侨汇 圩市

内容摘要:本文是有关"台山第一侨乡"端芬镇的调查报告之一,主要介绍了中华人民共和国成立前端芬华侨对侨乡社会经济与文化教育事业的发展做出的巨大贡献,同时也分析了西方资本主义生活方式及意识形态的传入对侨乡社会产生的消极影响。

25. 神户福清籍华侨国内亲属调查. 许金顶,安井三吉. 华侨大学学报(哲学社会科学版),2004(3):70-77.

关键词:华侨 国际网络 福建 神户 调查

内容摘要:华侨国际网络正成为当前华侨研究的热点,这是打通侨乡与华侨旅居地研究的关键,有助于从一个独特的视角来认识华侨的国际生存空间,促使华侨研究向纵深发展。这其中最有意义的当属华侨的跨国亲属网络。文章通过对神户福清籍华侨国内亲属关系的调查,以期较真实地反映其跨国亲属关系,了解其家族跨国迁移的内在脉络。

26. 侨乡的一座"桥"——永定侨乡的田野调查. 罗志华. 闽台文化交流,2006(1):145-149.

关键词:侨乡 永定县 移民史 文化传播

内容摘要:位于闽粤交界地的永定县是福建省重点侨乡之一,而守护永定南大门的重镇——下洋镇则是著名的"侨镇"。该镇的侨务占闽西地区侨务的80%,是闽籍著名爱国华侨领袖胡文虎的家乡。它有着悠久的移民史,广泛的海外联系,而位于该镇的"西觉寺"便是连接海内外下洋人的一座"桥"。

27. 福建省明溪县新移民社会调查. 陈金平. 东南亚研究,2007(4):77-81.

关键词:新移民 明溪县 社会调查

内容摘要:本文在实地调查的基础上,分析了福建"旅欧第一县"明溪县内陆新侨乡的形成、发展过程。针对我国改革开放后不断涌现的新移民现象,本文注重从一个新兴侨乡的视角来剖析新移民产生的原因及对当地社会所产生的影响,并力图寻求伴随新移民现象产生的诸多问题解决的方式、方法。

28. 侨乡留守儿童发展状况调查报告:以浙江青田县为例. 何毅. 中国青年研究,2008(10):53-57.

关键词:侨乡 留守儿童 家庭教育 人格认知

内容摘要:侨乡的留守儿童因为家庭环境、学习需求、发展方式等特有因素,与父母的沟通更少、更程式化。他们的家庭教育相对更加残缺,人格发展容易出现障碍,对学习的认知容易出现偏差。对侨乡的留守儿童我们需要给予更多的关注和帮助,构建学校、家庭、社会等多位一体的帮扶网络。

29. 开平侨眷生存状态调查. 刘红卫等. 五邑大学学报(社会科学版),2009(1):6.

关键词:五邑侨乡 侨眷 婚姻 侨汇 调查

内容摘要:鸦片战争后,五邑民众开始出洋谋生。20世纪中期以前,随着侨汇的源源流入,侨眷的消费带动了五邑商贸的发展和墟市的繁盛,侨乡经济呈现出繁荣景象;抗日战争时期,日军封锁了中国沿海,侨汇中断使侨眷的生活处境迅速恶化;当代五邑侨乡的老年侨眷大多每年都能收到丰裕的侨汇,过着幸福安康的生活。

30. 广西归难侨生活现状调查与研究:以广西扶绥县山圩农场为例. 蒋戴丽. 时代经贸,2011(18):23.

关键词:山圩农场 归难侨 现状 研究

内容摘要:广西壮族自治区是我国重要的侨乡之一,区内归侨、侨眷有120多万人。他们的生活状态关系到区域的政治稳定、社会和谐和经济发展。在本次调研中,作者主要围绕"扶绥县山圩农场归难侨生活现状调查"这一主题进行,并在调研中取得了相当不错的调研成果。

31. "小美国人"现状调查:以福州亭江长安村为例. 王思棋. 华章,2012(26):8-9.

关键词:小美国人 跨国寄养 考察

内容摘要:"小美国人"是指中国改革开放后新移民群体在美国所生子女。他们取得美国国籍后被父母从美国送回中国寄养。本文通过考察福州市著名侨乡马尾亭江镇长安村的小美国人群体,探讨小美国人跨国寄养这一现象产生的原因,以及小美国人在当地生存、教育的现状,并期待以此引起社会各界对这一群体的进一步关注。

(五) 侨务工作

1. 建国初期侨乡的土地改革. 赵增延. 中共党史研究, 1990 (5): 66-72.

关键词：土地改革运动　土地占有　华侨史　侨乡　侨眷

内容摘要：中华人民共和国成立初期，党和政府在领导新解放区农民所进行的土地改革运动中，坚持从中国的国情出发，对侨乡采取了一些比较特殊的政策。这些政策的实施，赢得了侨乡土改的胜利，也为正确执行党的侨务政策提供了宝贵的经验。认真地总结这一历史经验，对于制定侨务政策和深入研究华侨史，无疑是有裨益的。

2. 白云区侨乡侨务大事记. 侨志编辑部. 穗郊侨讯, 1990 (6): 35-36.

关键词：无

内容摘要：无

3. 白云区侨乡侨务大事记. 侨志编辑部. 穗郊侨讯, 1991 (1): 36-37.

关键词：无

内容摘要：无

4. 白云区侨乡侨务大事记. 侨志编辑部. 穗郊侨讯, 1991 (2): 41-42.

关键词：无

内容摘要：无

5. 白云区侨乡侨务大事记. 侨志编辑部. 穗郊侨讯, 1991 (4): 40-41.

关键词：无

内容摘要：无

6. 白云区侨乡侨务大事记续. 侨志编辑部. 穗郊侨讯, 1991 (5): 36-37.

关键词：无

内容摘要：无

7. **侨情演进与侨务对策.** 周岩厦. 浙江社会科学, 1991（2）: 74-77.

关键词：侨属　侨务工作　华侨　侨汇　侨眷　海外侨胞

内容摘要：浙籍旅外侨胞数十万，足迹遍及世界60多个国家与地区，其中以欧美居多，东南亚次之。浙江人移居域外的历史，源远流长。早在南宋就有人移居海外，元、明、清各朝有增，较为明显的则是近代。

8. **我国内侨务工作历史演变的回顾.** 清风. 八桂侨刊, 1991（2）: 1-10.

关键词：侨务工作　侨眷　华侨　海外关系　外籍华人　侨汇

内容摘要：今年是中国共产党建党70周年，作为党和政府的重要工作之一——我国内侨务工作，跟随着党的事业的发展和中华人民共和国的成长，同样经历了不平凡的岁月。近半个世纪以来，它有着光辉的成就，也有难忘的失误。实践是检验真理的唯一标准，前进的时代要求我们从历史演进的长河中加以回顾，从世界范围的广度认真思考，运用马克思主义的立场、观点和方法，从理论与实践的结合上加以探讨，总结历史经验，从中汲取教训，正确认识和把握侨务工作的客观规律，以史为镜，指导未来，使我们在今后的侨务工作中减少盲目性，增加科学性、预见性和创造性。

9. **广东侨乡土地改革的偏差及其纠正.** 赖松龄. 华侨华人历史研究, 1992（3）: 1-6.

关键词：广东侨乡　侨眷　侨汇　土改　侨务工作

内容摘要：土地改革是一场彻底推翻封建剥削制度、变地主阶级土地所有制为农民土地所有制、解放农村生产力的社会革命运动。这场运动在祖国大陆的全面展开，使得长期铭刻于广大侨胞心中的孙中山先生提出的"平均地权""耕者有其田"的夙愿成了现实。

10. **廖承志在侨务工作上的防"左"反"左"思想.** 吴宗明. 八桂侨刊, 1993（1）: 3-8.

关键词：华侨　侨务工作　侨眷　海外关系　侨汇

内容摘要：我们党和政府历来重视华侨工作，专门设置了侨务工作机构。由中国共产党的优秀党员、无产阶级革命家、杰出的社会活动家、党和国家的领导人廖承志长期负责侨务工作。他的祖辈、父母和他本人都是华侨。他对海外侨胞、港澳同胞具有深厚的感情，同他们有广泛的联系。

他在长期负责党的侨务工作中,坚决贯彻执行党的侨务政策,关心和维护海外侨胞的正当权力和利益,关心和维护归侨、侨眷的合法权利和利益。

11. 评建国初期的侨务工作. 刘华. 华侨华人历史研究, 1994 (4): 71-77.

关键词:侨务工作 建国初期 华侨资本 侨汇 双重国籍

内容摘要:无

12. 侨务政策问答. 佚名. 中州统战, 1994 (5): 49.

关键词:侨务政策 接受捐赠 港澳同胞 公益福利

内容摘要:近年来,华侨、华人、港澳同胞出于爱国爱乡的热情,自愿捐款捐物,支援我国社会主义建设,这对扩大爱国统一战线,促进侨乡建设起了积极作用。但是,有些单位和个人,对捐赠政策不甚了解,不知道如何办理手续。

13. 抗战时期福建侨务工作及其特点. 林真. 历史档案, 1996 (1): 125-130.

关键词:侨务工作 抗战时期 福建省 海外华侨

内容摘要:1937年抗日战争全面爆发后,为激发华侨的爱国热情,争取更多的华侨财力、物力支援祖国抗战,福建省政府从各方面加强了侨务工作,其效果较为显著。本文拟对抗战时期福建侨务工作及其特点做初步的分析与评价。

14. 香港回归与侨务工作的新机遇. 吴淡初. 五邑大学学报(社会科学版), 1997 (2): 29-31.

关键词:侨务工作 香港回归 外籍华人 移民 人口流动

内容摘要:中国政府对香港恢复行使主权后,香港将成为我国的一个特别行政区。香港回归后,对侨务工作有什么影响?如何抓住这一机遇,进一步做好侨务工作?香港是我国最重要、最富裕、最特殊的侨乡。首先,从香港的人口和国籍构成来讲,外籍华人多。香港现有630多万人口中,持有外国国籍和持有居英权的约有300多万人,除20多万人是真正外国人外,绝大多数是中国血统的外籍华人或持有居英权的中国公民。有些人,既持有回乡证,又持有外国护照,甚至多本外国护照,实际具有双重国籍的人为数不少。在英国开始占领香港的1841年,香港人口仅7450人,现在的人口是当时的900倍,在这150多年当中,除自然增长外,香港人口的增加主要是内地移民的大量增加,其次是世界各国(主要是东南亚)

有数十万华侨华人和外国人到香港定居。目前在香港的归侨约有20多万人，其中50年代回国后又到香港定居的归侨约有10多万人，由外国到香港定居的华侨约有几万人。此外，香港还有5万多菲佣和数万名外地（主要是内地）劳工。另外，香港人口流动性大，侨眷人数多。内地到香港定居的中国公民，有不少又从香港再移民到国外。

15. 改革开放二十年侨务大事记（1978—1998）. 许坚. 华人时刊，1999（1）：9.

关键词：江苏省　侨务工作　大事记　侨务政策

内容摘要：1978年1月，中共中央转发《关于全国侨务会议预备会议的情况报告》。同时，国务院批准成立中华人民共和国国务院侨务办公室。1978年6月，江苏省恢复建立侨务处（1980年起改为江苏省人民政府侨务办公室）。1978年11月，全国侨务会议和第二次全国归侨代表大会在北京召开。1979年4月，江苏省召开全省侨务工作会议和第一次归侨代表大会，宣告成立江苏省归国华侨联合会。1980年1月，国务院侨务办公室和全国侨联在福建泉州联合召开全国侨乡、侨联工作座谈会，提出侨务工作更好地为经济建设服务。

16. 侨乡巨变　赤子功高——江门五邑侨务工作50年. 吴淡初. 五邑大学学报（社会科学版），1999（3）：11–16.

关键词：侨务工作　侨务新政　江门五邑

内容摘要：中华人民共和国成立50年来，侨务工作经历了三个历史阶段，取得了辉煌成就，也存在不少问题，甚至造成严重的后遗症。江门五邑侨乡50年来侨务工作的成绩与问题就是最好说明。

17. 增创侨乡新优势　开拓侨务新局面. 古华民. 海内与海外，1999（3）：27–28.

关键词：侨务工作　侨务政策　侨乡　海外侨胞

内容摘要：广东是重点侨乡，归侨、侨眷有2000万人，祖籍广东的海外乡亲也有200万人。海外关系众多，这是广东侨乡一大优势。特别是在改革开放初期，国门刚刚打开，急需寻求海外关系，加强与外部世界的联系，出国考察也需要海外乡亲的帮助、关照。与此同时，在侨务部门的努力下，按照党的各项方针政策，大力贯彻落实侨务政策，特别是通过人大立法，制定了《中华人民共和国归侨侨眷权益保护法》，极大地争取了侨心，大量海外乡亲纷纷回来探亲、参观访问、投资办厂，捐赠公益事业，有力地推动了侨乡的经济建设和精神文明建设。改革开放取得了举世瞩目的成就。近年来侨务部门做了大量工作，取得了很大成绩，对推动改革开放做出了贡献。但时至今日，情况发生了很大变化，侨务优势似乎淡化了。首先由于落实侨务政策工作基本上完成了，特别是历史遗留问题基本上得到解决，政策优势没有了；其次，"海外关系是个好东西"已为社会各界所认识；改革开放的成功，中国发生的巨大变化也逐步被海外朋友认识，来去自如，也不一定都找侨务部门了。

18. 广东澄海侨情变化与思考. 黄晓坚. 华侨华人历史研究, 2001 (4): 18-29.

关键词: 侨乡　广东澄海　侨情

内容摘要: 澄海市是广东省重点侨乡, 在潮汕侨乡中具有相当的代表性。改革开放后, 澄海凭借其海外关系众多的优势, 大力开展侨务工作, 动员海外华侨华人和港澳同胞支援家乡的经济建设和社会发展, 取得了明显的成效。但近年来, 澄海侨情却发生悄然的变化, 华侨捐资锐减, 投资不旺, 显露出该传统侨乡盛极而衰的种种征兆。究竟是什么因素削弱、制约了澄海侨务工作的优势及其发挥? 该市的侨情变化, 是否反映了在潮汕地区这样的中国传统侨乡, 其"侨"的优势正逐渐丧失, 侨乡特质行将淡化?

19. 江门海关的建立与江门侨务局. 梅伟强. 五邑大学学报（社会科学版）, 2004 (3): 49-51.

关键词: 江门　商贸重镇　江门海关　江门侨务局

内容摘要: 清康熙年间, 江门已发展为商贸重镇。1904年, 江门海关正式成立, 为江门侨务局的成立创造了必要条件。1936年, 江门侨务局成立。江门侨务局成立后, 在国家处于内忧外患的形势下艰苦工作, 为沟通五邑地区、广东省与港澳、海外的联系, 为五邑地区、广东的经济发展做出了重要贡献。

20. 五十年代中国侨务与外交关系浅议. 程希. 八桂侨刊, 2004 (3): 9-11+18.

关键词: 中国外交　双重国籍　华侨华人

内容摘要: 本论文论述了20世纪50年代中国外交战略和策略调整背景下的侨务工作, 既具体分析了侨务对外交的服从情况, 又明确指出了侨务对外交的补充与支持作用, 并以侨汇为例进行了说明。

21. 浙南侨乡经济发展的侨务资源优势. 刘莹. 华侨大学学报（哲学社会科学版），2009（2）：93-100.

关键词：浙南　侨乡经济　侨务资源

内容摘要："二战"以后，随着全球化进程的逐渐深入，国际移民现象呈现前所未有的规模。中华人民共和国成立，特别是1978年改革开放以后，浙南海外新移民潮发展迅速。随着新移民潮的兴起与延续，跨国移民与侨乡的联系越发紧密，侨乡的侨务资源优势日益显现。在实地调查的基础上，以浙南侨乡为研究对象，试图分析侨务资源优势对侨乡经济生活产生的影响，其不仅为侨乡经济提供了资金、技术和信息，同时也使侨乡产品走向国际市场，使侨乡的优势资源得以开发、利用，从而推动侨乡经济的发展和现代化进程。

22. 关于浙江省侨务对台工作的思考. 章红波. 八桂侨刊，2009（4）：65-68.

关键词：侨务　对台工作　思考

内容摘要：党和国家历来十分重视侨胞在解决台湾问题、推进祖国统一大业中的特殊作用。浙江省作为全国著名侨乡，与台湾隔海相望，地缘相近，侨务对台工作不容忽视。本文试图从分析侨务对台工作的概念和内涵出发，在总结近年来浙江侨务对台工作的现状与成果的基础上，根据形势发展需要和中央对侨务工作的指示，对浙江侨务工作今后发展提出初步的看法和建议，以期更好地发挥侨务工作在推动祖国和平统一进程方面的重要作用。

23. 新中国解决归侨和侨眷粮食安全问题探析. 李敬煊，潜斌. 南洋问题研究，2010（4）：62-69.

关键词：中华人民共和国　归侨、侨眷　粮食安全

内容摘要：中华人民共和国成立初期，大批归国华侨急需救济。在侨区，由于部分地方干部忽视了归侨和侨眷的特殊性，在执行土改和侨汇以及粮食统购统销政策中侵犯了归侨和侨眷的利益，加之其他客观因素，造成了较为严重的归侨、侨眷粮食安全问题。对此，党和政府高度重视，采取了一系列措施，对归侨妥善安置救济，帮助他们创业立业；及时纠正工作中的偏差，保护侨眷的合法权益，对其悉心照顾。在国家整体粮食安全水平不高的情况下，确保归侨、侨眷得到生存和健康所需要的足够粮食，成功地解决了他们的粮食安全问题，巩固和扩大了这一时期的爱国统一阵

线,为广大海外华人华侨、归侨和侨眷投身祖国的社会主义建设,为人民政权的稳固和发展奠定了坚实基础。

24. **抗战初期国民政府的侨务政策:以《华侨战线》为中心**. 盛波. 抗战史料研究, 2013 (1) : 24 – 29.

关键词:抗战初期 华侨战线 国民政府 侨务政策

内容摘要:抗日战争是整个中华民族的抗战,中华民族团结一心,共赴国难。广大华侨为支援民族抗战,在国民政府的组织下形成了华侨战线。华侨战线的形成跟华侨民族主义的觉醒,国民政府侨务政策的积极引导有着重要的关系。在华侨战线的号召下,广大华侨通过开展各种形式的抗日捐输活动,捐款献物、抵制日货、购买救国公债、侨汇、投资等,海外华侨原本分散的力量得以集中,原本短暂的热情得以持久。同时,数以万计的侨胞不远万里,不避艰险,从海外回到祖国,参加抗战。华侨从人力、财力、物力各方面声援和支持祖国抗战,对抗战的胜利起着极为重要的作用。

25. **利用侨刊整合资源与推进民间侨务工作研究**. 姚婷. 五邑大学学报(社会科学版), 2014 (4) : 1 – 6.

关键词:侨刊 资源 民间侨务

内容摘要:侨刊是当今对外侨务宣传的重要工具,在民间侨务领域发挥重要作用,实现一系列既定功能。这有赖于侨刊组织架构和运行模式内的已有资源。面对侨务形式的变化和信息技术的冲击,侨刊维持其价值的一个方法就是重新认识、整合和优化已有资源,多层次和多途径推进民间侨务工作。

26. **邓小平侨务思想与广东侨乡社会的现代化**. 陈雷刚. 广东广播电视大学学报, 2014 (5) : 28 – 33.

关键词:邓小平 侨务思想 广东 侨乡社会现代化

内容摘要:邓小平站在世界现代化历史的高度,提出了符合中国实际的对外开放理论和系统的侨务理论,将启动侨乡优势和发展"海外关系"视为中国实现现代化的"独特机遇"。在邓小平侨务思想的指导下,广东侨乡社会迎来了飞速发展的机遇,侨乡模式成为广东现代化模式的重要特征。邓小平侨务思想的重要性不仅体现在对广东侨乡社会现代化的实践指导上,更重要的是为继续推进广东侨乡社会现代化和当前广东侨务工作提供了深刻的启示。

27. 习近平侨务"大局观"的继承与发展. 张国雄. 五邑大学学报（社会科学版），2015（1）：6-10.

关键词：习近平　侨务　中国梦

内容摘要：习近平侨务大局观是对邓小平侨务思想的继承与发展，其立足点从以国内为主转变到国内与国际并重，形成了四大主要任务，即服从服务于中国的改革开放大局；为促进国家完全统一做贡献；传播中国文化、增进中外友好；为实现"中国梦"营造良好的外部环境。这是中国经过36年改革开放、逐渐进入世界舞台中心、国际角色转变、民族复兴的中国梦不断实现过程中符合逻辑的发展。

28. 华侨回国观光团与新中国的侨务外交探析. 施雪琴，王刘波. 南洋问题研究，2015（3）：64-74.

关键词：华侨归国观光团　侨务外交　侨乡

内容摘要：本文利用地方（侨乡）档案，以中华人民共和国组织海外华侨回国观光团的活动为中心，考察中华人民共和国成立初期中华人民共和国政府组织华侨回国观光团的动机、华侨回国观光团的组织程序、基本构成、活动情况以及外交影响，以此来探讨华侨华人在中华人民共和国外交中的角色以及新中国侨务外交政策的发端与特征。本文指出，华侨回国观光团是中华人民共和国成立初期侨务外交战略指导下的重要实践，观光团成员对中华人民共和国社会主义建设发展以及侨乡变化的宣传，增强了海外华侨华人对中华人民共和国的认同与支持，对中华人民共和国争取侨心，凝聚侨力产生了积极影响。

29. 侨乡旅游发展过程中侨务资源的涵养与发展——以泉州为例. 陈贤斐，侯志强. 泉州师范学院学报，2017（1）：55-60+74.

关键词：侨乡　侨务资源　侨乡旅游　泉州

内容摘要：当前学术界对于侨乡的关注涉及经济、社会、文化等方方面面，其中青年一代华侨华人的情感归属与认同问题引起了学者的广泛关注。开展侨乡旅游、涵养侨乡侨务资源是宣传侨乡的必要手段，有利于华侨华人进一步提高对侨乡的认识。泉州是我国著名侨乡，在发展旅游过程中务必要打好"侨"牌，从定位形象与开发针对性产品来涵养文化资源，同时从合理利用侨捐资源、培育侨源、共同维护侨务公共外交入手，通过政府主导、民间支持，多路径积极参与侨务公共外交，讲好"泉州故事"、扩大客源市场，发挥高校人才的正能量引导作用等方面促进侨务资源的发展。

30. "中国方案"对侨务工作转变的新要求. 张国雄. 五邑大学学报（社会科学版），2017（3）：4-8.

关键词："中国方案"　侨务工作　新要求

内容摘要：习近平总书记提出的"中国方案"，对侨务工作的目标、任务、重点提出了新的要求。为此，侨务工作的领域必须扩展，从更多着眼于国内大局向兼顾国内、国际两个大局转变；充分调动华侨华人资源为中华文化传播服务，充分调动华侨华人资源为中国"走出去"服务，充分调动华侨华人资源更好地为住在国与祖国友好发展服务；创新工作思路、工作机制、工作方式，形成侨务工作的新格局。

31. "中国方案"与侨务工作新机遇. 石坚平. 五邑大学学报（社会科学版），2017（3）：9-14.

关键词："中国方案"　全球治理　华人华侨　侨务工作

内容摘要：狭义的"中国方案"，仅指党的十八大以来中国政府在处理国际事务和全球治理中提出的新观点、新建议、新原则和新主张。"中国方案"的提出给侨务工作带来新机遇，应该利用海外华侨华人的优势，面向所在国和国际社会，宣传和推介"中国方案"，帮助中国更好地融入世界、参与全球治理。

32. 人类命运共同体视野下的"侨"研究. 张国雄. 华侨华人历史研究，2018（1）8-11.

关键词：人类命运共同体　侨务　华人华侨　习近平

内容摘要：党的十八大以来，中国政府向世界贡献了"构建人类命运共同体"的新理念。习近平总书记2017年1月18日在联合国日内瓦总部发表的"共同构建人类命运共同体"的主旨演讲，对人类命运共同体理念做了详细完整的阐释，主张对话协商，共建共享，合作共赢，交流互鉴，绿色低碳，共同建设一个美好的世界。这些内容构成了人类命运共同体的基本体系，并指出了践行的具体路径、方法和终极目标，将中国的发展与世界的发展融为一个整体，在人类政治文明中融进了中国的主张。

（六）其他

1. 谈谈侨乡老年人协会. 张锡坤. 老人天地，1988（8）：14.

关键词：无

内容摘要：无

2. 福建侨乡青少年犯罪的特点. 福建省高级人民法院《青少年犯罪问题》课题组. 青少年犯罪问题，1990（1）：29-30.

关键词：福建省　青少年犯罪　侨乡　社会治安秩序

内容摘要：鲤城区（原泉州市范围）是福建省开放城市又是闽南金三角地区，既是文化古城又是著名的侨乡。近几年来，经过"严打"，社会治安秩序有了明显好转，群众安全感大大增强了。但是，随着开放，社会治安也出现了许多新情况、新问题。

3. 晋江市工商联向民间商会转型辟新径. 陈钦藩. 福建省社会主义学院学报，1994（1）：28-30.

关键词：晋江市　工商联　民间商会　非公有制经济

内容摘要：晋江——福建东南沿海的一颗明珠。这座千年古城，不但有着悠远丰厚的文明积淀，而且还是全国著名的侨乡，有100多万晋江人旅居世界各地。近百万台胞的祖籍在晋江。改革开放为晋江插上经济腾飞的翅膀。晋江市工商联另辟蹊径，开始向民间商会转型。

4. 侨乡晋江家庭文化变革探略. 梦闻. 理论学习，1995（8）：40-44.

关键词：家庭文化　晋江　侨乡　家庭行为

内容摘要：家庭文化是随人类的进化、家庭的产生而出现的，是人类文化的最基础的层次。不同时代的家庭文化具有不同的内涵和结构。在自然经济的历史阶段，家庭文化是以男耕女织为形式，以宗法伦理思想为核心的传统文化，进入商品经济社会后家庭文化逐渐变化。

5. 闽台民间金融往来探讨. 陈瑞裕. 福建金融，1995（11）：18-20.

关键词：民间金融　闽台　经贸合作　侨汇　离岸金融市场

内容摘要：改革开放以来，福建凭借着独特的人文地理优势，率先与台湾进行交流与合作，经历了通信了解，第三地会亲、寻根问祖、观光旅游、试探性投资到较大投资项目引进和多方面合作的过程，闽台融资也逐步升级，融资数量从几百美元到上百亿美元。

6. 侨乡农民犯罪及其对经济发展的影响. 江门市局农民犯罪研究课题组. 南粤警坛，1998（2）：15-20.

关键词：无

内容摘要：无

7. 侨办工业村：侨乡农村新型投资组织形式之研究——"福清洪宽工业村"的个案剖析. 张学惠. 华侨华人历史研究，1999（4）：12-13.

关键词：海外华侨华人 投资组织形式 侨乡

内容摘要：无

8. 潮汕与中国传统侨乡：一个关于移民经验的类型学分析. 黄静. 华侨华人历史研究，2003（1）：24-36.

关键词：潮汕 传统侨乡 类型学分析

内容摘要：广东的潮汕地区、江门五邑地区和兴梅（梅州）地区，以及福建的福州地区、浙江的青田都是中国的传统侨乡。本文试以潮汕侨乡为重点，选择江门五邑、梅州、福州、青田等侨乡为参照，分析在全球化时代的背景下，中国传统侨乡的新移民浪潮所展现的各自的不同特点和道路。并在此基础上，对侨乡的移民经验进行类型学分析，对当代中国侨乡人口国际迁移的特征、类型和发展趋势进行探讨。

9. 借势泛珠合作开拓内外市场——记"中国第一侨乡"印刷业. 年月. 中国印刷，2005（8）：19-21.

关键词：印刷业 珠江三角洲 文化底蕴 发展概况

内容摘要：在珠江三角洲西部有一个美丽富饶的地方，它濒临南海、毗邻港澳，享有"中国第一侨乡"美誉，这个地方就是广东省江门市。江门市因深厚的侨史文化底蕴而成为我国著名侨乡，祖籍江门的华人、华侨、港澳同胞有376万人，约占全国海外同胞的十分之一，旅居世界107个国家和地区。2005年6月29日，来自泛珠三角"9+2"地区泛珠印刷业界同仁数百人集聚在这个美丽的地方共同商讨泛珠印刷业的发展大计。笔者也借此机会进一步了解了"中国第一侨乡"印刷业的发展概况。

10. 福建亭江的"小美国人"：一个跨国寄养的新移民子女群体. 陈日升. 华侨华人历史研究，2006（2）：14-22.

关键词：小美国人 亭江 新移民子女 跨国寄养

内容摘要：本文的"小美国人"是指中国新移民在美国生育的、具有美国国籍并于出生后不久就被送回亭江寄养的婴幼儿。本研究以位于闽江口的福州市著名侨乡亭江镇为调查点，追溯小美国人在当地跨国寄养这一现象的产生，考察小美国人在当地的寄养现状，分析小美国人的跨国寄养对当地社会经济和文化教育等方面的影响。文章认为，这些跨国寄养的小美国人兼具了作为传统意义的亭江人和作为法律意义的外国人的双重身份，是一个特殊的群体。他们在侨乡的跨国寄养，是国际移民网络的组成和延伸。作者建议当地政府和相关部门重视这一群体的特殊性，制定相关政策，帮助这批特殊的小美国人在当地健康成长。从长远看，这将有利于这些小美国人回归美国长大成人后，成为促进中美友谊的民间桥梁。

11. 当前社会转型下的消费文化探析——以福清市地方消费为例．叶丽，许斗斗．发展研究，2008（4）：32－34．

关键词：消费文化　符号消费　鲍德里亚　福清

内容摘要：消费是联结经济和文化的社会活动。消费日益在当今社会、经济和文化生活中凸显出其重要作用，并逐渐增添了复杂的内涵，包括了意义建构、趣味区分、文化分类和社会关系再生产等一系列过程。在当前中国这一场前所未有的社会转型背景下，福清市作为全国著名侨乡，其经济和社会各方面都得到了长足的发展，人们的消费观念和消费方式发生了巨大的转变，由此产生了独特的地方消费文化。

12. 改革开放侨乡公路巨变．佚名．领导文萃，2009（3）：155．

关键词：公路干线　公路管理体制　公路养护　养护机制

内容摘要：改革开放以前，我省公路养护管理长期实行"统一管理、统一筹资、统一建设、统一养护"的管理体制。

13. 外来务工人员与侨乡社会的融合：以厦门"銮村"为例．周凡丁，许金顶．河北工程大学学报（社会科学版），2010（2）：26－27，43．

关键词：侨乡　外来务工人员　社会融合

内容摘要：改革开放以来，中国东南沿海侨乡发挥区域社会优势，吸引侨资发展经济。合资、独资工厂及乡镇企业迅猛发展，内地富余劳动力迅速涌入，出现人口东移的态势。相应地，外来务工人员与当地人的互动、与当地社会的融合成为新的社会问题。外来人员在寻求生存与发展的过程中带来了侨乡社区的变化。文章将通过对厦门銮村的实地调查，探讨这一融合过程的阶段性特性，以期对当前多元社区现代秩序的设定及有效管理有所助益。

14. 海外侨民与侨乡村级社区可持续发展——以福州长安村为例．甘满堂．福州大学学报（哲学社会科学版），2010（4）：40－44．

关键词：海外移民　村级社区　可持续发展　沿海侨乡

内容摘要：福建沿海侨乡村级社区面临着共同的问题是人口外流、村庄集体经济薄弱，很大程度上依靠海外华侨捐助，村级社区治理陷入困境；另一方面，华侨回乡炫耀性消费，铺张浪费严重。如何引导海外移民参与村级社区建设，促进侨乡可持续发展，福州市亭江镇长安村给沿海侨乡树立一个很好的榜样。村级社区治理良好，已实现乡村生活城市化的发展目标，其原因是侨民集体观念强，通过村级非政府组织推动了村级社区可持续发展。

15. "华侨村官"与侨乡新农村建设：以浙南侨乡为例. 夏凤珍. 农村经济，2010（7）：42-45.

关键词：华侨村官　侨乡　新农村建设

内容摘要：华侨华人是特殊的资源，他们为社会主义新农村建设做出了很大贡献。当华侨华人中的一些人毅然回故乡担任既不是官，也不是吏的村官时，更是全方位快速推进了侨乡新农村建设。他们因此有了一个特别的称谓华侨村官。本文总结了浙南华侨华人回乡领导新农村建设实践的成功经验、真实动因和面临的困惑、亟待解决的问题以及使其可持续性的建议。

16. 新时期侨眷型留守儿童的数字化学习框架与实践. 王佑镁. 中国信息界，2010（11）：31-33.

关键词：侨乡　侨眷型留守儿童　数字化学习

内容摘要：侨眷型留守儿童是经济全球化背景下在我国侨乡地区衍生的一个独特的群体，由于其家庭的跨国化、身份的涉外性、教育的多元化等，使其与一般意义上的留守儿童有着巨大的差异，而现实上的隔代教育、寄养教育等使这些"留守儿童"的教育成长问题日益凸显。基于这一群体在教育模式与策略的特殊性，提出通过数字化学习对侨眷型留守儿童提供支持，构建基于视频互动中心的侨眷型留守儿童的数字化学习框架，充分发挥信息技术在缩短教育时空、聚合优质资源、沟通家庭情感等方面的优势，实现学校教育、社会教育和个体发展的协同，促进侨乡社会和谐发展。

17. 侨乡泉州农村信息化建设现状与对策研究. 左泽平，谭观音. 市场周刊（理论研究），2011（3）：8-9，39.

关键词：农村信息化　发展策略　泉州市

内容摘要：农村信息化是建设社会主义新农村的基本内容，不仅关系城乡统筹发展和和谐社会的建设，也是一项备受广大农民欢迎的民心工程。本文基于实地调研和数据资料的梳理，结合泉州农村信息化的实际概况，提出应对之策，以促进泉州农村信息化建设的和谐、快速、健康发展。

18. 农民工权益调查分析与对策建议：以福建省闽侯县为例．赵碧月．就业与保障，2011（5）：39－40．

关键词：农民工权益　外来农民工　劳动合同

内容摘要：闽侯县地处福建省省会城市福州的西南侧，是福建省著名侨乡和全国第一批沿海开放县之一。近年来，闽侯县以项目为导向，产业聚集效应日益显现，形成了汽车制造业、机电制造业、建材制造业、工艺品制造业、食品饮料制造业五大主导产业。闽侯县经济的快速发展，吸纳了越来越多的外来农民工到闽侯县企业打工。为了真实地了解闽侯县外来农民工状况，笔者对部分企业进行随机问卷调查。

19. 中国第一侨乡居民休闲状况调查与研究．林丹彤，邝金珠．特区经济，2011（7）：51－53．

关键词：台山　侨乡居民　休闲生活　休闲满意度

内容摘要：休闲已成为发达国家的普遍社会现象。对于国力日益强盛的中国，国人的休闲生活状况成为世人关心的问题。侨乡是华侨及其旅居国家的人们了解中国的重要窗口，因而具备了考察和研究的价值。本文以中国第一侨乡——广东省台山市为例，对城乡居民进行了抽样问卷调查和访谈调查，对其休闲方式、休闲目的、休闲生活的满意度和休闲生活质量做了详细的分析，总结出台山城乡居民休闲生活现状，并提出提高侨乡居民休闲生活质量的若干对策和建议。

20. 夸富背后的身份重构与社区互惠：对侨乡炫耀性经济行为的功能主义解读．甘满堂，邓莲君．福州大学学报（哲学社会科学版），2012（5）：51－57．

关键词：侨乡　炫耀性经济行为　身份重构　社区互惠

内容摘要：以侨乡福清市南村为例，分析侨乡炫耀性消费流行的原因及其影响，可以从文化功能主义角度解读福清侨乡炫耀性经济行为背后的社会功能。炫耀性经济行为包括炫耀性消费，以及带有炫耀性质的投资与社区公益等经济行为。炫耀性经济行为不仅是"面子问题"，而且具有身份重构与社区互惠等功能。它已成为侨乡居民夸富的新民俗。当然这种新民俗也有其负面功能，对于其不良的一面要规避，同时积极引导侨民参与侨乡新农村建设。

21. **类家庭模式在侨乡留守儿童中的应用.** 李雪飞. 社会福利（理论版），2012（7）：32-34.

关键词：类家庭模式　侨乡　留守儿童

内容摘要：由于长期分离、隔代照顾、亲情缺失等问题导致侨乡留守儿童在成长过程中面临诸多障碍。侨乡留守儿童问题的复杂性和多样性，使得侨乡文化建设发展面临困境。类家庭模式是模拟家庭结构，帮助成员融入家庭，体验家庭生活的一种社会工作方法，在类家庭中，来自不同家庭的留守儿童可以享受到家庭里无微不至的关爱，体验到家庭里不可替代的情感寄托。在侨乡留守儿童中开展类家庭模式是一种创新性的探索。

22. **关于打造容县侨乡文化品牌的探析.** 吕剑枫. 广西经济，2012（12）：38-40.

关键词：容县　文化品牌　侨乡　侨力资源

内容摘要：容县是广西最大的侨乡，旅居海外的容县籍华人华侨达80多万人，分布在全世界30多个国家和地区，众多的海外侨胞是容县经济社会发展不可替代的优势资源。但目前容县对侨力资源的挖掘还不够理想，广西第一侨乡的优势远远没有得到发挥。

23. **透视农村社会管理的基本规律：潮汕乡村庆典活动仪式的举行.** 陈晓东. 城市建设理论研究，2012（22）：1.

关键词：无

内容摘要：2011年10月28日，在社区党委和社区居委会的操办下，P市X社区举行慈善会成立仪式。这是一场隆重的乡村庆典。参加仪式的四千多人按其来历被有条不紊地安排在会场。会议的成功举办与仪式上的座次安排充分体现出一个城市化进程中的侨乡的社会结构，折射出侨乡乡村社会治理的特点。对其进行分析，有利于探索城市乡进程中侨乡社会治理规律，有利于进行农村社会管理体制创新。

24. **文化认同与海外统战的研究：以江门五邑侨乡为例.** 刘庄，宾睦新. 吉林省社会主义学院学报，2013（3）：35-38+41.

关键词：文化认同　海外统战工作　华人华侨　文化统战

内容摘要：江门五邑有"中国第一侨乡"之称。改革开放以来，华人华侨对侨乡经济发展和社会建设发挥了重要的作用，海外统战工作成为江门统战工作的重心所在。本文调查和总结五邑侨乡海外统战工作的实践经验，理清文化认同与海外统战工作的关系，剖析海外统战工作中文化认同的基本原则和方法，从而为做好当前海外统战工作寻找到新的突破口。

25. 基于侨乡特色的"空巢老人"幸福感型的养老服务体系探索：以浙江青田为例. 王芳. 经济视角（下），2013（11）：161-162.

关键词：侨乡　特色　养老　文化　服务

内容摘要：当前，中国老龄化日趋严重，老年人口基数大、增长快并且日益呈现高龄化、空巢化趋势。在著名"侨乡"——青田，人口也逐年不断增加，并且已高于目前国内的平均水平。本文围绕"探寻青田特色养老服务模式"展开调研，走访青田民政部门、侨联、洪口村侨颐幸福院等单位深入了解相关信息，并以量表的形式随机抽样访问调查一部分"空巢老人"，进而对其幸福感以及生活现状进行较为全面的调研。结合国内外与青田特色文化，尝试将"文化养身"与青田特色化养老模式相结合，为青田县政府的"养老服务体系"建设提供切实可行的建议。

26. 侨乡社会公民参与要素研究——以福建C村G炼油厂事件为例. 林胜. 华侨华人历史研究，2014（1）：34-41.

关键词：福建　侨乡研究　侨乡社会　公民参与　公共管理　民间组织

内容摘要：论文通过对福建省著名侨乡C村G厂污染事件解决过程的详细调查与回顾，对其中所反映的公民参与要素进行了分析。认为村民、海外华侨华人、民间组织和新闻媒体四方面要素在公民参与过程中发挥着重要作用。相对于中国其他农村来说，侨乡的公民参与更加具有主动性和行动力。这源于侨乡社会独特的地位及其相对稳定且强大的华侨资源。在全球化背景下，随着现代通信技术和日益廉价方便的交通运输系统的发展，海外移民借助于社团或民间组织，通过募资、捐赠、信息发布和新闻媒体等方式来影响家乡的公共管理活动将成为一种常态。

27. 海外新生代工作创新研究：以浙江省青田县为例. 黄伟君，陈轶，何晓. 浙江青年专修学院学报，2014（1）：1-6.

关键词：海外新生代　工作创新　研究

内容摘要：海外华侨华人是我国极其宝贵的人才宝库。近年来，海外华侨华人新生代群体正在日益壮大，影响广泛。正确看待和重视这个群体，推进海外华侨华人新生代工作的创新研究，具有十分重要的意义。文章以"侨乡"浙江青田县为研究样本，对华侨新生代的现代特性等方面进行剖析，结合共青团的工作内容进行探讨，提出一些可行性建议。

28. 跨国空间下消费的社会价值兑现：基于美国福州移民两栖消费的个案研究. 黎相宜，周敏. 社会学研究，2014（2）：43-64，242-243.

  关键词：消费的社会价值 两栖消费 跨国空间 华人移民 侨乡

  内容摘要：在借鉴跨国主义理论研究最新成果的基础上，本文试图建立"消费的社会价值兑现"的分析框架来解释国际移民跨越国境的两栖消费现象。我们通过移居美国的福州移民的个案，发现福州移民在其消费过程中，更多地通过在祖籍地的炫耀性、互惠性消费以及代理消费来完成其消费的社会价值兑现，并以此来实现社会地位的提升，也同时改善侨乡福利。福州移民的两栖消费作为个体的日常跨国实践，使移民个体得以充分利用不同民族国家在世界体系中发展水平的落差，实现其社会地位的最有效的表达，并在一定程度上减缓了跨国流动对侨乡与移居地社会的资源分配不平等的冲击，也间接地为移民适应移居地的社会逆境提供了帮助。

29. 侨乡留守儿童社会支持与心理健康关系的研究. 陈美芬，陈丹阳，袁苑. 心理研究，2014（3）：63-67+80.

  关键词：侨乡留守儿童 社会支持 心理健康

  内容摘要：鉴于当前有关留守儿童的研究主要集中在农民工子女这一群体，对侨乡留守儿童这一特殊群体缺乏应有的关注，本研究采用社会支持评定量表和心理健康量表，对1003名侨乡学校儿童展开调查。结果显示：侨乡留守儿童的社会支持性别、年级差异显著；与非留守儿童相比，侨乡留守儿童的社会支持较低；社会支持对侨乡留守儿童心理健康有较好的预测作用。

30. 侨乡跨国家庭中的"洋"留守儿童问题探讨. 文峰. 东南亚研究，2014（4）：85-92.

  关键词：侨乡 跨国家庭 "洋"留守儿童

  内容摘要：跨国移民的发展使得大量"洋"留守儿童在中国侨乡出现，并呈"问题化"趋势。文章通过个案调研简析了侨乡留守儿童问题的"洋"特点，并认为"洋"留守儿童问题存在家庭、政府和社会等多层次原因。政府、家庭及社会应该共同努力，从问题认识、政策调整、教育改进、社会参与、经济发展等多方面进行治理。

31. 侨乡乡规民约的法治困境及发展路径. 王婷婷. 长春师范大学学报，2014（9）：39-42.

  关键词：乡规民约 侨乡 法治困境 路径

内容摘要：侨乡乡规民约是民众普遍遵守的行为规范，在社会治理中发挥着重要作用。本文结合侨乡"外嫁女诉讼"事件，首先分析侨乡乡规民约的发展现状及法律特征，指出其与现行国家法律存在的诸多冲突与矛盾，并提出增强法律意识、保障合法乡规、归化融合民约、充分发挥其教化功能等发展路径，以期使其成为国家法律的有益补充。

32. 海外华侨华人安全问题思考：以福建海外移民为例．林胜，朱宇．福州大学学报（哲学社会科学版），2015（2）：89-94．

关键词：海外华侨　华人安全　福建移民　人口迁移

内容摘要：近年来，中国海外华侨华人遇袭事件屡屡发生，其安全问题已不容忽视。而福建是中国著名的侨乡，长期以来有着对外移民的历史和文化，福建人在海外遇袭事件中显得较为突出。要解决和保障华人华侨的安全和利益就必须对海外华侨华人遇袭事件的性质做出界定，并站在人口迁移的角度对福建海外华侨华人遇袭原因进行分析，从政府、海外华人社团和海外华侨华人三个层面提出建议，为保障海外华人华侨的安全和利益提供参考。

33. 现代技术背景下城市记忆工程与侨乡地域化耦合研究．陈水生．山西档案，2015（2）：129-132．

关键词：城市记忆　现代技术　地域文化　文化耦合

内容摘要：城市文化塑造了城市形象，城市的发展与改造调整了城市风貌，也使城市失去了各自的记忆。侨乡城市记忆工程要凸显侨乡地域文化特色，现代技术背景下城市记忆工程与地域文化相互影响，在传承城市历史文化过程中，要凸显侨乡城市风貌与形象，维护城市的历史性与完整性，强化城市历史文化存储，塑造城市记忆特色。

34. 海外华侨华人是福建融入21世纪海上丝绸之路建设的巨大优势．黄兴华．福建理论学习，2015（4）：26-28．

关键词：海上丝绸之路　海外华侨华人　中国梦　海外华商

内容摘要：共建丝绸之路经济带和21世纪海上丝绸之路（简称"一带一路"），是党中央、国务院主动应对全球形势深刻变化、统筹国内国际两个大局做出的重大战略决策，是实现中华民族伟大复兴中国梦的长远战略布局，是我国构建开放型经济新体制、形成全方位开放新格局的重要举措。福建是全国著名侨乡，素有海洋情结、爱拼敢赢精神的闽籍乡亲，沿着"海丝"之路走向世界。目前，分布在五大洲180多个国家和地区的

1580万闽籍华侨华人。

35. 一名留守儿童的亲身经历. 廖伟棠. 工友, 2015 (8): 11-12.

关键词: 留守儿童　亲身经历　香港人　农村人

内容摘要: 无

36. 恩平的"洋留守儿童"问题一窥. 乔志华. 黑龙江史志, 2015 (9): 353-354+356.

关键词: 洋留守儿童　侨务　教育

内容摘要: 恩平是我国广东传统的侨乡地区, 海外侨胞众多, 改革开放之后的新移民数量也不容小觑, "洋"留守儿童由此产生。父母常年不能陪伴在身边, 而由隔代长辈照看, 缺乏完整的家庭教育, 对儿童本身造成一定伤害, 而由此所产生的问题需要家庭、学校、社会和政府的共同努力来解决, 让孩子们能够健康成长。

37. 福州侨乡跨国抚养原因研究. 胡启谱. 科教导刊, 2015 (32): 189-190.

关键词: 侨乡　跨国抚养　原因

内容摘要: 在全球化背景下, 跨国抚养现象正变得越来越多。本文通过实地调查, 重点考察了福州侨乡新移民选择跨国抚养小孩的原因, 认为移民自身在外国的处境和对家庭的考量是移民选择跨国抚养的主要原因, 同时外部环境的改变也会影响移民的选择。

38. "华侨村官"角色的界定、融入及评价——以浙江侨乡青田为例. 褚乐平. 丽水学院学报, 2015 (6): 1-6.

关键词: 侨乡青田　华侨村官　角色

内容摘要: "华侨村官", 作为侨乡青田的一大特色, 近年来在学界广受关注。以角色理论为基础, 对这一群体进行角色界定, 探究其角色融入的方式和过程, 了解"华侨村官"个人、村民及社会对这一群体的评价, 将有助于我们更深入地认识他们在新农村建设中的作用和地位。

39. 东江流域归侨侨眷困难群体民生关爱初探——以河源市为例. 陈友乔, 陈新新, 戴娴娴. 惠州学院学报, 2016 (4): 1-5.

关键词: 河源市　归侨侨眷　困难群体　民生关爱

内容摘要: 作为东江流域的重点侨乡, 河源市针对困难归侨侨眷在落实侨房政策、积极推进就业、开展扶贫助学、宣传贯彻侨法等方面取得了一定的成绩, 但也存在着社会保障体系不健全、就业与再就业问题突出、工作机制不健全、地方政府、党委重视程度不够等问题与不足。为此建议，一是深刻认识关爱困难归侨侨眷群体工作的重要性；二是进一步完善政策法规和工作制度；三是着力解决困难归侨侨眷民生关爱工作的社会保障、就业和再就业问题；四是民生关爱措施要贯彻"一视同仁、不得歧视、根据特点、适当照顾"的侨务原则。

40. 侨乡民间出国借贷的兴起、运作特点及影响——以侨乡福州福清为例. 陈日升，何雪娟. 八桂侨刊，2016（2）：59-63.

关键词：民间借贷　出国借贷　侨乡　福清　新移民

内容摘要：出国借贷是侨乡民间借贷的一种类型，是侨乡人为筹集出国资金而向亲友或熟人借贷的一种经济活动。它因侨乡的海外移民而兴，也助推侨乡海外移民的发展。侨乡海外移民的发展和高额的出国费用、民间借贷的优势以及来自海外的移民汇款是侨乡民间出国借贷兴起的原因。在侨乡民间的出国借贷过程中，它以乡土社会的熟人关系为运作基础，受乡土社会传统道德力量的制约与保护。

41. 融媒体时代侨乡突发事件传播模式与乡讯舆论引导策略研究. 廖峰. 丽水学院学报，2016（4）：58-64.

关键词：媒介融合　侨乡　突发事件　乡讯　舆论引导

内容摘要：侨乡突发事件涉及海外华人华侨和国内侨眷切身利益，在公民新闻时代，发生在地方的小事件由于境内外传播互动往往演变成涉及外交层面的国际性话题。从构建侨乡突发事件传播模式出发，结合境内、境外、官方、民间四个维度分析，提出国际舆论场的概念，进而通过剖析乡讯影响突发事件国际舆论走向的重要性和可行性，从话语权争夺、增进内外交流、消解官民张力等方面，探讨媒介融合议题下乡讯传媒国际舆论引导的机理和对策。

42. 洋留守儿童营养与食品安全知识、态度、行为现状调查——以江门市为例. 倪晓添. 现代食品，2016（15）：121-122.

关键词：洋留守儿童　食品安全　态度

内容摘要：江门有着"中国第一侨乡"的美誉，海外侨民人数越来越多，国内的留守儿童问题也日益突显。本文通过调查江门市洋留守儿童营养与食品安全知识、态度和行为现状，旨在为五邑地区开展营养与食品安全健康教育活动提供依据。

43. 侨乡养老的社会化模式探讨——基于浙江省W县的个案研究. 林

胜，陈明君，赵姮. 华侨华人历史研究，2017（1）：12-18.

关键词：浙江侨乡　侨乡特色　居家养老　养老模式

内容摘要：论文基于质性研究方法，以著名侨乡浙江省W县为研究个案，探讨侨乡特色的社区居家养老模式。侨乡发展社区居家养老的优势在于政府的重视和支持、充裕的民间资金、较好的场地和基础设施条件以及农村尊老互助的传统等方面，但同时也面临着诸如受惠人群少、服务内容相对单一、常态化的挑战以及服务专业化程度不高等问题。W县的居家养老的实践探索，代表了一种新型的农村养老模式。该模式充分利用了其侨务资源来解决资金难筹的问题，借助政府搭建公益平台引导多方力量参与社区居家养老，对于探讨中国农村社区居家养老有一定启示。

44. 社会转型与集体性焦虑：一项关于巴黎华人东北新移民的实证调查. 赵晔琴. 法国研究，2017（1）：34-45.

关键词：华人　东北新移民　社会转型　集体性焦虑　巴黎

内容摘要：以"东北人"为主的华人新移民是20世纪90年代以来法国华人社会中的一个重要组成部分，备受法国社会的关注。通过对华人新移民的访谈调查，笔者提出，有别于传统的侨乡移民，华人新移民陆续进入法国社会，不能用单一的经济或政治因素来解释，而应该更多地考察其背后隐含的深刻的社会性因素。这种迁移选择可以被看成"城市中年一代"的生存压力和理性选择共同作用的结果对中国社会现实做出的直接的、积极的反应。

十　侨乡地域研究

（一）广东侨乡研究

1. 五邑侨乡

（1）从台山看发挥华侨优势的作用．陈万安，黄蔼芙，黄美华，徐伟森．华南师范大学学报（社会科学版），1985（2）：26－31＋37．

关键词：台山　华侨　港澳同胞　侨乡　侨务

内容摘要：台山县地处广东中部，濒临南海，地少人多。在旧社会，广大劳动人民处于内忧外患、生活贫困之中，从1819年起，就有人远涉重洋谋生，随后不断增多。至今台山籍华侨、华人和港澳同胞约有110万人，比在台山原籍的人口还多。他们遍布于五大洲78个国家和地区，全县有七成以上人口同海外和港澳有亲属关系，是一个著名的侨乡。

（2）试析五邑民居的地理文化基础．张国雄．五邑大学学报（社会科学版），1999（1）：34－38．

关键词：民居类型　地理　文化背景　五邑

内容摘要：五邑民居是中国民居群系中性格特殊、鲜明而迄今未得到应有关注的一个独立类型。它的形成深受五邑地区特有的地理、血缘、外来文化、经济和社会因素的影响。

（3）基督教在五邑地区的传播．董小荣，游景如．五邑大学学报（社会科学版），1999（1）：43－47．

关键词：基督教　五邑　发展史

内容摘要：外国宗教对我国侨乡文化的影响是一个客观存在的事实，以前研究甚少，即使有也侧重其侵略性一面。本文从史实出发，辩证地看待它对地方文化影响的另一面，并对这种影响做了具体分析。

（4）五邑文化刍议．张国雄．五邑大学学报（社会科学版），1999

(4): 69-74.

关键词：文化特征　地域结构　五邑

内容摘要：有没有一个特征鲜明的"五邑文化"是一个有争议的问题。本文从历史学、文化学、社会学、地理学角度对此问题做出了初步的理论回答，勾画了五邑文化的特征，揭示了它的形成机制和地域结构。

(5) 从粤闽侨乡考察二战前海外华侨华人的群体特征——以五邑侨乡为主. 张国雄. 华侨华人历史研究，2003（2）：26-34.

关键词：华侨华人　类型　侨乡

内容摘要：海外的几千万华侨华人来自不同的祖籍地，中国地域文化的多样性以及居住国的政治、经济、文化、社会环境差异都必然对他们产生深刻的影响，使之形成不同的心理和行为特征。在掌握华侨华人历史文化的统一性前提下，还应该深入了解他们的多样性。

(6) 江门海关档案中所见的五邑地方社会——兼论江门海关档案的价值及其利用. 刘进. 五邑大学学报（社会科学版），2004（4）：57-60.

关键词：江门海关　档案　五邑　侨乡社会

内容摘要：清末民国时期的江门海关档案遗存比较丰富，种类繁多，从不同侧面反映了五邑侨乡的政治、经济、社会、文化风貌，是研究清末民国时期江门五邑历史的珍贵史料。

(7) 近代五邑侨乡"口供纸"探究. 张国雄. 五邑大学学报（社会科学版），2005（4）：36-39.

关键词：出世仔纸　口供纸　五邑侨乡　美加排华

内容摘要："口供纸"是起源于美国排华时期的一种移民资料，其使用一直延续到20世纪中期。它集中出现在有"美国华侨之乡"称谓的五邑侨乡，其中台山、开平最多。口供纸的运用是一个特殊时期的一种特殊国际移民形式。口供纸产生的背景和类型、制作方式独具特点，国内的华侨历史研究对此注意很少。

(8) 五邑侨乡"口供纸"的内容与价值. 张国雄. 五邑大学学报（社会科学版），2007（4）：1-6.

关键词：口供纸　内容　价值　五邑侨乡

内容摘要：口供纸是五邑侨乡在美国实施排华政策时期出现的一种特殊移民文献，以台山、开平最多。这种"编写"的文献，结构大同小异，内容虚虚实实、真真假假。不过，从总体看是虚中有实、假中带真。因此，口供纸仍然是研究华侨华人历史和侨乡文化的重要文献。

(9) 碉楼：岭南乡村的"洋务运动". 张国雄、谭伟强、周一渤、王永强. 中华遗产, 2007 (6)：52 - 67.

关键词：碉楼　乡村建设　岭南

内容摘要：开平城乡大地上的1833座碉楼，展示着碉楼主人中西合璧的生活状态和文明取向。一百年前，这一方土地上的人们从外在的建筑、器物，到内在的制度、观念，都对西方文化进行了农民式的接纳和创新，从而掀起了一场乡村"洋务运动"。

(10) 广东·台山市：著名的中国第一侨乡. 郭瓅，邝永伦，邱真全. 城乡建设, 2008 (12)：28 - 31 + 6.

关键词：台山市　侨乡　自然资源　地理环境　华人华侨

内容摘要：台山市位于珠江三角洲西南部，毗邻港澳，幅员辽阔，总面积3286平方公里，海（岛）岸线长671.4公里；大小岛屿95个，全市人口近100万人，而旅居海外及港澳台等92个国家和地区的台山籍乡亲有130多万人，素有全国第一侨乡、内外两个台山之美誉。同时，台山还是文化之乡和排球之乡。台山区位优势明显，是珠三角连接粤西乃至中国大西南地区的重要节点；台山水陆交通十分发达，北部有公益港，南部有鱼塘港，还有可建20—30万吨级深水港的川岛港口资源；市境拥有高速公路140公里，从陆路往广州、深圳和珠海等地非常快速便捷。改革开放以来，台山经济社会加速发展，工业方面，已形成以电能源、五金铝材、机械制造、电子电器、汽车配件、纺织制衣、医药食品、建材化工等行业为主的集群发展格局，一批拳头产品享誉国内外；农业方面，重点发展优质稻、果蔬、水产、禽畜四大主导产业，珍香牌优质大米、黑皮冬瓜等特色农产品声名远播；旅游业方面，着力打造以海岛、温泉、漂流、侨乡为特色的休闲度假胜地。台山游日益受到国内外旅客青睐。与此同时，城镇面貌发生了显著变化，人居环境不断改善。

(11) "金山客"寻梦录. 谭金花，关炳辉，李玉祥. 中华遗产, 2007 (6)：34 - 52.

关键词：华人华侨　唐人街　金山　契约华工　碉楼

内容摘要：在号称"中国第一侨乡"的岭南开平，"金山客"早已成为华侨的代名词。那么，这里是如何成为"中国第一侨乡的"？开平农民又是怎么成为"金山客"的？近百年来，开平大地上静静耸立着的一座座碉楼背后，又有着怎样悲喜交加的人生故事？始终与乡情血肉一体的开平华侨，会告诉你一个让历史沉甸甸的梦境。

（12）风采堂侨乡的精神归处. 谭金花. 中国文化遗产, 2007（3）: 62-65+67.

关键词：风采精神　侨乡　开平

内容摘要："风采堂"又称名贤余忠襄公祠，是台山、开平两市余姓宗族为纪念他们的祖先忠襄公余靖而建，与广州陈家祠堂并为岭南现存最完好、最著名的两家祠堂。其建筑结构形式既继承了中国古代建筑的民族风格，又吸取了西洋建筑的艺术特色，并在局部大量使用石湾陶瓷工艺、岭南木雕、浮雕和壁画等传统建筑工艺。祠堂在功能上，亦保留了侨乡"祠堂当学堂"的传统，建成不久即作小学之用，1940年改成风采中学至今，其间育英才无数。祠堂更是当地族人的精神家园。

（13）飞行家冯如的故乡：牛江镇. 佚名. 中国地名, 2009（2）: 37.

关键词：冯如　江镇　恩平市　飞机制造　道路网络

内容摘要：牛江镇位于广东省恩平市东北部，西北接开平市。牛江镇距开（平）阳（江）高速公路沙湖出入口处14千米，距国道325线10千米，省道558线贯穿南北，境内交通道路网络四通八达。牛江镇是中国第一个飞机制造师、设计师、飞行家冯如和中国工程院院士、中国惯性技术领域著名专家冯培德的故乡，是中共恩平县委旧址的所在地，又是恩平市的著名侨乡。

（14）侨乡契约文书的史料价值浅析. 石坚平，叶玉芳. 兰台世界, 2011（31）: 51-52.

关键词：侨乡　契约文书　史料价值　台山六村

内容摘要：侨乡契约文书是近代侨乡社会民众在日常社会经济生活中遗留下的文献档案。我们通过对侨乡契约文书充分合理的解读，能够让我们更好地去理解近代侨乡社会所经历的社会变迁，从而加强对侨乡文化的研究与诠释。

（15）浅谈"半唐番"台山话. 叶玉芳. 商业文化（下半月）, 2012（1）: 265-268.

关键词："半唐番"台山话　流传地域　思想意义

内容摘要：台山侨乡社会形成以后，英语渗透融入台山方言，产生"半唐番"台山话。本文从台山"半唐番"产生的历史和社会背景、构成特色、流传地域三个方面做初步探讨研究,并试图探讨其对当地社会和民众的思想与生活的影响。

(16) 浅谈侨乡台山曲艺现状及其发展. 林瑞心. 商业文化（下半月）, 2012（1）: 215-216.

关键词: 侨乡　曲艺　现状　发展　建议

内容摘要: 侨乡台山曲艺活动历史悠久,业余曲艺社团遍布城乡,先后被命名为"广东音乐之乡""中国曲艺之乡"。本文从建设"有侨乡特色的文化大市"的角度,就如何充分发挥侨乡优势,制定切实可行措施,促进曲艺事业有效传承发展提出建议。

(17) 20世纪20-40年代五邑侨眷的生活状况: 以开平、台山为例. 刘红卫. 五邑大学学报（社会科学版）, 2012（1）: 16-19, 93.

关键词: 五邑　侨眷　富足　拮据　困窘

内容摘要: 江门五邑是侨眷比较集中的地区,侨汇在当地经济生活中具有重要地位。侨汇将五邑经济与世界经济联系起来,世界经济变化必然引起五邑经济的波动。19世纪末至20世纪二三十年代,欧美经济经历了从繁荣到萧条的过程,侨乡经济也受到明显影响,侨眷生活相应地经历了富足、拮据和困窘三个阶段。

(18) 五邑华侨与江门电力工业的开拓发展. 姚婷, 梅伟强. 五邑大学学报（社会科学版）, 2012（4）: 38-42.

关键词: 五邑华侨　电力　江门　开拓发展

内容摘要: 1912—1932年,江门五邑开始有了电力工业,其中大多由华侨创办或资助。华侨为电力工业发展提供了资金、技术和设备,但由于时局动荡、管理方式和技术落后、赋税盘剥过高等原因,这些电力公司的经营都困难重重。1949年以后,江门五邑的电力工业逐渐走上正常发展轨道。

(19) 民国广东四邑侨乡匪患与华侨护乡. 潮龙起. 华侨华人历史研究, 2013（1）: 40-49.

关键词: 四邑　侨乡研究　维持治安　匪患

内容摘要: 论文介绍了民国时期广东四邑侨乡地区的匪情及其产生的原因、海外华侨参与四邑侨乡治匪的方式和举措;分析阐述了匪患期间华侨护乡的效用及其影响因素。从民国广东四邑地区治匪的个案来看,侨乡与华侨社会之间存在较为频繁的人员、资金、信息等要素的跨国流动,海外华侨的积极参与在治匪护乡活动中起到了积极作用。但值得注意的是，在强调华侨这种外部力量对侨乡社会的作用时，不能忽视整个国家的历史发展对侨乡社会的影响。尽管华侨在四邑侨乡具有一定地位，起到一定作用，但其力量无法与中国乃至四邑的腐朽势力相抗衡，结果致使其维持治安的效用有限。

(20) 非物质文化遗产"荷塘纱龙"的传承、开发与利用. 谢冬兴，王建文，李锦洲. 河北体育学院学报，2013 (1)：88-92.

关键词：非物质文化遗产　荷塘纱龙　传承　开发　利用　五邑文化

内容摘要：运用文献法、田野调查法，在充分挖掘荷塘纱龙的历史渊源、特征及自然传承谱系的基础上，立足于广东及江门的社会经济与五邑侨乡文化的大背景，从非物质文化遗产开发利用的角度，本文提出了荷塘纱龙竞技化、创新表演形式和改革传承方式等开发策略，并指出应该重视荷塘纱龙文化功能、经济功能、品牌效应、维系功能和媒体效应的利用。

(21) 江门：从滨江商贸小镇到连通海洋的城市——以近代海关文献为主的历史考察. 刘进. 五邑大学学报（社会科学版），2013 (1)：11-16.

关键词：海洋　海关　华侨　江门　城市

内容摘要：江门在历史上为广东新会县属的一个商贸小镇。鸦片战争以来，随着中国国门被迫打开，江门于1904年被辟为对外通商口岸；近代以来，该地区成为美洲、澳洲华侨之乡，跨国人员流动频密，侨汇源源输入，中外贸易活跃。这促使江门由滨江商贸小镇演变为连通海洋、具有一定辐射力的粤西南区域中心城市。

(22) 开平民歌生存及传承现状调查报告. 萧丽容，张荣耀. 商品与质量（理论研究），2013 (6).

关键词：开平民歌　生存　传承

内容摘要：开平民歌是开平民间艺术的奇葩，其传统民歌题材丰富、音乐独特，体现了开平侨乡地方特色。然而开平民歌与我国其他传统音乐一样，面临着生存、传承等问题。

(23) 新会侨乡传统葵艺采风纪实及研究：兼论葵艺的传承发展之路. 陈振益. 美术大观，2014 (4)：74-75.

关键词：新会　葵艺　火画扇　设计创新

内容摘要：本文对广东新会侨乡及周边的传统手工葵艺进行了实地采风调研，分析了传统葵艺生存的地理和人文环境，重点考察了葵艺的历史变迁及生存现状,对其中的代表手工艺火画扇的制作工序及艺术特点进行了研究,并对葵艺的传承和发展提出了建议。

(24) 新会侨乡火画扇工艺的研究与传承. 蒋海霞,陈振益. 艺术评论,2016 (7):114-116.

关键词:画扇 烙画 物质文化遗产

内容摘要:火画扇,也称为烙画扇,因制作过程中需要使用香火或烙铁在葵扇面上作画而得名。根据新会地方史志记载,清同治年间,新会画师陈晚试图将书画印于普通葵扇面上,但因其粘贴不牢、直接水墨绘制又易褪色,最后改用香火在扇面烙画,火画扇由此得名。火画扇是国家非物质文化遗产"新会葵艺"的代表性工艺品,也是"新会葵艺"流传下来的众多手工技艺中保存相对较好的制作工艺。

(25) 古朴侨乡风韵:骑楼广东开平赤坎古镇. 张妍. 室内设计与装修,2016 (12):122-123.

关键词:古镇 侨乡 骑楼 珠江三角洲

内容摘要:骑楼檐廊,避雨遮阳,合璧中洋,姿态百样。初来赤坎,这16个字,大概就是赤坎古镇的最初印象。赤坎古镇,位于广东省珠江三角洲内,开平市区的西南部,珠江的一级支流潭江横贯全镇,这里就是全国著名的侨乡。古镇的海外华侨和港澳台同胞的数量为家乡人口的2倍多。而赤坎之名,原为"赤磡",因该地多红土而得其名。小镇初建成于清顺治年间,至今已有350多年历史。赤坎古镇中的建筑绝大部分为骑楼。

(26) 近代江门五邑侨乡的商人与商业广告. 姚婷. 五邑大学学报(社会科学版),2018 (2):1-6.

关键词:江门五邑侨乡 商业 商人 商业广告

内容摘要:近代江门五邑侨乡海内外商业的发展带动该地区商业广告的发展与成熟。在江门五邑侨刊和报纸上刊登商业广告的主体是小资本、小规模的商户。这些商业广告反映了侨乡与香港及海外华侨移居地之间的商业网络。社会转型期五邑侨乡的商业、商人以及商业广告,处于传统与现代、地方与世界的转点,现代化的商业运作模式和商业关系尚未完全建立。

2. 潮汕侨乡

(1) 华侨与潮汕关系述略. 庄义青,洪松森. 汕头大学学报(人文科学版),1985 (2):35.

关键词：华侨投资　潮汕　泰国　汕头市　海外

内容摘要：潮汕地区是我国著名的侨乡之一。目前，本地区有895万人口；而据估计，海外的潮汕人及其后代就约有600万人（其中泰国约300万人，新加坡约50万人，马来西亚约40万人，其余分布在印度尼西亚、菲律宾、澳大利亚等40多个国家和地区）。此外，香港、澳门还有100多万潮汕人。全地区有归侨、侨眷150多万人。华侨众多，是潮汕最突出的地情。形成这种特殊的情况，有其深刻的经济根源和历史根源。数百年来，广大侨胞漂泊海外，茹苦含辛，艰苦创业，为居留地的经济、文化和社会的繁荣做出巨大的贡献，同时也对祖国革命和家乡建设立下不可磨灭的功绩。

（2）泰国潮人与汕头侨乡．许肇琳．通讯，1995（11）：27．

关键词：无

内容摘要：无

（3）著名侨乡商贸重镇：普宁．王海鹏．潮商，2008（4）：70-73．

关键词：侨乡　普宁市　潮汕平原　改革开放以来

内容摘要：在深汕高速公路未开通前，从广州乘车沿广汕公路往汕头市，当进入稻田阡陌的潮汕平原时，一座繁荣的小城普宁迎面而来。这里是潮汕平原西部的交通枢纽。往北，可通达揭阳、潮州、梅州；往东，则通达汕头、福建。

（4）潮汕俗语、歌谣中折射的近代"过番"史．陈婉玲．科教文汇（上旬刊），2010（12）：78-79．

关键词：潮汕　过番　俗语歌谣　近代广东

内容摘要：潮汕地区拥有悠久的"过番"史，从潮汕地区的俗语、歌谣可窥知一二。家境贫寒是"过番"的一般原因；"过番"潮人在外艰辛创业，苦力们过的更是非人生活；在外潮人的番批是侨眷生活的希望，同时也为侨乡做出了巨大贡献。

（5）民间文献与潮汕华侨史研究．舒习龙．武陵学刊，2017（2）：59-64．

关键词：民间文献　族谱　碑刻　民间文书　潮汕华侨史

内容摘要：族谱、碑刻、民间文书等民间文献对潮汕华侨华人史研究具有十分重要的价值。族谱在研究华侨出国时间、路线、海外分布以及侨乡具体形成、华侨移民情况、华侨对海内外的影响等方面具有官方文献所没有的价值；碑刻对于梳理、解读潮汕华侨政治史、思想史、经济史具有原生态作用；契约和账簿能够很好地解读出华侨之间、华侨与原乡人之间的各种经济关系，日用类文书或家礼本对于研究华侨和家乡的联系承担着极大的功能，宗教科仪书对于探究华侨的宗教生活与中华文化的传承有着重要的作用。超越以往区域华侨史研究"宏大叙事"模式，放下身段进入历史现场，去搜集、整理丰富的民间文献，扎实做好微观研究，有利于潮汕华侨史研究的深入。

3. 梅州侨乡

（1）客家华侨与梅州侨乡建设．温广益．侨史学报，1989（4）：18-29．

关键词：无

内容摘要：无

（2）地缘认同：客家华侨与侨乡社会的心理共识：以清末和民国时期广东梅州为例．肖文燕．江西社会科学，2012（11）：135-139．

关键词：华侨　侨乡　地缘认同　梅州

内容摘要：清末民国时期，华侨之所以能够强烈而持久地作用于侨乡社会，有多方面的原因，其中心理因素是重要方面。本文将田野调查与历史研究结合起来，以全国著名的客家侨乡——广东梅州为例，探讨清末民国时期华侨影响侨乡社会的心理因素——地缘认同。客家华侨通过组织地缘化、居住地缘化、行业地缘化、信仰地缘化，将地缘认同渗透到其生活的各个方面，对于祖籍国侨乡社会而言，华侨的地缘认同强化着华侨对侨乡社会的认同，从而推动了华侨与侨乡的各项联系。华侨基于地缘认同而产生的对侨乡的情感，为华侨作用于侨乡社会提供了心理条件。

（3）庙宇的地理空间分布与社会功能——粤东梅州天后信仰的宗教地理学研究．宋德剑．江西师范大学学报（哲学社会科学版），2013（4）：127-132．

关键词：天后　地理空间　社会功能

内容摘要：天后信仰起源于宋代的东南沿海地区，明清时期开始在梅州传播。天后宫主要分布在村落水口处、江河沿岸和街市三种场域。水口处的天后宫体现了客家人运用神明护佑村境的风水观念；滨水（河）天后宫反映了农耕社会的客家人对水利的依赖和出洋谋生对河流的重视；街市中的天后宫则体现了传统社会神明的商业功能。天后宫的三种社会功能，反映了梅州从乡民社会到农业社会,再向近代商业社会、侨乡社会转型历史过程中客家人的神明信仰观念。

(4) 近代梅州客家人"过番"的社会保障机制. 夏远鸣. 八桂侨刊,2013(1):44-47.

关键词:移民 社会网络 保障机制

内容摘要:由于熟人社会网络的存在,从而使移民的成本与风险降低,甚至是身无分文的人也有远赴重洋谋生的可能。在旅居地由熟人形成的人际网络,也为新到移民提供了就业的机会;特别是商业拓展过程,熟人网络关系更扮演着重要的角色。这些由熟人社会关系形成的保障机制,让移民海外成为近代梅州地区人们普遍选择的谋生方式,也是侨乡社会形成的深层次原因。

4. 其他

(1) 蚌湖侨乡向西村简史. 黄政海. 穗郊侨讯,1989(2):47-48.

关键词:无

内容摘要:无

(2) 龙归镇侨乡南村简介. 周楫航. 穗郊侨讯,1989(3):44.

关键词:无

内容摘要:无

(3) 著名侨乡中山市. 梁振甫. 中国对外贸易,1990(3):41.

关键词:无

内容摘要:无

(4) 著名侨乡唐家湾. 唐景雄. 追求,1997(12):35-37.

关键词:无

内容摘要:无

(5) 敢为天下先的粤商. 李俊. 网络资讯(人才与教育),2004(10):39-40.

关键词:广东商人 品质 开拓 潮州 李嘉诚

内容摘要:由于人文的传统,广东商人敢为天下先。据史载,早在唐代就有广东人到海外做生意;到了近低,广东商人更是足迹遍天下,广东成为我国著名的侨乡。至今,广东的海外商人形成了巨大势力。广东商人敢为天下先的品质是与勇于开拓,敢冒风险,善于变通,踏实肯干的习性联系在一起的,这使他们易于适应各种环境。

(6) 近代广府侨乡契约文书中的货币表达方式研究. 石坚平. 历史教学（高校版），2011（1）：22-31.

关键词：广府侨乡　契约文书　货币表达方式　近代化

内容摘要：契约文书文类的特殊性决定了契约文书中的货币表达方式必须同时兼顾国家货币制度、民间社会实践与地方财税政策三者的关系。面对国家制度的僵化迟滞，地方官府的被动适应，广府侨乡社会一面广泛使用银圆，主动选择采用银圆制的流通方式，以顺应中国货币制度近代化的客观趋势；另一方面不断创新契约文书的货币表达方式，创造出一个系列介于新、旧货币制度之间的过渡性混合制的货币表达方式，既维护了王朝国家的制度性规定，又为广府侨乡社会自主选择货币流通方式提供了灵活的弹性选择空间。

(7) 试论凤岗客家山歌的传承和发展. 林汉筠. 神州（下旬刊），2012（5）：30-31.

关键词：无

内容摘要：凤岗镇位于东莞市东南部，是客家人聚居的主要镇之一。全镇户籍人口2.4万人中，有80%为客家人。凤岗又是一个著名的侨乡，祖籍凤岗的华侨分布在世界36个国家和地区，据不完全统计，目前祖籍凤岗的华侨华人有3万之多。凤岗民风淳朴，文化底蕴深厚，民俗文化更是多姿多彩，客家山歌就是其中的文化代表。近年来尤其是党的十七届六中全会召开以来，凤岗镇审时度势，抓住有利时机，打造具有客侨特色的产业名镇，推出客侨文化、象棋文化和婚庆文化。

(8) 顺德龙舟制作礼仪刍议. 申小红. 岭南文史，2012（2）：40-45.

关键词：龙舟赛　端午节　礼仪　仪式

内容摘要：广东省佛山市顺德区位于珠江三角洲中部，北临广州，毗邻港澳，是广东著名的侨乡。明景泰三年（1452）设县，1992年撤县建市，2003年改为佛山市辖区。顺德境内河网密布，地势平坦，土地肥沃，是著名淡水养殖基地，素有"鱼米之乡""花果之乡"之美誉。"一田绿蔗一桑基，一片青蕉一口塘"是顺德乡村特色产业的缩影和写照。

(9) 土地改革前广东华侨占有和经营土地情况的历史考察. 莫宏伟. 遵义师范学院学报，2013（1）：1-3.

关键词：土改前　广东华侨　土地占有　土地经营

内容摘要：土改前，广东华侨约占全省人口1/6，占中国旅外侨胞

80%左右。这些华侨的原籍主要分布于兴梅、潮汕、东江、珠江、粤中及琼崖等专区。由于广东华侨将其在外辛勤劳动所得的部分钱用于购买土地,因此,他们占有不少的土地,在许多地区,其占有土地的数量甚至多于地主和富农,仅次于祠堂、庙宇、宗族占有的土地。由于华侨家庭的男子成年后或大都出洋谋生,或从事其他职业,导致农业劳动力缺少,加上其家庭生活来源主要依靠侨汇,因此,华侨大多将其土地部分或全部出租给无地或少地的农民。

(10) 香山华侨与近代中山城市发展. 张华,何旭玮. 华中建筑,2013 (4):171-177.

关键词:近代中山 香山 华侨 侨资侨汇 城市发展

内容摘要:中山是全国著名侨乡之一,它在1925年以前被称作香山县。旅居海外的香山华侨心系家乡建设,出资出力。他们回乡参与政务,投资市政建设,完善公共服务设施,创办实业,捐资助学的兴乡之举,不仅繁荣了家乡的商贸经济,更有力地推动了近代中山城市建设发展的进程。该文以民国时期中山的城市建设为线索,探讨香山华侨对近代中山城市发展所做的巨大贡献。

(11) 清代至民国时期广府华侨服饰艺术特征研究. 莫玉玲,孙恩乐. 艺术设计研究,2014 (4):50-53.

关键词:广府地区 华侨服饰 艺术特征

内容摘要:清代至民国时期广府华侨服饰在海上丝绸之路的影响下,承载着中国传统服饰文化,与侨居各国的文化互相碰撞,呈现出颇具生命力的广府服饰文化因子,同时向广府侨乡地区传递西方服饰文化信息,对区域服饰文化乃至中国服饰文化起到了重要的引领作用。

(二) 福建侨乡研究

1. 永春华侨出国原因和对侨居地的贡献. 颜文锥,黄温秋. 福建论坛(经济社会版),1982 (5):99-103.

关键词:华侨 马来亚 西方殖民主义 南洋 永春

内容摘要:永春地处晋江上游,境内山峦重叠,原是个交通极为不便的山区县,但却是我省主要侨乡之一。据调查估计,现在原属永春籍在海外的人数,相等于该县国内的人口总数。永春人出国渡洋谋生最早的文字记载是明朝宣德五年（1430），见载于《留安刘姓族谱》。实际出国时间可能更早些，而大量出国当在清朝咸丰、同治以后。

2. 从历史上看安海港的兴衰与华侨的关系. 林金枝. 南洋问题研究，1986（1）：27-35.

关键词：华侨　对外贸易　泉州港　东南亚　福建文化

内容摘要：安海历史悠久，人文鼎盛，素以福建文化古镇著称。安海港自古以来即为闽南通贸海外之古港。安海港位于泉州港外南部的围头湾内，港的东岸有东石镇，西岸有石井、水头两镇，因此，历史上的安海港实际上包括了安海港两岸的安海、东石、石井和水头四个地方。安海及其附近地区过去和现在都是福建的主要侨乡，华侨的发生与发展与历史上的安海港的兴衰关系至大。

3. 初探泉州侨乡商品专业市场体系的形成与完善. 王文炎. 财贸经济资料，1988（7）：16-20.

关键词：无

内容摘要：无

4. 福建文化在东南亚的传播及其影响. 林金枝. 福建论坛（人文社会科学版），1989（6）：40-45.

关键词：东南亚地区　福建文化　闽南语　文化传播

内容摘要：福建是中国的主要侨乡。闽人移居海外，历史悠久，人数众多。长久以来，他们与侨居国和祖国的政治、经济和文化关系，一向密切。本文着重从语言、音乐、戏曲文学等方面，阐述福建文化在东南亚地区传播及其影响的具体史实，以论证福建华侨在海外传播中华文化和福建文化所起的作用。

5. 新崛起的侨乡新城——石狮. 佚名. 福建金融，1990（9）：40-41.

关键词：石狮市　侨乡　外向型经济　经济支柱

内容摘要：石狮作为福建省的政治经济综合改革试验区，经国务院批准于1988年10月1日建立省辖县级市，现辖石狮、蚶江、永宁、祥芝三镇一乡，总面积约160平方公里，人口25万多人。石狮市位于福厦沿海中段，闽南"金三角"的东北部，是著名侨乡，全市旅外华侨及港澳台同胞超过25万人。石狮建市，大胆进行政治体制改革，"公开、平等、择优"产生市委、市政府领导班子。市委、市政府坚持党的"一个中心、两个基本点"的基本路线,从实际出发,制定了充分发挥侨乡优势,以国际市场为导向,以国内市场为依托,以商业、工业、农渔业和旅游服务业为经济支柱,以贸带工,大力发展贸工农相结合、多元化的外向型经济的战略。

6. 福建的华侨. 童家洲. 文史知识, 1995 (4): 35-38, 49.

关键词: 菲律宾华侨 陈嘉庚 闽籍华侨 华人华侨 东南亚

内容摘要: 福建是仅次于广东的我国著名的第二大侨乡。目前祖籍福建的海外华人华侨约有800多万人,分布在全世界5大洲100多个国家和地区,其中约90%居住在东南亚的印度尼西亚、马来西亚、新加坡、菲律宾、泰国、越南、缅甸等国家。福建省的归侨和侨眷约有600多万人,占全省总人口的15%左右。本文拟探讨福建华侨的几个主要特点。

7. 论福建侨乡优势与地缘文化. 文云朝. 人文地理, 1997 (4): 25-30.

关键词: 福建 侨乡优势 地缘文化

内容摘要: 福建是我国重点侨乡省。改革开放以来,福建社会经济发展的成就,与海外华族尤其是众多的闽籍台胞的作用有密切关系。福建侨乡的这种优势既建筑在地缘经济的基础上,深层次原因更与地缘文化有关。由此出发,作者力图通过对福建地缘文化特征的分析,深化对侨乡优势的认识,进而对开发地缘文化资源,培育侨乡优势的一些认识问题和实际问题进行探讨。

8. 青礁慈济宫与海外华侨. 聂德宁. 华侨华人历史研究, 1998 (2): 67-73.

关键词: 海外华侨 青礁慈济宫 巴达维亚 福建漳州 三宝

内容摘要: 青礁慈济宫与海外华侨聂德宁在福建闽南侨乡各地,几乎每一个地方的庙宇都与当地的海外乡亲有着千丝万缕的联系,尤其是那些供奉地方保护神的庙宇更是与海外华侨、华人有着密切的关系。位于福建省厦门市杏林区海沧镇青礁村祀奉保生大帝吴真人的慈济宫就是其中一个典型。

9. 内陆山区崛起的侨乡——明溪县八千多人跨出国门谋求发展. 洪华堂, 李桂清. 福建通讯, 2001 (11): 11-13.

关键词: 明溪县 福建 对外劳务合作 教育培训

内容摘要: 总人口11.6万人的内陆山区小县明溪,目前已办理出国护照8337人,实际在外5124人,全县平均每百人就有4人出国。每年寄回外汇1500万美元,全县农民总收入中有1/3是出国人员的外汇。明溪县成了新兴的内陆侨乡。

10. **从泉州华侨看泉州港在海上丝路的历史地位**. 李天锡. 泉州师范学院学报,2003(1):72-77.

关键词:泉州华侨 泉州港 海上丝绸之路 历史地位

内容摘要:本文通过分析泉州侨乡族谱中的华侨史料,即泉州华侨宋代出国安南、南宋至元代前往海外贸易、明代以后为侨居地的开发和建设所做出的努力,以及进行中外文化交流等情况,说明泉州华侨为海上丝绸之路的形成和发展做出了很大的贡献。由于泉州港是泉州华侨出国的一个主要港口,因而泉州港在海上丝绸之路具有重要的历史地位。

11. **侨乡泉州的变迁**. 张渊. 今日中国(中文版),2004(6):60-62.

关键词:泉州市 华侨 社会公益事业 地方经济

内容摘要:无

12. **福清概况**. 佚名. 中国核工业,2006(9):55-56.

关键词:福清 华侨华人

内容摘要:地理及人口福清雅称"玉融",地处福建东南沿海、闽江口金三角经济圈南翼。全市总面积2430平方公里,其中陆地1519平方公里。海域911平方公里,海岸线长348公里,总人口121.49万人,辖20镇1街468个村(居)。福清是全国著名侨乡,旅居海外的华侨华人78.14万人,足迹遍及世界110多个国家和地区,在东南亚素有"凡有华人处,必有福清人"之称。

13. **福清人出国史略**. 曹于恩. 福建史志,2008(2):37.

关键词:清人 史略 出国 福清 海外

内容摘要:无

14. **清末闽籍华侨出国特点研究**. 林莹,郑舒翔. 现代商贸工业,2009(2):240.

关键词:福建 华侨 出国特点

内容摘要:福建自古以来就是我国著名的侨乡。早在唐代时期,福建就有人旅居海外。此后,福建华侨出国从未间断过,尤其是到了清末,福建华侨出国更是达到一个新高潮。但是,与以往相比,由于时代的历史背景不同,特别是由于鸦片战争后,中国开始沦为半殖民地半封建社会这一新情况,因此,清末福建华侨出国呈现出了迥然相异的新景象,大量契约华工、自由华工的出国成为这一时期福建华侨出国的显著特征。

15. 福建土楼故里南靖. 佚名. 红旗文稿,2010(13):42.

关键词:福建土楼 文物保护 祖籍地 华人华侨 侨乡

内容摘要:南靖古称兰水县,总面积1962平方公里,辖11个镇、1个省级高新技术产业园区,总人口34.2万人,为重点侨乡和台胞祖籍地。祖籍南靖的台胞有100多万人,华人华侨3万多人。

16. 正在起飞的侨乡之城——福清. 佚名. 海峡经济,2011(1):26-29.

关键词:无

内容摘要:无

17. 福建永春:魅力山水名城,现代宜居侨乡. 佚名. 领导文萃,2011(6):146.

关键词:侨乡 森林覆盖率 福建永春 福建省

内容摘要:永春县地处福建省东南部,幅员1468平方公里,总人口56万人。境内山清水秀,景色宜人,森林覆盖率69.2%,农林产品、药材、水力、矿藏、旅游等资源比较丰富。旅居海外的侨亲达120多万人。

18. 扎根在侨乡的土地上:浅谈方言与歌、舞、剧. 何杰. 福建艺术,2012(2):61.

关键词:侨乡 歌剧 戏曲 歌舞剧 闽南

内容摘要:泉州是历史文化名城和著名的侨乡。这里戏曲剧种繁多,每一个地方剧种都是国宝级的,泉州歌舞剧团要跻身于戏曲之中,并且要得到广大侨乡人民的喜爱和认可,其艰辛可想而知。对于艺术而言,地域性具有重要的价值和意义。

19. 明溪新侨民欧洲文化认同与新侨乡本土文化重构. 陈登平. 三明学院学报,2013(1):69-74.

关键词:明溪县 新侨民 欧洲文化 本土 重构

内容摘要:在全球化和改革开放双重因素影响下,大批明溪人出国到欧洲谋生成为新侨民,也使明溪成为"旅欧第一县"。新侨民在欧洲耳濡目染,逐渐对欧洲文化有了自己的认同。他们对欧洲的文化认同主要包含经济认同、文化认同、身份认同三个方面。在建设全面小康生活的现代化道路上,"海西新侨乡"应该对以农和儒为本的文化进行重构,充分树立并大力宣传"旅欧第一县"的文化品牌；以生态和侨资为抓手促进侨乡的经济建设；以欧式风格成为城镇规划的主体风格：在制度规范和教育两方面努力使侨乡成为文明和谐的县。

20. 漫话诏安. 黄家祥. 福建史志，2013（1）：62-64.

关键词：民间文化艺术　革命根据地　中央苏区　经济开放

内容摘要：诏安于明嘉靖九年（1530）置县，今面积1567平方公里（含海域），人口61万人。属原中央苏区县、闽粤边革命根据地、沿海经济开放县，为中国青梅之乡、书画艺术之乡、民间文化艺术之乡，也是福建漳州的重点侨乡、台胞祖籍地。

21. 超越边缘：一个东南侨乡回族社区文化建设的人类学考察. 陈碧. 八桂侨刊，2014（2）：48-52.

关键词：东南侨乡　回族社区　文化调适

内容摘要：从一家到一族、从弱小到壮大、从经商务农到读书入仕，陈埭丁氏回族历经数百年调适和变迁，终于从外来小姓变为本地望族。借助侨乡优势，开展社区文化建设推动社区经济发展，依靠特色文化提升自身形象，超越边缘，陈埭丁氏回族成功地开辟了一条属于自己的文化之旅。

22. 福建侨乡：移民是一种本能. 陈明灼，CFP. 留学，2014（7）：82-83+81.

关键词：福建人　隔代教育　侨乡

内容摘要：有华人的地方就有福建人。移民是侨乡人一生的追求和梦想，是代代相传深种于血液里的基因本能，安于故土的生命对他们来说轻如羽毛，没有意义与重量。坊间一个有趣的传言是：中国有三分之一的富人已经移民国外，有三分之一的富人正在办理移民手续，剩下的三分之一正在考虑移民。传言或许未必属实，但足以说明移民在时下中国的热捧程度。如果把注意力聚焦在中国的南方，尤其是福建、浙江一带，那传言将不再是传言，甚至是有过之而无不及。

23. 海峡第一村：晋江围头村. 佚名. 休闲农业与美丽乡村，2014（8）：46-53.

关键词：围头　大金门岛　港澳台同胞　两岸关系　休闲农业　祖籍地

内容摘要：在中国，在福建，在晋江，在祖国东南沿海的一隅，与金门隔海相望的美丽乡村——围头村,演绎着无尽的传奇,成为见证中华人民共和国成立60多年来两岸关系冷暖发展的一个最好"缩影"。围头村,地处围头半岛最南端,位于东经118°34′,北纬24°21′,面积3平方公里,海岸线长达6500米,东临台湾海峡,西靠美丽的围头湾,南与大金门岛相距仅5.2海里,是祖国大陆距离大金门岛最近的渔村。本村常住人口4300多人,外来人员3000多人,旅居港澳台和海外的乡亲万余人,是闽南著名的侨乡和港澳台同胞主要祖籍地之一。素以"英雄的围头""美丽的围头"而闻名中外的围头村,以独特的"战地文化、滨海文化、渔村文化、华侨文化、涉台文化"五大极具魅力的乡村休闲文化资源,赢得中外游客的青睐。

24. 南洋华侨与福建基督教会经费自主模式探析. 谌畅. 青年文学家, 2015 (32): 175 + 177.

关键词: 华侨 经费 基督教

内容摘要: 福建作为"侨乡",在国家对外交流和经贸体系中占有重要地位。本文尝试简略勾勒民国时期福建教会经费自主模式和其壮大和发展过程,探讨福建基督教会与南洋华人教会组织和信徒之间的关系,进而对当时时代背景下,二者互动中,对以基督教为纽带发轫的一系列交流与合作做一个更好的探寻。

25. 两岸民间信仰与侨乡社区发展——厦门"闽台小镇"的调查研究. 陈琮渊. 八桂侨刊, 2016 (3): 69 – 74.

关键词: 闽台小镇 侨乡发展 城隍信仰 社会资本

内容摘要: 近年来,福建厦门集美后溪镇结合侨乡特色及闽台文化资源,打出"闽台小镇"旗帜为号召发展观光,但受主客观环境变化影响,成果不如预期。反倒是以"霞城城隍庙"为中心的民间信仰及庆典活动不仅凝聚当地居民的向心力,为闽台及东南亚人文交流打造重要平台,更带动了侨乡社区的发展。

26. 基于乡愁文化理念的美丽乡村建设研究——以泉州为例. 陈良启. 泉州师范学院学报, 2017 (1): 50 – 54.

关键词: 乡愁文化 美丽乡村 泉州

内容摘要: 美丽乡村建设是践行美丽中国的具体行动,意义重大。泉州作为一座历史文化名城,承载着兼容并包的闽南文化;泉州又是一个著名的侨乡,是许多海外游子依恋的精神家园。乡愁文化是一种文化符号,更是一种民族精神内核，它是民族的"根"和"魂"，让一代又一代的村民传承过去、留住现在和憧憬未来。泉州以乡愁文化理念为导向，努力挖掘闽南乡愁文化元素，探索出保护、传承和创新乡愁文化理念的美丽乡村建设路子，建成一批富有闽南独特乡愁文化的村落。

（三）浙江侨乡研究

1. 浙江省文成县华侨简史. 章志诚，王忠明，邵木西. 华侨历史，1986（4）：36.

关键词：华侨 文成县 丽水地区 意大利

内容摘要：文成县位于浙江省飞云江的上游。它的北部与青田县（今属浙江丽水地区）毗连；西部与景宁县（今属丽水地区）接壤；东北部与瑞安县相邻。全县总面积1294平方公里，总人口343982人，是浙江南部地区的一个山区县。这个山区县是浙江省的著名侨乡之一。

2. 青田华侨特点初探. 史澄. 华侨历史，1987（1）：38.

关键词：华侨社会 青田石雕 华侨商人 海外华侨

内容摘要：地处浙南山区的青田县，有众多的华侨商人，是个著名的侨乡。青田华侨与省内的宁波华侨、兄弟省的闽粤华侨相比，有其独特之处，自成一种类型，即小商贩型华侨。这种类型的华侨，作为华侨总体的组成部分，无疑也成为侨史研究的对象之一。

3. 青田人出国的历史与现状初探. 张秀明. 华侨华人历史研究，1998（3）：48-58.

关键词：青田县 青田石雕 历史与现状 华侨华人社团 同乡会 意大利

内容摘要：青田县位于浙江省南部，建县于唐睿宗景云二年（711），因县治北有青田山（又名太鹤山）而得名。总面积2493平方公里，总人口48.6万人（1996）。青田是全国著名的侨乡。

4. 温州侨乡的民俗学解读. 邱国珍. 温州职业技术学院学报，2011（2）：11-14.

关键词：温州 侨乡 民俗学 区域文化

内容摘要：温州侨乡形成的独特性，成为温州特殊的区域文化现象。从民俗学时空理论的视角，以温州侨乡为中心，将跨国移民、侨乡的形成与其独特的地理位置、历史背景、民俗文化相联系，并对这一区域文化现象进行阐释，是一种有意义的学术探索。

5. **温州苍南华侨的历史贡献及其特点**. 徐华炳，柳建敏. 八桂侨刊，2013（1）：18–23.

关键词：苍南华侨　历史贡献　侨资企业　捐资助学

内容摘要：在区域华侨研究中，温州苍南县由于尚称不上传统定义的"侨乡"而一直不为人关注。但长期以来，苍南华侨对家乡和侨居国都做出了无私贡献。本文在实地调查的基础上，对苍南华侨的出国历史、群体特征和主要贡献及其特点等进行了分析与思考。

（四）广西侨乡研究

1. **广西华侨史料拾零**. 陈左眉. 八桂侨刊，1987（2）：28–29.

关键词：华侨史料　广西　出国留学　侨乡

内容摘要：我国华侨历史十分悠久，远的可以追溯到唐宋时期。在这漫长的岁月里，由于历史的偏见，加上大多数华侨又是穷苦的劳动人民，他们不可能为自己留下任何文字记载。历代统治阶级又都歧视华侨，也不可能去写血泪斑斑的华侨历史。因此，我们希望从浩瀚的文献史料中去搜集有关华侨的史料很不容易。广西是我国第三大侨乡，据不完全统计，在海外的广西籍华侨、华人约150万人，分布在世界上50多个国家和地区，如果翻开过去的文献史料表，也只是一些支离破碎的材料。

2. **钦州地区旅美华侨华人的现状**. 杨恒烈. 八桂侨刊，1987（2）：25–27.

关键词：钦州地区　华侨华人　东兴　中华会馆　三藩　家乡

内容摘要：钦州地区地处祖国最南端，濒临北部湾，与越南接壤。全地区四县一市，321.4万人，在海外华侨、华人为数众多，是广西重点侨乡之一。历史上，钦州地区在美国的华侨、华人是较为稀少的。近年来，由于印支三国政治局势变化，越南黎笋集团疯狂反华，制造大批印支难民，旅美华侨才逐渐增多。根据有关资料，在美国的华侨、华人已达100多万人，其中几年来接待安置印支难民达40多万人，大部分安置在洛杉矶、纽约、三藩市、西雅图、波士顿、华盛顿、新泽西州、芝加哥、圣地亚哥、波特兰等城市。

3. 广西籍华侨华人对东南亚的贡献. 史如林. 东南亚纵横, 1989 (3): 41-45.

关键词: 华侨华人　广西钦州　移居国外　贡献

内容摘要: 广西人移居国外, 始于宋朝, 至今已有千余年的历史。广西人因政治、经济等原因背井离乡, 远走他国, 首先到达的是东南亚地区。其出国路线, 一是通过广西的陆海通道, 即凭祥、龙州、宁明、防城等地去越南的陆地通道; 合浦、北海的出海通道。二是通过广东的港口与香港而出洋, 即从梧州经广州至香港、从梧州经广州至汕头、从广西经湛江至香港等。广西人出国的交通条件虽然比不上粤闽两省, 但却优于其他省份。广西作为我国的第三大侨乡, 其华侨华人估计总数在200万人以上, 分布在世界上五大洲的近80个国家。

4. 广西籍华侨华人知多少. 赵和曼. 八桂侨刊, 1989 (1): 9-15.

关键词: 广西　华侨华人　侨乡

内容摘要: 广西对本自治区的海外华侨华人研究, 近年来取得了不少成绩。但由于我们在这一领域起步较晚, 研究队伍比较弱小, 不少问题还没有解决。广西在海外的华侨华人的人数统计, 就是其中之一, 而且应列为急需解决的问题。因为如果我们一方面说广西是全国的第三大侨乡, 另一方面又不能充分论证广西籍的海外乡亲确实是在全国排第三位, 我们就会处于被动的地位。关于全世界的华侨华人总数, 目前通常的说法是近三千万人, 其中80%以上居住在东南亚, 90%左右已加入了当地国籍。

5. 广西籍华侨及华人历史的若干特点. 赵和曼. 华侨华人历史研究, 1990 (2): 40-44+34.

关键词: 广西　华侨华人　侨乡　移居国外　海上交通

内容摘要: 中国各级侨乡, 特别是重点侨乡的历史特点问题, 是侨史研究中的一个薄弱环节, 需要组织力量进行研讨。如果我们把这个问题弄清或基本摸清了, 就能正确认识、充分发挥侨乡优势。本文试图通过对中国东南沿海重点侨乡历史的比较, 论述广西籍华侨历史的若干特点, 以供商榷。

6. 西江岸畔新侨乡——贵港. 秦国声, 麦振光. 现代中国, 1990 (5): 52-53.

关键词: 无

内容摘要: 无

7. 华侨对广西近代科技发展的贡献. 范柏樟, 黄启文. 八桂侨刊,

1991（3）：25-31.

关键词：广西大学 近代科技 华侨 贡献

内容摘要：广西是全国第三大侨乡，侨胞、侨属人数很多。海外侨胞有着强烈的爱国爱乡之情，他们对祖国的革命和建设事业，做出了不可磨灭的贡献。华侨对广西科学技术发展的贡献，涉及各个领域，主要体现在资金、技术设备和人才三个方面。鸦片战争以后，中国逐步沦为半殖民地半封建社会，使得中国的科学技术发展缓慢，落后于西方强国。广大侨胞在海外较早地接触西方先进的科学技术，他们怀着建设祖国、建设家乡的强烈愿望，纷纷回国投资办厂购置新式机器，采用新技术，从而开始打破几千年来传统的手工生产方式，这在技术史上无疑是一大进步。侨胞对广西近代科技发展的贡献，最大的莫过于人才方面。

8. **浅论广西"第三侨乡"的地位和特点**. 清风. 八桂侨刊，1992（1）：1-7.

关键词：广西 侨乡 契约华工 合浦

内容摘要：广西是全国第三侨乡，对冠之这一称号，国内外人们，有的疑惑不解，有的半信半疑，有的知之不多，有的不知其然。究其原因：其一，历史的习惯印象所误。一些人的老眼光，总认为广西是"老、少、边、山、穷"地区，似乎不应与"侨乡"有缘。其二，现实的"重点"概念所导。广西是全国少数民族人口最多的省、市、自治区，仅壮族人口就有1400多万人。广西是壮族自治区，因而"民族"成为广西特点的第一要素，人们对"民族"印象深刻，而对"侨乡"观念淡薄。其三，古往今来，广西对"侨"的位置摆得不妥，研究不多，重视不够，侨情不明，人数不清，宣传不力。

9. **再谈广西籍华侨华人知多少**. 赵和曼. 八桂侨刊，1993（4）：7-14.

关键词：广西 少数民族华侨华人 侨乡 移居国外 侨务

内容摘要：大致确定广西籍华侨华人的总数，是认清广西区情的一个组成部分，对于这个自治区的对外开放有着重要意义。过去，由于广西的侨史研究起步较晚，包括海外侨胞人数统计在内的不少问题尚未解决。近年来，情况大有变化，面貌逐渐改观。拿海外侨胞人数统计来说，广西的侨务部门以及有关专门机构把它列入了重点研究课题。他们分工协作、密切配合，利用各种渠道，组织有关人员收集、查阅了大量的海内外资料，进行了比较扎实的侨乡调查,使研究逐渐深入,质量不断提高。

10. 广西华侨在东盟各国的分布情况及对当地和广西的贡献. 龚维玲. 创新,2009 (9):22-26.

关键词:广西华侨 东盟国 贡献

内容摘要:广西是中国第三大侨乡,具有对接东盟国家的人文亲缘优势,有华人华侨300多万人,大部分在东盟各国定居。广西籍华侨向以其自身的勇敢、智慧和勤劳,在越南、马来西亚、泰国、印度尼西亚、新加坡等国家,与当地人民一道披荆斩棘,开垦山岭,开发矿藏,兴办工业,从事商贸和科技文教事业,有力地促进了当地经济的发展和社会的进步。同时广西华人华侨为广西的建设也做出了很大贡献。

11. 广西东兴镇华侨歌堂初探. 许赞. 八桂侨刊,2014 (3):45-49.

关键词:广西 东兴镇 华侨歌堂 功能

内容摘要:东兴镇是一个传统的侨乡。在东兴镇,除了少量的本地籍归侨外,大多数的归侨则来自全国各地的华侨农林场和其他厂矿。为了满足文化与认同的需求,一些对山歌颇有兴趣的东兴镇归侨组建了华侨歌堂。随着社会的不断发展,华侨歌堂的功能虽发生一些转变,但在传承山歌文化、沟通和协调归侨群体间的关系方面仍发挥着较大的作用。

(五) 云南侨乡研究

1. "西南丝道"的极边重镇——腾冲. 刘远复. 云南政报,1992 (3):38-39.

关键词:腾冲县 古丝绸之路 密支那 史迪威公路

内容摘要:腾冲县位于云南省西部边疆,与缅甸接壤,国境线长148公里,是我国西南古丝绸之路的极边重镇。县城距昆明761公里,距缅甸北部重镇密支那227公里。第二次世界大战中修建的史迪威公路由腾冲出境,经密支那到印度的加尔各答,把中、缅和印巴次大陆连接起来。全县总面积5692平方公里;人口53万人,有汉、傣、傈僳族等26种民族。华侨总数约3.6万人,县内侨眷3.8万人,是云南省著名的侨乡。

2. 西南边境的侨乡——和顺. 杨经纬. 今日中国 (中文版),1992 (12):60.

关键词：西南　云南省腾冲县　南洋

内容摘要：云南省腾冲县和顺乡，地处火山腹地，离国境线不到 100 公里。这里是西南古丝绸之路的必经地，历史上就有许多人下南洋，闯南亚。现在，全乡有近一万名儿女侨居世界 20 个国家和地区，侨属、侨眷占全乡总人口的 73%。和顺的自然风光秀美，田野、池塘、小河相间，不乏高原水乡之韵味。一条环村石板路穿绕其间；河上架有两座造型别致的石拱古桥。乡人称为双虹桥。

3. 云南回族华侨和侨乡. 马维良. 回族研究，1993（1）：34 - 40.

关键词：云南回族　缅甸　华侨　侨乡　清真寺　回族乡

内容摘要：云南是一个多民族的边疆省。它与缅、泰、老、越为邻，有长达 4000 多公里的陆地国境线，很久以来就与邻国形成了友好往来和对外贸易的关系。回族先民 700 年前从中亚、阿拉伯和波斯进入云南，除了服从军事任务戍边屯田外，还因着传统的擅长经商的才干及长期的历史培育造就出的艰苦创业、富于冒险、勇于开拓的民族性格而敢闯"蛮烟瘴气"、虎豹出没、土匪多、无人敢走的"夷方"，到边疆和泰国从事马帮贸易。回族先民从元代落籍云南后，就开始了经缅甸仰光出海到沙特阿拉伯麦加的朝觐活动，也相应产生了回族人与邻国的民间商业贸易活动。但回族先民较大规模组织马帮到缅、泰、老、越等国从事商业贸易活动，正式见于记载始于明代而盛于清代，经历了明代和清初、清中期、杜文秀起义时期、清末至民初、抗日战争及中华人民共和国成立前几个时期。

4. 滇西侨乡——和顺. 佚名. 青年与社会，2001（5）：36 - 38.

关键词：无

内容摘要：无

5. 边陲侨乡——和顺. 刘叶舟，石克辉. 小城镇建设，2003（12）：49 - 51.

关键词：云南　腾冲县　建筑风格　传统文化　民居

内容摘要：无

6. 侨乡迤萨. 杨红文. 今日民族，2005（1）：33 - 37.

关键词：红河县　侨乡　哈尼族　彝族

内容摘要：无

7. 西南第一侨乡——和顺. 谭天. 中国西部，2005（5）：94 - 99.

关键词：村庄　缅甸　侨乡　乡村图书馆　祠堂

内容摘要：和顺是一个著名侨乡，那里有全国最大的乡村图书馆。这个像马蹄窝似的百年村庄，安静地卧在西部高原的茫茫天地间，没有我担心的商气和喧闹。

8. **中国十大魅力名镇之首——云南和顺**. 欧阳婷婷. 云南电业, 2005 (12)：43.

关键词：华侨　古道　云南　宗祠　丝绸之路

内容摘要：2005年10月30日，云南和顺在全国范围内开展的中国魅力名镇评选活动中以最高票额荣膺"中国十大魅力名镇"榜首，并夺得唯一的"中国魅力名镇展示2005年度大奖"。云南和顺位于腾冲城西3千米，古名阳温暾村，因有河顺乡流过，改为"和（河）顺"。全乡有1300多户，6000多人，历史文化悠久，以华侨出国历史长、侨属多而成为我省著名的侨乡。和顺自然环境优越，气候温和，花木茂盛，古建筑保存较多，其中有我国著名哲学家艾思奇的故居。

9. **大理市喜洲镇**. 佚名. 云南建筑, 2006 (B03)：184.

关键词：大理市　喜洲镇　大理州　市政府

内容摘要：喜洲镇位于大理市北端，距大理州、市政府所在地下关32公里，是电影"五朵金花"的故乡，也是云南省著名的历史文化名镇和重点侨乡之一。全镇国土面积161平方公里，镇辖13个村委会，2004年全镇经济总收入143107万元，财政总收入944万元，农民人均纯收入3853元，总人口63760人，其中白族人口占90%，是一个以白族为主的建制镇。

10. **侨乡喜洲白族商帮的形成及其文化遗产保护**. 杨育新, 张锡禄. 大理文化, 2006 (3)：60-64.

关键词：大理白族　喜洲商帮　文化遗产保护　侨乡

内容摘要：喜洲是白族聚居的古镇，白族占90%，地处洱海盆地北端，北距下关35公里，西枕苍山五台峰，东临洱海。境内山海之间是西高东低约80平方公里的狭长平坝，南北长约13公里，东西宽约6公里，镇四周地势平坦，土地肥沃，海拔约2000米。

11. **"活着的古镇"——和顺**. 胡楠. 小学生导刊（中年级）, 2006 (4)：16-18.

关键词：公共图书馆　乡村图书馆　艾思奇　缅甸　侨乡

内容摘要：无

12. 马帮驮来的侨乡迤萨古城. 佚名. 民族画报（汉文版），2006（8）：32-36.

关键词：无

内容摘要：无

13. 云南陆疆侨乡和华侨华人：以云南滇西地区为例. 杨永平，何作庆. 广西民族大学学报（哲学社会科学版），2009（A1）：53-55.

关键词：陆疆侨乡　华侨华人　云南西部地区

内容摘要：西南古陆上丝绸之路经滇西出境，至近代形成了与缅甸、印度的密切商贸关系，形成云南特色的近代商帮文化，也使滇西的诸城镇成为云南的主要侨乡。众侨乡重视文化教育和道德教化，华侨热心社会公益事业，塑造出众多的海内外杰出人士。在历史的各个时期广大华侨华人与侨乡人民相互支持，也促成了家乡建设和公益事业等方面的发展。

14. 云南侨乡和顺：火山台地上的古镇. 佚名. 华侨华人资料，2010（1）：73-74.

关键词：无

内容摘要：无

15. 侨乡和顺，讲述"走夷方"艰辛与辉煌. 佚名. 华侨华人资料，2010（4）：71.

关键词：无

内容摘要：无

16. 马帮文化和云南侨乡. 杨永平. 学理论，2010（10）：142.

关键词：马帮文化　陆上丝绸之路　茶马古道　云南侨乡

内容摘要：马帮是云南及西南地区山地的一种独特运输方法，更蕴含了一种独特文化。它不仅是云贵高原上文化的重要载体，也已经成为一种重要的文化符号。马帮文化对云南社会产生了重要的影响。沿着陆上丝绸之路和茶马古道的交通要津，形成了云南陆疆侨乡。其发展起来，与马帮文化的兴盛有着密不可分的关系。

17. 和顺人在中缅贡赐外交史上所扮演的角色：以陆路交流为例. 邹怀强. 保山学院学报，2012（6）：43-46.

关键词：贡赐外交　中缅交流　和顺人

内容摘要：中缅交流已有两千多年的历史，贡赐外交是两国官方交流的最主要方式。腾冲是中国西南通道上的要冲。历史上很多时候，中缅陆路交流都经过腾冲通道而进行。和顺侨乡是中缅交流的产物。和顺人因其天时地利之便，在中缅陆路交流史上，以"通译"的身份为两国交流做出了重要贡献。

18. 寻找中国村镇之美——魅力名镇：和顺. 佚名. 小城镇建设，2012（6）：15.

关键词：村镇　建筑风格　古镇　和顺

内容摘要：和顺古镇位于云南省腾冲县城西南3公里处，是西南最大的侨乡。全镇住宅从东到西环山而建，渐次递升，绵延两三公里。古镇内依然保有传统的文化和建筑。明清时期的祠堂、牌坊、古刹等遍布古镇，整个古镇也保持着明清时的建筑风格未曾改变，宛若传说中的世外桃源。

19. 和顺：绝胜小苏杭. 不飞. 晚晴，2013（2）：74-75.

关键词：和顺　徽派建筑　侨乡

内容摘要：和顺，云南最大的侨乡，至今仍较完整地保留着滇西一带明清时期的建筑风貌，被名为中国十大魅力名镇之首。民国代总理李根源有诗赞曰："绝胜小苏杭。"粉墙黛瓦，江南神韵。和顺人世世代代外出闯荡，都以马帮为主要交通工具，形成了亦商亦侨亦农亦儒的生存方式。在这里，可以领略徽派建筑粉墙黛瓦的神韵，可以欣赏江南古镇小桥流水的身影，可以看到西方以及南亚建筑的元素。

20. 和顺：极边第一镇. 陈小玮. 新西部，2013（8）：26-29.

关键词：缅甸　夷方　云南　稻田　民居　侨乡

内容摘要：600年前，位于云南极边之地的和顺，因从重庆等地迁来将士而成了屯垦小镇。因山多地少，"走夷方"便成了和顺人的谋生之路。21世纪之后，这个边疆侨乡吸引了越来越多的游客前往度假观光。

21. 腾冲民谣的文化意义探析. 赵燕梅. 大众文艺，2013（15）：64-65.

关键词：腾冲民谣　马帮文化　怨刺艺术

内容摘要：腾冲民谣中包含着丰富的历史文化及侨乡文化气息，运用多种艺术表现技巧，地方特色浓郁。本文着重分析腾冲民谣所蕴含的马帮文化和它的怨刺艺术。

22. 红河流域印尼归侨群体认同研究. 孙瑞琪，万霞，包可可，李银兵. 华章，2014（26）：48-49.

关键词：红河流域　归侨　侨乡　认同

内容摘要：认同问题是归侨在不同发展时期所面临的重要问题之一，也是归侨这一特殊群体回国生活的重要组成部分。文章以红河流域印度尼西亚归侨为调查对象，着重探讨了归侨在侨乡的族群认同经历，以此来关注归侨特殊群体不同寻常的发展史和心路历程。

23. 和顺侨乡在中缅交往史上的地位及其成因分析．寸雪涛．八桂侨刊，2015（2）：54－59．

关键词：和顺侨乡　中缅交往史　地位　原因分析

内容摘要：云南省腾冲县和顺侨乡在中缅交往史上占有重要地位，和顺侨乡自立乡以来600余年时间里，为中缅两国的交往培养了大批翻译人才。和顺华侨亦儒亦商，在缅甸广设商号，为中缅两国的外事、经济和文化交往做出了重大贡献。究其原因，是内因、外因使然，历史选择了和顺，和顺也顺应了历史潮流的变迁。

24. 南伞：一座小镇的中缅"大集"．方言．齐鲁周刊，2015（12）：10－15．

关键词：石赕　大集　傣语　镇康县　中缅边境　国际商贸城

内容摘要：南伞隶属临沧市镇康县，地处云南西南边陲和中缅边境中段。古名石赕或棣赕，傣语音译汉字地名，意为送公主的地方。是通往仰光的陆上捷径，既有古老的"茶叶之乡"美誉，又有"第二侨乡"之称，是中国第二大德昂族的聚居地，汉、傣杂居。据近代文物考察，在南伞发现了南片河淌河洞旧石器时代遗址，证明南伞这块土地在1万—5万年前就有人类在活动。

（六）海南侨乡研究

1. 海南侨乡——琼山．徐亮．中国地名，2006（3）：20．

关键词：琼山　海南岛　侨乡　冯白驹　琼崖　东寨港

内容摘要：琼山位于海南岛北部，南渡江下游，在海口市辖区，总面积2068.4平方公里，总人口64万人，海南最长河流南渡江自南向北穿过市区，琼山处于全岛陆上交通要冲地位，环岛东线高速公路、海榆东线及海榆中线3条干线从境内通过。有东营港、沙上港、北创港等港湾。境内有百米以上山丘、山岭38座，其中最高是马鞍岭，海拔222.2米。

2. 文昌市抱罗镇．佚名．海南政报，2006（15）：41．

关键词：文昌市　海口市　圣女果　侨乡

内容摘要：抱罗镇位于文昌市北部枢纽地带，毗邻湖山、潭牛、冯坡、昌洒、翁田等镇，与海口市美兰区大致坡镇接壤，面积206.7平方公里，19个村（居）委会，278个经济社，共有2.65万人，是著名的侨乡，海外乡亲有2.9万人，境内有由华侨捐资兴建的，已有120年校史的罗峰中学。该镇盛产花生、台湾莲雾、蜜枣、圣女果；还有淡水产品罗非鱼、白虾、甲鱼等。

3. 文昌侨乡看白延. 吴运庄. 椰城，2008（10）：8.

关键词：文昌　华侨　新加坡　南洋　侨眷　银圆　侨乡

内容摘要：有人说，海南华侨看文昌，文昌华侨看白延，一点不假。我作为华侨之乡的白延人，对70年前白延墟的繁华记忆犹新，一幕幕的繁华情景在我的脑海里深深地印刻着。当时，村里的年轻人都到南洋去打工。我的父亲也一样，年轻时去南洋打过工，回家结婚后，就不再到南洋去打工了，于是就在白延墟私办的和记批局当银信派送员。

（七）其他侨乡研究

1. 天门籍华侨述略. 肖致治，吴守一，彭鲜旗. 武汉大学学报（社会科学版），1983（4）：40-46.

关键词：华侨　天门　侨乡

内容摘要：天门是湖北省著名的侨乡。据统计，全县有旅居国外的华侨、外籍华人2400户，47462人，散居于36个国家。归侨和侨眷1978户，10661人。除闽粤外，天门是出国华侨较多的地方。粤闽两省地处沿海，和东南亚各地早有往来，当地人民纷纷侨迁国外或被骗出国，容易理解。湖北位于全国腹心，天门又居湖北之中，出国者为何如此之多？现状如何？值得深入探讨。

2. 新崛起的东方港城——侨乡日照市. 邱健. 现代中国，1990（1）：33-35.

关键词：无

内容摘要：无

3. 中国历史上的第一"侨乡"探源："徐福东渡". 李铭. 百家论坛，1994（1）：34-36.

关键词：徐福东渡　历史研究　秦

内容摘要：无

4. 中国最早侨乡：盐山千童城. 王权国. 河北地方志, 1997 (1)：44-45.

关键词：地方志　河北省　编纂　华侨　城市

内容摘要：无

5. 中国历史上的第一侨乡——盐山县千童镇. 付文艺. 档案天地, 1997 (3)：39.

关键词：中国历史　童男童女　侨乡　徐福东渡

内容摘要：提起"侨乡"，大多数人立即会想到东南沿海某些地区。其实要说中国历史上的第一"侨乡"，那还得数地处沧州东部的盐山县千童镇。

6. 新疆籍华侨华人在西亚. 朱慧玲. 八桂侨刊, 1999 (4)：8-11.

关键词：新疆　华侨华人　东土耳其斯坦共和国　祖籍国　"东突"

内容摘要：新疆维吾尔自治区是中国西北地区的最大侨乡。据不完全统计，近百年来约有数以百万计的维吾尔、哈萨克、回、汉、乌兹别克、柯尔克孜等各民族同胞从新疆走向世界，分布在亚洲、非洲、欧洲和大洋洲。新疆籍华侨、华人分布具有"大分散，小集中"之特点，80%—90%集中在中亚、西亚。本文拟对西亚主要是沙特阿拉伯和土耳其两国的新疆籍华侨、华人的状况与特点做一简述。

7. 河北沧州：历史文化名城与著名侨乡. 丁玉霜. 中国建设信息, 2003 (9)：51-52.

关键词：河北　沧州市　历史文化名城　文物保护　产业结构

内容摘要：河北省沧州市是我国著名的历史文化名城，也是中国著名侨乡。沧州东临渤海，北靠京津，南接山东，全市总面积1.4万平方公里，总人口669万人。

8. 中国北方侨乡城市青岛. 佚名. 华侨华人资料, 2006 (5)：69-70.

关键词：无

内容摘要：无

9. 崛起中的天门. 依凡. 今日中国（中文版）, 2008 (11)：75.

关键词：天门市　文化　侨乡

内容摘要：天门市位于湖北省中部、汉江平原腹地，有三乡宝地之誉（全国有名的文化之乡、棉花之乡、内陆侨乡及佛祖圣地），是武汉城市圈成员之一。

10. 山东侨乡北竹岛：借侨力发展三十年华丽转身. 佚名. 华侨华人资料，2010（2）：67-68.

关键词：无

内容摘要：无

11. 昌邑华侨的起始. 付星波. 春秋，2010（3）：41-42.

关键词：华侨　山东　昌邑

内容摘要：昌邑是山东省华侨重点县市之一，华侨众多，历史悠久，素有侨乡之称。据统计，全市有侨胞2976户，13978人，分布在印度尼西亚、印度、菲律宾、斯里兰卡、新加坡、马来西亚、俄罗斯、美国、加拿大、英国、法国、澳大利亚、日本、朝鲜等30个国家和地区。

12. 唐人故里，闽台祖地，固始是中原第一大侨乡. 佚名. 华侨华人资料，2010（5）：71-72.

关键词：无

内容摘要：无

13. 论延边州朝侨文化生活. 申家琪，陆畅. 吉林广播电视大学学报，2013（3）：142-143.

关键词：侨乡　延边州　文化特征　发展建设

内容摘要：延边州作为东北地区的重点侨乡，聚集着一定规模的朝鲜归侨，在历史的发展过程中形成了别具一格的并带有鲜明地方特色的侨乡文化。本文在实地调查与收集资料的基础上，简要对延边州侨乡的文化特征形成进行概括与分析，对延边州侨乡的建设与发展提出了建议。延边州侨乡文化的形成有着深远的历史积淀，发挥延边州的地方特色的区位条件，充分开发延边州侨乡自然与人文资源，对建设延边州侨乡文化有着深远的意义.

14. 南京板桥华侨村的百年传说. 张群. 华人时刊，2014（C1）：58-59.

关键词：华侨村　华兴　文保单位　蚕种纸　落实侨务政策

内容摘要：华侨在国内的聚居地，通称侨乡。一说起侨乡，大家就会想到广东、福建这些地方的侨乡。但是，南京板桥有个广东华侨在民国时期建立到现在已经近百年的华侨村，一般读者就知道得不多了。近期，记者在热心人士的联系和板桥新城管委会安排下，找到了位于古雄社区现在已成为文保单位的"华兴农业股份有限公司办公大楼"。华兴村承载着华侨们"中华兴盛"的梦想在这里，记者见到了华兴村侨联小组组长曾永田，还采访了在此创业的华侨后人黄卓宁、梁寿胜等人。

十一　侨乡研究学术动态

1. 侨乡梅州举行黄遵宪研究学术交流会. 肖生. 暨南学报（人文科学与社会科学版），1982（2）：83-84.

关键词：梅县　旧金山　黄遵宪　华侨　总领事

内容摘要：黄遵宪（1848—1905），字公度，广东嘉应州（今梅州市）人，清末杰出的爱国诗人、政治家。他曾先后出任清朝驻日本参赞、驻美国旧金山总领事、驻英国参赞、驻新加坡总领事。在从事外交活动十多年间，他为维护我民族尊严，维护华侨的正当权益，做出了不小贡献，深得广大华侨的爱戴。黄遵宪的故居"人境庐"已列为梅县地区重点保护文物。

2. 华侨、华人历史研讨会在广州举行. 张映秋. 东南亚，1986（2）：51-53.

关键词：华人　华侨　美国　多元文化

内容摘要：1985年12月17日至19日，来自十个国家和地区的近百名学者在南方名城广州市聚会，共同探讨第二次世界大战后华侨、华人社会的变迁，以及华族同祖籍侨乡关系的历史和现状。这是我国第一次举行的国际性研究华侨、华人问题的学术会议，引起了国际上学术界同行的广泛关注。

3. 我国首次华侨华人历史国际学术研讨会在广州举行. 吴行赐. 学术研究，1986（2）：100.

关键词：华侨华人　国际学术研讨会　华人社会

内容摘要：由中山大学、香港大学、美国加州大学洛杉矶分校联合发起，由中山大学主办的、中华人民共和国成立以来第一次华侨华人历史研讨会于1985年12月17日至19日在广州举行。来自美国、日本、澳大利亚、西德、新加坡、泰国、菲律宾以及我国内地及香港地区近八十名学者参加了讨论会。其中包括美籍华人王灵智教授、成露西教授、麦礼谦先生、日籍华人游仲勋教授、香港大学赵令扬教授等。广东、上海、北京、福建、云南、广西研究华侨史的专家教授金应熙、朱杰勤、何肇发、田汝康、姚楠等出席了研讨会。全国人大华侨委员会副主任何英,国家教委一司、省人大常委会、省、市侨办的负责人出席了开幕式。这次研讨会的主题是：第二次世界大战后华侨、华人社会的发展变化；海外华侨、华人社会与大陆侨乡关系的历史和现状。会议共收到论文32篇。与会者认为,第二次世界大战后,许多国家的华侨、华人社会发生了重大变化,其变化受国际关系趋势的影响,受居住国政治、经济、文化政策的制约。与中国政局的变化亦有关系。在三天的会议中,东南亚华侨、华人同化问题是讨论的焦点之一。与会者对同化的定义、同化与融合的区别、同化的方式、今后的趋势等问题展开了热烈的争论。

4. **海南行政区华侨历史学会加强对琼侨历史研究**. 冯文. 华侨华人历史研究, 1986 (3): 79.

关键词：华侨 海南岛 侨乡 著名人物 历史研究

内容摘要：新近成立的海南行政区华侨历史学会,将加强对琼籍华侨历史和华侨、华人之现状的研究,打算做以下一些方面的工作：第一,编写《琼侨史略》。《琼侨史略》初稿已写成,经修改后将在《琼州乡音》上连载。第二,研究琼籍华侨、华人的现状。第三,研究琼籍华侨、华人著名人物。第四,研究海南侨乡的历史和现状。

5. **广西华侨历史学会常务理事会议纪要**. 殷之. 八桂侨刊, 1987 (1): 68.

关键词：侨史研究 华侨问题 广西 侨乡 侨务工作

内容摘要：广西华侨历史学会于2月21日上午召开常务理事会议,在南宁的9名常务理事出席了会议。会议就1987年学会活动及有关问题进行了研究。

6. **广西华侨历史学会成立大会暨第一次学术讨论会纪要**. 史如林. 八桂侨刊, 1987 (1): 1-2.

关键词：侨史研究 华侨史 广西 侨务工作 侨乡

内容摘要：广西华侨历史学会成立大会暨第一次学术讨论会,于1986年12月16日至18日在南宁举行。出席这次会议的有来自全区各地的教授、侨务工作者、华侨历史研究工作者、有关人士近70人,会议收到论文与资料32篇。这次会议分为两个阶段进行。第一阶段是学术讨论会,有

13位同志在大会上作了学术发言,他们就侨史研究与侨务工作、国内外研究华侨史的概况、广西华侨史研究中的几个问题、第二次世界大战后华侨、华人社会的变化、广西侨情等问题谈了看法或作了介绍。在小组讨论会上,与会代表踊跃发言,并对广西的侨史研究如何开展等问题提出了许多宝贵的意见。第二阶段是广西华侨历史学会成立大会。

7. 广西华侨史研究的回顾与前瞻. 黄铮. 八桂侨刊, 1987 (1): 25-30.

关键词:华侨史 海外华侨华人 广西 侨史研究 侨乡

内容摘要:粉碎"四人帮"以来,特别是党的十一届三中全会以来,我国华侨历史领域发生了深刻的变化,无论是在研究机构的设置、学术团体的组建,还是科研成果的发表方面,都取得了重大的非常可喜的进展。它表明,华侨史这门学科,在我国广阔的学术园地中,已经占有了它应当占有的地位。近年来,广东、福建等省市,华侨史的研究工作可以说是热气腾腾,有声有色。我们广西的情况是,这一工作还处在起步的阶段。虽然已经做了一定的工作,取得了初步的成绩,但与先进省市的差距还很大,离形势的发展对我们广西这个我国主要侨乡的要求还很远。

8. 侨史研究与侨务工作. 向大有. 八桂侨刊, 1987 (1): 11-18+6.

关键词:华侨 侨务 侨史 侨乡 海外关系

内容摘要:作为炎黄子孙的海外华侨,是中华民族不可分割的一部分,与祖国有着密切的联系。华侨历史在中华民族史中占有重要的地位,在历史科学中应有重要的位置。华侨历史研究是社会科学的一个组成部分,也是历史学一门新兴学科,而且在历史研究中有其特殊性,有着重要的意义。党的十一届三中全会以后,迎来了侨务工作的春天,经过拨乱反正,肃清"左"的流毒,侨务工作和归侨、侨眷的地位均得到提高。新的历史时期,国家实行对外开放政策,在祖国开展对外经济、文化交流和友好往来中,华侨的桥梁和纽带作用越来越明显和重要。

9. 全国侨史研究工作座谈会在江门召开. 华清. 东南亚研究, 1987 (4): 121-122.

关键词:侨史研究 历史研究 江门市

内容摘要:无

10. 著名侨乡中川编纂完成《中川史志》. 佚名. 侨史学报, 1987

(4): 41.

关键词：无

内容摘要：无

11. 论侨乡研究的现状及意义. 黄滋生. 华侨华人历史研究, 1991 (4): 1-3.

关键词：侨乡　华侨华人　侨务工作

内容摘要：华侨华人问题研究有两个方面。一方面是对国外华人社会、历史和当前侨情的研究，目的是了解海外华人社会的过去和现在，以便于我们有针对性地做好华侨华人的工作；另一方面是对国内侨乡的研究，即通过调查访问，了解侨乡的形成、发展和两个文明建设的现状以及海外华人与侨乡的联系。

12. 论侨史——《华侨史稿》代序. 廖钺. 八桂侨刊, 1992 (1): 8-12.

关键词：华侨华人　华侨史　侨乡　侨务工作

内容摘要：在过去的一段较长时间当中，我们的历史学界、侨务工作者没有引起对华侨历史研究的足够重视，这是一个很大的缺憾。1981年12月，我国华侨历史学会在北京成立时，朱杰勤教授等在会上首倡集全国研究侨史学者的力量，共同编纂一部《华侨通史》。这个倡议得到与会者的赞赏。但由于当时条件还不够成熟，全国侨史研究还没有形成一种有机的力量，这种愿望是难以实现的。

13. 谈谈资料的挖掘和整理. 方雄普. 八桂侨刊, 1992 (1): 13-15.

关键词：华侨　资料工作　侨史研究　侨汇

内容摘要：中国华侨历史学会成立10周年，有许多想法，其中一点就是，要进一步重视资料的挖掘和整理。盖房子没有砖、瓦、沙、石，那是空中楼阁。从事侨史研究，缺乏资料就会寸步难行。资料工作的重要，一般人都了解。

14. 关于华侨华人问题研究的几点思考. 陈乔之. 八桂侨刊, 1992 (2): 8-10.

关键词：华侨华人　问题研究　侨乡

内容摘要：开展华侨华人历史与现状及其未来发展趋势之研究，已经成为一股潮流。从国内看，对这一学科的研究，已经从一两个先行地区，扩展到全国各地。卷入这一学术"漩涡"的,再也不仅仅是少数几家高等院校和科研机构的一批专业研究人员,许多与侨务工作、涉外工作、经济工作、统战工作有关的实际工作部门及其人员,也广泛地介入这一研究领域中来。

15. 用好《华侨·港澳同胞志》突出反映侨乡特点. 龚元超. 广东史志, 1995 (C1): 36-39.

关键词: 港澳同胞 华侨 侨乡 华人 港澳台 侨务工作

内容摘要: 江门市及所辖的新会、台山、开平、恩平及鹤山5市是全国著名侨乡,在市、县志中如何反映好这一特点,是当今侨乡修志者值得认真研究的课题。下面,结合我市的实践,谈谈不成熟的看法。写好华侨、华人及港澳同胞,是侨乡当代修志者的重大使命。

16. 海外赤子心系祖国与奉献世界:福建省《华侨志》评介. 潘德深. 福建师范大学学报 (哲学社会科学版), 1995 (3): 103-106.

关键词: 福建省 华侨 侨务工作 东南亚 外籍华人

内容摘要: 福建省华侨志编纂委员会主编的福建省《华侨志》,经历四易寒暑而定稿,于1992年12月收入《福建省志》,由福建人民出版社出版,与国内外广大读者见面了。这是中华人民共和国成立以来第一部福建华侨史专著,全书480000字,洋洋大观。它较全面、系统地记述了华侨与侨务的历史和现状。本志记叙的内容是以福建省籍华侨的活动和福建省的侨务工作为主,兼及外省籍的华侨、归侨在福建省的活动。全书体现了福建华侨旅居海外,胸怀祖国与奉献世界的光辉历史,谱写了海外赤子的爱国主义与国际主义的协奏曲,表达了800多万福建华侨的心愿。福建省是我国著名侨乡,旅居海外的华侨和祖籍为福建的外籍华人,占全国华侨、外籍华人总数的1/2左右,分布在全世界100多个国家和地区,影响深广。福建省的归侨侨眷遍布全省60多个市、县,其中以福清、厦门、晋江、南安、惠安、安溪、石狮、永春、龙海、同安、诏安、莆田、古田等市、县尤多。福建省《华侨志》的出版,在侨乡地区产生了悦耳的回响,在旅外华侨中激起了欢乐的浪花,也引起国际与国内各阶层的关注。

17. 广东省档案馆馆藏清末、民国时期华侨史料的特点及价值分析. 李志业,林水先. 民国档案, 1995 (4): 66-71.

关键词: 华侨史料 民国时期 价值分析 侨务工作 侨汇

内容摘要: 广东是我国的主要侨乡之一,祖籍广东的华侨和外籍华人在 2000 万人以上，省内侨眷、归侨约有 1000 万人，在全省人口中占相当大的比例。华侨与祖国，特别是与侨乡广东有着千丝万缕的联系，包括政治、经济、文化诸方面。档案作为历史的原始记录，它以文字、图像以至实物，记载着诸多方面的情况，留下漫长的历史足迹。

18. 论侨乡问题研究. 黄昆章. 八桂侨刊，1997（4）：8－11.

关键词：少数民族华侨华人　侨乡　华侨华人研究　华侨史

内容摘要：据估计，目前全世界的华侨华人约有 3000 万人。中国是他们的故乡和祖籍国。其中祖籍广东、福建、广西与海南的最多。据 1990 年估计，分别为 2000 万人、700 万人、260 万人与 185 万人。他们无论对居住国或中国都具有重要的地位与作用，做出过积极的贡献。研究他们的历史与现状无疑具有重大的现实意义。海外华侨华人研究包括对海外华侨华人的研究以及对侨乡的研究两个方面。中国学者很早就对海外华侨华人研究感兴趣。20 世纪初已有一些华侨史论著出版。五六十年代又有一些论著问世。这些论著多数论述世界各国华侨华人的历史。但都不系统、不全面。也有少数是涉及侨乡问题的。1966 年至 1976 年"文化大革命"期间，大陆的华侨华人研究工作陷入了停顿状态。80 年代以后，中国大陆的华侨华人研究进入蓬勃发展的阶段。中国一些高等院校及社会科学院成立了七八间专业研究机构。1981 年至 1996 年出版各种著述与资料 200 多部。论述国别华侨华人史方面较有代表性的著作是朱杰勤教授主编的《世界华侨史丛书》与陈碧笙教授主编的《华侨史丛书》，引起了海内外学者的关注。与此同时，侨乡问题研究也越来越引起中国各级政府与研究人员的重视与兴趣。

19. 福建侨乡研究的回顾与前瞻. 戴一峰，宋平. 华侨华人历史研究，1998（1）：38－47.

关键词：福建侨乡　海外移民　华侨投资企业　华侨汇款　华侨史

内容摘要：侨乡是中国一个别具特色的社会现象。作为社会科学的研究对象，侨乡指的是一种移民社会，它的形成有两个基本的前提条件：（1）该地区海外移民及其后裔的人数应达到一定数量；（2）这些海外移民及其后裔与该地区保持较密切的联系。

20. 司马文森的华侨和侨乡社会文学——纪念司马文森逝世三十周年. 王福湘. 黎明职业大学学报，1998（1）：32－36.

关键词：侨乡　国民性　华侨社会　司马文森　侨民意识

内容摘要：司马文森（1916—1968）的名字现在已不大被人提起了，但在20世纪40年代的南中国文坛上，年纪尚轻的他乃是一位十分活跃、颇有影响、勤奋而严肃的风云人物，华南作家群的杰出代表。他于1941年在桂林创办的《文艺生活》成为当时大后方享有盛名的刊物之一，对抗战时期文学的繁荣做出了重要贡献。1946年他在广州复刊《文艺生活》遭封禁后，又转移香港复刊，不久改出海外版，同时在香港及海外华人比较集中的一些地区建立分社，发起"文艺生活社"社员运动，社员多达1500人。

21. 《晋江侨乡研究专号》编者前言. 庄国土. 南洋问题研究，1999（1）：1-2.

关键词：侨乡　海外华人　田野调查　经济合作　社会经济发展

内容摘要：无

22. 晋江侨乡海外联系研究课题的目的、进程与意义. 庄国土. 南洋问题研究，1999（1）：11-18.

关键词：侨乡　海外华人　田野调查　晋江市　海外移民

内容摘要：1978年以后，中国当局确定了以"经济建设为中心"和"改革开放"的国策，中国经济在近20年里以近10%的年增长率迅速发展，成为世界经济最具活力的组成部分。中国沿海地区，尤其是沿海的侨乡地区，经济发展速度与产业升级远较中国其他地区更快。20年来，广东、福建沿海侨乡地区约25个县市、3000万人口的经济增长率几近20%，是中国经济增长速度最快、活力最大的经济支柱之一。以我们的重点调查对象——福建省晋江市为例。改革开放以后的"六五""七五""八五"期间，晋江经济年增长率分别达到18%、24%和58%，近20年平均增长率近30%。中国侨乡的经济奇迹举世瞩目，随着经济高速增长，侨乡地区的教育、文化、福利、就业、生活水平、对外联系等社会综合发展指数也有迅速提高。中国侨乡经济奇迹的意义远超过自身的经济规模和社会发展水平。中国侨乡以其海外移民为桥梁，发展外向型商贸网络，在资本结构和产业导向方面注重市场化和国际化，从而对中国的经济发展道路起了示范和导向作用。虽然"中国研究"和华人研究已成为国际性研究热点，但长期以来，"侨乡现象"一直没有受到应有的重视。

23. "中国侨乡社会经济发展国际学术研讨会"综述. 庄国土. 华侨华人历史研究，1999（2）：77-80.

关键词：侨乡　社会　经济　国际学术会议

内容摘要：无

24. 国际侨乡研究的新特点. 俞云平. 八桂侨刊, 2000（2）: 32-33.

关键词：华侨华人　侨乡　田野调查　人类学　微观研究

内容摘要：1999年8月26—27日，笔者参加了在香港大学召开的"跨国华资企业与企业家的前景及困境：二十世纪的南中国和东南亚"国际学术研讨会。此次会议由香港大学亚洲研究中心和荷兰亚洲研究院共同主办。来自10多个国家和地区的近40名学者参加了这次盛会；会议共收到论文25篇，其中英文论文16篇，中文论文9篇。从本次会议的中心议题及论文的内容上可看出国际侨乡研究的几个新特点。

25. "侨乡发展道路"学术座谈会纪要. 晓雾. 华侨华人历史研究, 2000（3）: 77-78.

关键词：侨乡发展道路　侨务工作

内容摘要：中国华侨华人历史研究所、中国华侨历史学会于2000年6月14日举行了以"侨乡发展道路"为中心议题的学术座谈会。参加会议的有中国侨联副主席林明江、郭麟恭、李祖沛，中国华侨历史学会顾问肖岗、彭光涵，副会长周南京、巫乐华以及来自北京大学、清华大学、中国社会科学院、中国科学院、中共党史研究杂志社、中国华侨华人历史研究所和中国侨联其他部门的专家、学者及相关工作人员30余人。

26. "侨乡与海外华人"国际学术研讨会综述. 张应龙. 华侨华人历史研究, 2004（3）: 80.

关键词：海外华人　学术研讨会　华商投资　民族文化

内容摘要：无

27. 《福建省志·华侨志》概述. 志选. 福建史志, 2004（3）: 12-16, 46.

关键词：地方志　《福建省志·华侨志》　福建省

内容摘要：福建省是我国著名侨乡。祖籍福建的华侨、外籍华人有800多万人，分布在全世界5大洲100多个国家和地区。其中约90%居住在东南亚的印度尼西亚、马来西亚、新加坡、菲律宾、泰国、越南、缅甸、文莱等国家。福建省的侨眷、归侨有500多万人，占全省总人口的15%左右。全省的主要侨乡分布在东南沿海地区，其中以泉州市所属各县、市、区的侨眷、归侨最多，占全省归侨、侨眷总数的50%以上。

28. 同乡与侨乡：广东华人、华侨学术研讨会在新加坡举行. 谭云龙，廖鹏洲. 广东史志（视窗），2004（5）：3-4.

关键词：新加坡　华侨　学术研讨会　华人社团组织

内容摘要：由新加坡广东会馆主办，广东省地方史志办公室、新加坡宗乡会馆联合总会、新加坡国立大学中文系协办的"同乡与侨乡：广东华人、华侨学术研讨会"，于2004年8月15日在新加坡中华总商会礼堂举行。新加坡各界华人、专家学者200余人参加了研讨会。来自广东省地方史志办公室、潮州市地方志办公室、华南师大、暨大等单位的专家学者一行7人应邀出席研讨会。

29. 整合梅州市华侨文献信息的探讨. 欧阳瑜玉. 河北科技图苑，2005（3）：8-11.

关键词：侨乡　梅州市　华侨文献信息　嘉应学院图书馆

内容摘要：梅州市是广东省的重点侨乡，其华侨文献信息资源是地方文献的重要组成部分。嘉应学院图书馆建立"梅州市华侨文献信息中心"，负责整合梅州市华侨文献信息的工作。该信息中心在做好传统文献信息工作的基础上，还应进行华侨华人的专题数据库建设和网站建设。这样才能为用户提供高效优质的全方位文献信息服务。

30. "在园侨乡文化论坛"在开平市举行. 梅伟强. 华侨华人历史研究，2005（3）：76.

关键词：侨乡　在园　开平市

内容摘要："在园侨乡文化论坛"于2005年3月31日至4月3日在广东省著名侨乡开平市举行。此次侨乡文化论坛由香港开平同乡会荣誉会长、广东省侨联顾问、"在园文化基金会"主席吴荣治先生资助主办，开平市人民政府和广东省五邑大学协办。

31. 人类学与散居人口研究：侨乡研究中的一些注意事项. 柯群英. 广西民族大学学报（哲学社会科学版），2005（4）：55-62.

关键词：人类学　散居人口研究　侨乡研究　跨国关系　华人宗族

内容摘要：探讨如何在侨乡研究中运用多学科方法。在研究位于大陆的侨乡村庄和他们散居在海外的亲属之间关系的时候，有必要考虑这些华人群体在互动过程中的空间和时间问题。因此，对地理空间和历史时间的超越要求一种结合人类学和散居人口研究的方法，以便理解侨乡研究中不断遇到的新的社会关系的出现和兴起的过程。

32. "美国华人四邑侨乡村落的盛衰"讲座综述. 雷雨. 华侨华人历史研究, 2006 (3): 80.

关键词: 美国华人 侨乡 村落 四邑

内容摘要: 2006年7月12日, 中国华侨历史学会和中国华侨华人历史研究所邀请来华进行学术交流的美国旧金山州立大学亚裔学系教授兼系主任谭雅伦博士, 作了题为"美国华人四邑侨乡村落的盛衰"的学术讲座。谭雅伦教授是美国华盛顿大学毕业的哲学博士, 主要从事美国亚裔研究, 现在的研究项目是美国华人在四邑侨乡的家族历史。

33. 江门市华侨历史学会举行"侨乡文化与和谐江门"研讨会. 佚名. 五邑侨史, 2006 (总27): 82-83.

关键词: 无

内容摘要: 无

34. 侨乡研究. 佚名. 华侨华人历史研究, 2006 (3): 63-70.

关键词: 无

内容摘要: 无

35. 乡土、移民与超越——《超越乡土社会——一个侨乡移民村落的历史、文化与社会结构》评介. 李志荣. 广西民族学院学报(哲学社会科学版), 2006 (4): 203-204.

关键词: 社会结构 村落社会 乡土性 侨乡 移民 都市化

内容摘要: 无

36. 侨乡研究: 对华侨、华人与中国关系的不同解读. 程希. 世界民族, 2006 (5): 30-38.

关键词: 华侨 华人 侨乡 海外移民 实证性研究

内容摘要: 在对华侨、华人的研究中, 华侨、华人与中国的关系一直是基本的出发点和主要的关注点。在考察华侨、华人与中国的关系时, 侨乡是考察和理解华侨、华人"特殊性"的一个重要方面和参照坐标。这不仅因为侨乡是华侨、华人与中国进行经济合作的主要区域, 是海外移民影响祖籍地社会、文化的"独特风景线", 还因为侨乡研究是透视华侨、华人与中国关系的实证性研究。虽然海外移民并非中国特有的现象, 但侨乡却是具有中国特色的海外移民的产物。

37. 我国侨批文化研究论文剖析. 马晓晖. 全国新书目, 2006 (8):

74-76.

关键词：文化研究　研究论文　潮汕侨批　潮汕地区

内容摘要：侨批，是海外华侨华人通过民间渠道寄回国内，连带家书或简单附言的汇款凭证，为闽粤琼三省特有。我国侨批文化研究作为华侨华人研究领域的一个重要的组成部分，其学术研究正在不断发展。本文运用计量分析方法，从文献数量、年代分布、著者队伍等方面，分析研究了侨批论文298篇，并尝试对我国侨批文化研究水平进行评价。

38. 着力打造"侨乡之都"名片——广州华侨研究会召开研讨会. 陈炳. 侨务工作研究，2007（1）：41-42.

关键词：无

内容摘要：无

39. "华侨文化与建设广东新侨乡"研讨会在顺德召开. 南鸣. 顺德乡音，2007（2）：21.

关键词：无

内容摘要：无

40. 关于县域陆疆侨乡文化研究的若干思考——以云南红河县为例. 何作庆. 红河学院学报，2007（6）：32-36.

关键词：县域陆疆　侨乡文化　云南红河

内容摘要：从中国陆疆、海疆侨乡文化分类研究视角出发，以云南红河县侨乡文化研究为例，探讨了县域陆疆侨乡文化研究中的方法选择、组织保证、经费筹措、研究者的使命与基本素养等方面，指出了县域陆疆侨乡文化研究中存在的问题，并提出了对策与建议。

41. "目光向外"：中国现代华侨研究的一个倾向暨"侨乡"称谓的考察. 赵灿鹏. 华侨华人历史研究，2008（1）：42-45.

关键词：华侨研究　侨乡　目光向外

内容摘要："侨乡"的字面意思是"华侨的家乡"。现在这个语词为人耳熟能详，似乎由来已久，但根据笔者粗浅的考察，它开始出现的时间并不是很早，距今大约只有60年。就笔者见闻所及，"侨乡"这个语词以书面的形式出现，时间似在1948年左右。

42. 广西华侨华人研究述评（1997—2006年）：以《八桂侨刊》为资料来源. 高伟，张丽洪. 八桂侨刊，2008（2）：24-29.

关键词：广西　华侨华人　研究　述评　《八桂侨刊》

内容摘要：广西的华侨华人研究转眼间又走过第二个 10 年，在这 10 年间，它主要关注华侨华人研究的哪些内容，有什么自己的特点，又存在哪些问题，本文以广西华侨历史学会主办的刊物《八桂侨刊》为研究对象，试进行述评。

43. "侨乡、归侨与中西文化交流国际学术研讨会"在澳门大学召开. 佚名. 新会侨刊，2008（总 16）：16.

关键词：无

内容摘要：无

44. 《海外华侨华人与中国改革开放》一书出版. 佚名. 华侨华人历史研究，2009（1）：10.

关键词：中国改革开放　海外华侨华人　归侨　侨眷

内容摘要：任贵祥主编的《海外华侨华人与中国改革开放》一书，近期由中共党史出版社出版。本书共 10 章 70 万字，主要阐述了改革开放以来海外华侨华人、国内归侨侨眷及与之相联系的中国留学生、港澳台同胞为中国改革开放事业做出的重大贡献。

45. 广东侨乡研究三十年：1978—2008. 潮龙起，邓玉柱. 华侨华人历史研究，2009（2）：61 – 71.

关键词：改革开放　广东侨乡　侨乡研究

内容摘要：回顾了广东侨乡研究三十年的发展历程，从综合性论述、侨乡经济、侨乡社会、侨乡文化等几个方面对广东侨乡研究成果进行了概述，就理论视角、研究领域和观点三个方面分析了广东侨乡三十年的研究趋向，并认为，广东侨乡研究的水平还有待提高，研究领域和研究深度还有待拓展。在研究理论和方法上，要有全球化的学术视野，采用多学科的研究方法；在研究领域上，亟须拓宽，不仅要关注物质景观或经济现象，更要关注侨乡的深层社会结构和民众的价值观念；在实证研究上，要通过各种途径多方收集资料。

46. 关于"侨乡"概念及其研究的再探讨. 郑德华. 学术研究，2009（2）：95 – 100.

关键词：侨乡　地域研究　都市侨乡

内容摘要：本文从总结侨乡研究的历史入手，提出侨乡研究是属于地域研究的范畴，而地域特性和历史特性是目前侨乡研究中特别要注意的问题。研究近现代侨乡历史，可把它产生和发展的进程，即从 19 世纪中叶到现在，分为五个阶段，而第二次世界大战是近代和当代侨乡的分界线。"都市侨乡"是近年侨乡研究提出的新命题。这个命题的提出对扩大侨乡研究的视野有一定的启发意义，但笔者不同意"中国一些大城市正在侨乡化"的观点。

47. 广西侨乡研究的回顾与思考. 蒋婉. 八桂侨刊, 2009（2）: 22-27.

关键词：广西　侨乡　华侨华人　研究

内容摘要：广西是中国重点侨乡之一，其侨乡研究不容忽视。本文从三个时期总结和分析了广西侨乡的研究成果，并对未来广西侨乡研究的领域和内容提出思考。

48. 互动与创新：多维视野下的华侨华人研究——第四届海外华人研究与文献收藏机构国际会议综述. 张应龙, 柴圣洁. 华侨华人历史研究, 2009（3）: 73-75.

关键词：海外华人研究　文献收藏　国际会议　华侨华人研究

内容摘要：第四届海外华人研究与文献收藏机构国际会议于2009年5月9—11日在暨南大学隆重举行，来自20多个国家和地区的200多名国内外嘉宾和代表出席了会议，提交的论文多达200余篇，这是自世界海外华人研究与收藏机构联合会成立以来所举办的规模最大的一次会议。

49. 蓦然回首话樟林：早期广东侨乡研究的一点回忆. 张应龙. 华侨华人历史研究, 2009（4）: 25.

关键词：侨乡研究　改革开放　社会研究

内容摘要：今年是中华人民共和国成立六十周年。驻足回望，凝眸历史，伴随着伟大祖国的不平凡历程，华侨华人研究也走过了六十年峥嵘岁月。六十年来，一代代学人筚路蓝缕，潜心向学，薪火相传；六十年来，华侨华人研究不断发展繁荣，成就显著。为纪念中华人民共和国成立六十周年，本刊特别组织了中华人民共和国成立六十年来的华侨华人研究主题笔会，邀请国内华侨华人研究领域卓有建树的老中青专家学者和侨务工作者畅谈感言体会，得到了大家的热情响应和积极支持。本专题收录了19位专家学者的文章，他们有的从宏观角度进行回顾总结，提出建议和思考；有的从某一侧面或个人经历畅谈体会，分享经验。我们根据内容大致将专题分为宏观与微观两部分进行编排。希望读者能从对中华人民共和国成立六十年来华侨华人研究的简短回顾中,重温曾经有过的波折、成绩与传承,也感受走向未来的前景、重任与职责。

50. 华侨华人历史研究的继承与创新. 许金顶. 华侨大学学报(哲学社会科学版),2010(1):68-72.

关键词:华侨华人 跨国生存 社会生活

内容摘要:分析当前华侨华人研究存在的认识误区,认为研究者过于依赖现成的理论模式和概念工具,未能真正把华侨华人作为研究主体,忽视了对华侨华人具体生存环境与生存策略的研究。指出应在历时性的视野下,动态考察华侨跨国生存的历史过程,审视华侨与侨乡的内在历史联系,揭示侨乡社会文化变迁的内在机制。同时倡导在未来的相关学科的建设过程中,必须继承以往的学术传统,系统收集海内外的相关历史文献资料,建立华侨华人社会生活史研究资料库,建构以人为本的华侨华人社会生活史。

51. "从华南到北美:新视野下的美国华人移民研讨会"综述. 万晓宏. 华侨华人历史研究,2010(3):73-75.

关键词:华人移民 美国华人 新视野 五邑侨乡 跨国主义

内容摘要:2010年6月9日,从华南到北美:新视野下的美国华人移民研讨会在香港大学开幕。此次会议由研讨与考察两部分组成,研讨在香港大学举行,考察在素有美国华侨之乡的广东五邑侨乡展开。参加研讨的学者共有30位,分别来自北美、中国香港和中国大陆,三地人数各占三分之一。他们的专业涉及历史学、人类学、社会学、民族学、经济学、政治学和文化学等学科。研讨会主要从跨国主义的理论视角,就200年来在华南地区和北美之间的人员流动、资金往来和文化交流等问题进行了深入研讨。

52. 国际移民视野下的海外华人与侨乡研究:"国际移民与侨乡研究国际学术会议"述评. 刘进. 华侨华人历史研究,2010(4):77-80.

关键词:国际移民 海外华人 侨乡 比较研究

内容摘要:改革开放三十多年来,中国综合国力快速提升,全球性交流日益频繁,海外华人移民数量也以较快的速度增长。因此,对华人移民历史和华人新移民的研究在国内外学术界受到重视。

53. 青田华侨华人与侨乡研究综述. 徐文永. 丽水学院学报,2011

(6): 19 – 24.

关键词:青田 华侨华人 侨乡 研究综述

内容摘要:本文简要回顾了近30年,尤其是21世纪以来学界对青田华侨华人与青田侨乡的研究,重点包括综合性研究、新华侨华人研究、侨乡文化研究、侨乡经济发展与海外华侨华人等方面,并介绍了相关研究资料的收藏现状,最后简要分析了相关研究中存在的问题及原因。

54. 晋江侨乡社会历史文化研究的结晶:评李天锡《晋江华侨华人研究》. 傅惠玲. 学术问题研究,2012 (1): 35 – 38.

关键词:晋江 华侨华人研究 侨乡 书评

内容摘要:《晋江华侨华人研究》论文集,立足地方社会,钩沉史料,通过文献资料与田野调查相结合的方法,讲述晋江华侨历史,涉及侨乡社会风俗、华侨概况、名人典故、信仰传播、华侨贡献、侨乡经济等方面,内容丰富。全书编排收放有度,文笔流畅又朴素平实,实为雅俗共赏,可读性强的书籍。

55. 近年来广东侨乡研究述评. 石坚平. 五邑大学学报(社会科学版), 2012 (2): 15 – 18.

关键词:侨乡研究 广东 述评

内容摘要:近年来广东侨乡研究成果,不仅涵盖了侨乡社会的历史、政治、经济、文化与社会生活等各个研究领域,还充分借鉴和运用了历史学、人类学、社会学、经济学、材料学等多学科的研究方法,初步形成了侨批银信、侨乡建筑、侨刊乡讯、侨乡契约等重点研究专题。

56. "国际移民与侨乡研究"国际学术会议综述. 党瑾,王晓欧. 八桂侨刊, 2012 (4): 76 – 78.

关键词:无

内容摘要:改革开放以来,中国经济迅速发展,国际化交流逐渐频繁,海外移民数量与日俱增,因此海外华人移民与侨乡的研究受到国内外学术界的重视。为促进海内外学者在国际移民视野下的对话与交流,2012年11月18—21日,由五邑大学广东侨乡文化研究中心、中国华侨华人历史研究所和美国旧金山州立大学族裔学院亚裔学系联合举办的"国际移民与侨乡研究"国际学术会议隆重召开。

57. 比较视野下的国际移民与侨乡研究——第二届"国际移民与侨乡

研究"国际学术会议综述. 刘进, 姚婷. 华侨华人历史研究, 2012 (4): 76-77.

　　关键词: 国际移民　广东侨乡　比较视野　华侨华人历史研究

　　内容摘要: 2012年11月19—20日, 由五邑大学广东侨乡文化研究中心、中国华侨华人历史研究所和美国旧金山州立大学亚裔学系联合主办的第二届"国际移民与侨乡研究"国际学术会议在五邑大学举行。来自美国等七个国家和来自中国大陆和港澳台地区的60余名学者参加了研讨。

58. 对中国近代华侨史研究的回顾与反思. 苏全有, 岳培红. 大庆师范学院学报, 2013 (1): 119-125.

　　关键词: 近代中国　华侨史　侨汇

　　内容摘要: 我国对于华侨史的研究关注较晚, 大约起步于民国时期。此后的研究成就体现之一是对华侨贡献方面的研究, 主要包括中国革命与抗战、经济建设、教育建设和侨乡建设四个方面; 之二是对华侨国外生存状态的研究, 主要体现在华侨同化、华文教育、国外待遇及政府政策四个方面。至于其中所存在的诸如研究理论、内容、史料、研究人员等方面的不足, 有待进一步解决。

59. 新史料·新视角·新价值——"中国侨批·世界记忆"国际学术研讨会综述. 丁丽兴. 华侨华人历史研究, 2013 (2): 73-74.

　　关键词: 国际学术研讨会　侨批局　新价值　记忆遗产

　　内容摘要: 2012年12月11—12日, 福建省社科联2012年年会分论坛"中国侨批·世界记忆"国际学术研讨会在福建省档案馆召开。本次研讨会由福建省社会科学界联合会主办, 福建省档案馆、福建省档案学会和福建省华侨历史学会共同承办。来自日本、新加坡、泰国等地的海外代表和国内各高校、科研机构、档案系统和侨批收藏界代表60余人出席了会议。日本著名国际汉学家滨下武志教授、中国侨批档案申遗专家组首席专家、广东五邑大学副校长张国雄教授和日本武藏野美术大学廖赤阳教授为大会作了主题报告和总结陈词。

60. "比较视野下的中国侨乡研究"学术研讨会综述. 石坚平. 华侨华人历史研究, 2013 (4): 77-78.

　　关键词: 福建侨乡　五邑大学　比较视野　学术研讨会

　　内容摘要: 2013年11月2—3日, 由五邑大学广东侨乡文化研究中心主办的"比较视野下的中国侨乡研究"学术研讨会在该校举行。来自广东、福建、广西、海南和浙江五省（区）新、老侨乡的30余名专家学者会聚一堂，共议侨乡。与会学者从政治、经济、历史、文化、旅游、法律与遗产保护等不同角度展开了热烈的讨论，并就进一步推动侨乡研究达成了许多共识。

61. 《西南地区海外移民史研究：以广西、云南为例》一书出版. 莽芜. 华侨华人历史研究, 2013 (4): 22.

关键词：西南地区　少数民族移民　海外移民

内容摘要：广西民族大学民族学与社会学学院教授、广西侨乡文化研究中心主任郑一省和云南省社会科学院研究员王国平编著的《西南地区海外移民史研究：以广西、云南为例》一书于2013年7月由社会科学文献出版社出版发行。

62. 海外华人与中国侨乡现代化研究的最新进展："华侨华人与中国侨乡近代化"国际学术研讨会会议综述. 沈惠芬. 南洋问题研究, 2013 (4): 96-98.

关键词：华侨华人　侨乡　华侨政策　近代化　移民家庭

内容摘要：2013年5月15日至18日，由厦门大学南洋研究院（国际关系学院）、德国马克斯·韦伯基金会、德国佛来宝大学历史系和华侨博物院共同举办的"华侨华人与中国侨乡近代化"国际学术研讨会在厦门大学举行。来自德国、美国、新加坡、中国大陆、中国台湾、中国香港等国家和地区的学者们齐聚一堂，以中、英两种语言，进行为期一天半的研讨会。学者们深入探讨了19世纪中期以来海外华人与中国侨乡现代化的诸多联系、华人的当地融入与跨界活动、移民家庭与婚姻、华人政治参与等学术问题。

63. "海外华人与中国侨乡文化"国际研讨会综述. 郑一省, 王晓欧, 喻民. 华侨华人历史研究, 2014 (1): 72-73.

关键词：海外华人　侨乡　综述

内容摘要：由广西壮族自治区侨务办公室、广西民族大学主办，广西民族大学民族学与社会学学院和广西侨乡文化研究中心承办的"海外华人与中国侨乡文化"国际研讨会于2013年12月8日在广西南宁市举行，来自澳大利亚、日本、泰国、马来西亚、新加坡以及中国大陆和中国台湾地区的高等院校和科研机构的近 80 名专家学者参加了此次会议。厦门大学庄国土教授、暨南大学高伟浓教授、马来西亚田英成博士、泰中学会会长洪林、马来西亚王琛发教授以及广西民族大学郑一省教授作主题发言。

64. "比较、借鉴与前瞻——国际移民书信研究"国际学术会议综述. 刘进. 华侨华人历史研究, 2014 (1): 70 - 71.

关键词: 国际移民　书信　移民史　华人移民　侨批

内容摘要: 2013 年 12 月 7—9 日, 由五邑大学广东侨乡文化研究中心、《广东华侨史》编纂委员会、中国华侨华人历史研究所和美国明尼苏达大学移民史研究中心联合主办的"比较、借鉴与前瞻: 国际移民书信研究"国际学术会议在五邑大学举行, 来自美国、加拿大、泰国、新加坡、日本、英国及中国等国家的专家学者 30 余人与会, 专家学者主要围绕华人移民书信的文化价值及海外华人与祖籍国的互动等几个方面进行了研讨。

65. 《互动视野下的海外新移民研究》一书出版. 关耳. 八桂侨刊, 2014 (2): 80.

关键词: 移民研究　海外移民　互动视野

内容摘要: 浙江工商大学马克思主义学院夏凤珍撰写的《互动视野下的海外新移民研究: 以浙江侨乡发展为例》一书, 于 2013 年 11 月由中央编译出版社出版。该书是作者承担的教育部人文社会科学研究 2011 年度规划基金项目的最终成果, 共由 7 章构成。该书在广泛吸收中外研究成果的基础上, 借鉴社会学、历史学、人口学、政治学、经济学等多学科的研究方法。

66. 第二次"广西侨乡文化研究"座谈会综述. 喻艮, 苏燕梅. 八桂侨刊, 2014 (4): 77 - 78.

关键词: 侨乡文化　广西民族大学　侨务工作

内容摘要: 第二次"广西侨乡文化研究"座谈会于 2014 年 9 月 20 日上午在广西民族大学举行, 座谈会由广西侨乡文化研究中心主办, 来自广西师范大学、广西民族大学、玉林师范学院和广西社会科学院等区内单位的专家学者共计 22 位。此次会议得到了广西壮族自治区侨务办公室、广西民族大学, 以及广西民族大学民族学与社会学学院的领导的大力支持。

67. "比较视野下的中国侨乡研究"学术研讨会会议综述. 李晨媛. 八桂侨刊, 2015 (3): 77 - 79.

关键词：中国侨乡　华侨华人研究　侨乡文化

内容摘要：2015年5月8—11日，由广西民族大学、五邑大学和中国华侨历史学会主办，广西民族大学民族学与社会学学院和东盟学院协办，广西侨乡文化研究中心和广东侨乡文化研究中心承办的"比较视野下的中国侨乡研究"学术研讨会在广西民族大学举行。来自广东、广西、福建、海南、浙江等省重点侨乡的40多名专家学者出席了本次研讨会。

68. 第二届"海外华人与中国侨乡文化"国际研讨会综述. 邱少华. 八桂侨刊，2015（4）：69-72.

关键词：侨乡文化　归国华侨联合会　海外华侨华人

内容摘要：随着中国的崛起，海外华侨华人与中国的联系愈加密切，也对中国的发展产生了愈加不容忽视的影响。为更好地了解国际学界新动态，由广西壮族自治区侨务办公室、广西壮族自治区归国华侨联合会、广西民族大学、钦州学院主办，广西民族大学民族学与社会学学院、广西民族大学东盟学院、钦州市外事侨务办公室、钦州市归国华侨联合会协办，广西侨乡文化研究中心和北部湾海洋文化研究中心承办的第二届"海外华人与中国侨乡文化"国际研讨会于2015年10月24日至25日举行。

69. 和顺"走夷方"研究. 朱玉兵. 云南社会主义学院学报，2015（4）：108-116.

关键词：和顺　走夷方　缅甸　贸易　变迁

内容摘要：在云南许多地方一直以来广泛流传着"穷走夷方，急走厂"的俗语。所谓"走夷方"主要就是指一些贫苦百姓到边境的少数民族聚居地区或是东南亚的越南、泰国、缅甸等国家从事小工商业。"厂"则指的是位于今缅甸北部等地的玉石、宝石厂。腾冲是云南乃至全国有名的侨乡，而其中以和顺乡最为著名，向来就有"走夷方"的传统。以和顺乡这一聚落为研究对象，考察和顺"走夷方"这一历史现象，发现和顺乡因军屯兴家，而靠"走夷方"发家。特别是近代腾越开关以来，和顺人通过"走夷方"不仅带来了巨大的财富，同时也带来了外面的新思想、建立了新式教育，深深影响了和顺的社会面貌。

70. 跨国主义理论视野下的海外华人研究——评李明欢教授的《跨国化视野：华人移民的圆梦之旅》. 潮龙起. 东南亚研究，2015（6）：93-96.

关键词：跨国化　华人移民

内容摘要：李明欢教授的《跨国化视野：华人移民的圆梦之旅》，通过对闽浙侨乡及欧美等华人居住地的田野调查，深入探讨了侨乡的移民链、移民中介及欧洲华人新移民、以色列的中国劳工等问题。该著田野调查扎实，研究视角开阔，个案分析深入透彻。

71. "2016 首届侨乡研究工作坊"综述. 姚婷. 华侨华人历史研究，2016（3）：96.

关键词：华侨华人研究　历史人类学　侨乡研究　工作坊

内容摘要：基于培养侨乡研究领域的年轻学术骨干，培育高质量侨乡研究学术成果的主旨，由五邑大学中国侨乡文化研究中心、中国华侨华人历史研究所、台湾海外华人研究会、暨南大学华侨华人研究院和中山大学历史人类学研究中心联合主办的"2016 首届侨乡研究工作坊"于 2016 年 8 月 23—26 日在江门举办。本届工作坊的主题是"侨乡社会治理"，邀请厦门大学的李明欢和郑振满、中山大学的刘志伟、台北市立大学的徐荣崇、中国华侨华人历史研究所的张秀明和五邑大学的张国雄等诸位学者评阅论文。

72. 《互动与网络——多维视野下海外华人与中国侨乡关系研究》一书出版. 佚名. 八桂侨刊，2016（3）：26.

关键词：侨乡文化　多维视野　海外移民　海外华侨华人

内容摘要：2016 年 6 月中国出版集团世界图书出版公司出版了由郑一省、吴小玲主编的《互动与网络——多维视野下海外华人与中国侨乡关系研究》一书，其是《侨乡文化研究》丛书的第二本。该书是 2015 年 10 月 23—26 日由广西区侨办、广西区侨联、广西民族大学和钦州学院主办的第二届"海外华人与中国侨乡文化"国际研讨会的论文合集。本书集中对海外移民社区和侨乡社会的政治、经济、文化以及社会变革进行了探讨。

73. 跨国文化网络中的海外华人与中国侨乡——读《重建祖乡：新加坡华人在中国》. 史秋霞，周敏. 南京工业大学学报（社会科学版），2016（4）：114 – 121.

关键词：海外华人　中国侨乡　跨国主义实践　道义经济　跨国文化网络

内容摘要：当跨国主义逐渐成为国际移民的生存方式时，有必要重新认识海外华人与中国侨乡之间的关系。作为经典之作的《重建祖乡：新加坡华人在中国》为我们了解海外华人跨国实践提供了新视角。该著作以两个不同地域宗族分支间所发生的经济与文化联系为线索，向我们展示了新加坡华人跨国实践所具有的道义经济色彩。华人宗族不仅是华人文化再造过程中的独特连接点，还是华人社会互动发展的联络平台。因此，将宗族视为文化网络来探究海外华人与中国侨乡日趋紧密的联系具有重要的理论价值。

74. 第三届"中国侨乡研究"学术研讨会综述. 冉琰杰. 华侨华人历史研究，2016（4）：93-94.

关键词：侨乡研究　研讨会综述　边境侨乡　少数民族侨乡

内容摘要：2016年11月10—13日，由云南红河学院、广东五邑大学、中国华侨华人历史研究所、云南省归国华侨联合会以及云南省侨务办公室联合主办的第三届"中国侨乡研究"学术研讨会在云南蒙自红河学院召开。来自全国各地的近百名专家学者齐集一堂，热烈探讨侨乡研究的议题，交流侨乡的建设与发展。本届"中国侨乡研究"学术研讨会最大的特色是以"边境侨乡与少数民族侨乡"主题，分别安排了主题报告：红河学院何作庆教授的"云南侨情与侨乡"报告、五邑大学石坚平教授的"新疆侨情与侨联工作"报告、黑龙江侨联副主席曹明龙的"黑龙江侨情与侨乡"报告、东北师范大学曲晓范教授的"吉林侨情与侨乡"报告、广西民族大学郑一省教授的"广西侨情与侨乡"报告；研讨方式也一改以往宣读论文为集中研讨侨乡研究的热点问题。会议分四个小组进行了研讨。

75. 美国铁路华工和广东侨乡基础性工程研究. 黄安年. 云梦学刊，2016（6）：16-21.

关键词：美国铁路华工　广东侨乡　基础性研究工程

内容摘要：开展北美铁路华工基础性研究，无论对于美国还是中国学者来说都责无旁贷。在我国，北美铁路华工基础性研究工程尚处起步阶段，因此更加具有紧迫性。目前急需组织立项攻关突破研究中的难点、疑点。

76. 厘清华侨华人史研究中的几个概念问题. 段立生，张露文. 玉林师范学院学报，2016（6）：43-46.

关键词：华人　华侨　侨乡　华人资本

内容摘要：在华侨华人史的研究中，我们会经常遇到一些名词，诸如：华人、华侨、华裔、侨眷、侨乡、侨汇（侨批）、侨社（侨团）、侨领、华人社区、华侨资本（华人资本）等，弄清这些名词所包含的概念，对于华侨华人史的研究至关重要，故撰此文，以求教方家。

后　　记

　　进入 21 世纪以来，中国侨乡研究异军突起，方兴未艾，成为学术研究的一片热土。这不仅表现在有志于中国侨乡研究的科研人员、科研团队和科研机构的日益增加，科研队伍的不断壮大，还表现在中国侨乡研究领域的不断拓展，学术成果的不断推陈出新，硕果累累。

　　为进一步推动中国侨乡研究的深入开展，五邑大学广东侨乡文化研究中心决定组织力量，编纂一本较为全面、系统、综合地反映中国侨乡研究学术成果的基础性学术工具书——《中国侨乡研究期刊论文提要索引》，以便抛砖引玉，嘉惠学林。

　　在五邑大学图书馆的支持和配合下，本人在广泛搜集了民国时期以来有关中国侨乡研究的杂志文章和期刊论文的基础上，根据不同的学术关怀，按照不同的内容主题，精心挑选相应的文章，分门别类，汇编成册。

　　感谢五邑大学广东侨乡文化研究中心斥巨资资助本书的编纂和出版。本书的编纂工作千头万绪，步履维艰，进展迟缓。在研究中心领导的鼓励和鞭策下，书稿才得以顺利完成。

　　感谢五邑大学图书馆及其领导为本书的编纂提供了诸多基础资料。尤其要感谢本书所收录的一切文章、论文的作者，您们慷慨同意将文章题名、关键词和内容摘要免费收入本书，才使本书得以编纂出版。由于所涉及的论文作者繁多，酬金微薄，编者难以逐一沟通，唯有希冀他日当面致谢，以表谢忱。

　　鉴于本人才疏学浅，学术固陋，本书的编纂难免有诸多疏漏、错讹之处。其责在己，其愧在心。并希冀日后读者不吝斧正，以安吾心，以广吾闻。

石坚平
2019 年 2 月 18 日
于五邑积跬斋记